MICHEL BRÛLÉ

C.P. 60149, succ. Saint-Denis,
Montréal (Québec) H2J 4E1
Téléphone : 514 680-8905
Télécopieur : 514 680-8906
www.michelbrule.com

Maquette de la couverture et mise en pages: Jimmy Gagné, Studio C1C4
Illustration de la couverture: Rielle Lévesque
Photo de l'auteur: Jimmy Hamelin
Révision : Nicolas Therrien, Sylvie Martin
Correction : Aimée Verret

Distribution: Prologue
1650, boul. Lionel-Bertrand
Boisbriand, Québec J7H 1N7
Téléphone : 450 434-0306 / 1 800 363-2864
Télécopieur : 450 434-2627 / 1 800 361-8088

Distribution en Europe: D.N.M. (Distribution du Nouveau Monde)
30, rue Gay-Lussac
75005 Paris, France
Téléphone : 01 43 54 50 24
Télécopieur : 01 43 54 39 15
www.librairieduquebec.fr

Les éditions Michel Brûlé bénéficient du soutien financier du gouvernement du Québec — Programme de crédit d'impôt pour l'édition de livres — Gestion SODEC et sont inscrites au Programme de subvention globale du Conseil des Arts du Canada. Nous reconnaissons l'aide financière du gouvernement du Canada par l'entremise du Fonds du livre du Canada (FLC) pour des activités de développement de notre entreprise.

ÉTIENNETTE
de la rivière Bayonne

Du même auteur

Tome 1 *Eugénie, Fille du Roy*
Tome 2 *Eugénie de Bourg-Royal*
Tome 3 *Cassandre, fille d'Eugénie*
Tome 4 *Cassandre, de Versailles à Charlesbourg*
Tome 5 *Étiennette, la femme du forgeron*

René Forget

Étiennette de la rivière Bayonne

À ma mère, Bertrande Marseille, décédée le 6 février 2010 à l'âge de quatre-vingt-douze ans et dix mois, dont la belle voix embellissait jadis les dimanches de notre enfance, je dédie l'*Hymne aux filles du Roy*, que j'ai composé à son intention.

À ces souvenirs d'antan, mon âme rayonne et tout en moi fredonne, tandis qu'à présent, son chant me manque tellement.

Je les remercie avec affection, elle et mon regretté père, d'avoir communiqué à leurs sept enfants l'idéal d'une vie professionnelle, culturelle et spirituelle bien remplie. Ils avaient reçu cet héritage ancestral de leurs parents, qui, eux-mêmes, l'avaient reçu de leurs aïeux.

Hymne aux filles du Roy

Elles sont venues, ces charmantes demoiselles,
En Nouvelle-France, déployer leurs ailes
Pour faire grandir le nouveau pays
Selon le vœu du bon Roy Louis.
De Dieppe et de La Rochelle,
Elles s'embarquèrent, comme une ribambelle
D'orphelines en quête d'espoir et d'amour,
Pour rencontrer un mari et le chérir pour toujours.
Si, pendant la terrible traversée,
La maladie a défié leur ténacité,
Et, pour les unes, les a fait trépasser,
Les autres rencontrèrent leur destinée.
Au bout du quai, un inconnu galant espérait,
Amant impatient comme elles s'y attendaient.
Elles se mirent alors à besogner
Et à faire croître leur nouvelle contrée.
Elles ont peiné à la tâche des labours,
Inlassablement, ne ménageant pas leur amour.
Elles ont donné naissance à une nation
Imprégnée de leur foi et de leurs convictions.
Rendons-leur l'hommage qui leur revient,
Leurs descendants tels que nous sommes,
Nos grand-mères le méritent bien.
Si nous sommes devenus des hommes…
C'est grâce à elles…
Si nous sommes devenus un peuple prêt à partager
La richesse de sa terre et la fierté de son passé.
Elles nous ont appris à tendre la main,
Et à cultiver l'harmonie de nos lendemains.

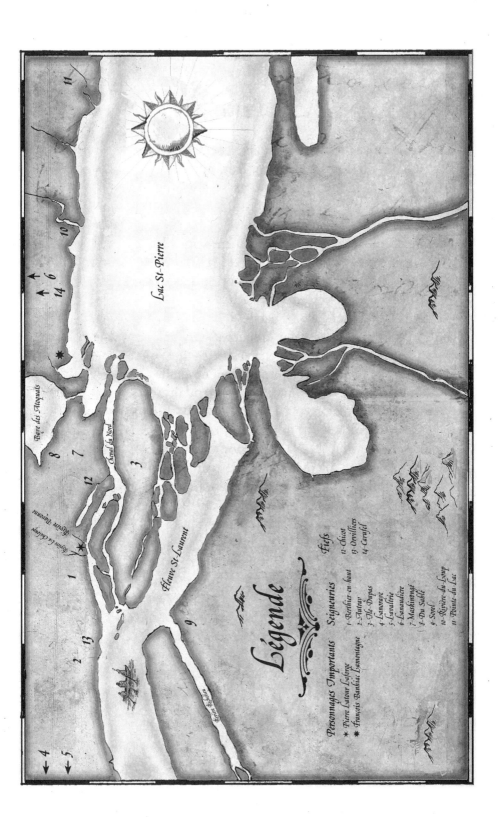

Légende

Personnages Importants

★ Pierre Latour Laforge
✱ François Banhiat Lamontagne

Seigneuries

1- Berthier-en-haut
2- Autray
3- Île-Dupas
4- Lanoraye
5- Lavaltrie
6- Lanaudière
7- Maskinongé
8- Du Sablé
9- Sorel
10- Rivière-du-Loup
11- Pointe-du-Lac

Fiefs

12- Chicot
13- Orvilliers
14- Carufel

Lac St-Pierre

Baye des Atoquais

Rivière La Chaloupe

Rivière Yamaska

Chenal du Nord

Fleuve St-Laurent

Rivière Bayonne

CHAPITRE I
Un malade attachant

Pierre de Lestage arpentait le corridor de l'hôpital Hôtel-Dieu de Montréal. Il portait un peignoir par-dessus sa blanche jaquette d'hôpital et, aux pieds, des chaussettes beiges en laine du pays. Un bandeau lui ceinturait la tête, afin de camoufler les quelques ecchymoses causées par son séjour en forêt, lors de sa capture.

Pierre de Lestage s'arrêta devant la représentation de Jeanne Mance, la fondatrice de l'hôpital, dessinée grossièrement sur de l'écorce de bouleau par une jeune Amérindienne qu'elle avait faite sa protégée. Jeanne Mance aidait un Sauvage mourant à faire son signe de croix. La jeune artiste avait brillamment réussi à dessiner le regard compatissant et apaisant de la sainte femme reconnue pour son extrême bonté. Le Sauvage, avec les traits émaciés et décolorés de son masque de guerrier algonquin, regardait sa bienfaitrice comme si elle personnifiait la mère du Dieu des Blancs. Jeanne Mance lui souriait en l'invitant à faire offrande de sa vie à Dieu.

L'architecture de l'hôpital se résumait en un bâtiment de deux étages au toit à deux versants avec deux rangées de lucarnes au grenier. C'est là qu'on retrouvait les chambrettes des hospitalières, arrivées en 1659 à l'invitation de Jeanne Mance pour soigner les malades de plus en plus nombreux au fur et à mesure que la population grandissait. De là, elles pouvaient respirer soit l'air frais provenant du fleuve, soit celui, boisé, du mont Royal. Une cuisine, un petit réfectoire et une chapelle fermaient l'un des deux étages, celui des mieux portants. L'aile des contagieux et des Sauvages comprenait les salles du chirurgien et de l'apothicaire ; à la place des fragrances issues du jardin, une odeur d'éther et de mort y régnait en permanence.

Dans l'enceinte de l'Hôtel-Dieu, un petit jardin finement dessiné faisait office de cour de récréation aux malades et aux soignantes, leur permettant de respirer à leur aise. Les visiteurs qui se risquaient à venir réconforter les malades devaient décliner leur identité à une sœur qui portait en permanence un cache-nez et qui leur donnait, de sa voix nasillarde, les instructions d'usage : « Ne touchez pas aux malades contagieux, en auquel cas vous risquez d'être hospitalisés. »

Pierre de Lestage n'aurait pu dire depuis combien de temps il y était hospitalisé. Il se souvenait de s'être rendu au pays des Mohawks avec le fils du comte Joli-Cœur, Ange-Aimé Flamand, l'ambassadeur des peuples autochtones, demeurant à Sault-au-Récollet, afin d'établir un réseau de contrebande de la fourrure, alors que son compagnon espérait toujours convaincre ses compatriotes de signer le traité de la Grande Paix de 1701. Les deux intrépides avaient été séquestrés par les Mohawks et traités sans ménagement, jusqu'à ce qu'ils fussent libérés par une escouade de mercenaires embauchés par le comte Joli-Cœur et le marchand Pascaud, associé des frères Lestage dans le commerce de la fourrure.

La mémoire de Pierre de Lestage lui faisait terriblement défaut. Il souffrait de violents maux de tête et, malheureusement, aucune médecine ne semblait l'aider à récupérer. La plupart du temps, il était au lit dans un état près de la catatonie ; depuis quelques jours cependant, le malade semblait être sorti de sa torpeur et renaître à la vie, au grand soulagement des hospitalières.

— Je suis heureuse de savoir que vous allez mieux, monsieur de Lestage, initia l'infirmière. Certainement que notre regrettée mademoiselle Mance est pour quelque chose dans votre rétablissement. Nous devrions tous les deux la prier pour votre guérison.

Le malade, perdu dans ses pensées, se retourna, surpris, et sourit à la religieuse. Il ne semblait pas la reconnaître.

— Je suis votre infirmière, sœur Félicité, et je suis hospitalière de Saint-Joseph. Et comme mon nom le dit, la Providence veille à ce que tous mes malades sortent d'ici complètement guéris… et heureux. À une condition toutefois : qu'ils n'aillent pas fureter à l'étage d'en bas, celui des contagieux, les pauvres malheureux. Ils sont à la porte du royaume des cieux.

Pierre de Lestage souriait toujours à l'hospitalière, sans comprendre vraiment son charabia. Cette dernière se rendit compte que son malade se remettait à peine de son coma.

— Vous trouvez que je parle trop et trop vite, n'est-ce pas ? Vous avez raison. La plupart du temps, mes malades sont si mal en point que je n'ai personne avec qui parler. Alors, lorsqu'ils prennent du mieux, j'en profite.

La religieuse se signa à ce moment. Elle continua :

— Dieu me pardonne mon égoïsme, alors qu'ils ont tellement besoin de repos et de recueillement pour se rétablir définitivement... Venez, suivez-moi à votre chambre. Une collation vous attend, ça vous remettra de mon bavardage.

L'hospitalière prit le bras du malade et l'amena à sa chambrette. Ce dernier la suivit bien sagement.

— En prenant des forces, vous pourrez plus vite assister à la messe et communier à la sainte Eucharistie. Je viendrai porter vos repas et veillerai à ce que vous mangiez toute votre portion. N'en déplaise au regretté monsieur de Casson, chez les malades et les amnésiques, le salut passe par l'estomac. C'est une soignante d'expérience qui le dit. Maintenant, mangez, mon petit monsieur.

Sur ces mots, la religieuse se signa.

Elle tint sa promesse et, à chaque repas, elle apporta le plateau du malade, dont le menu consistait en un fruit, des laiteries, de la viande de gibier et des légumes. Cela contrastait avec la pitance quotidienne du malade ordinaire, faite de pain et d'un peu de viande de porc en guise de graisse et de protéines.

L'hospitalière s'affaira à remettre de l'ordre dans la chambre, tout en continuant à faire la causette au malade.

— Tenez, mangez, ça vous éloignera de la contagion. Il ne faudrait pas vous perdre alors que vous êtes presque sur pied... Monsieur de Lestage, vous savez que vous êtes un malade privilégié d'être nourri de la sorte. Nous avons reçu l'ordre du gouverneur de Ramezay lui-même de bien vous traiter. Vous n'êtes sans doute pas n'importe qui. Un noble, j'en suis certaine !... Il est maintenant temps pour vous d'assister à la messe. Vous savez que vous êtes à l'hôpital depuis un bon mois !... Une de nos soignantes laïques viendra vous y reconduire. Elle s'appelle Esther. Vous verrez, elle saura vous mettre en confiance. Et comme nous avons de nouveaux blessés… Des soldats… Imaginez, un baril de poudre qui a malencontreusement explosé dans la soute à munitions… Mon devoir m'appelle auprès d'eux… Esther viendra vous apporter vos repas et vous faire la conversation… Après tout, ça sera un honneur pour elle de contribuer à la guérison du protégé du gouverneur de Ramezay, n'est-ce pas?… Bon, comme me le reproche souvent ma supérieure, assez de bavardage. Que voulez-vous, j'ai toujours été bavarde. Même le silence du cloître, les soirs d'hiver, ne m'a pas guérie de cette mauvaise habitude… Mais je ne serai pas loin, si jamais vous ressentiez la nécessité de vous confier.

Pour toute réponse, Pierre de Lestage sourit à sœur Félicité, qui aurait espéré un patient plus loquace. Elle haussa les épaules de dépit, en ajoutant:

— Esther devrait vous aider à reprendre vos esprits. Elle est plus de votre âge!

Pierre réalisa soudain qu'il n'était pas tout à fait indifférent à la religieuse. Cette pensée le fit sourire, du même sourire qui avait séduit tant de jeunes filles auparavant. La religieuse n'échappa pas au charme du jeune homme. Conquise, malgré ses vœux, elle rougit comme une pivoine.

Mon Dieu, se dit-elle, *il est grandement temps qu'Esther prenne le relais!*

Le lendemain, alors que le soleil commençait à poindre par la fenêtre de la meilleure chambre de l'hôpital, Pierre de Lestage eut une apparition dans le rai naissant. Il fronça les sourcils, chercha à dissiper l'éblouissement causé par la lumière afin de se ressaisir.

Rien n'y fit. Le frais visage ensoleillé d'une jeune femme restait accroché à sa vue, alors qu'il croyait à l'illusion de l'astre céleste en plein éveil. Il se dépêcha de se relever sur son lit afin de retrouver ses esprits. Le visage au sourire radieux d'une belle jeune fille de vingt-cinq ans, qui tenait dans ses mains un cabaret rempli des plus belles pommes du verger et de pain frais de la boulangerie personnelle du gouverneur, restait bien réel, malgré les efforts du malade pour le dissiper. Lorsqu'elle s'adressa à lui, Pierre de Lestage se rendit compte qu'elle n'était pas le fruit de son imagination.

— Monsieur de Lestage, je vous apporte votre déjeuner. C'est sœur Félicité qui m'envoie. Dorénavant, je serai votre soignante, si vous n'y voyez pas d'inconvénient, bien entendu. Je m'appelle Esther, Esther Sayward… Nous avons des points communs, vous et moi… Et certainement bien de tristes souvenirs à nous raconter… Pour le moment, il vous faut manger : ce petit déjeuner semble délicieux. C'est le temps de vous restaurer, si vous voulez prendre des forces !

Le malade resta figé tant la venue de la jeune femme au sourire éclatant le sidérait… Sœur Félicité ne l'avait-elle pas prévenu qu'une certaine soignante du prénom d'Esther la remplacerait ?

— Je vous en prie, Esther, appelez-moi Pierre, demanda le malade de sa voix la plus suave, malgré la difficulté du matin. Il lui sourit alors.

La jeune fille resta muette devant le charme du jeune homme. Elle se rendit soudain compte de son émoi : le cabaret qu'elle tenait vacillait légèrement, faisant valser le verre de jus qui s'y trouvait. Pierre de Lestage s'en rendit compte et sourit plus fièrement à Esther. Se maîtrisant, elle déposa le déjeuner près du jeune homme.

— Tenez, ce jus vous revigorera. Je l'ai pressé pour vous avec des pommes que j'ai moi-même cueillies avec ma sœur, au mont Royal.

Sans attendre la réponse de Pierre, Esther approcha le petit verre de nectar aux lèvres du malade, qui lui répondit :

— Vous avez fait ça pour moi, Esther ?

La jeune fille rougit aussitôt. Cela était fréquent, son teint marqué de taches de rousseur devenant rapidement incarnat sous la gêne ou sous le stress. Esther Sayward était une grande fille rousse. Ses yeux étaient marron, contrairement à ceux de sa sœur Mary qui les avait verts, comme ceux de leur mère. Son imposante tignasse rousse, divisée au milieu de la tête par une raie, lui couvrait entièrement les oreilles et se terminait par deux tresses qui couvraient ses épaules. Son cou annonçait un grain de peau plutôt laiteux, alors que sa respiration, en ce moment difficile, laissait entrevoir une poitrine généreuse et ferme.

— Je le fais pour tous mes malades, monsieur de Lestage.

— Pierre, Esther, Pierre !

Le piège que lui tendait le malade commençait à agacer la soignante, qui s'impatienta.

— Je vouvoie tous mes malades sans exception, monsieur, même les Sauvages. Et même ceux qui sont protégés par le gouverneur de Ramezay. Je vous demanderai à l'avenir de m'aider à respecter cette règle…

Aussitôt sa phrase terminée, Esther rougit plus encore que la première fois. Lestage s'en rendit compte et en profita pour ajouter :

— Il y en a beaucoup, mademoiselle Sayward ?

Surprise, cette dernière ne prit pas le temps de réfléchir tant elle était troublée par la conversation. Elle répondit :

— Vous êtes le seul, Pierre !

Comme il souhaitait la revoir moins effarouchée, Pierre crut bon d'obtempérer et de ne plus lui imposer son petit jeu de séduction. La jeune fille déposa le plateau et s'enfuit. Quand, au cours de la matinée, elle croisa sœur Félicité, cette dernière s'enquit du malade.

— Et puis, Esther, comment se porte notre malade ce matin ?

La jeune fille répondit spontanément et sans enthousiasme :

— Je ne le trouve guère malade, ma sœur !

— Ah bon ! Et pourquoi dites-vous cela ? Prend-il du mieux ?

— Je ne sais… Probablement. Je l'ai trouvé taquin et enjoué.

— Alors, tant mieux, Esther, tant mieux.

— Dois-je continuer à lui servir ses repas, ma sœur ?

— Voulez-vous qu'il meure avant son temps en l'affamant, alors qu'il commence à peine à prendre du mieux ? Bien sûr que non ! Alors, continuez à le visiter. N'oubliez surtout pas que c'est un individu de marque, recommandé par le gouverneur lui-même ! répondit l'hospitalière d'un ton péremptoire à la jeune femme. Cette dernière fut surprise et désarçonnée par cette réplique cassante : la religieuse était d'habitude si gentille et avenante.

— Mais ma sœur… Ce monsieur de Lestage ne m'a paru atteint d'aucun mal.

— C'est ce que vous croyez, Esther. Sachez qu'il ne se souvient que de son nom, sans plus… En fait, il a presque tout oublié de son passé. Même dans son sommeil, on peut voir qu'il s'interroge.

Tant qu'il n'en saura pas davantage sur lui-même, il restera à l'hôpital. C'est le verdict médical du docteur Antoine Forestier[1].

— Malgré les risques de contagion, ma sœur? Sans contredire le médecin, Dieu m'en garde, il serait bien triste qu'une personne qui souffre de troubles de la mémoire soit atteinte d'un autre mal qui la tuerait, alors qu'elle pourrait se remettre dans une maison de convalescence, un environnement plus favorable au recouvrement de sa mémoire.

Sœur Félicité toisa son assistante avec attention. *Se pourrait-il qu'Esther dise vrai? En ce cas, je devrais dès que possible en faire mention à ma supérieure*, se dit-elle. Elle préféra cependant ne rien laisser paraître de sa décision devant Esther.

— Pour l'instant, Esther, nous comptons sur vous pour en prendre soin.

— Bien, ma sœur, répondit Esther, ne sachant pas trop ce que l'avenir lui réservait.

On avait dit à Esther que le jeune homme avait été fait prisonnier par les Mohawks dans son propre pays, en Nouvelle-Angleterre, alors qu'il cherchait à commercer la fourrure. Pierre de Lestage avait été confondu avec le neveu du gouverneur de Montréal, Claude de Ramezay. Ce dernier, à la tête de mille cinq cents soldats, tant français que canadiens et amérindiens, se rendait à la Pointe-à-la-Chevelure[2], près du lac Champlain, où les Anglais travaillaient à construire des bateaux et à transporter des vivres en vue d'une attaque imminente contre Montréal et Québec. Pierre de Lestage s'était retrouvé au mauvais endroit au mauvais moment. Sa capture avait eu le mérite d'inciter les Anglais à négocier la libération du neveu de Ramezay plutôt qu'à déclencher les hostilités.

Honteux de leur méprise, les Anglais avaient tout de même libéré leur prisonnier à fort prix. Sa capture avait été rachetée

---

1. Médecin réputé de Montréal au début des années 1700.
2. Aujourd'hui Crown Point. La rivière Richelieu, qui tire sa source du lac Champlain et qui se déverse dans le fleuve Saint-Laurent, était la principale voie d'invasion du pays par les Iroquois et les Anglais de la Nouvelle-Angleterre. Or, l'incendie du fort Chambly en 1702 par les Iroquois avait affaibli le système défensif de cette région. De 1709 à 1711, on procéda à sa reconstruction tout en craignant plutôt l'éventuelle attaque des Anglais installés à la Pointe-à-la-Chevelure. Qui plus est, les récentes menaces d'invasion anglaise avaient prouvé que Montréal n'était pas en mesure de subir un siège et il était urgent de décourager l'ennemi.

par des partenaires d'affaires qui avaient leurs entrées au château du gouverneur de Ramezay. Ceux-ci n'en savaient guère plus sur Pierre, sinon qu'il semblait bien jeune pour être déjà acoquiné avec les puissants. Il devait sûrement être de la noblesse.

La jeune femme rendit à nouveau visite à Pierre. Il lui sourit, comme il l'avait fait auparavant, puis s'empressa de lui demander :

— Vous m'avez dit, Esther, que nous avions des points communs, n'est-ce pas ?

Cette question déstabilisa la jeune fille. Il lui sembla que la mémoire de Pierre prenait du mieux ; sœur Félicité se réjouirait-elle de cela ou s'en trouverait-elle chagrine ? Elle chassa aussitôt cette interrogation, se surprenant à répondre :

— Ça vous intéresse de le savoir ?

— Oui, parce que je me rends compte que je n'ai aucun souvenir de mon passé... Ou si peu de choses... En fait, mes souvenirs s'arrêtent au moment où mon frère et moi avons traversé l'Atlantique. Après, je me souviens d'être passé sous une haie de Sauvages qui me donnaient des coups de bâton, tandis que mon ami Ange-Aimé, qui connaît bien leurs sévices pour les avoir déjà endurés, m'encourageait à prendre mon mal en patience. Où sont-ils, maintenant, mes souvenirs ? J'ai perdu la notion du temps, Esther !

La jeune femme, qui avait naturellement de la compassion pour ses malades, commençait à ressentir de la sympathie pour ce jeune homme.

— Je ne peux vous relater que ce que j'ai entendu raconter sur vos dernières péripéties, Pierre. En fait, je me demande si je dois.

Devant le regard enjôleur de Pierre et le souvenir de sa conversation avec sœur Félicité — *Vous devez lui faire recouvrer la mémoire, Esther* —, cette dernière choisit d'accomplir son devoir et d'obéir à la religieuse.

— Ce que je sais de vous, Pierre, c'est que vous êtes un marchand prospère, malgré votre jeune âge, et que vous étiez en train de négocier vos routes de fourrure avec les Mohawks de Kahnawake quand vous avez été capturé avec votre compagnon, l'ambassadeur de la Nouvelle-France auprès des Sauvages, en mission de paix. Votre captivité aurait duré quelques mois, puis certains de vos associés, amis du gouverneur de Ramezay, auraient racheté votre liberté à grand prix. Des gens bien informés disent que la somme nécessaire à votre libération fut puisée à même le Trésor royal[3].

Tout en écoutant le récit de la jeune soignante, Pierre essayait en vain de se rappeler l'issue de sa captivité. Esther ajouta :

— Quelques mois seulement ! Vous en avez eu, de la chance !

— Que voulez-vous dire, Esther ?

La jeune femme mourait d'envie de partager son histoire avec Pierre, mais sa pudeur lui recommandait de la retenue. Voyant cela, Pierre insista :

— Allez, vous avez commencé à le dire. Il faut continuer, maintenant.

Esther fit le récit de son vécu au jeune homme, en le regardant tendrement dans les yeux.

Esther Sayward était originaire de York, dans le Maine. Elle était née en 1685 dans une famille protestante de la Nouvelle-Angleterre. À l'âge de sept ans, elle avait été capturée par les Abénaquis, avec sa mère et sa petite sœur Mary. Amenées à Montréal où les Amérindiens espéraient recevoir une rançon, les Sayward avaient été recueillies par Marguerite Bourgeoys à la maison de la congrégation Notre-Dame[4].

---

3. Les Canadiens comme le marchand Pierre de Lestage, qui s'aventuraient dans le territoire iroquois de la Nouvelle-Angleterre, risquaient d'être capturés par les Mohawks réfractaires au traité de paix de 1701 souhaitant obtenir une rançon des autorités canadiennes.

4. La plupart des raids qui semaient la terreur en Nouvelle-Angleterre, commandés et encouragés par le gouverneur de la Nouvelle-France comme stratégie militaire de dissuasion, étaient menés par les miliciens canadiens-français, les soldats des troupes de la Marine et les Sauvages convertis des missions, bien souvent des Abénaquis qui prenaient leur revanche d'avoir été chassés de leurs anciens territoires par les Anglais. Faire la guerre sans faire de prisonniers était une défaite pour ces Sauvages. Les captifs anglais qui survivaient à la marche en forêt vers la rivière Bécancour et le lac Saint-Pierre étaient considérés comme un butin de guerre d'une grande valeur de rançon. Comme l'échange de prisonniers pouvait prendre du temps, la plupart des captifs s'enracinaient dans la communauté et la culture abénaquises, car les indigènes convertis au catholicisme ne tuaient ni ne maltraitaient leurs prisonniers. À défaut de rançon, ces captifs étaient intégrés dans le système parental de leurs geôliers. Les civils canadiens fortunés, officiers, nobles et marchands, horrifiés par le mauvais destin de ces prisonniers, ainsi que les communautés religieuses, qui cherchaient à leur faire abjurer leur protestantisme et à faire entrer les jeunes gens en religion, les rachetaient à leurs ravisseurs. Les civils bien intentionnés les retournaient habituellement à leur foyer en Nouvelle-Angleterre, tandis que la classe politique cherchait à en faire une monnaie d'échange diplomatique. Certains captifs, toutefois, décidèrent d'être assimilés aux Canadiens français ou aux Autochtones,

Les trois femmes s'étaient converties au catholicisme en 1693 lors d'une cérémonie baptismale empreinte d'émotion, à l'église Notre-Dame. La mère, ne se sentant pas à l'aise dans le milieu montréalais, où on la pointait du doigt comme Anglaise, de surcroît protestante, même convertie, avait préféré retourner vivre au Maine et avait confié ses deux filles à la sainte religieuse.

Devenues orphelines, Esther et Mary avaient souffert de l'absence de leur mère et avaient cherché une échappatoire à leur chagrin. Mary avait décidé de prendre le voile et de devenir une religieuse de la congrégation dans l'entourage de mère Bourgeoys ; Esther, elle, se sentait plus attirée à œuvrer auprès des malades de l'Hôtel-Dieu, mais n'avait pas voulu se faire nonne. Esther parlait le français, l'anglais et l'abénaquis. Grâce à sa connaissance parfaite de ces trois langues, on lui confiait le soin des Sauvages et des Américains. De plus, sa grâce naturelle faisait la fierté de la Supérieure de la communauté des hospitalières de Saint-Joseph qui espérait voir poindre une vocation, même tardive. Toutefois, Esther retournait chaque soir à la maison de la congrégation Notre-Dame pour les vêpres, pour libérer une chambre et ainsi faire plus de place aux malades.

Esther conclut :

— Vous voyez, mon histoire ressemble à celle d'Eunice Williams[5]. Mais moi, je n'épouserai pas un Abénaquis, croyez-moi, quoique je leur aie pardonné les humiliations qu'ils nous ont infligées, surtout à notre mère.

— Votre récit est très touchant, Esther… Il me rappelle l'histoire d'Esther Wheelwright[6].

— Vous connaissez Esther ? C'est ma cousine !

Surpris, Pierre se souvenait un peu d'avoir entendu parler d'Esther Wheelwright, mais il ne se souvenait pas des circonstances.

---

puisque les Mohawks, aussi des missions de Kahnawake (Sault-Saint-Louis) et de Kanesatake (Oka), formaient en majorité, avec les Abénaquis, le contingent des raids.

5. Eunice Williams. Fille du pasteur puritain John Williams de Deerfield, au Massachusetts, Eunice Williams, âgée de neuf ans, fut enlevée en 1703 par les Mohawks de Kahnawake. Malgré les efforts diplomatiques du gouvernement anglais pour négocier sa libération, ainsi que ceux des Français pour amadouer les Mohawks, elle resta à la mission, désespérant de revoir son père pendant plusieurs années. Convertie au catholicisme, au moment d'un échange de prisonniers, elle décida d'épouser un Mohawk et refusa de retourner en Nouvelle-Angleterre.

6. Esther Wheelwright, de Wells, dans le Maine. Voir tome V.

Il préféra ne pas continuer. Ne lâchant pas prise, la jeune femme continua :

— Vous avez bien dit que vous aviez un souvenir ! Votre mémoire commencerait-elle à revenir, Pierre ?

— Ai-je dit ça ? questionna le malade, pensif.

La jeune fille fit signe que oui, une moue sur les lèvres.

— C'est étrange !… Dites-moi… Savez-vous si j'avais une fiancée ?

À ces mots, Esther s'empourpra. Elle ne put toutefois répondre, car sa gorge semblait refuser d'émettre un son. D'ailleurs, elle n'aurait su quoi dire. Elle rougit de plus belle. Pierre de Lestage prit cette réaction comme l'aveu d'une ingénue. Il n'exprima pas ouvertement son enthousiasme, ne voulant pas intimider davantage sa soignante dont la présence lui apparaissait de plus en plus agréable.

Esther parvint à faire oublier son embarras en poursuivant :

— Je n'en sais guère plus sur vous, sinon…

— Aimeriez-vous davantage me connaître, Esther ? questionna directement le jeune homme, frisant l'effronterie. Il faudrait que vous veniez me rendre visite plus souvent. Une aussi belle visite avive ma guérison.

Le visage de la jeune fille, dont la couleur vive venait de s'atténuer, reprit à nouveau sa teinte incarnate. Fier de son avancée, Lestage n'était pas préparé à la réponse qui suivit.

— J'ai appris que vous serez transféré sous peu à la Maison Saint-Gabriel, le foyer de convalescence de messieurs les sulpiciens. L'air frais du fleuve vous fera retrouver toute votre mémoire.

— C'est dommage, car nous ne pourrons plus nous voir et échanger, répondit le jeune homme, sincèrement attristé.

Pierre de Lestage était convaincu qu'il ne pourrait plus revoir la belle rousse, emmurée dans ses couvents, sinon qu'en l'apercevant brièvement aux offices de l'église Notre-Dame les jours saints. Cette perspective le rendit pensif. Il souhaitait n'avoir ni femme ni fiancée dans sa « vie antérieure », pour pouvoir revoir librement cette belle aux couleurs automnales. Il allait abdiquer et faire ses adieux à la jeune femme, quand il l'entendit ajouter :

— La Supérieure a confié à Mary que les sulpiciens s'apprêtaient à rendre leur maison de convalescence à la congrégation
Notre-Dame, afin d'avoir plus d'espace pour instruire les couventines. Pour commencer, un des étages de la maison continuerait
à loger les sulpiciens, le temps qu'on trouve un autre endroit de
villégiature, et l'autre étage se nommerait l'aile de la Providence.
C'est le souhait du gouverneur de Ramezay et de la Supérieure,
sœur Marie Barbier.

Aux yeux de De Lestage, cette nouvelle, présentée un peu froidement, n'apportait pas de solution pratique au problème de leur
séparation.

— Comme cela, je pourrai vous voir de loin, Esther, puisque
le logis des sulpiciens jouxtera pour un temps celui des soeurs de
la congrégation… euh… l'aile de la Providence. C'est déjà ça de
gagné, rétorqua le jeune homme, déçu.

— Peut-être de plus près, se risqua la jeune fille, timidement.

— Ai-je bien entendu ? Que voulez-vous dire, Esther ? Allez,
ne craignez rien, je ne le répéterai à personne.

Cette dernière s'en voulait d'être passée aux confidences avec
si peu de retenue. Pour ne pas perdre la face devant ce jeune
homme qui la mettait au défi, elle choisit de poursuivre.

— Notre Supérieure m'a demandé de veiller aux bons soins
des sulpiciens et de leurs hôtes dans leur maison de retraite, le
temps où ils y demeureront, ajouta-t-elle, les yeux rivés au sol.

— Et c'est là que nous pourrons nous revoir, si je comprends
bien. En d'autres moments qu'aux repas, j'espère ?

— Non, seulement au réfectoire, mais aussi…

La jeune femme arrêta soudain, craignant d'en avoir déjà trop
dit.

— Allez, ne craignez rien, cela restera entre nous.

Esther dévisagea pour la première fois Pierre de Lestage, tentant de déceler chez lui une trace de perfidie. Elle remarqua l'iris
sombre des yeux du malade. Elle le trouva beau. Elle s'enhardit.

— Nous pourrons nous voir dans l'allée qui borde le fleuve.

— À l'abri des regards importuns ?

— Si nous nous voyons, monsieur, l'œil de Dieu sera omni-
présent, répondit sèchement Esther.

Pierre de Lestage comprit qu'il valait mieux qu'il abandonne
son petit jeu. Il baissa la garde et ajouta :

— Nous nous verrons quand votre emploi du temps vous le permettra, bien entendu, en espérant qu'il vous le permette souvent.

Esther Sayward sourit plus librement au jeune homme, qui n'en attendait pas davantage. Comme elle se préparait à quitter son malade, elle lui annonça :

— Votre frère, Jean, viendra vous rendre visite cet après-midi, Pierre.

— Mon frère ? J'ai un frère ?… Ah oui, Jean !

Pierre se souvenait de manière embrouillée de ce frère avec lequel il avait traversé l'Atlantique et fondé une société de commerce de la fourrure. Comprenant son embarras, Esther, en bonne soignante, ajouta :

— Vous savez, dès que vous le verrez, tout se mettra en ordre.

— Il n'est pas encore venu me voir ?

— Oh si, plusieurs fois ! Le pauvre s'est découragé tant vous ne saviez pas qui il était malgré ses efforts pour se rappeler à votre mémoire.

— Et il revient encore ? Il en a de la persévérance, mon frère !

— C'est sous les bons auspices de sœur Félicité, qui lui a fait savoir que votre mémoire prenait du mieux. C'est elle que vous devriez remercier.

— Ainsi que vous, Esther.

La jeune fille rougit encore.

— Moi, pourquoi ?

— Pour m'avoir prévenu de ma nouvelle destination… Et aussi de votre nouvelle fonction. J'espère que ne vous ennuierez pas trop de vos malades… Ou que celui qui vous parle pourra agrémenter votre séjour à la Maison Saint-Gabriel[7]… Parce que j'ai déjà hâte de vous revoir, répondit Pierre de Lestage.

---

7. Avant l'arrivée des premiers colons, le territoire de la pointe Saint-Charles était occupé par les Amérindiens — des Mohawks pour la plupart — qui s'en servaient pour la pêche et la chasse à l'oie. Ce lieu bordant les rives du fleuve Saint-Laurent fut d'abord surnommé Village-aux-Oies. Il prendra le nom de Pointe-à-Charles, puis de Pointe-Saint-Charles, en 1654, quand Paul de Chomedey, sieur de Maisonneuve, fondateur de Montréal, donnera une concession de 90 arpents à Charles Le Moyne, militaire et interprète auprès des Amérindiens. En 1662, Maisonneuve concèdera une autre partie des terres à Marguerite Bourgeoys qui y bâtira une exploitation agricole qu'on nommera la ferme Saint-Gabriel. En 1666, elle ouvrira l'école de la Providence, première école ménagère au Canada, pour accueillir des filles du Roy de 1663 à 1668. En 1698, elle y fit construire la Maison Saint-Gabriel.

Déstabilisée par cette déclaration, Esther baissa la tête. Elle ajouta :

— Je vous recommande de faire votre toilette pour la visite de votre frère. Vous en êtes maintenant capable.

— Vous en êtes certaine ? demanda le jeune homme, l'œil moqueur.

— Si vous n'êtes pas convaincu, je demanderai au frère convers de venir vous prêter main-forte.

Celui qu'on appelait le frère convers était en réalité un estropié qui martelait les corridors de l'hôpital avec sa jambe de bois. Il était reconnu pour sa poigne forte s'il fallait mater des Sauvages trop bruyants. Malades ou non, il les prenait par le chignon jusqu'à ce qu'ils comprennent de rester calmes. Malgré son handicap, une de ses tâches consistait à faire la toilette des malades masculins : la plupart du temps, il les ébouillantait plus qu'il ne les lavait, mettant du coup leurs plaies vives à sang. Il disait fièrement qu'il faisait la guerre aux poux et à la vermine. Chaque matin, le frère convers offrait son œuvre à Dieu, mais il était laïc. Le soir, il dormait à la caserne du fort, pour revenir à l'hôpital à l'aube pour l'office religieux du matin.

Pierre avait entendu parler du zèle du frère convers à prendre soin des malades. Il ne voulut pas relancer la jeune femme.

Jusqu'au début de l'après-midi, Pierre essaya d'imaginer de quoi lui et son frère s'entretiendraient. Cet effort l'amena à sombrer dans le sommeil au moment de la sieste réglementaire des malades.

CHAPITRE II
Le souvenir de Cassandre

Lorsque Pierre de Lestage se réveilla, son frère lui souriait. *Souma rak*[8]! dit Jean. Pierre lui répondit instinctivement *Souma mak*[9]!

— Eh bien, tu n'as pas perdu la langue du Pays basque. Tu te souviens quand nous dansions le *mutxiko*[10] ou que nous jouions au *muz*[11] à la maison? Il fallait absolument que tu gagnes, sinon notre père me ramassait une gifle derrière la tête. Je devenais alors avec le teint comme celui d'un moricaud[12].

— Je m'en souviens très bien. C'était au Pays basque, avant notre venue au Canada.

— À la bonne heure. Et puis, comment te portes-tu? Et la nourriture?

Pierre de Lestage grimaça.

— Je vois. Tu n'en as plus que pour quelques jours ici. Tu iras en convalescence chez les bonnes sœurs, le temps de récupérer complètement… C'est quand même mieux que de moisir dans cet hôpital en plein hiver, non? De toute façon, je ne l'aurais pas

---

8. « Mon petit frère » en langue basque.
9. « Mon frère aîné » en langue basque.
10. Appelée aussi saut basque, cette danse en cercle sur les places de villages s'exécute le buste droit et les bras ballants en un enchaînement de pas et de changements de sens de rotation nécessitant une écoute attentive de la musique.
11. Jeu de cartes basque où les partenaires peuvent annoncer leur jeu par des signaux verbaux ou gestuels, notamment des clignements d'yeux.
12. Qui a la peau très brune.

permis et je t'aurais soigné chez moi. Ta belle-sœur aurait fait une excellente infirmière, tu sais!

Jean regardait son frère, attendri. Il continua:

— Tu sais quoi? Antoine Pascaud, notre associé de La Rochelle — tu te rappelles quel homme influent il est —, eh bien, grâce à l'aide du ministre des Colonies, il t'a déniché un emploi superbe...

Pierre souriait à son frère, non pas pour les nouvelles qu'il lui apportait, mais plutôt par plaisir de le revoir. Jean reprit:

— Allez, je te vois sourire. Avoue-le que tu brûles de connaître cette fonction merveilleuse... Non? Comme je tarde à te le dire, alors je m'exécute... Tu seras l'agent des trésoriers généraux de la Marine, responsable de l'administration des finances de la ville de Montréal. À ce titre, tu verras à payer la solde des troupes de la garnison. Qu'en penses-tu, petit frère? C'est Cassandre qui sera fière de toi, après tout le mauvais sang que cette fâcheuse histoire lui a causé... Imagine-toi qu'elle a dû interrompre sa revue théâtrale et payer elle-même la solde de ses artistes.

Pierre ne réagit pas, perdu dans sa recherche de souvenirs.

Cassandre, Cassandre, qui est-elle? Une épouse, une fiancée, une amie? Je ne m'en souviens pas. Et puis tant pis: c'est Esther Sayward qui m'intéresse! se dit-il.

Pierre sortit de ses pensées quand son frère l'interrogea de nouveau.

— Hein, qu'en penses-tu? As-tu hâte de commencer cet emploi prestigieux? Tu seras voisin du bureau du gouverneur de Ramezay, à son château, en plus de ça! C'est Pascaud et le comte Joli-Cœur qui t'ont obtenu cette charge. Ce dernier voulait absolument te remercier pour ton acte d'héroïsme: il faut bien le dire, tu as sauvé la vie de son fils en te plaçant devant la hache d'un Mohawk, alors qu'il s'apprêtait à porter le coup fatal à Ange-Aimé Flamand, considéré comme traître à son peuple. À ce moment-là, tu as non seulement sauvé la vie du fils unique du comte Joli-Cœur, mais aussi celle de l'ambassadeur du Roy, et à cette fin, tu as permis la sauvegarde du traité de la Grande Paix de 1701.

Tout sourire, Jean continua, sans reprendre son souffle.

— Grâce à toi, la guerre ne reprendra pas et même les Mohawks récalcitrants signeront bientôt le traité, comme l'espérait tant

Kawakee. Tu es un héros de la Nouvelle-France, *anaia*[13]. Le gouverneur de Ramezay et le marquis de Vaudreuil voulaient te remercier aussi en t'offrant cette fonction qui te permettra d'accomplir une très grande carrière.

Pierre constatait l'enthousiasme de son frère. Pour sa part, c'était le souvenir du visage d'Esther Sayward qui le comblait d'aise. La mine de Jean se rembrunit.

— Seulement, il y a un hic : Cassandre. Il va falloir la convaincre de venir vivre à Montréal, alors qu'elle commence à se faire apprécier à Québec... Sinon... Tu ne peux quand même pas laisser passer une chance pareille ! Imagine, voisin du bureau du gouverneur, à ton âge ! C'est une chance qui ne passe pas deux fois dans une vie ! Alors que nous ne sommes pas de la noblesse, je te le fais remarquer... À propos, as-tu des nouvelles de Cassandre ? Le comte Joli-Cœur m'a dit qu'elle avait très mal pris la nouvelle de ta capture... Et ton silence, depuis ta libération, l'inquiétait davantage. Cette jeune femme se meurt d'amour pour toi, Pierre. Le savais-tu ?

Pierre restait silencieux, sans réaction. Son grand frère continua.

— Cassandre devrait mettre une sourdine à sa carrière prometteuse à Québec et venir te rejoindre à Montréal... Vous devriez aussi absolument vous marier, parce que Montréal n'a pas la même licence de mœurs que Québec, au point de pouvoir compromettre ton nouvel emploi. De grâce, pense à ta carrière... Qu'en dis-tu ?

Pierre écoutait religieusement le monologue de son frère. Quand ce dernier eut fini, il lui demanda :

— Dis-moi, qui est Cassandre ? Je ne m'en souviens pas. Étions-nous mariés ? Sans doute que non, puisque tu parlais de mariage à Montréal. Donc, nous étions fiancés, certainement amoureux, en tout cas, je me trompe ? Est-elle jolie ? En ce cas, je devrais m'en souvenir.

Jean de Lestage détailla son frère d'un œil calculateur, en silence. Il répondit :

— Je vais demander au gouverneur de Ramezay de retarder ton embauche. Tu n'es pas encore complètement rétabli. Un

---

13. « Frère » en langue basque.

homme qui ne se souvient pas d'une aussi jolie fiancée n'a pas encore retrouvé tous ses moyens. Quand tu la verras, tu te rendras compte par toi-même qu'elle est fraîche comme la rosée du matin et ensorcelante comme la folie printanière.

— Ma fiancée?

— Plus que ça, ta concubine! Une blonde déesse à la voix d'or et aux yeux d'azur.

— Ma parole, Jean, avais-tu un penchant pour elle?

— Comme tous les gentilshommes de Québec, ni plus ni moins. Et c'est mon petit frère qui avait le privilège de posséder son cœur…

— J'étais son amoureux?

— Tu l'es sans doute encore… Sonde ta mémoire… Bon, je reviendrai te chercher pour t'amener à la Maison Saint-Gabriel. L'avenir ne pourra que t'être profitable… Et quand ta santé te le permettra, avant de commencer ton nouvel emploi, nous irons rendre visite à Martin. D'accord?

— Martin?

— Martin Casaubon, à la rivière Bayonne, de la seigneurie de Berthier-en-haut! Notre compatriote basque de Saint-Jean-de-Luz!

Comme Pierre ne semblait pas réagir, Jean sortit d'un sac le béret basque de son benjamin.

— Tiens, porte-le quand tu sortiras de cet hôpital. Il te permettra de te rappeler notre coin de pays… Et, sans doute, qui tu étais. Essaie-le.

Pierre sourit. Il retira son bonnet d'hôpital et mit le béret.

— Comme il te va bien! C'est déjà la moitié de ta guérison, ce béret!

Sœur Félicité et quelques infirmières admiraient à la porte le port de tête de leur beau malade.

J'espère qu'Esther saura reconnaître la valeur de ce beau jeune homme, le protégé du gouverneur! se dit-elle.

Quand la religieuse avait appris, désappointée, le transfert de son beau malade vers la métairie de mère Bourgeoys, l'expression «Le loup dans la bergerie» lui était venue à l'esprit.

Lorsque Pierre aperçut les femmes, il leur fit son plus beau sourire. Quand il se retrouva seul, après le départ de son frère, il se questionna.

Cassandre… Cassandre… C'est curieux, je ne me souviens pas de cette beauté. Si elle était si belle que ça, je devrais m'en souvenir facilement… Cassandre… Et nous étions amants! Je devrais donc m'en souvenir.

Aussitôt, le visage d'Esther Sayward, avec ses taches de rousseur d'adolescente, lui revint en mémoire.

Cette Esther existe vraiment, avec ses charmes évidents, pensa-t-il.

Quand Pierre se retrouva à la Maison Saint-Gabriel pour sa convalescence, ses premières pensées furent de retrouver la jolie Esther au visage étincelant. Il ne se passa pas beaucoup de temps avant qu'il puisse la retracer, puisque la direction de la communauté avait confié à la jeune fille les tâches de l'entretien ménager de l'étage. C'est de cette façon qu'Esther et Pierre firent davantage connaissance.

Quelques mois plus tard, Pierre retrouva entièrement la mémoire. Comme le début du mois de mai 1710 avait été prématurément réchauffé par une première canicule, les nouveaux tourtereaux se donnèrent facilement rendez-vous sur le sentier longeant la pointe Saint-Charles, écoutant le silence de leurs aveux timides, en même temps que le gazouillis des oisillons nouvellement nés.

Quand Jean rendit visite à son frère à la fin du mois de mai, il l'informa que le médecin l'autorisait à intégrer ses nouvelles fonctions à la résidence du gouverneur de Ramezay, qui faisait office d'hôtel de ville.

— Ne souhaiterais-tu pas rendre visite à notre bon ami Martin Casaubon avant de commencer?

— Non, pas vraiment. Martin demeure dans les parages de Marie-Anne Dandonneau et d'Étiennette Latour, les deux meilleures amies de Cassandre Allard.

— Parce que… C'est fini entre Cassandre et toi?

— J'en aime une autre, Jean. Elle se nomme Esther Sayward et elle agit comme servante à la Maison Saint-Gabriel.

Étonné, Jean de Lestage lui demanda:

— Vous vous êtes rencontrés ici?

— Non, à l'Hôtel-Dieu. Elle était mon infirmière, ou plutôt, une bénévole soignante. Par la suite, elle emménagea à la congrégation de Notre-Dame, comme servante à l'aile des sulpiciens, où je logeais. C'est une charmante et formidable jeune femme.

— Et Cassandre Allard? Tu t'en souviens, n'est-ce pas?

— Oui, je m'en suis souvenu par la suite. Une beauté incomparable, en effet. Et je l'ai tellement aimée… Elle qui voulait que l'on se marie… Tu comprends, loin des yeux, loin du cœur… Esther et moi, nous nous voyons chaque jour. Le sentier le long du fleuve a vu naître et grandir notre amour.

— Et Cassandre, le sait-elle?

— Évidemment pas, répondit le jeune homme, embarrassé.

— Alors, il va falloir que tu l'en avertisses et au plus vite. S'il fallait qu'elle l'apprenne d'autres sources, son chagrin serait encore plus grand. C'est une jeune femme émotive qui peut en faire voir de toutes les couleurs lorsqu'elle est indignée. C'est le comte Joli-Cœur qui me l'a confié.

— Moi aussi, je peux en témoigner. Mais je me souviens assez de Cassandre pour savoir qu'elle ne me lâchera pas facilement si je la revois. Comment faire?

— C'est l'amour que tu portes à Esther qui te donnera le courage nécessaire. Cassandre encaissera le coup et comprendra, si tu sais t'y prendre.

— Justement, je la connais assez pour craindre ses réactions.

— C'est tout de même toi qui as partagé sa vie, Pierre! Tu es le mieux placé pour lui faire part de tes projets avec Esther… Tu as bien des projets de mariage avec elle, n'est-ce pas?

— Oui, oui, mais je ne lui ai pas encore fait ma demande.

— Ne tarde pas trop et surtout, pas de concubinage à Montréal.

— Ne t'inquiète pas, Esther n'est pas ce genre de fille.

— Cassandre Allard l'était?

— Pas davantage, seulement, elle était une artiste qui avait étudié à Versailles et joué à Paris. Esther n'a vu que des soutanes dans sa vie. Elle ne peut pas imaginer… Enfin, tu me comprends!

— Écoute, Pierre, ne les fait pas languir ni l'une ni l'autre, si tu te considères comme un gentilhomme. Tu dois éconduire Cassandre dès que tu le pourras et marier Esther par la suite.

— Mon frère, ce n'est pas un marathon amoureux.

— Je te l'accorde. Seulement, tu seras en paix avec toi-même si tu franchis les étapes correctement. Cassandre, sa famille et ses amies méritent tous les égards, comme des gens respectables. D'autant plus qu'Étiennette Latour et son mari, le forgeron, sont maintenant les voisins de Martin, à la rivière Bayonne. De quoi aurions-nous l'air, les Basques? Quant à Esther, que j'ai bien hâte de connaître comme future belle-sœur, elle a le droit d'espérer le meilleur de ta part, et non pas de voir apparaître, un jour, un cadavre de ton placard… Médite sur ça, frérot!

Jean donna une tape dans le dos de son frère et tourna les talons, laissant ce dernier à son hésitation.

Quelques semaines plus tard, installé à son bureau de responsable des finances de la ville de Montréal, Pierre de Lestage songeait à la façon de s'y prendre pour faire part de la nouvelle à Cassandre, lorsque l'aide de camp du gouverneur lui annonça une visite impromptue.

— Mesdemoiselles Cassandre Allard et Marie-Anne Dandonneau, monsieur.

L'aide de camp fut surpris de l'expression faciale du jeune trésorier. Pierre de Lestage renversa son encrier. Il fit signe au militaire de nettoyer son secrétaire.

— Est-ce que tout va bien, monsieur l'agent des trésoriers généraux de la Marine?

Pierre se ressaisit et finit par dire:

— Faites patienter ces dames, je vous prie, pendant que je vais me rafraîchir le visage. Cette journée est torride.

Pierre de Lestage eut peine à se faire entendre du militaire, éberlué, puisqu'il était déjà en route vers le lavabo.

CHAPITRE III
Une visite inattendue

— Laissez-nous vous souhaiter un bon voyage. Et, pourquoi pas, vous embrasser, encore une fois. Surtout, pas de mauvaises manœuvres. Les courants sont toujours traîtres sur le fleuve, pleurnicha Étiennette.

Tandis que Louis-Adrien Dandonneau, le frère de Marie-Anne, attendait de moins en moins patiemment le moment de partir vers Varennes sur son petit voilier amarré au quai de la forge, cette dernière ainsi que Cassandre Allard tardaient à faire leurs adieux à leur amie Étiennette et à sa petite famille, composée de Pierre Latour dit « Laforge », son mari, et de ses deux enfants, Marie-Anne et Pierrot.

— Regardez notre mère poule qui s'inquiète pour nous. Comment feras-tu, Étiennette, quand ta fille Marie-Anne partira à son tour ? questionna Cassandre, nerveuse et émotive.

Étiennette se rendit au bout du quai pour aller saluer de plus près ses amies, lesquelles s'apprêtaient à prendre place dans l'embarcation, leur crinoline légèrement remontée.

— N'avance pas trop, ma femme, tu pourrais perdre pied et tomber à l'eau, s'inquiéta le forgeron.

Sur ces mots, Cassandre et Marie-Anne Dandonneau décidèrent de rebrousser chemin et de faire une dernière fois la bise à Étiennette.

Étiennette avait voulu se faire aussi coquette que ses amies du même âge et avait choisi la robe de maternité que lui avait offerte mademoiselle Marie-Anne à l'annonce de sa récente grossesse.

— Ne t'inquiète pas, tout ira pour le mieux, mon amie, la rassura Cassandre, qui se retenait difficilement de fondre en larmes.

— Tu seras toujours la bienvenue ici, quoiqu'il advienne. Tu le sais, n'est-ce pas?

Pour toute réponse, Cassandre hocha la tête, le cœur gros. Marie-Anne, qui se voulait rassurante dans les circonstances, dit à Étiennette:

— Ne crains rien, je veillerai sur Cassandre.

— Salue bien ta belle-sœur, madame de la Jemmerais, de notre part, et embrasse aussi la petite Margot en lui disant que nous souhaitons qu'elle revienne... Marie-Anne, viens embrasser ta marraine et tante Cassandre qui partent pour un beau voyage.

Cassandre toisa Étiennette aux yeux larmoyants. Celle-ci s'en rendit compte et ajouta:

— C'est bien ce que je crois. Tout ira pour le mieux, tu verras, et tu nous reviendras encore plus amoureuse.

— Puisses-tu dire vrai, Étiennette, dit Cassandre, qui éclata en sanglots. Elle alla aussitôt se blottir contre l'épaule de son amie, qui se dépêcha de remettre le petit Pierrot à son père pour mieux consoler son amie artiste.

À la vue de tels débordements, Louis-Adrien, qui commençait à s'impatienter, s'exclama:

— Si vous continuez à retarder notre départ, je ne garantis pas que nous arriverons à Varennes avant la brunante. Nous serons donc obligés de dormir à la belle étoile, quelque part dans un campement de Sauvages...

L'avertissement fit son effet. À la sauvette, Cassandre fit deux bises à Étiennette, tandis que le forgeron rendait le petit Pierrot à sa femme et empoignait les bagages des jeunes femmes pour les déposer dans la chaloupe. Valises et cartons à chapeaux s'empilèrent, ne laissant pratiquement pas de place aux occupants.

— Pardi, laissez-moi un peu d'espace pour manœuvrer, sinon nous n'arriverons jamais à destination, s'impatienta Louis-Adrien Dandonneau, agacé par l'encombrement de colis.

Le sourire compatissant de Cassandre eut tôt fait de l'amadouer. Il demanda au forgeron de défaire les amarres. Au bout du canal, une fois sur la rivière Bayonne, en direction du chenal du Nord, le barreur obliqua vers la gauche. En guise de remerciement et d'au revoir, les jeunes femmes continuaient d'envoyer la main à leurs hôtes et à leurs enfants ; le vent, propice à leur navigation, les obligeait à retenir leurs chapeaux.

À la fin de l'après-midi, après avoir croisé des barques à fond plat, des brigantins et des sloops qui faisaient le transport des cargaisons de marchandises entre Québec et Montréal, l'embarcation accostait au petit débarcadère de la seigneurie, une fois dépassé le cap de Varennes[14].

Du bord de l'eau, les visiteurs pouvaient déjà apercevoir l'église et les quelques maisons situées le long du chemin. En toile de fond s'élevait le manoir de Varennes, qui ressemblait davantage à un fortin. Marie-Ursule Boucher, veuve de René Gauthier de Varennes, y séjournait, l'été seulement, avec son fils Jacques-René, célibataire, maintenant le seigneur de Varennes.

Cassandre, Marie-Anne et Louis-Adrien mirent le pied sur le quai. Une fois la chaloupe solidement amarrée, Marie-Anne dit :

— Ma belle-sœur, Marie-Renée, m'a dit qu'elle demeurait près de l'église. Comme nous ne l'avons pas avertie de notre visite, il ne serait guère poli de nous présenter au manoir à cette heure tardive. Que penserait-elle de mes manières !

Voyant la mine dépitée des autres, Marie-Anne décida d'oublier la bienséance.

— Allons-y ! affirma-t-elle.

Les jeunes femmes tentèrent tant bien que mal de défriper leurs vêtements encore humides de l'eau du fleuve qui les avait aspergées, puis le trio se mit en route. En chemin, le petit groupe croisa un militaire à cheval qui allait porter le courrier au manoir et qui leur confirma où résidait la veuve de la Jemmerais.

La maison était située près du cimetière, à l'arrière de l'église, sur un terrain d'un demi-arpent de front sur le chemin qu'avait tracé le recruteur canadien, Pierre Boucher, avec son notaire, Thomas Frérot[15], dans les années 1670. Une ouverture dans le feuillage

---

14. Le patronyme Varennes, localité située à quatre lieues de Montréal, réfère au village français Varennes-sur-Loire, dernier lieu habité par la famille dans la vallée de la Loire.
15. Thomas Frérot, cousin de François Allard, était notaire avant de devenir marchand et procureur général de la colonie.

des buissons permettait de se rendre au porche de l'église en traversant le cimetière et en contournant le transept et la nef. Les fidèles apercevaient la petite île Sainte-Thérèse à la sortie de la messe dominicale. Ses hautes herbes étaient propices à camoufler les caches des chasseurs de canards et autres volatiles. Entre le chemin longeant le chenal et l'île, les battures permettaient aux trappeurs de rats musqués d'installer leurs pièges. En saison, les roseaux de l'habitat aquatique accueillaient des Amérindiens qui allaient y déposer leurs nasses à anguille.

La maison de bois des Du Frost de la Jemmerais était construite, pièce sur pièce, en pin blanc. Elle possédait un toit de bardeaux de cèdre à double versant, à lucarnes au grenier. Deux âtres maçonnés enchâssaient la bâtisse. Aux fenêtres, des volets peints en rouge égayaient l'aspect de la chaumière. Une clôture en pierres des champs fermait l'autre versant de la propriété. Un petit potager, au feuillage rendu éblouissant par ses teintes vertes et les rayons orangés du coucher de soleil qui le transperçaient, assurait aux habitants de la demeure une alimentation en légumes frais pendant la belle saison. Des passerines[16] complétaient la féerie kaléidoscopique de cet arrangement de couleurs.

Cassandre et Marie-Anne n'eurent aucune peine à reconnaître la fillette qui jouait dehors avec un bambin.

— Regarde, Cassandre, c'est notre petite Margot, ma nièce. Comme elle a grandi !

— Oh, regarde, elle semble inquiète de nous voir arriver. Elle se demande qui nous sommes… Elle va avertir sa mère. Elle ne se souvient certainement pas de nous, elle était si jeune… et à distance, comme ça…, ajouta Cassandre.

La petite Margot, serrant la main de son jeune frère, s'était dépêchée d'annoncer la venue de visiteurs à sa mère. Quand le trio se présenta à l'entrée de la maison, Marie-Renée de Varennes avait déjà entrouvert la porte. Son sourire révéla aux deux jeunes femmes qu'elle les avait reconnues au premier coup d'œil.

— Marie-Anne, Cassandre ! Quel bon vent vous amène ? Entrez, je vous prie. Je m'apprêtais justement à préparer le repas. Vous restez, cela va de soi.

---

16. Passereaux aux couleurs magnifiques.

— Mon frère, Louis-Adrien, présenta Marie-Anne. L'hôtesse sourit au jeune homme qui sourit aussitôt en retour.

— Que me vaut l'honneur de votre visite ? Toute une belle surprise !

— Je regrette de ne pas vous avoir prévenue de notre visite… Cassandre a une affaire urgente à régler à Montréal et sa décision a été… disons… spontanée.

— Cette démarche doit être urgente, en effet. Par affaires ?

Comme les jeunes femmes, gênées, gardaient le silence, Marie-Renée de Varennes continua son interrogatoire, son plus jeune dans les bras. Ses autres enfants tourbillonnaient autour du petit groupe.

— De toute façon, ça ne me concerne pas. Laissez-moi vous présenter mes enfants. Vous reconnaissez Margot, n'est-ce pas ? Et toi, Margot, reconnais-tu ces ravissantes jeunes dames ? interrogea Marie-Renée de Varennes.

— Oui, mère, ce sont mes tantes Marie-Anne et Cassandre. Bonjour, mes tantes. Heureuse de vous revoir… Nous nous sommes rencontrées au fief Chicot, chez tante Étiennette. Tenez, j'ai encore le chapelet de l'oncle Jean-Baptiste, répondit la jeune fille de neuf ans, toute fière, en embrassant pieusement la croix.

Impressionnées, Marie-Anne et Cassandre se regardèrent en souriant, presque incrédules. Cette attitude n'échappa pas à leur hôtesse, qui crut bon de préciser :

— Margot a une mémoire phénoménale, particulièrement pour ses prières.

— Nous nous en sommes rendu compte lors de votre visite au fief Chicot, à notre cérémonie de mariage.

— N'est-ce pas ? Lorsqu'elle n'a pas à jouer avec ses frères et ses sœurs, elle en profite pour se rendre à l'église par le cimetière.

— Que veux-tu devenir, plus tard, Margot ? Désires-tu te marier ? demanda Cassandre, qui se rendit compte de la cocasserie de sa question.

— J'aimerais me faire ursuline, comme tante Anne-Marguerite.

Marie-Renée de Varennes expliqua à Cassandre que Anne-Marguerite portait le nom de mère Marie de la Présentation, en religion, et qu'elle professait rue du Parloir à Québec. De plus, l'aïeul de Margot, Pierre Boucher, lui avait promis de payer ses études si elle choisissait de se faire nonne.

— Mais je la connais, elle était mon professeur de broderie et de passementerie! répondit spontanément Cassandre, amusée par cette révélation. Elle ajouta:

— Je me souviens qu'elle n'avait pas son pareil pour orner les chasubles de fil d'or, les surplis de dentelle, et pour broder les nappes d'autel avec du fil d'argent. La batiste, le damas de soie, le drap et la toile de Hollande, aucun tissu ne l'effrayait: elle les transformait tous de ses doigts de fée.

— Effectivement, Anne-Marguerite a toujours été douée pour les travaux d'aiguille. Cependant, elle n'a jamais eu de charge familiale, elle! répondit sèchement Marie-Renée.

Margot s'ingéra naïvement dans la conversation d'adultes.

— Tante Anne-Marguerite a été porteuse à mon baptême. N'est-ce pas, maman, c'est vous qui me l'avez dit!

Marie-Renée de Varennes acquiesça de la tête et se reprit:

— Oui, ma chère fille. Si ma petite sœur Anne-Marguerite, de deux ans ma cadette, t'avais dans les bras, c'est à cause de ma sœur aînée, Marguerite, ta marraine, que tu portes ce joli prénom. Tu iras retrouver Anne-Marguerite l'an prochain pour tes dix ans, pour tes études au couvent des Ursulines. Comme maman et tes autres tantes.

Marie-Renée Gauthier de Varennes poursuivit:

— Et voici le fameux Charles, qui veut se faire prêtre, dit-elle en ébouriffant la chevelure du garçonnet souriant. Il est maintenant l'homme de la famille et donne l'exemple à son petit frère Joseph, que voici.

Joseph alla aussitôt se cacher derrière l'armoire, près de l'âtre. Cette espièglerie fit sourire sa mère.

— Je vous présente la cohorte féminine, Clémence et Louise, qui font damner Margot par leur conduite, et enfin, mon bébé, Christophe, qui porte le prénom de mon cher mari, décédé si prématurément.

Même si la mort de Christophe Dufrost de la Jemmerais ne remontait qu'à deux années, elle ne put retenir ses larmes, tant sa peine était encore vive.

— Leur père leur manque tellement... Et nous vivons si étroitement dans cette petite maison... Heureusement que l'intendant Raudot me verse la rente du seigneur de Berthier... J'ai eu la main heureuse, car il s'en est fallu de peu pour que cette rente échoie à sa fille ursuline.

Cassandre sursauta.

— Quoi, le seigneur de Berthier avait une fille ursuline? Je croyais qu'il en avait eu seulement deux et qu'elles étaient mortes! Quel est son nom en religion?

— Des ouï-dire seulement... Une fille naturelle... Sœur Geneviève de la Contrition... Elle ne l'a jamais dit, mais ne l'a jamais nié non plus! De toute façon, elle a refusé l'héritage: il nous est infiniment plus utile qu'à une religieuse, nourrie gratuitement. Nous arrivons à peine à vivre décemment. Vous avez vu notre potager? Il nous accommode l'été, sans plus...

Cassandre, qui n'écoutait déjà plus, ironisa dans un demi-sourire moqueur:

— Sœur Geneviève, la sacristine, fille illégitime d'Alexandre de Berthier! Quand maman apprendra ça!

Marie-Renée de Varennes continua:

— Et ma mère qui a cédé le manoir à Jacques-René, un célibataire qui y vit seul! C'est injuste.

Les deux jeunes femmes se rappelèrent la controverse suscitée par la succession de René Gauthier de Varennes. Marie-Anne n'osa pas la contrarier, même si elle connaissait les conditions de la succession.

Jacques-René, qui avait pris rang d'aîné à la suite de la mort de son frère Louis, accepta avec ses autres frères la responsabilité d'une partie des dettes de sa mère, veuve. Celle-ci devait subvenir aux besoins de ses trois filles, qui avaient perdu leurs maris et leurs enfants. Les domaines seigneuriaux de la famille n'étaient pas de valeur considérable, et même si Jacques-René en avait reçu la plus grande partie en héritage, leur rendement demeurait essentiellement modeste.

— Justement, nous nous demandions si nous pouvions loger au manoir familial pendant quelques jours... Au moins jusqu'à demain. Le temps de nous remettre de notre voyage, demanda Marie-Anne.

— Il n'y a personne au manoir. Jacques-René et ma mère sont à Montréal, rue Saint-Vincent. Restez ici ce soir, demain, le temps que vous voudrez. Votre frère couchera dans la grange et vous pourrez prendre le grenier.

— Moi aussi, je veux dormir dans la grange avec Louis-Adrien ! s'exclama Charles.

Surprise, madame de Varennes ne parut pas décontenancée.

— Eh bien, Louis-Adrien vient de se faire un nouvel ami, à ce que je vois.

— Moi aussi, je veux y aller, dit une frêle voix, celle de Joseph. J'aimerais que Louis-Adrien raconte l'histoire de Zazée le petit nain, celle que père nous racontait.

— Christophe, mon mari, avait l'habitude de mimer l'expression de Zachée sur sa branche d'arbre quand Jésus l'apostrophait sans avoir fait mine de voir le nain. Lorsqu'il contait cette histoire, Christophe donnait au nain la même taille que celle de Joseph, à trois ans. Il exagérait, bien sûr, mais l'enfant s'en souvient encore… Cher petit, il s'ennuie tellement de son père… d'une présence masculine. C'est important pour un petit garçon, la présence d'un père, précisa la femme en larmoyant.

Afin de changer le cours de la conversation devenue si triste, Marie-Anne appela son frère à la rescousse.

— Je ne sais pas si Louis-Adrien connaît aussi bien l'histoire de Zachée, mais il en connaît bien d'autres, hein, Louis-Adrien ? l'interpella sa sœur.

Louis-Adrien comprit vite son rôle.

— Connaissez-vous l'histoire de l'anguille qui aurait préféré être changée en castor ?

La question loufoque surprit les garçons. Joseph répondit le premier.

— Un poisson à fourrure ? Ça ne se peut pas, voyons !

— Mais oui, Joseph, père me l'avait dit qu'il avait déjà pêché un poisson-castor. Il savait tout, notre père. Alors, c'est une anguille déguisée, le poisson-castor, Louis-Adrien ?

Les garçons étaient conquis par le savoir de Louis-Adrien. Clémence et Louise, entre-temps, s'étaient rapprochées de Marie-Anne. Margot, elle, souriait à Cassandre en admirant ses beaux cheveux blonds.

— Je peux les toucher, mademoiselle Cassandre ? Ils sont si beaux et soyeux. J'aimerais tellement que les miens soient de cette couleur… Pourriez-vous me chanter un air d'opéra ?

Surprise, Cassandre lui demanda :

— Comment se fait-il, Margot, que tu saches ça ?

— C'est l'oncle La Vérendrye qui l'a mentionné à maman, l'autre fois.

— Mais ça fait longtemps de ça ! répondit Cassandre, surprise, mais pas autant que Marie-Renée de Varennes qui semblait si fière de la précocité de sa plus vieille.

Margot parut étonnée de la réaction de Cassandre, qui enchaîna :

— Connais-tu l'heure, Margot ?

L'enfant, désolée, fit signe que non. Cassandre continua à l'attention des adultes, sans trop leur signifier :

— Savais-tu, Margot, qu'au château du Roy, à Versailles, il y a une horloge bien particulière sur laquelle à chacune des douze heures correspond un compartiment renfermant un type d'épice particulier ? La nuit, il faut chercher à tâtons l'aiguille des heures, plonger l'index dans le trou qu'elle indique, puis sucer son doigt pour savoir, selon le goût de l'épice, l'heure qu'il est.

Margot fixait Cassandre, analysant ce que celle-ci venait d'énoncer.

— Moi, je suis trop grande pour lire l'heure comme ça. D'ailleurs, maman me le défendrait. Mais Christophe le pourrait, lui, répondit-elle sérieusement.

— Eh bien ! C'est le bébé qui le pourrait et non pas toi, qui es bien plus vieille… Et pourquoi, je te prie ?

— Parce que ce sont seulement les bébés qui peuvent sucer leurs doigts !

Devant cette implacable logique enfantine, Marie-Renée se dépêcha d'ajouter :

— Bon, que diriez-vous de passer à table, les enfants ? Nos visiteurs doivent mourir de faim. J'ai du pain qui sort du four, il est encore chaud. Et des légumes bien frais du potager. Cassandre chantera après le souper.

Au moment venu, Cassandre chanta quelques airs enfantins aux petites filles : *Trois beaux canards, À la claire fontaine, La belle rose du rosier blanc,* pendant que les garçons étaient pendus aux lèvres de Louis-Adrien, qui n'hésita pas, pour sa part, à entonner *Trois cavaliers fort bien montés.* Quant aux deux belles-sœurs, leur conversation concerna rapidement La Vérendrye.

— Avez-vous eu récemment des nouvelles de mon frère Pierre, Marie-Anne ? demanda l'hôtesse.

Les yeux de Marie-Anne s'humectèrent rapidement. Marie-Renée comprit tout le désarroi que la jeune fiancée devait ressentir, sachant que son promis avait été blessé sur les champs de bataille en Europe.

— Depuis l'an passé, je n'ai reçu aucune nouvelle de La Vérendrye à la suite de sa blessure sérieuse. Je crains le pire. Si vous saviez combien l'inquiétude me ronge !

Se penchant à l'oreille de sa belle-sœur pour que Cassandre n'entende pas, Marie-Anne dit :

— J'ai même peur qu'il ne change d'avis quant à notre mariage. Après tout, ce n'est qu'un contrat notarié. Notre mariage n'a pas été consommé. Ce silence…

Marie-Renée regarda tendrement sa belle-sœur et s'excusa. Elle alla dans sa chambre, prétextant aller mettre au lit le petit Christophe qui dormait déjà dans les bras de sa mère. Quand elle revint, elle tenait une lettre parcheminée dans sa main. Marie-Anne s'attendit au pire et son cœur voulut sortir de sa poitrine tant l'angoisse la dévorait. Cassandre s'en rendit compte et s'arrêta de chanter, à la grande déception des petites.

— Est-ce une mauvaise nouvelle, Marie-Renée ? Ne me faites pas languir, si je dois apprendre le pire.

— Le pire, vous l'auriez déjà su. Au contraire ! Notre mère vient de recevoir cette lettre et elle s'est empressée de me la remettre. Mon petit frère, Pierre, lui annonce qu'il se remet très bien de ses terribles blessures. Imaginez ! Le corps traversé d'une balle et sabré de huit coups. Il vient d'être nommé lieutenant[17] ! Lui qui espère tellement laisser sa marque dans l'histoire de notre royaume de France. Il demande conseil à notre mère…

— Quel conseil, Marie-Renée ? questionna Marie-Anne, tout de même inquiète.

— Je dois vous le dire, puisqu'il vous concerne… Votre visite est quand même providentielle… Voilà : il souhaite plus que tout au monde se marier avec vous et le plus rapidement possible… Mais s'il revenait aujourd'hui, il perdrait tous ses gallons et ses médailles militaires… Vous savez, quand on n'est pas officier de

---

17. Après être laissé sur le champ de bataille pour mort à la bataille de Malplaquet, La Vérendrye fut promu lieutenant des grenadiers au premier bataillon du régiment de Bretagne. Voir l'Annexe 6.

carrière, les grades obtenus ne comptent plus après les campagnes… La vie militaire est ainsi faite pour un colonial, Marie-Anne. C'est ce qu'il dit dans sa lettre. Alors, il demande à notre mère s'il doit revenir maintenant ou plus tard… Vous savez, c'est ce qui est arrivé à Christophe, mon mari. Une fois sorti de l'armée, plus de solde… ni de considération de la part du gouvernement… Nous sommes tout de même de la lignée de Pierre Boucher, que notre Roy a eu en très haute estime !

— Mais qu'il revienne maintenant, j'en ai, des biens et de l'argent, moi ! Je pourrai très bien le faire vivre, lui et notre future famille.

— La Vérendrye le sait très bien et ce n'est pas de vivre à vos crochets qu'il souhaite. Il a de la fierté et de l'idéal, mon petit frère, comme tous les Gauthier de Varennes ! Non, il essaie tout simplement de sauver sa carrière militaire, sans devoir vous perdre. De là son dilemme !

— Pourquoi ne pas me l'avoir demandé ? Je l'aime tellement ! Qu'il revienne au plus vite.

— Vous avez votre réponse. C'est pour ça qu'il demande conseil à notre mère !

— Et vous, Marie-Renée, que me conseillez-vous ?

Cette dernière espérait qu'on lui fasse cette demande. Elle ne se fit pas prier pour répondre.

— Allez lui rendre visite à Montréal, à sa résidence de la rue Saint-Vincent. Vous pourrez influencer son cœur de mère. Après tout, vous êtes éprise de mon frère ! Vous accompagnerez bien Cassandre dans son affaire urgente, n'est-ce pas ?

— J'ai bien l'impression que la mienne devient aussi délicate que la sienne, Marie-Renée. Merci de m'avoir informée de tout cela, répondit Marie-Anne, ravie.

— Oh, vous savez, j'ai tout aussi hâte que mon frère de vous avoir dans la famille. Même plus, on dirait !

Là-dessus, les deux femmes se mirent à rire, comme deux complices. Cassandre s'en rendit compte.

— Ai-je manqué quelque chose, Marie-Anne ?

— Je te raconterai plus tard. Tu ne perds rien pour attendre, comme on dit !

— Ça commence à m'intriguer, tout ça !

— Bon, il est temps pour tous d'aller se coucher.

— Maman, pouvons-nous dormir avec tante Marie-Anne ? demanda Clémence.

La mère sourit à sa belle-sœur.

— Ça dépend si elle le veut.

— Dites oui, dites oui, tante Marie-Anne !

Cette dernière donna son assentiment en arborant un large sourire.

— Pourvu que vous récitiez vos prières, les filles !

— Oui, maman. Notre Père, qui êtes aux cieux…

— Pas maintenant, au pied du lit ! Allez plutôt vous laver les mains au lavabo. J'ai tiré l'eau du puits. Elle est propre.

— Laissez, Marie-Renée, je vais les aider.

— Comme il vous plaira, Marie-Anne, répondit la maman, amusée de la situation.

Margot s'approcha de Cassandre et lui demanda :

— Pourrions-nous dormir ensemble, tante Cassandre ?

— Rien ne pourrait me faire plus plaisir, Margot.

— Alors, nous irons au grenier. Demain, nous pourrons admirer le fleuve de la lucarne. Et après, nous descendrons l'échelle, sans bruit, pour aller à la messe. Viendriez-vous à l'office avec moi, Cassandre ?

— Bien entendu, Margot, répondit la jeune femme, surprise.

— Y chanterez-vous ?

— Si on me le demande, oui.

— Mais moi, je vous le demande.

— Alors, je chanterai pour toi et avec toi, et les autres, s'il y en a.

— Le vieux fermier Charbonneau du bout de l'île, il y est toujours. Il conduit sa paire de bœufs et le crissement des essieux de sa charrette réveille toujours mère, même avant les cloches. Bon, il vaut mieux aller nous coucher si nous ne voulons pas manquer la messe. Mais avant, il faut faire sa toilette.

Après la toilette, Cassandre revêtit sa chemise de nuit et monta son bagage au grenier, aidée par Margot. Au moment où Cassandre s'apprêtait à s'étendre sur la paillasse, Margot l'interpella.

— Vous oubliez la prière, tante Cassandre.

— C'est vrai, répondit cette dernière.

— Notre Père, qui êtes aux cieux… Merci, mon Dieu, de nous avoir donné la visite de tantes Cassandre et Marie-Anne.

Qu'elles soient heureuses! Faites que notre père, Christophe, veille sur nous, surtout maman. Elle pleure tout le temps. Qu'il fasse en sorte de nous trouver un autre papa, ou de nous amener de la visite tous les jours pour que maman puisse retrouver son si beau sourire... Au nom du Père et...

— Du Fils et du Saint-Esprit. Amen, termina Cassandre, les yeux dans l'eau.

— Bonne nuit, tante Cassandre, dormez bien et faites de beaux rêves.

— Bonne nuit, Margot, répondit Cassandre, qui ajouta pour elle-même: *Grâce à toi, je me sens suffisamment en paix pour affronter mon destin.*

Margot s'endormit aussitôt, non sans avoir pris la main de Cassandre dans la sienne. Deux larmes coulèrent sur les joues de la jeune artiste, émue. Le lendemain matin, au chant du coq, avant le passage de la charrette du fermier, Margot réveilla Cassandre.

— Il ne faut pas arriver en retard à la messe, tante Cassandre, le curé Volant[18] sera fâché. Allez, je vous laisse vous habiller. Je vous ai préparé une tasse de lait. Nous n'avons pas de chocolat, nous sommes trop pauvres. Mais j'ai mon secret. Tenez, goûtez au lait tiède, vous le trouverez délicieux.

— C'est bon... Qu'y as-tu ajouté? demanda-t-elle à la fillette, ravie.

— C'est du pollen des fleurs du verger de mon grand-pépé Boucher. Je suis contente que vous aimiez ça, répondit-elle avec un sourire triomphant.

Après le déjeuner, Marie-Anne raconta sa conversation de la veille avec sa belle-sœur. Cassandre lui répondit, amusée:

— Quand Étiennette va entendre ça, elle n'en reviendra pas. Elle qui se targue de tout savoir.

---

18. Claude Volant (1654-1719), fils de Claude Volant dit Saint-Claude et de Françoise Radisson, sœur de Pierre-Esprit Radisson, fut curé de Varennes de 1693 à 1719. Il fut inhumé le 8 octobre 1719 dans la nouvelle église de Varennes. Il avait été missionnaire à Berthier en 1679 et curé de Sorel de 1689 à 1693. Claude Volant avait un frère jumeau, Pierre, aussi curé à Repentigny, Saint-Sulpice, Lavaltrie, Lachenaie et l'Île-Jésus. Claude et Pierre Volant furent les premiers inscrits comme pensionnaires lors de l'ouverture du Petit Séminaire de Québec, le 9 octobre 1668, et ils firent toutes leurs études côte à côte. Ils reçurent ensemble la tonsure et les ordres mineurs, le 12 décembre 1677, le sous-diaconat et le diaconat, les 18 et 19 du même mois, puis la prêtrise, le 17 septembre 1678. À partir de cette date, le ministère pastoral sépara les deux frères. Pierre Volant mourut le 3 janvier 1710.

Marie-Renée de Varennes, curieuse, demanda à Marie-Anne quel était le motif du voyage secret à Montréal; cette dernière, par solidarité familiale, lui décrivit l'angoisse sentimentale de Cassandre et son désir de connaître la vérité, malgré le risque d'apprendre le pire. Marie-Renée confia à Marie-Anne que son frère Jacques-René avait appris la nomination d'un nouveau directeur des finances de la ville de Montréal et que celui-ci logeait au château du gouverneur de Ramezay: il s'agissait de nul autre que Pierre de Lestage.

Quand Cassandre l'apprit, saisie, elle répondit:

— J'ai déjà chanté devant le Roy, au château de Versailles, et enseigné le chant, au château Saint-Louis à Québec: je saurai comment me présenter au château du gouverneur de Ramezay de Montréal! Allons-y, il est grandement temps que je tire cette situation au clair. Commencerons-nous par nous rendre au château ou à la résidence de la rue Saint-Vincent?

— Moi, au moins, je sais que Pierre m'aime toujours.

Cette affirmation légèrement maladroite de Marie-Anne eut l'heur de stimuler la volonté de Cassandre sans pour autant la blesser.

— Tu as bien raison, Marie-Anne. Dans mon cas, c'est loin d'être aussi certain. Battons le fer pendant qu'il est chaud! Au château du gouverneur de Ramezay d'abord!

Chapitre IV
L'arrivée à Montréal

L'embarcation de Louis-Adrien dépassa allègrement la seigneurie de Boucherville et arriva dans la rade de Montréal sur le coup de midi, sonné par les cloches des églises qui rappelaient le moment de l'angélus. La pratique religieuse était omniprésente et les fidèles étaient, plusieurs fois par jour, appelés à faire leurs dévotions, notamment au moment des vêpres, vers la fin de l'après-midi.

Une flûte[19] était amarrée au quai, bercée par le clapotis des vagues légères de cette belle journée ensoleillée du mois de juillet, en face de l'enclos de la commune et en angle avec les ruines du vieux fort de Montréal, témoin de la guerre impitoyable qui venait de se terminer avec les Iroquois. Les Montréalais n'avaient en fait ni port ni quai. Les barques amenaient la cargaison des bateaux jusqu'au littoral, en naviguant entre les roches à fleur d'eau. Les canots d'écorce, plus légers et malléables, longeaient la commune où paissaient les troupeaux, l'été, jusqu'en face de la place du Marché.

— Ma mère me disait que c'était sur un bateau semblable qu'avec mon père, ils avaient fait la traversée de 1666 et qu'ils

---

19. La flûte, un navire de charge à fond plat et à poupe arrondie, pouvait jauger de 150 à 300 tonneaux. Bateau de pêche, la flûte servit notamment d'embarcation aux voyageurs en partance de La Rochelle et se dirigeant vers la Nouvelle-France.

s'étaient rencontrés pour la première fois, expliqua Cassandre à ses coéquipiers de la randonnée.

Elle raconta l'histoire des filles du Roy, ces huit cents filles, pour la moitié des orphelines. Afin d'activer le peuplement du nouveau pays, ces femmes avaient eu pour mission de se marier le plus rapidement possible.

Quelques-unes, dont Eugénie Languille, la mère de Cassandre qui s'était mariée avec François Allard cinq années après leur arrivée, avaient défié l'insistance des autorités coloniales et religieuses.

— Vous savez maintenant de qui je tiens mon tempérament. Bon sang ne peut mentir! lança fièrement Cassandre.

Ce à quoi Marie-Anne répondit à l'oreille de cette dernière, faisant attention à ce que Louis-Adrien n'entende pas:

— C'est vrai que ta mère, que j'ai eu l'occasion de rencontrer l'an passé, t'a transmis son caractère volontaire. À toi maintenant de t'en servir. Excuse-moi de te le rappeler, mais je suis bien placée pour le dire!

Cassandre toisa Marie-Anne et se renfrogna. Le vent qui soufflait du fleuve allait rebondir sur l'élévation appelée le mont Royal, avec ses bosquets d'arbres touffus et sa croix, qui avait été accrochée de façon héroïque par le gouverneur de Maisonneuve et qui avait servi de point de repère à Louis-Adrien. Sur ses flancs, les pâturages verdoyants, les champs de blé mûr encore debout ainsi que les vergers à perte de vue composaient le paysage bucolique des abords de la petite ville dessinée en 1672 par le Supérieur des Sulpiciens, François Dollier de Casson, et l'arpenteur et greffier, Bénigne Basset.

Du fleuve, on pouvait apercevoir la principale artère qui traversait la ville d'ouest en est: l'église paroissiale Notre-Dame; en dessous, les jardins du Séminaire de Saint-Sulpice, le comptoir Ville-Marie et le magasin aux poudres; un peu plus haut, le manoir du gouverneur de Ramezay; plus bas, le long de la rue Saint-Paul, près du pacage de la commune, l'hôpital Hôtel-Dieu et la maison de la congrégation Notre-Dame.

Montréal comprenait environ mille cinq cents habitants logés dans deux cents maisons, sans compter les cinq cents Sauvages convertis des missions et ceux qui rôdaient sans domicile fixe à longueur d'année. La population blanche regroupait des fonctionnaires, des gens de métier, des artisans et des fermiers accompagnés souvent de leur famille, en plus des religieux, prêtres et nonnes, sans oublier les nombreux soldats cantonnés à la citadelle ou chez l'habitant. La ville servait de base militaire pour les expéditions contre les colonies anglaises.

Marie-Anne s'étonna de ne pas voir de manufactures avec leurs cheminées. Cassandre lui apprit qu'en 1706, le ministre français Pontchartrain avait découragé leur établissement dans les colonies, afin de ne pas nuire à celles de la métropole.

— À quel endroit se tient la foire aux fourrures, Louis-Adrien? demanda Cassandre. Le jeune homme s'empressa de lui répondre, cherchant à l'impressionner avec son savoir.

— Oh! au pacage de la commune, évidemment! Les Sauvages y ont plus d'espace pour faire leur campement sur le terrain vierge.

Montréal était considérée comme le centre névralgique du commerce de la fourrure. La foire se tenait sur l'emplacement de la commune entre la rue Saint-Paul et le fleuve, direction nord-sud, et entre la rue Saint-Pierre et la chapelle Notre-Dame-de-Bon-Secours, d'ouest en est.

Louis-Adrien s'attendait à une réaction de la part des jeunes femmes, qui ne vint pas. Déçu, il reprit, sur un ton plus sérieux:

— Ils y font sécher leurs stocks de fourrure et choisissent les plus belles peaux, qu'ils vendent en premier sur la place publique, un peu plus haut.

L'explication sembla confuse à Cassandre. Devant le regard étonné de la jeune femme, Marie-Anne, qui se rendait compte que Louis-Adrien perdait tous ses moyens en présence de Cassandre, voulut secourir son frère.

— Est-ce près de cette grande rue que nous apercevons?

— Celle-là, c'est la rue Notre-Dame. Regardez, c'est le couvent des récollets[20] là-bas. Plus haut, c'est le fort de la Montagne avec ses deux vieilles tours et sa chapelle[21]. Regardez les séminaires,

---

20. Arrivés en 1615, repartis en 1629, les récollets revinrent en 1670 et se fixèrent en 1692 dans la partie ouest de la ville. Ils étaient alors aumôniers auprès du gouverneur et de l'armée, en plus d'être près du peuple.
21. Le fort de la Montagne était situé à l'endroit où se trouve l'actuel Grand Séminaire, sur la rue Sherbrooke. Ce fut le refuge de la première mission des Mohawks convertis, fondé par les sulpiciens sur l'île de Montréal, qu'ils nommèrent *Kanesatake*, mot

celui des sulpiciens[22] et son jardin au centre, et l'autre à l'est, celui des jésuites[23]... Le palais de justice... La foire se tient à l'enclos de la commune, en bas de la rue Saint-Paul.

— La rue Saint-Paul? questionna Cassandre, soudainement intéressée. Où est-ce?

— La rue Saint-Paul? Celle qui longe la rue Bonsecours, là, juste derrière la petite église et le couvent de la mère Bourgeoys[24]... À moins que ce ne soit la rue Notre-Dame... Non, je me trompe... J'y suis! La rue Saint-Paul, en bas de la place du Marché, se rend jusqu'à la pointe Saint-Charles, après la rivière Saint-Pierre, en longeant le pacage de la commune. Vous voyez la presqu'île? C'est la pointe Saint-Charles, près du fort Saint-Gabriel. Non, c'est trop loin! Me trompé-je encore?

Cassandre regarda Marie-Anne et haussa les épaules. Déçue de l'explication de son frère, Marie-Anne demanda, excédée:

— Et où accosterons-nous? Nous ne sommes pas des animaux pour débarquer sur une terre à pacage, tout de même! Tout ce que nous voulons, c'est nous rendre à la maison de madame de Varennes. Il paraît qu'elle est située rue Saint-Vincent, près de

---

iroquois qui signifie «au bas de la montagne». (À Oka, les Mohawks donnèrent le même nom à leur seigneurie, également située au pied d'une colline; le lieu conserva ce nom jusqu'à ce jour.) La chapelle, située à l'entrée du fort, était dédiée à Notre-Dame des Neiges. Le fort de la Montagne était entouré d'une grande palissade et défendu initialement par quatre hautes tours de bois. Il resta de ce fort, qui fut reconstruit en pierre en 1694, deux tours rondes, appelées tours du fort Belmont; celles-ci servirent à protéger les bâtiments de la mission amérindienne. Dans cette ferme, les Indiens apprenaient la culture, l'élevage ainsi que divers métiers. On y trouvait aussi une école pour les petits Amérindiens.

22. Arrivés dans la colonie en 1657, répondant au Séminaire de Saint-Sulpice de Paris, les sulpiciens devinrent seigneurs et curés de l'île de Montréal. Le nouveau Séminaire de Saint-Sulpice date de 1684. Contrairement à celui de Québec, le Séminaire de Montréal n'était pas avant tout destiné à former des prêtres, il servait plutôt de résidence. Suivant leur tradition monastique, les messieurs de Saint-Sulpice aménagèrent un jardin intérieur près de leur séminaire en vue d'y cultiver des fruits et des légumes. La disposition géométrique faisait converger les allées et les pelouses vers une statue centrale, selon les traditions française et sulpicienne de la Renaissance.

23. Dès les débuts de la colonie, les jésuites se consacrèrent à l'évangélisation et à l'instruction des Amérindiens. Installés à Québec en 1632, éducateurs émérites, ils se retrouvèrent aux postes de commande dans la colonie et fondèrent des institutions d'enseignement pour les garçons. En 1692, ils optèrent pour le secteur est de Montréal, à l'extérieur de la palissade.

24. Fondée en 1658 par Marguerite Bourgeoys (1620-1700), la congrégation Notre-Dame, destinée à l'enseignement des jeunes filles, fut la première communauté religieuse non cloîtrée en Nouvelle-France.

celle du marchand Le Ber et en angle avec l'hôpital Hôtel-Dieu. Il doit être connu, cet hôpital fondé par mademoiselle Jeanne Mance, tout de même. De plus, ma belle-sœur Marie-Renée disait que leur maison jouxtait la rue Saint-Joseph[25]… Je vogue en pleine confusion. Excuse-moi, Cassandre. Après tout, ce n'est pas moi qui prétends la connaître, cette ville! ajouta-t-elle, exaspérée.

Le jeune homme, gêné du doute qu'il avait semé, bredouilla :

— Au quai des Barques.

Cassandre le regarda, désolée.

— C'est ma faute. C'est la première fois que je viens à Montréal et ça ressemble à Québec! La rue Saint-Paul est sur le même sens que la rue du Sault-au-Matelot tandis que la place du Marché est comparable à la place Royale. La pointe Saint-Charles doit s'avancer dans le fleuve, comme la pointe aux Roches, j'imagine? dit-elle à Louis-Adrien qui ne réagit pas. Cassandre continua.

— Le mont Royal est plus loin que le cap Diamant et je ne vois rien de ressemblant à la baie du Cul-de-Sac.

Par égard pour le jeune homme qu'elle trouvait sympathique dans sa confusion, elle insista.

— Et toi, Louis-Adrien, est-ce la première fois que tu viens ici?

Reprenant confiance, le jeune homme répondit fièrement :

— Nous avons demeuré quelques années avec nos parents rue Saint-Pierre, quand père agissait comme second de garnison. Je connais bien Montréal, Cassandre. Peut-être que…

À ce moment, Marie-Anne, qui fit une mimique d'impatience, intervint.

— Je t'en prie, Louis-Adrien, Cassandre est venue pour une affaire personnelle d'une extrême importance, pas comme touriste.

Le garçon se renfrogna, humilié. Cassandre jeta un coup d'œil à son amie, lui signalant qu'elle avait sans doute un peu rudoyé son frère. Marie-Anne réalisa sa conduite et s'en voulut.

— À bien y penser, Marie-Anne, que dirais-tu de nous amener d'abord à la résidence de ta belle-mère? Louis-Adrien pourrait nous servir de guide! Qu'en dis-tu, Louis-Adrien? demanda Cassandre.

---

25. Aujourd'hui, rue Saint-Sulpice.

— Nous accosterons bien sûr au quai des Barques, tout près de l'édifice de la Douane. C'est la place la plus fréquentée le vendredi, après la place du Marché. Nous ne transportons quand même pas un chargement de fourrure, quoique j'ignore ce que contiennent ces valises !

— Louis-Adrien ! s'exclama Marie-Anne, fâchée. Que va penser Cassandre de tes manières ?

— Laisse, Marie-Anne, j'ai l'habitude des taquineries de Simon-Thomas. Tous les mêmes, nos frères ! lança Cassandre, en faisant une œillade à Louis-Adrien, qui n'en espérait tant.

— Si tu le dis, Cassandre ! maugréa Marie-Anne. Bon, il est grandement temps que nous arrivions. Je ne réponds plus de mon humeur ! dit-elle en jetant un regard assassin à Louis-Adrien qui lui fit une grimace digne des chicanes de leur enfance.

Les jeunes femmes décidèrent d'aller se présenter et de se restaurer chez Marie-Ursule Boucher de Varennes, la future belle-mère de Marie-Anne, après leur visite à l'église Notre-Dame[26] où elles projetaient de prier la Vierge, de se confesser, d'assister à la messe et de communier, si elle les invitait à dîner. Sinon, elles achèteraient quelques fruits dans une échoppe. Afin de respecter le délai de jeûne obligatoire jusqu'au moment de la communion, Marie-Anne avait insisté auprès de Cassandre pour qu'elle se prive de nourriture depuis la veille.

Les deux jeunes femmes furent frappées par le sanctuaire de l'église, son art religieux et la richesse de ses ornements.

— C'est mon père qui aurait été heureux d'exprimer son talent ici ! dit Cassandre, admirative dans ce lieu saint.

Sur ces mots, elle récita une invocation pour le repos de l'âme de cet homme. Marie-Anne fit de même pour celle de son père, Louis Dandonneau, seigneur de l'île Dupas, qui avait consacré ses derniers jours à la défense de Montréal. Marie-Anne regretta de n'avoir pu lui faire ses adieux.

Les deux jeunes femmes adressèrent leur supplique à la Vierge Marie, patronne de la petite église.

Vierge Marie, puissiez-Vous persuader La Vérendrye, que j'aime tant, d'abandonner ses rêves de gloire en Europe, lui qui a été blessé

---

26. L'église Notre-Dame, la première église d'importance de Montréal, fut achevée en 1683.

plus souvent qu'à son tour. J'aimerais tant élever nos enfants dans la foi chrétienne le plus vite possible, si c'est ce que Vous souhaitez pour moi comme destin. Amen.

Marie-Anne se signa en regardant Cassandre, les mains jointes, en symbiose avec le Ciel.

Vierge Marie, je sais que je n'ai pas observé le commandement de Votre fils bien-aimé, « Œuvre de chair ne désireras qu'en mariage seulement. » Mais j'aime tellement Pierre que j'en ai complètement oublié mon devoir de chrétienne… Malheur à moi, parce que depuis ce temps, j'ai vécu l'enfer de l'inquiétude et du remords… Tenez, je vais m'en confesser encore, parce que je suis impardonnable… Je l'aime tellement… Intercédez auprès de Jésus pour que Pierre demande ma main et je jure que je ne recommencerai plus jusqu'au soir de notre mariage… Je sais que je n'ai pas de condition à poser, mais il m'attire tellement que je n'ai pas la force de lui résister.

Aussitôt, Cassandre se leva et se dirigea vers le confessionnal, à l'étonnement de son amie.

Une fois arrivées rue Saint-Vincent, les jeunes filles laissèrent Louis-Adrien à sa visite de Montréal et s'entendirent avec lui pour se retrouver pour le souper. Quand la domestique annonça à la fille de Pierre Boucher la venue de sa future bru, la dame figea sur place, s'attendant à la pire des nouvelles. Apprenant que Marie-Anne Dandonneau et son frère ne faisaient qu'accompagner Cassandre Allard, Marie-Ursule de Varennes reprit un sourire digne et leur offrit le gîte et le couvert pour les prochains jours.

— Quelle bonne surprise vous me faites, ma bru ! Et vous aussi, mademoiselle Cassandre… Nous nous sommes vues si peu de fois… En fait, une seule fois, au départ de mon petit Pierre ! Vous saviez qu'il vient d'être promu lieutenant ? Ma fille a dû vous le dire, avec sa discrétion proverbiale.

Marie-Anne ne voulait surtout pas se mettre à dos sa belle-sœur. Elle répondit par un sourire embarrassé. Enhardie de parler de son benjamin, la dame, âgée de cinquante-cinq ans, reprit :

— Mon Pierre ! Sa carrière de militaire lui apparaît si importante. Comme son père et son grand-père maternel, dois-je le dire, il est motivé par la gloire et les faits d'armes. Mais il doit se rendre compte qu'une jolie fiancée ne peut pas attendre indéfiniment, n'est-ce pas ? lança-t-elle à Cassandre, ne connaissant pas le motif de la venue de la jeune femme.

Le regard de Cassandre se rembrunit soudainement. Elle ne put répondre à son hôtesse tant sa gorge se noua. Marie-Anne prit sa défense en affirmant :

— La fatigue du voyage, belle-maman... Cassandre a besoin de se reposer un peu.

— Comment n'y ai-je pas pensé ? Bien entendu, Cassandre, allez vous reposer. Charlotte vous reconduira toutes deux à vos chambres.

— Je me sens bien. Je préfère continuer à bavarder un peu, répondit la jeune femme, comprenant que sa belle-mère était dans de bonnes dispositions.

— Je disais donc que Pierre, votre époux — futur époux, mais c'est chose faite devant le notaire, heureusement —, aspire à devenir officier dans l'armée française... Il fut un temps où mon père aurait pu obtenir cette faveur de notre souverain, mais ces temps sont révolus... Pierre n'a pas d'entrées, malgré le titre pompeux de De La Vérendrye qu'il se donne, et n'étant pas de la noblesse, il ne sera jamais officier... Le marquis de Vaudreuil n'a pas d'écoute à Versailles, c'est un Canadien. Michel Bégon, son nouvel intendant, est bien Français, mais ce n'est qu'un comptable... Il y a bien le comte Joli-Cœur, ce dandy épicurien, mais j'ai ouï dire que la marquise de Maintenon allait demander sa disgrâce au roi... Je vais donc l'encourager à revenir le plus rapidement possible, une fois que son état de santé lui permettra de franchir l'océan... Nous avons failli le perdre. C'est un miracle qu'il ait pu survivre à autant de blessures. Il n'aura pas toujours cette chance...

Marie-Anne écoutait sa belle-mère, en verve. Tout à coup, cette dernière coupa net, la regarda intensément et la questionna.

— Ma fille, à quand remonte votre dernière lettre d'amour ?

Étonnée, Marie-Anne répondit :

— Pierre m'a écrit...

— Non, vous ne m'avez pas saisie. Depuis quand date « votre » dernière lettre d'amour, la vôtre ?

Comme réponse, Marie-Anne pinça les lèvres.

— Vous voyez ! L'amour d'une mère ne supplée pas aux serments d'amour d'une fiancée. C'est vous qu'il dit aimer d'amour, pas moi... Alors, c'est à vous à l'exhorter à revenir par des mots doux... Et des menaces voilées... Nous sommes fortes à ce jeu-là, nous, les femmes! Si nous voulons le revoir vivant, je peux le raisonner pendant un temps, mais je ne pourrais pas lui écrire des serments… Vous me comprenez, n'est-ce pas?

Marie-Anne regardait sa belle-mère, non comme une icône, mais une femme en chair et en os qui avait déjà été follement amoureuse d'un homme!

— Venez, Marie-Anne, allons à mon bureau…

Marie-Ursule demanda à Marie-Anne de s'asseoir, puis lui dit:

— Voici du papier et mon encrier. Cette lettre partira pour la France par le prochain bateau, dans une semaine. Pierre doit savoir que nous l'aimons plus que nos vies… Et qu'il s'abstienne dorénavant de jouer les héros sur les champs de bataille du royaume… Je sais que vous l'aimez follement, et la retenue n'est plus de mise… Chargez la lettre de vos plus intenses sentiments et faites-lui regretter de ne pas être à vos côtés. J'ai bien hâte de savoir s'il préférera l'inconfort, pour ne pas dire l'insalubrité, de l'hôpital militaire à la douceur de votre couche… Est-ce assez clair, ma fille?

La quinquagénaire se pencha alors à l'oreille de Marie-Anne et lui confia de façon inattendue, à la grande surprise de cette dernière:

— Il y a des raisons pragmatiques à la fécondité proverbiale des femmes de Varennes. Ce secret, vous devez le préserver, mais aussi le communiquer à mon fils en d'autres mots, plus enrobés… Je vous en conjure, faites qu'il revienne… Je lui écrirai à mon tour, pour appuyer votre hâte.

Contre toute attente, Marie-Ursule Boucher de Varennes déposa un baiser sur la tête de Marie-Anne et la laissa discrètement à la rédaction de sa lettre. Enthousiasmée par l'accueil de sa belle-mère, la jeune femme se laissa aller à exprimer l'ardeur de ses sentiments, ardeur qu'elle n'aurait pas imaginé pouvoir un jour exprimer à son mari de manière si résolue. Elle se remémora une maxime du *Traité de l'éducation des filles* de l'abbé Fénelon[27], étudié chez les sœurs de la congrégation à l'Assomption: «La

---

27. François de Salignac de La Mothe Fénelon (1651-1715). Prélat et écrivain français. Le traité de Fénelon insistait sur la nécessité de rendre l'instruction des femmes agréable. Il n'était pas besoin d'en faire des femmes savantes, seulement de leur enseigner des notions d'arithmétique pour pouvoir gérer le budget familial quotidien.

tentation se glisse d'abord doucement ; elle fait la modeste pour ne point effrayer ; puis, elle devient tyrannique. »

Quand Cassandre revint, Marie-Anne l'accueillit tout sourire, la lettre cachetée en main. Cassandre la questionna du regard.

— Tout va pour le mieux. Tout se réglera pour toi aussi. Je te raconterai en route. Il fait tellement beau que le Ciel ne peut être contre toi… Et nous avons tout dévoré.

Au moment du départ, Marie-Ursule de Varennes les salua.

— Je vous attendrai, à votre retour du château du gouverneur. Mon fils Jacques-René sera aussi présent. En tant que seigneur de Varennes, il vient en ville rencontrer des bailleurs de fonds montréalais pour ses affaires. Vous connaissez Jacques-René, n'est-ce pas, Marie-Anne ?

— Si peu, belle-maman.

— Alors, vous ferez davantage connaissance ce soir. Mais ne revenez pas trop tard ! Il n'y a pas d'éclairage dans les rues et c'est dangereux pour deux aussi jolies jeunes femmes[28]… En attendant, je vous encourage à retourner à l'église pour invoquer la Vierge et mettre le Ciel de votre côté. La foi transporte les montagnes, vous savez ; c'est Jésus qui l'a dit… Aussi, allez prier pour moi. La piété a toujours été une vertu des femmes de Varennes.

Marie-Anne la regarda, médusée, pensant à la lettre enflammée qu'elle venait d'écrire à Pierre.

Suis-je en état de péché ? Ma belle-mère se serait-elle servie de moi pour ramener son fils au plus vite ?

Pour sa part, Cassandre, croyant entendre la prédication de son frère, l'abbé Jean-François, grimaça de dépit. Est-ce si nécessaire de retourner à l'église ?

Connaissant la piété de Marie-Anne, elle n'osa pas formuler la remarque à haute voix.

Tandis qu'elles marchaient, Marie-Anne narra à Cassandre sa conversation avec sa belle-mère et son insistance à lui faire écrire une lettre passionnée à La Vérendrye.

— Tu sais, Marie-Anne, dans le temps, les enfants n'étaient pas conçus de manière différente que de nos jours ! conclut logiquement Cassandre.

---

28. À l'époque, les badauds n'étaient éclairés que par la clarté de la lune, la lueur des lampes et des bougies des fenêtres ou par la lanterne d'un passant.

— Et moi qui venais de me confesser et de communier !

Devant l'air dépité de sa compagne, Cassandre ajouta, un peu brusquement :

— Tu as bien agi. Ne va surtout pas croire que tu as commis un péché, même véniel. Quant à moi, ce n'est pas par la voie d'une lettre que je vais transmettre toute ma passion à Pierre quand je le verrai, tantôt. Les actes l'emportent sur les paroles, quand l'importance de la situation le commande.

Marie-Anne parut rassurée par l'opinion de Cassandre et n'accorda pas foi aux intentions de celle-ci. Sorties de l'église après une courte prière, l'âme en paix, Cassandre et Marie-Anne déambulèrent sur la rue Notre-Dame d'ouest en est, en passant devant des boutiques de tannerie[29], de cordonnerie et d'armurerie avec leurs odeurs caractéristiques de cuir et de soufre, lesquelles, heureusement, camouflaient les exhalaisons d'excréments d'animaux et d'humains des rues insalubres de Montréal, cet égout à ciel ouvert.

La population considérait la pluie qui les débarrassait de cette fange comme un cadeau de la Providence. En cas d'incendie, le clergé incitait les habitants à supplier le Ciel, par des processions et des prières publiques, pour qu'il pleuve. D'ailleurs, la vie quotidienne des Montréalais était quasiment entièrement réglée au rythme des rituels de dévotion des communautés religieuses, qui recommandaient la présence à la messe et aux vêpres.

Beaucoup de chevaux et de chiens attelés à de petites voitures circulaient sur la rue Notre-Dame, sans parler des militaires, surtout des officiers à cheval, qui galopaient à toute allure vers le château du gouverneur, n'hésitant pas à frôler dangereusement les piétons.

Cassandre et Marie-Anne croisèrent indistinctement, sur la rue encombrée, marchands, artisans, soldats, matelots, nobles, prêtres, grandes dames, ouvriers de la construction et prostituées.

---

29. Le tanneur commençait par corroyer les peaux, c'est-à-dire enlever les poils et les chairs qui y adhéraient à l'aide d'un moulin, et les faire tremper dans du gros sel. Les peaux étaient ensuite trempées dans du lait de chaux afin de les dépiler, et lavées à grande eau. Le tannage consistait à placer les peaux dans du tanin, une solution à base d'écorce de chêne ou de pruche broyée. L'action chimique du tanin donnait une couleur rousse au cuir. Suivaient alors les opérations d'étirage, de glaçage et de séchage.

Elles firent l'aumône aux mendiants et à quelques Sauvages accompagnés de leurs enfants, appuyés sur les maisons en bois.

Elles furent étonnées de la coutume montréalaise des gentils-hommes de soulever leur chapeau et de saluer tous ceux qu'ils croisaient, connus ou pas, avec une politesse et un respect encore plus marqués devant les membres du clergé, les représentants du gouvernement et la gent féminine, peu importe sa condition.

— C'est une ville sympathique et accueillante, mais je n'ai pas aperçu de salle de concert! Je parie que la population n'a jamais vu d'autre spectacle que du théâtre forain, comme celui de Saint-Germain-des-Prés ou celui de Carolus Allard... Je me demande si les forains[30] venus au Canada connaissent le théâtre! Peut-être même pas! À peine des exhibitions d'ours dressés ou d'hommes forts comme des Basques.

Au regard de surprise de Marie-Anne, Cassandre se rendit compte que Pierre était Basque et qu'elle venait de commettre une bourde. Elle se reprit en disant:

— Après notre mariage, à Pierre et moi, je trouverai bien un local assez grand pour produire des pièces de théâtre et pour monter un opéra. Que penses-tu, Marie-Anne, de mon idée?

Comme Marie-Anne restait muette, Cassandre dit:

— Ton silence me dit que je vais trop vite en affaire. Mon intuition ne me ment jamais.

Marie-Anne voulut faire bifurquer la conversation.

— Que dirais-tu, Cassandre, si nous revenions par la place du Marché,[31] au retour? J'ai su que les Montréalais y achetaient leur sel[32] et qu'ils contestaient fortement la montée de son prix.

---

30. Les marchands forains faisaient l'aller-retour entre un port français et Québec pour vendre des marchandises qu'ils avaient achetées au prix du gros en France, à un meilleur prix que celles des marchands canadiens. Pour attirer davantage la clientèle locale, ils présentaient parfois des spectacles de foire. Cette concurrence déloyale désespérait les marchands locaux.

31. En 1710, la place du marché de Montréal servait aussi de place d'armes. Le terrain situé au nord de la basilique Notre-Dame servira aux manœuvres militaires à partir de 1721 et deviendra la place d'Armes actuelle.

32. Le sel servait à la conservation des viandes et du poisson durant l'hiver. Le 18 novembre 1704, une émeute éclata à Montréal parce que les citadins considé-raient que le prix demandé par les marchands pour leur sel était trop élevé. Le Supérieur des sulpiciens, Vachon de Belmont et le gouverneur de Ramezay inter-dirent aux Montréalais de tenir des assemblées séditieuses, sous peine de pénalité et de péché contre l'ordre public et l'autorité royale. Ramezay fut blâmé par le Roy de n'avoir pas assez rapidement mis fin à l'émeute, incité en cela par le gouverneur

— Mais nous ne sommes pas vendredi! À Québec, ce serait différent, puisque le marché a lieu deux fois la semaine[33], répondit la jeune femme à son amie, étonnée. Et puis, passer devant le carcan, le pilori, le cheval de bois et la potence, ça me donne la chair de poule.[34]

— Et moi, voir un criminel en train de rendre l'âme me glacerait le sang. J'en ai des frissons rien qu'à y penser, répondit Marie-Anne en grimaçant d'effroi.

Une fois arrivées devant le porche du manoir du gouverneur de Ramezay, les deux jeunes femmes purent détailler la façade de la bâtisse[35] en bois et sa toiture à double versant avec lucarnes et cheminées à ses extrémités. Une autre cheminée divisait le château en son centre. Une tour pour faire le guet jouxtait le manoir sur le versant est.

La nervosité s'empara de Cassandre quand un militaire leur demanda :

— Qui dois-je annoncer, mesdames, et quel est le motif de votre visite?

— Mesdemoiselles Allard et Dandonneau. J'accompagne mademoiselle Cassandre Allard, qui souhaite rencontrer le responsable des finances, monsieur Pierre de Lestage.

Le militaire fixa Marie-Anne Dandonneau, puis lui demanda :

— Étiez-vous apparentée à notre regretté major Louis Dandonneau, seigneur de l'île Dupas, mademoiselle?

---

de la Nouvelle-France, Philippe de Rigaud de Vaudreuil, dont la réputation et la crédibilité étaient constamment mises en doute par le gouverneur de Montréal, lequel enviait la situation de Vaudreuil. Ce dernier réussit à museler son rival en faisant accuser Ramezay de fomenter la discorde dans la colonie par le ministre de Louis XIV, Pontchartrain, en accord avec le Roy, qui entrevoyait de fâcheuses dispositions si Ramezay ne s'amendait pas. Ce qu'il fit. Pour le récompenser, quand Vaudreuil se rendit en France pour un congé, de 1714 à 1716, il recommanda Claude de Ramezay comme gouverneur intérimaire de la Nouvelle-France.

33. Le marché de Montréal se tenait chaque vendredi. Les paysans des alentours y apportaient des denrées alimentaires et achetaient en retour des effets qu'ils ne trouvaient pas chez eux. Les citadins, qui «faisaient le marché», se procuraient les denrées nécessaires pour la semaine, laiteries, fruits, légumes, poissons, viande de porc, d'agneau et de bœuf, et céréales pour le pain. Ils élevaient des poules, des pigeons et des lapins dans leur arrière-cour. Les Sauvages y vendaient leurs articles de vannerie et autres objets d'artisanat ainsi que du gibier sauvage aux habitants qui avaient un «banc» au marché. Cet argent leur permettait d'acheter, eux aussi, des produits frais. Vendeurs et acheteurs étaient libres de s'entendre sur un prix.

34. Ces appareils d'exécution restaient dressés en permanence sur la place du Marché.

35. Ce bâtiment avait été érigé en 1705.

— C'était mon père!

— Permettez-moi de vous offrir nos condoléances, mademoiselle. Votre père était un commandant de garnison respecté… Je vais aviser monsieur de Lestage de votre visite. En l'absence du gouverneur de Ramezay, retenu à Québec, nous nous en remettons à son autorité administrative… Veuillez entrer et prendre place dans la salle d'attente. Son emploi du temps semble bien chargé aujourd'hui: il a déjà reçu plusieurs visiteurs.

Le militaire ouvrit la porte de chêne et indiqua aux jeunes femmes qu'elles pouvaient entrer. Elles prirent immédiatement place dans le boudoir, décoré d'une bibliothèque aux ouvrages à reliure de cuir. Un autre militaire, plus jeune, vint leur demander si elles désiraient se désaltérer. En effet, l'air de la pièce était suffocant en cette journée de juillet, même si les volets du château étaient grand ouverts. À peine un petit espace vert et fleuri séparait la façade du château du muret de pierre qui protégeait la résidence du gouverneur et des officiers les plus gradés de la garnison.

Cassandre et Marie-Anne acceptèrent volontiers un peu d'eau. Cette dernière la but avec plaisir, tandis que Cassandre s'affairait nerveusement à actionner son éventail pour faire circuler le peu d'air respirable de l'endroit. Elle tenait dans son autre main son ombrelle qu'elle faisait tournoyer comme une toupie, par nervosité.

— Prends sur toi, Cassandre, tout va aller pour le mieux. Cette journée a si bien commencé.

— Tu parles pour toi, Marie-Anne. Toi, au moins, ton amoureux a fait savoir à d'autres membres de ta famille qu'il t'aimait. Moi, c'est le silence complet depuis une année!

— Mais il a été capturé!

— Il ne doit plus l'être, puisqu'il occupe une importante fonction et qu'il est aujourd'hui à son bureau.

— Le militaire vient de nous dire que Pierre était très occupé.

— Il aurait pu au moins m'écrire!

— Il n'avait pas ton adresse. Et ta mère est remariée.

— Il aurait pu adresser sa lettre au comte Joli-Cœur, rue du Sault-au-Matelot. Tante Mathilde me l'aurait acheminée par la suite aux Trois-Rivières. N'essaie pas, Marie-Anne: visiblement, quelque chose cloche. Sa conduite m'apparaît… discutable.

Marie-Anne pinça les lèvres, sachant que Cassandre disait vraisemblablement la vérité. Comme l'attente apparaissait interminable à cette dernière, elle trépignait sur sa chaise tant d'anxiété que d'inconfort causé par la chaleur. Soudain, Pierre de Lestage apparut dans la salle d'attente. Il figea en apercevant Cassandre dans sa tenue de sortie. Cette dernière le toisa, essayant d'articuler quelques mots : aucune parole ne sortit de sa bouche tant elle était commotionnée par la présence de son fiancé. Quand ce dernier s'avança vers elle, elle lui tendit sa main gantée en le fixant dans les yeux, cherchant à percer le secret de son silence. Avec courtoisie, il lui fit le baise-main, puis dit :

— Je suis ravi de te revoir, Cassandre.

Avant que cette dernière, encore sous le choc, ne réponde, Pierre se tourna vers Marie-Anne.

— Bienvenue à Montréal, Marie-Anne. Quelle visite surprenante ! Avez-vous eu des nouvelles de La Vérendrye récemment ?

Marie-Anne n'eut pas le temps de répondre, car Cassandre sortit de son mutisme.

— Qu'est-ce que tu croyais, Pierre ? Que je resterais à souffrir de ton silence des années durant, cloîtrée dans ma peur de connaître enfin la vérité ? Tu me connais mieux que ça, à moins que tu n'aies oublié totalement qui je suis…

Là-dessus, Cassandre se mit à pleurer. Décontenancé, Pierre lui remit son mouchoir cousu de ses initiales en lettres d'or, celui-là même que Cassandre lui avait remis en des jours plus heureux.

— Chut, pas si fort. Tiens, prends mon mouchoir. Allons dans mon bureau.

La jeune fille, qui reconnut le mouchoir, l'accepta, se disant instinctivement que tout n'était peut-être pas fini. Elle sourit timidement au jeune homme, en lui disant :

— Je ne dois pas être belle à voir. Mon maquillage doit être à refaire.

Pierre, quoique peu à son aise, répondit à son sourire. Marie-Anne, qui assistait bien malgré elle à la scène amoureuse, n'aurait pas pu dire si la réaction de Pierre en était une de réconciliation ou de courtoisie. Elle s'avança vers son amie Cassandre, lui redonna un peu de courage en réparant le fard qui s'était répandu sur ses joues, puis dit tout haut, pour que Pierre comprenne bien :

— Je vais vous laisser tous les deux. Je vais prendre l'air. Il commence à faire chaud.

— Je vais recevoir Cassandre dans mon bureau ; quant à vous, Marie-Anne, je vais demander qu'on vous reconduise au jardin. Il y a une fontaine qui irradie de la fraîcheur. En fait, laissez-moi vous y reconduire moi-même… Attendez-moi quelques minutes, Cassandre, je reviens tout de suite.

Cassandre lui sourit de manière forcée. Son amoureux lui filait encore une fois entre les doigts. Elle sortit son nécessaire de maquillage du sac à main qu'elle tenait en bandoulière et profita de l'attente pour se poudrer.

Une fois hors de la vue de Cassandre, Pierre demanda :

— Comment va-t-elle, Marie-Anne ?

— Vous l'avez remarqué, elle est très nerveuse… Et plutôt anxieuse… de vous perdre… Ce silence… Sans vous offenser, puisque vous me le demandez !

— C'est ce que je voulais savoir ! Et où êtes-vous hébergées ?

— Chez la mère de La Vérendrye, rue Saint-Vincent.

— Pour combien de temps ?

Marie-Anne toisa le jeune homme d'un air interrogateur.

— Ça dépend de l'humeur de Cassandre… Quant à moi, je devrai retourner à l'île Dupas avec mon frère Louis-Adrien qui nous accompagne, demain ou après-demain, peut-être plus tard… Ma belle-mère a bien aimé Cassandre. Elle nous a invités à rester quelque temps. Je n'abandonnerai pas Cassandre, c'est certain, pas dans son état émotif. Sa mère ne savait même pas qu'elle venait à Montréal.

— Qui le sait ?

— Ma belle-famille, Étiennette Latour et son mari, le forgeron. C'est tout.

— Je vois, répondit Pierre, songeur.

— Pierre ?

— Oui, Marie-Anne ?

— Ne soyez pas trop brusque avec Cassandre. Elle a l'émotion à fleur de peau. Elle est capable du meilleur, mais sous le coup de la colère, elle peut…

— Elle peut mal réagir, alliez-vous dire ?

— C'est ça !

— Ne vous inquiétez pas, Marie-Anne. Je reviendrai vous chercher sous peu. En attendant, je vais demander qu'on vous amène un rafraîchissement. De la limonade? Les agrumes proviennent du garde-manger du gouverneur pour ses invités de marque. Nous venons d'en recevoir des mers du Sud.

Marie-Anne dut se retenir de s'exclamer à la joie de goûter une limonade pour la première fois de sa vie, de crainte d'étaler son manque de connaissances des habitudes étrangères.

Le jeune homme revint retrouver Cassandre au salon d'attente.

Que vais-je lui dire? Que je suis amoureux d'Esther et que je projette de l'épouser? Cette dernière n'a pas pu me dire «oui», je ne lui ai pas encore fait la grande demande... Mon frère Jean a bien raison, Cassandre est magnifique. Une créature merveilleuse. Quel délice d'avoir vécu à ses côtés! Pierre, je ne te savais pas séducteur à ce point! Cassandre semble toujours amoureuse, toute troublée en ma présence. Il n'y a pas de doute qu'elle a dû souffrir de mon silence... Ce n'est quand même pas ma faute si j'ai été enlevé et si le temps a creusé un fossé entre nous... Elle doit le comprendre.

— Cassandre, ma chère, que je suis bouleversé de te revoir. Je croyais t'avoir perdue pour toujours. Viens, suis-moi jusqu'à mon bureau, nous serons plus tranquilles pour parler.

Le jeune homme lui tendit la main pour l'aider à se lever. Cassandre, qui se faisait du mauvais sang en l'attendant, bondit de son siège de surprise. Une fois sur pied, elle se lança dans les bras de l'homme dont elle était amoureuse.

— Que je suis heureuse, Pierre, de t'avoir retrouvé! Moi qui croyais t'avoir perdu à jamais, remplacée par une autre dans ton cœur. Je me rends compte que j'ai été bien naïve de m'en faire autant... Laisse-moi t'embrasser.

Aussitôt dit, elle appliqua un baiser amoureux sur les lèvres de Pierre, qui se rebiffa:

— Pas ici, mon amour, quelqu'un pourrait le rapporter au gouverneur et mettre ma nouvelle charge administrative en péril. Allons vite à mon bureau!

Pierre se dégagea lentement de l'étreinte amoureuse de Cassandre, lui prit la main et l'amena dans son bureau. Il se dépêcha de fermer les rideaux.

— Il y a si longtemps, Cassandre…

— J'ai tellement à te dire, mon amour, et je veux tout savoir de ton année de silence. As-tu souffert, as-tu pensé à moi?

Pierre, muet, se perdait dans les yeux de Cassandre. Il mit son index sur ses lèvres et les caressa doucement. Émoustillée, Cassandre lui mordilla le doigt.

— Tu sais, c'est pour me rapprocher de toi que je me suis retrouvée à enseigner chez les Ursulines des Trois-Rivières! De ma chambre, le soir venu, je regardais le fleuve pour y apercevoir ton bateau. Les soirs clairs de pleine lune, je restais à ma fenêtre jusqu'à tard dans la nuit et je nous imaginais en train de voguer sur les flots, collés l'un à l'autre.

Tout à coup, Cassandre se blottit sur le torse de Pierre, comme pour mieux concrétiser son rêve. Elle poursuivit en minaudant.

— T'imagines-tu la vie monacale que j'ai eue pendant cette année, à ne pouvoir sortir que pour aller saluer la famille Hertel de la Fresnière[36], nos seuls voisins, et à envier leur sort, eux qui vivent dans une belle demeure, ensemble, heureux, tandis que je me morfondais pour toi?

Cassandre prit le silence de Pierre pour des aveux secrets. Soudainement, elle le regarda dans les yeux.

— Je rêve à ton visage depuis maintenant une année. Laisse-moi vérifier si tu as vieilli, Pierre, s'amusa à dire la jeune femme, debout, contournant de son doigt ganté les traits du visage de son amoureux.

Une fois la vérification faite :

— Tu es toujours le même homme.

Pierre s'appliqua à lui enlever ses gants et à placer les mains de Cassandre sur ses hanches.

— Pourrais-tu continuer ton investigation un peu plus bas, au cas où?

Cassandre le regarda, étonnée.

— Sont-ce les habitudes de travail d'un haut fonctionnaire des finances? Est-ce que tes nombreux rendez-vous sont toujours avec des membres de la gent féminine, Pierre?

---

36. On peut encore aujourd'hui visiter la maison Hertel-de-la-Fresnière : elle est située sur la rue des Ursulines dans le vieux Trois-Rivières, entre la maison de Gannes et le couvent des Ursulines.

Comprenant que Cassandre commençait à se méfier de son manque de romantisme, Pierre chercha à se faire pardonner.

— J'ai tellement le goût de toi, Cassandre, que je me conduis comme un rustre. Pardonne-moi en me laissant t'admirer à mon tour… Et répondre à tes questions.

— Oh! Pierre, je t'aime tant!

La jeune femme se blottit de nouveau contre le torse de son bien-aimé et frotta lascivement sa poitrine pour le faire réagir.

— Cassandre, comment veux-tu que je reste de bois, si tu continues à exciter mes sens?

— Parce que je ne veux plus que tu restes de bois… Allons sur le canapé.

Prestement, elle entraîna son compagnon sur le sofa au fond de la pièce. Après leurs ébats torrides, Cassandre replaça sa coiffure en pensant: *Oh, je n'ai pas pris le temps d'ajuster mon pessaire[37]! Bah, on verra bien…* Plutôt que de s'en faire, elle prit la parole:

— Je n'ai même pas pensé que Marie-Anne nous attendait. Elle doit s'inquiéter.

— Justement, j'ai une rencontre dans les prochaines minutes. Je dois vous laisser.

— Mais nous ne nous sommes rien dit… Et quand nous reverrons-nous, mon amour? Tiens, j'ai une bonne idée, pourquoi ne pas nous revoir ce soir?

— Ce soir? Où?

— Chez la belle-mère de Marie-Anne, madame Marie-Ursule de Varennes. Elle habite sur la rue Saint-Vincent. Son fils, le seigneur, y sera.

Pierre de Lestage blêmit aussitôt.

— Tu… tu le connais depuis longtemps?

— Non, pas encore, mais nous ferons connaissance, ensemble. Tu verras, ça sera plaisant.

Pierre grimaça.

Cassandre voulut de nouveau le caresser.

— C'est toi qui disais que nous devions parler d'abord… Arrête! Marie-Anne et mon autre visiteur nous attendent.

---

37. Tampon pour maintenir en place certains organes internes et dont on se servait comme préservatif.

— Qu'ils attendent ! Marie-Anne doit bien comprendre que sa prédiction s'est avérée exacte.

Pierre devina le sujet de conversation des deux jeunes filles. Toutefois, il évoqua l'identité de l'autre visiteur.

— C'est le Supérieur du Séminaire de Saint-Sulpice ; il est curé de la paroisse Notre-Dame de Montréal. Je ne suis pas certain qu'il approuve notre conduite.

— Est-il sourd ?

— Que veux-tu dire, Cassandre ? Il faut absolument que tu sortes par la porte derrière la bibliothèque, qui donne sur le jardin. Il ne faut pas que le sulpicien te voie.

— On se croirait au château de Versailles avec ses alcôves et ses escaliers secrets ! intervint l'amoureuse, certaine de son emprise sur le jeune homme.

Pierre de Lestage ne releva pas la remarque. Il ajouta plutôt :

— Nous nous revoyons ce soir, donc ?

— Ce soir et pour toujours. N'oublie pas qu'à nos derniers aveux amoureux… complets, tu m'avais promis le mariage.

— Vraiment ?

— Vraisemblablement, Pierre de Lestage, la mémoire te lâche quand ça fait ton affaire. La douceur de ce que nous venons de vivre aurait dû te la rafraîchir.

— Bien entendu, mon amour. Je vais te donner ma réponse ce soir.

Pierre embrassa intensément Cassandre, qui ne douta pas de l'élan amoureux de son homme. Par la suite, il l'aida à replacer sa coiffure.

— La sortie donne sur le jardin. Marie-Anne s'y trouve, mais elle ne s'attend pas à ta venue par cette porte.

— Ne t'inquiète pas pour Marie-Anne. Elle aimerait tellement pouvoir en faire autant avec La Vérendrye… À ce soir, mon bel amour !

— À ce soir, donc.

Cassandre lui vola un dernier baiser.

Je resterais avec lui pour l'éternité !

CHAPITRE V
Le sulpicien

Une fois la porte refermée derrière elle, Cassandre entendit Pierre accueillir son visiteur.

— Monsieur le Supérieur, pardonnez mon retard. Si nous avions autant de succès à payer la solde des soldats et à financer le commerce de la fourrure que le clergé en a à collecter la dîme des paroissiens, je n'imposerais pas à mes visiteurs un temps d'attente indu, moi qui m'évertue, en tant que trésorier de cette ville, à élaborer de savants calculs pour dégager les sommes voulues pour rembourser la monnaie de cartes[38].

L'ecclésiastique, qui avait fort bien entendu les miaulements provenant du bureau du haut fonctionnaire, répondit en frémissant des narines :

— Justement, monsieur le trésorier, plus de vertu vous permettrait d'avoir une imagination plus chrétienne pour combler vos besoins. Je vous souhaite l'honnêteté de bien gérer l'argent de vos contribuables, au lieu de le thésauriser[39] au profit de vos bas instincts. Nos vertueux curés investissent la dîme dans le culte... et non ailleurs...

---

38. Le manque de fonds poussait les autorités à employer des cartes à jouer comme monnaie ; c'était un instrument de crédit que l'on devait rembourser tôt ou tard.
39. Amasser de l'argent pour le conserver.

Pierre de Lestage venait de se piéger lui-même. Il cherchait une façon de retenir l'attention du prêtre qui tendait l'oreille pour entendre des petits pas féminins.

— Si elles peuvent sortir par le jardin et prendre la rue d'à côté, ronchonna-t-il.

Le trésorier respira d'aise quand deux militaires arpentèrent le corridor et passèrent devant le bureau dans un bruit de bottes. Pierre huma l'air embaumé au passage du convoi et comprit que les soldats étaient allés reconduire les deux jeunes femmes à la sortie.

Le grand vicaire de Montréal en vint à la même conclusion et renifla de façon caricaturale en guise de désapprobation.

— Puisque nous ne sommes pas dimanche, l'administration de la Ville a permis aux marchandes de fleurs de faire étalage de leurs produits de jardin en cette belle journée d'été.

— Et quelles sont donc ces fleurs dont la fragrance est si agréable? demanda le vicaire.

— La pivoine et le muguet, monsieur le Supérieur, répondit allègrement le trésorier.

Pierre de Lestage regardait l'ecclésiastique droit dans les yeux. Sans le laisser du regard, il poursuivit:

— Maintenant, passons à des priorités plus matérielles. J'aimerais m'entretenir avec vous de la solde de nos valeureux soldats qui protègent nos citoyens de l'ennemi et qui sont aussi vos paroissiens.

Le prêtre resta surpris du sujet de conversation du trésorier.

— Que voulez-vous dire au juste, jeune homme? rétorqua le prêtre qui voulait mettre Lestage en position de vulnérabilité en mentionnant son jeune âge.

— Que le Trésor public se doit de payer la solde des soldats de la garnison, au risque d'une mutinerie. Le temps presse puisque nous avons déjà beaucoup de retard. Nos cartes ont perdu la moitié de leur valeur initiale, les soldats le savent et ils veulent se faire payer en argent sonnant ou en biens. Nous n'avons presque plus d'argent dans les coffres; vos curés ont des ressources en abondance.

Versailles avait imprimé trop de cartes à jouer en guise de monnaie pour ses colonies. Le ministre Pontchartrain avait promis aux Canadiens de racheter ces cartes par des lettres de change, au mieux à la moitié de leur valeur, parce que le Trésor royal était à sec. Les guerres incessantes avaient été trop coûteuses. Finalement, la rareté du véritable argent avait attisé la méfiance de la colonie envers la métropole et l'usage de la monnaie de cartes.

Les faillites furent généralisées, à commencer par celles des marchands prospères. Jean de Lestage et son associé Pierre Pascaud avaient vu tourner le vent. Placer Pierre de Lestage, leur associé, à la tête des finances de la Ville de Montréal les prémunissait contre la faillite puisqu'ils seraient toujours favorisés lors de l'octroi de contrats par la Ville.

— Ce qui veut dire?

— Que nous n'avons pas le choix de coopérer, vous et moi, qui représentons le gouverneur de Ramezay. Sinon, nous aurons l'obligation de défendre nous-mêmes la ville et ses communautés religieuses des attaques anglaises, américaines et même iroquoises, puisque les Mohawks n'ont pas encore signé le traité de paix. Un ami, Ange-Aimé Flamand, ambassadeur auprès des Iroquois, m'avouait récemment qu'il y arrivait presque et que la somme d'argent requise restait la seule condition à négocier pour leur intégration au traité. Il serait tragique d'annihiler un siècle de pourparlers difficiles avec les Mohawks, d'ignorer le martyre héroïque de nos missionnaires et de compromettre la position stratégique de la colonie face à la Nouvelle-Angleterre… Voyez-vous, ce n'est pas la thésaurisation que pratique le trésorier général, mais de la bonne gestion en partenariat, alors que nous devons nous serrer les coudes dans des circonstances qui le nécessitent. Nous en sortirons tous gagnants sur les plans matériel… et spirituel.

Piqué, le Supérieur des sulpiciens répondit:

— L'exercice financier et oratoire que vous érigez en martingale[40], jeune homme, ne vous autorise pas à négocier avec la spiritualité. Nos théologiens sont là pour ça. Contentez-vous de gérer le Trésor de la Ville convenablement. Si ce Trésor est à sec, ce n'est pas en affamant et en faisant mourir nos curés que nos Canadiens s'en tireront. La nourriture de l'âme vaut bien celle du corps.

---

40. Système de jeu qui prétend assurer un bénéfice certain par une augmentation progressive de la mise.

Hors de lui, ayant perdu le flegme et la contenance qu'il cultivait comme vertus à son poste de Supérieur du Séminaire de Saint-Sulpice, François Vachon de Belmont fulminait.

— Dites-le aux soldats, dont les âmes ont bien besoin du secours du prêtre pour les sauver de la géhenne... Ceci vaut autant pour certains fonctionnaires, j'imagine! Qui s'adonnent au péché de luxure. Notre regretté Supérieur, François Dollier de Casson[41], nous a laissé une tradition de gardiens de la moralité dans cette ville... Vous avez ma réponse. Si elle ne vous satisfait pas, que le gouverneur de Ramezay vienne en discuter au séminaire. Nous serons heureux de l'accueillir puisqu'il est un ami sincère, respectueux de la moralité chrétienne, lui. Il y rencontrera des religieux dont le seul tort est d'être trop vertueux. Vous me suivez? Les seuls bruits qu'il entendra proviendront des chuchotements de la prière de ces religieux, en extase devant le Saint-Sacrement... Quant à moi, je ne remettrai plus les pieds ici, sinon qu'à l'invitation de notre gouverneur, et de lui seul. Suis-je assez clair, monsieur le trésorier?

Le Supérieur du Séminaire de Saint-Sulpice se leva, tourna les talons si vite que le crucifix qu'il portait au cou tournoya sur son plastron, et partit sans saluer Pierre.

L'homme d'Église quitta le manoir de façon précipitée, suivi de son clerc qui n'arrivait pas à le suivre. Pierre de Lestage chercha bien à le rejoindre afin de l'amadouer. Se rendant compte qu'il n'y parvenait pas et que le sulpicien avait déjà franchi les grilles, il haussa les épaules de dépit.

Je verrai la suite des événements! se dit-il.

---

41. François Dollier de Casson (1636-1701), Supérieur des sulpiciens (1671-1674, 1678-1701) et curé de la paroisse Notre-Dame de Montréal, dénonça en chaire, le 13 mai 1695, à l'église Notre-Dame, lors du Salut au Saint-Sacrement, des adultères qui avaient été commis publiquement. Le 19 mai suivant, le procureur du Roy ordonna une enquête au juge de Montréal.

Chapitre VI
Roxanne

Pierre de Lestage était confronté à un dilemme. Il s'était mis dans une fâcheuse situation en promettant le mariage à deux jeunes femmes séduisantes, Cassandre Allard et Esther Sayward, lesquelles se mouraient d'amour pour lui.

Mon seul atout, pour le moment, c'est que ni l'une ni l'autre ne se connaissent et ne peuvent deviner l'existence de l'autre. Tant et aussi longtemps que ça sera ainsi, je pourrai faire durer le dilemme. Le hic, c'est que j'ai promis de donner ma réponse à Cassandre ce soir, soit dans quelques heures... Comment me sortir de cette impasse ? Pourquoi ai-je dit à mon frère que j'allais épouser Esther ? Pourvu que ça ne vienne pas aux oreilles de Cassandre par ma belle-sœur, qui est très dévouée aux œuvres de la congrégation Notre-Dame... Cassandre ou Esther... Cassandre ou Esther ? Par ailleurs, je n'ai pas du tout envie de me trouver en face de Jacques-René de Varennes. Pierre, ce que tu peux être vil et égoïste ! Profiter ainsi de la sincérité et de l'amour d'aussi délicieuses jeunes femmes...

Pierre eut soudainement honte de son attitude.

— Aller me confesser ? J'aurais tant à dire et je risque d'avouer mes fautes à un sulpicien qui ne tardera pas à rapporter le secret de ma confession au Supérieur de Belmont, qui s'en servira contre moi, tôt ou tard... Non, j'ai une meilleure idée.

Le jeune haut fonctionnaire décida de se rendre au cabaret afin de se libérer la conscience dans un verre d'eau-de-vie. Il avait contracté cette habitude dans le commerce des pelleteries et l'avait perpétuée, comme trésorier de la Ville, avec les militaires gradés et les personnalités de passage à Montréal. Il ne voulait surtout pas confier son tourment à sa maîtresse secrète, la sémillante Roxanne, pour ne pas la rendre jalouse. Et pourtant, elle était de si bon conseil lorsqu'il était tendrement blotti contre sa peau nue dans leur « petite alcôve », nom qu'elle donnait à sa chambrette.

Auprès du gouverneur de Ramezay, connu par les habitants de la ville pour son train de vie ostentatoire, Pierre n'avait pas de difficulté à motiver ses sorties comme des activités de relations publiques. Se sachant un personnage maintenant bien en vue, il se dirigea discrètement vers le cabaret, à l'angle des rues Sainte-Anne et Saint-Paul, où il allait les samedis soir. Pierre prit soin de vérifier que personne — et surtout pas Cassandre ou Marie-Anne — ne l'avait suivi. Peu de gens connaissaient cette habitude du jeune homme, pas même son frère et sa belle-sœur, qui l'hébergeaient, et encore moins ses deux fiancées, Cassandre Allard de Québec et Esther Sayward de Montréal.

Quelques officiers militaires auraient pu le reconnaître, mais ils n'avaient pas avantage à ce que l'on fasse une enquête qui les aurait aussi compromis. Le cabaret était un établissement clandestin, inconnu des autorités, qui plus est, presque en face de la chapelle Notre-Dame-de-Bon-Secours. Des matelots de passage, arrivés au tripot illicite parce qu'ils en avaient entendu parler par hasard, comme il arrive souvent au voyageur, souhaitaient fréquenter l'établissement. Ces débardeurs et ces marins, à la solde fraîchement gagnée, habitués de bourlinguer dans les ports exotiques, étaient à la recherche de filles agréables et bien tournées. Les Montréalaises avaient la réputation d'être avenantes. Mais s'ils étaient déjà éméchés ou ivres, l'entrée du cabaret leur était défendue.

Ce cabaret n'était ni un bordel, ni un lieu de débauche, ni une maison close élégante. L'établissement, bien tenu, attendait toujours l'obtention de son permis d'exploitation : une fois ledit permis délivré, l'endroit serait nommé L'Heureuse Marie. Les quelques pensionnaires de l'établissement, de jeunes veuves de soldats qui avaient reçu une bonne éducation chez les religieuses, possédaient toutes un physique attrayant qui leur permettait de se faire apprécier comme éventuelle épouse par la clientèle.

En fait, ces jeunes veuves caressaient le projet de se remarier avec un bel officier pour ne pas être obligées de trimer dur du matin jusqu'au soir pour vivre décemment. À moins de travailler comme domestique à la maison privée d'un militaire gradé, dont l'épouse chercherait bien souvent à espionner une domestique trop attentive aux besoins du mari, une jeune veuve d'extraction populaire n'avait pas l'occasion de rencontrer un tel parti. Au cabaret, tout était plus facile, car un client bien intentionné invitait la jeune femme à faire davantage connaissance.

Pour éviter les déceptions amoureuses ou les désastres matrimoniaux, la tenancière du cabaret, Roxanne Bachant, elle aussi une veuve de commandant de garnison (dans son cas particulier, une veuve blanche, car son mari avait décidé de retourner en France sans avoir consommé leur mariage), surveillait de près les rapprochements tant de sa clientèle que de ses protégées. Les autorités lui avaient fait abjurer le protestantisme et Roxanne Bachant avait été baptisée à la chapelle Notre-Dame-de-Bon-Secours. Protégée de mère Marguerite Bourgeoys, ell avait été hébergée par cette dernière à la Maison Saint-Gabriel.

Depuis son veuvage forcé, et surtout l'ouverture de son débit de boisson clandestin, Roxanne — de son vrai nom anglais Bashaw, qu'elle avait francisé Bachant — se faisait discrète : sa maison de jeu clandestine était en angle avec la chapelle de la rue Bonsecours. Elle était par ailleurs considérée par la Ville comme une citadine exemplaire, en attente de son permis d'exploitation, et une bonne paroissienne, assidue aux différents offices religieux.

Se piquant de fierté de tout savoir en ville, Roxanne avait eu la chance de rencontrer Esther et Mary Sayward à son arrivée à Montréal et de se lier d'amitié avec Esther, puisque Roxanne avait aussi été captive des Abénaquis. Esther lui avait, depuis quelque temps, confié son roman d'amour avec le jeune argentier de la Ville de Montréal, Pierre de Lestage. Chaque fois qu'Esther revoyait Roxanne — habituellement les dimanches après-midi —, cette dernière écoutait l'histoire amoureuse d'Esther comme si elle lui était racontée par sa propre sœur.

Quand Pierre s'identifia, lors d'une première visite avec des personnages dont l'aisance financière ne faisait pas l'ombre d'un doute, Roxanne, qui l'observa avec attention, crut le reconnaître pour l'avoir déjà croisé à la Maison Saint-Gabriel. *Voilà le fonctionnaire municipal qui m'obtiendra le permis officiel d'exploitation de mon cabaret*, se dit-elle alors.

Quand il revint la fois suivante, seul, Roxanne se dit, toute surprise que la chance lui apparaisse : *Une pierre, deux coups !* Elle crut bon de le diriger vers une petite pièce secrète, assez sombre, meublée seulement d'une table ronde où pouvaient s'asseoir quatre joueurs, et un croupier qui distribuait les cartes et réglementait la mise. Un petit comptoir avec banquette en cuir en face d'étagères où étaient rangés les verres avec symétrie complétait le décor de la pièce que Roxanne appelait La Précieuse. Une hôtesse aux épaules habituellement légèrement découvertes servait les consommations et remplissait les verres.

Cette fois-là, Roxanne délégua sa fonction d'hôtesse pour faire office de serveuse, en vue d'entretenir Pierre de Lestage de sa demande de permis.

— Monsieur l'administrateur, vous serez beaucoup mieux ici, il y a moins de bruit. Dites-moi ce que je peux vous servir. D'autres clients arriveront bientôt. Ce sont des gens bien en vue, des marchands, des nobles, des seigneurs de Montréal et d'ailleurs… Écoutez, j'ai une faveur à vous demander. Et comme une faveur en attire une autre… Commençons par ma demande.

Pierre trouva l'attitude de la tenancière suspecte, mais il se garda bien de lui mentionner qu'il cherchait de la galante compagnie. Roxanne ne connaissait-elle pas son rang social à Montréal ? Lestage se dit qu'après une première consommation, il partirait. Secrètement, Roxanne souhaitait de même. Sa mise en scène n'avait pour but que d'obtenir la légalité de son cabaret, par la suite… elle se débarrasserait de l'amoureux d'Esther.

— Voilà, vous êtes le premier fonctionnaire de la Ville, celui qui autorise les permis des cabarets. Or, ma demande traîne depuis trop longtemps. Serait-ce à cause de sa localisation, en face de la chapelle, ou du nom commercial que j'ai soumis aux autorités ? Pourriez-vous user de votre pouvoir pour accélérer ma demande ?

Pierre, en poste depuis peu de temps, se sentit pour la première fois en conflit d'intérêts. Pour se donner de l'importance, il demanda à la jolie tenancière :

— Quel est ce nom ?

— J'ai pensé à «L'Heureuse Marie», du nom du navire célèbre qui a fait de nombreuses traversées de l'Atlantique. Les marins l'apprécieraient. Qu'en pensez-vous?

— Hum, hum!… L'Heureuse Marie, c'est délicat et invitant, je trouve.

Roxanne se félicita du fait que la chance commençait à tourner en sa faveur.

Les premiers clients arrivèrent plus tôt que prévu et Roxanne dut faire les présentations d'usage, bien malgré elle. *Je n'aurai pas à donner suite à cette demande de permis de débit de boisson!* se dit Pierre de Lestage.

De son côté, Roxanne fut tirée bien malgré elle d'un mauvais pas. En effet, comme le quatrième joueur n'arrivait pas, les autres clients se tournèrent vers Lestage, assis au bar, pour l'inviter à prendre place, croyant qu'il était le joueur manquant. Pierre de Lestage, surpris, ne s'opposa pas et alla prendre place, comme il était coutume, au Pays basque, de ne jamais refuser une invitation à jouer.

Autour de la table, Roxanne présenta le sieur Ambert, un industriel de la construction navale, Jacques Le Ber, un marchand, Jacques-René Gauthier de Varennes et Pierre de Lestage, le trésorier de la Ville de Montréal. Le Ber le reconnut comme un ancien actionnaire de la Compagnie de la colonie et le salua avec estime.

Pierre perdit rapidement tout ce qu'il avait sur lui. Il ambitionna de jouer davantage et, quand il perdit encore, il signa une reconnaissance de dette à l'endroit de Jacques-René de Varennes, à être payée dans un délai prescrit, en biens ou en argent, hormis en monnaie de cartes, qui n'avait plus d'attrait pour un créancier. Varennes s'enquit plus tard de la solvabilité de son débiteur. Les relations d'affaires de Lestage avec les marchands de fourrure, notamment Jacques Le Ber, confortèrent le seigneur de Varennes, qui avait la passion du jeu.

En ce premier juillet de 1710, Pierre tardait toujours à rembourser sa dette. Roxanne revit plus d'une fois le fonctionnaire municipal à son cabaret. En fait, il le fréquentait assidûment les samedis soir, comme s'il allait assister à un rituel. Chaque fois, il demandait à Roxanne de lui servir à boire et de lui tenir compagnie. Cette dernière eut beau lui expliquer que cette soirée du samedi était la plus lucrative de la semaine, qu'elle devait gérer son établissement et tenir compagnie à ceux qui le souhaitaient, le jeune homme manifestait une attention particulière à la belle tenancière, qu'il convoitait, sans nul doute.

— Vous savez, Roxanne, votre permis... Vous n'avez pas à vous inquiéter. Commencez à la peindre belle, votre Heureuse Marie sur votre enseigne.

Roxanne sourit au beau fonctionnaire. La partie était gagnée. *Enfin, je deviendrai officiellement une commerçante respectable. Maintenant, je le laisse à Esther.*

Elle ne put cependant pas tenir cette promesse.

Pierre attendait patiemment jusqu'à la fin de la soirée que Roxanne se libère, appréciant le récital aguichant des artistes ou buvant seul dans la petite salle secrète des joueurs où il s'attablait et faisait monter la mise. Jacques-René de Varennes avait revu le trésorier qui continuait de jouer, sans avoir réglé les sommes qu'il lui devait. Cette situation commençait à l'agacer et il cherchait la façon de coincer l'agent des trésoriers généraux de la Marine, d'autant plus que lui-même lorgnait aussi la tenancière, qui ne semblait pas indifférente à la présence de Pierre de Lestage.

Comme une rumeur circulait à l'effet que les coffres de la Ville se vidaient à un rythme inquiétant, Jacques-René de Varennes soupçonnait Lestage de puiser dans la solde des soldats pour payer ses dettes de jeu. Il se disait qu'il avait suffisamment de motifs — ses affinités avec une tenancière de cabaret, la dilapidation du Trésor municipal — pour faire chanter le fonctionnaire afin qu'il lui règle son dû. L'idée que Lestage et Roxanne entretiennent une aventure était devenue obsessive et faisait mourir le séducteur De Varennes de jalousie. Il en vint à ne vivre que pour régler le compte de ce rival. Par ailleurs, l'indifférence de ce dernier à sa présence avait rapidement été évaluée comme de l'arrogance.

Roxanne Bachant, qui portait davantage attention à Lestage qu'à Varennes, devenait de plus en plus tourmentée à force de mentir aux amoureux qu'étaient Esther Sayward, sa confidente, et Pierre de Lestage. Ni l'un ni l'autre ne connaissaient les accointances de la belle tenancière. Esther savait qu'elle tenait un petit commerce légal de distribution de vins et spiritueux dans sa maison privée, sans plus.

Quant à Lestage, jamais il n'aurait pensé que Roxanne aurait pu collaborer un temps aux œuvres d'éducation des sœurs de la congrégation Notre-Dame et de charité de la paroisse de Notre-Dame-de-Bon-Secours. Roxanne non plus n'aurait jamais osé convoiter le beau fonctionnaire. D'abord par respect pour Esther, et aussi parce qu'elle, tout comme ses protégées, ne couchait jamais avec la clientèle. La belle Roxanne, qui n'avait jamais connu l'amour charnel passionné, mourait d'envie mais à la fois craignait de le connaître, ayant été horriblement humiliée de ne pas avoir pu exciter les sens de son défunt mari.

Un samedi soir d'hiver, avant la fermeture du cabaret, Roxanne appréhendait à nouveau de voir remise aux calendes grecques l'obtention de son permis d'exercice. C'est à ce moment qu'elle dérogea aux consignes de la maison et qu'elle et Pierre se retrouvèrent dans les bras l'un de l'autre, dans la petite chambre qui jouxtait la salle de jeu. Ils n'auraient pu dire lequel des deux avait incité l'autre à plus d'intimité.

Cette nuit-là, Roxanne avait rattrapé les années d'indifférence conjugale que son mari lui avait imposées. Émerveillée par la sensualité du Basque, elle incita Pierre à revenir la voir le plus souvent possible.

Quand la tenancière revit Esther sur le parvis de la chapelle, un dimanche après la grand-messe, la jeune fille sentit que son amie Roxanne lui cachait quelque chose. Elle avait mis fin à ses visites à la Maison Saint-Gabriel pour éviter de croiser son amant. De plus, elle ne voulait pas inviter Esther chez elle, de peur qu'elle ne rencontre Pierre inopinément.

Pierre comprit le lien entre Esther et la belle tenancière lorsque Roxanne dit un jour, en badinant sur ses agissements :

— Et moi qui ai vécu chez les bonnes sœurs, à la Maison Saint-Gabriel ! Que diraient-elles de me voir ici, maintenant ?

Pour éviter de perdre l'une et l'autre, l'amoureuse et l'amante, Pierre décida vite de se tenir coi, sachant que Roxanne n'irait certainement pas dévoiler son secret à Esther. De plus, Esther avait sûrement dû confier à Roxanne leur intention de se marier. Cette confession naïve eut comme conséquence de tuer dans l'œuf tout espoir de la veuve blanche de refaire sa vie avec le Basque.

La vie amoureuse de Pierre de Lestage le comblait d'aise avec, d'une part, une fiancée à laquelle il promettait un mariage, et, d'autre part, une voluptueuse maîtresse aux rondeurs envoûtantes et à l'appétit insatiable dont il appréciait les charmes à chacune de ses visites au cabaret.

La seule crainte du trésorier était de se retrouver contraint par les autorités, le gouverneur ou les sulpiciens à cesser ses fréquentations douteuses le jour où on viendrait à le dénoncer. Jusqu'alors, Lestage se méfiait de Jacques-René de Varennes, qu'il soupçonnait de jalousie et auquel il n'avait pas encore commencé à rembourser son dû. Depuis la visite cauchemardesque de Cassandre et son altercation avec le Supérieur des sulpiciens, gardien de la moralité montréalaise et grand ami du gouverneur de Ramezay, Pierre de Lestage avait l'impression que la chance avait cessé de lui sourire.

Comment me débarrasser de Cassandre? Je me souviens maintenant de nos jours heureux à Québec, où nous n'avions de comptes à rendre à personne, encore moins à son dévot de frère, que j'ai remis à son prie-Dieu… Je l'admets, Cassandre est une fille splendide et très talentueuse; toutefois, elle est exigeante et capricieuse! Il faudrait de plus que je retourne vivre à Québec, car elle ne voudra pas, c'est sûr, s'éloigner en permanence de sa mère. Ces deux-là sont si attachées l'une à l'autre!

J'ai également promis à Esther de l'épouser… Il faudra bien que je fasse un choix et rapidement. En épousant Esther, je continuerai à revoir Roxanne tant qu'Esther ne l'apprendra pas. Le plus tard possible, je l'espère! Roxanne, elle, ne parlera pas. Pourvu que je me fasse discret et agisse en bon époux et en bon père de famille, Esther ne saura rien de mon aventure avec Roxanne. Nous aurons de beaux enfants intelligents, à la tignasse rousse, qui perpétueront ma descendance. Je serai certain de la fidélité et de l'amour d'Esther la vie durant, alors que Roxanne a déjà été mariée et comme on le dit : Qui a bu boira! Je n'ai jamais cru à ses sornettes de mariage non consommé, elle qui manifeste une telle ardeur de femme expérimentée! Est-elle tenancière de cabaret ou abbesse?

Québec ou Montréal? Cassandre ou Esther? Suis-je prêt à abandonner ma liaison avec la belle Roxanne, si désirée par la gent masculine? Ma réponse est non. Donc, mon choix se tournera vers Esther… Et si Cassandre voulait rester à Montréal? Pourrait-elle me pardonner mon manque de fidélité, si jamais elle apprenait ma liaison amoureuse avec Roxanne? Je ne le crois pas. Donc, il est mieux pour moi de laisser aller en douce Cassandre qui, comme je la connais, va sûrement vouloir rompre définitivement. Il est possible que je perde l'amitié de La Vérendrye, puisque Cassandre est maintenant la grande amie de Marie-Anne. Bon! On verra bien.

Attablé dans un coin du cabaret où on ne pouvait le reconnaître dans la pénombre, à travers les volutes de la fumée de tabac, Pierre de Lestage buvait lentement son verre de rhum, se laissant apaiser par l'alcool. Lors de ses quelques brefs passages à sa table, Roxanne lui adressa des sourires discrets, allusions subtiles à la délicieuse nuit passée avec lui. La mine pensive de Pierre ne la laissa pas indifférente. Elle lui dit furtivement:

— Tu me sembles préoccupé, toi! Encore des soldes des soldats qui risquent de ne pas être payées à temps? Pauvre amour!

Vais-je lui parler de Cassandre? Mais non, pourquoi l'inquiéter? De toute façon, elle ne la connaît pas.

— Je ne sais pas ce que j'ai, je ne me sens pas très bien. Ce serait préférable que je rentre me reposer. Tu as raison, les soucis professionnels me pèsent quand la fin de la semaine arrive. Le dimanche est à peine suffisant pour me les faire oublier.

Roxanne allait ajouter: *Pourvu que ce ne soit pas une autre femme!* Mais elle se retint en pensant à Esther, dont elle ne voulait surtout pas faire mention. Elle dit plutôt:

— Si tu désires te reposer dans la petite alcôve, tu n'as qu'à le dire. Ton mal n'est sans doute que passager… Et je te certifie que tu vas les oublier vite, tes petits soucis, foi de Roxanne!

Pierre anticipait déjà la manière dont la belle tenancière lui ferait oublier ses tracas; enfin, c'est ce qu'il croyait! Il se mit à la détailler de haut en bas. Roxanne était une belle brune au teint fouetté par les brumes de son coin natal, le pays de Galles.

Roxanne Bashaw était arrivée en Nouvelle-Angleterre, âgée de dix ans, avec ses parents, en 1690. Elle avait été capturée deux ans plus tard par les Abénaquis et échangée lors du traité de paix de 1701. À vingt et un ans, elle se débrouillait avec difficulté en anglais et en français mais maîtrisait plusieurs langues amérindiennes.

Le chef du village de Wôlinak l'avait prise sous son aile et considérée comme une prêtresse qui devait rester vierge. Quand était venu le temps d'échanger des prisonniers, le gouverneur de Callière en avait donné un bon prix, considérant que la jeune femme, non souillée par les vices amérindiens, pourrait entrer en religion chez les sœurs de la congrégation Notre-Dame, après avoir été baptisée dans la foi catholique. Roxanne n'avait tout simplement pas la vocation religieuse. Elle s'était liée d'amitié avec Esther Sayward, qu'elle avait connue lors de son accueil à la métairie Saint-Gabriel et depuis, leur amitié s'était renforcée jusqu'à l'arrivée de Pierre de Lestage dans leur entourage. Lors de son mariage malheureux avec son officier français, c'est Esther qui l'avait réconfortée.

Lorsqu'elle visitait Esther ou allait au marché, la plantureuse Roxanne ramenait ses cheveux couleur d'aubergine sous sa coiffe en batiste. Au cabaret toutefois, ses longs cheveux flottaient sur ses épaules qu'elle laissait légèrement découvertes pour appâter les messieurs qui lorgnaient rapidement vers son décolleté généreux. Sa démarche féline de fille des bois — apprise lors de sa captivité chez les Abénaquis — lui permettait de s'approcher de ses clients sans qu'ils s'en aperçoivent, à leur grand ravissement. Son port de tête fier et ses épaules projetées vers l'arrière faisant pointer ses seins (qui n'en avaient certes pas besoin) avaient incité Pierre de Lestage, en la voyant pour la première fois, à dire :

— On pourrait facilement la prendre pour une fille de Basse-Navarre[42] ou même de Pampelune[43].

Perdu dans ses pensées, le Basque imaginait la pointe et la rondeur de ses seins et la courbe de ses hanches sous sa camisole de lin. Il sourit malgré lui de concupiscence. Quand il déchirait les vêtements de Roxanne pour mieux l'exciter, elle émettait un son rauque : l'appel du rut. Lestage montait alors sa maîtresse aussi crûment qu'un taureau de son pays aurait monté une taure, la faisant gémir de jouissance.

Le Basque souriait, prenant un malin plaisir à deviner Roxanne prête à toutes les perversions pour amener son amant à récidiver vers le plaisir. Lestage se dit que la veuve blanche ramperait bientôt à ses pieds pour le supplier de l'amener au bout de son plaisir.

Soudain, le jeune homme se rappela la somme d'argent qu'il devait au seigneur de Varennes. Si l'idée de devoir annoncer leur rupture à Cassandre lui déplaisait, il avait encore moins envie

---

42. Navarre française, faisant partie du Pays basque.
43. Capitale de la Navarre espagnole.

d'affronter Jacques-René de Varennes, qu'il considérait comme un fat personnage. Il prit alors son verre de rhum et l'avala d'un trait, savourant la brûlure de la boisson enivrante qui lui enlevait le déplaisir de s'acquitter de son obligation contraignante.

J'en suis rendu à faire cul sec comme les soldats; il faudrait que je me modère, se dit-il.

Le trésorier sortit de ses pensées fantasmagoriques quand il entendit Roxanne lui dire à l'oreille:

— Pierre, on vient de m'aviser qu'on te demande à l'entrée.

Ce dernier sursauta.

— Quelqu'un que je connais?

— Il paraît que oui. Une jeune femme!

— Qui? Tu devrais aller voir, ajouta fébrilement Pierre.

— Tu me sembles nerveux, toi! Des ennuis?

Pierre de Lestage ne répondit pas à Roxanne.

— Tu ne devrais pas t'inquiéter, puisque mon établissement est tout ce qu'il y a de plus légal, maintenant!

Comme son amant ne réagissait toujours pas, Roxanne haussa le ton.

— N'est-ce pas, Pierre? Ça devrait être chose faite. Dans ce cas, personne ne peut te reprocher ta présence ici… Ai-je bien raison?

Ce dernier, qui avait la tête ailleurs, se dit: *Comment cette femme a-t-elle pu me retrouver ici? Après tout, ce cabaret est encore clandestin!*

— Bien entendu, tu n'as pas à t'inquiéter. Ton permis est octroyé. Tu devrais recevoir l'avis dans quelques jours. Que de la paperasse! Je n'ai qu'une parole, tu le sais bien! répondit-il.

Une des préposées de l'établissement vint confier à l'oreille de Roxanne une information qui la figea d'horreur.

— Je viens d'apprendre que cette jeune dame te réclame à cor et à cri à la réception, avec un pistolet en main.

Aussitôt, Roxanne se couvrit le visage de la main.

Mon Dieu! Esther! Qui a pu le lui dire? Nous sommes débusqués. Je vais perdre ma grande amie. Il ne faut pas qu'elle me voie en présence de Pierre. Il faut que je me sauve ou que je fasse semblant de ne pas le connaître. Comme ça, en feignant l'ignorance, elle ne pourra pas me blâmer d'opérer un cabaret clandestin… Non, j'ai mieux comme explication: le haut fonctionnaire vient de me confir-

mer l'obtention de mon permis, de façon officielle. *Un samedi soir, c'est logique de ne pas avoir encore pu installer mon enseigne… C'est plausible. Nous venons à peine de nous connaître, puisqu'il est arrivé depuis peu… Évidemment, je lui ai offert une consommation, puisque je suis une hôtesse accomplie. Si la Ville me permet d'opérer mon établissement en face de la chapelle, le clergé ne devrait pas être contre. Après tout, Roxanne Bachant n'est-elle pas une paroissienne exemplaire, une bonne catholique pratiquante canadienne-française? Mais Esther doit être furieuse pour vociférer de la sorte, elle habituellement si calme! C'est normal d'être jalouse, elle l'aime tellement, Pierre!*

Roxanne se rendit compte qu'elle aussi était follement amoureuse de Pierre, mais qu'elle ne pouvait pas en vouloir à Esther, puisqu'elle lui avait dérobé son amoureux de façon déloyale.

Je ne peux quand même pas être jalouse d'Esther! Oh si, un peu, de vivre librement un amour si beau, tandis que moi, je ne peux que faire l'amour clandestinement dans la petite alcôve!… Pourvu qu'elle ne l'apprenne jamais… Bon, le meilleur moyen de détourner la situation à mon avantage, c'est d'affronter Esther. Tant pis. Une fois le choc passé, elle comprendra; c'est une fille raisonnable. Après tout, nous avons vécu bien pire en captivité chez les Sauvages!

Roxanne prit une grande inspiration pour se donner du courage et annonça à Pierre:

— Je vais rencontrer cette dame pour savoir ce qu'elle te veut. C'est peut-être ta belle-sœur, qui sait?

Ma belle-sœur avec un pistolet. J'aurai tout entendu! se dit Pierre.

Pour se donner une contenance, il répondit:

— Probablement. En ce cas, dis-lui que j'arrive dans la minute.

Accompagnée de son hôtesse, Roxanne alla à la rencontre de la jeune femme mystérieuse qui attendait à l'entrée. En chemin, nerveuses et inquiètes, les deux femmes échangèrent.

— Le gentilhomme qui l'accompagne dit que ça ne peut pas attendre… Et…

— Et quoi? Parle, je t'en prie.

— C'est que… je crois déjà l'avoir vu ici quelques fois.

— Un autre joueur?

— Possiblement. La jeune femme lui a arraché le pistolet des mains.

Étrange! Ils seraient deux à en vouloir à Pierre? se demanda Roxanne.

— Laisse-moi y aller seule, dit Roxanne à l'hôtesse. Avec un pistolet pointé, tout peut arriver. S'il n'était pas si tard, j'appellerais la maréchaussée pour venir désarmer ces intrus… Qui peuvent-ils bien être?

Arrivée à la réception, Roxanne blêmit en reconnaissant le seigneur de Varennes. Ce dernier tentait de se faire discret.

Je sais que Pierre lui doit une somme importante, mais pas au point de vouloir un règlement en duel, tout de même!

Soudain, elle aperçut la jeune dame surexcitée qui agitait son pistolet dans tous les sens, à bout de bras. Elle figea sur place, stupéfiée.

Mon Dieu! C'est une beauté! Comment a-t-il pu me faire… nous faire ça, le coquin? Je me sens trahie! Pierre de Lestage va me le payer. Pour le moment, essayons de la raisonner, sinon… Prends sur toi, Roxanne.

CHAPITRE VII
L'absence inexcusable

Cassandre souriait à Marie-Anne à pleines dents, heureuse d'avoir retrouvé son Pierre. Sur le coup de six heures, elles retournèrent d'un pas leste rue Saint-Vincent signaler à madame de Varennes que Cassandre recevrait la visite de son amoureux.

— Tes prédictions se sont avérées exactes, Marie-Anne. Pierre viendra ce soir me faire sa demande en mariage. Il me l'a promis.

Au même moment, les cloches des églises et des chapelles de Montréal retentirent : on sonnait l'angélus[44] du soir. Ce carillon fit naître un doute chez Marie-Anne.

—En es-tu certaine ?

Cassandre fit oui de la tête.

— Nous devrions remercier le Ciel pour cette journée de grâces, dit Marie-Anne. Nos amoureux nous ont confirmé leur amour. Que demander de plus ? Nous ferons un mariage double, comme ta mère et ton frère, qu'en penses-tu ?

— À la condition qu'Étiennette soit notre demoiselle d'honneur à toutes les deux, rétorqua Cassandre, flottant sur un nuage.

— L'imagines-tu avec trois enfants accrochés à ses jupes, plaidant pour notre virginité ?

Le visage radieux de Cassandre se rembrunit soudainement.

---

44. En Nouvelle-France, le son des cloches appelait les habitants à leurs dévotions dans les différentes églises de la ville, les invitant aux offices. L'angélus retentissait trois fois par jour.

Et si j'étais enceinte plus tôt que prévu ? Si je me marie, personne ne s'en doutera… Bah, nous verrons bien !

— Quelque chose t'inquiète, Cassandre ?

— Que sont ces bruits de tambour[45] ? Nous devrions nous éloigner un peu de la soldatesque… Et de leurs sarcasmes !

— Tu as raison, ce doit être La Retraite et L'Ordre[46]. Un rassemblement de soldats de routine, rue Saint-Martin, sans plus.

— Pourvu que ce ne soit pas La Générale[47] !

— Ne t'inquiète pas pour rien. Tiens, nous allons emprunter la rue Sainte-Anne[48] et passer devant la chapelle Notre-Dame-de-Bon-Secours. C'est la promenade des personnes dévotes de la ville. Il n'y aura aucun danger.

— Mais non, j'entends de la musique aussi. De la flûte. Ça doit être une procession. À moins que ce ne soit le cortège d'un mariage.

— À cette heure tardive ? Jamais ! Dis donc, toi, tu n'en démords pas de ta volonté de te marier !

— Et c'est toi qui me dis ça, Marie-Anne ? répondit Cassandre, amusée.

— Si Étiennette nous voyait ! Elle serait heureuse pour nous. Je suis certaine qu'elle est loin de s'imaginer le retour du sort que nous vivons. Au moins, elle est mariée, elle ! continua Marie-Anne.

Puis elle devint pensive.

— Toi, Marie-Anne, oiseau de malheur, au moment où tout va pour le mieux !

— Tu as raison, il n'y a aucune raison de craindre pour notre avenir sentimental.

— C'est mieux dit, je préfère entendre ça.

---

45. Comme les soldats n'étaient pas logés dans des casernes mais chez l'habitant, plusieurs tambours circulaient dans les rues de la ville, battant L'Assemblée pour appeler les soldats à rejoindre leur corps d'armée pour des exercices ou une revue sur la place d'armes. Les tambours accompagnaient aussi les huissiers des différentes cours de justice pour toutes les criées publiques, sur les places publiques, devant la prévôté et devant la porte du domicile de la personne appelée à comparaître.
46. La Retraite et L'Ordre retentissaient en fin de journée, lors de la fermeture des portes de la ville.
47. Les habitants entendaient La Générale en cas d'attaque ou d'avance de l'ennemi.
48. De nos jours, la rue Bonsecours.

Quand les jeunes femmes entrèrent sous le porche de la résidence des Varennes, Marie-Ursule Boucher, qui les attendait, fut heureuse de savoir qu'il y aurait un convive de plus à sa table, l'amoureux de Cassandre. Elle voulait les présenter à son fils Jacques-René, le seigneur de Varennes.

— Vous vous souvenez de votre beau-frère, n'est-ce pas, Marie-Anne?

Elle tendit sa main gantée. Le seigneur de Varennes la prit négligemment et fit le baise-main de manière furtive. Il fixait plutôt Cassandre du regard. Son attitude impertinente gêna Marie-Anne et indisposa sa mère. Comme il n'avait pas encore été présenté à Cassandre, Marie-Ursule de Varennes voulut couvrir son fils.

— Venez, Cassandre, que je vous présente à mon fils, le seigneur de Varennes. Il est célibataire, mais je vous préviens, pour très peu de temps encore… De recevoir tout à l'heure le grand argentier de la Ville, un ami de mon fils Pierre, est un très grand honneur pour notre famille. Si sa fiancée est, de plus, la grande amie de ma bru, cela le consacre comme un fils. Jacques-René[49] ne manquera donc pas à son devoir de le considérer comme un frère.

Jacques-René de Varennes regarda sa mère, déconcerté de savoir que Pierre de Lestage était le grand ami de son frère. Il devint subitement songeur. Considérer un débiteur aux cartes comme un frère! Il revint à lui rapidement.

— Mes hommages, mademoiselle, se plut-il à dire en lui baisant la main, dissimulant mal ses intentions. J'ai entendu d'élogieux compliments quant à votre jolie voix et votre talent théâtral… En fait, je ne voudrais pas reprendre ma mère, mais elle aura sans doute oublié de dire qu'elle et le gouverneur de Vaudreuil s'opposaient à ce mariage, il n'y a pas si longtemps.

Marie-Ursule de Varennes grimaça. Pour éviter de laisser paraître sa contrariété, elle dit aussitôt:

— Cassandre sera certainement désireuse de te présenter son fiancé… Et de nous faire entendre sa jolie voix. Nous avons tous

---

49. En 1709, Jacques-René de Varennes avait promis le mariage à Marie-Marguerite-Renée Robineau de Bécancour. Cependant, il reprit sa parole, alléguant le refus de sa mère et du gouverneur, Philippe de Rigaud de Vaudreuil, de lui accorder leur consentement. Pierre Robineau de Bécancour le poursuivit à la cour de Montréal, afin de l'obliger à tenir sa promesse.

tellement hâte d'apprécier son talent, quand monsieur de Lestage sera ici, après le dessert. Qu'en pensez-vous, Cassandre?

— Au moment qui vous conviendra, madame.

Jacques-René de Varennes, qui cherchait à capter l'attention de Cassandre, prit d'abord le détour de s'inquiéter du sort des nouvelles venues.

— Vous n'avez pas été importunées par ces piliers de cabarets qui chahutent, surtout le samedi soir?

— Il fait encore clair... Et je vous avouerai, cher beau-frère, que nous n'avons guère eu le temps d'y penser, répondit Marie-Anne.

— Sauf votre respect, chère belle-sœur, il y a bel et bien danger pour deux jeunes et jolies dames. Ces matelots boivent plus que de raison et commencent tôt dans la journée[50]... Et surtout, à Montréal, ils sont privés de compagnie féminine... La police est appelée en renfort lorsqu'il y a violence, mais elle ne peut pas anticiper les crimes en mettant aux arrêts les clients des cabarets par simple prévention, vous me comprenez? Très peu respectent les règlements[51]. Et je ne parle pas des Sauvages qui ne cessent de rôder à Montréal. Nous ne sommes jamais assez prudents avec eux.

En disant cela, Jacques-René alla récupérer le pistolet[52] suspendu au-dessus de l'âtre afin d'en vérifier l'état, au grand déplaisir de sa mère qui le semonça du regard.

— Mais nous n'avons pas vu d'enseignes ou de bouchons[53] ni sur la rue Sainte-Anne ni sur la rue Saint-Paul! intervint Cassandre, tentant de sauver Marie-Anne de cet interrogatoire.

— En êtes-vous certaines? C'est vrai que la partie commerciale de la rue Saint-Paul commence plus loin, vers l'ouest, spécifia Jacques-René, qui connaissait bien l'emplacement des tripots et des cabarets de la ville de Montréal. Un cabaret est certainement

---

50. Les cabarets avaient l'obligation de fermer à 21 h.
51. Les cabarets de Montréal, pour beaucoup illégaux, étant exploités dans des maisons privées, avaient la réputation d'être des lieux de vices et de débauche causés par une consommation inconsidérée d'eau-de-vie et de vin. Les cabaretiers devaient obtenir la permission des autorités judiciaires et gérer leur établissement selon les bonnes mœurs, dans le respect des consignes du clergé.
52. Le Conseil supérieur avait obligé les colons à posséder en leur maison des armes à feu pour se défendre. Le chef de famille, ses domestiques et ses fils (à partir de quatorze ans) devaient posséder un mousquet.
53. Le bouchon annonçait le cabaret autorisé à vendre de l'alcool.

un endroit idéal pour faire une carrière artistique de chanteuse, Cassandre, ajouta-t-il pour impressionner la belle célibataire.

Le visage de Cassandre se rembrunit tandis que Marie-Anne le regardait, perplexe, en se demandant où il voulait en venir. Sachant que Cassandre n'avait guère apprécié la suggestion, Jacques-René tenta de se donner une contenance et poursuivit en ces termes :

— Justement, beaucoup de cabaretiers et d'aubergistes exploitent leur commerce dans leur résidence privée. La plupart sont au-delà de tout soupçon, quoique certains... soient clandestins et se permettent de servir à boire à tout venant. Et je ne parle pas des Sauvages qui s'enivrent et qui traînent dans les rues pour cuver leur eau-de-vie... Changement d'à-propos, nous avons appris que vous aviez chanté devant le Roy, mademoiselle ? demanda Jacques-René à Cassandre, pour se racheter, désireux de continuer à retenir l'attention de cette dernière.

— Pour le Roy et sa famille, au château de Versailles. L'opéra *Cassandre*, répondit sèchement cette dernière, qui en voulait au célibataire.

— En votre honneur, pour immortaliser votre grâce, je suppose ?

Cassandre revécut en une fraction de seconde son drame sentimental avec François Bouvard. Elle réalisa soudainement que ce cauchemar était chose du passé et qu'elle était pressée de recevoir la demande en mariage de Pierre de Lestage, après un silence douloureux qui avait duré une année.

Ne serais-je pas responsable de la tragédie de mes amours ?

Elle se dépêcha par ailleurs d'effacer cette noire pensée en se disant que tout irait pour le mieux, à l'avenir.

— Plutôt en l'honneur de Cassandre Salviati, la muse de Ronsard, répondit-elle, gênée.

— Alors, il faudrait dire un jour au créateur de cet opéra qu'une autre muse du même prénom, celle qui est devant moi, est tout aussi inspirante.

Cassandre se rendit tout à coup compte qu'elle attirait l'attention de Jacques-René de Varennes et que ce dernier n'aspirait qu'à lui faire la cour.

Allant sur ses trente-cinq ans, brun de teint, Jacques-René de Varennes était un bel homme au menton légèrement fuyant camouflé par d'énormes favoris qui portait fièrement ses habits et ses gallons d'officier. Nouvellement lieutenant dans les troupes de la Marine, il avait entrepris la carrière des armes à l'âge de treize ans, en qualité de cadet pour la défense de Québec, lors de l'attaque de Phips en 1690. Par la suite, il s'était distingué au Canada lors des guerres de la Ligue d'Augsbourg et de la Succession d'Espagne, et avait été gradé enseigne en 1704. Devenu aîné de la famille et seigneur de Varennes à la suite de la mort de son frère Louis, Jacques-René avait accepté avec ses autres frères de régler les dettes de leur mère, veuve, qui subvenait aux besoins de ses trois filles ayant perdu leurs maris et de leurs familles.

Cassandre, Marie-Anne Dandonneau et sa belle-mère étaient de plus en plus embarrassées par l'insistance du seigneur.

— Que dirais-tu, Jacques-René, de faire visiter notre demeure en attendant que le fiancé de Cassandre se présente. Il ne devrait pas tarder, n'est-ce pas? demanda la dame en pointant le menton en direction de Cassandre.

Cassandre fit signe que oui en regardant Jacques-René. Celui-ci crut comprendre qu'elle avait été charmée par son compliment.

— Je le ferai avec plaisir, répondit-il, confiant.

La maison des Varennes se situait à la croisée des rues Saint-Paul et Saint-Vincent. Ceinturée par une clôture de bois, elle faisait face au fleuve. Elle était assez grande pour que l'on y habite l'année durant. Un petit potager permettait de récolter les légumes en saison. Madame de Varennes était aussi propriétaire de quelques pommiers au coteau Saint-Louis, pas tellement loin de là. Le tour de la propriété fut rapide. C'était l'heure de passer à table. Louis-Adrien Dandonneau se présenta le premier, alors que Pierre de Lestage se faisait toujours attendre. Finalement, Cassandre, inquiète, s'excusa à la maîtresse de la maison pour le retard inexpliqué de son fiancé.

— Une affaire importante qu'il n'a pas pu reporter. Ne vous en faites pas, Cassandre, ils sont tous les mêmes avec leurs priorités. Lorsqu'il s'agit de leur carrière, leur famille passe en second.

Marie-Ursule se rendit compte, trop tard, de sa bourde lorsqu'elle s'aperçut que Cassandre et Marie-Anne avaient la larme à l'œil. Non dupe de la situation, Jacques-René prit sur lui de distraire l'invitée qui l'intéressait en lui demandant de parler de son expérience à Paris et à Versailles. En contrepartie, il raconta certaines situations cocasses et comiques, vécues à l'armée, lesquelles eurent l'heur de dérider l'atmosphère devenue tendue en raison de l'absence de Pierre de Lestage.

Cassandre chanta l'air d'Oreste de l'opéra *Cassandre*, à la demande expresse du seigneur de Varennes qui fut conquis par le brio de la jeune femme. En cette soirée chaude de l'été, les volets ouverts de la résidence permirent aux passants et aux curieux de la rue Saint-Paul d'assister gratuitement à la représentation, ce qui fit dire à Jacques-René, s'adressant aux badauds :

— Appréciez ce récital ; à Paris, vous paieriez plus que quelques sols pour entendre un tel délice musical.

Cassandre s'était à peine rendu compte de l'heure qui passait. Lorsqu'elle s'en aperçut, elle exprima son désarroi sur l'épaule de Marie-Anne, prétextant refaire son maquillage.

— Que s'est-il bien passé ? Il m'avait promis qu'il viendrait me demander en mariage.

— Ma belle-mère a sans doute raison : une urgence administrative. Il ne faut pas que tu t'inquiètes outre mesure.

— Un samedi soir, Marie-Anne ? N'a-t-il pas le droit à sa vie privée ? J'ai peur de lui en avoir trop demandé, pleurnicha Cassandre.

— Que veux-tu dire ? l'interrogea Marie-Anne.

— C'est que… j'ai exigé qu'il me demande en mariage pour excuser son long silence… Tu comprends, j'ai repris là où nous nous étions quittés, l'an passé. J'ai sans doute été trop exigeante, trop vite.

— D'autant plus qu'il a été traumatisé par sa capture et qu'il n'attendait pas ta visite… C'est possible. Tout sera plus clair demain, après une nuit de sommeil.

— Ça m'inquiète vraiment. Il lui est arrivé malheur, j'en ai le pressentiment. Je peux compter sur ton appui, Marie-Anne ?

— Et sur celui d'Étiennette, ne l'oublie pas.

À ces mots, Cassandre pouffa de rire de nervosité.

— La pauvre, si elle me voyait ! Jamais elle ne pourrait s'imaginer les tourments que me cause ma vie sentimentale.

Elle reprit, sur un ton plus sérieux :

— Si je demandais à Jacques-René et à Louis-Adrien de faire un tour de ville pour aller le chercher ? Je suis sûr que Pierre est mal pris.

Marie-Anne la regarda, étonnée.

— En compagnie de Jacques-René, sans doute, mais pas avec Louis-Adrien. À la noirceur, il ne connaît pas assez la ville, quoiqu'il dise le contraire. Il nuirait plus qu'autre chose.

— Alors, qui va le demander à Jacques-René ?

— Mais toi, Cassandre. J'ai la certitude qu'il acceptera d'emblée, répondit Marie-Anne, ironiquement.

Cassandre ne releva pas l'allusion. Aussitôt qu'elle formula sa demande, Jacques-René de Varennes se mit à supputer ses chances de conquérir le cœur de la belle cantatrice. Il saisit le pistolet au-dessus de l'âtre et affirma à Cassandre, sans ambages :

— Venez, nous allons le retrouver… J'ai mon idée par où commencer !

Jacques-René eut sa récompense en voyant l'espoir renaître sur le visage de Cassandre : elle lui offrait un large sourire de reconnaissance. Marie-Ursule de Varennes s'en aperçut.

— Ne prends pas trop de risques avec ce pistolet, Jacques-René, même si les brigands rôdent à cette heure tardive. Comme tu es responsable de la sécurité de Cassandre, n'hésite toutefois pas à t'en servir.

De fait, Cassandre Allard n'a peut-être pas la naissance de Marie-Anne Dandonneau ou de Marie-Marguerite-Renée Robineau de Bécancour, mais mon fils, le procureur Jean-Baptiste, semble l'avoir en grande estime. Et les Ursulines des Trois-Rivières ont beaucoup de respect pour elle comme enseignante ! Jacques-René pourrait en faire une épouse dévouée et une seigneuresse accomplie.

— Je peux vous accompagner, si vous le désirez ? demanda Louis-Adrien qui cherchait un prétexte pour côtoyer Cassandre.

— Toi, mon frère, ta place est de nous protéger ici, madame de Varennes et moi !

Pour faire en sorte que son fils soit seul avec Cassandre, Marie-Ursule de Varennes renchérit :

— Votre sœur a raison : un homme aussi aguerri nous protégera aisément.

Contrarié, le jeune homme se rassit. Quand Cassandre et Jacques-René se retrouvèrent à l'extérieur, ce dernier emprunta aussitôt la rue Saint-Paul en direction de la chapelle Bonsecours, sans hésitation. Cassandre se sentit réconfortée par sa maîtrise de la situation. Tout à coup, il obliqua à gauche. Cassandre lui dit, essoufflée :

— Vous semblez savoir où vous allez, Jacques-René !

— Le tutoiement désormais entre nous, Cassandre ?

— Je te le promets, Jacques-René, répondit-elle spontanément, rassurée.

Arrivé devant la porte d'entrée d'une maison, l'homme frappa de façon énergique, tenant son pistolet dans l'autre main, derrière le dos. Comme ils n'obtenaient pas de réponse, Cassandre dit :

— Les gens dorment déjà, sans doute. De toute façon, c'est gisant dans une ruelle que Pierre doit se trouver, pas dans une résidence... À moins que ce ne soit la résidence de son frère... Alors, il doit s'être assoupi. Ses semaines de travail sont si chargées ! Il n'a que le dimanche pour se reposer, le pauvre ! Sa belle-sœur est engagée dans les œuvres du faubourg Bonsecours auprès des miséreux. Il est logique qu'elle soit installée près de la chapelle.

Jacques-René toisa Cassandre : la pauvre femme était si naïve !

— Nous ne sommes pas devant la résidence du marchand Jean de Lestage. C'est du côté ouest de la rue Saint-Paul... Patientez, quelqu'un va nous ouvrir, croyez-moi !

Jacques-René frappa de nouveau. Cassandre fut impressionnée quand quelqu'un ouvrit la porte.

— Oh, bonsoir, monsieur ! Je suis désolée de vous avoir fait patienter. Combien êtes-vous, ce soir ? demanda l'hôtesse.

Pour éviter que cette dernière ne manifeste trop de familiarité, Jacques-René enchaîna :

— Deux. Mais je voudrais que nous puissions nous entretenir avec le directeur municipal des finances, Pierre de Lestage.

— Ça ne sera pas long, je vais l'en aviser, répondit aussitôt l'hôtesse.

Cassandre n'avait pas prêté l'oreille à l'échange verbal. Jacques-René lui dit, à mi-voix :

— Il est ici, ça ne sera pas long. Dites-lui que ça ne peut pas attendre, affirma-t-il ensuite plus fortement à la portière.

— Déjà? Heureuse coïncidence que nous ayons commencé par cet endroit, observa Cassandre, impressionnée par l'assurance de son compagnon. Pourvu qu'il ne soit pas blessé pour avoir été recueilli par ces honnêtes gens.

L'hôtesse leur donna l'autorisation d'entrer.

— Viens, Cassandre, entrons.

Il fit passer la jeune femme devant lui. Cassandre jeta un coup d'œil rapide sur les lieux. Étonnée de voir tous ces clients discuter avec des jeunes femmes, boire et écouter le spectacle, elle dit :

— Mais on dirait une maison close ou un cabaret! Pierre ne fréquente pas ces établissements de débauche.

Jacques-René fit un air qui en dit long à Cassandre. Cette dernière, qui comprit finalement où se trouvait son amoureux, se mit à vociférer.

— Dites à Pierre de Lestage que sa fiancée l'attend à la réception et que s'il tarde trop à venir, je me propose d'aller le chercher.

D'un geste vif, Cassandre avait récupéré le pistolet des mains de Jacques-René : elle le brandissait maintenant en direction de l'hôtesse.

— Ne tirez pas, madame, ne tirez pas, je vous en prie! Je vais le chercher…

L'hôtesse partie, Jacques-René reprit son pistolet des mains de Cassandre, qui était absolument furieuse.

— Le débauché! Il aura des explications à me donner.

— Tu ne devras pas le menacer avec le pistolet, Cassandre, si tu veux qu'il s'explique.

Jacques-René allait ajouter : *C'est vrai que cet endroit ne me semble pas recommandable* quand Roxanne arriva. Elle entrevit le seigneur de Varennes qui lui désigna imperceptiblement par un petit signe de tête la présence de Cassandre dans la petite pièce uniquement éclairée à la chandelle.

Roxanne s'approcha de Cassandre qui s'identifia, après avoir examiné la tenancière de pied en cap avec une assurance orgueilleuse.

— Je suis la fiancée de Pierre de Lestage et je veux m'entretenir avec lui. Je sais qu'il est ici!

Piquée au vif, Roxanne eut du mal à dissimuler sa colère ; elle garda cependant la tête haute devant cette soi-disant fiancée de Pierre. Si elle venait de perdre ses illusions sur le personnage, elle voulait toutefois sauver l'honneur de son amie Esther.

— Vous faites erreur, mademoiselle ?...

— Cassandre, Cassandre Allard, répondit-elle sèchement.

— Eh bien, mademoiselle Cassandre, je connais... je connais personnellement la fiancée de Pierre. Et ce n'est pas vous !

Malgré le peu de clarté de la pièce, Jacques-René vit changer le visage de Cassandre. Elle chercha à s'asseoir ; il lui apporta aussitôt un tabouret. Cassandre demanda à Roxanne :

— Et vous savez qui elle est ?

— Bien entendu, c'est une amie... Elle s'appelle Esther Sayward.

— Pas plutôt Esther Wheelwright ? J'ai été son professeur. Une petite rescapée des Abénaquis, répondit Cassandre de manière hautaine.

Professeur de la cousine d'Esther ? Décidément, le monde est petit, se dit Roxanne, qui considéra la remarque comme méprisante.

— Non, c'est bien Esther Sayward. Sachez qu'elle est aussi une rescapée des Abénaquis et que c'est une des raisons pour lesquelles nous sommes amies. De plus, je la trouve sympathique, elle !

Quand Jacques-René comprit qu'un affrontement se dessinait, il lui sembla préférable de partir avant que Cassandre ne fasse un véritable esclandre. Il ne voulait pas non plus se trouver davantage impliqué dans cette querelle. Il s'avança vers Cassandre et la tira par la manche, l'invitant ainsi à quitter les lieux. Cassandre comprit son geste et ne résista pas. Elle avisa cependant Roxanne.

— Alors, vous direz à votre amie... peu m'importe son nom, qu'elle garde Pierre de Lestage pour elle. Dorénavant, il n'est plus question de promesse de mariage entre nous.

Cassandre finit sa phrase en pleurant à chaudes larmes. Roxanne eut pitié d'elle- et garda donc pour elle-même cette remarque : *Pierre fait un bien meilleur choix avec Esther, mademoiselle... peu m'importe votre nom.*

Jacques-René prit le bras de Cassandre et sortit avec la jeune femme toujours en pleurs. Elle laissa le seigneur de Varennes l'entourer de ses bras puissants. À ce moment, ce dernier pensa à la dette de Pierre de Lestage : elle était effacée, maintenant qu'il lui avait ravi son plus beau trésor. C'est du moins ce qu'il croyait.

Arrivée à la maison, Cassandre retrouva vite son amie Marie-Anne, qui avait décidé de veiller jusqu'au retour des secouristes. Voyant l'air abattu de Cassandre et la mine déconfite de Jacques-René, Marie-Anne osa demander :

— Avez-vous retrouvé… son cadavre ?

Cassandre se raidit subitement.

— C'est bien pire… Au moins, si c'était ça !

Décontenancée, Marie-Anne se tourna vers Jacques-René qui haussa les épaules d'impuissance.

— Pire ! Il est bien vivant, mais il est mort dans mon cœur. Pierre de Lestage est un traître et un hypocrite… Un séducteur de Sauvagesse. Je viens de l'apprendre.

Marie-Anne pensa aussitôt au comte Joli-Cœur, mais il aurait été indélicat d'en faire mention. Elle préféra ajouter :

— Bon, allons dormir. Nous reparlerons de tout ça demain.

CHAPITRE VIII
La félonie amoureuse

Après le départ de Cassandre et de Jacques-René de Varennes, Roxanne s'empressa d'éloigner les clients et les préposées inquiets qui s'étaient rassemblés à la réception.

— Ce n'était rien… que des fêtards qui avaient trop bu. Ces gens-là n'ont pas leur place ici. Il y a d'autres enseignes pour les vauriens.

Apaisés, les clients retournèrent à leur conversation intime, tandis que Roxanne s'empressa de retrouver Pierre.

— Une fausse alarme, je suppose. Qui pourrait bien m'en vouloir ? Je ne vois personne d'autre qu'un soldat en attente de ses gages… Ah ! Roxanne, la vie de fonctionnaire n'est pas une sinécure, tu sais…

Comme celle-ci le fixait d'un regard meurtrier, il ajouta :

— Tu es sceptique ? Sache qu'il n'y a personne de plus sournois qu'un individu mécontent de ses gages. Imagine lorsqu'ils sont deux, armés !

Roxanne, n'en pouvant plus, sortit de ses gonds.

— Combien y a-t-il de femmes soldats dans ton armée de jupons, Pierre de Lestage ?

Surpris de se voir interpellé de la sorte par Roxanne, habituellement douce, il demanda :

— Qu'est-ce qui te prend ? Une armée de jupons ? Tu sais bien qu'il n'y a pas de femmes dans l'armée.

Roxanne se rapprocha de Pierre, furieuse.

— Qui était cette fiancée prête à tuer pour toi, à la réception ?

Ce dernier feignit l'innocence.

— Une fiancée ? Impossible ! Une illuminée, pas de doute.

Roxanne Bachant durcit le ton.

— Elle se nomme Cassandre.

En entendant ce prénom, le Basque blêmit. Roxanne s'en rendit compte immédiatement.

— Donc, elle dit vrai… Tu serais sans doute mieux d'aller la retrouver, Pierre de Lestage, et de ne plus jamais remettre les pieds ici, avant que je me serve de mon pistolet, moi aussi ! M'entends-tu, fieffé menteur ?!

Aussitôt dit, Roxanne, de rage et de tourment, gifla son amant.

— Aïe ! Tu m'as fait mal ! lui dit-il en tenant sa main sur sa joue endolorie.

Fièrement, Roxanne lui répondit :

— À bien y penser, c'est vrai que tu n'as pas l'air bien, ce soir. Tu ferais mieux de déguerpir avant que mes intentions assassines ne me reviennent… À propos, ne remets plus les pieds ici et garde-le pour toi le permis d'exercice de mon cabaret. Je ne coucherai certainement plus avec toi pour l'obtenir, car c'est sans doute ce que tu avais dans ton esprit retors, espèce de fonctionnaire véreux… Profiter de la naïveté de pauvres femmes pour satisfaire ses bas instincts !…

Avant de tourner les talons, Roxanne posa une dernière question.

— À propos, combien as-tu de fiancées ? Je ne parle pas de tes maîtresses, mais de celles à qui tu as promis le mariage ?

Saisi par la question, Pierre chercha à raisonner la furie.

— Laisse-moi t'expliquer, Roxanne. Juste un bref instant.

— M'expliquer ? Quelle audace, après ce que je sais !

Lestage tenta quand même sa chance.

— Cette Cassandre… Je l'ai à peine abordée chez la marchande de fleurs, avant de venir ici ! La preuve, je ne me souvenais même pas de son prénom.

— Ton charme irrésistible, je suppose, pour qu'elle tombe amoureuse instantanément ?

Lestage fit une moue de contrition.

— Je suis plutôt d'avis que tu lui contes fleurette depuis pas mal longtemps, pour qu'elle veuille te récupérer à la pointe du pistolet.

— Bon, d'accord, tu as raison. C'est vrai que je l'avais déjà rencontrée auparavant.

— Tiens, tiens, on a découvert le pot aux roses… Quand ?

— C'est une histoire compliquée… Calme-toi, je vais te la raconter. Pourquoi ne prendrions-nous pas un verre de vin ?

— Qu'est-ce qui me dit que tu me diras toute la vérité ?

— Je t'ai toujours dit la vérité, Roxanne.

En disant cela, Pierre se rapprocha de la tenancière et chercha à l'embrasser, pour l'amadouer. Il crut qu'il y arriverait, mais Roxanne se rebiffa.

— La vérité qui faisait bien ton affaire, j'imagine ! Comme je ne posais pas de questions, tu n'avais pas à y répondre, bien entendu.

— Tu es sévère à mon endroit, Roxanne… Il n'y a qu'une seule vérité.

— Fort bien ! Alors, à combien de jeunes femmes as-tu promis le mariage ? Plusieurs ?

Comme le jeune homme restait estomaqué, Roxanne continua.

— Disons, en plus de cette… Cassandre ?

— Je t'ai dit que j'allais t'expliquer l'histoire de Cassandre !

— Combien ?

Se rendant compte que Roxanne avait son idée en tête, il décida de jouer le grand jeu.

— En admettant que j'aie promis le mariage à Cassandre, qu'est-ce qui te fait croire qu'il y en a d'autres ?

— Combien ?

— Elle est la seule. Ça te rassure ?

— Imagine-toi que non !

Pierre recula d'un pas, désarçonné.

— Qu'est-ce qui te fait croire le contraire ? Est-ce que je te pose des questions quant à tes rapports avec la multitude d'hommes qui transitent dans ton bordel ?

Roxanne accusa le coup en fermant les yeux. Son amant venait d'éteindre ce qui pouvait rester de braises entre eux dans la petite alcôve.

— J'en connais une autre à qui tu as promis le mariage. Je le sais parce qu'elle est ma grande amie, depuis longtemps… Tu ne la mérites pas, c'est clair.

— S'il s'agit d'une si grande amie, pourquoi couches-tu avec moi, alors ?

Pour la première fois, Roxanne craqua devant son amant. Elle fondit en larmes.

— Parce que je t'aimais à la folie, idiot ! J'aurais donné ma vie pour toi. Ne l'avais-tu pas deviné ?

Comme Lestage tentait encore une fois de se rapprocher pour se faire pardonner, Roxanne le repoussa en gémissant.

— Tu as raison, je ne vaux pas mieux que toi… Restons-en là, si tu le veux… Je tairai notre liaison à mon amie. De toute façon, c'est fini à tout jamais entre nous.

Alors, comme dans une tragédie grecque, Roxanne fixa son amant avec une grande ferveur amoureuse dans les yeux et prononça en sanglotant :

— Notre liaison est impossible et nous mènera à notre perte. Je ne peux plus continuer à trahir ma sincère amie… Ce que je souhaite le plus, c'est qu'elle n'apprenne jamais ce qui s'est passé entre nous… De la même façon, je ne lui ferai jamais mention de cette Cassandre. Si elle venait à apprendre son existence, ça ne viendrait pas de moi, je te le jure.

Pierre la regardait bêtement, ne sachant trop s'il devait avouer avoir promis le mariage à Esther Sayward.

Roxanne fixa Pierre tendrement, puis lui dit brusquement :

— Sors, c'est fini entre nous, désormais.

Avant de tourner les talons, elle ajouta cependant :

— Je connais ta belle-sœur : nous contribuons aux œuvres du faubourg Bonsecours. Comme quoi le monde est petit en ville ! Ah oui, quand je reviendrai dans cette pièce, tout à l'heure, je ne veux plus t'y retrouver. Est-ce clair ? Adieu, Pierre.

Pierre de Lestage, abasourdi par la décision de Roxanne Bachant, prit quelques secondes pour retrouver ses esprits. Il aurait bien voulu boire un verre. *Si elle connaît ma belle-sœur, Marie-Anne Vermet*[54], *elle m'a donc toujours caché le fait qu'elle*

---

54. Marie-Anne Vermet (1670-1732), fille d'Antoine Vermet, dit Laforme, et de Barbe Ménard, une fille du Roy arrivée en 1669, était la femme de Jean de Lestage (1668-

connaissait Esther, qui contribue aux mêmes œuvres. C'est plausible, puisque Roxanne sait que j'ai demandé Esther en mariage. Mais le mystère demeure. Son amie, est-ce Esther ou Marie-Anne ? Sans doute Esther, puisque les deux ont la même expérience de captivité chez les Abénaquis…

Quoi qu'il en soit, je perds Roxanne, mais je me trouve débarrassé de Cassandre qui devenait inquiétante avec son pistolet. Cette femme-là aurait été impossible à supporter durant toute une vie.

Bon, il ne faut absolument pas qu'Esther sache quoi que ce soit. Roxanne ne parlera pas, ça la compromettrait trop… À moins qu'elle veuille me faire chanter, si jamais elle manquait d'argent pour vivre… Autant prévenir. Dès lundi, je vais lui octroyer son fameux permis de cabaret… Ça aura aussi le mérite de lui démontrer que je ne suis pas si menteur que ça. Du moins, le croira-t-elle ! se dit-il.

L'agent des trésoriers généraux de la Marine se dirigea discrètement vers la sortie, espérant ne pas croiser Roxanne.

Finalement, tout s'arrange. La situation commençait à devenir inextricable. Je me suis libéré des deux menaces : Cassandre et Roxanne. Maintenant, Pierre, sois raisonnable.

Il pensa alors au seigneur de Varennes et à la dette.

Qu'il garde Cassandre : elle remboursera ma dette de jeu. C'est ce que je vais lui dire si jamais il réclame son dû.

1728), marchand de fourrure et jadis secrétaire général de la Compagnie de la colonie (ou Compagnie du Canada). Ils se marièrent le 21 août 1691 à Québec.

CHAPITRE IX
Une dernière tentative

Le lendemain matin, après avoir assisté à la messe à la chapelle Notre-Dame-de-Bon-Secours, Cassandre décida qu'elle se rendrait à la résidence de Jean de Lestage. Elle ne voulut cependant pas donner l'impression de courir après son malheur. Au moment du petit déjeuner, servi à la table familiale, Cassandre demanda à Jacques-René de Varennes, alors convaincu de l'avoir conquise :

— Pierre de Lestage me disait hier qu'il demeurait chez son frère Jean. Connaissez-vous l'endroit ? J'aimerais lui rendre visite. Pourriez-vous m'y reconduire ?

Varennes échappa sa tasse dans son assiette, éclaboussant la nappe, au grand mécontentement de sa mère.

— Jacques-René, que sont ces manières ? Que va penser Cassandre de la façon dont je vous ai élevé ! dit Marie-Ursule de Varennes, qui n'était pas encore informée du malheur de celle-ci.

Bien qu'étonné par la demande de Cassandre, Jacques-René répondit stoïquement, pour ne pas laisser voir sa déception.

— Ce n'est pas tellement loin d'ici. C'est en direction de l'Hôtel-Dieu[55]. J'irai vous reconduire.

Madame de Varennes s'interposa.

---

55. De nos jours, rue Le Royer dans le Vieux-Montréal. Le nom de la rue fait référence à Jérôme Le Royer (1597-1659), sieur de La Dauversière,qui a fondé la congrégation religieuse des hospitalières de Saint-Joseph en 1636.

— Laisse Marie-Anne accompagner Cassandre ; après tout, elle arrive de Varennes pour s'entretenir avec monsieur de Lestage, son fiancé… J'imagine que Cassandre souhaite le rencontrer au plus vite, comme ils n'ont pu se voir hier… N'est-ce pas, ma petite fille ?

Le signe de tête négatif de Cassandre en dit long sur son désarroi. Marie-Ursule de Varennes comprit que tout n'allait pas parfaitement bien dans les amours de Cassandre et qu'elle pouvait toujours espérer pour son fils. Elle fit à celui-ci une mimique qui signifiait de ne pas insister. Il s'agissait de ne pas brusquer la jeune fille, blessée dans sa sensibilité. Ce dernier se résigna. Marie-Anne prit sur elle de réconforter son amie.

— Ça nous permettra de revoir, en passant, notre ancienne maison familiale de la rue Saint-Pierre, puisque mon frère nous accompagnera. Qu'en penses-tu, Louis-Adrien ?

Depuis que le seigneur de Varennes s'intéressait de façon évidente à la jeune femme, Louis-Adrien avait perdu espoir d'attirer l'attention de Cassandre. Il se surprit à reprendre confiance. Il afficha son plus beau sourire et dit :

— Je sais où est la maison du marchand Jean de Lestage. Vous ne trouverez pas de meilleur guide que moi pour vous y mener.

Les trois compagnons se mirent en route. La résidence de Jean de Lestage, rue Saint-Paul, n'était pas si loin de la maison des Varennes. Appuyée sur le bras de Marie-Anne, Cassandre était songeuse. Louis-Adrien, lui, ragaillardi, courait presque.

— Pas si vite, Louis-Adrien, nous arrivons, supplia Marie-Anne, tout essoufflée.

— Laisse, Marie-Anne, j'aime autant savoir la vérité le plus tôt possible, quelle qu'elle soit, siffla Cassandre, elle aussi à bout de souffle.

Marie-Anne prit en pitié Cassandre, et lui serra le bras par compassion.

— Tu verras, tout va s'arranger. Un malentendu, rien de plus sérieux. Ne m'as-tu pas dit que tu n'avais pas vu Pierre ? Suppose que ce soit une machination de cette femme pour t'enlever de son chemin… J'y suis ! Peut-être qu'il n'était même pas dans cette maison et qu'il était encore au travail tardivement. Pierre est un homme bien éduqué, après tout. Il a de belles manières.

— Le crois-tu sincèrement, Marie-Anne ? demanda Cassandre.

Une fois devant le porche de la résidence des Lestage, elle parut paniquée.

— Plus j'y pense, plus ça tombe sous le sens. Aie confiance, Cassandre, tout va se remettre en ordre à notre arrivée, tu verras.

La façade de la maison donnait légèrement en retrait sur la rue Saint-Paul, ce qui tenait les curieux à distance. Une cheminée toute neuve indiquait que la bâtisse venait d'être rénovée. Des fenêtres à carreaux et à volets au rez-de-chaussée et à l'étage encadraient et surplombaient le porche de la maison. Un toit à lucarnes où étaient accrochées deux échelles et un revêtement de crépi sur les murs de pierre pour protéger du froid mordant démontraient que le propriétaire des lieux était à l'aise financièrement. Habituellement, les maisons de Montréal étaient construites en bois.

La maîtresse des lieux, Marie-Anne Vermet de Lestage, avait voulu une grande maison, car elle recevait ses enfants l'été. Marie-Anne avait donné naissance à quatorze enfants, mais seulement sept d'entre eux avaient survécu. Son dernier, François, avait à peine un an. La famille devait retourner à Québec en septembre ; son mari y tenait ses activités commerciales. Il agissait aussi comme écrivain pour le Conseil supérieur.

Cassandre, voyant la lueur d'une bougie à l'étage, crut apercevoir la silhouette de Pierre. Elle en eut un pincement au cœur. Elle sut plus tard qu'il s'agissait en fait de Jean-François de Lestage, le neveu de Pierre âgé de dix-huit ans, qui lui ressemblait particulièrement ; Pierre dormait encore.

Cassandre sonna et Jean-François de Lestage vint ouvrir. Lorsqu'il vit Cassandre, il resta figé devant la splendeur de cette femme qui demandait à voir son oncle. Sa mère, Marie-Anne Vermet de Lestage, vint le rejoindre, intriguée de n'avoir eu aucune réponse à sa question : « Qui est-ce ? »

— Pourrais-je m'entretenir avec monsieur Pierre de Lestage ?

Marie-Anne Vermet de Lestage observa le petit groupe composé de Cassandre, Marie-Anne et Louis-Adrien. Ces gens semblaient être bien intentionnés.

— Mon beau-frère n'est pas encore levé, mais il ne devrait pas tarder. Une autre veillée au travail. Il n'arrête pas… Est-ce par affaires ou pour des motifs personnels? Dans le premier cas, vous pourriez le voir demain à son bureau. Il n'a que le dimanche pour se reposer, le pauvre.

Cassandre était muette devant tant de naïveté. Marie-Anne prit le relais.

— Une affaire personnelle.

— Qui êtes-vous, mademoiselle? questionna madame de Lestage.

— Marie-Anne Dandonneau, la fille du seigneur de l'île Dupas, et voici mon frère, Louis-Adrien.

La femme se récusa.

— Mes condoléances pour le décès de votre père, un homme très apprécié à Montréal.

— Merci, madame.

— Et vous, mademoiselle, qui êtes-vous?

— Votre future belle-sœur, la fiancée de Pierre!

Marie-Anne de Lestage resta saisie par l'introduction de Cassandre.

— Ma belle-sœur! Ah bon! En êtes-vous certaine, mademoiselle?

Cassandre commença à perdre son calme. Elle devint subitement prétentieuse.

— Mais vous devriez le savoir, depuis le temps que Pierre doit parler de moi.

— C'est que, mademoiselle, je connais... je connais personnellement la fiancée de Pierre. Et ce n'est pas vous.

— Et vous pouvez me dire de qui il s'agit?

— Bien entendu. Elle s'appelle Esther Sayward.

Cassandre resta figée sur place. Soudainement, elle s'agrippa au bras de Marie-Anne, qui vacilla. Devant la situation qui devenait problématique, Marie-Anne de Lestage invita les jeunes femmes et Louis-Adrien à entrer et à s'asseoir. Elle demanda à son fils, Jean-François, d'aller chercher son oncle, tandis qu'elle servait un peu d'eau fraîche à Cassandre qui recouvra son aplomb.

Compatissante, Marie-Anne de Lestage demanda à Cassandre:

— Qui dois-je annoncer à mon beau-frère, mademoiselle?

— Cassandre, Cassandre Allard.

Surprise, la femme réagit spontanément:

— Cassandre, notre jeune cantatrice prodige ?

Marie-Anne Dandonneau fit oui, en penchant la tête.

— Je vois ! Eh bien, quoique j'eusse préféré que ce soit en d'autres circonstances, soyez convaincue que je suis heureuse de vous rencontrer. Vous êtes aussi belle que Pierre nous l'avait dit !

— Mais mon maquillage est tout défait. De quoi aurai-je l'air lorsqu'il me verra ?

Marie-Anne de Lestage s'approcha d'elle et lui pinça la joue amicalement en lui disant :

— Mais vous êtes ravissante !

— Vous pensez qu'il me trouvera comme il faut ?

— Que je le voie vous en vouloir d'avoir pleuré pour lui. Nous, les femmes, souffrons trop pour eux, alors qu'ils ne le méritent pas.

Cassandre se sentit rassurée par les bonnes paroles de sa soi-disant belle-sœur.

Entre-temps, Pierre de Lestage avait été réveillé par son neveu et était descendu au rez-de-chaussée. Quel étonnement que d'apercevoir Cassandre et Marie-Anne Dandonneau, l'épouse promise de son ami, La Vérendrye !

Cassandre ! Encore elle ! Quelle audace de me relancer jusqu'ici !

Constatant que sa belle-sœur sympathisait avec Cassandre, il comprit qu'il serait préférable d'être avenant et mielleux avec elle, plutôt que de risquer une autre altercation et possiblement une autre gifle, comme celle qu'il avait reçue de Roxanne.

Il replaça sa perruque. Alors qu'il s'apprêtait à se diriger du vestibule d'entrée, où il avait pris le temps de se façonner une contenance devant le miroir, vers le salon, où le petit groupe discutait, pour rejoindre Cassandre, il sentit une main puissante l'empoigner à la gorge et le tirer discrètement à l'écart. Jacques-René de Varennes avait suivi les jeunes filles puis avait réussi à se faufiler dans le vestibule de la maison et à se cacher dans le placard en espérant pouvoir attraper Pierre de Lestage.

— Monsieur l'agent des trésoriers généraux de la Marine ! Je devrais plutôt dire le trésorier qui pige à pleines mains dans les coffres de l'État pour se payer du luxe, sans honorer ses dettes de jeu… Pas un mot ou je t'étrangle, compris ?

Coincé, Lestage ne chercha pas à se dégager de cet étau. Il regarda son agresseur sans mot dire, mais en le maudissant intérieurement. D'un signe de tête, il signifia qu'il avait compris. Varennes vérifia s'ils étaient seuls.

— Monsieur le fonctionnaire préfère se taire ? Alors, je vais parler pour deux. J'ai un marché à proposer pour te libérer de tes dettes, mon gaillard.

D'une voix étouffée, Lestage demanda :

— Lequel ?

— Cassandre. Tu me la laisses et nous sommes quittes. Mais pour toujours, tu ne rôderas plus autour d'elle, ici ou ailleurs. Est-ce clair ? Tu entres au salon, tu demandes à lui parler en tête-à-tête et tu lui dis toute la vérité. Et si tu ne fais pas ça correctement, je te dénonce immédiatement à Esther. Alors, qu'en dis-tu ?

Les yeux hagards, presque sortis des orbites tant il manquait d'air, Pierre de Lestage siffla d'une voix fluette :

— Cassandre et Esther ne se connaissent même pas !

— Insolent, tu es à moitié mort et tu oses me défier, hein ?

À ces mots, Jacques-René serra son étau au point d'étouffer sa victime.

— Je ne parlais pas de Cassandre et d'Esther, mais d'Esther et de Roxanne ! Avoue que tu la connais bien, Roxanne, hein, mon cochon !

Étranglé, Pierre n'aurait pu dire lequel, entre la douleur sourde occasionnée par la poigne de son vis-à-vis et la peur du scandale pressenti, était le pire des deux maux.

— D'accord, d'accord, tout ce que tu voudras. Mais… tu ne te comportes pas comme un seigneur, gentilhomme !

Jacques-René resserra son étau, menaçant de le tuer par strangulation.

— Entendu, monsieur le seigneur, je vous concède Cassandre à tout jamais.

— Et pas de tracas à la prévôté, sinon tu auras affaire à moi, est-ce clair ?

— Aucune poursuite, monsieur le seigneur.

— Le permis d'exercice de cabaret que tu signeras à Roxanne, je veux que tu lui mentionnes que c'est moi qui le lui ai offert, d'accord ?

— Entendu, monsieur le seigneur.

— Je te le répète : Cassandre, plus jamais. Mais ce ne sera pas difficile, car j'ai l'impression qu'elle va te haïr à tout jamais pour tout ce que tu as pu lui faire comme goujaterie.

— Vous avez raison, monsieur le seigneur.

— Maintenant, va au salon et fais savoir à Cassandre quel genre d'homme tu es… Mais si j'apprends dans quelque temps que tu as manqué à ta parole, je file immédiatement à la Maison Saint-Gabriel. Tu sais qui y habite, n'est-ce pas?

Pierre fit signe que oui. Jacques-René de Varennes s'enfuit furtivement. Pierre se massa la gorge et se dirigea vers le salon.

Aussitôt qu'il entra dans la pièce, Cassandre se leva spontanément et s'approcha de lui, sans gêne vis-à-vis des autres, comme s'ils étaient seuls au monde, à la stupéfaction de l'entourage.

Marie-Anne de Lestage comprit qu'il valait mieux les laisser en tête-à-tête.

— Marie-Anne, Louis-Adrien, que diriez-vous de visiter notre petit domaine?

Marie-Anne Dandonneau comprit le reproche.

— Nous sommes désolés, il aurait sans doute été préférable de vous avertir de notre visite, mais Cassandre voulait absolument revoir Pierre.

— Je la comprends, cette chère petite. Ne vous sentez pas embarrassée. Elle a même bien fait. Commençons par le jardin. Cette journée est déjà belle. Profitons-en, l'été est si court!

Pendant ce temps, Cassandre et Pierre avaient commencé à s'expliquer.

— Tu m'avais promis de venir me rejoindre, mon amour, après notre rencontre. Il ne te restait qu'une seule audience… Avec le Supérieur des sulpiciens. A-t-elle été si terrible, cette entrevue, pour qu'elle ait duré aussi longtemps? Tu sais, j'ai été très angoissée par ton silence… Ton absence m'a torturée. Ne recommence plus, j'ai tellement pleuré… J'ai eu envie d'aller à ta rencontre, au manoir du gouverneur, mais il était déjà très tard et j'imagine que tu avais décidé par politesse de ne pas venir frapper à la porte des Varennes. Est-ce bien ça?

Cassandre s'était rapprochée de Pierre. Elle lui caressait la joue en le regardant amoureusement, descendant délicatement son doigt vers ses lèvres, qu'elle cherchait à goûter. Ce dernier se laissa faire un instant, puis se mit à embrasser Cassandre goulûment. Cette dernière se lova dans ses bras, s'abandonnant à l'étreinte de l'être aimé.

Une fois rassasiée, elle fixa son chéri droit dans les yeux.

— Jure-moi qu'il n'y a rien de sérieux avec cette… Esther Sayward, et que nous allons nous marier le plus rapidement possible.

Comment se fait-il qu'elle connaisse Esther ? se dit Pierre, inquiet. *Qui a bien pu lui révéler son existence ? Roxanne, Varennes, ma belle-sœur ?*

Pris de court, Pierre n'eut pas le courage de dire la vérité à Cassandre. Il se surprit à dire :

— Je meurs de faim, pas toi ? Après le déjeuner, je vais faire ma déclaration officielle. Comme ça, tout le monde sera fixé.

Cassandre n'en revenait pas de ce revirement du sort.

Comme ça, je n'avais pas à m'inquiéter ! La mise en scène de Jacques-René n'était qu'une supercherie pour se rapprocher de moi… Qu'il est malhonnête dans ses intentions ! Il ne joue pas franc jeu, le seigneur de Varennes. Pierre le vaut cent fois… Mille fois ! Dois-je le mentionner à mon amour ? Bah ! Non, c'est sans conséquence. Ce séducteur de bas étage s'y est bien mal pris. C'était mal me connaître, vraiment ! Pourtant, sa famille est si honorable.

— Mon amour, je suis si heureuse. Allons rejoindre les autres. Comme madame de Lestage ne nous a pas invités à rester pour le repas, nous ne voulons pas nous imposer !

— Ne crains rien, c'est moi qui vous invite. J'ai oublié de lui expliquer que j'aurais dû rentrer après la soirée chez les Varennes plutôt que de me coucher immédiatement après ma journée de travail, qui a fini assez tard, Dieu m'en est témoin !

Cassandre, qui n'avait pas eu la preuve concrète de la présence de son amoureux au cabaret, le crut.

— Là, je te reconnais, Pierre ! Sérieux et responsable. Mais je t'en prie, cesse de te tuer à la tâche. N'oublie pas que tu viens d'être hospitalisé pour épuisement et amnésie, après ta captivité. Une récidive est toujours possible.

Pierre de Lestage lui sourit et l'embrassa de nouveau, en se disant : *Ses doutes se sont dissipés, tant mieux.*

De son côté, Cassandre flottait sur un nuage quand Pierre la prit par la main et l'entraîna au jardin. Il lui chuchota à l'oreille :

— *Je perds trop de moments en des discours frivoles : Il faut des actions, et non pas des paroles*[56].

---

56. Extrait d'*Iphigénie*, de Jean Racine.

Cassandre le regarda, ravie, brûlante de passion. Risquant d'être impolie, elle se lança aussitôt vers Marie-Anne Dandonneau et lui glissa à l'oreille:

— Je deviendrai sous peu madame Pierre de Lestage.

Marie-Anne fut tout sourire devant le bonheur de son amie Cassandre. Elle répondit discrètement:

— Je te l'avais dit qu'il fallait lui faire confiance et de ne pas t'inquiéter outre mesure. Après tout, n'est-il pas l'ami de La Vérendrye?

Après le repas et la présentation des enfants, alors que les plus jeunes avaient déjà commencé à s'asperger d'eau de la fontaine, Cassandre, assise près de Pierre, se mit à analyser son comportement.

Je comprends que le mariage est une décision capitale à prendre et qu'il soit paniqué. Mais il vient juste de me dire, en vers, que sa décision était prise.

Celui-ci, pensif depuis quelques instants, fixait le vide.

Pourrais-je retarder encore quelque temps ma décision? Esther... Esther! Elle n'est pas délurée, tandis que Cassandre m'a prouvé l'ardeur de son amour!... Et si Esther n'aimait pas l'intimité avec un homme? Une certitude vaut mieux qu'une hypothèse dans ce domaine-là... Que fera Cassandre si je retarde encore ma décision?... Il y a aussi le chantage de Roxanne et celui de Jacques-René de Varennes... sans compter la réaction de ma belle-sœur, qui est l'amie d'Esther... Quoiqu'elle semble bien s'entendre avec Cassandre... Que faire?... Du courage, Pierre!

— Alors, Pierre, n'avais-tu pas quelques mots à nous dire? proclama Cassandre en le suppliant du regard.

Ce dernier la regarda avec un léger sourire et se leva.

Il se décide, enfin!

— Pourrais-je avoir votre attention, s'il vous plaît?

La formulation solennelle surprit Marie-Anne de Lestage, qui eut l'impression d'être le témoin privilégié d'un événement inusité. Elle fit signe à ses enfants de se taire et alla s'asseoir sur le banc de parc, son petit François sur les genoux.

Pierre continua, tandis que Cassandre attendait fébrilement sa demande en mariage.

Je vais me marier en blanc, bien entendu. Mais où? À Québec, à la basilique Notre-Dame, où l'on me connaît, ou à Charlesbourg, ma paroisse natale ? Si je veux avoir tous les notables, incluant les gouverneurs de Vaudreuil et de Ramezay, ce sera à Québec, nous n'aurons pas le choix. Ma mère comprendra ! Marie-Anne, Étiennette et son mari seront présents. Peut-être même La Vérendrye, sait-on jamais ! Jean-François va officier, maintenant qu'il s'est réconcilié avec Pierre. Ma mère sera mon témoin. Dans les autres bancs d'honneur, Mathilde et le comte Joli-Cœur, tante Anne, et la plus jeune fille de ma marraine, Marie-Renée Frérot, sera ma bouquetière. Ça sera une magnifique cérémonie de mariage... Je vais demander à Mathilde, la comtesse Joli-Cœur, de nous accueillir pour la réception. Elle et Thierry sont habitués à donner des banquets et des réceptions... On va me demander de chanter, alors aussi bien commencer à préparer mon petit récital... Le bonheur est enfin revenu, Cassandre. Marie-Anne avait raison de me dire de ne pas m'inquiéter, et Étiennette, de m'inciter à venir à Montréal... Chères amies ! Que ferai-je sans votre réconfort ?

— D'abord, j'aimerais remercier ma belle-sœur Marie-Anne pour son accueil depuis mon retour d'hôpital. Et aussi pour sa charité familiale. Je lui suis reconnaissant pour tout le mal qu'elle s'est donné pour me rendre la vie agréable.

Pierre entendit un « oh ! » admiratif. Cassandre et Marie-Anne applaudirent discrètement, alors que Marie-Anne de Lestage rougissait.

Il poursuivit.

— À Marie-Anne, que je n'ai pas revue depuis une année, votre visite me fait d'autant plus plaisir qu'elle me rappelle mon amitié avec votre époux, La Vérendrye, que nous souhaitons revoir le plus vite possible.

À ces mots, Marie-Anne sourit. Pierre fixa ensuite Cassandre intensément. Cette dernière était pendue à ses lèvres. Pierre revit en un éclair le déroulement de sa vie sentimentale avec Cassandre et Esther. Il essaya d'anticiper son avenir avec l'une d'elles. Simultanément, les menaces de Roxanne et de Jacques-René de Varennes vinrent envahir son esprit.

— Et toi, ma chère Cassandre... Cassandre ! Je... Je t'ai promis une déclaration, alors je tiendrai ma parole. Tu attends depuis trop longtemps ma demande en mariage, alors que le mauvais sort de ma captivité a retardé cette échéance, dit-il, la voix chevrotante.

Il continua, après avoir pris une profonde inspiration.

— Voilà, Cassandre. J'ai décidé que je me marierais, aussitôt que j'aurai fini de faire bâtir une maison, à quelques rues d'ici. L'an prochain, peut-être un peu plus. Le terrain est déjà identifié.

Un second « oh ! », enthousiaste celui-ci, se fit entendre. Marie-Anne Dandonneau fit un clin d'œil à son amie Cassandre. Cette dernière se dit :

Je savais que je pouvais faire confiance à mon amoureux !

Elle se leva aussitôt, afin d'aller l'embrasser, quand Pierre lui fit signe d'attendre. Il continua, nerveusement.

— Nous nous installerons donc à Montréal, parce que j'y travaille maintenant et que… qu'Esther aime bien cette ville et que nous pensons y élever notre future famille.

La consternation régna. Cassandre devint aussi de marbre qu'une statue. Quand Pierre fit un geste pour quitter le jardin, Cassandre se leva prestement et lui flanqua une violente gifle qui résonna.

—Traître !

Ce fut la seule parole qu'elle prononça avant de quitter précipitamment les lieux.

Louis-Adrien et Marie-Anne la suivirent aussitôt en silence, consternés. Celle-ci savait que Cassandre vivait un drame épouvantable et que sa nature théâtrale pouvait la mener à tous les excès.

Après avoir formulé sa sentence et accusé une gifle mémorable, Pierre alla tremper son mouchoir au petit bassin de la fontaine et se fit une compresse apaisante. Lorsqu'il fut de retour devant sa belle-sœur, elle dit :

— Maintenant, il s'agit d'officialiser vos fiançailles le plus tôt possible, Esther et toi. Je vais personnellement préparer une réception, ici même, disons, pour la fête de s ainte Anne, le 26 juillet. Ça te va ?

Ce dernier regardait sa belle-sœur, imperturbable, comme si la situation lui échappait.

— Je sais que la mère d'Esther est morte, mais aujourd'hui, je tiens à me substituer à elle… Je ne voudrais surtout pas qu'un prétendant fasse vivre à une de mes filles ce que tu viens de faire vivre à Cassandre ! Et comme j'ai beaucoup de considération pour Esther, tu ne lui feras pas de mal, sinon tu ne remettras plus jamais les pieds dans cette maison. Est-ce que je me fais bien comprendre ? Et Esther ne doit jamais apprendre ce qui s'est passé ici aujourd'hui.

Comme Lestage la regardait avec un teint livide, Marie-Anne continua sur sa lancée.

— Le temps presse ! Tu devrais en profiter pour faire dès cet après-midi ta demande en mariage à Esther, et l'informer du fait que nous accueillerons vos invités ici, à la maison.

Pierre acquiesça à la proposition, en répondant :

— Merci, Marie-Anne. C'est très aimable de votre part, à Jean et toi. Je vous en saurai gré… Ne pourrions-nous pas fixer la date du mariage… disons vers le début de septembre ?

Un projet d'invasion double de la Nouvelle-France venait d'être décrété par la cour de la reine Anne d'Angleterre. Cinq régiments de fantassins allaient être envoyés en Amérique et iraient rejoindre les mille deux cents soldats cantonnés dans le Massachusetts et le Rhode Island, afin de marcher sur Québec sous les ordres de l'amiral Nicholson. Par ailleurs, mille cinq cents fantassins, venus d'autres États — de la Nouvelle-Angleterre et de l'État de New York notamment —, accompagnés par un fort contingent d'Iroquois, devaient s'emparer de Montréal.

Quelques jours après le départ de Cassandre, Pierre de Lestage accueillit le marquis de Vaudreuil, ses officiers et ses soldats, montés à Montréal afin d'être mieux informés des rumeurs qui circulaient à Québec. Cependant, lorsqu'on apprit à la mi-août que la flotte anglaise n'était qu'à quarante lieues de Québec et que, favorisée par le vent du nord-est, elle serait devant la capitale en moins de vingt-quatre heures, la peur gagna la population de Montréal et le gouverneur s'empressa de retourner à Québec.

Ce n'était qu'une rumeur qui avait affolé la population de Québec, puisque Nicholson avait plutôt pris la place forte de Port-Royal en Acadie. À cause de ses responsabilités, Pierre de Lestage dut assister le gouverneur de Ramezay dans l'organisation de la défense de Montréal contre une éventuelle attaque anglaise. Il s'en servit comme prétexte pour retarder son mariage avec Esther.

CHAPITRE X
L'ancêtre

Quand le petit groupe arriva à la résidence des Varennes, Jacques-René faisait le guet sur le balcon, à l'extérieur. Ça lui permettait aussi de saluer les notables qui se rendaient à la maison du marchand Jacques Le Ber et d'enrichir son capital social. En voyant la mine de Cassandre, le seigneur de Varennes comprit.

Marie-Ursule de Varennes accueillit le trio avec sympathie.

— Mais que vous arrive-t-il, ma petite fille ? Vous avez le visage tout défait. Allez vous rafraîchir et refaire votre maquillage. Une artiste doit être au sommet de sa forme. Marie-Anne, pourriez-vous accompagner votre amie…

En cours de route, Cassandre avait pleuré tout ce qu'elle pouvait avoir de larmes. Son fard ruisselait sur ses joues, tandis que ses longs cheveux blonds collaient au suintement de son cou. Elle n'était plus la cantatrice pleine de fraîcheur qui s'était produite sur la scène à Versailles et à Paris. Marie-Anne accompagna Cassandre au lavabo.

— Je veux mourir, Marie-Anne, tant j'ai mal.

— Je te comprends.

— Non, tu ne peux pas comprendre, ça ne t'est jamais arrivé.

— C'est vrai. Pas de cette manière ni avec autant d'intensité.

— Je l'aimais tellement. Agir de la sorte… C'est comme s'il m'avait planté un poignard dans le cœur. Je vais en souffrir toute ma vie. Autant me laisser mourir !

Marie-Anne comprit que Cassandre, même blessée, était toujours amoureuse.

— Eh bien, d'ici là, remettons ton maquillage en place, tu veux bien ? Ce soir, madame de Varennes nous a préparé un bouilli de légumes de son jardin. Son fumet me chatouille déjà les narines.

— Je n'ai pas faim !

— Tant pis, nous donnerons ton assiette à Louis-Adrien qui a habituellement un gros appétit.

— Juste un peu faim.

— Vois-tu, c'est déjà ça.

— Non, mais quel hypocrite ! Oser m'annoncer son intention de mariage avec une autre, alors que quelques minutes auparavant, il m'embrassait avec passion.

— C'est en effet radical comme annonce de rupture.

— Ce n'est qu'à moi que ces situations arrivent. Et pourtant, je ne les provoque pas.

— Crois-tu ? Pourtant, tu l'avais un peu forcé, n'est-ce pas ?

— Que veux-tu dire ? demanda Cassandre, courroucée. C'est toi qui me disais de ne pas m'en faire pour un rien.

— C'est vrai, je me suis trompée.

— Il nous a tous trompés ! Dire que je l'aimais tant !

— Te rends-tu compte, Cassandre, que ça fait deux fois que tu dis : « Dire que je l'aimais » ?

— Bien entendu que je l'aimais.

— Trois fois !

— Trois fois quoi ?

— Que tu parles de votre amour au passé.

Cassandre resta coite devant cette remarque.

— Mais il vient de me dire que c'est fini.

— C'est que tu l'acceptes. La Cassandre que je connais abandonne rarement, à moins qu'elle se rende compte qu'il n'y a plus d'issue. Possiblement que c'est le cas.

— Mais j'ai mal.

— C'est normal de souffrir, même de penser à mourir de chagrin, lorsqu'on a une peine d'amour. Si tu te fais une raison, la souffrance va s'atténuer et ta blessure va guérir.

— Le crois-tu ?

— J'en suis convaincue… Combien de temps ton chagrin d'amour causé par ta rupture avec François Bouvard a-t-il duré ?

Quelques mois, sans plus. Le fait de revenir au pays a sûrement accéléré ta guérison.

Cassandre regarda Marie-Anne intensément.

— Comme ça, tu me recommandes de retourner à Charlesbourg, ou chez ma mère à Beauport?

— Ou à Québec. En tout cas, ne reste pas à Montréal. Tu ne penserais qu'à relancer Pierre. Tu te torturerais davantage.

— Ou aller aider Étiennette pour ses relevailles, au fief Chicot, près de chez toi, Marie-Anne.

— Tu es la bienvenue, tu le sais bien. Mais la connaissant, ta mère doit s'inquiéter. Tu n'es pas retournée la voir depuis ton arrivée aux Trois-Rivières.

— Ça fait un an.

— Tu vois!… Bon, allons retrouver les autres. Nous partirons tôt demain matin pour le fief Chicot. Ça ne sera pas nécessaire de nous attarder à Varennes. Nous y reviendrons.

— Je souhaiterais seulement saluer la petite Margot… Tu as raison, m'éloigner de ce… grossier personnage me permettra de me remettre plus rapidement. Il ne me reste que peu de temps avant le retour scolaire… Hé, Marie-Anne, as-tu de quoi me poudrer? Je croyais avoir amené du talc, mais je ne le trouve plus… Regarde, j'ai une rougeur. Sans doute une veinule éclatée. Un peu de fard corrigera le tout.

Marie-Anne se surprit à sourire à la remarque de son amie.

Elle s'en remettra. Et sans doute plus tôt que tard. Tant mieux pour elle! Il aurait voulu lui faire du mal et il ne s'y serait pas mieux pris! Pauvre Cassandre! Elle va certainement rester échaudée par toute cette aventure. Je ne voudrais pas être à la place du prochain prétendant. Oh, non!

Les deux jeunes femmes revinrent à la salle de séjour où on les attendait. Maquillée de nouveau, Cassandre brillait de tous ses feux.

— C'est facile de se métamorphoser quand on est aussi jeune et aussi jolie que vous l'êtes, ma petite fille! dit spontanément Marie-Ursule de Varennes, admirative.

Cette remarque obligeante émut Cassandre et ses yeux se mouillèrent de nouveau.

— Non, non, vous n'allez pas recommencer à pleurer. Votre maquillage!

— Ne vous en faites pas, madame. Vous êtes si sympathique et si accueillante avec moi… Je disais à Marie-Anne que j'avais hâte de revoir Margot, votre petite-fille.

— N'est-ce pas qu'elle a un cœur d'or ? Je dis souvent à ma fille qu'elle a une enfant prodige. Imaginez, savoir toutes ses prières par cœur en latin à six ans sans se tromper. Vous savez qu'elle étudiera chez les Ursulines de Québec, dès l'an prochain. C'est son arrière-grand-père Boucher qui va payer ses études ! De plus, sa tante Geneviève, qui est ursuline, va bien s'en occuper. Et puis, l'abbé Jean-Baptiste, le procureur du séminaire, va aller la visiter de temps en temps. Elle sera bien entourée, notre Margot : la vie n'est pas facile pour elle, son père lui manque tellement ! Un oncle ne remplace pas un père, mais ça peut adoucir la douleur, n'est-ce pas ? Un homme peut en suppléer un autre !

En terminant sa phrase, Marie-Ursule lança une œillade significative à son fils Jacques-René. Ce dernier, soulagé de savoir que le cœur de Cassandre était maintenant libre, s'enhardit à proposer :

— Pourquoi ne pas les inviter à Varennes, mère ? Venez avec nous. La maison sera bien grande pour une personne seule, ici. D'autant plus que pour votre sécurité… Votre servante ne suffira pas à vous protéger.

Marie-Ursule comprit que son fils s'était entiché de Cassandre et, le connaissant, que rien ne l'empêcherait de quitter Montréal pour Varennes.

— Pour quelques jours, quelques semaines, le temps d'héberger Marie-Anne et Cassandre… et Louis-Adrien au manoir.

La femme d'un certain âge ne rata pas l'occasion de rapprocher son fils de Cassandre, qu'elle préférait d'emblée à Marie-Marguerite-Renée Robineau de Bécancour, une maigrichonne à la condition de naissance plus attrayante que son visage.

— Mais elles resteront le temps qu'elles voudront… Marie-Anne, vous êtes un membre de la famille à part entière, ne l'oubliez surtout pas. Vous avez donc votre chambre au manoir seigneurial. Et pour Cassandre, celle des invités !

Toisant le regard de celle-ci, elle happa aisément la proie en concluant :

— Et vous verrez Margot le temps que vous voudrez.

— Et moi, Charles et son petit frère.

— Comme vous le dites si bien, Louis-Adrien.

Comme Marie-Anne ne voulait pas déplaire à sa belle-mère, elle regarda en direction de Cassandre, puis sourit avant de dire :

— À Varennes pour quelques jours, nos parents ne s'en inquiéteront probablement pas trop.

Jacques-René cherchait à se débarrasser d'un autre prétendant de la belle Cassandre.

— Je vais immédiatement affréter l'embarcation seigneuriale : cela convient davantage au transport des dames qu'un simple petit voilier. Louis-Adrien pourrait de ce fait retourner immédiatement à l'île Dupas avertir vos familles que vous ferez un séjour à Varennes.

Louis-Adrien fit la moue à cette proposition. Sa sœur le semonça du regard. Comme elle tenait à entretenir des liens familiaux harmonieux, elle se contenta de dire :

— C'est une excellente idée. Comme ça, Louis-Adrien pourrait avertir ma mère et Étiennette que tout va pour le mieux et qu'elles n'ont pas à s'inquiéter.

Cassandre pointa Marie-Anne du regard. Elle allait ajouter son mot, mais elle se ravisa, au grand soulagement de son amie.

— Alors, quand partons-nous, mère ? demanda le seigneur de Varennes, qui souhaitait effacer de l'esprit de Cassandre une possible intention de relancer Pierre de Lestage.

Comme elle n'était pas dupe des intentions de son fils, devenu d'une prévenance qu'elle ne lui connaissait pas, sa mère répondit :

— Le temps de faire ma valise, une heure tout au plus. Auronsnous le temps d'arriver au manoir pour le souper ?

— Le temps est beau et le vent, propice.

Marie-Anne eut de la compassion pour son frère.

— À ce compte-là, Louis-Adrien restera à coucher à Varennes. Il est hors de question de le faire naviguer sur le fleuve à la brunante, même si le temps est favorable.

Ce dernier, enthousiaste, ajouta spontanément :

— Je coucherai dans la grange avec les garçons, comme l'autre fois.

— Quoi ? Ma fille Marie-Renée ne vous a pas offert de paillasse à l'intérieur de sa maison ? C'est vrai qu'elle manque de tout… Je vais demander à mon père ce qu'il peut faire.

À ces mots, Cassandre sursauta :

— Votre père, le seigneur Pierre Boucher de Boucherville?

— C'est notre grand-père! affirma Jacques-René, tout fier.

— Mes parents lui doivent de s'être rencontrés lors de la traversée de 1666. De plus, mon parrain, Thomas Frérot, a travaillé comme notaire à Boucherville pendant quelques années.

— Ah, vraiment? Mon père sera heureux de faire votre connaissance, tout à l'heure, Cassandre… Nous avons appris le décès de Thomas avec beaucoup de tristesse. Un homme charmant et respectable, le sieur de Lachenaye… Si dévoué à la cause de la colonie, en plus.

Cassandre rougit de fierté en entendant le témoignage de la fille de Pierre Boucher.

— C'est moi qui aurai le plaisir de vous présenter mon grand-père, Cassandre, ajouta Jacques-René avec enthousiasme.

Pour la première fois, Cassandre adressa un sourire engageant au seigneur, à la satisfaction de Marie-Ursule qui y vit un bon présage. Marie-Anne lorgna du côté de Cassandre avec amusement, tandis que Louis-Adrien se renfrognait dans son fauteuil. Cassandre ajouta même:

— Mais oui, Jacques-René, j'y tiens.

Avec enthousiasme, ce dernier se dépêcha de faire préparer l'embarcation et revint une heure plus tard chercher ses invités. Ils arrivèrent au quai de Varennes, non sans avoir scruté les berges de Boucherville, afin d'y voir la silhouette du vieux seigneur à la retraite. Louis-Adrien les suivit dans son voilier et les dépassa même, pour narguer le seigneur de Varennes qui était à la barre de son embarcation.

Tous dégustèrent une collation préparée par la servante, à la suite de quoi Marie-Ursule désigna les chambres à ses invités. L'hôtesse proposa de se rendre chez sa fille, tout à côté. Les retrouvailles des enfants avec Cassandre, Marie-Anne et Louis-Adrien comblèrent de bonheur Marie-Renée, qui s'aperçut vite de l'intérêt de son frère pour la jeune artiste. Elle renseigna furtivement sa mère à l'oreille:

— Certes, sa famille n'a pas de seigneurie, mais n'oubliez pas que c'est grand-papa Boucher qui a fait en sorte que ses parents se rencontrent. C'est une donnée non négligeable. Et puis, son frère, l'abbé Jean-François, est l'ami de notre Jean-Baptiste. Elle vient à coup sûr d'une famille respectable… De plus, son parrain était le notaire Thomas Frérot… Nous sommes en confiance, maman… N'oubliez pas qu'elle est la grande amie de Marie-Anne. Si nous additionnons toutes ses créances, le compte est plus que positif.

À cela, Marie-Ursule de Varennes répondit :

— Mais nous devrions quand même demander des références à Geneviève, chez les Ursulines. Tu sais, on n'est jamais assez prudent avec les artistes.

Ayant l'oreille fine, en entendant sa mère prononcer le nom de son grand-papa Boucher, la petite Margot implora celle-ci :

— J'aimerais tellement que Cassandre et Marie-Anne rencontrent grand-pépé Boucher. Il raconte tellement de belles histoires, surtout celle où il a rencontré le Roy à son château !

Cassandre se pencha vers Margot et lui dit :

— C'est à cause de ton arrière-grand-papa Boucher que je peux te parler, ce soir.

— Êtes-vous parente avec lui, Cassandre ?

Marie-Renée de la Jemmerais intervint aussitôt en faisant de gros yeux de remontrance à Margot.

— « Mademoiselle Cassandre », Margot ! Car c'est une vraie demoiselle !

La remarque plut à son frère Jacques-René qui renchérit :

— Je dirais une cantatrice. Elle chante si merveilleusement !

— Oui, oui, mademoiselle Cassandre ! Chantez-nous une berceuse.

— Les berceuses sont pour Clémence. Toi, Margot, tu es une grande fille. Que dirais-tu d'un chant marial ?

Clémence le prit mal et rechigna.

— Je ne suis plus un bébé, n'est-ce pas, maman ?

L'assistance sourit à cette répartie enfantine.

— Oui, mademoiselle Cassandre, chantez-nous *C'est le mois de Marie !* Pourquoi le mois de mai est-il le plus beau ?

Cassandre resta interloquée par la question. Jacques-René proposa une réponse qui fit rougir Cassandre.

— À chaque mois que Cassandre chante, c'est toujours le plus beau mois pour la personne qui sait apprécier son talent.

Pierre Boucher se reposait dans sa chaise quand il entendit frapper à la porte de son petit manoir. Habituellement, le domestique lui apportait les quelques œufs que ses poules pondeuses donnaient chaque matin et qu'une servante lui préparait, soit en omelette, soit bouillis dans le sirop d'érable pour son dîner. À quatre-vingt-huit et soixante-quatorze ans, respectivement, Pierre Boucher et sa femme Jeanne Crevier partageaient une des ailes du manoir de la seigneurie qu'ils avaient léguée, trois années auparavant, à leur fils aîné, Pierre, nouveau seigneur de Boucherville, marié à Charlotte Denys de La Trinité.

Lorsque la visite arriva, l'aïeul était en grande discussion avec son petit-fils, François-Pierre Boucher de Boucherville, tandis que sa femme s'affairait à préparer les grillades pour le dîner. Des arômes généreux de suif, de boulange et de chou se répandaient dans la grande pièce occupée principalement par l'âtre, où, accrochée à la crémaillère, une soupière lourde invitait en permanence quiconque se trouvait là à se mettre à table. L'âtre du manoir contenait un four à pain : tôt chaque matin, la fournée de la journée réveillait les dormeurs en leur chatouillant les narines.

— Elles sont meilleures quand je les prépare moi-même dans de la graisse de ragoût, ces grillades de porc, tu le sais bien. C'est la recette du manoir familial de Saint-François-du-Lac, dit la vieille dame à son mari.

Ce dernier ne s'opposait pas à ce que sa femme mette la main à la pâte, au contraire, malgré les remontrances de sa bru, Charlotte. Il se doutait bien que la graisse d'ours faisait partie de la recette secrète des femmes Crevier : c'était un ingrédient dont il avait pu apprécier les vertus lors de son séjour chez les Hurons comme domestique et interprète auprès des missionnaires jésuites[57]. Il en mangeait fréquemment avec sa jeune épouse huronne, Marie Ovebadinskoue. Jeanne Crevier, sa deuxième femme, achetait sa

---

57. Pierre Boucher (1622-1717) naquit à Mortagne-au-Perche et arriva en Nouvelle-France en 1634. Après avoir appris plusieurs langues amérindiennes, il devint domestique et interprète aux missions des pères jésuites auprès des Hurons. Revenu s'établir à Beauport en 1641, il déménagea aux Trois-Rivières où il devint capitaine de milice et défendit le poste de traite lors de l'attaque iroquoise en 1653, commandée par Bâtard Flamand. En 1659, il se maria une première fois avec une Huronne éduquée chez les Ursulines à Québec. Il devint veuf la même année, quand elle mourut après avoir donné naissance à un fils, qui ne vécut pas. Il se remaria trois années plus tard à Jeanne Crevier, qui lui donna quinze enfants. En 1661, il agit comme agent recruteur et défenseur des colons auprès du Roy, qui l'anoblira. À son retour en 1662, il fut nommé gouverneur des Trois-Rivières, poste qu'il occupa jusqu'en 1667 et qu'il laissa pour devenir le seigneur des îles Percées, auxquelles il donna son nom. En 1691, l'intendant Champigny signala aux autorités de France l'excellente gestion de la seigneurie de Boucherville.

graisse d'ours des Sauvages qui passaient régulièrement à Boucherville, au grand dam de sa bru, de la noblesse canadienne.

L'aïeul n'aurait pu se passer, pour déjeuner, du sucre de l'érable, qu'il considérait, avec le castor, comme l'emblème du Canada. C'est du moins ce qu'il avait dit à Louis XIV.

Le petit-fils revenait de Détroit, où il servait comme cadet depuis trois ans dans les troupes de la Marine dans le but de ramener le calme dans les rapports avec les Amérindiens. Comme ses qualités de pacificateur avaient été remarquées, le jeune homme de vingt et un ans était venu demander conseil à son grand-père concernant la nouvelle affectation qu'on lui proposait, celle d'agent d'information auprès du commandant de la garnison à Sault-Saint-Louis[58].

— Mais je ne pourrai pas me mettre en valeur par des faits d'armes comme mes cousins de Varennes, en Europe !

— Oh là, jeune homme ! Est-ce nécessaire de mourir pour être glorieux ? C'est ce qui est arrivé à Louis et pratiquement aussi à La Vérendrye, sabré de huit coups et atteint de deux balles. Les miracles n'arrivent pas deux fois sur les champs de bataille ! Votre grand-mère et moi, nous souhaitons vous voir souvent, et en bonne santé. N'oubliez pas que vous deviendrez à votre tour, un jour, seigneur de Boucherville !

— Oui, il vaut mieux être vivant que mort, j'en conviens, mais qu'y a-t-il comme avenir à travailler comme agent d'information ? Dans votre temps, il y avait de vrais Iroquois dangereux comme ce Bâtard Flamand et il n'y avait que le coup de fusil comme moyen de négociation. Aujourd'hui, la paix est assurée, répondit le jeune homme.

Sa compréhension grossière des débuts de la colonie fit sursauter le vieillard.

— Sache, mon garçon, que la négociation a toujours été dans le caractère français. Avant de nous battre, nous essayions de parlementer, de comprendre ce qui pourrait inciter l'ennemi à ne pas faire la guerre. Même moi, j'ai essayé de négocier avec Bâtard Flamand, dans sa langue, aux Trois-Rivières. Mais quand l'ennemi est trop perfide, nous nous battons vaillamment. Ça aussi c'est dans le caractère du Percheron… C'est vrai que les Iroquois ne

---

58. Kahnawake.

sont plus menaçants comme avant… Mais à ce que je sache, les Mohawks n'ont pas encore ratifié le traité de paix et l'ambassadeur du Roy auprès des Sauvages ne s'est pas encore tout à fait remis de sa capture… Qui est-il, déjà?

— Ange-Aimé Flamand, le fils du comte Joli-Cœur. J'ai été sous les ordres de ce dernier à Détroit, quand il était lui-même ambassadeur.

Pierre Boucher alluma sa pipe qui venait de s'éteindre avec un tison qu'il retira péniblement de l'âtre. L'exercice, qu'il avait fait maintes et maintes fois, lui devenait de plus en plus difficile tant les courbatures dues à son grand âge le gênaient. Ce jour-là, l'aïeul ressassait ses souvenirs, au grand ravissement de son petit-fils.

— Ange-Aimé Flamand… C'est le petit-fils de cette crapule de Bâtard Flamand!

Étonné, François-Pierre demanda:

— Comment se fait-il qu'il soit le petit-fils de Bâtard Flamand, alors que son père, le comte Joli-Cœur, a marié une aristocrate française?

Le sourire au coin des lèvres, Pierre Boucher répondit:

— Ce serait plus simple qu'il te raconte lui-même son histoire, quand il passera par ici.

Le vieil homme fronça les sourcils quand il constata que la fumée venait difficilement à ses lèvres. Il ralluma sa pipe et inspira selon le rituel du fumeur de calumet — avec respect —, comme si la fumée bienfaisante éclaircissait les idées et activait la mémoire.

— J'ai été moi-même à l'avant-scène de cette saga qui a fait les manchettes en Nouvelle-France… Ça s'est passé au cap Lauzon, sur l'îlot Richelieu. Savais-tu que c'était un lieu de bivouac pour les Mohawks? En fait, j'ai surpris le comte Joli-Cœur en fuite avec la fille de Bâtard Flamand, la prisonnière politique du gouverneur de Courcelles. Ce dernier voulait s'en servir comme monnaie d'échange pour que Bâtard Flamand signe le traité de paix. La paix a été signée en 1667, mais j'ai moi-même fait jeter Joli-Cœur en prison… Disons qu'il n'avait pas pensé à toutes les conséquences de son dévergondage… Il a été sauvé de la potence in extremis par les accointances de la comtesse Joli-Cœur… Heureusement, parce que j'ai souvent regretté de l'avoir jugé trop sévèrement. Un brave garçon sorti de sa Normandie qui cherchait la gloire et la fortune bien rapidement. J'espère que cet épisode de sa vie lui a donné une leçon… Probablement, puisqu'il a si bien réussi. C'est Thomas Frérot, le sieur de Lachenaye, qui l'a défendu au tribunal.

François-Pierre observait son grand-père, en essayant de comprendre le destin du comte Joli-Cœur.

— Il a tout obtenu, gloire et fortune… Et l'amour lui colle à la peau, puisqu'à Détroit et à Michillimakinac, toutes sortes de rumeurs courent sur son pouvoir de séduction en France comme au Canada. Même notre commandant Laumet était jaloux de ce destin hors du commun.

— Est-ce vrai qu'il est premier gentilhomme des menus plaisirs de la Chambre du Roy?

— Oh oui, sans aucun doute! Le caractère flamboyant de Thierry Labarre et son charme ne laissaient personne indifférent, surtout pas la gent féminine. La comtesse Joli-Cœur, plus que toute autre, peut en témoigner… Mais laissons… Ce n'est pas de nos oignons. Revenons aux Mohawks… Ah oui! Si Joli-Cœur était ici, il te dirait à quel point ta carrière de diplomate pourrait prendre de l'importance chez les Mohawks convertis, à la mission du Sault-Saint-Louis, tant que les autres Mohawks d'Albany n'auront pas signé. C'est là que ton rôle de pacificateur sera indispensable à la colonie… Oui, si tu veux mon avis, mon garçon, tes faits d'armes seront aussi glorieux que ceux de tes cousins Varennes. Maintenant, passons à table. Je meurs de faim.

À la fin du déjeuner, tandis que Pierre Boucher piquait déjà un roupillon dans sa chaise sans avoir eu le temps de rallumer sa pipe, on frappa à la porte. Le balancement de la poire à poudre accrochée derrière, ainsi que le bruit sec de l'annonce, inquiéta les convives et réveilla l'ancêtre.

— Hé là, qu'est-ce que ce boucan? François-Marie, va voir qui c'est et donne-moi mon pistolet. On n'est jamais trop prudent.

Le jeune homme regarda par la fenêtre du côté et, avant d'ouvrir la porte, annonça fièrement:

— De la parenté, grand-père!

Aussitôt la porte ouverte, une ribambelle de têtes bouclées s'élancèrent vers Pierre Boucher, Margot la première. Suivirent alors Marie-Renée de Varennes qui essayait tant bien que mal de retenir ses enfants, Marie-Anne, Cassandre, talonnée par Jacques-René, et plus loin, Louis-Adrien Dandonneau.

— Bonjour, grand-père et grand-mère, s'exclama Marie-Renée de Varennes. Laissez-moi vous amener de la belle visite et…

Aussitôt annoncés, les enfants entourèrent leurs aïeux en poussant des cris de joie, au grand découragement de leur mère qui leur disait de rester tranquilles.

Margot prit la parole.

— Arrière-grand-mère, arrière-grand-père, nous voulons que vous fassiez connaissance avec Marie-Anne et Cassandre… mademoiselle Cassandre, finit-elle en regardant sa mère du coin de l'œil.

Jacques-René salua son cousin François-Pierre avec l'assurance de l'aîné déjà établi comme seigneur devant celui qui le deviendra.

— Bonjour, cousin! Déjà revenu de Détroit? Alors, raconte-nous ce qui se passe chez les Sauvages des Pays-d'en-Haut et ce qui a bien pu faire parler de toi là-bas?

Ce dernier répondit évasivement, tant il était distrait par la présence de Cassandre, qu'il reluquait en oblique. Jacques-René s'en aperçut.

— Oh, pardonne mon manque de politesse, je ne t'ai pas présenté ces jolies dames… Voici ma nouvelle belle-sœur, donc ta prochaine cousine, Marie-Anne Dandonneau, et voici ma nouvelle amie, Cassandre Allard… Lui, c'est Louis-Adrien, le frère de Marie-Anne, de l'île Dupas.

Jacques-René avait insisté sur le nom « Cassandre Allard ». En entendant son nom, Cassandre sourit à François-Pierre, qui avait fière allure dans son uniforme de cadet. Jacques-René se méfia aussitôt de son cousin. Cherchant à garder la plus grande distance possible entre lui et Cassandre, Jacques-René se dépêcha d'attirer la séduisante cantatrice plus loin.

— Venez, Cassandre, que je vous présente à notre grand-père.

— J'allais le faire, cher frère, renchérit Marie-Renée de Varennes. Suivez-moi, Marie-Anne, que je vous présente aussi.

Elle s'avança vers ses grand-parents.

— Mère aurait aimé vous présenter votre nouvelle petite-fille, alors je le fais à sa place: voici Marie-Anne Dandonneau de l'île Dupas. Elle est déjà fiancée à La Vérendrye, ils se marieront aussitôt qu'il reviendra de France.

Marie-Anne s'avança et alla leur serrer respectueusement la main. Pierre Boucher et son épouse souriaient.

— Et voici une de ses amies de l'île Dupas qui l'accompagne : mademoiselle Cassandre Allard.

Cassandre alla se présenter au couple âgé, en faisant la révérence avec élégance.

— Votre révérence est aristocratique, mademoiselle. On dirait que vous avez étudié à la cour du Roy, avança Pierre Boucher, admiratif.

Cassandre répondit aussitôt :

— Plus précisément au couvent de Saint-Cyr, près du château de Versailles, monsieur le seigneur.

— Oh, je ne suis plus le seigneur de rien, désormais. Je laisse ça à mon fils, et à mes petits-fils, ici présents.

En disant cela, il pointa en direction de Jacques-René et François-Pierre. Rapidement, le vieil homme tendit l'oreille vers la jeune femme, en observant sa main en éventail.

— Château de Versailles ! Êtes-vous Française, de la noblesse, mademoiselle ?

— Ni l'un ni l'autre, monsieur. Je suis née à Charlesbourg, près de Québec.

— Je sais où c'est, Charlesbourg. C'est près de Beauport… J'ai connu des gens de Charlesbourg, surtout Thomas Frérot, mon notaire, qui nous en parlait souvent, hein, ma vieille ?

— De qui ? De quoi ? J'ai mal entendu. Parle plus fort.

Jeanne Crevier entendait mal d'une oreille et demandait souvent à son entourage de répéter ce qu'on lui avait dit en haussant le ton.

— Je disais, Thomas, Thomas Frérot, notre notaire, tu sais notre tabellion qui est mort il y a deux ans à Québec, nous disait qu'il connaissait des gens à Charlesbourg. Te souviens-tu de qui, ma vieille ?

En entendant le nom de Thomas Frérot, Cassandre se raidit. Marie-Anne, qui s'en aperçut, s'approcha et lui demanda discrètement :

— Ça va, Cassandre ?

— Hein ? Me souvenir de qui ? questionna Jeanne Crevier Boucher.

Les enfants se mirent à rire. Margot, qui avait aussi le fou rire, se retint, la main sur la bouche, en voyant la mine assassine de leur mère.

Découragé de la piètre qualité de l'audition de sa femme, Pierre Boucher demanda de nouveau à Cassandre de s'identifier. Comprenant que l'âge de ses hôtes exigeait de parler à haute voix, Cassandre haussa le ton.

— Cassandre Allard. Allard de Charlesbourg.

— Les Allard ! Les cousins de Thomas Frérot demeuraient à Charlesbourg ? Maintenant, je m'en souviens, dit Jeanne Crevier, fière d'avoir retrouvé la mémoire.

Surpris, Pierre Boucher questionna la jeune femme de nouveau.

— J'ai connu un certain François Allard, marié à Eugénie Languille, une fille du Roy, sur le bateau lors de la traversée de 1666, alors que je revenais d'une tournée de recrutement en Normandie. En fait, François était le cousin de notre regretté Thomas Frérot. Êtes-vous apparentée à cette famille, mademoiselle Allard ?

— Je suis leur fille ! répondit la jeune femme avec enthousiasme.

— C'est ce que je me disais ! Vous ressemblez tellement à mademoiselle Languille, les cheveux blonds, les yeux bleus, l'allure… Enfin, tout le portrait de votre mère.

Cassandre sourit à la remarque du patriarche, qui demanda :

— Sont-ils toujours vivants ?

— Mon père est mort à Cap-Tourmente, il y a dix ans : il s'est noyé en faisant le transport de bois… Ma mère, par contre, est bien en forme. En fait, elle vient de se remarier avec un médecin de Charlesbourg.

— Désolé pour la perte de votre père. Un garçon sympathique au talent incomparable pour le travail du bois. Un artiste… Comme votre mère, au clavecin… Avez-vous hérité de leurs talents, Cassandre ?

— Elle chante superbement, grand-père, s'enthousiasma Jacques-René.

— Elle a appris l'opéra et le théâtre au couvent des Ursulines de Saint-Cyr, ajouta Margot, de sa voix fluette.

Pierre Boucher admira la vivacité d'esprit de son arrière-petite-fille.

— Tu connais le couvent de Saint-Cyr, toi ! lui répondit-il en ébouriffant ses cheveux, à la grande joie de la petite et à l'amusement des autres.

— Oui, grand-pépé. C'est Cassandre qui m'a tout raconté de son année de pensionnat. N'est-ce pas, Cassandre ?

— Mademoiselle Cassandre, Margot, je te l'ai déjà dit ! fit remarquer sa mère sur le ton du reproche.

Cassandre eut un élan de compassion pour sa nouvelle amie et lui sourit. Au seigneur de Boucherville, elle répondit :

— C'est mon parrain, Thomas Frérot, qui a convaincu ma mère de m'envoyer étudier à Paris. Là-bas, j'étais sous la tutelle de la comtesse et du comte Joli-Cœur.

— Thomas était votre parrain ? C'est vrai que Thomas Frérot, François Allard et Thierry Labarre formaient un trio d'amis inséparables... Je me souviens, sur la place Royale, à l'époque... Comme je me souviens également de votre mère et de la petite Mathilde.

Cassandre, qui connaissait la véritable identité du comte Joli-Cœur, ne croyait plus possible d'entendre le nom de Thierry Labarre. Le rappel historique l'impressionnait.

— Mathilde de Fontenay Envoivre, devenue la comtesse Joli-Cœur... Elle est toujours la grande amie de ma mère, avec tante Anne Frérot.

— Il y avait l'autre, la grande, celle qui a fait baptiser des triplets... Je ne me souviens plus... Ah oui, les Baril... Bref, je les ai accompagnés jusqu'à Québec et j'ai assisté au baptême, au temps où votre mère était l'escorte du gouverneur de la Nouvelle-France.

Devant l'étonnement de Cassandre, Pierre Boucher se rétracta.

— Je n'aurais peut-être pas dû vous en informer, vous m'en excuserez, mademoiselle.

— Vous avez bien fait, monsieur, de me l'apprendre. Ainsi, ma mère a été courtisée par le gouverneur de la Nouvelle-France... Elle a donc vécu au château, comme moi !

— À mon souvenir, elle vivait au couvent des Ursulines; elle a même enseigné aux Hurons de l'île d'Orléans. Tout un personnage, votre mère... Et, Dieu m'en est témoin, qu'elle chantait bien... Je me rappellerai toute ma vie du *Salve regina* qu'elle a entonné lorsque nous avons failli périr le long du Labrador à cause des glaces flottantes qui menaçaient d'éventrer le *Sainte-Foy*… Tout le monde pleurait… On aurait dit un ange descendu du paradis… Ou une sirène… Je vois que vous avez hérité de son allure !

Le compliment fit rougir Cassandre. Jacques-René de Varennes et son cousin François-Pierre Boucher de Boucherville continuèrent à envisager leur destinée matrimoniale avec la jeune et belle cantatrice. Pour sa part, Louis-Adrien, même s'il pouvait devenir, un jour, le seigneur de l'île Dupas, ne se sentait pas de taille à se mesurer aux petits-fils de Pierre Boucher de Grosbois.

— M'accorderiez-vous une faveur, Cassandre ? demanda l'aïeul.

— Bien entendu, ce que vous voudrez.

— Madame Boucher et moi aimerions vous entendre chanter. Du folklore de France, est-ce possible ? À moins que ce ne soit de l'opéra ; nous n'avons jamais entendu d'opéra, ma femme et moi. Chantez fort, pour que l'on puisse vous entendre.

Cassandre sourit à l'ancêtre de Boucherville. Elle savait que l'air d'Oreste de l'opéra *Cassandre* impressionnerait le vieux couple. À la fin de la prestation, Pierre Boucher, satisfait, demanda un refrain de sa Normandie natale.

— Votre père était aussi un Normand. Que fredonnait-il à la maison ? Avez-vous un souvenir ?

Cassandre se surprit à répondre spontanément :

— À la maison, c'est ma mère qui chantait, avec mon frère Jean-François.

— Alors, que chantait-elle ?

Cassandre hésita quelque peu, sachant que sa mère avait la réputation d'entonner des cantiques mariaux.

— Je vais vous chanter l'air qui remontait le moral de mon père lorsqu'il revenait des champs, fourbu et découragé d'avoir autant travaillé, et qu'il devait se rendre, sitôt le souper fini, à l'atelier d'ébénisterie. Mais ne lui dites jamais car elle m'en voudrait d'avoir dévoilé un de leurs secrets. Même Anne et Thomas Frérot ne l'ont sans doute jamais su. Maman ne voulait surtout pas que son image de paroissienne modèle soit pâlie, vous comprenez !

Cassandre avait confié ce secret familial avec beaucoup d'intensité dans la voix. Tous étaient pendus à ses lèvres pour connaître ce fait inédit. Jeanne Crevier Boucher et son mari, Pierre, lui sourirent, en guise d'approbation. Ce dernier se dit:

Il y a peu de chances que je revoie cette Eugénie Languille… Je ne peux même plus m'éloigner du potager sans que quelqu'un doive me supporter.

Cassandre s'exécuta:

« Avez-vous fait des allumettes ?

Lui dit Colette. Travaillez !

Votre tâche est-elle déjà faite ?

Avez-vous assez débité ? »

Pierre Boucher ricana: quel plaisir c'était pour lui d'entendre chanter ce refrain bien connu des pionniers de la Nouvelle-France, dont il était un des derniers survivants. Pour ne pas être en reste, il entonna la suite.

« Me promenant dans un bocage

Où je croyais n'être que moi

J'y ai vu deux personnages

Étant venus pour fendre du bois… »

— C'était le bon temps ! Les colons trimaient dur et ce n'était pas encore assez… Je comprends votre mère… Connaissez-vous la suite, mademoiselle Allard ? Si vous saviez à quel point ce refrain a fait damner Monseigneur L'Ancien… Mais on ne la chante plus, elle s'est perdue dans le temps, cette chanson… De nos jours, la vie est plus facile. La jeunesse est plus axée vers les plaisirs de la ville.

Il se dépêcha de continuer à chanter:

« Au cabaret, je buvais chopinette

Quand j'aperçus une brunette

Coupe mon lacet

Me dit la belle

Défait mon corset

Je suis Tourangelle

Mon cœur croyant être en sûreté

Au même instant perdit sa liberté. »

Sans alarme, Cassandre se rembrunit, non sans avoir jeté un regard vers le seigneur de Varennes. Elle venait de se rappeler qu'il y avait à peine une journée, elle soupirait encore pour Pierre de Lestage. Marie-Anne alla aussitôt vers son amie. La petite assistance fut consternée, tandis que madame Boucher apostropha son mari en lui disant :

— Vous avez encore la façon de faire tourner une rencontre de réjouissances en vallée de larmes. Cette jeune demoiselle a trop d'allure pour avoir fréquenté les cabarets, comme vous, dans votre jeune temps, à faire le beau. À moins que vous ayez appris cette rengaine égrillarde auprès de votre première famille de Sauvages ! Sachez que sa mère était Tourangelle, tout comme les sœurs de la rue du Parloir !

Surpris et vexé d'avoir été ridiculisé par sa femme, Pierre Boucher répondit :

— Croyez-vous ? Je l'ai sue, cette rengaine, à la taverne d'Anceau des Trois-Rivières, qui appartenait, pour une part, à ce que je sache, à votre propre famille.

Marie-Anne, qui se doutait bien de ce qui avait pu causer son désarroi, demanda à Cassandre :

— Puis-je t'aider ?… Tiens, prends mon mouchoir et sèche tes pleurs.

Une fois ses larmes épongées, Cassandre sourit avec timidité. La petite Clémence, qui aimait bien la jeune femme, voulut lui remettre une serviette de table pour l'aider à se moucher. Une tasse de porcelaine de Chine qui y était déposée prouvait, entre autres artefacts, la fortune du vieux gouverneur. La tasse délicate tomba sur le plancher en madrier et se brisa. Clémence, anticipant les foudres de sa mère, commença à pleurer, causant un émoi.

— C'est sans conséquence : ce n'était qu'un brimborion[59], finit par dire l'aïeul, pour calmer le jeu.

Cassandre, qui croyait avoir suscité les pleurs de l'enfant, confia à Marie-Anne :

— Je veux retourner dès que possible au fief Chicot et repartir pour Charlesbourg.

En entendant ce verdict, Marie-Anne tourna la tête vers Jacques-René de Varennes. Ce dernier, inquiet, se rapprocha des deux jeunes femmes.

— Qu'y a-t-il, Cassandre ?

— Je ne me sens pas très bien. J'aimerais mieux retourner à la maison.

---

59. Petit objet de peu de valeur.

— Vous avez raison, notre manoir est beaucoup plus vaste et vous y avez votre chambre. Vous y serez beaucoup mieux qu'ici. Venez, nous partons.

Les attelages attendaient la visite, puisque Marie-Renée de Varennes avait demandé à son frère de ne pas risquer la vie des enfants en naviguant. Même par beau temps d'été, un remous capricieux des îles pouvait mettre en péril toute embarcation surchargée. Pierre Boucher demanda à Cassandre de saluer sa mère, de la part de sa femme et de lui-même.

— Un bien brave garçon, votre père. Thomas aimait bien son cousin. Il m'en parlait souvent... Vous avez des frères? demanda-t-il, en tendant l'oreille.

— Cinq, dont un abbé. Je suis la seule fille.

— L'ami de Jean-Baptiste, grand-père! se dépêcha de dire Marie-Renée.

— Eh bien, vos parents ont sans doute attendu pour avoir la plus belle, mademoiselle Cassandre!

— Grand-père! Bon, il est grandement temps de partir vers Varennes, si nos invités veulent arriver à l'île Dupas avant la fin de la journée, tonna Marie-Renée, qui observait le mécontentement de sa grand-mère.

À ces mots, Jacques-René vit sa sœur lui signaler d'aller de l'avant. Comprenant que sa nouvelle flamme avait émis le désir de quitter précipitamment sa seigneurie, il se dit:

Ce diable de Lestage va me le payer tôt ou tard. Son souvenir suit partout cette chère Cassandre. Qu'est-ce qu'elle lui trouve, pour pleurer de la sorte? Elle a encore les yeux rougis. Je vais le demander à La Vérendrye lorsqu'il reviendra. Lui me le dira!

Frustré, le seigneur de Varennes fouetta ses chevaux plus qu'il n'en fallait, à la grande peine de Margot qui ne comprit pas cette violence.

Pour la consoler, Marie-Renée de Varennes déposa un baiser sur sa chevelure.

— Des fois, les hommes sont comme ça, sans le vouloir, quand ils sont en compagnie de dames qui les rendent fous d'amour ou de jalousie... Même oncle Jacques-René n'est pas à l'abri de ces débordements, lui qui est si doux, habituellement.

— Et papa? Était-il un saint?

— Papa est au paradis. Forcément, il est un saint homme!

Marie-René de Varennes regardait affectueusement sa plus vieille.

— Et arrière-grand-papa Boucher?

— Il mérite d'aller au paradis.

— Malgré ses débordements?

La mère n'en revint pas de l'intelligence de sa petite fille. Elle lui sourit, ne sachant pas quoi répondre.

— Vous savez, maman, quand je serai grande, je serai une sainte.

— Mais c'est quand on est mort qu'on est proclamé saint, Margot. En attendant, tu feras tes études au couvent des Ursulines à Québec, avec tante Geneviève. Grand-papa Boucher m'assure qu'il paiera pour toi. N'est-ce pas qu'il est gentil, ton grand-pépé?

— Quand je serai à Québec, je vais prier pour les anciens débordements de grand-pépé Boucher, pour qu'il aille au paradis rejoindre papa. Pouvons-nous commencer à prier, maintenant?

— Tu prieras sur sa tombe, Margot, le temps venu. Mais tu as amplement le temps de jouer d'ici là. Grand-père n'a pas l'intention de mourir, crois-moi!

Lorsque Marie-Ursule Boucher de Varennes se rendit compte que ses invités avaient décidé de retourner à l'île Dupas, elle s'en étonna auprès de son fils.

— Déjà? Moi qui croyais que l'air de Varennes et un pique-nique à l'île Sainte-Thérèse les encourageraient à rester encore quelques jours. Qu'est-ce qui a bien pu les décider à partir si vite? Y a-t-il encore moyen de les retenir? Marie-Anne devra s'habituer à vivre à Varennes quand La Vérendrye reviendra.

— J'ai plutôt l'impression que La Vérendrye ira vivre à l'île Dupas, mère. Marie-Anne est richement établie par là-bas. Mon frère y régnera en seigneur, sur ses terres, tandis qu'ici, il ne lui reste plus rien depuis qu'il a vendu sa moitié de l'île de Varennes au défunt de Marie-Renée, avant d'aller se battre en France. Qu'est-ce qu'il lui reste? Notre seigneurie familiale à La Gabelle? Cela ne sert qu'à traiter avec les Sauvages. D'ailleurs, j'ai l'intention de former une société de traite des fourrures. Je lui proposerai un poste de commande au lac Supérieur.

Sa mère bondit de sa chaise. Tout en gardant une retenue, elle affirma son profond désaccord:

— Que je te voie me l'enlever, alors qu'il n'est même pas encore rentré de France! Tu nous auras toutes les deux sur le dos, Marie-Anne et moi. Surtout, ne va jamais en faire mention à cette pauvre petite. Déjà qu'elle souffre énormément de l'absence de Pierre!

— Pratiquement autant que vous, mère!

Le seigneur de Varennes avait sifflé cette remarque afin de blesser sa mère dans son orgueil. Il savait que son frère Pierre Gauthier de Varennes, dit La Vérendrye, le benjamin de la famille, était le fils préféré de Marie-Ursule.

Cette dernière lança une flèche empoisonnée à celui qui venait de la darder en plein cœur.

— À propos, comment se fait-il que Cassandre n'ait pas insisté pour demeurer encore quelques jours? Pense-t-elle encore à son haut fonctionnaire des finances de Montréal? Une jeune femme aussi gracieuse ne peut faire autrement que de retenir les attentions de gentilshommes de qualité!

Le seigneur de Varennes répondit à sa mère, désarçonné:

— Si un seigneur de haute naissance comme moi n'a pu y arriver... Vous savez, c'est une artiste et comme toutes celles de son rang, elle pense différemment des gens de noblesse... Ses parents sont sans fortune, sans être dans l'indigence... Grand-père Boucher a ramené son père en 1666, pour travailler comme garçon de ferme, alors que sa mère était orpheline, fille du Roy. Cette Cassandre n'a pas de dot à offrir, si ce n'est que sa belle voix. Comment élargir mes terres et augmenter notre patrimoine familial avec une épouse sans le sou?

— Si tu recherches d'abord la fortune chez une épouse, pourquoi te débarrasser de mademoiselle Robineau de Bécancour?

— Parce qu'elle n'est point jolie comme Cassandre... Ou Marie-Anne!

— Laisse Marie-Anne: c'est la fiancée de ton frère. Alors, si tu recherches à la fois naissance, richesse, jeunesse et beauté, cette rareté féminine ne s'attardera pas à s'amouracher d'un aveugle.

— Mais je ne suis pas aveugle, mère. J'aurai bientôt trente-cinq ans, je suis au meilleur de ma condition. Pourquoi dites-vous ça?

— Parce que cette perle rare est notre voisine et que tu ne t'en es pas encore aperçu.

— Notre voisine? Je connais les filles de Boucherville et je n'en vois pas d'assez noble! Elle ne vit quand même pas sur l'île Sainte-Thérèse?

— Non, mais à Longueuil... Plus près que ça, même.

— Alors, là, vous m'étonnez. Je ne vois pas.

— C'est bien ce que je disais, tu es aveugle!

— Dites donc son nom, mère, ça m'aidera à y voir plus clair, dit Jacques-René, cinglant, contrarié de se faire affubler de cécité.

— Marie-Jeanne Le Moyne de Sainte-Hélène. La fille du marchand Jacques Le Moyne, sieur de Sainte-Hélène, et donc la petite fille du seigneur de Longueuil, Charles Le Moyne, qui a été anobli par le Roy en 1668, en même temps que grand-papa Boucher.

— La nièce des sieurs de Longueuil, d'Iberville, de Bienville, de Maricourt et de Châteauguay[60]? Comment se fait-il que vous la connaissiez?

— Parce qu'elle accompagne à l'occasion ses cousins Le Moyne de Longueuil à leur résidence de la rue Saint-Paul. Ce sont nos voisins!

— Je n'y ai jamais porté attention. Nos voisins?

— Ne me dis pas que tu n'as jamais remarqué la maison Le Moyne. Elle jouxte celle du marchand Jacques Le Ber.

Jacques-René blêmit en entendant prononcer le nom de son partenaire de cartes. Le souvenir de Pierre de Lestage lui revint en mémoire.

Quel salaud! se dit-il.

— Parce qu'à Montréal, tes visées sont ailleurs, je suppose! Souvent, il ne faut pas aller bien loin pour rencontrer son destin, continua sa mère.

Jacques-René comprit pour la première fois que celle-ci en savait peut-être plus qu'il le croyait quant à ses virées nocturnes dans les cabarets de Montréal. Il n'en fit pas de cas, essayant de détourner son attention.

---

60. Charles Le Moyne (1626-1685). Né à Dieppe en Normandie, le fondateur et sieur de Longueuil immigra en Nouvelle-France en 1641. Il épousa Catherine Thierry, dit Primeau, en 1654 et le couple eut quatorze enfants, dont les plus connus furent: Charles, sieur de Longueuil; Jacques, sieur de Sainte-Hélène; Pierre, sieur d'Iberville, surnommé le Cid canadien; Paul, sieur de Maricourt; Jean-Baptiste, sieur de Bienville, fondateur de La Nouvelle-Orléans et commandant général de la Louisiane; et Antoine, sieur de Châteauguay.

— Vous avez raison, mère. Je vais être obligé d'affirmer à Pierre Robineau de Bécancour que vous vous opposez à mon mariage avec sa fille Marie-Marguerite-Renée, maintenant que j'ai appris l'existence de Marie-Jeanne de Sainte-Hélène.

— Commence par lui faire ta cour et tu verras.

— Pensez-vous, mère, que le marquis de Vaudreuil nous appuierait devant le Conseil supérieur, si la justice allait jusque-là ?

— Si Jacques Le Moyne de Sainte-Hélène le demandait à notre gouverneur, certainement ; ça aurait plus de poids dans la balance que la supplique de la fille de Pierre Robineau, malgré ce qu'il a fait pour le pays. Les Le Moyne sont très riches et très célèbres !

— Bon, quand repartons-nous pour Montréal, mère ?

— Dès que nos amis de l'île Dupas s'en iront.

— Alors, ça ne devrait pas tarder !

Marie-Ursule Boucher de Varennes en apprenait encore un peu plus quant au désir de son fils de faire sa marque dans la colonie.

Pourtant, cette Cassandre est bien mignonne. Dommage qu'elle n'ait pas de naissance ou de fortune. Je l'aime bien !

Au moment du départ, alors que Louis-Adrien s'affairait à préparer sa pinasse à voile pour le retour à l'île Dupas, Marie-Ursule salua Cassandre.

— Vous êtes toujours la bienvenue à Varennes, mademoiselle Allard.

— Merci pour votre accueil, madame. J'en garderai un excellent souvenir. Je veux aussi remercier le seigneur de Varennes.

— Oh, il est déjà parti à Longueuil rencontrer les sieurs Le Moyne par affaires. Mais il m'a demandé de vous transmettre sa haute considération, ainsi qu'à Marie-Anne, sa parente, bien entendu.

Tout en lui faisant la bise, Marie-Ursule dit à l'oreille de sa belle-fille :

— Dès que vous recevrez des nouvelles de La Vérendrye, promettez-moi de venir en personne me les transmettre. Le cœur d'une mère soupire toujours quand il s'agit de son petit dernier, vous me comprenez.

— Je vous le promets, maman.

Cassandre et Marie-Anne se regardèrent.

— Allons saluer Marie-Renée et les enfants, suggéra Marie-Anne.

— Ce ne sera pas nécessaire, les voilà !

Margot arriva la première. Marie-Renée de Varennes suivait la ribambelle.

— Vous partez déjà, tantes Marie-Anne et Cassandre ? demanda Margot.

Au sourire attendrissant de cette dernière, Cassandre répondit :

— Mais nous tenions absolument à vous embrasser avant de partir.

— Vous viendrez me voir à Québec ?

— À Québec ? Pourquoi pas Varennes ? demanda Marie-Anne.

— Parce que maman vient de m'apprendre que je vais aller étudier chez les Ursulines dès le mois de septembre, comme elle-même l'a fait.

— Tout comme moi, Margot ! Maintenant, j'enseigne au couvent des Ursulines des Trois-Rivières, annonça fièrement Cassandre.

Impressionnée par le pensionnat où enseignait Cassandre, Margot demanda :

— Dites, maman, pourrai-je étudier aux Trois-Rivières avec Cassandre ?

— Il faudrait le demander à grand-papa Boucher. Tu sais que le Ciel l'écoute toujours, car il voue une grande dévotion au martyre, le père Jean de Brébeuf, qu'il a lui-même servi comme enfant de chœur à Sainte-Marie-des Hurons[61].

Évaluant la forte impression qu'elle venait de faire, elle insista, pour marquer sa désapprobation.

— C'est tante Geneviève qui sera déçue de ne pas te voir à Québec.

Pensive, Margot questionna plutôt Marie-Anne.

— Et vous, tante Marie-Anne, avez-vous étudié chez les Ursulines ?

---

61. Sainte-Marie-des-Hurons était une mission catholique au pays des Hurons, aujourd'hui en Ontario. Fondée en 1615 par les récollets, la mission fut reprise par les jésuites en 1634. Dirigée par Jean de Brébeuf, elle comptait trois prêtres et cinq domestiques. La mission fut dévastée par les attaques iroquoises en 1649, causant le génocide des Hurons, et fut transférée à Québec en 1650.

— Non, j'ai été pensionnaire chez les sœurs de la Congrégation à l'Assomption. C'est en face d'ici, de l'autre côté du fleuve.

— Aviez-vous une tante religieuse là-bas ?

Avant que Marie-Anne ne réponde, Marie-Renée de Varennes reprit la parole, sèchement.

— Je ne crois pas. C'est pour ça que tu as bien de la chance d'aller à Québec auprès de tante Geneviève et d'oncle Jean-Baptiste.

La fillette sourit à pleines dents, fière de sa trouvaille. Elle ajouta :

— Et vous, mademoiselle Cassandre, viendrez-vous me rendre visite ?

Charmée, cette dernière allait répondre qu'il lui serait sans doute difficile de le faire, mais elle préféra se pencher vers elle et l'embrasser sur le front, en disant :

— Bien entendu, Margot, chaque fois que tu vas le demander dans tes prières.

L'enfant fut heureuse de la réponse. Sa mère susurra alors à l'oreille de Cassandre :

— Dans ce cas, préparez-vous à vous rendre souvent au couvent de la rue du Parloir.

Débarrassé de Pierre de Lestage et de Jacques-René de Varennes comme concurrents auprès de Cassandre, Louis-Adrien mena son voilier avec adresse, malgré le vent qui soufflait plutôt vers l'ouest, encouragé d'être de nouveau le seul prétendant à l'attention de la jeune femme.

Marie-Anne, qui n'était pas dupe de l'attitude de son jeune frère, lui glissa à l'oreille, lors d'un moment d'inattention de Cassandre :

— N'oublie pas, Louis-Adrien, que Marie-Josèphe Drouet n'a d'yeux que pour toi et que la seigneurie pourrait te revenir lorsque La Vérendrye sera de retour. Monsieur Claude Rouet de l'Île aux Ours et père, avant sa mort, ont fait des arrangements en ce sens. Mère serait très déçue de te voir soupirer pour une autre, surtout que Cassandre ne pourra pas continuer sa carrière d'artiste en travaillant sur une ferme à l'île Dupas. Tu comprends ça, n'est-ce pas ?

Louis-Adrien soupesa soudainement les risques qu'il y avait de courtiser une autre que Marie-Josèphe Drouet. Il devint soucieux.

Cassandre, joyeuse d'être de retour au fief Chicot, souriait à la pensée de retrouver Étiennette. Marie-Anne proposa à son amie de séjourner au manoir des Dandonneau à l'île Dupas, le temps qu'un bateau parte pour Québec.

— Nous irons visiter Étiennette à la première occasion, d'autant plus qu'elle doit être dans ses dernières semaines avant la naissance de son troisième.

L'idée sourit à Cassandre. Elle désirait cependant se rendre à Charlesbourg dans sa famille avant de recommencer son enseignement aux Trois-Rivières. À leur arrivée, une lettre attendait Cassandre. Fébrile, celle-ci se mit à lire en vitesse, tout en disant, de manière saccadée, à Marie-Anne :

— C'est ma mère qui m'écrit... Ça ne va pas très bien à Charlesbourg et à Beauport. La fièvre a commencé à faire des malades parmi la population. Mon beau-père, le docteur Estèbe, et ma mère, son infirmière, sont débordés. Tu sais à quel point elle prend ses occupations à cœur, habituellement ! Même Thomas, âgé de deux ans, le petit dernier d'Isa et de Jean, vient de contracter la fièvre... Maman me recommande de ne pas finir mes vacances à Charlesbourg et de rester soit au couvent jusqu'à la reprise des cours, ou chez toi ou Étiennette, si vous le voulez bien, parce qu'elle vous a trouvées sympathiques...

Cassandre continuait à lire de façon théâtrale, en mimant ses silences avec les expressions faciales voulues pour intriguer Marie-Anne. Sa prestation ne manqua pas de susciter l'intérêt de son amie.

— Tiens, elle est bonne, celle-là !... Comme on craint une épidémie, Simon-Thomas, mon frère, et Marion Pageau, ma future belle-sœur — elle est de mon âge —, ainsi que Charles Villeneuve et Isabel Estèbe préfèrent retarder leur mariage... Pouah ! Charles Villeneuve, se marier avec Isabel ? Lorsqu'on dit que les contraires s'attirent ! J'ai toujours pensé qu'elle ferait une nonne, elle n'a jamais été capable de se trouver un cavalier par elle-même ! Charles Villeneuve ? C'est moi qui n'en ai pas voulu, alors qu'il n'arrêtait pas de me tourner autour et de me proposer des tours de carriole ! Pauvre Isabel, avec un étourdi de la sorte !

Cassandre continua sa lecture.

— Ma mère trouve que Simon-Thomas est encore bien jeune pour se marier, et même si elle aurait préféré un autre prétexte que la fièvre, elle rend grâce au Ciel d'avoir retardé ce mariage. Par ailleurs… Non !

— Quoi non, Cassandre ? Dépêche-toi de continuer à lire, supplia presque Marie-Anne.

— C'est ma mère qui regrette que le mariage d'Isabel n'ait pas eu lieu : ça aurait libéré une chambre pour recevoir les malades qui attendent en ligne à la clinique… Pauvre maman. C'est une telle femme de devoir qu'elle les mêle parfois, ses devoirs. À vouloir être parfaite en tout !

Lorsqu'elle arriva à la fin de la lettre, le visage de Cassandre s'assombrit. Marie-Anne s'alarma aussitôt.

— De la mortalité ?

Cassandre regarda Marie-Anne avec une grande tristesse. Elle ajouta :

— Maman s'inquiète de ne pas avoir reçu de nouvelles de Pierre de Lestage par Mathilde. Elle me souhaite de le retrouver, puisque c'est le grand amour de ma vie. Elle finit la lettre en écrivant : « Si c'est ton choix, mon chaton, ce sera le mien, tu le sais bien. Alors, à quand le mariage ? Bien que je souhaite que ce soit pour bientôt, je te préfère en vie, plutôt que mariée. » Qu'est-ce que ça veut dire, Marie-Anne ?

— Ta mère est énervée par son rôle d'infirmière, ça se lit dans son style d'écriture. Ça veut dire que rien ne presse de jouer ta vie dans un mariage à Charlesbourg alors que la fièvre rôde.

Pensive, Cassandre regarda Marie-Anne et ajouta :

— M'être mariée avec Pierre de Lestage aurait été pire que d'avoir contracté la peste, tiens ! Quel traître ! Me dire en pleine face devant sa belle-sœur et toi qu'il choisissait cette Esther. Non, mais quelle audace ! Sûrement une conquête acquise après avoir trop fait la bringue[62] !

— N'y pense plus, Cassandre, il n'en vaut pas la peine.

— C'est ce que tu crois ?

Marie-Anne fit oui de la tête, voulant réconforter son amie Cassandre. Cette dernière, sceptique, ne semblait pas encore avoir

---

62. Bombance, débauche.

pris conscience du tort que lui avait causé l'homme qui venait de l'éconduire.

— Mais si tu ne me crois pas, demande-le à Étiennette. Tu sais, l'avis d'une femme mariée…

La réplique eut l'heur d'adoucir le chagrin de l'amoureuse éplorée.

— Étiennette! J'aimerais savoir ce qu'elle peut bien penser de mes amours, s'interrogea Cassandre en ricanant.

— Alors ça, nous le saurons sous peu.

— Laisse-moi finir ma lettre.

« De celle qui t'aime et qui t'embrasse, mon chaton,

« Ta mère

« P.-S. Amitiés de ton beau-père, Manuel. Ne lui répète jamais ça, mais je suis encore plus follement amoureuse de lui qu'au moment de notre mariage. Si tu le lui disais, il deviendrait arrogant, alors qu'un homme doit toujours être sur le qui-vive pour continuer à te séduire. Autrement, il y a risque qu'il se désintéresse de toi. Et le pire des dangers par la suite, c'est qu'il s'intéresse à une autre.

« Alors, un bon conseil, ma petite fille : ménage tes serments, ils te serviront mieux plus tard. Tu es une femme, alors n'en dis pas trop… ou n'en fais pas trop pour Pierre lorsque tu le retrouveras. Autrement, il pourrait te glisser entre les doigts… Moi, Manuel, malgré mon amour fou, je le laisse me conquérir. Les hommes sont comme ça. Enfin, ceux que j'ai connus, ton père inclus…

« Bon, assez de confidences de femmes, sinon, on nous prendrait pour des courtisanes! Et surtout, pas un mot ni à Manuel ni à l'abbé Jean-François. Il me refuserait l'absolution! »

— J'aurais dû lire ta lettre avant mon départ pour Montréal, chère maman!

— Que dis-tu là? Mais nous l'avions reçue, cette lettre!

— Quoi? Elle était déjà ici? s'écria Cassandre.

— Mais oui. Louis-Adrien a oublié de nous en faire mention. Mais c'est lui-même qui l'a eue en main du facteur de Sorel.

Cassandre s'assit aussitôt, blanche de stupéfaction. Constatant son malaise, Marie-Anne interpella son frère :

— Louis-Adrien, excuse-toi de ta négligence auprès de Cassandre.

— Pourquoi?

— Parce que si tu avais remis à Cassandre cette lettre avant notre départ pour Montréal, ça aurait pu changer son destin. N'est-ce pas, Cassandre ? dit Marie-Anne en l'interrogeant du regard.

Cette dernière pleurait à chaudes larmes.

— Tu vois, ton insouciance la fait pleurer, chuchota Marie-Anne à son frère.

— Mais je ne suis quand même pas responsable du parcours de son destin.

— Ah, ça, Louis-Adrien, tu viens de dire juste ! Tu ne feras pas partie de la destinée de Cassandre, jamais ! répliqua durement Marie-Anne.

Louis-Adrien réalisa soudain qu'il venait de perdre à tout jamais ses chances avec la belle Cassandre, comme Jacques-René de Varennes les avait perdues avant lui pour d'autres raisons.

— Laisse, Marie-Anne, ce n'est pas la faute de ton frère. La véritable étourdie, c'est moi. Ma mère a raison, j'agirai autrement à l'avenir. Très différemment, crois-moi !… Mais toi, tu n'as pas raison de t'inquiéter. La Vérendrye est sans reproche.

— Espérons que tu dis vrai, Cassandre.

— Bon, assez parlé de nos petits tracas et intéressons-nous à de plus gros : Étiennette.

Là-dessus, les deux jeunes femmes se surprirent à rire de bon cœur.

— Combien de temps pourras-tu m'héberger, Marie-Anne ?

— Le temps que tu retournes aux Trois-Rivières.

— Le temps donc d'aider Étiennette pour ses relevailles.

CHAPITRE XI
L'ondoyé

Branle-bas de gestes d'inquiétude et de nervosité à la maison du forgeron du fief Chicot. Étiennette Latour commençait ses contractions. Le bébé qui s'apprêtait à naître n'était pas attendu si tôt. En fait, Étiennette et Pierre Latour l'espéraient tard dans le mois de septembre.

Se trouvaient à la forge, en ce 25 août, Cassandre Allard et leur voisine, Marie-Anne Dandonneau. Les deux jeunes femmes étaient venues rendre visite à leur amie au milieu de l'avant-midi.

— Ne t'inquiète pas, Étiennette, nous avons tout apporté pour le dîner. Et nous nous occuperons des enfants, de toi et de l'appétit de Pierre. Nous ne serons pas trop de deux mères de famille, à ce que je vois.

Cassandre montra deux paniers pleins à ras bord de victuailles à Étiennette. Celle-ci leur sourit de manière forcée. Cassandre et Marie-Anne se rendirent compte qu'Étiennette faisait un effort pour cacher sa douleur.

Marie-Anne Latour, âgée de trois ans, et Pierrot, de deux, tournoyaient près des jeunes femmes dans l'espoir d'attirer leur attention. Marie-Anne Dandonneau, la marraine de la petite Marie-Anne, avait déjà pris dans ses bras sa filleule — plus grande qu'un enfant ne l'est normalement à cet âge —, tandis que Pierrot se cachait de Cassandre qui le pourchassait.

— Tu ne devrais pas la prendre, Marie-Anne, tu vas t'éreinter, dit Étiennette.

— Si je ne la prends pas maintenant, comment le ferai-je plus tard ? Mon Dieu, qu'elle est lourde ! ricana-t-elle au grand plaisir de l'enfant dans ses bras.

De son côté, Pierrot rechignait d'avoir été attrapé par Cassandre.

— Pierrot, sois gentil avec tante Cassandre. J'ai l'impression qu'il tarde à apprécier les jolies femmes, celui-là… Mais il a encore le temps, n'est-ce pas ?

Cassandre sourit à Étiennette. Depuis leur retour de Montréal, au cours du dernier mois, Marie-Anne, Cassandre et Étiennette avaient eu abondamment la possibilité de discuter de leur vie sentimentale.

Étiennette avait eu le dernier mot en donnant le conseil suivant à ses amies inquiètes :

— Croyez-moi, quand vous aurez la charge d'une famille, vous songerez à votre vie de célibataire avec nostalgie, vous rappelant que cette époque était bien douce… et distrayante.

Cassandre n'eut pas le temps de répondre qu'Étiennette s'écria :

— Vite, qu'on aille chercher Pierre à la forge ! Je crois que mes eaux vont crever bientôt. J'ai déjà mes premières contractions.

Après avoir déposé Pierrot par terre, Cassandre était partie à la course vers la forge en ouvrant la grosse porte qui séparait l'atelier de la maison. Une touffeur envahit instantanément la pièce, indiquant que le feu ronflait à plein régime et que le forgeron était toujours à la tâche. Vêtue coquettement comme toujours, Cassandre ne s'était toutefois pas préoccupée de sa tenue. Elle cria, les mains en porte-voix :

— Pierre, venez, c'est urgent ! C'est Étiennette !

Le forgeron redressait un soc de charrue écorché par une grosse roche, le tenant au-dessus du feu réparateur d'une main et frappant avec son marteau sur l'enclume de l'autre. Il le déposa, se tourna vers Cassandre, puis s'essuya le front inondé de sueur avec son avant-bras aux poils roussis par le brasier. Il enleva son gros tablier en peau d'orignal qui le protégeait des étincelles et des éclats de fer incandescents. Le forgeron était torse nu. Cassandre se rendit compte de la force du géant en voyant sa musculature impressionnante. Elle détourna aussitôt la tête vers le banc des clients où attendaient deux voisins, un père et son fils. L'attention de Cassandre se porta aussitôt vers ce dernier, un costaud bien bâti au visage poupin. Sa chevelure soyeuse et ondulée d'un brun ténébreux reflétait la magie des flammes.

Cassandre se dit :

Qu'il est beau ! C'est bien la première fois que je vois un jeune homme de mon âge prendre autant soin de sa coiffure, aussi soyeuse qu'une perruque. Pour un habitant du fief Chicot, c'est plutôt rare, voire inusité. Ce n'est quand même pas un freluquet. À son allure, il ne vient pas de Québec, pour sûr.

Le forgeron s'avança vers Cassandre et lui demanda :

— Que se passe-t-il ?

— C'est Étiennette, elle croit que l'enfant va naître bientôt.

— Déjà ? Il n'est prévu que pour le mois prochain ! Du moins, c'est ce que Marguerite, ma belle-mère, croyait. Bon, nous n'avons pas de temps à perdre. Pierre, pourrais-tu éteindre le feu ? Je réparerai ton soc de charrue plus tard. Il y en a un autre, celui de Victorin Ducharme, le charron, qui est disponible. Comme il est parti à Maskinongé, il n'en aura pas besoin avant une semaine.

Le forgeron se rendit compte qu'il avait oublié de faire les présentations d'usage.

— Mademoiselle Cassandre Allard de Charlesbourg. Tu sais, Pierre Canada, je t'ai déjà parlé d'elle.

Les deux hommes se levèrent aussitôt, maladroits, visiblement impressionnés par la beauté de la jeune femme.

— Cassandre, je vous présente messieurs Pierre Hénault, dits Canada, père et fils.

Cassandre s'approcha des deux hommes et leur tendit la main ; ils la serrèrent chacun avec délicatesse, chose surprenante pour des hommes habitués à besogner dur et dont les mains servaient d'outils de travail aux champs ou au bois.

Cassandre réserva son attention au fils Hénault, qu'elle trouvait énigmatique avec son regard azuré qui contrastait avec ses boucles foncées. Il sourit à la jeune femme, faisant apparaître des fossettes au creux de ses joues. Cassandre y vit la marque de l'audace d'un jeune homme désireux de croquer dans la vie à pleines dents. À cet instant précis, on put lire sur le visage poupin du jeune homme une attitude calculatrice, une certaine témérité.

Pierre Hénault Canada, père, intimidé par l'assurance de la jeune femme, ne trouva rien d'autre à dire que :

— Pierre chante très bien, vous savez. Peut-être pas comme vous, mais il n'a pas son pareil pour turluter. Il imite le chant de tous les oiseaux de par ici, du carouge au pinson, sans oublier le coin-coin des canards. Oh, il ne tient pas ça des Hénault, mais des Ratelle, la famille de sa mère. De vrais rossignols, de mère en fille… Il veut devenir coureur des bois, mais j'essaie de l'en dissuader en lui donnant le goût de la terre. Le fief Chicot est prometteur, vous savez… Si mademoiselle Dandonneau voulait le vendre, je serais acheteur, et à ma mort, Pierre en deviendrait le seigneur… Je suis certain qu'avec une jolie seigneuresse comme femme, il oublierait l'aventure des bois… Les filles sont rares au fief et celles qui sont en âge de fonder une famille sont déjà mariées…

Cassandre fixait toujours le jeune homme, sans prêter attention au babillage du père qui continuait, davantage par embarras que par conviction :

— J'ai deux autres fils qui se nomment aussi Pierre. Pour les différencier, ma femme et moi, nous les appelons Canada, Delorme et Fresnière.

Pierre Latour mit abruptement fin au monologue.

— Tu t'occupes du feu, Pierre, oui ou non ? Étiennette va peut-être accoucher : ce n'est pas le temps de conter fleurette !

— Alors, tu nous inviteras au baptême, pardi ? J'espère que tu auras un autre fils, qui te fera honneur, comme les miens.

— Oui, je vous inviterai, promis. Maintenant, Cassandre, allons-y, et laissons-les s'occuper d'éteindre le feu.

— Nous avons été heureux de faire votre connaissance, mademoiselle Cassandre… Allez, dis-le, toi aussi, Canada, que tu as été content de la connaître.

Sur ces mots, l'homme de quarante et un ans donna un coup de coude dans les côtes de son garçon de vingt-deux ans. Ce dernier sortit de son mutisme en disant, de façon fantasque :

— J'espère que nous allons nous revoir et chanter ensemble, mam'zelle.

Surprise par ce ton familier, Cassandre fit un sourire sans conviction au jeune homme, tourna les talons et suivit Pierre Latour à la maison.

Le forgeron arriva auprès de sa femme. Aussitôt, il lui demanda :

— Est-ce que les Sauvages sont déjà arrivés ?

Étiennette lui fit un rictus de douleur, qu'elle tentait de contenir.

— Je vais aller chercher ta mère ou ta sœur Marie-Anne, à Maskinongé.

Grimaçant de douleur, Étiennette eut peine à siffler :

— Tu n'auras pas le temps. Va chercher plutôt la cousine Agnès à la Grande-Côte.

Pierre Latour savait qu'Étiennette n'avait pas encore tout à fait pardonné à sa mère et à sa sœur Marie-Anne leurs commentaires quant à leur éventuel déménagement à la rivière Bayonne[63].

— Je pars à l'instant.

— Fais vite, car mes eaux vont sans doute crever bientôt. Aïe ! J'ai mal !

— Je vais demander au jeune Hénault de m'accompagner. Avec son fusil, nous serons en sécurité. Ne t'inquiète pas, nous serons de retour bientôt.

Étiennette ne répondit pas tant sa douleur l'accaparait. Cassandre demanda à Marie-Anne, qui prenait soin d'Étiennette :

— Tu le connais, ce Pierre Hénault Canada ?

— Tu sais bien que oui, c'est mon voisin au fief Chicot ! Il a le même âge qu'Étiennette et toi. Canada est du mois de février 1688, et Étiennette est née en octobre.

— Alors que moi, j'ai vu le jour le 3 juillet 1688… C'est un beau garçon, mais je trouve son regard étrange. En plus, il a l'air un peu rustre.

— Son père voudrait tellement qu'il devienne fermier et agrandisse la terre familiale au fief Chicot. Mais lui, il ne pense qu'aux Pays-d'en-Haut. Le seul compromis que son père a trouvé, c'est de le placer comme adjoint au chef de milice. C'est pour ça qu'il a toujours son fusil en bandoulière.

— Ah bon ? A-t-il une fiancée ?

— Cassandre ! Ton cœur récupère vite, à ce que je vois.

— Je demandais ça comme ça. Ce n'est pas mon genre d'homme de toute façon. Je le trouve un peu trop… disons… sans manières, voilà !

Marie-Anne lui jeta un regard amusé. Cassandre le prit mal et réagit :

---

63. Voir tome V : *Étiennette, la femme du forgeron.*

— Il n'est probablement jamais sorti du fief Chicot et de l'île Dupas.

Marie-Anne blêmit. Cassandre s'en rendit compte et crut bon d'ajouter :

— Je dis ça sans vouloir t'offenser, Marie-Anne… Toi, c'est différent, tu es seigneuresse et tu as étudié chez les sœurs de la Congrégation.

— Tu as raison, ce n'est pas pareil que d'avoir été chez les Ursulines du couvent de Saint-Louis de Saint-Cyr à Versailles, répondit Marie-Anne, vexée.

Pierre Latour Laforge revint deux heures plus tard avec Agnès et Charles Boucher, les cousins et amis de la Grande-Côte de Berthier. Les muscles tendus des trois rameurs avaient permis de réussir un exploit de vitesse.

Marie-Anne s'était occupée des enfants, tandis que Cassandre, qui réconfortait Étiennette, s'affairait à faire bouillir l'eau et à préparer la soupe consistante et le ragoût qui permettraient à la maisonnée de se sustenter pendant les heures d'attente du nouveau-né. Elle alluma un lampion devant l'image de la Vierge et y plaça un bol d'eau bénite et quelques rameaux séchés.

Étiennette sortait parfois de son lit pour marcher un peu et ainsi chasser la douleur des contractions. En voyant le manège de Cassandre, elle dit :

— Ma parole, es-tu en train de préparer une veillée mortuaire, toi ?

Aussitôt arrivée, Agnès Boucher alla au chevet d'Étiennette et déballa sa trousse de sage-femme. Elle suggéra entre-temps à son mari de faire chauffer des briques et de faire bouillir de l'eau. Elle demanda à Pierre Latour d'aller chercher la chaise percée des femmes sur le point d'accoucher, de l'installer devant l'âtre de la pièce principale pour réchauffer Étiennette, qui serait forcément légèrement vêtue, et de l'encercler d'une enceinte d'intimité. Elle vérifia l'état de sa parturiente et lui demanda la fréquence de ses contractions. Alors, la sage-femme dit fièrement à sa cousine :

— C'est sûrement une fausse alarme. Tu devances ton temps d'un bon mois, Étiennette. L'important est de suivre mes instructions. Tu resteras alitée le plus longtemps possible et je te le dirai si le moment est venu. C'est la nature qui décidera de la naissance de l'enfant. Ton corps ne t'appartient plus, Étiennette. Dieu en a décidé ainsi.

Soudain, Agnès entendit le jeune Hénault Canada qui s'était mis à turluter. Elle renseigna Étiennette :

— C'est le soldat Hénault Canada. Je vais lui demander de se taire.

Aussitôt, Agnès quitta la chambre pour la cuisine. Étiennette lui cria alors :

— Non, non, laisse-le chanter : il a une si jolie voix.

L'injonction se fit entendre clairement des gens de la pièce principale qui regardèrent, étonnés, le jeune Hénault. Agnès fit demi-tour vers la chambre d'Étiennette, tandis que Hénault essayait de retenir l'attention de Cassandre. Marie-Anne se pencha alors à l'oreille de son amie et lui chuchota :

— Je sais que ce n'est pas le bon moment et que, de toute façon, je ne devrais pas… j'ai une confidence à te faire au sujet d'Étiennette. Me promets-tu de conserver le secret ?

Intriguée, Cassandre, se laissant aller à sa curiosité, réagit :

— J'ai déjà tout confié à Étiennette ce qu'elle devait savoir de moi, alors si j'en sais un peu plus sur elle, nous serons quittes. Alors, quel est ce secret que je te promets de taire ?

— Juré que tu ne le diras pas à son mari ?

— Sommes-nous amies ou pas ? Tu peux me faire confiance, Marie-Anne, tu le sais bien.

— Pierre Hénault Canada et Étiennette ont été quelque temps à l'école ensemble. Ils savent signer leur nom.

Étonnée de cette confidence, Cassandre haussa les épaules d'indifférence.

— Et alors, je ne vois rien d'insolite à ça.

— D'accord, mais Canada a été le premier amour d'Étiennette, adolescente.

— Ça, je peux la comprendre. Était-ce réciproque ?

— Non, je ne crois pas, parce qu'elle ne lui a jamais dit… Et lui non plus. Pas à ce moment-là, en tout cas !

— Plus tard, alors ? Dépêche-toi de raconter.

Pour bénéficier de plus de discrétion, Marie-Anne se retira avec Cassandre au fond de la cuisine. Elle reprit, en chuchotant :

— Étiennette a été un bon bout de temps sans voir Pierre Canada, jusqu'à l'an passé, lorsqu'il est revenu de l'armée.

— Et ?

— Elle m'a confié dernièrement que lorsqu'elle l'avait revu en revenant de la messe, elle en avait été toute bouleversée au point de redevenir amoureuse de lui. C'était avant qu'elle soit enceinte pour la troisième fois.

— Non!... Et le petit à naître serait celui de... Pierre Canada?

Marie-Anne, troublée, fit signe que non de la tête.

— Du moins, je ne le crois pas, murmura-t-elle.

Quand Canada avait appris par ses parents que la jeune femme du forgeron d'à côté n'était nulle autre qu'Étiennette Banhiac Lamontagne, la petite écolière sage déjà grande pour son âge, le sang chaud du jeune homme n'avait fait qu'un tour dans ses veines. Dès lors, il avait prétexté d'accompagner son père à la forge du fief Chicot aussi souvent que son père le devait. Même qu'il lui arrivait d'ébrécher intentionnellement un couteau ou une sciotte pour retourner le plus souvent possible à la forge et ainsi épier Étiennette qui vaquait à ses occupations, sans qu'elle ou son mari s'en aperçoivent.

L'occasion espérée s'était présentée enfin pour le jeune homme de se faire reconnaître par la forgeronne. Un matin, au retour de la messe à la petite église de l'île Dupas, alors que les Latour et la famille Hénault avaient eu à prendre le passage du bac à Courchesne en même temps, le jeune Canada l'avait abordée:

— Bonjour, Étiennette. Tu me reconnais?

La jeune femme était restée estomaquée. Le garçon dont elle avait été amoureuse en secret depuis les mois d'école où elle avait appris à prier et à signer lisiblement son nom était devant elle. Comme elle était mariée, mère de deux jeunes enfants et encore enceinte, la jeune femme de vingt et un ans n'avait pu exprimer sa joie comme elle l'eût voulu. Elle avait répondu candidement:

— Tu es Pierre Canada du rang du Petit-Bruno au fief Chicot, n'est-ce pas?

— Nous sommes voisins. Nous avons été au catéchisme ensemble, tu te souviens, Étiennette?

Alors, prétextant replacer son sabot, Canada s'était penché, tout en voilant son timbre de voix en disant:

— Que dirais-tu si l'on se revoyait?

En se baissant, Canada avait effleuré volontairement la jambe et le mollet d'Étiennette. Un frisson avait sillonné son être et la douce invitation d'Éros l'avait pénétrée tout entière. Elle avait figé.

La jeune femme n'avait pas répondu à cette invitation adultère, mais l'idée avait fait son chemin et avait nourri son imagination par la suite. Étiennette avait confié ses pensées coupables à son amie Marie-Anne. Elle avait dû lui expliquer qu'elle avait été secrètement amoureuse de Pierre Canada jusqu'au moment où Pierre Latour lui avait fait sa demande en mariage. En fille raisonnable qu'elle était à ce moment-là, elle avait estimé, puisque Pierre Hénault ne lui avait jamais manifesté d'attention particulière, qu'il valait mieux accepter la demande du forgeron.

Marie-Anne lui avait conseillé de ne pas s'inquiéter outre mesure : ce relent d'amour adolescent n'était sans doute qu'une flambée de sentiments sans conséquence. Étiennette n'avait jamais reparlé à Marie-Anne de son coup de cœur pour Canada, malgré l'intensification de ses désirs coupables pour le jeune homme.

Cassandre chuchota à l'oreille de Marie-Anne :

— Je ne m'en suis jamais rendu compte.

— C'est parce qu'elle le cache bien. Tu comprends, si Pierre, son mari, l'apprenait… Et elle l'aime, son mari. En plus, un troisième enfant s'en vient.

— Est-ce que Canada sait qu'Étiennette est encore amoureuse de lui ?

— Probablement qu'elle s'est bien gardée de le lui dire. Toutefois…

— Quoi, dis-le-moi vite.

— Elle me disait que depuis quelque temps, il venait souvent à la forge pour des broutilles. Étiennette est certaine qu'il la trouve de son goût.

— Malgré sa situation familiale ?

— Faut croire. Tu as vu à quel point il semble original ! Étiennette est toute perturbée. Tu vois, elle accouche, aujourd'hui, et il est encore là. Il persiste.

Marie-Anne appréciait l'effet de cette révélation chez son interlocutrice. Elle continua :

— Si le bébé arrive avant son temps, c'est, selon moi, parce que cette situation l'énerve au plus haut point. Que faire ?

— Je trouvais cela étrange, aussi.

Marie-Anne toisa Cassandre.

— Il y a un moyen et ça dépend de toi. Tu peux faire quelque chose.

— Quoi, moi, qu'est-ce que je peux faire?

Cassandre regardait Marie-Anne avec appréhension. Puis, devinant la proposition, elle émit un «oh!» discret.

— Non, tu ne peux pas me demander ça!

— Mais tu es célibataire… Donc libre.

— Marie-Anne, tu es méchante. Je souffre toujours de la façon dont Pierre de Lestage m'a éconduite… Et je ne suis pas le genre à me venger sur un autre!

— Même si c'est pour sauver le ménage d'Étiennette, ton amie?

— Là n'est pas la question. Même si je rendais ce Canada amoureux de moi, ça n'empêcherait pas Étiennette de continuer à l'aimer.

— Non, mais ça pourrait la décourager. Elle verrait que sa situation est sans issue. En tout cas, il arrêterait de lui tourner autour sournoisement.

Cassandre restait muette. Soudain, elle dit:

— Peut-être bien… Ça vaut la peine d'y réfléchir. Pour le moment, Étiennette doit penser à autre chose… Et lui aussi. Mais pourquoi pas toi, Marie-Anne?

— Parce que je suis presque mariée… Et ce n'est pas moi qui le trouve beau, mais toi! Et je ne pense pas que je puisse l'intéresser. Sinon, ça aurait été fait depuis longtemps.

— Je disais ça pour parler.

— Fais-le pour l'amitié que nous avons pour Étiennette et pour son bonheur familial.

Cassandre essayait de calculer les chances de réussite du plan de Marie-Anne. Elle posa quelques objections.

— Je ne resterai pas ici éternellement, tu le sais… Qu'arrivera-t-il lorsque je serai aux Trois-Rivières? Viendra-t-il me relancer chez les religieuses? Cette stratégie est risquée, sans compter la possibilité d'irriter Étiennette. C'est un pensez-y-bien, pour le moment. Ça ne rime à rien, ce jeu-là!

— Justement! Étiennette n'a pas eu la chance de connaître un autre homme que son mari, qui a le double de son âge. C'est pour ça qu'elle semble raisonner comme une adolescente. Son incohérence va lui empoisonner la vie, surtout avec trois enfants!

Quand Pierre Latour Laforge revint avec la chaise percée et qu'il remarqua une certaine gêne à son égard, il demanda tout haut à Charles Boucher, après le cri de douleur provenant de la chambre à coucher :

— Quoi ? Qu'est-ce que vous avez tous à me regarder comme ça ? Est-ce Étiennette ? Je vais aller la voir.

— Non, Pierre, laisse. Agnès est à ses côtés et tout va comme il se doit, pour le moment.

Ce fut le moment que choisit Cassandre, croisant le regard de Marie-Anne, pour inviter le jeune Pierre Hénault, dit Canada, à marcher, afin de laisser plus d'intimité à la famille. Elle craignait aussi que le forgeron, inquiet pour la santé de sa femme et du bébé à venir, lui fasse la remarque d'aller vaquer à d'autres activités.

— Que dirais-tu, Pierre Canada, si nous allions prendre l'air frais en marchant le long de la rivière ? Il fait tellement chaud ici dedans, et Étiennette va sans doute devoir se rapprocher de la chaleur de l'âtre... Je crains qu'elle ne veuille se pavaner devant nous... Tu comprends ?

Étonné, ce dernier, qui n'en espérait pas tant, répondit :

— Nous allons pouvoir chanter près de l'eau, si tu le veux bien. Tu verras, ma voix porte si bien que les canards et les outardes s'envolent juste en m'entendant. Ce n'est même pas nécessaire de tirer un coup de fusil. Mais si tu tiens à comparer, tu verras qu'en chantant, je fais autant de boucan.

Cassandre, qui n'était pas habituée de dialoguer avec un soldat de la milice, trouva étrange la manière qu'avait Canada de s'exprimer. Elle repensa soudain avec nostalgie au langage cultivé de Pierre de Lestage, lorsqu'il la serra une dernière fois dans ses bras :

« Je perds trop de moments en des discours frivoles :
Il faut des actions, et non pas des paroles. »

Des larmes commencèrent à se répandre sur les joues de Cassandre. Son immense chagrin d'avoir perdu l'être cher l'envahit soudainement. Canada commença à chanter pour impressionner Cassandre. Mais à la vue de l'émoi de la jeune fille, il s'inquiéta.

— T'ai-je fait de la peine... ou tu n'aimes pas m'entendre chanter, Cassandre ?

Pour ne pas dévoiler le chagrin qui l'habitait, Cassandre préféra détourner la conversation.

— Ni l'un ni l'autre. Je pensais à notre Étiennette qui est sur le point de mettre au monde son troisième enfant... Vous vous connaissez depuis longtemps?

Canada se demandait bien où Cassandre voulait en venir. Il répondit:

— Depuis une dizaine d'années. Pendant quelques mois, nous avons fréquenté la mission de la seigneurie de la Rivière-du-Loup[64] pour y apprendre le catéchisme, afin de préparer notre petite communion, et l'alphabet pour signer notre nom. C'est le missionnaire volant des îles et des environs du lac Saint-Pierre, l'abbé Charles de La Goudalie, qui nous a enseigné tout ça. Nous nous sommes revus quand elle s'est mariée avec le forgeron et que mon père a quitté l'île Dupas pour s'installer au fief Chicot... Mon père et Laforge sont de bons amis, ils se connaissent depuis longtemps... Depuis, je viens souvent les saluer quand il faut faire réparer nos outils à la forge.

— Et... vous ne venez pas pour d'autres raisons?

Pierre Hénault commençait à se méfier de Cassandre avec ses questions indiscrètes. Celle-ci s'en rendit compte et se dit: *Je suis supposée l'attirer, et non le rendre méfiant!* Elle changea de stratégie.

— J'aimerais t'entendre chanter de nouveau, mais un doux refrain, juste pour moi. Tu en connais certainement un.

Le jeune homme ne se fit pas attendre et fredonna:

« Avez-vous fait des allumettes?

Lui dit Colette. Travaillez!»

Surprise, Cassandre se joignit à Canada.

«Votre tâche est-elle déjà faite?

Avez-vous assez débité?»

Les deux jeunes gens, étonnés que leurs voix puissent être aussi harmonieuses, se mirent à rire à l'unisson. Ils se regardèrent avec complicité.

— Qui vous a appris cette rengaine, Canada?

— Il paraît que ma grand-mère Leroux, la mère de mon père, la chantait constamment. Elle est venue de Rouen en Normandie, comme fille du Roy. Mon grand-père, lui, était soldat du régiment de Carignan, dans la compagnie du capitaine Sorel.

---

64. De nos jours, Louiseville.

— Ça ne m'étonne pas. Ce refrain, mon père me le déclamait, et lui venait de Blacqueville, près de Rouen. Je ne l'ai jamais vraiment entendu chanter.

— Mais pourquoi ? Il n'avait pas une belle voix ?

— Je ne l'ai jamais entendu chanter. Je suppose qu'il n'a jamais osé se mesurer à ma mère, avec sa belle voix.

— Je suis convaincu que ta voix est plus belle que la sienne.

Cette dernière reçut le compliment avec plaisir. Elle lui posa la question qui la démangeait depuis leur sortie dehors.

— Parle-moi d'Étiennette adolescente.

— Tu veux savoir si elle a une jolie voix ?

Cassandre se mit à rire de bon cœur.

— Non, non, je me doute de la réponse… Quel genre de fille était-elle ?

Hénault se plongea dans ses souvenirs déjà vieux de quelques années.

— Étiennette, c'est un cœur d'or. Je ne connais pas de personne plus agréable.

Cassandre en eut un pincement au cœur.

— Autant que ça ? Et Antoinette ?

— Antoinette, c'est un ange, mais… moins attirante.

— Moins attirante ? Qu'Étiennette ?

— Qu'Étiennette… et que d'autres.

Cassandre parut embarrassée par la réponse du jeune homme, non pas qu'elle n'ait pas aimé l'allusion à sa beauté, mais qu'elle ait pu être comparée à son amie Étiennette.

— Est-ce que tu lui as dit, à Étiennette, ce que tu ressentais pour elle ?

— Jamais ! D'abord, elle m'a toujours donné l'impression de me considérer comme un jeunot. Et puis, le forgeron, son oncle, a commencé à lui tourner autour. Je n'avais aucune chance. Et maintenant…

— Maintenant, elle est sur le point de mettre au monde son troisième enfant !

Voyant l'air désolé du jeune homme, Cassandre, qui souhaitait lui faire oublier son penchant pour Étiennette, lui proposa de se rendre sur un terre-plein que l'on rejoignait par une passerelle de cordage. Le jeune homme invita Cassandre à passer avant lui ; celle-ci lui demanda, en lui tendant la main :

— Pourrais-tu m'aider à traverser? J'ai peur de tomber.

Canada tendit la main et Cassandre l'agrippa avec vigueur. Le jeune homme se sentit fier de pouvoir tenir la main de la jeune artiste et de lui démontrer sa bravoure. Après la traversée, elle lui demanda:

— As-tu déjà navigué? Parce qu'à la manière dont tu marchais sur les câbles, j'aurais juré que tu avais l'habitude de grimper jusqu'aux haubans. Tu as certainement le pied marin.

— J'aimerais bien faire la traite dans les Pays-d'en-Haut.

Hénault, qui gardait la main de la jeune femme dans la sienne, dit:

— Que dirais-tu, Cassandre, si nous écoutions le chant des oiseaux en nous reposant un peu?

Cassandre, qui se demandait si elle devait accepter la proposition du jeune homme, accepta de mauvais gré, en se disant:

Si je veux lui enlever Étiennette de la tête, il faut bien que j'accepte. Il est peut-être un peu rustre, mais bon, il n'est quand même pas si mal!

Cassandre n'était pas aussitôt assise, après s'être fait un coussin de branches de pin et avoir préparé celui de son compagnon, que ce dernier lui réclama un baiser, en la forçant à se coucher. Cassandre réagit subitement à la brusquerie en le repoussant:

— Bas les pattes, mon gaillard! Que sont ces manières! Qui t'autorise à m'embrasser? Je pars d'ici et ne me suis pas. Je saurai bien trouver mon chemin par moi-même.

Aussitôt, Cassandre se leva prestement, balaya la poussière et les aiguilles de pin de ses vêtements, se dirigea vers le sentier, traversa sans difficulté la passerelle de câbles et revint en direction de la forge. Canada la suivit de près, tentant tant bien que mal de justifier sa conduite.

— Ne le prends pas comme ça. Je ne voulais qu'un tout petit baiser, rien de plus. Ne va pas croire que…

— Je ne crois rien, je constate. Tu m'as manqué de respect. Ce n'est pas parce que je t'ai donné la main que tu pouvais en espérer davantage… D'ailleurs, je ne te demandais que de m'aider à traverser la passerelle, sans plus.

Sur le seuil de la porte, Cassandre se retourna vers le jeune homme et dit:

— Je ne crois pas que ta place soit ici. Maintenant, retourne chez toi. Étiennette a assez de monde autour d'elle.

— Mais…

Devant le regard assombri de Cassandre, Hénault décida d'obtempérer et quitta les lieux.

Ils sont donc tous pareils! se dit-elle.

Dès que la jeune femme entra dans la maison, elle se rendit compte qu'une grande fébrilité y régnait. Marie-Anne lui signifia immédiatement d'un signe de tête d'enlever les aiguilles de pin et les résidus de mousse sur sa jupe. Cassandre rougit. On entendit la parturiente hurler. Pierre Latour se précipita immédiatement à la porte de la chambre, sachant qu'il ne devait pas y entrer. Il resta donc sur le seuil, à l'écoute des événements.

Cassandre se pencha à l'oreille de Marie-Anne:

— Et puis, qu'en dit la cousine Agnès?

— L'enfant s'en vient; ce sera un prématuré.

— Tout comme je l'ai été, semble-t-il. Et comment va Étiennette?

— Agnès nous a dit que tout se déroulait bien dans les circonstances. Mais je pense qu'elle ne voulait pas inquiéter Pierre… Mais pour toi aussi, Cassandre, il semblerait que tout se soit bien passé, n'est-ce pas? Aurais-tu accompli ta mission au-delà de nos espérances?

Courroucée, Cassandre jeta un regard meurtrier à son amie.

— C'est plutôt le contraire. C'est un séducteur qui tire sur tout ce qui bouge. Je ne crois pas être parvenue à notre objectif… Je ne serai pas celle qui pourra lui enlever Étiennette de la tête.

Cassandre avait à peine émis un son en prononçant le nom d'Étiennette. Pensive, elle dodelinait de la tête.

— Non? Donc, leur intérêt serait réciproque? demanda Marie-Anne, étonnée, ne voulant rien manquer de la conversation.

— Hum, hum. C'est ce qui m'apparaît… Je lui ai dit de déguerpir, que ce n'était pas le bon moment.

— Tu as bien fait. De toute manière, avec trois enfants, elle n'aura pas le temps de penser à autre chose, fit remarquer Marie-Anne.

— Espérons-le... Il ne faudrait pas que Pierre l'apprenne, sinon, gare à Canada! répondit Cassandre, en pointant le menton en direction du forgeron.

Elle n'avait pas fini sa phrase qu'Étiennette lança un hurlement qui fit trembler les murs.

— Quelqu'un, venez m'aider! L'enfant, l'enfant! Venez chercher l'enfant. Il va mourir, cria la sage-femme.

En entendant cela, le forgeron enfonça la porte de son épaule puissante: le coup arracha les pentures. Agnès, qui ne voulait pas qu'il vît sa femme perdre son sang, lui remit rapidement le nouveau-né enroulé dans une couverture immaculée.

— Prends ton fils, Pierre, et remets-le à Charles: il a l'habitude, il saura quoi faire.

Voyant le géant incapable de prendre son enfant, désemparé devant l'état de faiblesse de sa femme, la sage-femme appela son mari à la rescousse.

— Charles, Charles! Viens ici, dépêche-toi, ça presse!

Marie-Anne et Cassandre se regardèrent, paniquées. Cette dernière fixa l'image sainte qui se trouvait au-dessus du lampion dont la flamme vacillait au gré des éclats de voix de la maisonnée et s'écria:

— Vierge Marie, protégez Étiennette et son bébé!

Marie-Anne et Cassandre s'apprêtaient à s'agenouiller quand elles entendirent Charles Boucher les interpeller.

— Vite, préparez une bassine d'eau! L'enfant respire à peine: il faut l'ondoyer.

À la vitesse de l'éclair, Marie-Anne trouva la bassine et Cassandre la remplit de l'eau qui se trouvait dans une cruche prévue à cet effet. Pierre Latour était toujours au chevet d'Étiennette. Charles Boucher regarda en direction de Marie-Anne.

— Qui veut être la porteuse? Qui sera la marraine?

Les deux jeunes femmes se regardèrent. Marie-Anne répondit pour les deux.

— Je le tiendrai et Cassandre sera la marraine. D'autant plus que je suis celle de la petite Marie-Anne.

Boucher remit le poupon à Marie-Anne. Il regarda Cassandre.

— Quel prénom Étiennette avait-elle choisi?

Les deux jeunes femmes haussèrent les épaules en guise d'ignorance.

— Allez, mesdemoiselles, vite, dites quelque chose ! s'énerva Boucher.

Devant l'agacement de Boucher, Cassandre jeta un coup d'œil au nouveau-né qui ne bougeait pas et respirait à peine et s'écria :

— Placide ! Étiennette l'appellerait sans doute Placide.

— Allons-y pour Placide. Je serai le parrain par intérim. S'il survit, il sera baptisé par le curé, à l'église, et aura sans doute d'autres parrain et marraine.

Charles Boucher prit une tasse d'étain et la remplit d'un peu d'eau bénite du dimanche des Rameaux conservée dans une fiole. Cassandre, elle, récupéra une serviette pour éponger le front du nouveau-né.

— Placide, renonces-tu à Satan, à ses pompes et à ses œuvres ?

— Oui, j'y renonce, répondirent à l'unisson Cassandre Allard et Charles Boucher.

— Alors, Placide, je te baptise, sous condition, au nom du Père, du Fils et de l'Esprit-Saint.

Charles Boucher versa l'eau sur la tête du poupon qui ne broncha pas. Alors, pour faire réagir l'enfant, le baptiste haussa le ton, à la stupéfaction des assistantes de la cérémonie improvisée.

— Tu es dorénavant un enfant de Dieu, admis dans sa sainte Église.

— Amen, répondirent Cassandre et Marie-Anne sur le même ton, par effet d'entraînement.

Marie-Anne confia aussitôt le nouveau-né à sa marraine.

— Tiens, prends ton filleul, Cassandre.

Cette dernière, inquiétée par l'état précaire de son filleul, embrassa Placide sur le front.

— Enfin, marraine d'un enfant d'Étiennette. Pourvu qu'il vive ! soupira-t-elle.

Charles Boucher, qui l'avait entendue, crut bon d'intervenir.

— Je m'en vais à l'île Dupas chercher le curé pour le petit. Le temps presse. Il ne me semble pas qu'il en ait pour très long-temps.

À peine Charles avait-il terminé sa phrase qu'il vit le forgeron sortir précipitamment de la chambre d'Étiennette. Il sanglota :

— Dis-lui aussi d'apporter les saintes huiles de l'extrême-onction pour Étiennette. Ma femme ne va pas bien. Elle vient de me demander d'aller chercher le notaire. En même temps, si je le peux, je vais aller chercher sa mère, Marguerite, à Maskinongé. Ce sont ses volontés…

Pierre Latour, d'ordinaire si calme avec sa force tranquille, tremblait de chagrin. À voir ses yeux rougis, la petite assistance pouvait facilement deviner que le géant avait pleuré au chevet de sa femme.

Cassandre et Marie-Anne restèrent muettes de stupeur à l'annonce de l'état de santé précaire de leur amie. Cassandre éclata en sanglots ; Marie-Anne prit son mouchoir et épongea les larmes qui coulaient sur ses joues. Les deux jeunes femmes se prirent dans leurs bras et se consolèrent mutuellement.

Devant la tristesse qui régnait dans la pièce, Charles Boucher proposa à son cousin par alliance :

— En me rendant chercher le missionnaire au presbytère, Charles de La Goudalie, je vais passer, à la sortie du bac à Courchesne, devant l'étude du notaire Abel Michon. Ça ne sera pas plus long et je pourrai lui demander de venir au fief Chicot avec moi. Ça te permettra de te rendre directement chez Marguerite et Jean-Jacques.

Le forgeron regarda Boucher avec résignation.

— C'est lui qui a rédigé notre contrat de mariage, mais Étiennette tient absolument à ce que soit le jeune notaire, Antoine Puypéroux de Lafosse, qui vienne la voir. Étiennette s'est liée d'amitié avec sa femme, Marguerite Morrissette. Son étude repose sur le bras de terre entre l'île Dupas et la baie du Nord. Un petit détour, sans plus.

Boucher dévisagea le forgeron de manière sceptique. Il comprenait mal qu'une personne au seuil de la mort puisse choisir stoïquement son notaire. Il décida de donner le bénéfice du doute à son ami.

— Comme tu veux. Maintenant, le temps presse. Dépêchons-nous !

Marie-Anne lut le désarroi dans le regard du forgeron. Elle s'avança vers lui et dit, pour le réconforter :

— Allez-y, Pierre. Nous prendrons bien soin d'Étiennette et du bébé.

Le père éploré, qui avait peine à refouler ses larmes, parvint à émettre un faible « merci ». Il partit en barque en direction du lac

Saint-Pierre, tandis que Charles Boucher se dirigeait vers la droite de la rivière Chicot.

Marie-Anne et Cassandre, esseulées, se regardèrent.

— Je pense que le petit respire normalement. Est-ce possible, Marie-Anne?

— À Dieu, rien n'est impossible, tu le sais bien. Comme il vient juste d'être ondoyé, l'eau bénite l'a certainement sauvé de la mort... Si la Providence pouvait faire un tel miracle pour Étiennette! Étiennette... Nous n'entendons plus rien de la chambre. C'est inquiétant.

— Je ne tiens plus en place. Tiens, prends Placide, à moins qu'il ne soit préférable de le coucher dans son ber. Je vais aller voir dans la chambre, balbutia Cassandre avec nervosité.

Cassandre remit le poupon à Marie-Anne et ouvrit délicatement ce qui restait de la porte à demi arrachée. Cassandre fit la grimace, mais continua. Tout à coup, on l'entendit s'exclamer «Oh!» Elle figea sur place.

Marie-Anne, qui la suivait avec attention, s'écria:

— Que se passe-t-il, Cassandre? Parle, je t'en prie.

— Étiennette et Agnès ne bougent plus.

Cassandre fit un pas de plus et remarqua que la respiration de la sage-femme soulevait ses épaules.

— Je crois qu'Agnès s'est endormie. Ça m'en a tout l'air. Si l'accouchement s'était mal passé, elle serait éveillée. Pierre s'est sans doute trop alarmé.

Marie-Anne haussa les épaules d'ignorance.

— Alors, Étiennette? N'aie pas peur de t'approcher du lit.

Cassandre s'exécuta et revint vers Marie-Anne en disant:

— Elle respire normalement. Dieu soit loué! Mais...

— Mais quoi?

— Viens voir, ce n'est pas très rassurant...

Après avoir déposé le bébé dans son berceau, Marie-Anne s'avança vers le lit d'Étiennette. La nouvelle maman avait perdu beaucoup de sang. Des serviettes rougies dans une cuve témoignaient de l'accouchement difficile de la parturiente. Étiennette respirait faiblement mais de façon régulière.

Cassandre se pencha à l'oreille de Marie-Anne, pour ne pas réveiller leur amie, et chuchota:

— Autant de sang, est-ce normal?

Marie-Anne fit signe de ne pas le savoir. Soudain, elles entendirent les hurlements étranglés du bébé naissant.

— Mon Dieu, Placide est en train de s'étrangler.

Elle se précipita dans la pièce principale et se pencha au-dessus du berceau. Le poupon criait à en fendre l'âme.

— Mais que fait-on? demanda Cassandre.

Marie-Anne ne savait que répondre. Une voix se fit entendre à l'arrière.

— Ce nourrisson veut boire. Regardez dans l'armoire, j'ai apporté du lait de chèvre, en attendant qu'Étiennette soit capable de le nourrir elle-même.

Agnès Boucher venait de prendre le contrôle de la situation.

— Cet enfant est donc sauvé? demanda Cassandre, réjouie.

— Plus vite il essaiera de boire, plus de chances nous aurons de le sauver. Espérons qu'il ne rejettera pas le lait. Vite, dépêchons.

Agnès prit le nourrisson dans le creux de son bras gauche et lui donna le biberon après avoir humecté ses petites lèvres avec le liquide sucré. Placide régurgita les premières gouttes, alors qu'Agnès tentait de lui faire avaler le précieux liquide. Après quelques essais, le poupon cessa de crier et avala le lait nourricier.

— Brave garçon. Il veut absolument vivre. Ce sera un battant, ce petit-là.

— Charles l'a ondoyé pendant que vous étiez assoupie, indiqua Cassandre, paniquée par la condition de la nouvelle maman. Étiennette, survivra-t-elle?

— Oh, ne vous tracassez pas; ma cousine a une forte nature, sourit la sage-femme. Elle a perdu du sang, c'est vrai, mais elle récupérera vite avec du repos et de bons soins.

— Tant mieux… Quand nous avons vu toutes ces serviettes dans la cuvette…

— Alors, vous êtes mieux de ne pas œuvrer comme sage-femme… J'en ai vu d'autres accouchements, et des bien plus problématiques. Ne vous inquiétez pas pour Étiennette, elle sera sur pied bientôt pour s'occuper de sa marmaille.

— Mais Pierre…

— Une femme qui est sur le point de mourir ne décide pas du choix du notaire comme Étiennette l'a fait… Les hommes, tous les mêmes! Tous les maris perdent leur sang-froid en voyant leur femme accoucher. C'est pour ça que c'est mieux qu'il soit en retrait pour ne pas alarmer la parturiente... Si ça n'avait pas été de la condition précaire du bébé, jamais Pierre ne serait entré dans la chambre.

Cassandre et Marie-Anne n'osèrent contredire la sage-femme.

— Ah oui, le petit ! Il faudra lui trouver une nourrice si Étiennette ne peut le nourrir elle-même. En connaissez-vous une ?

Cassandre et Marie-Anne se regardèrent. Cette dernière prit la parole.

— J'ai bien ma cousine, Marie-Jeanne Brisset, de l'île Dupas, qui nourrit le sien. Elle pourrait donner aussi la tétée à Placide.

— Placide ? Quel drôle de prénom. J'espère que ce n'est pas celui du bébé d'Étiennette.

Marie-Anne regarda Cassandre.

— C'est moi, comme marraine, qui lui ai choisi ce prénom. Si Étiennette ne l'aime pas, elle pourra le faire changer au moment du vrai baptême par un prêtre. L'enfant était si calme, ce nom me paraissait approprié...

Agnès, désolée, ajouta :

— Connaissant Étiennette, il vaut mieux qu'elle choisisse elle-même le prénom. Quand elle se réveillera, nous irons lui présenter son petit. Ça ne devrait pas tarder. À propos, ne lui mention-nons pas la peur que le bébé nous a faite. Les soucis n'aident pas aux relevailles... Mais Placide a une sœur et un frère qui doivent mourir de faim. Nourrissons-les avant qu'ils hurlent. Ils ont été si raisonnables dans ces moments de panique !

À cet instant, Agnès Boucher alla préparer à Marie-Anne et Pierrot une collation composée d'un verre de lait et de biscuits d'orge et d'avoine fourrés à la compote de pommes qu'elle avait elle-même cuisinés. Elle s'assura de les informer de la venue de leur nouveau petit frère, à la grande surprise et au grand ravisse-ment de la petite Marie-Anne, qui comprenait mieux l'événement que Pierrot.

— Où est-il, le bébé ? Je veux le voir, réclama la fillette.

Aussitôt, sa marraine la conduisit au berceau.

Émerveillée, la petite Marie-Anne dit :

— Je veux le prendre. Il sera ma poupée, rien qu'à moi. Pas à Pierrot.

Marie-Anne et sa filleule se penchèrent sur le ber avec tendresse. Marie-Anne dit :

— Ce n'est pas une poupée. Regarde, il bouge les lèvres. Il a encore faim.

Le chérubin avait grimacé, cherchant la tétine de sa bouche. La gamine dévorait son nouveau petit frère des yeux, tant il l'attirait.

— Il est encore très fragile.

Au même moment, Agnès Boucher vint signaler à la maisonnée le réveil de la parturiente.

— Étiennette est affaiblie, bien entendu. Elle a demandé des nouvelles du bébé. Je lui ai répondu que c'était un garçon… Elle a aussitôt affirmé que son mari serait content. Je lui ai dit qu'il était parti chercher sa mère et le notaire. Elle veut que vous alliez maintenant la voir avec son enfant ; elle sait qu'il est sous votre surveillance. Bon, qui prend l'enfant ?

— Puisque c'est moi sa marraine, je vais aller le lui présenter, s'empressa de dire Cassandre.

— Quelques instants seulement, alors, car la mère et l'enfant sont encore à risque. Tiens, prends-le, mais fais attention, répliqua Agnès.

Cassandre prit le poupon délicatement et alla le déposer près d'Étiennette, sous le regard attendri de Marie-Anne.

— Tiens, je te présente ton fils… Et mon filleul. Nous tenons à te féliciter pour ce cher petit, Étiennette.

Étiennette sourit à ses amies. Elle se dépêcha de contempler le petit être qu'elle venait de mettre au monde et le serra doucement contre son sein. Le nourrisson chercha instantanément à téter.

— Il est né prématurément, Étiennette, et tu as perdu beaucoup de sang. Il aura besoin du lait d'une nourrice. Tu es trop faible. Mais ne t'inquiète pas, le pire est passé.

Rassurée, Étiennette esquissa un sourire.

— Je suis tellement contente que tu sois sa marraine, Cassandre, alors que tu devais l'être pour…

Étiennette se souvint que Marie-Anne avait remplacé Cassandre comme marraine de la première des Latour. Elle préféra demander :

— Où est mon mari?... Ah oui, il est parti à Maskinongé chercher ma mère, le notaire et le curé, pour baptiser mon fils. Il lui faudra bien un prénom à ce petit, n'est-ce pas?

Étiennette caressa la petite tête du poupon avec délicatesse, en faisant bien attention de ne pas même effleurer la fontanelle.

— Nous l'appellerons Pierre, comme son père!

Cassandre, Marie et Agnès se regardèrent, consternées.

— Pauvre Étiennette! Elle a dû perdre trop de sang. Elle est confuse. Ça arrive après un accouchement. Heureusement que sa mère va venir en prendre soin, affirma la sage-femme.

Cassandre s'approcha de Marie-Anne et lui chuchota à l'oreille, pour que la sage-femme n'entende pas:

— Heureusement pour Étiennette que l'accouchement ne fut pas plus difficile!

Ne voulant pas contrarier la parturiente, Agnès se voulut diplomate.

— C'est très joli comme prénom, Pierre. Mais n'oublie pas que ton mari et ton plus vieux, même si nous l'appelons Pierrot, se prénomment Pierre. Tu n'as pas peur de créer de la confusion à la maison?

Afin d'appuyer l'argumentaire d'Agnès, Cassandre ajouta:

— Ta cousine a raison, Étiennette. Prends le cas de notre famille: mon père me disait qu'il avait deux frères, et qu'ils s'appelaient tous les deux Jacques, comme leur père. Ma grand-mère se prénommait Jacqueline, Jacqueline Frérot, et mon cousin, Jacquelin Frérot, celui qui a été torturé par les Iroquois aux Trois-Rivières! Ma mère trouvait que ça faisait beaucoup de Jacques dans la famille. Elle ne s'en moquait pas, mais... aucun de mes frères ne s'est fait appeler Jacques, disons.

Cassandre n'eut pas fini de terminer son explication qu'Étiennette la prit à partie.

— Que dirais-tu, Cassandre, d'accompagner Pierre Canada, comme parrain, au baptême? Il me semble qu'il ferait un beau parrain, n'est-ce pas?

Cassandre et Marie-Anne se regardèrent, médusées.

Ainsi, c'est donc vrai ce que me disait Marie-Anne! se dit Cassandre.

Pour ne pas contrarier la femme affaiblie, Cassandre, craintive, réagit à la question saugrenue.

— C'est parce que… ton bébé… ton bébé a déjà été ondoyé sous condition par ton cousin Charles… Et il a déjà un prénom.

Saisie, Étiennette fixa momentanément le fond de la chambre, perdue dans ses pensées. Reprenant soudain ses esprits, elle réalisa que le petit avait failli mourir.

— Il a failli trépasser, c'est ça? Pauvre petit Pierre.

Cassandre, n'écoutant que sa spontanéité, préféra donner l'heure juste à son amie.

— Écoute, Étiennette. Vous êtes passés bien près de perdre ce bébé, Pierre et toi. Ton mari ne sait même pas comment il s'appelle, puisqu'il était déjà parti quand il a été ondoyé. C'est moi qui ai été sa marraine et qui lui ai donné son prénom, tu comprends?…

— Il a été ondoyé sous quel prénom?

— Placide, Placide Latour. Voilà!

Les yeux d'Étiennette faillirent lui sortir des orbites. Elle tenta de se lever à demi sur son traversin, mais retomba aussitôt. Marie-Anne se précipita pour aider son amie. Finalement, Étiennette siffla à Cassandre:

— Placide? Mais pourquoi?

— Parce que le petit a réussi à vivre par sa ténacité, comme saint Placide[65] l'a fait en échappant à la noyade, même si l'on a attribué ce miracle à saint Benoît, son précepteur.

Étiennette tourna péniblement la tête vers Agnès et Marie-Anne.

— Connaissez-vous un Placide à Berthier et à l'île Dupas?

Comme pour donner de la solennité au propos de celle qui venait d'accoucher, les deux femmes firent un signe de tête négatif.

— Moi, je n'en connais pas non plus aux seigneuries de Maskinongé ou de la Rivière-du-Loup. Encore moins au fief Chicot…

---

65. Saint Placide (518-542), un jeune Romain issu d'une illustre famille, fut confié à saint Benoît pour être élevé dans un monastère. Il faillit se noyer en allant chercher de l'eau au lac, en obéissant au saint moine. Il fut sauvé de la noyade par sa détermination à vivre plutôt que par l'intercession miraculeuse de saint Benoît. Ardent défenseur de la foi, Placide ne contesta jamais le miracle attribué à saint Benoît. Au contraire, il endossa l'ordre du saint et fonda un monastère bénédictin en Sicile. Ses propres miracles faisaient l'admiration de saint Benoît lui-même, au point que le disciple devint presque l'égal du maître. On raconte qu'il guérit un jour par sa bénédiction tous les malades de son île rassemblés près de lui.

Il va falloir lui trouver un autre prénom, lorsqu'il sera officiellement baptisé à l'église.

Penaude, Cassandre se dit en regardant Marie-Anne :

C'est certain que le bébé va se prénommer Pierre si elle l'a dans la tête, ce Canada !

Cassandre ne s'attendait pas à la prochaine question d'Étiennette.

— As-tu appris l'histoire de saint Placide à Paris, Cassandre ?

Cassandre hocha la tête en guise d'affirmation

— Vois-tu, je ne suis pas aussi instruite que toi. Le seul saint que je connaisse qui permet de recouvrer la santé, c'est saint Antoine de Padoue[66]. C'est le postier portugais Da Silva qui me l'a appris : saint Antoine de Padoue est le saint national du Portugal... Tu m'as dit que Pierre, mon mari, était aussi parti chercher le notaire Puypéroux de Lafosse, à son étude en face de la baie du Nord ?

— C'est ce qu'il a dit. Ils vont arriver sous peu, répondit Cassandre, gênée.

— Alors, mon bébé va se prénommer Antoine, comme saint Antoine de Padoue et comme son parrain, le notaire Antoine Puypéroux de Lafosse. Qu'en penses-tu, Cassandre ? Je n'ai rien contre saint Placide, mais il lui faut un parrain à ce petit, n'est-ce pas ?

Mortifiée, Cassandre ne trouva rien d'autre à ajouter pour sauver la face :

— Que le saint vienne de Rome ou de Padoue en Italie, l'important c'est que le petit Antoine soit baptisé, en santé et... fort comme son père !

À cette réplique, Étiennette se mit à ricaner, suivie par les autres occupantes de la maison. Étiennette réalisa soudain qu'elle n'avait pas revu ses autres enfants et demanda qu'on aille les lui chercher. Agnès s'y opposa.

---

66. Saint Antoine de Padoue (1195-1231), de son vrai nom Ferdinand de Bulhoes, naquit à Lisbonne au Portugal. Descendant de Charlemagne, il était apparenté à la famille Godefroy de Bouillon, vicaire du Saint-Sépulcre, de laquelle étaient issus les rois de Jérusalem. Devenu franciscain, il fut envoyé par saint François d'Assise prêcher en Italie, notamment à Padoue où il mourut, après avoir été conseiller du pape Grégoire IX. Il fut considéré comme thaumaturge et docteur de l'Église à partir du XVIIe siècle. On invoque saint Antoine de Padoue pour retrouver des objets perdus et recouvrer la santé.

— Ils vont trop te fatiguer. Ils sont trop jeunes, ils ne peuvent pas comprendre l'état dans lequel tu te trouves. Ils auront le temps plus tard.

Quand Pierre Latour revint, seul, il s'empressa d'aller rejoindre Étiennette. Cette dernière était en train de se reposer. Émue, elle lui prit la main.

— Et puis?

— Bredouille! Ta mère était partie pour la Rivière-du-Loup et le notaire, lui, était absent de son étude… Et puis, comment va le bébé?

— C'est un garçon, Pierre, le savais-tu? Es-tu content? Deux fils!

Le géant se pencha vers sa femme et l'embrassa sur le front. Il avait les yeux mouillés.

— Si tu savais à quel point j'ai eu peur de te perdre, Étiennette… Je ne m'en serais jamais remis, tu sais!

Étiennette le regarda, attendrie, lui sourit et lui dit:

— Je sais, mais je vais bien. C'est Antoine qu'il faut absolument sauver.

— Antoine? Notre fils? demanda le forgeron, surpris.

— Ça sera le notaire de Lafosse qui sera le parrain.

— Le notaire? C'est une bonne idée.

— Une excellente idée, Pierre. Imagine, un notaire comme parrain!… J'avais dans l'idée de demander au notaire Casaubon et d'appeler le bébé Martin, mais comme nous ne sommes pas encore arrivés à la rivière Bayonne… C'était un peu gênant! Antoine, c'est à cause de saint Antoine de Padoue, qui va l'aider à refaire ses forces, tu comprends!… Et toi, qui avais-tu en tête?

Le forgeron ne répondait pas.

— Tu avais bien une idée du parrainage, n'est-ce pas? reprit Étiennette.

— Oui, oui. J'aurais bien aimé que Pierre Hénault Canada soit le parrain. Tu sais que je m'entends bien avec lui! Mais à bien y penser, il y aurait eu beaucoup de Pierre à la maison.

Feignant la naïveté, Étiennette ajouta:

— Ça aurait été une bonne idée, mais peut-être pour un autre fils, n'est-ce pas?… Tiens, j'y pense, pourquoi ne pas les inviter pour le baptême?

— Toute la famille?

— Mais oui, quelle question ! Toute la famille, s'ils le veulent. Tu sais que j'ai été à la mission avec le plus vieux ; j'aurai plaisir à le revoir et à bavarder en nous racontant nos souvenirs du catéchisme de Monseigneur de Saint-Vallier.

Pierre Latour semblait préoccupé.

— Toi, Pierre, tu me caches quelque chose.

— C'est parce que Charles est allé chercher le curé à l'île Dupas, pour baptiser le petit au plus vite.

Étiennette se leva carrée sur le lit, à la grande crainte de son mari.

— Ah non, Antoine ne sera pas baptisé deux fois aujourd'hui. Le curé n'a qu'à s'en retourner. D'ailleurs, Antoine va mieux.

— Sait-on jamais ! Charles pourrait servir de parrain.

— Le curé le bénira et repartira aussitôt, point à la ligne. Le petit Antoine aura le notaire de Lafosse comme parrain. Il en retirera des avantages la vie durant, ne l'oublions pas.

— Et comme marraine ?

— Ce sera Cassandre, évidemment !

— Ne sera-t-elle pas retournée au couvent des Ursulines des Trois-Rivières ?

— Demandons alors au missionnaire Charles de La Goudalie de procéder au baptême dans les prochains jours, le temps d'inviter le notaire de Lafosse. Qu'en penses-tu ?

— C'est qu'on m'a dit qu'il ne serait pas de retour avant trois bonnes semaines.

— Eh bien, nous attendrons, car saint Antoine de Padoue protégera notre bébé, c'est évident.

— Et Cassandre ? À moins qu'elle demande une permission spéciale aux Ursulines…

— Elle ne l'obtiendra jamais. Le couvent est comme un cloître. Une fois entrée en septembre, elle n'en sortira pas avant le mois de juin.

— Elle ne pourra donc pas être marraine. Elle sera déçue.

— Et moi aussi ! Ça sera pour une prochaine fois, c'est tout. Quand ce sera une petite fille, tiens. Nous appellerons la petite Cassandre et elle deviendra une artiste. Pour le moment, c'est plus important qu'Antoine devienne notaire… L'étude du notaire Antoine Latour. Qu'en penses-tu ?

— Quand nous serons arrivés à la rivière Bayonne, il pourra prendre exemple sur le notaire Casaubon.

— Et priver Antoine de la visite de son parrain ? Nous en reparlerons, Pierre.

— Mais c'est toi qui précipitais notre déménagement là-bas !

— C'était avant la promesse faite à saint Antoine de Padoue.

— Une promesse ? Laquelle ?

— Savais-tu que saint Antoine de Padoue a tenu l'Enfant Jésus dans ses bras pendant une nuit ? Alors, je vais lui demander de tenir notre Antoine jusqu'à son baptême… La promesse était de ne pas l'éloigner de son parrain, comme nous nous apprêtions à le faire… En tout cas, pour un certain temps.

Pierre Latour comprit qu'il n'aurait pas le dernier mot et que le projet du déménagement à la rivière Bayonne était reporté à plus tard. Il se retint d'ajouter :

Et moi qui viens d'aviser ma clientèle de notre déménagement !

Étiennette venait de faire signe à Agnès de prendre le petit parce qu'elle souhaitait se reposer. Cette dernière se rendit coucher l'enfant dans son ber quand son mari, Charles Boucher, entra, la mine abattue.

— Qu'y a-t-il, mon mari, de si accablant ?

— Je me suis rendu au presbytère de l'île Dupas pour rien : le curé était parti à Sorel, m'a-t-on dit. Pas de chance, ma femme.

— Au contraire ! La bonne nouvelle, c'est que le petit Antoine va bien et qu'il sera baptisé dans environ un mois. Le curé sera de retour de Sorel à ce moment-là.

— C'est moi qui devrai annoncer la nouvelle à Cassandre, je suppose !

Pour toute réponse, Étiennette sourit à son mari, puis elle s'assoupit.

Quand, à la première occasion, Pierre en informa Cassandre, celle-ci sursauta.

— Mais dans un mois, je ne pourrai pas servir de marraine à Antoine ! Les religieuses ne me permettront jamais ça !

Un silence pesant régna dans la pièce. Pierre Latour pencha la tête. Cassandre comprit que la décision venait d'Étiennette et qu'elle était irréversible. Elle se tourna alors vers Marie-Anne.

— Tu pourras demander à ta cousine de me remplacer. Le fief Chicot m'a apporté mon lot de malheurs depuis mon arrivée. Il faut croire que mon destin me dirige ailleurs. Et moi qui me faisais une telle joie de chanter au baptême.

Comprenant le désarroi de Cassandre, Pierre Latour dit :

— À la naissance de la prochaine fille, tu seras la marraine. Et le bébé se prénommera Cassandre.

— Puisses-tu dire vrai, Pierre !

Là-dessus, Cassandre alla caresser la tête de la petite Marie-Anne et pleura. La gamine s'en rendit compte et dit :

— Vous pleurez, tante Cassandre ?

— Oui, parce que je trouve que tu as beaucoup de chance d'avoir un aussi beau petit frère.

La petite Marie-Anne sourit à celle qui aurait tellement aimé être la marraine d'un des enfants d'Étiennette.

Quelques jours plus tard, Cassandre s'entretint avec Marie-Anne à propos de leur visite à Montréal et de leur vie sentimentale.

— Je te souhaite le retour rapide de La Vérendrye.

— Parfois, je désespère que notre mariage ait un jour lieu.

— Continue à espérer. Tu verras, ton militaire d'amoureux te reviendra en mai sur le premier bateau et vous vous marierez aussitôt.

Marie-Anne sourit à son amie, qu'elle apprenait à apprécier de plus en plus. Elle soupçonnait toute la souffrance intérieure endurée par Cassandre depuis l'affront de Pierre de Lestage. Elle se disait que son inquiétude n'était rien comparativement aux tourments de la jeune artiste.

— Nous verrons bien… Je voulais te remercier pour ton aide à Étiennette dans l'histoire de Pierre Canada !

Cassandre regarda Marie-Anne avec de la tristesse dans les yeux. Cette dernière se sentit coupable d'avoir abordé le sujet.

— Je ne voulais surtout pas me servir de toi…

— Je sais. Nous voulons toutes les deux venir en aide à Étiennette… Pour ma part, je crains, malheureusement, de ne pas être arrivée à mes fins. Il est mignon, mais Canada, vois-tu, n'est pas mon genre… Mon genre, c'est Pierre de Lestage…

Cassandre commença aussitôt à pleurer. Marie-Anne comprit que son intervention avait ravivé le chagrin d'amour de son amie. Elle préféra se taire et laisser Cassandre évacuer sa peine. Elle se rapprocha et la prit contre elle. Cassandre se blottit au creux de l'épaule de son amie. Réconfortée, elle ravala ses sanglots et ajouta :

— Moi qui me croyais irrésistible ; cet été, j'ai eu ma leçon. Ça m'apprendra à me venger sur un autre en jouant la femme fatale !

Marie-Anne la regarda, étonnée, avec un demi-sourire.

— Moi qui croyais que tu pourrais séduire Pierre Hénault Canada pour lui faire oublier Étiennette !… Et que tu le trouvais assez de ton goût pour en faire ton cavalier… J'en ai encore à apprendre sur toi, Cassandre !

Penaude, cette dernière tenta de se justifier en répliquant :

— C'est toi qui avais l'esprit retors de me jeter dans les bras de ce loup. Si je l'ai fait, c'est uniquement parce que je voulais sauver le mariage d'Étiennette, sans plus… Nous sommes revenues à la case de départ. Étiennette ne semble pas avoir sorti Canada de sa pensée, même avec le merveilleux petit Antoine qui vient de naître… Que va-t-on faire ?… Au moins, Canada ne sera pas parrain : c'est déjà ça de gagné… À bien y penser, je préfère ne pas être la marraine plutôt que de le voir parrain.

— Tu as bien raison. La seule façon que nous avons d'intervenir, c'est de tenter de l'éloigner de la maison et de la forge.

— Ce qui m'attriste, c'est de constater que Pierre, le mari d'Étiennette, ne semble rien voir !

— Tu sais, il l'aime tellement. De plus, il ne peut pas s'imaginer qu'avec trois jeunes enfants, sa femme veuille se rapprocher d'un jeune homme de cet âge.

— Alors, c'est à nous d'y voir, Marie-Anne. Ne sommes-nous pas ses amies ? lança Cassandre dans un élan d'optimisme.

Étonnée et sceptique, Marie-Anne demanda :

— Mais comment ? En parler à Pierre ?

— Surtout pas. Étiennette ne nous adresserait jamais plus la parole. Je la connais assez pour savoir qu'elle nierait tout. En fait, je crois qu'elle ne se rend pas compte du piège qu'elle se tend. Orgueilleuse comme elle est, elle nous en voudrait d'avoir abordé le sujet. N'oublie pas que pour elle, c'est nous, les célibataires, qui frayons avec les garçons. Elle se complaît dans son rôle de mère de famille… Je crois même qu'elle s'y réfugie en se cachant la vérité sur ses propres sentiments.

— Comme ça, elle ne se doute pas du tort qu'elle pourrait infliger à sa famille ? voulut savoir Marie-Anne.

— Étiennette n'a jamais pleuré pour un homme et c'est un tort. Elle se croit au-dessus du drame sentimental, alors qu'elle le côtoie, si tu veux mon avis. Et je parle par expérience!... Il faut absolument la sauver, mais comment? demanda Cassandre, démunie d'idées.

Marie-Anne ne voulut pas commenter le dernier argument de son amie, qu'elle savait bien déçue par ses mésaventures sentimentales.

— Je verrai sans doute sa mère au baptême et j'aborderai le sujet à ce moment-là. Mais je doute que l'intervention de madame Gerlaise de Saint-Amand ait un gros impact. Depuis son remariage qu'elle n'a jamais accepté, Étiennette m'a confié avoir perdu confiance dans le jugement de sa mère.

Cassandre prit un temps de réflexion et dit:

— Cela n'aura probablement pas un gros impact, en effet. Cependant, elle parviendra peut-être à lui ouvrir les yeux... Mais Étiennette, orgueilleuse comme elle l'est... Non, j'ai une meilleure idée!

— Laquelle? demanda Marie-Anne, fébrile.

— Pour l'instant, je n'en dis rien, mais on verra bien.

— Allez, dis-la-moi! Ne suis-je pas ton amie? Je te ferai remarquer qu'il en va du bonheur de notre chère Étiennette...

Cassandre se risqua à dévoiler une partie de sa tactique mystère.

— C'est Canada lui-même qui m'a donné la solution lors de notre dernière conversation... Éventuellement, si j'ai besoin d'aide, je t'en ferai part.

— C'est si secret?

— Pour le moment, je dois faire des démarches.

— Mais tu retournes au couvent aux Trois-Rivières!

— Il ne m'est pas défendu d'envoyer et de recevoir du courrier. N'oublie pas que je suis enseignante, et non pas pensionnaire!

Marie-Anne n'insista pas.

— Entendu, mais tiens-moi au courant.

— Dès que possible. D'ailleurs, ta famille pourrait bien nous aider...

— Les Dandonneau? Alors là, tu piques ma curiosité encore plus.

Pierre de Lestage pourrait grandement nous aider, si tu savais, Marie-Anne, mais je ne veux plus rien savoir de lui, se dit Cassandre en elle-même.

Quelques jours plus tard, Pierre Latour s'offrit pour aller reconduire Cassandre aux Trois-Rivières. Au moment de son départ du fief Chicot, Cassandre remerciait son amie Étiennette lorsque Marguerite Gerlaise de Saint-Amand arriva avec Antoinette.

— Tiens, Cassandre! C'est toujours un plaisir de vous revoir. Alors, comment avez-vous trouvé ma fille comme mère de famille de trois jeunes enfants? Vous avez le même âge, ça ne vous donne pas le goût de vous marier? C'est vrai que les artistes se marient plus tard.

— Oh, vous savez sans doute, Marguerite, qu'Étiennette a un mari exceptionnel, aimant, dévoué et travaillant. Pour ma part, j'attends de rencontrer un homme comme lui, voilà.

— Mais Étiennette m'avait dit que c'était fait et que vous étiez sur le point de vous marier!

— Eh non, Étiennette ne peut pas tout deviner ni tout contrôler. Et puis, elle a assez de sa charge familiale pour n'avoir pas le temps de s'occuper des amours de ses amies.

— Vous avez raison. Je me félicite qu'Étiennette soit passée de jeune fille à mère de famille aussi facilement. Je la savais pleine de maturité, mais pas à ce point-là. J'en suis fière. Oh! elle n'est pas parfaite, mais elle est responsable. C'est ça qui compte, répondit Marguerite.

Cassandre pointa son regard insistant dans les yeux de son interlocutrice afin de lui livrer un message.

— Étiennette est certainement un cas unique… J'espère qu'elle le restera.

Curieuse, Marguerite questionna Cassandre.

— Que voulez-vous dire par là?

Comme Étiennette, qui avait décidé de faire quelques pas dans la cuisine, vint à leur rencontre, Marguerite ne put en savoir davantage. Inquiète, elle resta donc dans l'attente d'une clarification des propos de Cassandre.

— Comme ça, tu nous quittes, Cassandre? Ça me fait de la peine de te voir partir, mais je sais que tu reviendras… Pour la prochaine petite, sans doute, celle dont tu seras la marraine…

Nous l'appellerons comme tu voudras. Préférerais-tu Renée ou Cassandre?

Charmée de la délicatesse de son amie en qui elle ne voyait aucune méchanceté, Cassandre répondit:

— Toi, Étiennette, que préfères-tu?

— Moi, ma prochaine, j'aimerais bien qu'elle s'appelle Cassandre… ou Cassandra.

— Cassandra, que c'est mignon! Tiens, pourquoi pas, j'en serais flattée.

— Cassandre… Euh… Tu n'es pas trop fâchée, j'espère? questionna Étiennette, penaude.

— Fâchée, pourquoi?

— Que j'aie retardé le baptême, t'empêchant ainsi d'être la marraine, et en changeant le prénom de Placide que tu avais choisi.

— Mais non, comment veux-tu que je t'en veuille! Après tout, c'est toi la mère! Tu sais ce qui est le meilleur pour ton petit garçon. Quand ce sera mon tour, je prendrai sans doute des décisions comparables.

— Tant mieux! Je ne voulais pas te vexer. Parce que si le baptême à l'église avait eu lieu, j'aurais demandé à Pierre Hénault d'agir comme parrain et le petit se serait nommé Pierre-Placide. Évidemment, nous l'aurions prénommé Placide. Mais il y a eu cette promesse à saint Antoine de Padoue…

Cassandre bondit sur l'occasion inespérée que lui présentait Étiennette d'aborder le sujet de Pierre Hénault Canada.

— Pierre Hénault est un garçon charmant. Je ne l'ai qu'entrevu à la forge, mais il m'a fait une bonne impression.

— N'est-ce pas qu'il est bien, ce garçon?

Cassandre voulut sonder les sentiments de son amie envers le jeune homme.

— Je me demande si lui et moi… Enfin, pas seulement comme parrain et marraine, tu me comprends… Nous pourrions nous revoir. Comment faire pour le savoir? Aurais-tu une suggestion, Étiennette?

Le visage de cette dernière se rembrunit aussitôt.

— Ta vie sentimentale te regarde, Cassandre, mais je réalise que tu butines beaucoup par les temps qui courent. Il n'y a pas si longtemps, nous te ramassions en larmes et… voilà que tu penses déjà à un autre. Ne viens plus te faire consoler, si tu manques autant de sérieux en amour.

Blessée par la réplique cinglante de son amie, Cassandre n'eut que le temps de dire :

— Mais…

Étiennette conclut :

— Tu pourras toujours demander à Marie-Anne d'agir en entremetteuse, si elle le veut. Pour ma part, je me lave les mains de cette possible aventure… N'oublie pas que tu as toujours une grande carrière d'artiste qui t'attend à Québec. Bon, allez ! Mon mari t'attend…

Étiennette se rendit compte qu'elle avait blessé Cassandre. Pour savourer sa victoire, elle ajouta :

— Tu es toujours la bienvenue au fief Chicot, Cassandre, tu le sais bien. Permets-moi de t'embrasser comme ma meilleure amie, lui dit-elle avec un air malicieux.

Cassandre comprit que l'emprise de Canada sur Étiennette était beaucoup plus que de l'amitié profonde. Cette pensée la chagrina. Elle se dit :

Il est grandement temps que je mette mon plan à exécution, sinon je ne serai pas la marraine de la prochaine fillette Latour. Ça urge. Aussitôt réinstallée dans ma chambrette aux Trois-Rivières, je m'y consacrerai.

Le 27 septembre 1710 à l'église de l'île Dupas fut baptisé par le curé Charles de La Goudalie Antoine Latour, troisième enfant de Pierre Latour Laforge, le maréchal-ferrant, et d'Étiennette Banhiac Lamontagne. Il portait le prénom de son parrain, comme c'était la coutume en Nouvelle-France, soit celui du notaire Antoine Puypéroux de Lafosse, âgé de trente ans. Sa marraine, Marie-Jeanne Brisset, âgée de vingt-huit ans, ainsi que son parrain signèrent l'acte de baptême. Les deux grands amis de Pierre Latour, Charles Boucher et Pierre Hénault, dit Canada, apposèrent également leur signature sur le document.

La porteuse était Antoinette Banhiac Lamontagne. Étiennette avait préféré offrir cet honneur à sa sœur qui l'avait aidée à tenir la maison pendant le mois de ses relevailles.

— Tu comprends, Antoinette, c'est normal que Marie-Jeanne Brisset soit la marraine d'Antoine, puisqu'elle sera sa nourrice. De plus, filleul et marraine auront amplement le temps de s'apprécier. Qu'en penses-tu ? Quant à Cassandre, tu sais bien que je n'ai pas voulu la froisser ; tu la connais… Prompte et irascible.

La réception eut lieu à la forge du fief Chicot. Les familles Boucher et Banhiac Lamontagne furent heureuses d'accueillir un nouveau membre de la famille Latour. Étiennette, qui avait pu assister à la cérémonie des fonts baptismaux, s'enorgueillissait de pouvoir compter une famille de notables de Maskinongé dans son entourage, faisant de la sorte un pied de nez à sa sœur, Marie-Anne Dupuis, qui lui enviait cette chance. Pour la narguer davantage, elle fit en sorte que les familles des coseigneurs Dandonneau Du Sablé et Brisset, dit Courchesne, soient présentées avec les honneurs dus à leur rang.

Pierre Latour put présenter son beau-frère, Viateur Dupuis, à son ami du fief Chicot, Pierre Hénault, accompagné de son fils aîné. Les convives se régalèrent des spécialités de la région : oiseaux aquatiques et poissons en ragoût. Au cours de la soirée, Marguerite, la mère d'Étiennette, remarqua que sa fille conversait de manière attentionnée avec le fils Hénault. Elle jeta un regard en oblique à Marie-Anne Dandonneau qui observait aussi la scène. Quand cette dernière s'en rendit compte, elle pinça les lèvres. Marguerite s'alarma quand Canada invita Étiennette à danser le cotillon.

L'assemblée remarqua immédiatement cette situation irrégulière et lança un «oh !» d'étonnement. Étiennette, encore sous le coup de l'affaiblissement de l'accouchement, devait ménager ses efforts et idéalement garder le lit. Tous les yeux furent rivés sur elle.

Pierre Latour observait la situation, se demandant bien pourquoi le jeune Canada avait jeté son dévolu sur sa femme, d'autant plus qu'elle n'était pas en état de danser, tandis qu'Antoinette, qui n'avait d'yeux que pour le jeune homme, n'aurait pas demandé mieux qu'une invitation par celui-ci.

Étiennette déclina l'offre, non sans regret et non sans avoir adressé son plus beau sourire à Canada. Cette réaction n'échappa pas à Marguerite, qui se promit de discuter de cela avec sa fille au moment opportun, le plus tôt possible.

Chapitre XII
Les confidences de Marguerite

Durant la soirée, Marguerite proposa d'aller coucher le nourrisson à la place d'Antoinette. Cette dernière en fut fort aise, car elle jouissait d'un autre moment pour attirer l'attention du jeune Hénault Canada. Étiennette et sa mère n'avaient pas encore eu le temps d'échanger depuis les reproches d'Étiennette quant au remariage rapide de Marguerite avec Jean-Jacques Gerlaise de Saint-Amand.

— Je n'ai pas eu l'occasion de te féliciter, ma fille, pour la naissance de ton troisième, le petit Antoine. Un bien beau petit garçon qui a vite repris ses forces, me disait Agnès.

— C'est à cause de saint Antoine de Padoue, qui l'a tenu dans ses bras pendant tout ce temps. Sans lui, l'enfant n'aurait peut-être pas survécu. Sa nourrice me dit qu'il la réveille aux trois heures pour boire et qu'il avale comme un glouton. Il sourit facilement, dort paisiblement, pleure à peine quand il se réveille... Il va devenir grand et fort, s'empressa de dire Étiennette avec fierté.

— Comme son père, Étiennette, comme son père !

L'allusion n'échappa pas à la jeune femme. Marguerite continua :

— Alors, tu devrais le prier et l'invoquer plus souvent. Tu sais qu'il est le saint patron des causes désespérées.

Étiennette, surprise et sceptique, répondit :

— Mais vous nous avez toujours dit que c'était saint Jude !

— Peut-être bien, mais au fief Chicot, c'est saint Antoine de Padoue.

Étiennette, qui connaissait bien la rhétorique de sa mère, pressentait un reproche.

— Qu'y a-t-il, maman, pour que vous me serviez cette leçon de catéchisme?

Marguerite, qui attendait cette occasion de s'exprimer, ne se fit pas prier.

— C'est plutôt une leçon d'observance des sacrements qu'il te faudrait, ma fille.

Marguerite prit une grande inspiration et darda:

— Je vous ai remarqués, le jeune Hénault et toi, lorsqu'il t'a demandé de danser. Ne me dis pas que vous ne vous étiez jamais parlé auparavant!

Consternée de l'accusation de sa mère, Étiennette répondit du tac au tac:

— Tu le sais, nous nous connaissons depuis que nous avons marché au catéchisme! Et puis, qu'y a-t-il de mal à converser avec un ancien compagnon d'école, hein?

— Rien en soi, mais c'est la manière qu'il a eue de te demander de danser, devant tout le monde, incluant ton mari, qui m'a frappée... Étiennette, tu es mariée et mère de trois jeunes enfants... Je sais, je sais, tu as à peine vingt ans et tes amies sont encore célibataires... Et leur situation te semble attrayante par comparaison à la tienne... Je pense notamment à Cassandre avec ses mœurs d'artiste, qui est un mauvais exemple pour toi. Tu devrais cesser de la fréquenter. Même si elle est de bonne famille, elle n'est pas de notre monde. Elle est trop excentrique... Tiens-toi avec tes sœurs; vous êtes assez nombreuses, tout de même.

— Maman, je t'en prie, je te défends de me dicter ma conduite avec mes amies. Je suis une adulte, maintenant... Et mère de famille!

— Alors, fort bien, occupe-toi de ton mari et de tes enfants plutôt que de faire les yeux doux à ce bellâtre de Canada. Il n'est pas sain pour un couple qu'un des conjoints fraye avec un voisin de son âge, de l'autre sexe et mal intentionné. C'est à coup sûr un malheur qui t'attend et il viendra plus vite que tu ne le penses. Heureusement que vous déménagez bientôt!

— C'est vous, maman, qui parlez de déménagement, vous qui avez toujours été contre? Alors, je vais vous faire plaisir : jusqu'à nouvel ordre, nous ne déménageons plus à la rivière Bayonne. Voilà!

— C'est à cause de ce jeune Hénault Canada! Laisse-le donc à Antoinette, qui se morfond pour lui.

— C'est plutôt pour démontrer aux membres de ma famille qu'ils n'ont pas à se mêler de nos affaires… Et puis vous, maman, n'étiez-vous pas voisine de Jean-Jacques, qui était très souvent à la maison, même en l'absence de papa? cria Étiennette.

— Je t'en prie, Étiennette, pas si fort! En t'énervant de la sorte, tu vas réveiller Antoine… Aussi, je te demande le respect : n'oublie pas que tu parles à ta mère!

— Bien sûr, ma mère qui voulait se remarier avec le voisin qu'elle connaissait bien!

— Mais j'étais veuve, Étiennette, et je t'ai déjà expliqué les raisons. Il fallait faire vivre la maisonnée. Alors que toi, tu as un bon mari qui t'aime et trois jeunes enfants qui dépendent entièrement de toi et de Pierre. Ils seront très malheureux lorsqu'ils vous verront vous chamailler constamment. Parce que ça ne tardera pas à se produire quand les écailles vont tomber des yeux de Pierre. Ça sera l'enfer sur terre, ma fille. Si tu t'imagines qu'il ne s'en rendra pas compte, tu te trompes. Tôt ou tard, ça viendra… Et je préfère pour lui que ce soit le plus tôt possible, car il n'est peut-être pas trop tard.

Étiennette se tourna alors vers sa mère.

— Que voulez-vous dire, maman?

— Tu m'as très bien saisie. Ce n'est pas nécessaire que je te précise ma pensée.

Étiennette dévisagea sa mère, comme pour la défier.

— Oui, dites-le.

— Je ne suis pas ton confesseur. Par contre, en plus d'être ta mère, je suis une femme. Alors, je peux te comprendre et te conseiller si tu le souhaites… Mais, à l'évidence, tu ne le souhaites pas, alors restons-en là… Mais je trouve bien dommage ce qui semble t'arriver… Pourtant, je t'avais prévenue : marier un homme du double de son âge n'a pas que des avantages. Je suis bien placée pour le savoir. Ton père avait presque vingt ans de plus que moi… Nous avons été un couple très heureux, même si je le trouvais vieux et rabat-joie par moments…

Étiennette osa demander à sa mère :

— Vous n'avez jamais été tentée de rencontrer un plus jeune qui veuille bien danser ?

— Tu vois, Étiennette, ce n'était pas Jean-Jacques la menace, puisqu'il avait le même âge que François, ton père.

Cette boutade fit bien rire la jeune femme. Marguerite reprit aussitôt son sérieux, en ajoutant :

— Bien sûr qu'il y avait de beaux et jeunes clients qui venaient faire réparer leurs sabots. Je me souviens d'un coureur des bois, un dénommé Nicolas Lupien, qui avait eu des démêlés pour traite illégale des fourrures et d'eau-de-vie… Qu'il était beau ! Le seigneur de Maskinongé, Joseph Petit-Bruno, m'a dit qu'il avait épousé une fille de Montréal et qu'il s'était établi à Pointe-aux-Trembles… Il est mort, maintenant. J'en étais très amoureuse.

— Vous n'en avez jamais parlé, maman ! fit remarquer Étiennette, toute surprise.

— C'est parce que ton père ne le voulait pas… Il en était jaloux… Et puis, mon amourette a mal tourné. Il ne faut pas parler de ces choses-là.

— Mais vous étiez mariée ?

Gênée, Marguerite fit signe que oui.

— Avez-vous un enfant de lui ?

— Grand Dieu, non ! Jamais ! Et comment aurais-je pu ? Mon père l'a fait déguerpir assez vite.

Marguerite resta soudain silencieuse avant de dérouler le fil de cet épisode de sa vie. Elle poursuivit.

— Ton grand-père était aussi grand et fort que ton mari. Lorsqu'il a vu dans quel état nous nous trouvions, ton père et moi, il a décidé de prendre la manière forte.

— C'est-à-dire ?

— Écoute-moi bien, Étiennette.

Marguerite, de manière solennelle, se mit à raconter un pan de sa vie que personne de vivant ne pouvait connaître.

— Ta sœur Marie-Anne était à peine âgée de deux mois. Un dimanche avant dîner, un élégant trappeur se présenta à la boutique de ton père. Comme François n'était pas là, Nicolas Lupien s'est dirigé vers la cuisine et a commencé à me conter fleurette. Du genre beau parleur… Mais plutôt ribaud, tu vois… Je ne sais pas comment, mais je me suis laissé embrasser… Évidemment, j'ai résisté à davantage, mais le mal insidieux de l'adultère était fait… Je ne pensais qu'à lui, ne rêvais qu'à lui, ne voyais que lui… Et il revenait chaque dimanche pour tout et rien… Ton père s'est vite rendu compte que quelque chose n'allait pas et s'est confié à mes parents. Ma sœur Madeleine, la première de Pierre, l'a peut-être confié à ton mari, je ne le sais pas.

— Et puis ? Racontez vite !

— Mes parents sont venus me rendre visite à la Rivière-du-Loup. Ma mère, une femme des plus lucides, s'est vite rendu compte que je n'étais plus la même. Encore moins devant le beau Nicolas Lupien. Alors, elle m'a parlé, comme je le fais maintenant avec toi.

— Et vous l'avez écoutée, comme l'enfant obéissante que vous étiez… Je présume que dans votre temps, les femmes mariées écoutaient toujours leurs parents sans les questionner !

La remarque fit sourire Marguerite.

— Les autres peut-être, mais pas moi. J'étais éperdument enti-chée de Nicolas. Il m'aurait demandé de le suivre à Montréal que je l'aurais fait.

— Mais vous ne l'avez pas fait.

— Non, pour deux raisons : Marie-Anne, d'abord, et aussi le fait que je n'avais pas encore, disons…, goûté au fruit défendu.

Étiennette se surprit à sourire à son tour. Marguerite conti-nua :

— Que ce soit par gêne ou par manque d'occasion, je ne l'ai pas fait et je m'en félicite… Mon père n'a pas attendu que l'occa-sion se présente, crois-moi… Nicolas n'est jamais revenu me voir, même si l'on a dit qu'il rôdait parfois dans les environs… Peut-être pour jeter sa gourme avec une autre, je ne sais pas.

— Vous avez repensé à lui par la suite ?

— Oh oui, longtemps ! Mais avec mes maternités rapprochées, de moins en moins.

— Et papa ?

— Il m'a dit qu'il me pardonnait, mais de ne jamais plus men-tionner le nom de Nicolas Lupien.

Étiennette se sentit solidaire de cette femme qu'elle jugeait à l'occasion trop autoritaire. Elle se risqua.

— Et que me conseillez-vous?

Marguerite détailla le visage d'Étiennette et se dit:

Se peut-il qu'elle accepte désormais mes conseils? Ma petite fille vieillit, à ce que je vois. François serait fier d'elle!

— La situation commande que tu mettes fin à toute forme de communication entre vous deux. Ce qui veut dire que tu ne le revoies plus. À toi de décider si tu lui diras franchement ou lui feras comprendre d'une autre façon, mais que ça soit clair, tu me comprends?

Étiennette regardait sa mère, mais ses pensées étaient ailleurs.

Sans doute avec lui! se dit Marguerite.

— Tu m'as bien comprise, n'est-ce pas? insista-t-elle.

Étiennette descendit de son nuage et répondit:

— Oui, oui!

— Tant mieux, ma fille. Il n'y a pas d'autre solution. Et n'y va pas par quatre chemins: ces ratoureux-là ne comprennent que la manière directe, et encore! Prends Nicolas, il me tournerait encore autour si...

Marguerite n'avait pas remarqué qu'Étiennette était partie border le poupon. Lorsqu'elle s'en aperçut, elle se dit:

Saint Antoine de Padoue, saint Jude! Faites qu'elle suive mon conseil. Vous ne serez pas trop de deux pour fléchir son opiniâtreté! Si elle n'en fait qu'à sa tête, celle-là, Dieu sait où ça va la mener... et nous entraîner tous.

La conversation entre la mère et la fille s'arrêta là. Marguerite et Antoinette restèrent encore quelques jours au fief Chicot. Le jeune Pierre Hénault Canada revint à la forge faire réparer son canif, qu'il souhaitait le plus effilé possible pour mieux enlever les peaux d'animaux pris dans les pièges de son territoire de traite du rang du Petit-Bruno, près du fief Chicot. Pierre Latour Laforge, qui commençait à se méfier des visites fréquentes du jeune homme, lui dit:

— Tu te prépares bien tôt dans la saison pour la trappe, mon jeune! La première neige n'est pas encore tombée. Tes lièvres ne doivent pas être encore blancs, il me semble.

Désarçonné, Canada prétexta:

— C'est la mère qui a décidé de faire ses boucheries avant le temps et mon couteau se doit d'être bien aiguisé.

Le forgeron, qui d'habitude s'exprimait par monosyllabes en battant le fer rougi ou en ferrant les chevaux, s'arrêta tout net et s'avança vers le jeune homme. Des étincelles virevoltaient autour de son casque de cuir, qui le protégeait de cette chorégraphie incandescente.

— Attendez-vous de la visite? Parce que vous ne conserverez pas votre cochon jusqu'au temps des fêtes si vous le tuez à l'été des Indiens. Hein, qu'en penses-tu, mon gars? En tout cas, ton père ne m'a pas mentionné ça. À moins que ce ne soit pour tes noces...

Intimidé par l'aspect du géant dont la sueur ruisselait sur ses gros avant-bras, Canada répondit gauchement:

— Me marier, mais avec qui?

Le forgeron en profita pour transmettre son message au jeune homme, qu'il dominait d'une tête.

— Mais avec Antoinette, ma belle-sœur! Je n'en vois pas une autre qui pourrait être disponible et encore moins t'intéresser dans cette maison. Hein, qu'en penses-tu, mon gars? En plus, Antoinette n'a d'yeux que pour toi! Je m'en suis rendu compte au baptême d'Antoine.

— Antoinette? Mais... je...

— Mais quoi? Ne me dis pas que tu as l'intention de te faire frocard[67]!

— Jamais de la vie! C'est plutôt la traite de la fourrure qui m'intéresse.

— C'est ce que je pensais. Tu as plutôt le gabarit d'un coureur des bois. Mais... je me demande si Antoinette sait que tu aimerais courir les bois. Parce que ça pourrait être un empêchement au mariage, tu vois? De toute façon, si tu veux te rendre aux Grands Lacs, tu es mieux de t'intéresser aux Sauvagesses... Et il n'y en a ni au fief Chicot ni à Berthier. Alors, il te faudra aller voir ailleurs, si tu me comprends... À moins qu'Antoinette t'intéresse davantage. En ce cas, tu pourras la fréquenter à Maskinongé, chez sa mère, et jamais plus au fief Chicot. M'as-tu compris, Canada? Sinon, je devrai en glisser un mot à ton père... Lui me comprendra.

Canada n'avait jamais entendu le forgeron élever la voix.

— Alors, pourrais-je aller saluer Antoinette avant de partir? À moins qu'elle soit repartie à Maskinongé.

---

67. Moine.

Une colère sournoise envahit le géant, qui prit une tige de fer et la courba de ses mains nues, afin de manifester son mécontentement. À la vue de cette manifestation de force brute, Canada figea. Pierre Latour lorgna le jeune homme et dit :

— Elle sera bien contente, j'imagine. Mais ne reste pas trop longtemps, parce que ma femme a besoin de son aide. Antoinette est à l'âge de se faire conter fleurette par un blanc-bec, mais pas Étiennette avec trois jeunes enfants. Tu me comprends, Canada ? À moins que tu te prennes pour un jean-le-blanc[68] ou que l'on te considère comme un jean-foutre[69]. Tu comprends ce que je veux dire, n'est-ce pas ?

Blanc de peur, Canada ne put que répondre, la voix étranglée :

— J'irai saluer Antoinette une autre fois, monsieur Laforge.

Fier de sa victoire, ce dernier répliqua en ricanant :

— C'est dommage, car elle repartira sous peu. Tu seras obligé d'aller la courtiser à Maskinongé.

C'était déjà l'heure du dîner. Le forgeron ne remit pas son gros tablier de travail et se dirigea plutôt vers la maison, où l'attendait sa famille, en plus de sa belle-mère et d'Antoinette. Aussitôt arrivé, il informa Antoinette de l'intention du jeune Hénault d'aller la courtiser à Maskinongé. Cette dernière en rougit de fierté.

Étiennette fut irritée par les propos de son mari. Elle le fixa, mais s'adressa néanmoins à sa soeur :

— Mais pourquoi n'est-il pas venu te l'annoncer lui-même ? Il avait une occasion en or de demander à maman de te faire la cour. C'est étrange, ne trouves-tu pas, Antoinette ? Non, j'ai l'intuition que ce garçon-là n'est pas pour toi…

Antoinette ne s'attendait pas à cette remarque cinglante. Elle dit en sanglotant :

— Mais pourquoi n'aurais-je pas droit à mon bonheur, moi ? Tu as toujours tout eu avant moi : le mariage, les enfants… Je suis rendue à vingt ans et je n'ai pas encore eu de cavalier sérieux… Laisse-moi au moins la possibilité d'y croire !

---

68. Oiseau rapace diurne du sud de la France, d'une taille intermédiaire entre celle du faucon et celle de l'aigle. C'est un excellent planeur, qui se déplace habituellement sans battre des ailes, profitant au maximum de la brise et des ascendants thermiques. Un séducteur hypocrite peut être qualifié de jean-le-blanc.
69. Homme incapable, sur qui on ne peut compter.

Étiennette allait riposter quand Antoinette se précipita à l'extérieur. Étiennette voulut intervenir, mais sa mère l'en empêcha.

— Laisse, Étiennette, tu vas prendre froid. N'oublie pas que tu risques toujours d'attraper le rhume et la fièvre. C'est la sage-femme qui l'a dit... Je récupère mon châle et je vais aller lui parler... Elle ne doit pas être allée bien loin. En attendant, Pierre, ferme bien la porte. Il faut se méfier des courants d'air frais du mois d'octobre, malgré le beau temps.

Marguerite n'eut pas de difficulté à rattraper Antoinette, car elle n'était pas allée plus loin que le bout du quai. Le regard dans le vide, elle continuait à pleurer.

— Tiens, Antoinette, prends mon mouchoir et essuie-toi.

Marguerite avait toujours eu une affection particulière pour sa plus jeune fille. Antoinette consacrait beaucoup de temps à s'occuper de ses deux jeunes frères, les jumeaux Charles et François-Aurèle. Cette réalité avait permis à Marguerite de s'attarder à sa nouvelle vie conjugale.

— Comment se fait-il, maman, qu'Étiennette s'inquiète de mes fréquentations avec Pierre Hénault Canada? Elle a toujours cherché à me rabaisser. Maintenant qu'elle est mariée et qu'elle a sa famille, elle pourrait tout de même me permettre de fonder la mienne, n'est-ce pas?

— Sèche tes larmes, Antoinette, pleurer ne réglera rien. Étiennette est comme ça avec Marie-Anne aussi, et pourtant, c'est votre sœur aînée. C'est dans son caractère d'être orgueilleuse et ambitieuse... Mais elle a un cœur d'or, tu le sais bien. Et puis, c'est grâce à elle que tu as une nièce et des neveux, n'est-ce pas?

— Ce n'est pas une raison pour me diminuer. Pourquoi a-t-elle dit ça?

Marguerite se demandait si elle devait encore suivre la ligne de conduite qu'elle s'était fixée : ne jamais monter ses filles les unes contre les autres. Devant la peine d'Antoinette, elle réfléchissait.

— Tu sais, les relevailles embrouillent parfois le discernement chez les nouvelles mamans. La faiblesse due aux pertes de sang, la fatigue de l'accouchement, la charge familiale qui continue... J'ai déjà vécu ça, moi aussi, tu sais... Et tu le vivras également à ton tour, tu verras.

— Mais quand le vivrai-je, si Étiennette me met toujours des bâtons dans les roues?

— Ça ne devrait pas tarder, à moins que tu continues à t'apitoyer sur ton sort… Ce n'est pas avec la larme à l'œil que tu te feras faire les yeux doux!… Mais il y a autre chose… Je ne sais pas si je devrais te le dire.

Antoinette, inquiète, se retourna prestement et regarda sa mère.

— Quoi? Ça me concerne?

— Je pense bien que oui.

Antoinette affichait un regard interrogateur et Marguerite choisit de briser sa règle de mère de famille.

— Je crois qu'Étiennette t'envie.

Antoinette s'esclaffa d'incompréhension.

— Mais de quoi? Elle possède tout, un mari, des enfants, une maison, une autre maison prochainement, et moi… je ne possède absolument rien!

— Au contraire, tu as ce qu'elle n'a plus: le célibat.

— Quoi? Je ne vous comprends pas.

— Ce n'est pas si compliqué à comprendre. Tu es toujours célibataire, donc libre de plaire à un éventuel cavalier.

— Oh ça, vous avez raison, «éventuel», et rien de plus!

— Ne fais pas la sotte, Antoinette. Tu es attrayante, bien tournée et si gentille! Parfois, je me demande si ce n'est pas moi qui te retiens à la maison, à t'occuper trop des jumeaux.

— Mais non, vous savez bien que nous nous entendons bien tous les cinq, avec Jean-Jacques. C'est sûrement pour ça qu'Étiennette est envieuse.

— Pour Étiennette, tu respires la liberté; n'oublie pas qu'elle s'est engagée très rapidement dans la vie.

— Comme vous à son âge!

— Oui, mais moi, c'était à une autre époque. Nos parents nous mariaient vite.

— Vous ne vous êtes pas mariés par amour, papa et vous?

— Ce n'est pas ce que j'ai dit! Étiennette s'est mariée très jeune et elle te voit encore célibataire, attendant ton chevalier servant.

— Serait-elle jalouse de moi? Mais je n'ai pas encore reçu la demande de Pierre Hénault. À moins qu'elle veuille le garder pour elle. C'est ça, elle le veut pour elle, sans égard pour mes propres sentiments. Mais maman, elle n'a pas le droit, elle est mariée!

Marguerite ne réfuta pas la conclusion d'Antoinette. Elle préféra prendre la main de sa fille, en lui disant :

— Tu sais, une charge familiale inattendue mêle bien souvent les idées d'une femme, surtout si elle a eu l'impression de ne pas avoir vécu sa vie de jeune fille. Je crois que c'est ce qui arrive à Étiennette. Il ne faut pas que tu lui en veuilles.

Antoinette parut intriguée par les propos de sa mère.

— Serait-elle amoureuse de Pierre Hénault Canada ?

— Amoureuse, qui sait, mais certainement pas indifférente à sa présence, en tout cas.

— Mais Pierre, son mari, et ses enfants, que va-t-il leur arriver ? Il faut les aider à tout prix. Mais que faire ? Prier ?

— Sans doute, mais agir aussi.

— Mais comment ? Avez-vous une idée ?

— Oui, mais ça te concerne… Il faut que tu sois d'accord. Il y a des risques, mais je crois qu'ils sont moins grands que ce que je soupçonne qui puisse se produire.

— Vous m'intriguez. Qu'en est-il ?

— Eh bien, je vais proposer à Pierre et Étiennette de t'héberger le temps qu'il faudra. En fait, le temps de ses relevailles… Disons… jusqu'à l'Épiphanie, environ trois mois. Ce ne sera pas la première fois que tu l'aides à se relever de couches, tu l'as fait à ses deux premiers… À la différence que cette fois-ci, Pierre Hénault Canada est dans le voisinage. Avec Marie-Anne Dandonneau qui veille au grain de son côté, ce jeune homme n'aura pas beaucoup de possibilités de lui tourner autour… Et mine de rien…

— Mais maman, c'est autour de moi que je voudrais qu'il tourne ! Vous me demandez de me sacrifier au profit d'Étiennette. Vous voyez : encore une fois, c'est elle qui a le dessus ! Et moi, personne ne se préoccupe de me voir souffrir ? S'il vient ici et ne s'intéresse pas à moi, de quoi aurai-je l'air ?

Marguerite s'approcha d'Antoinette et la serra contre elle.

— Tu sais bien que non ! Je te l'avais dit qu'il y avait un gros risque pour toi… En fait, tu as raison. Tu n'es pas obligée de te faire souffrir pour Étiennette. Mais je veux tellement la sauver.

— Mais il y a un autre moyen.

— Ah oui ? Lequel ? demanda Marguerite, enthousiaste.

— Qu'Étiennette vienne demeurer à Maskinongé avec les enfants.

— Peut-être bien. Mais à bien y penser, ce serait déménager toute sa petite famille, la marraine-nourrice comprise. Et qui s'occupera de Pierre? Il ne peut quand même pas rester seul à la forge parce que nous craignons qu'elle revoie ce jeune Canada. Et puis, je le connais, il est bonasse, mais pas à ce point-là. Il va se douter de quelque chose et ça le rendra soupçonneux. Crois-moi, il n'y a rien de pire qu'un homme qui a l'impression de se faire trahir… Non, je ne crois pas que ce soit une bonne idée… Il ne nous reste plus qu'à prier pour qu'elle retrouve la raison… et la foi.

Antoinette fixa sa mère encore une fois.

— Maman, j'ai l'impression que c'est ma faute si Étiennette risque son mariage.

— Non, ma fille, ne te mets pas cette idée en tête. Je n'ai pas dit qu'elle voulait risquer son ménage, mais qu'elle semblait jouer avec le feu. Ce n'est pas pareil. Mais il n'y a qu'un pas à franchir…

Nerveuse, Antoinette se mordillait les doigts d'inquiétude.

— Mais pourquoi risque-t-elle tout ça?

— Oh, moi, je sais pourquoi!

— Parce qu'une mère comprend tout de sa fille?

— C'est plutôt qu'une pauvre femme peut en comprendre une autre. Il ne faut pas la juger, notre Étiennette, non.

— Vous ne voulez pas m'en dire plus? Vous m'intriguez, vous savez.

— Peut-être t'expliquerai-je quand tu seras mariée et mère de famille.

— Encore ça! Mais je ne le suis pas, mariée! Alors, voudriez-vous cesser de jouer aux devinettes avec moi! C'est à croire que le mariage est une société mystérieuse et qu'il n'y a que les femmes mariées qui peuvent se communiquer leurs secrets!

Alors, Marguerite fixa son regard pénétrant dans celui de sa fille et dit, sur le ton de la confidence:

— L'amour est en effet un grand mystère. Pour le comprendre et le communiquer à nos enfants, il faut l'avoir vécu. Mais voilà, il emprunte parfois un sentier cahoteux et dangereux, celui de la séduction. C'est pour ça qu'il est souvent appelé l'amour fou.

— Et moi qui croyais qu'il était souhaitable d'être folle d'amour pour son cavalier avant de se marier.

— C'est plus que souhaitable. Mais il arrive parfois comme un cheval à l'épouvante et nous ne pouvons pas toujours le retenir dans le droit chemin. Alors, à ce moment-là, l'amour nous rend folles, à tel point que nous ne distinguons plus le mauvais du bon grain… Alors, quand une femme… Non, rien.

— Qu'alliez-vous dire?

Marguerite sourit à la naïveté de sa fille et lui répondit:

— Que l'amour est un jeu dangereux. Malheureusement, nous, les femmes, sommes souvent trop naïves pour nous rendre compte que nous en sommes, la plupart du temps, les victimes. Et qu'il nous blesse pour la vie. C'est pour ça qu'il faut éviter à tout prix de se brûler les ailes… Alors, vois-tu, il est préférable pour toi d'attendre ton prochain amoureux à Maskinongé et de ne pas vouloir brûler les étapes. Sinon, tu en porteras les cicatrices toute ta vie… C'est notre destin à nous, les femmes. Enfin… peut-être pas toutes.

Comme Antoinette ne parvenait pas à tout comprendre, Marguerite lui demanda:

— Tu n'as pas tout saisi, n'est-ce pas?

Comme Antoinette faisait un signe négatif de la tête, sa mère conclut:

— C'est mieux ainsi. Souhaitons que tu sois épargnée. Mais si, un jour, tu souffres d'amour, tu te souviendras de notre conversation. Et si, à ce moment-là, tu me demandes conseil, tu devras me promettre de le suivre. Je sais que tu le feras parce que tu n'es pas une femme entêtée… comme ta sœur Étiennette, disons… Il faut suivre son destin, paraît-il…, conclut Marguerite en soupirant.

CHAPITRE XIII
Jean-le-blanc

L'automne 1710 fut triste à la forge du fief Chicot. Le petit Antoine vivait chez sa nourrice à l'île Dupas, le temps qu'il reprenne des forces et que sa mère retrouve la santé. Mais malgré le lait riche et l'assistance nourricière de la marraine, le poupon ne parvenait pas à rattraper le rythme de croissance et à développer la vitalité que sa mère espérait. C'est ce qu'Agnès et Charles Boucher étaient venus dire, en lui rendant visite au fief Chicot.

Le moral d'Étiennette semblait très bas. Elle ruminait son désespoir, et son mutisme devenait de plus en plus inquiétant. Elle se confiait à peine à Marie-Anne, son amie, lorsqu'elle venait prendre de ses nouvelles. Cette dernière avait écrit à Cassandre aux Trois-Rivières, afin de l'informer de son inquiétude concernant Étiennette. N'avaient-elles pas indiqué qu'elles entreprendraient une démarche pour aider leur amie ! Elle concluait sa missive de cette manière :

« Je n'ai pas idée de la façon dont tu pourras t'y prendre, mais je sais qu'il est grandement temps que nous trouvions une solution au malaise d'Étiennette. Sinon, je ne garantis plus son bonheur, si tu vois ce que je veux dire… Je crois que Pierre Hénault Canada rôde encore autour d'elle… Pire, j'ai l'impression qu'elle le souhaite ! Son petit Antoine est toujours chez sa nourrice.

« Une amie sincère, qui s'inquiète autant que toi du bonheur d'Étiennette,

« Marie-Anne D.

« P.-S. J'ai enfin reçu une lettre de La Vérendrye… De bonnes nouvelles pour notre mariage, qui pourra enfin se réaliser ! Mais ce qui m'encourage le plus, c'est que cette lettre est le fruit de sa propre initiative, elle lui a été inspirée par son propre amour : il n'avait pas encore lu la mienne lorsqu'il a écrit la sienne. Alors, imagine l'ardeur qu'il mettra à me revenir le plus vite possible. Je crois que tu avais raison de me prier de continuer à espérer, et de dire que La Vérendrye reviendrait sur le premier bateau en mai prochain. »

Marie-Anne eut la délicatesse de ne pas informer Cassandre de la curiosité de La Vérendrye pour ses amours avec son ami Pierre de Lestage. Elle se proposait de lui mentionner, dans la lettre qu'elle enverrait au printemps seulement, qu'elle lui avait rendu visite à Montréal avec Cassandre, sans plus d'explications. Il serait toujours temps, à son retour, de l'informer de la rupture inusitée du couple de leurs amis.

En lisant cette lettre, Cassandre se fit cette réflexion :

J'aurais pourtant dû recevoir cette lettre de Marie-Anne par le retour du postier… Québec n'est pas si loin des Trois-Rivières, tout de même ! Ce n'est pas normal, il y a quelque chose qui cloche. Je vais m'y prendre autrement. Seule une femme peut en comprendre une autre ! Et moi qui suis coincée dans ce poste, sans nouvelles de personne ou presque, moi qui ai l'impression d'être loin de la véritable action, captive ici, à enseigner la note juste à des fillettes qui n'auront jamais la possibilité de chanter autrement qu'en ramassant le foin ou en récoltant leurs carottes dans leur potager…

Cette vie monastique me pèse, moi qui ai connu Paris, Versailles et Québec… Quand comprendras-tu, Cassandre, que ton destin se déploiera là où il y a du théâtre et de l'opéra, de l'action et de l'intrigue ? Ici, ton seul public, ce sont ces oiseaux aquatiques et ces moustiques ; ton destin ne se résume qu'à observer l'horizon au-dessus du fleuve, à espérer voir passer un bateau de la fenêtre de ta chambrette.

Ce n'est pas en restant figée ici que tu pourras aider Étiennette, qui est si désespérée, elle, la femme parfaite. Ni te trouver un autre amoureux, toi qui ne vois ici que de grossiers militaires qui lorgnent dans ta direction dans l'espoir de te lutiner. Il va falloir que ça bouge, et vite !

Cassandre se mit aussitôt à répondre à Marie-Anne pour la remercier de la tenir informée et pour l'inciter à ne pas se décourager et à écrire une autre lettre, cette fois-ci à son contact privilégié.

Si elle ne me répond pas d'ici un mois au plus tard, je quitterai Trois-Rivières, je ne sais pas quand ni de quelle façon, mais je le ferai… À moins que j'aille moi-même régler son compte à Canada au fief Chicot, à ma manière. Cette fois-ci, je vais tout déclarer à Pierre Latour. Après tout, il y va de son bonheur. Un mari a le droit de savoir, surtout s'il n'est pas trop tard ! Je risquerai mon amitié avec Étiennette, s'il le faut, si madame ne peut pas comprendre par elle-même. Et dire que c'est moi qui passe pour la délurée ! Quel retour du sort !

Le forgeron voyait bien que sa femme dépérissait à vue d'œil. Un soir, après le souper, alors que sa portion ressemblait davantage à une maigre pitance qu'à l'assiettée gargantuesque que son travail acharné à la forge commandait, il s'enquit auprès d'Étiennette.

— Que se passe-t-il, ma femme, nous n'avons plus rien à manger ? Te manque-t-il de l'aide à la maison pour les enfants et la besogne ? Je te l'avais bien dit qu'il t'aurait fallu de la compagnie. Que dirais-tu si je demandais à ta mère et à ta sœur Antoinette de venir t'aider pour les boucheries encore cette année ? Vous avez l'habitude de travailler ensemble.

Étiennette regarda son mari, courroucée. Comme elle s'en rendit compte, elle se radoucit.

— C'est Antoine, notre cher petit, qui me manque.

— Tu sais bien qu'Agnès nous recommande de le laisser à sa nourrice le temps qu'il faut pour l'allaiter. D'ailleurs, Marie-Jeanne, sa marraine, s'en occupe comme une mère.

— C'est ça qui me fait peur. Antoine ne voudra plus se séparer d'elle !

— Mais tu n'es pas capable de le nourrir, ce petit, tu es trop faible… Et ce n'est pas avec ton moral que la situation pourra se rétablir vite… Tu as besoin de compagnie et c'est la raison pour laquelle j'ai pensé en parler à ta mère et à ta sœur. D'autant plus que ce sera bientôt le temps des boucheries, avec l'avent et le temps des fêtes. Tu te sentirais en bonne compagnie… En plus, ce n'est pas moi, ces temps-ci, qui pourrais te redonner goût à la vie… Tu me comprends, n'est-ce pas?

Étiennette regarda son mari durement.

— Enfin, Pierre, tu exagères! Je viens à peine d'accoucher. Que fais-tu de mon temps de relevailles! D'autant plus que, comme je ne nourris pas le bébé, je risquerais de tomber enceinte de nouveau.

Le forgeron rongea son frein. Il plissa les yeux, frustré et inquiet, et marmonna:

— Que fait-on pour ta mère et Antoinette?

Étiennette bondit sur l'occasion pour exprimer ce qu'elle avait sur le cœur.

— Antoinette? Pas d'elle ici! C'est une hypocrite! Tout ce qu'elle cherchera à faire, c'est d'attirer des garçons ici.

Pierre Latour s'étonna de la réplique accablante de sa femme, lui qui connaissait Antoinette comme une jeune fille tranquille.

— Voyons, pourquoi dis-tu ça? Antoinette a toujours été si serviable!

— Parce qu'elle cache son jeu, celle-là. Oh, comme je la connais, ma sœur! Je l'ai toujours soupçonnée d'avoir voulu me soutirer mes cavaliers.

Le forgeron sursauta.

— Mais tu m'as toujours dit que j'étais ton premier!

Comprenant sa gaffe, Étiennette essaya de la réparer.

— Ai-je dit ça? Alors, je me suis mal exprimée. Ce que je voulais dire, c'est qu'elle m'aurait sans scrupule soutiré mes cavaliers, si j'en avais eu. Mais je n'ai pas eu de soupirant avant toi. Cela te convient-il mieux? ajouta-t-elle avec un air de défi.

Latour n'insista pas, pressentant que la suite de la conversation serait tendue.

— Seulement ta mère, alors?

— Ma mère, qui viendrait me dire quoi faire?… D'autant plus qu'elle n'a plus la main aussi adroite pour tuer le cochon et découper la viande. Non… Évidemment, pas non plus ma sœur Marie-Anne, je t'en conjure, sinon je meurs!

— Qui d'autre? Tu sais bien que je ne peux pas me libérer de mes tâches!

À cet instant, il vint une idée païenne à l'esprit d'Étiennette, du genre de celles qui proviennent davantage des sens que de la raison. Dans son esprit, elle détaillait le corps nu et musclé de Canada en train de lui faire l'amour avec la fougue de ses vingt ans. La jeune femme vivait ce moment d'extase, aussi légère qu'une plume au vent, sans la contrainte de ses responsabilités. Elle se sentait celle qu'elle aurait aimé être à ce moment de son existence.

Motivée par la renaissance de ses sens, elle se dit pour elle-même :

J'y pense : mon mari est sans doute sur le point d'aller faire ses provisions de fer !

— Canada pourrait m'aider ! lança Étiennette comme un cri de victoire.

Étiennette venait de lâcher ce qui la tenaillait et qu'elle n'avait osé dire qu'à Marie-Anne, son amie, de façon si discrète.

La naissance prématurée du bébé et le retour de Pierre Canada dans sa vie avaient réveillé en elle la passion. Depuis que sa mère lui avait confié avoir eu un coup de cœur pour Nicolas Lupien, la jeune femme n'avait pu se résigner à combattre ce feu charnel qui semblait vouloir tout détruire sur son passage. En fait, elle se sentait si impuissante devant cet amour incendiaire qu'elle avait décidé d'abdiquer et de se laisser aller à ses pulsions.

Encore fallait-il qu'elle imagine une stratégie acceptable pour son mari, qu'elle ne voulait surtout pas blesser, lui qui avait tellement souffert jadis de l'assassinat de sa première épouse lors d'un raid iroquois à Pointe-du-Lac. Étiennette connaissait la bonté du forgeron et sa tendresse à son égard. Elle savait qu'il fléchirait si elle lui demandait de l'aider à retrouver le moral après l'accouchement difficile d'Antoine. Elle aurait parié que son mari attribuait son état de santé à des relevailles difficiles, alors qu'elle savait parfaitement que ses sautes d'humeur étaient la conséquence du feu intérieur qui la brûlait et du combat entre le bien et le mal qui la tenaillait. C'était Lucifer contre sa conscience.

Étiennette avait déjà pensé se confesser de ses pensées impures. Toutefois, le curé Charles de La Goudalie avait la réputation de traquer « activement » le démon chez ses paroissiens, comme un chef de la milice pouvait le faire, et Étiennette ne voulait surtout pas voir rôder en permanence le bon pasteur au fief Chicot. Il aurait tôt fait d'informer Laforge de ses amours coupables, et la nouvelle se serait rapidement répandue jusqu'à Maskinongé. Marie-Anne Dupuis, sa sœur, qui espérait depuis longtemps un faux pas d'Étiennette, ne manquerait pas sa chance de lui remettre sous le nez, ou pire, de couper les ponts à tout jamais.

Étiennette ne pouvait anticiper la réaction de son mari s'il venait à se trouver humilié ainsi un jour. Il pouvait aller jusqu'à la répudier, peut-être même lui enlever ses enfants, comme la loi de la Commune de Paris[70] le lui permettait. Ça, Étiennette préférait ne pas y penser. Elle ne se sentait plus la force de lutter contre le ver insidieux qui l'habitait, celui de l'adultère, qui l'invitait à s'abandonner à ses bas instincts avec Pierre Hénault Canada. Elle ne savait plus à quel saint se vouer : saint Antoine de Padoue ou saint Jude ?

Pierre Latour faillit s'étouffer avec le quignon de pain qu'il mastiquait avec nervosité. Il se mit à râler, essayant de rattraper le peu de souffle qu'il lui restait. Étiennette se rapprocha de lui et lui tapota le dos. Elle tapa de plus en plus fort jusqu'à ce que la croûte coincée soit crachée par terre. Elle lui servit alors un peu d'eau froide pour l'aider à retrouver sa salive. Une fois rétabli, le forgeron s'essuya la bouche avec son tablier.

— Canada ? Mais tu sais bien qu'il lui reste son foin à remonter dans le grenier de sa grange. Justement, je suis en train de lui réparer un soc de charrue ébréché. Et puis, je me demande s'il pourrait être d'une grande utilité. C'est un bon habitant, mais… sa femme, Marie-Anne Ratelle, pourrait t'aider à cuisiner la charcuterie… si elle a le temps, bien entendu. Je pourrais le lui demander.

— Je ne parle pas du père Canada, mais de son fils : tu sais, celui qui l'accompagne souvent à la forge. Lorsqu'il trappe, il a l'habitude de dépecer le gibier.

Pierre Latour reçut cet affront de plein fouet, comme un coup de bélier dans une muraille. Alors que la colère grondait en lui comme la lave incandescente d'un volcan sur le point d'entrer en éruption, il demeura muet. Sa respiration était haletante et son œil, mauvais. Il prit sur lui et demanda lentement à sa femme :

— Et pourquoi le jeune Canada ? Est-il boucher, en plus d'être trappeur ?

— Abattre et dépecer un animal, un trappeur peut très bien le faire. De plus, je t'ai déjà dit que nous avons marché au catéchisme

---

70. Code criminel en vigueur sous le régime français.

à la mission. Nous nous connaissons bien. Nous sommes pratiquement du même âge.

Le forgeron se souvint de l'avertissement qu'il avait donné au jeune homme.

— Justement, tu ne penses pas que c'est risqué de… d'établir des liens avec un jeune homme, alors que tu es mariée et mère de trois enfants… La prudence recommanderait… Si nous voyions ça chez les voisins, nous nous poserions un tas de questions, Étiennette.

Étiennette réagit de façon sévère.

— Monsieur serait jaloux? J'aurai tout entendu! Tu sauras que je suis assez vieille pour savoir comment me comporter selon ma condition… Et j'ai besoin de parler, de me sentir entourée de jeunes gens de mon âge, alors qu'actuellement, il n'y a que des bébés et des vieillards.

Latour la regarda, renversé. Se pouvait-il qu'Étiennette en soit rendue à employer l'insulte comme langage? Cette dernière s'en rendit compte et préféra faire amende honorable.

— Excuse-moi, Pierre, de m'être emportée. Mes paroles ont dépassé ma pensée. Quand je parlais de «vieillards», je pensais à Jean-Jacques Gerlaise de Saint-Amand, le mari de ma mère, évidemment pas à toi.

— Merci de le préciser, car je commençais à croire que tu le pensais vraiment. Je sais qu'à quarante ans bientôt, mes vingt ans sont loin derrière moi, alors que toi… Mais pourquoi Marie-Anne et son frère Louis-Adrien ne viendraient-ils pas, si tu ne souhaites vraiment pas qu'Antoinette t'aide?

Étiennette savait fort bien que, malgré son apparence impressionnante qui en faisait reculer plus d'un, son mari était un homme au caractère docile. Elle pressentait que si elle insistait, elle aurait gain de cause. Elle savait aussi qu'elle devait ménager sa susceptibilité.

— Antoinette? Tu sais que je n'ai pas la force de jouer au chaperon. Que dirait ma mère, s'il arrivait le pire? Enfin, tu sais ce que je veux dire. Ça serait la honte dans la famille, et c'est moi qui passerais pour l'entremetteuse. Non, je ne peux pas prendre ce risque-là.

— Mais avec ta mère ? Je ne veux pas insister plus qu'il ne faut, mais tu n'aurais pas à chaperonner Antoinette. Ça serait le rôle de ta mère.

Étiennette se sentit contrariée.

— Pierre, je t'ai expliqué les raisons pour lesquelles je ne voulais pas la voir en ce moment. Quant à Marie-Anne et Louis-Adrien, ils sont occupés à d'autres besognes ; c'est Marie-Anne qui me l'a dit.

Étiennette venait de mentir pour la première fois à son mari. Son désir de revoir Canada venait de l'emporter sur son honnêteté. Ne voulant pas s'afficher comme un mari jaloux, Pierre Latour Laforge estima que l'avertissement imagé qu'il avait servi au jeune Pierre Hénault Canada avait été bien suffisant pour décourager le blanc-bec de devenir entreprenant avec Étiennette. Il rassura donc cette dernière.

— Si ça peut t'aider à retrouver ta joie de vivre, alors je n'ai rien à dire contre, pour le moment… Mais…

— Mais quoi ? s'empressa de dire Étiennette, tout excitée d'avoir le chemin libre pour revoir le jeune Canada.

— Euh… Si jamais il essayait de s'approcher trop près de toi… et de te manquer de respect, tu saurais me le dire à temps, n'est-ce pas ?

Pierre Latour avait manifesté ouvertement son inquiétude à sa femme. Celle-ci sentit tout le poids de sa responsabilité envers son mari et ses enfants si jamais elle manquait au serment qu'elle avait prêté au pied de l'autel de l'église de l'île Dupas, soit celui de demeurer fidèle à son mari.

Elle se revit dans sa robe immaculée de nouvelle mariée en train de formuler cette promesse avec toute la force de son amour pour cet homme du double de son âge et, de surcroît, veuf. Lui, épaulé par le seigneur Alexandre de Berthier son témoin, et elle, au bras de son père, François, maintenant décédé, à la fois si fier et si inquiet de marier sa première fille.

Canada est si beau et si énergique ! Il a toujours été mon coup de cœur. S'il s'était manifesté comme cavalier à l'époque, je suis certaine que je serais déjà mariée à lui et heureuse… Si Cassandre est capable de faire tourner les têtes des plus beaux, alors pourquoi pas moi ? Me manquer de respect… Je serai capable de le remettre à sa place à ce moment-là… C'est de goûter aux lèvres de Canada que je désire, rien de plus. Ce n'est quand même pas un péché mortel! Ce n'est pas d'être infidèle, juste un baiser, tout de même. Les gens plus âgés voient le mal partout… Je me dois de rassurer mon mari. Après tout, je ne vois vraiment pas en quoi revoir Canada peut porter à conséquence.

— Tu n'as pas à t'inquiéter, mon amour. Canada a toujours été un jeune homme sérieux; et puis, je saurai le remettre à sa place. Quoi, je suis bien mariée avec un homme que j'aime, et nous avons trois beaux enfants! Comment peux-tu croire que je puisse risquer ce bonheur pour une amourette d'adolescente? Je te jure qu'il ne se passera rien.

Sur ces paroles réconfortantes, Étiennette s'avança vers son mari, toujours à la table, s'assit sur ses genoux et l'embrassa goulûment, à la grande surprise de celui-ci.

— Es-tu rassuré, maintenant?

Le forgeron sourit à sa femme. Pour lui prouver qu'il était en effet rassuré, il lui dit:

— Quand le jeune Canada viendra à la forge avec son père chercher le soc de charrue, je lui demanderai de venir t'aider lorsqu'il le pourra.

Étiennette arbora un large sourire de victoire. Alors que son mari ne s'y attendait pas, elle ajouta:

— Tiens, j'ai une meilleure idée. Je vais me rendre chez eux le lui demander. En même temps, je saluerai sa mère.

— Mais tu vas prendre froid! As-tu pensé aux fièvres des parturientes, Étiennette?

Celle-ci fit une moue d'insouciance.

— Non, je ne te laisserai pas y aller dans ton état. J'irai te reconduire.

— Quand? s'impatienta Étiennette.

— Aussitôt que j'en aurai terminé avec leur soc de charrue.

Étiennette fixa son mari tout en restant silencieuse. Ce dernier baissa pavillon.

— J'en fais une priorité. Demain, la réparation sera terminée.

— Je compte sur toi, Pierre. Maintenant, que dirais-tu si nous faisions une sieste pendant que les enfants dorment?

Le forgeron regarda amoureusement son épouse et lui demanda:

— Ne crois-tu pas que tu prends un risque d'inviter ton mari encore en pleine force de l'âge à aller au lit? Ne me disais-tu pas tout à l'heure que ton temps de relevailles n'était pas encore terminé?

Étiennette lui prit la main et l'invita à la suivre dans la chambre.

— Qui te dit que ça peut aller aussi loin? Tu présumes de ton charme, mon gaillard!

— Sait-on jamais! Je crois que tu ne connais pas tous mes atouts, même après trois enfants, Étiennette.

— Vraiment? Y a-t-il un risque de tomber de nouveau enceinte?

— C'est parce que tu ne connais pas encore toute la force de ma semence.

— J'en ai eu au moins trois échos jusqu'à maintenant… Qui vivra verra.

Étiennette se blottit sur le torse puissant de son mari et la suite des événements ne se fit pas attendre. Étiennette se résigna à accepter l'offrande de Pierre, malgré la souffrance qu'elle ressentait au bas-ventre. Elle put témoigner de la jouissance de son mari et le rassasier de ses étreintes.

À leur réveil, le forgeron fila à sa boutique et se mit à frapper sur l'enclume avec entrain. Il ne pensait plus qu'à terminer le travail qui attendait, sans arrière-pensée. Quant à Étiennette, elle réfléchissait à la façon dont elle informerait Pierre Hénault Canada de sa demande d'aide, sans pour autant lui laisser l'impression qu'il ne la laissait pas indifférente. Au souper, après avoir imaginé un scénario plausible, elle questionna son mari.

— Où en es-tu avec la charrue de ton ami Pierre Hénault?

— Ça avance, ça avance, ne t'inquiète pas.

— Oh, je ne suis pas inquiète, crois-moi, mais pour faire les choses correctement… Euh… Voilà, j'aimerais mieux que ce soit toi qui fasses la demande au jeune Canada à ma place. Ce serait fait selon les formes et tout le monde saurait que tu es d'accord.

La remarque rendit le forgeron méfiant.

— Ne m'as-tu pas dit que vous vous connaissiez depuis l'école?

— Oui, mais ce n'est pas un parent… Je ne voudrais pas passer pour une dévergondée comme cette Isabelle Couc!

Latour regarda sa femme en se disant :

Qu'a-t-on pu lui dire à propos d'Isabelle et moi ? Ce doit être Marguerite… Elle a toujours considéré Isabelle comme une prostituée.

— Ne t'inquiète pas, c'est moi qui lui demanderai de t'aider. Comme ça, tout sera clair pour tout le monde.

— Alors là, tu me fais plaisir, mon mari ! Tu n'auras pas à regretter ta confiance en moi !

Étiennette avait lancé cette affirmation sans trop y croire elle-même. Pour sa part, son mari répondit en ricanant :

— Ce n'est pas un jeune homme qui veut courir les bois qui va m'enlever ma femme, encore moins le fils d'un bon ami.

Toutefois, son rire sonnait faux à ses oreilles. Le forgeron tremblait de peur à la pensée de lancer Étiennette dans les bras du jeune Pierre Hénault Canada. Étiennette, en fixant son mari, se demandait bien si elle n'allait pas se jeter elle-même dans la gueule du loup.

Lorsque le forgeron invita le jeune Canada à venir donner un coup de main à sa femme, ce dernier parut d'abord sceptique. Il ne voulait surtout pas subir une raclée qui aurait pu lui être fatale de la main du géant. Mais devant la bonne foi du Vulcain, il accepta l'invitation. Le forgeron avait tout simplement ajouté comme avertissement voilé :

— Si vous avez besoin d'aide, je serai à la forge. Je ne crois pas que cette année, j'aille vérifier l'état de mes gisements de fer. Mes provisions de l'an dernier me permettent d'attendre encore un peu.

Quand, plus tard, le jeune Hénault Canada rapporta à Étiennette cette phrase de son mari, alors qu'il commençait l'abattage du premier porcelet, elle eut cette réflexion :

Il n'est pas fou, mon mari ! Il se doute de quelque chose. Étiennette, sois prudente, ne le provoque pas. En colère, mon mari serait capable de le tuer juste en lui administrant un coup de poing.

Pierre Hénault Canada se doutait qu'Étiennette Latour n'était pas insensible à son charme. Mais que son mari puisse être de mèche aussi facilement le surprenait. Il décida de refréner son envie grandissante de posséder la grande brunette afin d'évaluer si cette dernière ne lui avait pas tendu un piège. Il se consacra donc à accomplir les tâches pour lesquelles le forgeron lui avait dit qu'il le récompenserait. Son père, toutefois, avait refusé, affirmant avec force :

— Si nous ne pouvons plus nous entraider entre amis et voisins, où allons-nous ? Déjà que tu me fais passer en avant de tes autres clients de la forge.

Laforge avait décidé d'offrir de la saucisse et du boudin noir à Marie-Anne Hénault, ainsi qu'au vieux Jacques Palet, le parrain d'Hénault et voisin des Latour.

— N'oublie pas de conserver ta meilleure saucisse et ton meilleur boudin pour nos amis, Étiennette !

Cette dernière l'avait écouté d'une oreille distraite, tellement son esprit était obnubilé par le fantasme du corps nu du jeune Canada.

Pierre Latour s'entendait bien avec Hénault et ce dernier le lui rendait bien. Parmi tous ses amis, Généreux et Ducharme, Beaugrand, dit Champagne, un voisin, Viateur Dupuis, son beau-frère, Charles Boucher, son cousin par alliance, Loiseau, dit Francœur, et Claude Dudevoir, Piet, dit Trempe, Pierre Hénault était un des préférés du forgeron.

Il faut dire que Canada savait comment flatter l'orgueil du Vulcain en lui disant qu'il valait plusieurs fois, par sa force et sa dextérité, l'autre Pierre Latour, un résident des alentours qui se risquait à l'occasion à effectuer des travaux de forge.

— Tu mérites bien ton surnom de « Laforge », mon grand ! Pour vous différencier, nous nommerons l'autre « Balourd ». Ça lui ressemble davantage, lui avait-il dit en ricanant.

Ces deux surnoms devinrent les noms de famille usuellement prononcés non seulement au fief Chicot, mais aussi dans les seigneuries de l'île Dupas, de Berthier-en-haut, de Maskinongé, et même de Sorel. Quand Pierre Latour Laforge en informa Étiennette, lui déclarant que sa réputation de forgeron le précéderait à la rivière Bayonne, celle-ci resta muette. Son mari parut songeur, et pour cause !

Le jeune Hénault ne put longtemps rester de glace en présence d'Étiennette : ses longues jambes, son teint mat et sa démarche décidée l'excitaient. Il réalisait qu'il ne la voyait plus comme la petite fille sage qui marchait au catéchisme en écoutant religieusement les enseignements du missionnaire, mais comme une jeune femme séduisante, au caractère volontaire, avec laquelle il pourrait découvrir de nouvelles sensations charnelles. Il lui tardait de caresser le grain de peau ambré de la jeune femme et de découvrir les secrets des replis de son intimité.

Canada n'était plus puceau : il avait goûté aux charmes épicés d'une jeune Algonquine, Tête-de-Boule, qu'il avait séduite avec fougue pendant plusieurs jours lors d'une de ses rondes de trappe en remontant la rivière Chicot jusqu'à sa source, au lac Maskinongé. Mais aujourd'hui, le jeune homme rêvait de mettre sa virilité à l'épreuve avec une femme d'habitant, déjà rompue à l'œuvre de chair. Il se disait :

Bah ! Les Sauvagesses, je les aurai toutes quand je serai coureur des bois dans les Pays-d'en-Haut. À mon retour, il sera toujours temps d'avoir ma propre famille, et tant pis pour mes bâtards ! À moins que je rencontre une fille de chef indien comme Isabelle Couc. Alors, à celle-là, j'aimerais bien faire la démonstration de ce dont est capable un vrai mâle !

Pierre Hénault Canada et Étiennette étaient en train d'« arranger le cochon », comme il se plaisait à dire, quand cette dernière se surprit à regarder le pantalon particulièrement gonflé du jeune homme. Même si sa présence excitait ses sens, elle aurait souhaité que leur intimité puisse commencer par des gestes tendres et des paroles douces comme celles que Cassandre lui avait rapportées à la suite de ses premières rencontres avec Pierre de Lestage.

Étiennette aurait tellement voulu qu'on lui récite de la poésie et qu'on lui déclame des mots d'amour en prose, comme ceux que son amie Cassandre avait appris en France et entendus de ses amoureux François Bouvard et Pierre de Lestage. Étiennette en rêvait mais savait pertinemment que ce n'était pas le genre de son mari, plus habile à manier le marteau et l'enclume que le livret d'opéra.

Voilà que Canada voulait accélérer le manège de la copulation et du coït. Il tapotait le gonflement avec un sourire vicieux et maléfique, comme si cette activité le soulageait d'un quelconque prurit[71]. Étiennette en fut offusquée et le fut plus encore quand il lui demanda :

— Veux-tu voir ma queue-de-rat[72] ?

---

71. Vive démangeaison.
72. Tabatière en écorce de bouleau, dont le couvercle est soulevé à l'aide d'une petite

Étiennette figea sur place. Elle réalisa soudain qu'elle ne connaissait absolument rien des manières du jeune homme, lequel ne ressemblait plus au garçonnet timide qu'elle avait connu au catéchisme. Elle s'attendait au pire. Canada déboutonna alors sa veste et en sortit… une tabatière. Il éclata de rire, du rire du mauvais plaisantin fier d'avoir pu tromper sa victime par son tour de prestidigitation.

Visiblement soulagée de constater que ses craintes n'étaient pas fondées, Étiennette pouffa de rire. Un rire qui n'arrêta pas, accompagné dans sa cascade sonore par celui de Canada, encouragé dans sa bouffonnerie. Il trouvait chez Étiennette la comparse de ses pitreries et de ses jeux amoureux. Il s'avança alors vers elle ; plutôt que de chercher à l'embrasser, il lui mit la main sur une fesse.

Complètement désarçonnée, Étiennette se demandait comment réagir. Devait-elle le gifler ou lui demander de cesser ces avances qui pouvaient avoir de désastreuses conséquences ? Elle retira sa main. Devant l'hésitation d'Étiennette, Canada comprit qu'elle n'était pas indifférente à son compagnon de classe et qu'il devait à nouveau faire preuve d'initiative. Il approcha ses lèvres de la bouche d'Étiennette et chercha à l'embrasser en pressant la jeune femme fermement contre sa poitrine. Elle sentit rapidement le désir manifeste du jeune homme lorsqu'il colla son bassin sur le sien et effectua des oscillations pour exciter la passion de sa compagne.

Dans un soubresaut des reins, Canada projeta Étiennette contre le mur de la laiterie, dont les planches étaient ajourées. Quand Étiennette se rendit compte de sa situation précaire, elle tenta de le repousser. Elle lui chuchota à l'oreille :

— Fais attention, Canada, on pourrait nous voir et Dieu sait ce qui pourrait nous arriver !

— Mais je t'aime, ma belle brunette. Si tu savais à quel point j'ai hâte de te montrer que je suis un homme, et non plus le petit garçon du catéchisme.

En disant cela, Canada obligeait Étiennette à éviter ses secousses en tentant de se déplacer d'un côté et de l'autre.

— Laisse-moi faire, ma belle, et tu ne le regretteras pas.

---

lanière de cuir ressemblant à une queue de rat.

La jeune femme tentait tant bien que mal d'éviter tout contact avec le jeune homme de plus en plus excité par le mouvement de ses saccades. Enhardi par l'impression qu'il pouvait posséder prestement la jeune femme, il agrippa de son bras gauche les épaules d'Étiennette pour mieux la stabiliser et réussit à défaire, de l'autre main, les rubans gardiens de la forteresse de jupes et de jupons de la tenue féminine.

Canada avait l'habitude de dominer ses conquêtes amérindiennes sans pudeur et même sans retenue, comme s'il voulait prouver la supériorité de sa race sur la leur. Mais avec Étiennette, c'était différent. S'il désirait la séduire, il devait faire montre de raffinement en évitant la rudesse.

Après lui avoir appliqué un ardent baiser, Canada se mit à farfouiller sous les vêtements d'Étiennette ; elle le somma d'arrêter, retirant brusquement sa main de ses jupons.

— Non, non, pas ça ! Arrête, sinon je ne te parlerai plus jamais et je ne te permettrai plus de revenir à la forge. Est-ce bien clair ?

— Qu'est-ce qui se passe ? Ai-je été trop rude ? demanda le jeune homme, qui continuait à se trémousser.

Étiennette lui répondit :

— Nous oublions que je suis mariée et que je viens à peine d'accoucher.

Canada n'écoutait déjà plus. Il cherchait à se tortiller. Il avait le regard fixe du mâle prêt au coït.

— C'est à moi que tu appartiendras désormais, ma grande brunette, à moi tout entière.

Canada voulut à ce moment défaire la camisole d'Étiennette, mais la jeune femme le refroidit tout net en lui serrant le poignet :

— Ça suffit, maintenant ! Compris ?

La jeune femme avait commencé à remettre ses vêtements et à replacer ses cheveux sous sa coiffe quand son compagnon lui demanda, penaud :

— Tu ne me désires pas, Étiennette ?

À ce moment, elle sut que sa condition de jeune mère de famille et d'épouse d'un homme d'âge mûr et bien en vue dans la petite communauté du fief Chicot lui imposait un comportement exemplaire de vertu et d'obéissance.

Étiennette eut alors la vision de son colosse de mari et se dit que jamais ce dernier n'aurait à douter de son attitude : à partir de ce jour, elle se comporterait en épouse modèle et amoureuse.

Personne ne s'en doutera. Surtout pas mon mari. Jamais, foi d'Étiennette !

Forte de la résolution qu'elle venait de prendre pour discipliner ses pulsions, elle dit avec un sourire victorieux :

— Si mon mari savait ce qui vient de se produire ici… Il est assez fort pour t'étrangler d'une seule main, tu sais ! Ça serait terrible !

Le jeune homme grimaça.

— Et que va-t-il m'arriver, à moi, qui ne pourrai plus me passer de toi ?

En femme triomphante ayant réussi à faire baisser pavillon au beau célibataire des environs qui faisait tourner toutes les têtes portant la coiffe, Étiennette préféra ne pas répondre.

Comme il allait l'agripper pour recommencer son manège d'amour, Étiennette s'esquiva et alla récupérer le canif. Elle lui dit « Chut ! » et lui fit signe de continuer à travailler.

— Nous avons du travail à rattraper. Il ne faut surtout pas que Pierre se doute de quoi que ce soit.

Canada regarda le canif menaçant. Comme si rien ne s'était passé entre les deux bouchers de circonstance, ils reprirent là où ils en étaient. Pierre Hénault suivait les instructions d'Étiennette Latour, comme il avait l'habitude d'exécuter les consignes données par son père.

Étiennette se dit alors :

Il n'y a pas que les jolies blondes à la belle voix qui peuvent s'amuser à faire tourner les têtes. Une grande brunette peut aussi être une femme fatale. Vois-tu, Cassandre, tu n'es plus la seule à pouvoir collectionner les trophées amoureux !

Quand Pierre Latour Laforge s'informa auprès de sa femme de la progression des boucheries, cette dernière, qui sentit l'inquiétude de son mari, répondit calmement :

— Nous aurons toutes les provisions qu'il nous faudra pour l'hiver, et encore plus. Nous pourrons offrir de la charcuterie à nos amis et notre parenté.

— N'oublie pas de laisser une bonne part aux Hénault. Après tout, c'est normal, puisque le fils Canada n'a pas hésité à se libérer pour nous aider.

Étiennette sut que son mari était beaucoup plus alarmé par la compagnie du fils Hénault qu'il n'y paraissait. Elle voulut le rassurer immédiatement.

— Tu comprendras que dans mon état, c'est lui qui a effectué presque tout le travail d'abattage, de dépeçage et même d'enfilage de tripes. Moi, j'ai plutôt vu à préparer le salage et les oignons, et à brasser le sang pour qu'il n'y ait pas de grumeaux dans le boudin… Par contre, la tête fromagée, c'est ma réussite. Il n'y a pas une femme dans les environs, encore moins un homme, qui pourra m'égaler… À bien y penser, Canada et moi avons travaillé tout autant l'un que l'autre…

Étiennette finit sa phrase avec rire sonore qui se répandit dans la pièce. Il y avait bien longtemps que le forgeron n'avait pas entendu sa femme de si joyeuse humeur.

Peut-être trop, pensa-t-il.

Il posa alors à Étiennette la question qui lui brûlait les lèvres et à laquelle elle s'attendait :

— Et le jeune Canada s'est-il conduit correctement avec toi ?

Étiennette fixait son mari, surprise : cette scène était identique à celle du scénario qu'elle avait imaginé peu avant. Elle répondit :

— Correctement ? Veux-tu dire par là qu'il a paressé ? Je peux t'assurer que nous n'avons pas perdu notre temps, crois-moi.

— Non, non, répondit le forgeron, gêné. Je voulais simplement m'assurer qu'il ne t'avait pas manqué de respect. Tu sais, des fois, les jeunes gens…

Pierre s'apprêtait à lui confier le secret qui lui démangeait les lèvres. Cependant, il jugea bon d'attendre encore un peu.

Étiennette feignit la surprise.

— Ah, ça ? Jamais je ne lui aurais permis de s'approcher de moi, tu le sais bien ! Je suis une femme honorable… Mariée et bien mariée. Sinon, je te l'aurais dit.

Le forgeron, rassuré, sourit à la réponse de sa femme. Celle-ci se voulait convaincante et espérait lui enlever tout soupçon d'infidélité. Une fois qu'elle se fut rapprochée de lui, elle ébouriffa ce qui lui restait de cheveux et lui dit :

— À bien y penser, je n'en suis pas convaincue… Tu pourrais le tuer avec tes grosses mains, tu sais. Et…

Étiennette s'était assise sur les genoux du colosse, avait retiré sa pipe qu'elle avait déposée dans le cendrier sur la table et avait commencé à lui caresser le visage. Elle continua :

— Maintenant que les enfants sont couchés, que dirais-tu si nous allions faire un tour au lit ?

Étonné, le forgeron lui répondit naïvement :

— Moi, je veux bien. Mais toi, ne m'as-tu pas dit que ton travail à l'étal t'avait fatiguée ? Tu ne préférerais pas plutôt te reposer ? Je comprendrais.

Étiennette le regarda avec malice, un petit sourire en coin.

— Tiens, tiens ! Qu'est-ce que monsieur avait derrière la tête ? J'avais en tête que nous allions nous coucher, rien de plus, coquin !

Le forgeron prit un air désolé, comprenant sa méprise. Fière de cette victoire, Étiennette prit sur elle d'éliminer tout doute dans l'esprit de son mari.

Le lendemain, quand il se réveilla aux aurores, Pierre Latour se surprit à fredonner. Il sourit et se remémora la nuit délicieuse qu'il venait de passer avec Étiennette. Il se pencha alors vers sa jeune femme qui dormait comme une bûche et l'embrassa sur le front. Elle se réveilla peu après en entendant son bébé émettre quelques cris étouffés dans son ber : il semblait avoir été dérangé par les ablutions matinales de son père.

Le jeune Antoine avait été ramené chez lui. En entendant ses pleurs, la mère voulut immédiatement sortir du lit pour porter secours à son nourrisson, mais Pierre l'en empêcha.

— Laisse, je vais chercher le bébé et je te l'apporte.

Pierre Latour, en bon père attentionné, prit le poupon — il tenait presque entièrement au creux de sa grosse main — et le déposa aux côtés de sa mère en disant :

— Tiens, mon amour. Repose-toi, c'est moi qui m'occuperai de préparer le déjeuner aux enfants.

Étiennette, amusée, regarda son mari et dit :

— Prends le pain et la confiture de groseilles dans l'armoire. Ah ! oui, commence par leur donner un peu de lait, et toi…

Le forgeron ne la laissa pas finir.

— Et moi, je vais te préparer ton lait au chocolat du temps des fêtes. Je sais qu'il en reste de ce que ta mère nous a apporté pour le baptême.

Étiennette fut surprise d'une si gentille attention. Elle se rendormit et fut réveillée un peu plus tard par le fumet chocolaté qui régnait dans la maison. Des tartines grillées l'attendaient dans son assiette. Elle prit une gorgée revigorante du liquide chaud qui avait une saveur nouvelle.

— Mon Dieu, Pierre, mais c'est très bon! Qu'as-tu mis dans mon chocolat chaud?

— Oh! rien de particulier.

— Mais oui! Qu'est-ce que c'est? Allez, dis-le-moi!

— Oh! simplement une goutte du rhum de la Jamaïque. La dernière bouteille du capitaine Berthier, celle qu'il m'a laissée avant sa mort. Je m'en suis mis, moi aussi, dans mon lait. Je ne sais pas trop pourquoi, mais j'ai eu l'impression que j'avais besoin d'un remontant.

Étiennette pinça les lèvres, cherchant à voiler son sourire. Elle prit une seconde gorgée et dit:

— À bien y penser, ce remontant ne me fera pas de tort à moi non plus. Mais pas trop: je ne voudrais pas que notre Antoine prenne les mauvaises habitudes de son père.

Pierre Latour sourit. Il alluma sa première pipée de la journée. Après avoir inhalé une bouffée de fumée, il prit bien son temps pour faire part de la nouvelle suivante à sa femme:

— Cette année encore, je crois que je vais devoir aller me réapprovisionner en fer de surface, ma femme, avant que la neige reste au sol.

À la fois rassurée par sa mise en scène et étonnée par la tournure des événements, Étiennette le questionna.

— Il me semblait t'avoir entendu dire que tu avais ton compte de provisions.

Pour se justifier, le forgeron ajouta:

— Oui, c'est en partie vrai. Mais j'aimerais rejoindre le docteur Michel Sarrazin[73] de Québec, qui m'avait promis de revenir à la seigneurie du Cap-de-la-Madeleine pour tester la teneur en fer des sources qui baignent ce territoire.

---

73. Voir l'Annexe 3.

Étiennette, sceptique, dévisagea son mari.

— Cassandre m'a déjà parlé de ce docteur Sarrazin qui avait soigné son parrain, le marchand Thomas Frérot, sieur de Lachenaye, l'ancien procureur général. Tu te souviens de lui, n'est-ce pas?

— Bien sûr! Un ami. C'est avec Cassandre et lui que vous étiez venus me retrouver ici, au fief Chicot.

— Le docteur Michel Sarrazin, à ce que je sache, n'est pas forgeron. Pourquoi s'intéresserait-il au minerai de fer?

Le forgeron sortit alors une lettre de sa poche.

— Elle provient de l'Académie des sciences de Paris et a été adressée à partir du Jardin royal. C'est le docteur Michel Sarrazin qui me l'envoie; il me l'a fait acheminer par le notaire Puypéroux de Lafosse qui est venu me la porter directement ici, à la forge. Il me l'a lue.

— Le parrain d'Antoine? Pourquoi n'est-il pas venu me saluer?

— Parce qu'il avait une urgence et que tu étais à la laiterie.

En entendant son mari prononcer le mot « laiterie », Étiennette frissonna, mais ne le laissa pas paraître. Elle lui arracha plutôt la lettre des mains.

— Que dit-elle, cette lettre? demanda Étiennette, impressionnée par la notoriété de son mari.

— Lis-la puisque tu sais lire, Étiennette, répondit Latour, fier de son importance.

— Je préfère que tu me dises d'abord pourquoi il t'écrit à toi, monsieur Pierre Latour, le forgeron des seigneuries de l'île Dupas et de Berthier. Après tout, si je ne fais pas confiance à mon mari!

Le ton de sa femme incita le forgeron à ne pas pavoiser davantage.

— Non, je préfère que tu la lises toi-même. Je te donnerai les explications voulues, si tu le souhaites.

Étiennette commença donc à lire l'importante missive.

« Cher monsieur le forgeron Latour,

« Comme médecin expérimenté dans le soin des malades des hôpitaux de la Nouvelle-France, je me dois d'ordonner à ces derniers les remèdes convenables. Or, je reviens d'un séjour à Forges-les-Eaux, petite ville normande où les eaux ferrugineuses sont curatives, à tel point qu'elles dépassent en efficacité certaines espèces végétales du Jardin des Plantes de notre bon roy Louis. Je me souviens de vous avoir rencontré avant mon départ pour la France, aux Trois-Rivières, et votre capacité à reconnaître la bonne teneur de fer dans l'eau m'avait convaincu de votre savoir d'artisan. Comme naturaliste, je peux maintenant vous garantir d'avoir emprunté aux alchimistes une méthode infaillible d'analyse de ces eaux. Avec votre savoir et ma science réunis, nous pourrions nous associer dans une entreprise aux retombées lucratives pour l'un et l'autre. Qu'en pensez-vous ?

« Je serai de retour en Nouvelle-France à l'été 1710, et une fois l'automne arrivé, je me rendrai au Cap-de-la-Madeleine, près des Trois-Rivières, où j'espère avoir le bonheur de travailler avec vous, si la maladie de mes concitoyens me laisse bien entendu le temps de m'y rendre, car le premier devoir de ma fonction est d'abord de sauver la vie de l'agonisant.

« Ma bienveillante considération à votre distinguée jeune épouse,

« Votre dévoué,

« Docteur Michel Sarrazin,

« *Medicus regius* »

Étiennette reçut le compliment avec fierté.

Ça doit être la mère et le beau-père de Cassandre, le docteur, qui lui ont dit que nous étions mariés ! pensa-t-elle.

— Que veut dire *medicus regius*, Pierre ? s'enquit Étiennette.

— « Médecin du Roy », en latin.

— Tu as étudié le latin, toi, Pierre Latour ?

— Non, pas moi, mais le notaire de Lafosse, lui, oui. C'est lui qui m'a traduit cela.

Songeuse, Étiennette pointa son mari.

— Qu'est-ce ça veut dire, une « méthode infaillible d'analyse des eaux » ?

— Ça veut dire que le docteur, qui est aussi un naturaliste et membre du Conseil supérieur[74], cherche des eaux médicinales

---

74. Créé en 1663, le Conseil souverain de la Nouvelle-France, devenu le Conseil supérieur en 1703, enregistrait et promulguait les lois du royaume dans la colonie, et décrétait des règlements concernant le commerce intérieur, l'organisation des métiers et des professions, et l'hygiène. Le Conseil supérieur remplissait aussi les fonctions d'une cour d'appel en tant que plus haute cour de justice de la colonie. Composé du gouverneur, de l'intendant, de notables de la colonie et de dignitaires,

pour soigner et soulager ses malades et ses infirmes. Des Sauvages de la mission de la seigneurie du Cap-de-la-Madeleine ont réussi à faire marcher un paralytique. Cette nouvelle est parvenue à ses oreilles à l'Hôtel-Dieu.

Cette nouvelle surprenante eut l'heur d'impressionner Étiennette. Pierre continua :

— Avant son départ pour la France, en 1708, je l'ai croisé aux Trois-Rivières ; il cherchait de l'eau minérale. Il avait avec lui des poudres scientifiques. Je l'ai vu faire ses analyses devant moi. Il voulait à tout prix éviter de faire ingurgiter de l'alun ou du vitriol à ses malades, ce qui aurait risqué de les tuer. Il cherchait plutôt une légère teneur en fer. Pour y arriver, je l'ai vu mélanger de la noix de galle réduite en poudre… Il prétend avoir une meilleure méthode… De toute façon, je ne comprends rien à l'alchimie et à ces procédés scientifiques. Moi, je me fie à mes sens et à mon flair… Je goûte l'eau, je la sens et je la soupèse. Mais mon grand secret, c'est que je la vois. Si elle prend une tournure au rouge, c'est qu'elle doit contenir du fer. Ce n'est pas plus compliqué que ça !

Le forgeron, tout à sa passion de pouvoir expliquer qu'un jour, on pourrait extraire assez de minerai de fer pour établir une industrie à la place d'une forge traditionnelle, mâchouilla le tuyau de sa pipe qui venait de s'éteindre. Lentement, il se leva de sa chaise et la ralluma. Étiennette, devenue impatiente de se faire décrire les aptitudes sensitives de son mari, espérait plus de détails sur les procédés scientifiques.

— Alors ? Raconte-moi vite ce qu'il a fait avec cette poudre au nom étrange. Je meurs d'envie de le savoir.

Fier de son effet, le forgeron continua avec retenue.

— De la noix de galle… Il m'en reste un peu dans une fiole placée sur l'établi à la laiterie, si tu veux la voir. Je l'ai mise là pour que les enfants n'y touchent pas.

---

dont l'archevêque de Québec, le Conseil siégeait d'ordinaire le lundi matin à huit heures au palais de l'intendant, situé près du château Saint-Louis. La plus grande partie de la séance était consacrée à la réformation des jugements lus par le greffier souhaitée par les justiciables. Le Conseil faisait relâche à deux reprises, soit des mois de mai à juillet et de la fin d'août au début d'octobre, au moment des récoltes, afin de permettre aux habitants qui y siégeaient de travailler aux champs.

Son mari continua sur sa lancée, fier de darder sa femme avec le mot « laiterie ».

— Il y a onze sources qui baignent ce territoire. Or, parmi celles-ci, il y en a cinq qui sortent de terre, éloignées d'environ deux pieds les unes des autres. L'eau que l'on a tirée de la quatrième source a produit un liquide rouge foncé ; on aurait dit du jus de cerise… Cette eau, de prime abord, était très pure, très saine et très bonne à boire !

— Ce qui veut dire ?

— Ce qui veut dire qu'il y avait un riche gisement de fer presque à la surface du sol.

— Mais le médecin ne pourra pas s'en servir pour ses malades, il risquerait de les tuer !

— Ne crains rien, il se servira plutôt de l'eau des autres sources, beaucoup moins riche en fer. D'ailleurs, c'est le principal motif de sa venue, cette année… Mais il y en a un autre.

— Oui, lequel ? demanda Étiennette, piquée de curiosité.

— En remontant cette source — qui est la plupart du temps souterraine et qui s'oriente vers la rivière Saint-Maurice —, il croit avoir trouvé un gisement de fer d'importance. Dans sa lettre, le docteur Sarrazin me fait savoir qu'il cherche un forgeron d'expérience pour identifier le gisement. Comme j'ai l'habitude de chercher ma poudre de fer dans les environs… Il sait que j'ai déjà accompagné un autre maître de forge et fondeur, le sieur Hameau, envoyé par le Roy ! Avec les méthodes modernes d'analyse chimique des eaux, la science a fait de grands progrès. D'ailleurs, une équipe de terrassiers va nous accompagner. Lui et moi pourrions faire fortune si nous réussissions à exploiter ce gisement.

Étiennette parut étonnée de la réponse de son mari.

— Je ne comprends pas pourquoi il insiste à ce point pour chercher du fer, si c'est de l'eau pour ses malades qu'il est venu chercher ! Et puis, il ne parle pas d'association financière si ces eaux s'avéraient miraculeuses… À mon avis, comme tu n'es pas médecin, jamais il ne te permettra de partager ses profits, au cas où il ferait fortune… Es-tu absolument obligé de l'accompagner ? Je ne voudrais pas te dicter ta ligne de conduite en ce qui concerne la forge, mais avec tes responsabilités, le bébé… Tu sais aussi que ce n'est pas prudent qu'une femme reste seule. Il y a les errants, les Sauvages…

Pierre Latour répondit à sa femme de la manière la plus naturelle :

— Mais le jeune Canada sera là, au cas où… Vous vous entendez si bien tous les deux, à ce que tu me dis… Et comme il ne part pas pour la traite avant le début de janvier… Mais ne t'inquiète pas, je ne tarderai pas… Et si tu le veux, j'irai chercher ta mère et Antoinette. Les boucheries sont avancées, n'est-ce pas ? À moins que Marie-Anne…

— Pas ma sœur !

— Eh ! là, un peu de calme et laisse-moi finir ! Je voulais parler de Marie-Anne Dandonneau.

Étiennette grimaça de nervosité. Elle pressentait que son mari voulait prendre sa revanche sur elle et qu'elle perdait du terrain.

Se méfie-t-il encore de Canada ? Probablement que oui.

Étiennette interrogea son mari, cherchant du coup à l'amadouer.

— Un autre ne pourrait-il pas le faire ? Pourquoi faut-il que ce soit toi qui accompagnes le docteur Sarrazin ?

Pierre Latour savourait sa victoire. Il commençait à ébranler l'assurance d'Étiennette. Il lui répondit avec une faconde qui le surprit lui-même :

— Tout simplement parce qu'en plus d'être botaniste et de s'intéresser à la zoologie, il est le seul apothicaire au Canada capable de doser les poudres pour reconnaître l'identité et la quantité d'un métal dans l'eau. Cet homme pourra m'aider à sauver temps et argent : imagine si, plutôt que de remonter de plus en plus loin, chaque automne, les rivières Yamachiche, Maskinongé et du Loup, je n'avais qu'à me rendre directement sur le site du gisement… Je crois qu'il pourrait s'associer à moi dans une entreprise d'exploitation de fer. Comme notre intention d'aller nous installer à la rivière Bayonne est remise à plus tard…

Le forgeron fixait sa femme, qui rougissait. Elle n'osa plus s'opposer aux projets de son mari. Elle préféra ajouter :

— Demandons donc à ma mère et à Antoinette de venir. Marie-Anne Dandonneau couchera ici le temps qu'elles arrivent.

Le forgeron riait sous cape. En son absence, la parenté de sa femme serait là pour surveiller ses agissements. Pour amadouer Étiennette, il lui suggéra à brûle-pourpoint :

— Comme je serai aux Trois-Rivières quelques jours, ça te dirait de m'accompagner et d'aller rendre visite à Cassandre au couvent des Ursulines?

Étiennette ne s'attendait pas à cette invitation. Étonnée, elle répondit:

— Et les enfants, tu n'y penses pas? Je ne suis quand même pas pour obliger ma mère à venir les garder au fief Chicot alors que je vais me balader aux Trois-Rivières. Et je voudrais encore moins demander à leurs parrains et marraines de les accueillir, et ainsi les séparer les uns des autres.

— Si tu préfères, nous pourrions aller reconduire les enfants chez ta mère à Maskinongé et, ensuite, nous nous rendrions aux Trois-Rivières. Tu pourrais passer quelques jours avec Cassandre, tandis que je me rendrais au Cap-de-la-Madeleine. Qu'en penses-tu? Je crois que ça nous ferait le plus grand bien.

Étiennette regardait dans le vague. La suggestion était séduisante. Depuis le temps qu'elle songeait à aller visiter Cassandre! Comme elle ne répondait pas, Pierre Latour renchérit:

— Tiens, j'ai une autre idée: pourquoi ne demanderais-tu pas à Marie-Anne Dandonneau de t'accompagner? C'est une bonne idée, non?

Étiennette s'imagina immédiatement la joie qu'elle aurait de se retrouver avec ses grandes amies Marie-Anne et Cassandre.

Quelques jours sans la charge familiale, se dit Pierre Latour, *ne pourraient que lui être bénéfiques. En plus, elle serait en compagnie de ses grandes amies… et loin de ce jeune faraud de Pierre Canada!*

— Quand partirions-nous? demanda Étiennette avec le sourire.

— Au moment que tu jugeras bon.

Comme il était convenu, Pierre Hénault Canada revint dans la journée pour aider Étiennette à la préparation des cochonnailles. Il tenta à nouveau de la séduire.

— Alors, quand, Étiennette? Je n'ai rêvé qu'à ça, la nuit dernière.

Cette dernière lui répondit froidement, tout occupée à vaquer à ses occupations:

— En ce qui me concerne, les boucheries sont finies. Ne reviens ni demain ni après. Me suis-je bien fait comprendre?

Blessé dans son orgueil, Canada fixa le regard d'Étiennette. Il déguerpit sans la saluer. Elle le regarda sortir par la porte qu'il ne prit pas soin de refermer.

Ce jean-le-blanc butinera une autre fleur sitôt le printemps revenu ! Et dire que j'ai failli tomber dans ses bras ! Oh ! quelle sottise cela aurait été !

Au souper, Étiennette dit à son mari :

— Demain, je préparerai les bagages et nous mènerons Marie-Anne et Pierrot à Maskinongé. En route, nous reconduirons Antoine chez sa nourrice.

Victorieux, le forgeron demanda effrontément à sa femme :

— Et Canada ?

— Nous avons fini les boucheries aujourd'hui. Nos provisions sont complètes, Canada en a apporté à sa mère… Oh ! d'ailleurs, merci d'avoir mentionné cela, Pierre, j'allais oublier d'apporter de la charcuterie et de la tête fromagée à ma mère ! Son mari, Jean-Jacques, aime tellement ça !

Comment aurait réagi ma femme si je lui avais tout avoué ? Sans doute très mal, pour plusieurs raisons. Ça nous aurait tous mis dans l'eau bouillante. J'ai bien fait de ne rien dire. Ça a passé bien proche !

Pierre Latour Laforge ne questionna plus sa femme à propos du jeune Canada. Il se félicita de ne pas avoir révélé le secret qui le démangeait et qui appartenait à la mémoire de François Banhiac Lamontagne. Il s'approcha d'Étiennette et lui dit en l'embrassant :

— Tu le savais que je t'aimais, toi !

Celle-ci, après avoir répondu à l'élan de tendresse de son mari, le taquina, mi-figue, mi-raisin.

— Tu le dis à l'imparfait ! Me considères-tu comme imparfaite, Pierre ?

Il se reprit.

— Tu le sais que je t'aime, toi !

Aussitôt, Étiennette se lova sur l'épaule de son mari.

CHAPITRE XIV
La visite à Cassandre

Le couvent des Ursulines des Trois-Rivières était situé dans une échancrure du fleuve, pas très loin de l'Hôpital général. Les pensionnaires et les surveillantes pouvaient rêver à une grande destinée puisque les lucarnes du dortoir donnaient sur le large, à gauche, et vers l'immensité du lac Saint-Pierre, à droite. Sur la rive sud, en face, on apercevait quelques maisons d'habitants : elles étaient la preuve que la vallée du Saint-Laurent se peuplait progressivement.

Quelle ne fut pas la surprise de Cassandre d'apprendre que des visiteurs l'attendaient au parloir en cet après-midi d'une journée radieuse de la fin du mois d'octobre ! Ce qui restait du feuillage de la forêt laurentienne brillait encore de son prisme rouge, orange et jaune. La jeune femme venait de terminer son repas et surveillait les élèves. Elle devait reprendre ses cours de solfège peu après avoir fait prendre l'air à ses protégées sur le sentier, le long des battures du fleuve, en face du couvent. Le soleil avait réchauffé suffisamment l'air pour ne pas endommager les cordes vocales de celles qui préparaient un concert pour Noël, en guise d'examen. Cassandre savait que les petites Amérindiennes, attirées par les grands espaces, n'auraient pas pu résister à l'attrait de la nature.

Quand Cassandre, curieuse de se savoir visitée, se présenta au parloir, elle n'en revint pas.

Elle se précipita aussitôt dans les bras de ses amies pour les embrasser.

— Étiennette, Marie-Anne ! Si je m'attendais à votre visite ! Je suis tellement heureuse de vous voir ! Rien de grave, j'espère, pour avoir l'occasion de vous revoir si rapidement ?

Étiennette répondit aussitôt :

— Bien sûr que non ! Tu nous manquais, c'est tout !

— Comme ça, je vous manquais ! dit-elle avec une expression théâtrale. Puis, sans artifice, elle avoua piteusement, le visage assombri : Eh bien, je suis heureuse de l'entendre, croyez-moi ! Je me sens seule et je m'ennuie énormément. C'est comme si j'étais enterrée.

Puis, obliquant subitement le regard, Cassandre salua Pierre Latour.

— Comment vas-tu, Pierre ? Je te remercie de me les avoir amenées. Vous resterez sans doute quelques jours par ici ?

— Le temps d'aller au Cap-de-la-Madeleine. Je dois rencontrer le docteur Michel Sarrazin, de Québec, qui revient de France pour évaluer la qualité de l'eau de la région : elle a une haute teneur en fer, paraît-il. Il m'a écrit une lettre dans laquelle il dit croire que les eaux du cap sont médicinales à cause de leur teneur en fer. Il vient de visiter une petite ville de Normandie, Forges-les-Eaux, où les sources ferrugineuses ont des vertus toniques appréciées des plus célèbres malades du royaume. Il pense bien que le cap pourrait être notre destination thermale, comme Forges-les-Eaux.

Étiennette reprit.

— Non pas que Pierre se prenne pour un médecin. Si ces eaux sont ferrugineuses, il doit y avoir du fer à ciel ouvert qui mène au gisement que Pierre a déjà exploré, il y a une vingtaine d'années. Mon mari, qui trouve que de remonter de plus en plus haut les rivières chaque année devient exigeant, préférerait amener son fer en barque par le fleuve. Mais par les rivières ou par le fleuve, un père de famille qui s'absente de la maison, même pour le travail… tu comprends ce que je veux dire, Cassandre ?

Cassandre haussa les sourcils en apprenant cette nouvelle. Elle crut bon de ne pas informer le forgeron de ce qu'elle venait d'apprendre.

— Toujours au travail à ce que je vois ! J'espère que tu as le temps de bercer le petit Antoine ! Comment va-t-il ?

— Il est revenu à la maison. Toute la petite famille est rassemblée et en santé, répondit Étiennette avec enthousiasme.

— Tant mieux. Dire que j'ai failli devenir sa marraine !

Cassandre se rendit compte un peu tard qu'elle venait de déterrer un sujet épineux. Elle s'empressa de demander à Étiennette :

— Comment va ta santé, ma grande ? Tu as bonne mine ; tu me sembles aller mieux, toi ! J'espère que tu te donnes la chance de te remettre de ton accouchement difficile et que tu ne travailles pas trop.

Cassandre s'était avancée vers Étiennette et lui souriait avec bienveillance.

— Tu nous as fait une de ces peurs, tu sais ! Marie-Anne doit certainement te donner un coup de main à l'occasion, n'est-ce pas ? conclut-elle, se tournant vers cette dernière.

Marie-Anne n'eut pas le temps de répondre que, déjà, Pierre avança :

— Pas besoin, le jeune Hénault Canada s'en est chargé ces derniers jours. Imagine-toi qu'Étiennette a déjà fini ses boucheries. Elle voulait prendre de l'avance pour les fêtes, et comme Canada était à ne rien faire, nous avons eu recours à ses services…

Cassandre blêmit à cette nouvelle ; les jeunes femmes gardaient le silence. Cassandre regarda en direction de Marie-Anne ; elle opina discrètement de la tête.

Elle n'a pas fait ça ! Mon Dieu, qu'a-t-elle pensé ? Elle joue avec le feu, pensa Cassandre.

— Tu comprends, Cassandre, il faut bien se préparer pour le temps des fêtes ! tenta de justifier Étiennette.

— Bon, permettez-moi de demander la permission de me sauver de mes cours, cet après-midi, et nous bavarderons le temps qu'il faut… J'ai reçu des nouvelles fraîches de Québec et de Charlesbourg.

— Ah oui ? Des bonnes, j'espère ?

— Oui et non, ça dépend pour qui.

— Comment, pour qui ? Explique-toi, Cassandre ?

— On me parlait entre autres de la condition difficile de colon. Printemps de sécheresse, grandes gelées en mai, été au climat désastreux, invasion de chenilles à Charlesbourg — elles ont mangé le lin et le blé, donc pas de foin —, le beurre qui est rare et cher… Vous voyez, il n'y a rien de rose !

L'introduction de Cassandre indiquait que la jeune femme n'était pas loin de broyer du noir. Étiennette et Marie-Anne se regardèrent d'un air complice, pensant chacune silencieusement : *Décidément, Cassandre vit un grand chagrin d'amour, malgré ses airs de bravade de la dernière fois.*

— Prenez d'abord le temps d'enlever vos manteaux et de vous asseoir, suggéra Cassandre.

Cette dernière regarda en direction du forgeron qui hésitait, son manteau toujours sur le dos. Pierre cherchait une chaise qui puisse lui convenir, les jugeant trop étroites, tandis qu'Étiennette lui faisait signe de la tête de se débarrasser de sa pelisse.

— Ça me concerne aussi ?

Cassandre sourit au manège du couple. Elle continua.

— Ma mère m'a écrit pour me donner des nouvelles de la famille. Ne vous inquiétez pas, tout le monde se porte bien… mais pour combien de temps ?

— Que veux-tu dire par là, Cassandre ? demanda Marie-Anne.

— Maman, qui est maintenant l'infirmière de son mari, le docteur Estèbe, est débordée. Même que Manuel a été obligé de rouvrir sa clinique de Beauport tant les patients sont atteints.

— De quel mal, Cassandre ?

— Il paraît que c'est la maladie de Siam, une nouvelle épidémie de fièvre maligne. Les malades souffrent de maux de tête, d'oreilles et de poumons, selon ma mère. À Charlesbourg seulement, il y a eu quinze morts cette année ; à Beauport, c'est pire, il y en a eu plus de vingt-cinq. Le docteur Estèbe est débordé, même si Isabel agit aussi comme infirmière. Comme il ne peut pas soigner les malades qui sont des cas d'hospitalisation, il les envoie à l'Hôtel-Dieu à Québec, où ils sont mieux soignés par le docteur Michel Sarrazin. Il semble croire que cette fièvre jaune, c'est la maladie de Siam : en tant que zoologiste, il est d'avis que ce sont les insectes tropicaux qui ont pu transmettre cette maladie aux humains. Selon ma mère, le docteur Sarrazin passe ses nuits et ses jours au chevet de ses malades. Et, quand il lui reste un peu de temps, si c'est possible, il a l'œil fixé sur l'oculaire de son microscope. J'ai peur que ma mère et le docteur Estèbe en fassent autant.

Comme personne ne réagissait, Cassandre expliqua :

— Un microscope est un instrument d'optique[75].

Les auditeurs de Cassandre hochèrent la tête en guise d'appréciation de son savoir. Vaniteuse, cette dernière continua :

— Comme les Ursulines sont ses principales malades, le docteur Sarrazin s'est acheté une résidence, rue du Parloir, à côté du monastère. C'est que le médecin du Roy se doit de porter une attention particulière aux membres de l'élite tout en soignant gratuitement la population de Québec. Nous avons beaucoup de chance, si l'on se compare aux Parisiens. Le docteur Estèbe dit que c'est sa pratique orientée vers la chirurgie en même temps que son poste de médecin du Roy qui lui permettent une telle accessibilité. Il ajoute qu'en 1698, de passage à Montréal, le docteur Sarrazin a guéri le gouverneur de Callière d'une hydropisie en lui prescrivant un cataplasme à base d'urine et des plantes diurétiques.

Cassandre, qui se doutait bien que le vocabulaire médical échappait à ses amis, se fit un plaisir de le leur expliquer.

— L'hydropisie, c'est de souffrir d'une enflure du ventre et du bas du corps causée par l'obstruction des reins. Les plantes diurétiques favorisent la pisse.

Étiennette lança à l'attention de son mari :

— Tu vois, ça ne te sera pas nécessaire d'aller au cap. Son travail de médecin du Roy le retient à l'hôpital. Nous reviendrons plus vite à la maison.

Le forgeron semblait désemparé par la nouvelle. Il crut qu'Étiennette cherchait à précipiter le retour au fief Chicot afin de retrouver plus vite Canada. Cassandre se rendit compte du malaise du forgeron. Elle crut bon de continuer.

— La maladie n'a pas encore touché la famille et nos amis. Le docteur Sarrazin a dit à Manuel que la maladie avait été introduite par un navire en provenance des Antilles, puis que quelques marins et soldats en étaient atteints. En tout cas, le docteur Estèbe a empêché son fils Guillaume d'aller le visiter parce qu'il trouvait inquiétant que les régions les plus touchées

---

75. Anton van Leeuwenhoek (1632-1723) fut l'inventeur du microscope. Son instrument d'optique comportait une seule lentille formée d'une simple perle de verre sertie dans une plaque permettant de la manipuler. L'oculaire était tenu très près de l'œil, face à la lumière. Ce microscope rudimentaire permettait d'obtenir des grossissements allant jusqu'à trois cents fois.

par la contagion[76] soient justement Charlesbourg et Beauport...
Même que certains ont mis en doute les qualités d'infirmières
d'Isabel et de ma mère, en disant qu'elles avaient probablement
favorisé l'épidémie.

— Ta mère, Eugénie, n'a pas dû apprécier ce genre de
commentaire.

— Sans doute pas! Mais elle a dit qu'elle prenait toutes les
précautions nécessaires prescrites par le docteur. Elle est allée au
chevet du chanoine Martin avec mon frère Jean-François, et à ses
funérailles, à la Saint-Jean-Baptiste. Certains ont dit qu'il était
mort de la maladie de Siam et que ma mère avait été contaminée à
ce moment-là. Saviez-vous que le chanoine avait été l'organiste de
la basilique Notre-Dame et notre professeur de chant?

Comme ses amies levaient les épaules d'ignorance, Cassandre
continua.

— Ma mère et Isabel passent autant de temps à la lessive et
au repassage qu'aux soins des malades. On a même demandé à
ma mère d'aider aux soins des malades de l'Hôpital général de
Québec. Elle me dit que c'est un hôpital pour les pauvres et les
personnes sans famille. C'est Monseigneur de Saint-Vallier qui l'a
fondé. Mon frère Jean-François, toujours[77] bien intentionné, l'a
recommandée.

---

76. En 1710, le mot *contagion* existait, mais sa cause microbienne était inconnue. Dans
l'Antiquité, Aristote avait formulé l'idée d'une contagion invisible de certaines
maladies, mais il ne put en apporter la preuve. De même, au XVIᵉ siècle, Von Hut-
ten et Paracelse affirmèrent l'existence de germes vivants invisibles, mais leurs idées
n'eurent guère de succès. Girolamo Fracastoro (1483-1553), médecin et poète italien, écrivit un traité sur les maladies contagieuses dans lequel il attribue la syphilis et la tuberculose à des êtres vivants invisibles capables de se multiplier. C'est
d'ailleurs d'un de ses poèmes qu'est tiré le nom de syphilis. Même si, en Italie, les
prostituées étaient déjà surveillées pour éviter la transmission de cette maladie, la
notion de contagion n'était pas acquise. Les règles d'hygiène élémentaires que nous
pratiquons aujourd'hui de façon automatique étaient inexistantes et les épidémies,
fréquentes et meurtrières. À la suite d'une épidémie de peste à Rome en 1658, le
jésuite allemand Athanasius Kircher (1602-1680) affirma avoir observé au microscope, dans le sang des malades, « une innombrable éclosion de vers qui sont imper-
ceptibles à l'œil » responsables, selon lui, de la peste. Ce n'était qu'une affirmation.
En revanche, Anton van Leeuwenhoek, le précurseur de la microscopie, décrivit
et dessina en 1680 des bactéries présentes dans le tartre de ses dents ainsi que des
levures de bière. Il est ainsi la première personne au monde à avoir vraiment décrit
des microbes. Mais le véritable précurseur de la microbiologie fut l'abbé Lazzaro
Spallanzani (1729-1799). Ce savant fut le premier à cultiver des microbes en utili-
sant un milieu nutritif.
77. Les abbés Glandelet et Allard étaient méprisés par la population de Québec et con-

En prononçant le nom du prélat, le ton de voix de Cassandre était devenu menaçant.

— Vous savez quoi ? Monseigneur de Saint-Vallier a démis de ses fonctions de grand vicaire de Québec monsieur de la Colombière[78], en apprenant à Paris que le vice régnait dans la ville de Québec. Notre prélat a demandé au procureur général du Séminaire, le chanoine Jean-Baptiste Gauthier de Varennes, de le remplacer, assisté de l'abbé Glandelet et de mon frère, Jean-François. Imaginez la fierté de maman ! Son fils prêtre devenu le confesseur des hospitalières de l'Hôtel-Dieu de Québec et des augustines de l'Hôpital général, en voie de devenir grand vicaire de Québec ! Et peut-être coadjuteur, à son dire. Elle s'imagine que c'est presque déjà fait, que mon frère a des chances d'être évêque adjoint avec future succession, dès que le Roy nommera un Canadien prélat de la Nouvelle-France ! Depuis cette nomination, Jean-François, aidé par le procureur de Varennes, collecte de l'argent pour la construction de l'aile des appartements de Monseigneur de Saint-Vallier en vue de son retour prochain. Depuis que je l'ai dit aux Ursulines, je n'ai que des compliments sur mon enseignement !… J'espère que mon frère Jean-François ne démontrera pas la même sévérité excessive en matière de religion et de morale que notre prélat.

On aurait pu entendre voler une mouche tant les amis de Cassandre étaient suspendus à ses lèvres.

— Mais permettez-moi d'en douter ! ricana-t-elle soudainement, en pensant que son frère lui avait déjà dit que les coiffures dites « à la Fontanges », ornées de rubans de couleur et de montages de fleurs, étaient un signe d'impiété et qu'il était en

---

sidérés comme les échotiers de la moralité et de la pratique religieuse auprès de Monseigneur de Saint-Vallier, toujours retenu en Europe. Voir tome V, *Étiennette, la femme du forgeron*.

78. Joseph de la Colombière (1651-1723), prêtre, chanoine, conseiller, clerc au Conseil supérieur de 1703 jusqu'à sa mort, grand chantre, grand vicaire de Québec, orateur sacré, fut confesseur des religieuses de l'Hôtel-Dieu et de la congrégation Notre-Dame et archidiacre du chapitre de Québec de 1700 à 1713, charge particulièrement difficile pendant l'absence de Monseigneur de Saint-Vallier. Le prélat lui retira cet honneur, mais, le regrettant, il le nomma grand chantre du chapitre de Québec cinq années plus tard, à son retour. On avait même songé à lui, un moment, pour devenir coadjuteur de Monseigneur de Saint-Vallier. Sa gestion du diocèse, prudente et tout en douceur, contrastait avec le caractère pompeux et malcommode du noble prélat.

tout point en accord avec Monseigneur de Saint-Vallier, qui avait ordonné aux curés du diocèse de prévenir les dames qu'elles risquaient d'être privées des sacrements en arborant cette coiffure à l'église.

Les amis de Cassandre sourirent devant son exubérance ironique. Joyeuse de pouvoir bavarder à son aise, Cassandre était moqueuse et volubile. Elle continua sans se faire prier.

— Où en étais-je? Ah! oui, quand ma mère a su que l'hôpital était aussi une maison de bienfaisance où l'on logeait les plus démunis et où l'on s'occupait d'eux, elle a suggéré quelques noms de filles du Roy qui provenaient de l'hôpital La Salpêtrière. Marie Martin, la femme de Jean Vallée, arrivée en 1665, s'y consacre maintenant comme bénévole.

Cassandre reprit son souffle pour mieux continuer.

— Quant à maman, elle se sent plus redevable aux augustines de l'Hôtel-Dieu, parce que la précédente Supérieure, mère Marguerite Bourdon de Saint-Jean-Baptiste, était la fille du procureur général, Jean Bourdon, l'époux de l'accompagnatrice de la traversée de 1666, Anne Gasnier Bourdon, qui l'avait accueillie dès son arrivée. La religieuse — encore adolescente à l'époque — et maman étaient devenues de bonnes amies. Mère de Saint-Jean-Baptiste est morte il y a à peine quatre ans.

— C'est triste pour les gens de votre région, Cassandre. À l'île Dupas, nous n'avons entendu parler d'aucun cas. Ici, aux Trois-Rivières, sais-tu ce qu'il en est? s'enquit Marie-Anne.

— Aucun décès, Dieu merci. Quant à Montréal, je ne sais pas.

Tout le monde garda le silence tandis que Cassandre se rendait compte que c'était elle-même qui ouvrait cette boîte de Pandore. Elle se dépêcha de détourner la conversation.

— Mais il y a une heureuse nouvelle, même deux, parmi les mauvaises.

Cassandre prit une longue pause pour marquer un effet, puis continua.

— Imaginez-vous que mon frère Simon-Thomas s'est marié à la sauvette avec Marion Pageau, la cadette de mes deux autres belles-sœurs, Isa et Margot, parce que sa fiancée et lui ont eu peur de mourir de la rougeole. C'est ma mère qui a dû en faire une tête en apprenant ça! Simon-Thomas, marié… Il paraît qu'il se terre dans la bergerie de la mère Pageau à Gros Pin, de peur d'attraper la maladie. Il s'occupe de la mise bas des brebis, nettoie et dégraisse les toisons avec Marion. Madame Pageau, pour sa part, carde et file la laine avec sa fille. Avec trois enfants, peut-être un quatrième en route, Isa n'a plus le temps d'aider sa mère, mais Margot le pourrait… Paraît-il que Simon-Thomas ne veut plus être en contact avec qui que ce soit, même pas la famille. Maman m'a dit que lorsqu'elle en aurait le temps, elle irait lui parler et lui faire entendre raison.

Cassandre eut cette réflexion gênante.

— Vous savez, c'est lui qui me devance dans la famille… Au moins, lui, il a réussi à se marier, enfin !

Étiennette et Marie-Anne regardaient leur amie en se disant qu'elle souffrait encore de sa peine d'amour avec Pierre de Lestage. Cassandre s'en rendit compte. Étiennette claironna aussitôt :

— N'as-tu pas dit que tu avais une autre bonne nouvelle ?

— Oui. C'est à propos de Margot et de Georges. Vous saviez qu'ils avaient fait un mariage double, avec ma mère et Manuel, n'est-ce pas ? Margot devrait accoucher aux environs de la fête de Noël. Le prénom du bébé est déjà décidé. Si c'est un garçon, il se prénommera François-Marie, en l'honneur de mon père et de la mère de Margot, Marie-Catherine, et si c'est une fille, elle s'appellera Marie-Françoise… Ma mère n'est pas contente du tout. Elle aurait préféré Emmanuel pour un garçon, en l'honneur de la naissance de Jésus… Mais nous savons tous qu'elle souhaite insérer le prénom du docteur Estèbe dans la famille. Tant qu'à y être, pourquoi pas Eugène ! Et pour une fille, elle suggère Isabelle, mais avec deux fois la lettre « l ». On imagine pour quelle raison… Oh, des fois, ma mère !… Georges a tout simplement voulu honorer le prénom de mon père !

— Mais il y a bien le fils de ton autre frère, André, qui s'appelle François. Ça créerait de la confusion. Tiens, par exemple, nous, nous sommes entourés de Marie-Anne et de Pierre, et ce n'est pas tous les jours facile ! affirma Marie-Anne.

La remarque prit de court Cassandre, qui rougit. Elle se dépêcha de continuer.

— J'ai aussi reçu une lettre de Mathilde, vous savez, la comtesse Joli-Cœur.

— Les tiens s'ennuyaient de toi, Cassandre, taquina Marie-Anne, qui devinait la stratégie secrète de son amie.

— À qui le dis-tu ! Ça fait bien une grosse année qu'ils ne t'ont pas vue ? Ils ne te reconnaîtront plus. Et avec cette année scolaire, ça fera plus de temps que ça, précisa Étiennette.

— Si je me rends jusque-là ! se risqua Cassandre.

— Quoi ? Tu quitterais ton emploi d'enseignante ?

— Peut-être bien, pour devenir infirmière. Dans les circonstances, je serais certainement plus utile à Charlesbourg qu'à enseigner le solfège ici ! Mais nous verrons… En attendant, je voulais vous informer de l'avancée des Anglais. Tenez, j'ai encore en poche la lettre qui en parle. Je vais vous lire le passage dont je vous parlais, ça sera plus simple.

Cassandre puisa la lettre dans la pochette sous le repli de sa robe.

— La voilà ! dit-elle.

Elle déplia le parchemin et lut rapidement le préambule pour arriver aux passages qui l'intéressaient. Elle prit alors une pause théâtrale et déclama, la jambe droite en avant :

— Évidemment, c'est l'écriture de Mathilde, mais l'on sait bien que l'information vient du comte Joli-Cœur lui-même. Ce sont des nouvelles fraîches de France. Alors, je lis :

« L'ancien gouverneur Denonville[79] est mort cette année. »

Cassandre regarda Pierre Latour.

— L'as-tu connu, Pierre ? demanda-t-elle.

— C'était juste avant le retour du gouverneur Frontenac, répondit ce dernier.

— Donc, l'année de notre naissance, à Étiennette et moi.

— Presque, répondit Pierre.

Étiennette et Cassandre se regardèrent et se sourirent.

— Des nouvelles de gens que je ne connais pas. Mathilde me dit que ton mari, Étiennette, doit les connaître.

Puis Cassandre reprit.

---

79. Jacques-René de Brisay de Denonville (1637-1710), marquis, gouverneur de la Nouvelle-France de 1685 à 1689, ancien colonel et brigadier des dragons de la reine dans l'armée, est connu pour son expédition militaire au lac Ontario contre les Iroquois tsonnontouans, qui, soutenus par les marchands de fourrures hollandais et anglo-saxons, s'acharnaient contre les établissements français installés entre Montréal et les Grands Lacs. Par la force et par la ruse, Denonville réussit à capturer deux cents guerriers. S'il en relâcha la plus grande partie, il en garda environ une quarantaine qu'il envoya servir sur les galères du Roy.

— Marguerite Fafard vient de se remarier et son fils, Michel, vient d'épouser une Huronne à Michillimakinac… Isabelle Couc Montour vient d'épouser un Iroquois oneida, Carondowana — ce qui signifie « le Grand Arbre » —, et elle est devenue interprète auprès des Anglais. Pour se donner plus de crédibilité, Carondowana a abandonné son nom de sachem pour celui de Robert Hunter, le nom du gouverneur Hunter ! Quelle audace, pensez-vous ! C'est bien la façon de faire d'Isabelle Couc ! s'exclama Cassandre.

— Ma mère, qui ne l'a pas en odeur de sainteté, dirait comme toi, Cassandre, renchérit Étiennette.

— Michel Fafard est en fait Michel Germano, le fils d'Isabelle Couc Montour et de son premier mari, Joachim Germaneau[80]… C'est une longue histoire. Je me souviens que ton père m'avait beaucoup parlé d'eux quand les Iroquois étaient venus rôder à la Rivière-du-Loup, quand tu es née, affirma le forgeron[81], vers lequel toutes les têtes s'étaient tournées.

— Oh, ça devient plus menaçant ! Écoutez cela ! continua Cassandre, le visage plus sombre.

« Le 13 octobre 1710 dernier, donc c'est très récent, Port-Royal, principale place forte de l'Acadie, est tombée sous le contrôle anglais de l'amiral Nicholson et du colonel Vetch[82]. Port-Royal s'appelle maintenant Annapolis Royal… Le gouverneur de Vaudreuil croit que les Anglais de Boston préparent une autre offensive. »

— Qu'est-ce que ça veut dire, Pierre ? demanda Étiennette.

— Que la population acadienne est maintenant otage des Anglais. Pourvu qu'elle soit bien traitée ! Le colonel Vetch a réussi ce qu'il avait échoué l'an passé. L'Angleterre va certainement vouloir venir attaquer Québec. Vous savez que François Margane de Lavaltrie fait la pêche au marsouin le long de la côte nord, jusqu'à l'île d'Anticosti. Nous aurons un jour ou l'autre des nouvelles de lui.

Pour appuyer l'opinion du forgeron, Cassandre continua sa lecture.

---

80. Joachim Germaneau dit Germano.
81. La première épouse de Pierre Latour Laforge, Madeleine Pelletier, était la tante d'Étiennette.
82. Voir l'Annexe 5.

— Malheureusement, Pierre a raison. Écoutez ce que le comte en dit.

«Port-Royal a donc capitulé devant des Anglais, d'un nombre sept fois supérieur à nos vaillants soldats français, après des combats qui ont duré une semaine. Malgré le traité de Ryswick, les Anglais empêcheraient les Acadiens de partir et songeraient même à les déporter, sauf ceux qui se convertiraient au protestantisme. Mais ils n'auraient pas encore mis leur menace à exécution, car ils craignent que cela puisse déclencher une rébellion, dont ils ne sortiraient pas vainqueurs.»

Pierre Latour opinait de la tête avec une grimace triste, démontrant qu'il craignait le pire pour la population acadienne. Il ajouta de manière peu rassurante :

— À mon avis, les Anglais n'en resteront pas là ! Ils reviendront bien nous attaquer tôt ou tard. Nous allons passer la prochaine année sur le qui-vive. Et pas juste Québec, Montréal aussi. Tant qu'à y être, ils remonteront le lac Champlain et la rivière Richelieu jusqu'à Sorel, Berthier et Trois-Rivières. Nous n'y échapperons pas, je vous le dis !

— Pierre, je t'en prie ! tonna Étiennette, prise de panique.

— Qu'est-il arrivé au général Daniel d'Auger de Subercase, commandant de l'Acadie ? A-t-il été fait prisonnier ? C'est l'ancien supérieur de La Vérendrye. Si mon fiancé était resté à Port-Royal[83], il serait maintenant aux mains des Anglais. Je préfère qu'il se batte en Europe, s'écria Marie-Anne, sous le choc.

Cassandre savait que la colonie vivait depuis quelque temps dans l'appréhension d'une invasion ennemie : c'était Pierre de Lestage qui le lui avait dit à Montréal.

— En tout cas, le général qui était censé attaquer Montréal n'a pas fait grand tapage, car nous y étions en juillet dernier, et jamais personne ne nous en a fait mention… Écoutez bien: François-Pierre Boucher de Boucherville était même engagé comme espion auprès des Mohawks de la mission du Sault-Saint-Louis, non seu-

---

83. Port-Royal avait capitulé le 13 octobre 1710. Les Acadiens n'avaient plus de vivres. Le général Subercase dut rembourser les dettes contractées pour les Acadiens par le roy de France en vendant des armes ainsi que son mobilier et ses effets personnels aux Anglais. À son retour en France, accusé de négligence criminelle, il comparut devant le conseil de guerre, mais fut acquitté.

lement pour surveiller la contrebande, mais aussi la collaboration avec leurs compatriotes d'Albany. Ses services avaient été retenus par Ange-Aimé Flamand, le fils du comte Joli-Cœur, déclara Cassandre pour calmer le jeu.

Comme Cassandre se surprit à évoquer un souvenir douloureux, son séjour à Montréal, elle apostropha aussitôt Marie-Anne.

— Ton cousin par alliance aurait dû nous le dire cet été ! Si les Anglais remettent ça, La Vérendrye n'aura pas le choix de revenir défendre sa belle Marie-Anne !

L'allusion blessa cette dernière. Cassandre s'en voulut.

— Je voulais simplement te souhaiter le retour rapide de ton amoureux, excuse-moi…

Là-dessus, Cassandre alla consoler son amie en la prenant par les épaules.

Pierre Latour, qui venait de réaliser qu'il avait semé la panique avec ses observations funestes, décida maintenant de jouer la carte de l'optimisme pour alléger l'atmosphère. Il ajouta :

— Pour ma part, je ne suis pas inquiet. Ce général Vetch a déjà manqué son coup. Une victoire à l'arraché n'est pas une conquête. Et puis, je fais confiance au gouverneur de Vaudreuil pour défendre la colonie. Il refoulera les Anglais s'ils attaquent, comme le gouverneur Frontenac a fait fuir l'amiral Phips. La preuve en est que les Anglais ont songé à déporter les Acadiens, mais qu'ils ont eu peur de déclencher une rébellion et de ne pas en sortir vainqueurs.

Étiennette, rassurée, sourit à son mari. Voyant cela, Cassandre se retint donc d'ajouter ce qui lui brûlait les lèvres : *Selon le comte Joli-Cœur, les Anglais projetteraient de revenir, puisqu'ils ont déjà pris Port-Royal en Acadie.* Mais comprenant la volte-face du forgeron, elle renchérit plutôt :

— Ton mari a raison, Étiennette. Tu te souviens de l'église Notre-Dame-de-la-Victoire, que nous avons visitée quand tu es venue à Québec ? Eh bien, Monseigneur L'Ancien l'a consacrée pour commémorer cette victoire sur les Anglais. J'ai chanté là aux anniversaires de cette victoire, avec la chorale des Ursulines… Il faut encore faire confiance à la Providence… Je continue ma lecture.

«La mode française préfère maintenant la fourrure de loutre… Thierry se demande où il ira la chercher alors qu'il y a tellement de peaux de castor stockées dans les entrepôts… Le comte Joli-Cœur veut organiser une expédition de trappe vers les Pays-d'en-Haut. Il aimerait s'entourer de jeunes trappeurs de la région du lac Saint-Pierre, parce qu'il en a déjà embauché dans le temps. Est-ce que le mari de ton amie Étiennette pourrait nous aider à en identifier ?

«Le comte a déjà entendu parler du jeune Pierre Hénault Canada, résident au fief Chicot, par le seigneur de Berthier, avant sa mort. Paraît-il que ce jeune Canada est le meilleur trappeur des environs de Maskinongé. Pourrais-tu t'en informer, Cassandre ?

«Celle qui t'embrasse et qui espère ton retour imminent rue du Sault-au-Matelot,

«Mathilde, comtesse Joli-Cœur»

Avant de regarder en direction d'Étiennette et de son mari, Cassandre lorgna du côté de Marie-Anne, qui souriait à peine. Elle venait de comprendre l'intervention de Cassandre pour sortir son amie Étiennette de ce mauvais pas.

Étiennette gardait le silence. Blanche de stupéfaction, elle n'osait commenter la requête de la comtesse Joli-Cœur. Le forgeron saisit l'occasion qui s'offrait à lui d'éloigner son rival.

— Le comte Joli-Cœur est bien informé. Justement, le père du jeune Canada souhaitait que son fils puisse faire partie d'une expédition organisée par un marchand équipeur de renom pour lui apprendre le vrai métier. Je vais lui en parler dès notre retour. Après tout, le jeune Canada n'est pas boucher de métier et il ne désire pas en devenir un… Qu'en penses-tu, Étiennette ? Avez-vous fini vos boucheries ?

Cette dernière regarda son mari de manière à ne laisser transparaître aucune émotion. Elle répondit tout simplement :

— J'ai déjà répondu à cette question, mon mari, avant notre départ. La réponse n'a pas changé : les boucheries sont finies. Et puis, Canada peut bien faire ce qu'il veut, il est libre. Qu'ai-je à redire ? Il n'est pas mon mari… À propos, ne devions-nous pas prendre un peu d'air frais ? Je voudrais parler davantage de toi, Cassandre.

— De moi ? De mon avenir ?

— Oui, de ta carrière ! Veux-tu continuer à faire ta carrière au théâtre et à l'opéra ?

— Oui… Mais pas aux Trois-Rivières, voyons !

Comme personne ne parlait, Cassandre réalisa soudain que son avenir était ailleurs.

— Il faudra que je prenne des dispositions en conséquence. Je ne laisserai pas ma mère s'échiner à soigner ses malades à Charlesbourg et risquer sa vie, alors que je fais turluter des petites filles qui n'auront jamais la chance d'aller à Québec de leur vie ! Si l'épidémie progresse, je risque de perdre des miens… Sans parler de la menace anglaise[84]… Plus j'y pense, plus j'ai hâte de retourner chez ma mère… Probablement à la fin de cette année scolaire, mais peut-être avant, qui sait !

84. Voir l'Annexe 4.

CHAPITRE XV
Une épouvantable épidémie

Le docteur Manuel Estèbe ne savait plus comment partager son temps entre les patients de ses cabinets de Charlesbourg et de Beauport et ses visites à l'Hôpital général[85] de Québec pour sup-

---

85. En 1692, Monseigneur de Saint-Vallier reçut de Louis XIV des lettres patentes pour l'établissement d'un hôpital général à Québec. Il s'affaira à acquérir la seigneurie, l'église et le monastère de Notre-Dame-des-Anges afin d'y installer l'hôpital. En 1693, quatre religieuses augustines de l'Hôtel-Dieu de Québec, sœurs Louise Soumande de Saint-Augustin, Madeleine Baron de la Résurrection, Geneviève Gosselin de Sainte-Madeleine et Marguerite de Saint-Jean-Baptiste, arrivèrent pour fonder la nouvelle communauté de l'Hôpital général. À cette époque, un hôpital général, basé sur le modèle de celui de Paris fondé en 1656, était destiné aux pauvres et aux indigents, et avait entre autres objectifs de cacher leur misère de la vue du public. Cet hôpital accueillait aussi les mendiants, les vagabonds, les vieillards, les femmes seules, les prostituées, les jeunes filles de bonne famille coupables de mauvaise conduite et les orphelins, qu'ils aient été abandonnés, trouvés ou qu'ils soient enfants de nobles. Le tiers des filles du Roy venues en Nouvelle-France provinrent de l'Hôpital général de Paris, appelé aussi La Salpêtrière. Un hôpital général n'offrait pas de soins de santé, sauf si les pensionnaires étaient malades. Son objectif était plutôt d'obliger les pensionnaires à travailler pour les réinsérer un jour dans la société ; cela différait notamment de l'Hôtel-Dieu, qui avait pour objectif de soigner la population civile gratuitement, en ne faisant payer que les malades qui en avaient les moyens. Le médecin ou le chirurgien y exerçait ses activités professionnelles en y diagnostiquant les maladies et en y prescrivant les remèdes appropriés. Comme la venue des vaisseaux militaires et marchands provenant de France ou des Antilles marquait la cadence des épidémies — la colonie en compta 34 épisodes entre 1639 et 1759, dont la variole, la rougeole (notamment les épidémies de 1687-1688, 1710-1711, 1714 — la plus meurtrière —, 1730) et de typhus —, les nombreuses victimes se retrouvaient dans tous les hôpitaux où des lits étaient disponibles. Il en allait de même pour les soldats, puisque la Nouvelle-France ne comptait pas d'hôpital militaire.

pléer aux efforts surhumains déployés par son collègue, le docteur Michel Sarrazin, médecin du Roy et de la Nouvelle-France, davantage présent à l'Hôtel-Dieu de Québec. Quand ses malades lui laissaient un peu de répit, ce qui était de plus en plus rare, le bon docteur se rendait saluer son ami Manuel à l'Hôpital général. Il avait une autre bonne raison : il en profitait aussi pour saluer la fille d'un ami notable décédé quelques années plus tôt, Marie-Anne Hazeur, dont la tante, mère Louise de Saint-Augustin, avait été la Supérieure des hospitalières.

Les deux médecins — l'un, médecin de campagne diplômé de l'Université de Bordeaux, l'autre, médecin du Roy diplômé de Paris et de Reims — en étaient venus à développer des liens d'amitié professionnelle profonds. Le docteur Sarrazin avait confié à son collègue qu'il croyait fermement que la nouvelle fièvre qui causait l'épidémie était originaire des Tropiques, qu'elle avait dû être amenée par bateau des Antilles ou d'Asie, et qu'il travaillerait sans relâche, à l'aide de son microscope, pour en trouver la cause. Les deux médecins convinrent d'appeler la nouvelle maladie la « fièvre de Siam[86] » en l'honneur de la visite du Roy de Siam au Roy Louis XIV.

Le médecin du Roy invitait à l'occasion son ami à sa résidence de la rue du Parloir. Le docteur Manuel Estèbe ne pouvait qu'admirer son prestigieux collègue en train de chercher la cause de la maladie, l'œil rivé à son microscope.

De temps en temps, Michel Sarrazin permettait à Guillaume Estèbe, qui suivait les traces de son père en médecine, de regarder à son tour. Le docteur Sarrazin devait tenir informé le gouverneur de Vaudreuil et inspecter les hôpitaux, l'Hôtel-Dieu de Québec, bien sûr, mais aussi l'Hôtel-Dieu de Montréal et le petit

---

86. Le vaccin contre la fièvre jaune n'a été mis au point qu'en 1943. La fièvre était causée par un virus transmis à l'homme par un moustique des zones tropicales d'Afrique et d'Amérique (et non d'Asie), transporté par bateau par les voyageurs. Par ailleurs, personne n'était en mesure d'identifier de quelle infection il s'agissait. Les registres et les annales de l'Hôtel-Dieu de Québec la nommèrent « maladie de Siam » ; celle-ci progressa et on la nomma plus tard « maladie populaire ». Il pouvait s'agir de la rougeole, car les augustines décrivirent une forte fièvre. La maladie fut introduite dans la colonie en 1710 par un bateau en provenance des Antilles que l'on appelait la *Belle Brume* et qui avait lui-même été contaminé par le navire *Oriflâme* quelques années auparavant. Les complications de la rougeole sont des otites, des pneumonies et des encéphalites ; elles causeront la mort de la population coloniale non immunisée.

Hôtel-Dieu des Trois-Rivières. Pendant ce temps, le docteur Sarrazin confiait au docteur Estèbe, lors de ses visites à Québec, la surveillance du travail des sages-femmes, des apothicaires et des vendeurs de médicaments, considérés comme des charlatans. Manuel en profitait pour compléter la formation de Guillaume en allant donner des lavements à domicile, leur grosse seringue d'étain sous le bras. Cela permettait à celui-ci de mieux sillonner les rues de la ville en expansion.

Pour sa part, Eugénie, qui était particulièrement occupée avec Isabel aux soins des malades de Charlesbourg et de Beauport, se faisait un point d'honneur d'accompagner son mari le plus souvent possible à domicile, afin, disait-elle à ce dernier, de procurer de l'espoir à ces chers malades qui ne trouvaient pas toujours de réconfort dans les méthodes de la médecine traditionnelle. Elle amenait parfois l'herbier relié en velours vert que lui avait offert le docteur Sarrazin, un jour qu'elle s'était rendue avec Manuel et Guillaume à son domicile, rue du Parloir, pour la remercier de son dévouement auprès des malades de l'Hôpital général de Québec.

— Acceptez, madame, cette considération de la part du médecin du Roy, pour le zèle que vous déployez à sauver des vies. Beaucoup de nos malades n'ont foi qu'en leurs prières et en l'intercession des saints — par les reliques et les images — et ne prennent les précautions voulues pour éviter la maladie. Je pense notamment au fait de prendre des médicaments. Nous devons tous remettre notre âme entre les mains de Dieu, c'est notre dernier espoir. Cependant, la médecine fait aussi de grands progrès, notamment en matière de botanique. Je crois que la médecine des plantes, qui est aussi la médecine amérindienne, est très prometteuse.

Impressionnée par tant de reconnaissance, Eugénie répondit au docteur Sarrazin :

— Si vous saviez à quel point cet honneur me touche ! Surtout qu'il vient du médecin du Roy. As-tu vu, Manuel, les belles feuilles séchées avec leurs descriptions dans la marge ? Approche, Guillaume, comme futur médecin, ça te concerne aussi !

Guillaume Estèbe s'empressa de jeter un coup d'œil à l'herbier, devançant son père. Satisfaite de la réaction de son beau-fils, Eugénie continua :

— Je vais, comme vous le suggérez, administrer ces tisanes aux malades comme complément aux remèdes de Manuel… En effet, un remède, tout bon qu'il soit, ne sera pas miraculeux sans un bon rosaire ou une litanie… Un bon catholique remet d'abord son âme à Dieu, et sa santé est ensuite entre les mains du médecin. Vous saviez que j'ai un fils prêtre, le chanoine Jean-François Allard, qui est sur les rangs pour succéder à Monseigneur de Saint-Vallier, peut-être même pour devenir coadjuteur !

— J'en ai entendu des échos, madame, au monastère des Ursulines, et aussi par la Supérieure de l'Hôtel-Dieu, la mère Jeanne-Françoise Juchereau de la Ferté de Saint-Ignace.

Pour ne pas se montrer orgueilleuse devant tant d'hommages, Eugénie, flattée, préféra louvoyer.

— Jean-François a dû l'informer, sans doute. Vous saviez qu'il est maintenant leur confesseur. Je vous assure que si mon Jean-François est dans l'entourage de gens si hautement placés, c'est qu'il est bien vu de Monseigneur… Quant aux Ursulines, vous saviez que je suis demeurée en résidence au couvent pendant quelques années ?

— Non, vous me l'apprenez. Comme novice ?

— Comme postulante. Avant mon mariage avec mon défunt François, le père de mes enfants… Mais il me reste encore de bonnes amies, rue du Parloir.

— On m'a dit que vous aviez une fille. Est-ce… Isabel, qui fait office d'infirmière à Charlesbourg ?

Eugénie resta étonnée par la question. Elle se dépêcha de répondre :

— Isabel est la fille de Manuel. Et la sœur de Guillaume, bien entendu.

Elle l'avait dit en jetant un regard complice à ce dernier, qui lui sourit, crispé, intimidé d'être en présence du médecin du Roy.

— Non, ma petite dernière se nomme Marie-Renée… enfin, Cassandre. C'est son nom de théâtre. Elle enseigne actuellement le chant aux élèves des Ursulines aux Trois-Rivières… Je m'en ennuie tellement, si vous saviez ! Trois-Rivières, c'est loin, et surtout avec l'épidémie, nous ne pensons même pas à lui rendre visite. N'est-ce pas, Manuel ?

Ce dernier fit non de la tête. Le docteur Sarrazin, conquis par le ton affirmé d'Eugénie, continua.

— Les Ursulines m'ont dit que vous aviez une très jolie voix, madame, et que vous aviez légué votre grand talent à votre fille. On m'a rapporté qu'elle avait déjà chanté devant le Roy, c'est bien vrai?

— Oui, et avec succès, paraît-il. La comtesse Joli-Cœur, une amie, ainsi que le comte, premier gentilhomme des menus plaisirs de la Chambre du Roy, y étaient. Notre souverain, m'ont-ils dit, paraissait enchanté. Cassandre a une grande carrière devant elle… Mon fils Jean-François a aussi une jolie voix. Je ne serais pas surprise qu'il puisse être grand chantre du diocèse de Québec, vous savez… Cassandre me manque beaucoup, mais je préfère la savoir en santé plutôt que risquer de la perdre par maladie à Québec. Là-bas, il n'y a pas beaucoup de bateaux qui s'arrêtent… Comme je la connais, et selon ce qu'elle me dit, elle s'ennuie tout autant que moi. Mais avec nos emplois du temps…

C'est cette mise en situation que le docteur attendait.

— Vous savez, mes obligations m'amènent à visiter les hôpitaux, dont le petit Hôtel-Dieu des Trois-Rivières. Je me dois de m'assurer que l'épidémie est maîtrisée là-bas. Et, j'aimerais bientôt me rendre aussi au Cap-de-la-Madeleine pour en ramener un remède nouveau, une eau médicinale. J'aurais dû m'y rendre cet automne, je l'avais promis au forgeron du coin, un dénommé Pierre Latour, mais avec l'épidémie, j'ai préféré reporter mon voyage à la fin du printemps. Peut-être que votre mari et vous pourriez m'accompagner. Ainsi, vous pourriez revoir votre fille.

Il était familier pour les gens de la vallée du Saint-Laurent de voir le médecin, vêtu de noir, aller visiter ses malades, l'été en canot ou en barque à voile, l'hiver en traîneau ou en carriole, le long du littoral de la rive nord du fleuve.

En entendant le nom de Pierre Latour, Eugénie sursauta.

— Le forgeron du fief Chicot? Sa femme, Étiennette, est la meilleure amie de ma Cassandre! Nous pourrions ramener Cassandre après son année scolaire et aller visiter Étiennette au fief Chicot. Qu'en penses-tu, Manuel? Ne serait-ce pas merveilleux? demanda-t-elle avec enthousiasme. Guillaume pourrait se débrouiller avec la clientèle, conclut-elle sans avoir consulté son beau-fils.

— Assurément! répondit Manuel après avoir validé la réaction de son fils, qui fit un signe de tête affirmatif. Mais ce n'est pas dit que ce serait dans les plans du docteur Sarrazin de s'arrêter au fief Chicot. N'est-ce pas, Michel?

— Si c'est sur la route vers Montréal, pourquoi pas ! Je vous y déposerai et je vous reprendrai au retour. De toute façon, je comptais bien arrêter à un relais pour manger du poisson du lac Saint-Pierre, et Latour m'a déjà invité chez lui. Nous aurions le temps… le projet me semble envisageable.

— Étiennette se fera un plaisir de vous accueillir ! Je vais écrire aux Latour maintenant, si vous le voulez bien. C'est comme si c'était fait, comptez sur moi. À notre retour, j'aimerais que ma fille, Cassandre, et votre fiancée, mademoiselle Marie-Anne, fassent connaissance.

— Ce projet me semble excellent, Eugénie, mais ne vaudrait-il pas mieux que ce soit monsieur et madame Latour qui nous le proposent eux-mêmes ? Ils ont peut-être d'autres plans. Cassandre nous disait qu'ils devaient déménager à la rivière Bayonne.

Saisie par le bon sens de son mari, Eugénie réfléchit. Elle conclut :

— Peut-être bien, mais ils auraient avantage à dire oui, d'autant plus que Pierre Latour et le docteur Sarrazin s'étaient proposé de se rencontrer… Mais tu as raison, la politesse nous recommande du tact. En effet, peut-être qu'Étiennette ne sera pas disposée à nous recevoir. Ses grossesses sont fréquentes ; elle est destinée à avoir une famille nombreuse. Je vais commencer par écrire à Cassandre. Elle écrira à Étiennette et elle s'arrangera avec elle. C'est mieux comme ça. J'ai tellement hâte de montrer mon herbier à ma fille. Des plans pour qu'elle devienne infirmière en voyant ça !

Le docteur Sarrazin sourit, amusé par tant d'enthousiasme. Il dit, confiant :

— Mon intention, madame Estèbe, était aussi de faire visiter l'Hôtel-Dieu de Montréal et l'Hôpital général des frères Charon[87] à mon ami et collègue, Manuel.

Le souhait du docteur Sarrazin figea Eugénie sur place. Elle blêmit. Manuel, gêné, craignait une réaction intempestive de sa femme. Il préféra prévenir tout débordement.

---

87. La communauté des frères hospitaliers de la Croix et de Saint-Joseph fut officiellement reconnue en Nouvelle-France en 1694, quoique fondée en 1690 par Jean-François Charon de la Barre. Celui-ci fut aussi le fondateur de l'Hôpital général de Montréal en 1692.

— Nous pourrons en reparler une autre fois, si tu préfères.

Cette dernière, qui ne voulait pas laisser une mauvaise impression au médecin du Roy, répliqua :

— À bien y penser, c'est une excellente idée ! C'est normal qu'un médecin visite les hôpitaux. Ce n'est pas une infirmière qui sera contre ça, et encore moins une épouse.

Pour se donner bonne contenance, Eugénie rouvrit son album et contempla la disposition des items dans son herbier.

Michel Sarrazin avait aussi su gagner la considération de sa clientèle de démunis et la reconnaissance de l'administration coloniale grâce à son charme, dont il savait fort bien user au besoin.

Il profita de la situation pour amadouer Eugénie. Il s'approcha d'elle et l'aborda diplomatiquement.

— Au Jardin des Plantes de Paris[88], j'ai poursuivi mon doctorat en médecine avec le docteur Fagon. Celui-ci m'enseigna l'art de guérir par la connaissance des trois règnes : l'animal, le minéral et le végétal. L'animal, en opérant les tumeurs et les abcès, le minéral, en analysant des eaux curatives comme celles que je pense trouver au Cap-de-la-Madeleine[89] avec votre ami le forgeron. Et le végétal : c'est en étudiant les plantes guérisseuses avec le professeur Pitton de Tournefort que j'ai pris goût à l'étude de la botanique. Vous savez, depuis toujours, nos paysans français connaissent des plantes guérisseuses, tout comme les Indiens du Canada. D'ailleurs, à notre dernière escale à Terre-Neuve, j'ai cueilli d'intéressants échantillons de plantes indigènes que je me suis empressé de faire parvenir à mon maître en botanique à Paris.

En disant cela, le docteur indiquait à Eugénie ses trouvailles médicinales. À la gauche de chaque échantillon de plante, le

88. Appelé aussi à l'époque « Jardin du Roy », on trouvait en ce lieu des végétaux du Nouveau-Monde, dont certains arbres qui ont aujourd'hui plus de trois cents ans. Ce jardin parisien a été converti depuis en Muséum national d'histoire naturelle : on le trouve dans le XIIIe arrondissement, près de la gare d'Austerlitz et non loin de l'Hôpital général de Paris et de son annexe, la Pitié-Salpêtrière, d'où partirent les filles du Roy, de 1663 à 1673, pour venir peupler la Nouvelle-France.

89. Au milieu du XVIIe siècle, l'établissement du Cap-de-la-Madeleine, une mission de Sauvages convertis par les Jésuites, se situait sur un terrain de deux lieues de longueur sur vingt lieues de profondeur, à une distance de près d'une lieue du village des Trois-Rivières. Les sources minérales du cap donnent une couleur rougeâtre à leurs eaux. En 1709, le docteur Michel Sarrazin effectua des tests pendant trois mois pour connaître la valeur médicinale de ces eaux issues du sol ferrugineux.

naturaliste donnait une description scientifique du spécimen ainsi que ses propriétés curatives.

À ce moment, le docteur Sarrazin prit un ton professoral et continua, en s'adressant surtout à Guillaume avec considération :

— Vous savez, avec le nombre de malades que nous avons, j'ai eu la possibilité de vérifier à maintes reprises les enseignements de mon maître, et de les comparer avec les remèdes de nos Indiens… Ce qui est important, c'est la guérison et non pas de prouver à tout prix que la médecine européenne est la meilleure, comme le font les maîtres de la Sorbonne.

Le docteur, au timbre de voix habituellement calme, venait de hausser le ton. Cette irritabilité ne lui était pas coutumière. Seul Manuel Estèbe comprenait bien son collègue, qui avait eu des démêlés avec la prestigieuse école de médecine.

— Tenez, madame Estèbe…

— Appelez-moi Eugénie, docteur Sarrazin. Après tout, mon mari n'est-il pas un collègue et un ami ?

Le docteur Sarrazin sourit. Encore une fois, son pouvoir de séduction opérait comme un philtre apaisant. S'il était né aristocrate, Michel Sarrazin aurait certes été le premier médecin du Roy Louis XIV à la place du docteur Fagon. Il continua, non peu fier de son effet :

— Lisez ici, madame Eugénie. Je note tous les résultats du traitement de la plante médicinale dans la marge. Tenez : vous avez ici un échantillon de l'écorce de l'épinette et de sa gomme séchée. Eh bien, en l'appliquant, la gomme aide à empêcher l'infection et à refermer la plaie. C'est un remède indigène d'ici, je ne vous apprends rien sans doute. Ici, vous avez la feuille du sang-dragon et son rhizome, une espèce unique de chez nous. Nos Sauvages s'en servent, mais l'administrent à trop forte dose. Le mérite de l'expérimentation scientifique est de noter la bonne dose de la prescription. Les Sauvages ont le mérite d'avoir trouvé le remède. Nos deux médecines, bien coordonnées, pourraient faire des miracles de guérison.

Le médecin tournait les pages de l'herbier médicinal en prenant soin de ne pas effleurer la main d'Eugénie, attentive à ses explications.

— Viens voir ça, Guillaume, ne sois pas si en retrait.

Manuel Estèbe indiqua à son fils par un haussement d'épaules que la remarque d'Eugénie était sans malice. Le docteur Sarrazin continua, comme si de rien n'était.

— Dans cet herbier, j'ai essayé de présenter des végétaux d'ici, plutôt que de les faire venir de Paris, parce que l'approvisionnement est à portée de main… Même Tournefort m'en demande régulièrement. Regardez ici, des fines herbes, le thym et le serpolet, que vous retrouvez dans votre potager, n'est-ce pas? Eh bien, en infusion, la tisane bien chaude est un antiseptique contre le rhume! C'est comme la graine de frêne pour guérir les coliques des reins…

— Avoir su ça avant, Manuel… Mon défunt François avait toujours du beau frêne abattu pour fabriquer ses meubles pour les riches: nous aurions pu en conserver les graines.

Devant le rictus de Manuel Estèbe, Michel Sarrazin se dépêcha de continuer en tournant les pages de l'herbier de plus en plus vite.

— Vous avez d'autres exemples, comme ici la feuille de potentille, pour faire passer les maux de tête, ou celle du «bois d'orignal», pour les malaises du système digestif. Certaines herbes sont bien connues des femmes de colons, évidemment! Vous aurez tout le loisir d'étudier cet album. J'aimerais que vous me promettiez, Eugénie…

Le médecin avait planté des yeux inquisiteurs dans l'âme de cette dernière. Elle se sentit remuée par l'attention du docteur. Elle répondit, malgré elle, avec la spontanéité d'une enfant.

— Tout ce que vous voudrez, docteur Michel.

Constatant son ingénuité, elle ajouta, embarrassée:

— Pourvu que je le puisse, bien entendu.

— Oh oui, vous le pouvez, pourvu que vous en preniez le temps. J'aimerais que vous notiez dans cet herbier les résultats de cette médecine par les végétaux. De cette façon, la Nouvelle-France pourra contribuer à l'avancement de la science. S'il y a quelqu'un, à Québec, sur qui je peux me fier pour mener à bien cette tâche, c'est bien vous, Eugénie!

Cette dernière rosit de fierté. Le visage de Manuel se rembrunit. Eugénie, qui ne voulait pas créer d'animosité, ajouta:

— J'ai bien compris que c'était après Manuel et Guillaume, bien entendu, qui sont médecins, eux.

L'apprenti médecin, Guillaume Estèbe, sourit à sa belle-mère.

Michel Sarrazin apprécia la grande intelligence d'Eugénie. Elle poursuivit :

— Merci, docteur Michel. Avec Isabel, la digne fille de mon mari, je vous promets de consigner tous les résultats de notre médecine végétale dans cet herbier... Ça ne sera pas aussi parfait qu'un naturaliste pourrait le faire, mais je vous certifie que ce sera lisible. Manuel pourra même nous superviser, s'il le souhaite.

— Ce ne sera pas nécessaire, Eugénie. Je sais bien que tu vas t'y consacrer avec perfection, comme d'habitude.

— Tu exagères encore et toujours, Manuel. Je ne fais que mon possible. Isabel et moi, peut-être aussi Cassandre, si elle revient, deviendrons des élèves attentives à ces devoirs de botanique... Comment se fait-il, Manuel, que nous n'ayons pas d'ouvrage de médecine du genre à Charlesbourg ?

Manuel Estèbe rougit. La question le désarçonna. Le docteur Sarrazin sauva la face de son ami en répondant :

— Je connais assez la pratique des médecins de campagne, Eugénie, pour savoir qu'ils se dépensent tant pour leur clientèle qu'ils n'ont pas une seconde de répit. Je n'ai jamais douté que Manuel puisse être capable d'herboriser, puisqu'il a la même passion que moi pour la médecine naturelle. Cependant, avec deux cabinets...

Pour le remercier et pour reprendre le haut du pavé, Manuel continua, le regard dirigé vers Guillaume.

— Avec un fils qui prendra la relève et deux assistantes naturalistes, nul doute que ma pratique contribuera à l'avancement de la science médicale orientée vers la botanique. En attendant, le rôle du médecin est de guérir, et l'épidémie ne nous laisse plus grand temps.

— Tu as raison, Manuel, j'espère que nous enrayerons cette épidémie le plus vite possible. Par ailleurs, je ne crois pas qu'il y ait beaucoup de plantes indigènes qui puissent nous fournir un remède contre cette fièvre de Siam. La plante du docteur Fagon, appelée *quinquina*, n'y peut rien, imaginez ! Nous allons nous en tenir à nos pratiques conventionnelles pour le moment en espérant qu'un jour, la chimie moderne nous apporte des découvertes miraculeuses. L'important est de continuer de prier et d'éviter les remèdes de charlatans, comme la poudre de pied d'orignal ou de corne de cerf râpée.

Les docteurs Estèbe, père et fils, opinèrent de la tête en recevant les directives du médecin le plus haut gradé de la Nouvelle-France.

— Si un membre du Conseil supérieur nous le dit, je prends ça comme une directive politique.

— C'est plutôt un collègue qui a besoin de votre soutien dans les campagnes qui vous le recommande. En ces temps de tristesse, la solidarité vaut son pesant d'or.

Eugénie écoutait distraitement, en feuilletant silencieusement son herbier. Elle dit :

— Nous allons nous dévouer jusqu'à la limite de nos forces, soyez-en certain, docteur Michel. Quant à Isabel et à moi, nous essaierons à l'occasion la médecine végétale... Je vois ici que la feuille et l'écorce de saule guérissent le rhume et les maladies pulmonaires. Moi qui ai les poumons fragiles, je vais en faire ma tisane quotidienne. Qu'en pensez-vous ?

Michel Sarrazin profita de l'occasion pour féliciter Eugénie.

— Madame Eugénie, j'admire votre esprit scientifique. Déjà prête pour l'expérimentation ! Bravo !

— Vous savez, docteur Michel, une mère de famille, et une grand-mère de surcroît, a dû se creuser les méninges plus d'une fois pour maintenir en vie sa progéniture, malgré les bons soins du médecin de campagne.

En disant cela, Eugénie fit un clin d'œil à son mari, le docteur de Charlesbourg, qui lui sourit.

— Je dis que vous avez naturellement l'esprit scientifique. Si la nature vous avait faite homme, vous auriez pu devenir médecin.

Flattée dans son orgueil, Eugénie rougit.

— Pour ce qui est d'être médecin, ma famille en comprend deux excellents ! répondit-elle avec fierté.

Elle s'était carrément tournée vers Guillaume. Ce dernier reçut le compliment en parvenant difficilement à camoufler son inconfort.

Michel Sarrazin n'insista pas. Il préférait plutôt donner ses consignes scientifiques.

— La prévention, Eugénie, la prévention… c'est ce que je n'ai pas eu le temps d'expérimenter. Comme vous connaissez votre condition médicale…

— J'ai toujours eu les poumons fragiles. Même que j'ai combattu la tuberculose avec succès avant mon premier mariage. Hein, Manuel ?

— C'est ce que tu m'as toujours dit, Eugénie, mais évidemment, je n'y étais pas.

Eugénie se mordit la lèvre, un peu embarrassée par la naïveté de ses propos. Michel Sarrazin continua.

— S'ils avaient été aussi fragiles, vous seriez morte de toute façon. S'il y a un médecin qui peut en parler en connaissance de cause, c'est bien moi, puisque je viens de terminer un traité sur la pleurésie ! Mais pour éviter toute rechute, je vous recommande de prendre votre infusion de saule à intervalles réguliers — quotidiennement, disons —, en notant bien la quantité du médicament végétal absorbé et le moment de sa prise. Et surtout les résultats observés. Avec ces résultats combinés aux statistiques de vos rechutes précédentes, il y aura moyen de savoir si la tisane de saule peut aussi bien prévenir la maladie que la guérir. C'est ce que nous, chercheurs, nous appelons la méthode scientifique… Mais vos échantillons de saule doivent provenir d'endroits humides pour que le remède soit efficace.

— Séchés ou pas, docteur ? Parce que je pourrais demander à la jeune Étiennette Latour de m'en faire parvenir du fief Chicot.

— Ça, Eugénie, c'est à vous de l'expérimenter. Déjà, vous avez motif à organiser votre petit laboratoire.

Eugénie n'avait pas pensé à autant de responsabilités. Elle se demandait bien par quel bout commencer. Elle demanda soudainement à son mari :

— Si je commençais par mon propre dossier… Manuel, as-tu noté les résultats de tes visites à Bourg-Royal depuis le début en ce qui concerne mes poumons ?

Mal à l'aise, Manuel fit non de la tête.

— Ce n'est pas mon hospitalisation à l'Hôtel-Dieu qui va m'en apprendre plus. C'était, à l'époque, le docteur Étienne Bouchard[90], et il s'était contenté d'indiquer seulement « guérie » dans mon dossier.

---

90. Avant Michel Sarrazin (1700-1734), le médecin du Roy était Étienne Bouchard (1622-1676), qui desservait l'Hôtel-Dieu de Québec au XVIIe siècle.

— Autres temps, autres mœurs, n'est-ce pas ? Dis, Manuel, pourrais-je te demander un service ?

— Accordé d'avance, Michel.

— Les temps sont difficiles et les soignantes tombent malades les uns après les autres, religieuses ou non. La maladie n'épargne pas la sainteté. Tu sais que, comme médecin du Roy, je suis aussi responsable de la bonne gouvernance de l'Hôpital général. Or, il nécessite de l'aide et mère Madeleine de la Résurrection est particulièrement débordée. Je me dois d'être partout et, franchement, cette institution manque d'organisation dans les soins à donner aux malades. Je me demandais si madame Eugénie, comme organisatrice laïque, ne pourrait pas venir en aide à la bonne mère… Je sais que l'assistance d'Eugénie t'est essentielle à Charlesbourg et à Beauport et je ne voudrais pas l'éloigner de sa famille qui a tant besoin d'elle…, mais je pense que sans son apport et celui d'autres bénévoles d'envergure, la colonie ne tiendra pas le coup, et nous serons vaincus par cette terrible fièvre de Siam.

Manuel Estèbe ne parlait plus, traumatisé à l'idée de perdre son épouse et son assistante. Eugénie restait figée sur place. Comprenant sa méprise, le docteur Sarrazin se rétracta.

— Veuillez m'excuser. J'ai tendance à être égoïste : lorsque je rencontre des gens doués de grands talents, je veux les garder près de moi et j'ai espoir de les pousser à réaliser de grandes choses. Mais ils n'y sont pas obligés, n'est-ce pas ? Les gens ont droit à leur vie de famille et peuvent être près des leurs. S'il y a des indigents, des malades et des moins bien nantis dans la colonie, personne n'est responsable de leur condition. Il y a déjà eu des épidémies de fièvre de typhus, de scorbut et de variole, et la colonie s'en est toujours tirée, grâce à la volonté de Dieu. Et il y en aura d'autres tant que nous ne trouverons pas les vaccins pour les combattre et les éliminer.

Si Eugénie restait silencieuse, c'est qu'elle réfléchissait. De se faire dire qu'elle appartenait à cette catégorie de gens doués la comblait d'aise. Cependant, la médecine végétale et expérimentale et les soins aux malades dans la capitale lui offraient aussi la possibilité d'accomplir une grande mission.

Tu as toujours cru, Eugénie, que c'était en accomplissant à la perfection les tâches quotidiennes que la réussite de grands exploits était possible. En voici une belle occasion, ne la rate pas !

— Mais ce serait une excellente façon de remettre à la colonie ce qu'elle nous a donné de plus précieux : une seconde chance. N'est-ce pas, Manuel ?

Ce dernier dévisagea sa femme sans trop chercher à la comprendre.

— Tu as raison, la colonie a été bonne pour nous. Mais tu as déjà beaucoup donné, et en m'assistant avec Isabel et Guillermo[91], tu donnes encore beaucoup. Sans compter que tu as aussi ta première famille. Tes enfants et tes petits-enfants ont encore besoin de toi. Cassandre n'est pas encore mariée et ta petite-fille Catherine te donnera bientôt des arrière-petits-enfants, ne l'oublie pas.

— Tu exagères, Manuel. Catherine, la fille d'André, n'est encore qu'une enfant. Quant à Cassandre, elle ne me parle plus de son cavalier basque, Pierre de Lestage.

— Et ta santé ! Tisane de saule ou pas, tes poumons resteront toujours fragiles. La fièvre se propage vite et, à notre âge, nous sommes moins résistants.

Manuel avait failli dire « à ton âge » ; connaissant la susceptibilité d'Eugénie, il se félicita de sa prudence. S'il n'était pas spécialiste des maladies pulmonaires, le docteur Estèbe voulait par là faire savoir à son confrère qu'il connaissait bien l'état de santé de sa femme.

Eugénie voulut briser la résistance de son mari.

— Tant qu'à ça, Manuel, pourquoi ne m'empêches-tu pas de t'assister dans ta pratique de la médecine à Charlesbourg ? Les miasmes sont aussi présents pour toi qu'ils le sont pour moi... Ne t'inquiète pas, je veillerai à ce qu'Isabel voit au bon maintien de tes instruments. Tu n'auras pas à te plaindre. Et puis, je vais demander à Mathilde de demeurer chez elle ou chez Anne, place Royale. C'est plus près de l'Hôpital général.

Manuel Estèbe fit la moue sans rétorquer. Eugénie en conclut qu'elle venait de gagner la partie. Elle s'adressa au docteur Sarrazin.

— C'est d'accord, docteur Michel. Je connais sœur Madeleine de la Résurrection : Marguerite Bourdon me l'a déjà présentée quand j'ai été la voir avec sa mère... enfin, sa belle-mère. Avec votre permission, je pourrais me faire aider par mes amies filles

91. « Guillaume » en espagnol.

du Roy, la comtesse Joli-Cœur, madame Anne de Lachenaye, ma cousine, qui est veuve, ainsi que madame Marie Martin Vallée. Elle aussi est veuve, depuis près de trente ans, et elle ne s'est jamais remariée. Elle a tout son temps pour ça.

— À la bonne heure! Vous voyez, rien n'est impossible à Dieu! Les filles du Roy… On m'a déjà cité le nom de Madeleine de Roybon d'Allonne, que pensez-vous d'elle, Eugénie? Il paraît que c'est une femme de caractère.

Au nom de Madeleine de Roybon d'Allonne, Eugénie sursauta. Elle ne voulait surtout pas avoir dans ses jambes l'ancienne compagne de Robert Cavelier de LaSalle qui l'avait déjà snobée lors d'une excursion familiale à la chute Montmorency.

— Madeleine d'Allonne? Mais elle réside à Montréal maintenant. Vous avez raison, toute une meneuse! Toutefois, je la verrais plutôt organiser les soins dans les hôpitaux de Montréal, si la fièvre de Siam se rendait jusque-là.

— Espérons que non! Mais je prends son nom en note et j'en parlerai aux frères Charon lors de notre prochain voyage à la fin du printemps prochain… À propos, mère de la Résurrection m'a parlé en bien de leur domestique à l'Hôpital général, Louis Rabouin[92], qui pourrait vous aider dans votre ministère. Vous savez, l'hôpital manque déjà de place pour les lits des malades qui arrivent nombreux chaque jour. Louis Rabouin pourrait agir comme brancardier à longueur de journée.

— C'est comme si c'était fait, docteur Michel.

— Vous savez, mère Madeleine de la Résurrection est une sainte femme… Mais elle est débordée… je dirais… dépassée par la tâche. D'avoir une organisatrice hors pair comme vous, madame Eugénie, pour gérer cette crise hospitalière, c'est une bénédiction! Quand commencerez-vous?

Eugénie regarda Manuel, qui se sentait — à l'instar de la religieuse précédemment mentionnée — tout à fait dépassé par les événements. Comme il ne répondait pas, Eugénie prit les devants.

— Nous allons nous rendre de ce pas rue du Sault-au-Matelot pour demander asile à Mathilde… heu, à la comtesse

---

92. Louis Rabouin (1665-1728), fils de Pierre Rabouin et d'Esther Rocheleau, est né à La Rochelle et a été baptisé au temple de la Villeneuve en tant que huguenot. Arrivé à Québec en 1689, il devint domestique au Grand Séminaire. Il décéda à l'Hôpital général.

Joli-Cœur. Je pourrais donc commencer dès demain si vous le voulez. Auparavant, j'aimerais rendre visite à mon fils Jean-François, à l'archevêché. J'aimerais lui apprendre cette bonne nouvelle… Pour ce qui est de Guillaume, son professionnalisme lui commande de retourner au plus vite à Charlesbourg auprès de ses malades. N'est-ce pas, Guillaume?

Ce dernier ne s'attendait pas à autant d'ingérence. Tétanisé, il n'eut d'autre réponse que:

— Comme vous voudrez, belle-maman.

— Voyez donc ça comme il est bien élevé!

Saisi, Manuel fit signe à Guillaume de ne pas en faire de cas.

Michel Sarrazin ne releva pas la remarque et préféra continuer:

— Alors, j'envoie un messager annoncer votre venue à l'hôpital pour demain après-midi… Docteur et madame Estèbe, vous aurez toujours ma gratitude.

Le docteur Sarrazin pensait bien avoir dit le dernier mot. C'est cependant Eugénie qui eut l'occasion de faire plaisir aux deux médecins. Elle voyait bien que son mari venait de faire un énorme sacrifice en lui permettant, même silencieusement, d'accepter ces nouvelles responsabilités. Il avait le moral à zéro, lui aui avait l'habitude d'arborer l'attitude fière des conquérants espagnols. Eugénie se sentait coupable de la situation et tenta d'y remédier.

— Si vous me le permettez, docteur Michel, c'est à mon tour de vous demander une faveur.

Manuel Estèbe, stupéfait de l'audace de sa femme, la surprit en lui disant:

— Je t'en prie, Eugenia, le docteur Sarrazin est très occupé. Il a déjà été très généreux de son précieux temps.

Eugénie lui répondit instantanément:

— Laisse-moi terminer, Manuel. Tu verras, tu ne seras pas perdant.

Le médecin du Roy paraissait intrigué.

— Je vous écoute, madame Eugénie. Prenez tout votre temps. Votre présence à vous deux m'est très précieuse, croyez-moi! Faites.

Manuel Estèbe et Eugénie apprécièrent la civilité du médecin du Roy.

— Vous savez, Guillaume est presque médecin maintenant. Il projette d'aller étudier la médecine en France, comme son père et vous l'avez fait… Même qu'il est très aimé de la population de Charlesbourg et des environs lorsqu'il accompagne Manuel…

Le jeune homme rougissait de tant de flatterie de la part de sa belle-mère. Son père, qui connaissait bien la tournure d'esprit d'Eugénie, savait qu'il y avait anguille sous roche.

— Voilà, j'irai droit au but. Vivre loin de mon mari, épidémie ou pas, ne me sera pas possible. D'autant plus que nous sommes toujours en lune de miel, si vous voyez ce que je veux dire ! En conséquence, j'accepterai cette nomination pourvu que Manuel devienne le médecin attitré de l'Hôpital général de Québec le temps que passe la fièvre de Siam… Si Manuel le désire, bien entendu.

Tous les regards se tournèrent vers celui-ci, qui faisait aller sa moustache bien taillée de droite à gauche par nervosité. Eugénie, qui connaissait son professionnalisme et son insécurité au moment des grandes décisions à prendre — n'avait-il pas rompu leurs fiançailles alors qu'elle s'attendait à une demande en mariage ? —, ajouta :

— Je sais que Manuel craint d'être blâmé d'abandonner sa clientèle dans des moments tragiques, mais comme je le disais, Guillaume est prêt à assurer sa relève ! Il vaut quand même mieux qu'un chirurgien, voire un chirurgien-major ! D'autant plus qu'Isabel pourrait l'assister avec excellence, comme elle le fait actuellement avec son père. Ces deux-là s'entendent à merveille, comme frère et sœur. Imaginez leur complicité au cabinet médical. Mieux que mari et femme. C'est beau de les voir s'entraider.

Manuel Estèbe écoutait religieusement le témoignage d'Eugénie, le regard plein d'amour. Pour la première fois depuis leur mariage, Eugénie, qui avait tendance à vanter les siens, donnait son appréciation des enfants de Léontine et de Manuel Estèbe. Ce dernier se félicita d'avoir marié en secondes noces une femme aussi extraordinaire. *Je donnerais ma vie pour elle, s'il le fallait*, se dit-il.

Le docteur Sarrazin, en fin analyste de la nature humaine qu'il était, comprit vite l'étanche complicité de ses amis de Charlesbourg, au travail comme à la maison. Il appréciait l'esprit non seulement familial, mais aussi de dévouement de l'un et l'autre à la colonie. Il n'était quand même pas pour exercer son pouvoir suprême de médecin du Roy en Nouvelle-France alors qu'il était débordé et qu'il devait déléguer à tout prix. Il sut que l'initiative d'Eugénie et sa force de caractère valaient mieux que toutes les ordonnances du Conseil supérieur pour convaincre le docteur Estèbe de prendre part à l'aventure. Après tout, n'allait-il pas faire d'une pierre deux coups?

— Cette proposition m'enchante, madame Eugénie. Mais si je suis prêt à l'encourager, je ne suis pas le premier concerné par cette affaire. C'est le docteur Estèbe qui doit être d'accord... Évidemment, nous donnerons assistance à Guillaume lorsqu'il la demandera. J'en ferai mention au Conseil supérieur, le prochain lundi, si vous êtes prêt à me donner votre réponse d'ici là.

Manuel se lissait la moustache en réfléchissant. Pour ajouter du poids à la suggestion, le docteur Sarrazin ajouta:

— Je me priverai de mon chirurgien du Roy, Jean Demosy[93], et le ferai transférer de l'Hôtel-Dieu à l'Hôpital général, s'il le faut, pour vous assister sur le plan médical. Il n'y aura pas de blessés de guerre, puisque nous venons d'éviter celle-ci de peu. Qu'en pensez-vous, docteur Estèbe?

Le petit groupe voyait bien qu'Estèbe s'apprêtait à prendre une décision qui changerait le cours de sa pratique médicale. S'il aimait bien venir à Québec saluer ses confrères médecins à l'occasion, il se sentait comme un poisson dans l'eau comme médecin de campagne à Charlesbourg. Comme il hésitait encore, Eugénie, n'y tenant plus, renchérit, comme s'y attendait le docteur Sarrazin.

— Voyons, Manuel, tu ne peux pas refuser ça! Le docteur Michel vous offre de l'aide, à Guillaume et à toi, et puis nous serons ensemble... Si tu le désires, nous prendrons un appartement plutôt que de demeurer chez Mathilde ou Anne. Même que le docteur Michel pourrait nous aider avec ça, n'est-ce pas?

---

93. Jean Demosy fut chirurgien du Roy, ou chirurgien-major, à Québec, de 1701 à 1715. Son rôle consistait à visiter les hôpitaux, à surveiller les soignants, notamment les chirurgiens-barbiers lorsqu'ils effectuaient la saignée; il se réservait les amputations. En cas d'épidémies de fièvres de toutes sortes, c'est le médecin qui diagnostiquait la maladie et prescrivait le remède approprié.

Eugénie se tourna vers le docteur Sarrazin, qui ne s'attendait pas à cette demande. Ce dernier fronça les sourcils.

— Bien entendu ! Nous n'avons pas encore d'appartement de fonction, mais je pourrais demander à ma fiancée, Marie-Anne Hazeur, de vous loger. Elle habite la maison de son regretté père, François Hazeur[94], place Royale, tout à côté de l'Hôpital général, avec son frère Jean-François, sa belle-sœur Catherine et leurs deux enfants en bas âge, François-Marie et Ignace… Vous avez peut-être connu ses tantes, notre regrettée sœur Louise Soumande de Saint-Augustin, une des quatre fondatrices ursulines de l'Hôpital général, et sœur Madeleine Hazeur Sainte-Françoise[95], avec laquelle j'ai toujours le bonheur de collaborer à l'Hôtel-Dieu de Québec et qui assiste la Mère supérieure dans ses fonctions délicates… Je vous accueillerais bien ici, mais c'est davantage un laboratoire qu'un logis décent pour une dame, tandis que chez les Hazeur, la servante, Renée, tient la maison à la perfection. Vous

---

94. François Hazeur (1646-1708) devint l'un des plus éminents hommes d'affaires de la Nouvelle-France. Gendre de Pierre Soumande, également marchand prospère, il ouvrit un magasin à Québec et se livra à la traite des fourrures. Parmi ses relations d'affaires, nous retrouvons des marchands de La Rochelle ainsi que Philippe Gaultier de Comporté, seigneur de La Malbaie. Actionnaire de la Compagnie du Nord, créée en 1682 pour exploiter la traite à la baie d'Hudson, et de la Compagnie de la colonie, fondée en 1700 pour concurrencer le monopole français métropolitain, il fut nommé au Conseil supérieur en 1703. Ses frères Jean-François et Léonard furent aussi marchands. Leur sœur Marie-Anne épousa Jean Sébille, qui fit construire la maison Soumande, dont le terrain fut la propriété de Pierre Soumande, le beau-père de François Hazeur. C'est sur le mur de cette maison que nous trouvons aujourd'hui la *Fresque des Québécois*, une œuvre murale en trompe-l'œil qui raconte l'histoire de la capitale nationale du Québec, et qui abrite le Centre d'interprétation de la place Royale. Les parents, François Hazeur, originaire de Brouage, et Marie Proust, de Tours, se marièrent en 1645. Après le décès de son mari en 1669, la veuve et ses quatre enfants décidèrent sans doute d'émigrer en Nouvelle-France. Ils s'établirent dans la Basse-Ville, très près les uns des autres. Ainsi, le marchand et conseiller François Hazeur était voisin de la maison Soumande et sa résidence était réputée à l'époque pour être la plus belle de la ville. Ils amenèrent de France une servante, Renée, qui finit ses jours avec la famille. François Hazeur et Anne Soumande eurent treize enfants, dont huit survécurent à leur première année d'existence. Parmi ceux-ci, mentionnons maître Jean-François (1678-1733), avocat au Parlement de Paris, lieutenant particulier de la prévôté de Québec et membre du Conseil supérieur de 1712 jusqu'à sa mort, qui maria Catherine Martin de Lino, la fille d'un autre riche marchand de Québec, ainsi que l'abbé Pierre-Joseph-Thierry (1680-1757) et Marie-Anne-Ursule (1692-1743), qui épousa en 1712 le docteur Michel Sarrazin, médecin du Roy et naturaliste scientifique.

95. Sœur Madeleine Hazeur Sainte-Françoise (1662-1735) entra au pensionnat de l'Hôtel-Dieu de Québec en 1678. Devenue religieuse hospitalière, elle sera inhumée le 24 octobre 1735 à Québec.

seriez beaucoup mieux là. Vous n'aurez pas de difficulté à trouver la maison, située au coin de la rue Notre-Dame et de la côte de la Montagne. C'est une belle grande maison de pierres au toit en mansarde.

Eugénie reçut la proposition avec enthousiasme.

— Comme celle de ma cousine Anne de Lachenaye. Tu vois, Manuel, le logement ne serait pas un problème. Vous connaissez sans doute la maison Frérot, place Royale, n'est-ce pas, docteur Sarrazin ?

— Oui, une bien belle maison. Le marchand Thomas Frérot, le regretté sieur de Lachenaye, était de bonne société. Une si belle carrière, ce Frérot ! Le père de Marie-Anne l'estimait beaucoup au Conseil supérieur, m'a-t-il dit ! Hélas, je ne l'ai connu que comme patient lors de son hospitalisation à l'Hôtel-Dieu. Il travaillait trop, il a fait une attaque qui n'a pas pardonné.

— Tout comme mon défunt François. Il n'arrêtait pas de s'échiner à la tâche… Vous en avez peut-être entendu parler ?

— Un artiste de renom, m'a-t-on dit à l'archevêché. Vous savez, nous, les médecins, quand il s'agit d'apprécier le génie de l'artiste peintre ou sculpteur, le temps, hélas, nous manque !

Eugénie se tourna vers son mari.

— Et puis ? Il faut prendre une décision, Manuel !

Tous les regards se tournèrent vers ce dernier, qui ressentait la tension pesante d'une décision déterminante pour sa famille et la santé de la population.

— Je suis d'accord.

Un sourire radieux illumina les visages d'Eugénie, du docteur Sarrazin et de Guillaume, qui se voyait déjà docteur en médecine de campagne.

— Alors, là, tu me rends heureuse, si tu savais !

Eugénie s'apprêtait à finir sa phrase par *mon amour*, mais elle se félicita de sa retenue.

Devant le médecin du Roy, s'il avait fallu ! se dit-elle.

— Mais, moi aussi, j'ai mes conditions.

La réaction du docteur Estèbe surprit momentanément ses interlocuteurs.

— Ah oui, lesquelles ? demanda Eugénie, inquiète.

— Mes conditions s'adressent à vous trois, mais séparément.

Une onde de choc traversa la pièce.

— D'abord, au docteur Sarrazin. Nous aimerions commencer dans une semaine, le temps de vérifier l'installation de Guillermo à la clinique de Charlesbourg, ainsi que d'en informer Isabel, même s'ils s'entendent très bien.

Un peu agacé d'entendre que la condition de la clinique de Charlesbourg pouvait laisser à désirer, Guillaume acquiesça en fils docile en répondant:

— *Sí, papá.*

— Je tiens personnellement à communiquer la nouvelle à mes patients et aux autorités locales de Charlesbourg et de Beauport afin qu'elles ne s'inquiètent pas... Toi, Eugénie, de ton côté, il faut avertir correctement les tiens. Leur mère va leur manquer, c'est sûr, et l'inverse est peut-être encore plus vrai. Je ne veux pas de reproches dans l'avenir. Tes responsabilités d'infirmière sont déjà si accaparantes et tu as eu si peu le temps de voir à la situation de Simon-Thomas, pris dans son aventure d'élevage ovin à Gros Pin... Tu connais à peine Marion, sa femme.

Eugénie regardait son mari, les yeux dans l'eau. Ainsi, son beau Manuel s'en était rendu compte. Elle avait négligé sa famille qu'elle aimait tant pour travailler avec son médecin de mari.

C'est vrai que j'ai négligé Simon-Thomas! Si j'avais été là, il serait sans doute encore célibataire, prenant de la maturité. Un garçon d'à peine vingt ans qui se marie n'a pas le même aplomb qu'un autre de vingt-neuf ans, comme son père François! Et sa Marion, une rousse affriolante, peut bien l'avoir enjôlé facilement, et Dieu sait de quelle manière... J'aime mieux ne pas y penser! Ce n'est pas Margot, et encore moins Isa! Même si elles ont eu les mêmes parents. Pauvre Catherine! Marion ressemble à Thomas Pageau, son père, incapable de frôler une femme sans frétiller de la moustache... Voyons, Eugénie, surveille ton langage! Ce ne sont pas là des manières de directrice d'hôpital!

Eugénie sortit de ses pensées quand Manuel ajouta:

— Quant au logement, ma femme, je souhaiterais rester chez le comte et la comtesse Joli-Cœur, rue du Sault-au-Matelot, sans faire ombrage à ta charmante cousine, Anne Frérot de Lachenaye, qui vit esseulée, sans entourage masculin, depuis la mort de Thomas. Mathilde est ta meilleure amie, c'est presque une sœur pour toi. Et puis moi, je m'entends à merveille avec Thierry.

En entendant cela, Eugénie approuva de la tête. Manuel posa sa dernière condition.

— Quant à toi, Guillermo, n'oublie pas que tu n'es pas encore médecin reçu : tu dois étudier en France pour le devenir. Mais comme ton père est médecin, j'ai eu la permission spéciale du Collège des médecins de Paris de superviser ton stage pratique avant de commencer tes études théoriques. C'est une grande chance, mais tu dois te conformer à ceci : je veux que tu notes tous tes gestes médicaux pour que je puisse les valider périodiquement. Ton aide nous sera précieuse pourvu que tes interventions soient appropriées. La tâche ne te sera pas facile, crois-moi, en ces temps de panique et de détresse ! Au moins, tu auras la possibilité de tester ton intérêt réel pour la médecine. Tu sais, tu es voué à un bel avenir, mais il n'y a aucune obligation de ta part de suivre mes traces !

Guillermo, comme sa sœur, avait hérité des yeux noirs et perçants de son père.

— *Sí, papá.*

— *Muy bien, hijo !...* Et vous, Michel, qu'en pensez-vous ? demanda Manuel Estèbe, qui avait déjà compris la réponse enthousiaste quoique silencieuse d'Eugénie. Le docteur Sarrazin, encore abasourdi par le discours structuré de son collègue, sortit de sa torpeur.

— Oh, moi, il n'y a pas de problème. Mon problème aurait été que vous refusiez tous. Prenez le temps qu'il faut, une, deux semaines... Seulement, plus vous prendrez de temps, plus les corridors de l'hôpital seront bondés de malades et la Grande Faucheuse agira à la vitesse de l'éclair. Les professionnels de la santé comprennent ça, n'est-ce pas ?

Manuel et Eugénie se regardèrent comme deux complices. Manuel dit le mot de la fin de la conversation :

— Nous nous rendons de ce pas rue du Sault-au-Matelot. Si le comte et la comtesse ne peuvent pas nous héberger, nous cognerons à la porte de madame de Lachenaye. A fortiori, Eugénie sera enchantée d'endormir vos futurs neveux.

— D'autant plus que je souhaite que Jean-François Hazeur remplace son père le plus rapidement possible au Conseil supérieur. Il aura besoin de ses soirées de repos, ajouta le docteur Sarrazin.

Guillaume signifia son départ à ce dernier.

— Merci pour votre accueil et pour cette leçon de médecine. Toutefois, comme l'épidémie ne nous donne pas de répit, je dois retourner auprès de mes malades à Charlesbourg.

— Ça va de soi. Faites et continuez dans cette voie. Le corps médical fonde de grands espoirs en vous !

Sitôt après le départ de Guillaume, qui prit le temps de saluer ses parents, Eugénie s'empressa d'ajouter :

— N'est-ce pas qu'il deviendra un grand médecin ! Peut-être même un médecin du Roy, qui sait ?

Manuel rougit au propos d'Eugénie et le docteur Sarrazin ne releva pas la remarque, qu'il jugea déplacée.

Mathilde et Thierry acceptèrent avec empressement d'être les hôtes de leurs amis de Charlesbourg, et ce, aussi longtemps que ces derniers le souhaitaient. Mathilde se trouva honorée de pouvoir aider son amie Eugénie à titre de soignante en cette période si difficile. Pendant que Manuel et Thierry en profitaient pour saluer leurs amis marchands, Eugénie et Mathilde se dépêchèrent de rendre visite à Anne et de lui parler avec enthousiasme de leur contribution aux soins de l'Hôpital général. Elles trouvèrent leur amie aigrie, déprimée, en un mot, malheureuse.

— Ça te ferait grand bien, Anne, de sortir de ta grande maison et de te changer les idées. Viens avec nous. Avec Marie Martin, nous serons quatre amazones à combattre la fièvre de Siam. Il n'y a rien d'impossible aux filles du Roy, après ce que nous avons vécu. Après tout, l'Hôpital général de Paris et celui de Québec, c'est du pareil au même. C'est ta cousine — presque ta sœur, tu le sais bien — qui te le dit. Tu te souviens, quand j'ai été malade à Charlesbourg et que j'ai perdu la mémoire ? Vous deux, Thomas et toi, m'avez fait renaître. Alors, c'est à mon tour de le faire.

— Eugénie a raison, Anne. Ce n'est pas en restant ici, à l'intérieur, à broyer du noir, que la vie va te sourire. Viens avec nous, ça changera ton quotidien.

— Vous savez, depuis la mort de Thomas et de ma fille, Marie-Renée, la vie n'est plus au rose.

— Mais il te reste Charlotte et ton fils Charles !

— Charles est en mission secrète en Acadie — je ne devais pas le dire — et Charlotte ne s'occupe pas de moi comme Marie-Renée le faisait. Voilà, je l'ai dit ! Quant à me changer les idées, ce n'est pas en côtoyant la mort chaque jour que je vais y arriver. Enfin, j'ai déjà assez goûté à l'atmosphère de l'Hôtel-Dieu lors de l'hospitalisation de Thomas. Disons que ce ne sont pas mes meilleurs souvenirs… Je vous remercie de votre amitié, mais c'est non. Évidemment, vous êtes toujours les bienvenues.

Mathilde et Eugénie furent peinées de voir leur amie dans cet état de déprime.

Ça lui prendrait un homme dans sa vie. Son veuvage a assez duré. Évidemment, dans cet état de morosité, elle risque davantage de les faire fuir que de les attirer! se surprit à penser Eugénie. Par solidarité amicale et familiale, elle dit :

— Si je le pouvais, je t'amènerais à Charlesbourg. Le grand air te remonterait le moral, comme après le feu de 1682, tu te souviens, Anne? Vous étiez venus, Thomas, vos enfants et toi. Ça ne vous a pas ramené votre petit Clodomir, mais Thomas a pu prendre une très grande décision, à l'avantage de toute votre famille. Et François avait tellement aimé être près de son cousin. Ils étaient comme deux larrons en foire, toujours prêts à collaborer. François avait prêté main-forte à ton mari pour les semailles et les récoltes au Trait-Carré. Thomas, de son côté, avait servi une leçon de négoce au vorace marchand Gustave Précourt, qui souhaitait mettre François en faillite. C'était le bon temps… Après, il y a eu le beau Pierre de Troyes…

Pendant tout le temps où Eugénie rappelait ces souvenirs si prenants, Anne Frérot voyait ses joues inondées de larmes, tandis que Mathilde, selon son habitude, s'essuyait les yeux avec son petit mouchoir de dentelle. Eugénie était habituée à ce scénario, depuis le temps! Elle n'avait toutefois pas anticipé la réaction furieuse d'Anne, qui n'apprécia pas entendre prononcer le nom du chevalier de Troyes.

— Me cherches-tu, Eugénie Allard? C'est à croire que ton mari, François, t'a raconté la confession que j'ai été obligée de faire à Monseigneur L'Ancien! Je le savais bien qu'il s'était caché pour mieux m'espionner et salir ma réputation… François n'était qu'un hypocrite et un jaloux de la situation de Thomas… François n'était qu'un diminué : le savais-tu, Eugénie la parfaite? Que oui, bien sûr! Mais orgueilleuse comme tu es, tu t'es toujours empressée de cacher la vérité! Bien entendu, madame de tous les talents ne pouvait pas accepter d'être la femme d'un être au caractère moins fort que le sien et de se contenter d'une vie à l'égal de celle des autres… Au moins, moi, j'ai fait mon acte de contrition !

Eugénie était devenue immobile comme une statue, à l'égal de Ruth, la femme pétrifiée de Loth. Elle n'avait jamais entendu de sa vie autant de calomnies et d'inepties ! Elle n'aurait jamais cru ça, surtout de la part de son amie et cousine ! Pour sa part, Mathilde tentait d'agir en médiatrice.

— Je t'en prie, Anne, arrête. Tu as déjà été trop loin.

Les deux cousines, Anne et Eugénie, se toisaient, l'une avec un regard haineux, l'autre d'un air supérieur. Eugénie, le regard froid, prit bien son temps pour répondre.

— La contrition n'excuse pas et n'efface pas non plus le péché de l'adultère. Au moins, moi, je n'ai jamais trompé mon mari. J'ai des principes, contrairement à d'autres, et mes maris, je les choisis selon mes valeurs. Disons que ça m'empêche de les tromper, même en pensée.

Aussitôt dit, Eugénie se tourna vers Mathilde.

— Partons. Je n'ai plus rien à faire ici. Je n'ai plus de famille, désormais, place Royale. Celle que je croyais être mon amie vient de me tourner le dos et de briser la belle solidarité établie par les filles du Roy.

Comme Mathilde ne semblait pas réagir, Eugénie continua.

— Choisis ton camp, Mathilde. Sinon, Manuel et moi demeurerons à la maison Hazeur, chez des gens qui ont du savoir-vivre… À propos, François ne m'a jamais parlé de ta prétendue confession, Anne Frérot[96] !

Là-dessus, Eugénie n'attendit pas d'être accompagnée de la comtesse Joli-Cœur pour claquer la porte. Mathilde la rejoignit aussitôt.

— Je t'en prie, Eugénie, ses paroles ont dépassé sa pensée. Elle passe un très mauvais moment, ces temps-ci. Il faut lui pardonner. Après tout, c'est ta cousine et une grande amie. Une fille du Roy !

— Ah oui ? Elle semble pourtant l'avoir oublié ! Quant à nos défunts maris, cousins, ils n'en souffriront pas puisqu'ils sont morts. Alors, je n'ai plus, dorénavant, de liens familiaux avec elle

---

96. Voir tome II, *Eugénie de Bourg-Royal.*

et encore moins d'amitié, si tu veux le savoir… N'en parlons plus, Mathilde, cette page de ma vie est tournée, désormais.

— Ce que tu peux être stricte sur les principes, parfois, Eugénie !

— Vraiment ? Je suis curieuse de savoir si tu aimerais être accusée d'avoir diminué Guillaume-Bernard et te faire dire qu'il était jaloux et hypocrite !

Comme Mathilde ne réagissait pas, Eugénie ajouta :

— Tu vois, même toi, qui as le pardon facile, tu ne l'excuserais pas… Ce qu'elle m'a dit est inacceptable, inexcusable…, voire impardonnable ! C'est fini à tout jamais.

— Si je la persuadais de s'excuser, accepterais-tu son repentir ?

— Si elle tient à s'excuser, elle le fera sur ma tombe ! Ça aura eu au moins le mérite de la faire réfléchir plus longtemps.

— Et la solidarité des filles du Roy ?

— Anne semble l'avoir oubliée, cette entraide… Mais puisque tu en parles, il y en a une autre, Marie Martin, qui, elle, y croit toujours ! J'ai bien hâte d'aller la retrouver à l'Hôpital général, dès mon retour de Charlesbourg.

Aussitôt arrivée à la clinique, Eugénie avait fait part à Isabel de la décision de son père de se consacrer à soigner les malades de l'Hôpital général, en collaboration avec le docteur Michel Sarrazin. Elle lui avait expliqué notamment que ce dernier débordait de travail à l'Hôtel-Dieu de Québec et que cela s'ajoutait à sa charge de médecin du Roy qui l'obligeait à se déplacer entre les Trois-Rivières et Montréal. Aussitôt, Isabel avait informé sa belle-mère d'un premier cas de fièvre de Siam à Gros Pin.

— Pourvu que ce ne soit pas dans la famille Pageau ! Georges et Simon-Thomas y résident. Il est grand temps d'organiser notre inventaire médical pour combattre cette fièvre vicieuse. Comme ça, Guillaume pourra se débrouiller correctement et il sera fier de ton travail… Allons soigner ces malheureux et nous en profiterons pour rendre visite à mes fils, avait spontanément lancé Eugénie, qui s'était aussi empressée d'étaler, dans la salle d'examen, l'équipement chirurgical du docteur Estèbe, qui serait maintenant utile à son fils Guillaume.

Les deux soignantes disposèrent en rangées d'abord les instruments de chirurgie, les bistouris, les lancettes pour les saignées, les cautères pour refermer les plaies et les seringues, petites pour les furoncles, grosses pour les lavements. Suivirent les linges immaculés servant au bandage des plaies et des blessures. Elles rangèrent une partie de cet arsenal dans une petite armoire vitrée de la salle d'examen, et l'autre partie, dans un coffre qu'André Allard avait confectionné à son beau-père comme cadeau de mariage.

En le remerciant, Eugénie avait dit à Manuel :

— Tu vois à quel point mon André a de la considération pour toi ! Ce coffre va toujours t'accompagner dans le berlot. Une pharmacie ambulante, quoi ! Tu pourras toujours garnir la trousse médicale que tu tiens en main ; tu ne seras jamais pris de court… Compte sur moi pour y ranger tes instruments et tes médicaments !

Les deux infirmières rangèrent avec précaution, dans l'armoire comme dans le coffre, les huiles végétales, les sirops doux pour les petits rhumes et ceux qui font cracher pour les gros, les poudres calmantes et purgatives, et les onguents pour refermer les plaies. Eugénie instruisit Isabel de la férocité de la maladie de Siam.

— Écoute-moi bien, ma petite fille. Cette maladie est pernicieuse et ni Manuel ni le docteur Sarrazin ne semblent savoir par quel bout commencer pour la soigner, et encore moins pour l'éradiquer. Il faut donc se servir de notre gros bon sens. Je recommande de mettre dans le coffre plus d'extraits d'opium pour calmer la douleur et plus de fleurs de soufre pour couvrir les pustules causées par le miasme — qui ressemble beaucoup à la petite vérole… Comme les mourants sont à la porte du paradis, il faut leur donner une chance. Quant à moi, l'onguent à base de mercure pour soigner les maladies vénériennes n'a plus sa place dans le coffre… ces pauvres malades qui ne l'ont pas voulu et qui n'ont rien fait pour contracter la fièvre de Siam méritent plus de compassion que ces impies qui ont contracté une maladie vénérienne et qui ont bien couru après !… Qu'ils souffrent un peu plus longtemps, ça leur fera réfléchir à leur conduite déréglée. C'est de notre devoir en tant que soignantes de faire le tri de ceux qui méritent de se faire soulager de leurs maux en premier. Surtout s'ils risquent la mort !

Une fois l'armoire et le coffre bien rangés, Eugénie s'exclama :

— Comme ça, nos docteurs seront bien contents. Maintenant, je vais avertir Manuel d'aller ausculter ses malades de Gros Pin, en espérant qu'ils ne soient pas infectés par la fièvre de Siam. Je préfère aller vérifier tout ça avant de saluer les autres. Il sera toujours temps. S'il y a quelque chose d'inhabituel, Manuel pourra examiner ses patients aussitôt.

En arrivant à Gros Pin, chez Catherine Pageau, Eugénie, le docteur Estèbe, Isabel et Guillaume n'apprirent que des mauvaises nouvelles de la maisonnée. D'abord, l'élevage de moutons de Georges et de Simon-Thomas périclitait. Le troupeau avait perdu plusieurs têtes. Un mal inconnu l'avait frappé. Les garçons étaient découragés. Qui plus est, Margot était mal en point.

— Ne me dis pas, Manuel, que cette damnée fièvre de Siam qui s'est attaquée au troupeau de moutons gruge maintenant la santé de Margot! Pauvre petite! Heureusement que nous sommes venus!

— Je vais l'examiner. À première vue, c'est peut-être des maux de tête causés par du surmenage.

Eugénie s'exclama nerveusement:

— Je n'ai même pas eu le temps de saluer mon amie Catherine et les enfants. Un peu de manières ne soignera pas la fièvre de Margot, mais aidera certainement à atténuer l'angoisse de sa mère.

Eugénie trouva que Georges avait le moral bien bas.

— Pauvre garçon! C'est normal de s'inquiéter pour sa femme. Surtout qu'elle va accoucher sous peu de son premier. Manuel va la guérir, tu verras. Et comme soignantes, nous commençons toujours par les membres de la famille. Le mouton, comment ça va?

Les larmes montèrent aussitôt aux yeux de Georges.

— Si tu as de la peine, il faut la confier à ta mère. Les mères sont toujours là pour ça. Tout au long de notre vie.

— Maman, j'ai peur que Margot et l'enfant ne meurent! Surtout que le prénom du bébé est déjà décidé.

— Ah oui, lequel?

— François-Marie pour un garçon et Marie-Françoise pour une fille, s'exclama Georges, certain d'enthousiasmer sa mère.

Eugénie n'eut pas la réaction de surprise escomptée. Georges reprit sa mine triste après avoir étranglé un « ah! » de dépit.

— Ne t'inquiète pas, ils vivront, et nous aurons un bel enfant Jésus, répondit-elle à Georges.

Nous avions une belle occasion d'introduire le prénom de Manuel dans la famille avec Emmanuel ou Emmanuelle, surtout que le bébé est prévu pour Noël. Enfin, honorer le prénom de François est très légitime. Isabel ou Guillaume se marieront bien un jour. Ça ne va vraiment pas très fort! Je n'en ferai pas mention à Cassandre dans ma prochaine lettre, de peur de l'inquiéter, elle qui est si émotive! se dit Eugénie.

— Et Simon-Thomas, où se cache-t-il, celui-là?

Georges ne répondait pas à sa mère. C'est alors que Marion, la nouvelle bru d'Eugénie, revint avec un tableau représentant un miracle de la bonne sainte Anne à la chapelle de Beaupré.

— Mon Dieu que c'est beau! Je reconnais la chapelle de Beaupré et l'effigie de la bonne sainte Anne. Qui a fait ça?

Marion s'empressa de répondre avec fierté:

— C'est un ex-voto[97] que Simon-Thomas a peint pour le maréchal-ferrant Blondeau. Son petit-fils a failli se faire écraser par un cheval de trait. Il a demandé à Simon-Thomas si André avait le temps de le faire. Alors, mon mari a décidé qu'il essaierait... avec le résultat que vous voyez.

— Un ex-voto? On dirait entendre parler Manuel. Depuis quand parles-tu la langue latine, toi, Marion? Alors, va me chercher Simon-Thomas pour que sa mère le félicite.

— C'est que... Simon-Thomas ne sort de notre chambre que pour aller à la bergerie. Il a peur d'attraper le même mal que Margot.

— Il fuit le monde, c'est ça?

Marion fit oui de la tête à sa belle-mère.

— Où est-il en ce moment précis?

Marion indiqua le haut de l'escalier en pointant le menton.

— J'aime autant dans la chambre qu'à la bergerie. Viens, Marion, montons.

Eugénie escalada les barreaux de l'échelle qui menait au grenier. En ouvrant la porte de la chambrette, elle vit Simon-Thomas, la main sur la bouche, assis dans un coin.

— Ma parole, essaies-tu de fuir ta mère, mon fils? lui demanda Eugénie, de but en blanc.

---

97. Un *ex-voto* est un tableau, un objet ou une inscription que l'on place dans les chapelles après avoir fait une promesse ou en guise de remerciement à la suite d'une grâce obtenue.

Ce dernier, qui connaissait le caractère de sa mère, la regardait avec appréhension. Mais à sa grande surprise, Eugénie fit preuve de clémence.

— N'aie pas peur, personne ici n'est contagieux… Toi, mon coquin, tu ne nous avais jamais dit que tu savais dessiner! Et moi qui n'ai jamais eu le temps de me préoccuper de savoir si tu avais hérité du talent de ton père. J'avais pour mon dire qu'après André, il n'en restait plus pour les autres. À l'évidence, il en restait encore, et beaucoup. Ça fait longtemps que tu dessines?

Fier de la reconnaissance de son talent par sa mère, Simon-Thomas souriait d'aise; il le fut encore davantage quand Eugénie lui ébouriffa les cheveux affectueusement.

Marion répondit pour lui.

— C'est moi qui lui ai demandé de commencer. Je n'arrivais pas m'enlever de la tête que Simon-Thomas pouvait être un artiste, lui aussi!

— C'est ton père, François, qui serait fier de toi, mon petit garçon.

Eugénie allait ajouter le nom du parrain de Simon-Thomas, Thomas Frérot, le mari d'Anne. Cette pensée lui étrangla la voix.

— Madame Estèbe?

— Oui, Marion, qu'y a-t-il? répondit Eugénie, étonnée.

— Simon-Thomas ne vous le dira jamais, mais ma mère, ainsi que nous, sommes ruinés. L'élevage de moutons nous a pris nos dernières économies. De plus, Margot est malade et nous ne pourrons pas payer les médicaments et la visite du docteur Estèbe.

— Ne t'en fais pas avec les honoraires de Manuel. Tu sais bien que c'est gratuit pour les membres de la famille! Ça nous fait plaisir de vous rendre ce service. Pourvu que Margot aille mieux, c'est l'essentiel, répondit Eugénie, inquiète.

— Merci bien, mais je crois que maman sera obligée de vendre la ferme. Où irons-nous? Georges et Margot demeureront chez Jean et Isa, où Georges travaillera, c'est convenu. Mais nous? Simon-Thomas voulait retourner travailler comme bourrelier chez Blondeau, mais il a été remplacé comme apprenti. Blondeau lui a demandé de peindre un ex-voto; c'est tout ce qu'il peut rapporter. Pourriez-vous nous prêter de l'argent?

La question inattendue figea Eugénie sur place.

— Mais je n'ai pas d'argent. Ton défunt beau-père était criblé de dettes et je me suis donnée[98] à Jean. Je regrette sincèrement de devoir te le dire, mais c'est non.

— Mais vous vous êtes remariée, et un docteur, c'est riche, c'est bien connu !

— Manuel a des enfants qui ne sont pas encore mariés… Je pense spécifiquement à Isabel, à qui il devra verser une belle dot. S'il me doit la subsistance, il n'est pas obligé envers mes enfants, à moins qu'ils soient mineurs, ce qui n'est pas le cas de Cassandre ni de Simon-Thomas.

Marion, peinée, demeurait silencieuse. Eugénie demanda :

— Pourquoi Simon-Thomas ne demanderait-il pas à André de l'assister ?

— Simon-Thomas le lui a demandé, mais André a répondu qu'il n'avait plus d'intérêt à fabriquer des balais, un métier pour les Sauvages de Lorette, comme il le dit !

— Je vois… Mais il pourrait l'aider à teindre des meubles, à peinturer, à sculpter, que sais-je ? Tout ce qui peut rimer avec artiste, voyons donc ! Je ne peux pas m'imaginer qu'André puisse refuser ça à son petit frère ! Je vais lui parler, moi, à André. S'il le faut, Marie-Anne est bien capable de lui mettre du plomb dans la tête. En ces temps difficiles, la famille doit s'entraider !

— Merci, madame Allard… euh, Estèbe.

— C'est la même personne, voyons. Ce n'est pas Manuel qui t'en ferait le reproche… Toi, Simon-Thomas, tu vas arrêter de faire le farouche et de fuir le monde. Sinon, ta belle-mère va penser que sa dernière fille a marié un épouvantail à moineaux, et non un homme ! Tu te mettras la main sur la figure uniquement si l'épidémie prend de l'ampleur. Pour le moment, ce n'est pas quelques cas de fièvre qui vont faire peur à un… artiste peintre comme toi, n'est-ce pas ? Marion a toutes les raisons d'être fière de son homme et ce n'est pas en t'enfermant que tu vas la rassurer. Et puis, la santé de Margot…

Eugénie allait dire : *la santé de Margot, si précaire, est très inquiétante*, mais l'arrivée de Manuel la tira d'un mauvais pas.

---

98. Donner de son vivant la maison paternelle ainsi que d'autres biens meubles et immeubles en échange du gîte, du couvert et des soins de vieillesse requis.

— Tiens, voici Manuel qui descend l'escalier. Je vais me rapprocher de Catherine, ta belle-mère. Rien de mieux que le soutien d'une autre mère de famille! Nous reprendrons cette discussion lors de ma prochaine venue. Mais ça peut prendre un certain temps, comme je serai très occupée à l'Hôpital général de Québec... Tu en sauras plus au dîner, tout à l'heure. Tâche d'y être, sinon je vais demander à Manuel de t'examiner. Du courage, mon garçon! Ça en prend pour élever une famille!

Celui-là aurait dû attendre pour se marier. Il est bien trop jeune pour autant de responsabilités. Si son père avait été vivant, ça ne serait jamais arrivé. Ce n'est pas facile pour une femme seule d'élever de grands garçons!

Le docteur Estèbe revenait du chevet de la malade, suivi de Guillaume, la trousse en main, et de Georges. Le médecin affichait un air sérieux, perdu dans ses connaissances médicales. Eugénie s'approcha de l'oreille de son mari et chuchota discrètement, pour que Georges n'entende pas:

— Manuel, tu as une tête d'enterrement. Ce n'est généralement pas bon signe. Que se passe-t-il?

— Elle divague... pire, elle délire! Sa logorrhée[99] n'est pas bon signe. Pourvu que ce ne soit que passager.

Eugénie fit mine de comprendre en opinant du chef.

— Comme ça, ce n'est ni la rougeole ni la fièvre de Siam?

— Elle délire, ça oui, et elle a le front bouillant!

— Donc, de la fièvre!

— Oui, mais ce n'est pas ça qui m'inquiète le plus: elle a d'importantes lésions cutanées et des pustules.

— Pauvre petite, la rougeole!

— Pas obligatoirement. C'est peut-être une maladie de peau attrapée d'un mouton. Nous l'appelons la «dermatite pustuleuse contagieuse du mouton». C'est transmis à l'être humain par contact avec la laine et surtout la basane[100].

— C'est mortel? s'inquiéta Eugénie.

— Pas pour Margot, mais...

Eugénie commença à paniquer.

— Que veux-tu dire par là? Vite, explique-toi!

---

99. Flot de paroles désordonnées qui caractérise les troubles mentaux.
100. Peau de mouton tannée servant à la sellerie, la maroquinerie et la reliure.

— Certains parasites peuvent provoquer l'avortement spontané chez la brebis. Ça peut aussi être transmis à la femme enceinte. Il faut demander s'il y a eu des brebis dans le troupeau qui ont avorté. Si oui, Margot pourrait perdre son bébé.

— Vierge Marie!

Afin d'en avoir le cœur net, Eugénie posa aussitôt la question à Georges.

— Non, maman, aucune. Pourquoi?

— Non, rien. Merci, mon Dieu!

Elle se dirigea vers Manuel.

— Ouf, elle est sauvée! Trouve une autre explication à ce miasme. Je n'aime pas ça!

— Il y en a une autre, et c'est encore la basane qui est coupable. Habituellement, le parasite du mouton fait bon ménage avec la sellerie.

— Simon-Thomas, chez Blondeau! Et dire que ce dernier remercie le Ciel alors qu'il contamine ma famille. Mais j'y pense, Simon-Thomas doit avoir des pustules?

— Pas nécessairement, mais le parasite peut attaquer son système nerveux, temporairement, je dis bien. Chez l'homme, la tremblante du mouton ne tue pas. Elle provoque, au pire, du délire, la logorrhée.

— Mais ce sont les symptômes que tu me décrivais pour Margot! Pauvre elle! Et mon Simon-Thomas, je te dis qu'il n'est pas dans son état normal... Tout ça est ma faute.

— Pourquoi? demanda le docteur en tenant les mains d'Eugénie sur ses épaules.

— C'est moi qui ai poussé Simon-Thomas à devenir apprenti sellier-bourrelier chez Blondeau... De plus, si j'avais été plus présente, mes garçons ne se seraient pas entêtés à élever du mouton chez Thomas Pageau! Ce dernier faisait son jars parce qu'il avait un élevage expérimental. Regarde, maintenant, ce que ça a donné: que de la maladie et de la détresse!

— Voyons, Eugenia, ce n'est la faute de personne. Pour le moment, personne n'en mourra. Et, grâce au Ciel, ce n'est ni la rougeole ni la fièvre de Siam. Je vais leur prescrire un calmant et tout ira mieux.

— Mais ça ne réglera pas leurs problèmes financiers.

Manuel Estèbe regarda sa femme, surpris.

— Financiers? Que veux-tu dire?

— Laisse, je te raconterai à la maison. Pour le moment, Catherine nous a préparé un bon gigot d'agneau… Doux Jésus, de l'agneau! Ça vient de me couper l'appétit, dit Eugénie, dégoûtée.

— Mais voyons, tu sais bien que la viande cuite n'est pas dangereuse. Pourvu qu'elle soit bien cuite. Quant à moi, comme médecin, je considère que la viande ne représente aucun danger. C'est mon intuition, reposant sur mes longues années de pratique médicale, qui m'amène à le croire. Je crois plutôt que c'est le contact avec la peau du mouton qui transmet la maladie. Tiens, pour te le prouver, je vais me régaler avec une bonne tranche de gigot rosé!

À table, Catherine Pageau servit son gigot d'agneau rosé, aromatisé aux fines herbes. À la vue de la pièce de viande baignant dans son jus, Eugénie fit cette requête spéciale.

— J'ai toujours aimé ma viande très cuite, presque carbonisée, Catherine. Je préférerais la tranche du début, celle qui est toujours rejetée.

Catherine, surprise, répondit:

— Moi qui pensais vous réserver, à toi et à Manuel, la partie centrale du gigot: c'est là où la viande est la plus tendre!

— C'est dommage, mais Manuel ne mange pas sa viande saignante non plus.

— Pourtant, les Espagnols…, fit remarquer Catherine.

— C'est ce que je me suis dit quand j'ai commencé à lui faire la cuisine. C'est parce que Manuel préfère le navarin[101] au gigot. C'est un Navarrais, et comme il vient du nord de l'Espagne, où les coutumes sont différentes des autres régions du pays, il a horreur du *sangre*[102].

Eugénie avait roulé le « r » du mot — pour plus d'effet. Inquiétée, Catherine répondit:

— Avoir su, j'aurais apprêté mon agneau autrement… Mais je ne savais pas que tu parlais espagnol, Eugénie?

— Ça m'arrive, surtout quand je me dois de surveiller mon mari dans ses excès. Les médecins sont si précieux, surtout en ces temps-ci.

---

101. Ragoût de mouton préparé avec des navets et parfois des pommes de terre.
102. « Sang » en espagnol.

— Que dis-tu là, Eugénie ? Y a-t-il lieu de s'alarmer ?

Cette dernière faillit s'étouffer : même mastiquée plus qu'il ne le fallait, la bouchée de viande coriace demeurait râpeuse. Manuel lui présenta aussitôt un peu d'eau. Elle reprit son souffle et s'expliqua.

— Excusez-moi, le mouton a mal passé… Non, je disais seulement que la colonie ne pouvait compter que sur quelques médecins, dont Manuel… Et bientôt Guillaume, s'il le souhaite… Bon, faisons honneur à ce repas.

Manuel Estèbe restait silencieux. À le voir mastiquer lui aussi avec difficulté sa tranche de gigot trop cuite, le nez dans son assiette, Eugénie sut qu'il éprouvait du ressentiment pour elle.

Ça ne fait rien, c'est pour son bien, se dit-elle, convaincue.

— Tu n'oublieras pas, Eugénie, de badigeonner les éruptions cutanées de ta bru de poudre de soufre et ensuite d'adoucir sa peau avec de l'huile de rose. Ah oui ! Une infusion de feuilles de réséda pourrait la calmer. Tu en trouveras certainement dans ton herbier. Il faut la soigner aussitôt après le repas.

Eugénie regarda son mari, peu habituée à se faire donner des consignes.

Manuel ne l'a décidément pas bien pris !

— Un herbier, maman ? s'étonna Isabel Estèbe, qui appelait Eugénie de cette façon depuis le remariage de son père.

— Je voulais t'en parler, mais je n'en ai pas eu le temps. Je l'ai avec moi, ici ; c'est un cadeau du docteur Sarrazin. Nous allons préparer cette infusion ensemble, d'accord ? Nous allons nous attaquer aux fièvres avec des remèdes végétaux et tu auras l'occasion de te familiariser avec cette médecine, grâce à mon herbier. Tu sais, Isabel, nous devons ajouter des végétaux séchés dans le coffre de Guillaume. Et aussi des bleuets, car ils guérissent le cancer. S'ils sont frais, il paraît que la guérison est plus rapide. En tout cas, le malade les apprécie davantage.

De retour à Bourg-Royal, Eugénie fut heureuse d'expliquer à sa petite-fille, Catherine, la fille d'André, le langage des fleurs, en lui montrant avec fierté son herbier.

— Tu t'en vas sur tes quinze ans, bientôt ! Avant de te faire conter fleurette, il est grand temps que ta grand-mère t'explique le langage amoureux des fleurs.

— Aviez-vous un amoureux à cet âge-là, grand-mère ?

— Non, ta grand-mère a été élevée au couvent des Ursulines de Tours. Tu sais, dans ce temps-là, il ne fallait pas que l'on s'intéresse aux garçons, sinon des privations sévères nous attendaient.

— D'être brûlée vive comme Jeanne la Pucelle, la sorcière?

— Hé, n'exagère pas! Ta grand-mère n'est pas si vieille! Non, ce dont tu parles, ça se passait surtout en Espagne ou en Angleterre, mais rarement en France, et je doute que cela ait eu lieu à Tours. Et puis, Jeanne la Pucelle, ce n'était ni une hérétique ni une sorcière, c'était une devineresse... Je te fais remarquer qu'elle est morte sur le bûcher à Rouen, la patrie de ton grand-père Allard. Et c'était en 1431, il y a bientôt trois siècles!

— Alors, laissez-moi vous entendre parler des fleurs au langage amoureux.

— Oui, bonne idée. À ton âge, on laisse parler son cœur. Mais quand ce sont les fleurs qui parlent, c'est plus touchant et sincère. Nous, au couvent des Ursulines de Tours, nous ne pouvions exprimer nos sentiments. Mais nous nous amusions, mes compagnes et moi, à simuler des messages d'amour en disposant des pétales de fleurs sur nos oreillers au dortoir, à l'insu de la sœur surveillante. Ainsi, nous connaissions la teneur de la lettre fictive de nos amoureux.

— Racontez vite, grand-mère.

Certaine de l'impression favorable qu'elle créerait auprès de la plus vieille de ses petits-enfants, Eugénie se mit à revivre son adolescence secrète. Pendue à ses lèvres, Catherine écoutait religieusement.

— D'abord le principal: le véritable amour s'incarne dans la rose. Tu savais ça, n'est-ce pas?

Catherine hocha la tête en signe d'assentiment.

— Mais le garçon qui te déclarerait immédiatement son amour en t'expédiant une rose, alors que tu le connais à peine, ne serait pas vraiment sérieux dans ses sentiments. Tu comprends, le véritable amour se construit avec le temps.

— Mais y a-t-il une fleur qui traduit le coup de foudre?

Eugénie fut éberluée par la sagacité de Catherine.

— Tu vois, vous, les jeunes, vous allez toujours trop vite. Ça, ce n'est pas l'amour, mais la passion. Elle brûle plus vite les vrais sentiments qu'elle ne les construit... Oui, il y a une fleur pour ça: c'est l'iris flammé. Son rouge signifie: «Je brûle d'amour pour vous. » Mais attention, la passion peut corrompre ton âme ; si un garçon t'offre un iris flammé, méfie-toi ! C'est la même chose pour le laurier-rose, qui veut dire : « Amour volage et passager. »

— Et Manuel, grand-mère, que vous a-t-il donné ?

— Au début, il m'a offert une pervenche pour se rappeler à mon souvenir. Tu sais que la pervenche est une fleur des Pyrénées, son pays natal, n'est-ce pas ? Et puis, un bouquet de lavande pour m'avouer qu'il m'aimait, mais de façon respectueuse. Encore là, je trouvais ça normal que Manuel m'offre un bouquet de lavande, puisque c'est un Méditerranéen. Remarque que c'était mieux ainsi. Tu me connais, jamais je n'aurais consenti à mieux connaître un homme qui aurait osé me manquer de respect. Mais rapidement, il m'a offert des glaïeuls et puis, un jour, une rose rouge. À cause de son sang espagnol, j'ai su qu'il était passionné. Mais d'une passion qui traduisait un véritable amour. Et quand il m'a remis un bouquet d'une douzaine de roses rouges, j'ai su que c'était sa demande en mariage.

— Et vous, que lui avez-vous donné ?

— Une branchette de sapin et une feuille de tilleul. Ça voulait dire : j'ai peur de souffrir, c'est l'amour conjugal que je désire. Alors, le lendemain, il m'a remis des tulipes jaunes et une fleur de spirée : cela voulait dire qu'il était désespérément amoureux et que son amour était tenace.

— Comment pourrai-je savoir si un garçon est sérieux ?

— D'abord, comme je te le disais, l'amour s'épanouit lentement et graduellement. Si un garçon commence par te remettre du lilas ou un crocus, ça veut dire qu'il ressent un amour naissant empreint de pureté et d'innocence. Ensuite, s'il te remet une jacinthe ou une marguerite blanche, il veut te dire que tu es la plus belle.

Eugénie regarda tendrement sa petite-fille. Celle-ci, en souriant, comprit l'allusion.

— Continuez, je veux tout savoir sur ses intentions.

Charmée par l'ingénuité de Catherine, la grand-mère continua :

— Si ce garçon t'offre ensuite du chèvrefeuille, c'est qu'il exprime sa joie d'être auprès de toi. Une menthe ou un myosotis, par la suite, voudrait dire qu'il garde espoir. À ce moment-là, fais-le patienter. Il t'enverra alors sans doute une pensée ; cela voudra dire : « Ne m'oubliez pas. » Viendront la violette et l'églantine, qui signifieront : « Votre charme est délicat et subtil, voulez-vous m'aimer ? »

— Et moi, si je l'aime, il faudra bien que je lui réponde quelque chose !

— Oui, mais sans te compromettre ou te précipiter. Ainsi, tu lui remettras un trèfle blanc, ce qui voudra dire : « Pensez à moi. » Graduellement, tu ajouteras du muguet comme l'expression de ton amour tendre. Ne va surtout pas lui faire parvenir une fleur de groseillier, qui veut dire : « J'adore les baisers ! » Non, ce sera alors le temps de répondre par de la fougère, qui veut dire : « Croyez en moi avec plus de retenue » et de lui faire parvenir une feuille de potentille, « en espérant une promenade au clair de lune ».

Catherine se mit à rire de bon cœur. Eugénie, pour clore sur cette bonne note, ajouta :

— Alors, si ce garçon est véritablement amoureux et s'il est bien établi, il t'enverra une fleur de verveine.

— Qui voudra dire ?

— « Allez, ne me faites plus languir. Je veux vous épouser ! » répondit Eugénie.

Tout sourire, Catherine demanda :

— Quelle est alors la fleur qui traduira ma réponse ?

— Ce sera un moment que tu auras attendu depuis longtemps, n'est-ce pas, Catherine ? demanda Eugénie, un sourire en coin.

— Oui ! répondit-elle, radieuse.

— Alors, tu lui remettras un lys, tout en l'embrassant. Je t'en donnerai la permission. Car, tu vois, rien de mieux que le baiser d'une femme pour sceller un serment d'amour pur. Car après tout, un homme n'épouse pas une fleur !

Catherine rit de nouveau

— Est-ce que les filles du Roy ont reçu des fleurs, grand-mère ?

— La plupart, bien sûr, et de toutes sortes.

— Et grand-père ?

— Ton grand-père Allard, Catherine, me remettait à chaque mois de mai un bouquet de muguets pour exprimer sa joie d'aimer, et un bouquet de chrysanthèmes à chaque premier novembre, lors de notre anniversaire de mariage, pour me dire que son amour était éternel.

— Que c'est romantique !

— N'est-ce pas ? Il parlait peu mais il savait parler en se servant du langage des fleurs… Oh, pas souvent, mais ça comptait… et toujours lorsqu'il le fallait ! ajouta Eugénie, en tentant ostensiblement de ressasser des souvenirs.

Catherine regardait sa grand-mère, pleine d'admiration. Elle était pendue à ses lèvres, comme si elle vivait son roman d'amour. Le silence de la jeune fille commença à inquiéter Eugénie.

— Tu veux me dire quelque chose, toi !

Catherine fit un signe de tête complice.

— Grand-mère, j'ai un secret à vous confier.

Satisfaite, Eugénie lui répondit :

— Alors, tu peux être certaine que je le garderai pour moi. Lequel ?

— J'aimerais que nous parlions plus souvent. Maman n'a jamais le temps.

Eugénie regarda sa petite-fille avec compassion.

— Bien entendu, Catherine, les grand-mamans sont là pour suppléer à l'absence des mamans. Toutefois, je ne serai pas tellement disponible jusqu'à ce que cette fièvre de Siam soit disparue de la colonie. Tu me comprends ? répondit Eugénie, les larmes aux yeux.

Eugénie eut à peine le temps de rencontrer sa famille. Elle déplora de ne pas avoir pu toute la réunir en même temps à Bourg-Royal.

Cette damnée maladie de Siam divise les familles. Je suis heureuse que tout mon monde soit vivant ! N'empêche que même si Manuel est un homme très avenant, un beau-père ne remplacera jamais un père pour mes enfants. Quoique pour une veuve, la vie ne soit pas facile. Et puis, une veuve a bien le droit de refaire sa vie. C'est même un devoir envers les siens, si elle ne veut pas risquer de devenir comme Anne : une chipie !

De retour à Québec, Eugénie fit une évaluation de la condition des lieux de l'Hôpital général et réserva l'état de santé général à son mari. Eugénie se dépêcha de faire ses recommandations à la Supérieure des augustines, mère Madeleine de la Résurrection.

— Vous savez, ma mère, la maladie de Siam gagne du terrain, les malades affluent de toutes parts et nous manquons désespérément de place. Nos patients traînent dans les corridors. C'est inadmissible : leur promiscuité favorise la propagation de la maladie.

C'est le rôle d'un hôpital d'isoler les malades, dans une chambre préférablement. De cette façon, les malades sont en quarantaine, ils risquent moins de se contaminer. Vous me comprenez? J'en ai parlé à mon mari. Il lui faudrait plus d'espace pour soigner ses patients, de nouvelles chambres. Le médecin du roi lui fait entièrement confiance… il lui a donné carte blanche!

La supérieure, découragée de l'inefficacité de son hôpital dans sa vocation de venir en aide d'abord aux démunis de la société, répondit:

— Que suggérez-vous, madame Estèbe?

— Il faudrait d'abord loger les démunis ailleurs, pour confier leurs chambres aux vrais malades.

— Mais nos chers nécessiteux… Nous ne pouvons pas les remettre à la rue, tout de même!

— Ce n'est pas ce que je dis, ma mère! Il faudrait plutôt leur trouver un dortoir commun, loin des contagieux.

— Mais où? Nous n'avons plus de place!

— Je vous en ai trouvé un. Après avoir fait l'inspection des lieux avec madame Vallée et la comtesse Joli-Cœur, nous en sommes venues à la conclusion que l'aile nouvellement construite des appartements de Monseigneur de Saint-Vallier ferait parfaitement l'affaire pour établir un grand dortoir. D'autant plus qu'elle n'est pas encore meublée et que, de toute façon, notre prélat est toujours captif en Europe.

— Mais vous n'y pensez pas, madame Estèbe! Ce serait sacrilège! Manquer autant de respect à notre pasteur!

— Pour le moment, ma mère, notre pasteur est loin de ses brebis. Il y a ici des malades qui ne demandent qu'à être logés et soignés dignement pour mieux guérir.

— Mais que dira le grand vicaire?

— Nous nous chargerons de lui expliquer la situation au moment venu, ma mère. Nous avons des contacts haut placés! D'abord mon fils, le chanoine Jean-François Allard, coadjuteur potentiel, le procureur du Séminaire, le chanoine Jean-Baptiste Gauthier de Varennes, le chanoine Glandelet, dont j'ai déjà été l'ancienne organiste à Charlesbourg… Et puis, la comtesse Joli-Cœur, dont le fils est clerc au Séminaire, et la nièce de feue Barbe d'Ailleboust est dans les grâces de la marquise de Vaudreuil.

— Cela sera-t-il suffisant ? demanda la mère de la Résurrection.

Choquée, Eugénie se fit cinglante.

— Comment, est-ce suffisant ? S'il le faut, je ferai intervenir ma fille, qui a déjà chanté avec succès devant le Roy, et dont l'oncle d'un ancien amoureux, le père Bouvard, est le Supérieur général des jésuites au Vatican. Est-ce suffisant ?

La Supérieure, blême, laissait Eugénie s'enflammer pour l'organisation de son hôpital.

— Non, pas tout à fait. Parce que même si nous libérons quelques chambres, ce sera à peine suffisant pour contenir le flot de nouveaux malades, les contagieux, qui prend chaque jour de l'ampleur.

— Imaginez que nous y avons pensé, ma mère ! Nous serons capables, par l'intercession de Mathilde, d'obtenir des subsides pour la construction d'une nouvelle aile.

— Mais où ?

— Parallèlement au bâtiment des récollets. Une proposition sera faite lundi prochain au Conseil supérieur.

— Mais c'est impossible, c'est là qu'est situé le cimetière de l'hôpital !

— Alors, nous déplacerons les tombes vers un autre lieu. Les morts comprendront, pour sauver des vies. Ils l'auraient bien apprécié avant leur propre mort. Et nous trouverons un autre terrain pour le cimetière.

— Bonté divine ! Et comment l'appellerons-nous, ce nouveau cimetière, madame ?

— Tiens, que diriez-vous de le nommer « cimetière des Pauvres » ? Comme ça, vous respecteriez la mission première de l'Hôpital général.

La supérieure n'en revenait pas de l'audace, du dynamisme et de la détermination des filles du Roy. Elle osa parler de considérations bien terrestres.

— Cela va coûter cher, madame Estèbe ?

— À Québec, ma mère, il y a une association de marchands fortunés qui ne demandent qu'à aider, croyez-moi.

— Ah oui ? La Providence est ainsi bonne !

— Disons que la Providence porte les noms de Joli-Cœur, Hazeur, Martin de Lino, Soumande, Pascaud, Lestage et… peut-être bien, Frérot de Lachenaye.

Voyons, Eugénie, qu'est-ce qui te prend? Tu sais bien que c'est fini entre Anne et toi. Elle ne mérite plus ta considération et ton amitié. Quoique pour le bien de la communauté… Les malades ne se préoccupent pas d'histoires de famille quand leur priorité est d'être soignés!

Eugénie conclut.

— Et assurément madame de Lachenaye. Son mari, le marchand et procureur général Thomas Frérot, le sieur de Lachenaye, lui a légué une fortune considérable. Comme elle vit seule, il faut bien que son argent serve à une bonne œuvre, n'est-ce pas?

La comtesse Joli-Cœur, qui assistait à la conversation, en était ébahie. Elle dit à Eugénie, en retrait, après leur départ :

— Je savais que je pouvais être fière de toi, Eugénie au grand cœur. Ce n'était pas ton genre de couper des liens aussi radicalement.

— Remarque qu'Anne aurait bien mérité ça!

Eugénie obtint des autorités coloniales et hospitalières les droits de construction de l'agrandissement souhaité. Comme elle l'avait dit au docteur Sarrazin, enthousiaste à l'idée des réformes : « Si nous perdons une seconde de plus, c'est la bataille contre la maladie de Siam que nous perdrons. » Elle demanda aussi à son fils, le chanoine Jean-François Allard, de communiquer à Monseigneur de Saint-Vallier le bien-fondé de la décision de récupérer l'aile de ses appartements, le temps d'éradiquer de Québec le fléau oriental.

— Tu sais bien, Jean-François, que notre prélat va comprendre ça, lui, un apôtre de la charité aussi dévoué que monsieur Vincent de Paul. D'autant plus que personne ne sait quand il reviendra. Si tu réussis à trouver les bons mots, ça sera d'excellents points pour toi au moment de devenir grand vicaire et grand chantre à la place de monsieur de la Colombière. Écris-lui en latin, à Monseigneur : ça fait plus sérieux. De toute façon, tu chantes beaucoup mieux que lui.

Le chanoine Allard toisa sa mère, vexé.

— Vous savez bien, mère, que le titre de grand chantre n'a rien à voir avec la voix, ou si peu. C'est un honneur de plus. De toute façon, il n'est pas noble.

Eugénie réalisa sa méprise.

— Tu vas leur prouver, mon fils, qu'il n'y a aucun obstacle qui puisse arrêter un Allard dans ses projets… Tiens, prends ta mère comme modèle. Ça ne fait pas encore cinq années que je suis dans le domaine médical que je suis déjà à la direction d'un hôpital presque aussi important que l'Hôtel-Dieu. Et pourtant, je ne suis ni médecin ni religieuse !

Jean-François observait sa mère, l'air démonté. Eugénie comprit sa bourde.

— Mes excuses, je ne voulais pas t'insulter. Je voulais dire qu'habituellement, la direction d'un hôpital revient à une Mère supérieure, ce que je ne suis pas.

— Vous auriez pu l'être, mère !

Ce fut alors à Eugénie de regarder son fils de manière étrange.

— Que veux-tu dire par là ?

— Tout simplement que vous en aviez les talents et… l'aptitude au commandement.

Eugénie fronça les sourcils :

— Veux-tu dire par là que j'ai été trop sévère ou trop ambitieuse en vous élevant ?

— Non… Mais vous avez un ascendant naturel.

— Sache, mon garçon, que si tu es aujourd'hui un candidat en vue au poste d'évêque, c'est en bonne partie grâce à la façon dont ton père et moi nous y sommes pris pour t'éduquer. Ne l'oublie surtout pas et continue à prier pour ton défunt père. Du haut du Ciel, il veille sur toi et sur ta carrière. Maintenant, j'aimerais réciter avec toi une prière pour le repos de l'âme de nos fidèles disparus, et particulièrement pour ton père, afin qu'il t'éclaire.

Jean-François s'apprêtait à se mettre à genoux, mais il hésita. Eugénie le précéda donc dans sa posture dévote. S'en rendant compte, elle le condamna du regard.

— J'ai une question qui me brûle les lèvres, mère.

Eugénie fronça les sourcils. Elle lui fit une mimique signifiant de continuer.

— Voilà… C'est délicat. Comment se fait-il que vous soyez beaucoup plus sévère avec vos autres enfants qu'avec Cassandre ? Je veux bien croire qu'elle soit la petite dernière, mais elle a vieilli. Elle va sur ses vingt-trois ans. Et sa conduite n'a pas toujours été irréprochable, vous le savez aussi bien que moi.

Courroucée, Eugénie se releva péniblement et pointa son regard sur son fils ecclésiastique.

— Pourquoi me demandes-tu ça maintenant ?

— Parce que j'ai peur… J'ai peur que son inconduite ne m'empêche de devenir coadjuteur.

La moutarde monta au nez d'Eugénie.

— Et moi qui croyais que la perfection de ta charité chrétienne te vaudrait cet honneur ! Laisse-moi te dire que j'aimerais mieux que tu perdes ta mitre, ta crosse et ton camail et que tu apprécies davantage ta sœur, à la place. Une famille unie d'abord, les honneurs ensuite : telle est ma devise ! Tu devras t'excuser auprès de ta sœur de l'avoir méprisée de la sorte.

Eugénie et son fils se mirent à genoux et joignirent les mains. La mère dit pieusement :

— *Vade retro, Satana ! Vade retro, Satana !*

Comme Jean-François ne réagissait pas, Eugénie éleva le ton et répéta :

— *Vade retro, Satana !*

À ce moment, le chanoine commença sa contrition.

— Seigneur, je remets mon âme imparfaite entre Vos mains. Je m'accuse d'avoir méprisé ma petite sœur, Marie-Renée, pour sa conduite qui m'a paru inconvenante. Je me rends compte que j'ai été trompé par le Malin. Ma petite sœur a une âme pure qui la mènera au paradis sans un passage obligé au purgatoire. C'est la meilleure d'entre nous. Son exemple nous permettra, à mes frères et à moi, de suivre le bon chemin…

Eugénie, exaspérée, dévisagea son fils.

— Ça suffit, Jean-François, je ne t'ai jamais dit de la recommander à la canonisation ! Marie-Chaton a ses défauts comme tout le monde. C'est une bonne petite fille ; seulement, elle est de son temps, tu me comprends ! J'ai eu beau l'éduquer de la même manière que ses frères… Depuis qu'elle est au couvent des Ursulines des Trois-Rivières, sa réputation est redevenue sans tache, crois-moi ! conclut Eugénie.

— Dites-moi, mère, où avez-vous appris le latin?

— Comment ça, le latin? Je ne parle pas le latin. Je ne suis pas ecclésiastique comme toi.

— Mais oui, au début de la prière, vous avez parlé latin.

— Ça me surprendrait, mon gars... Mais si tu le dis, ça doit être vrai. Par ailleurs, je n'en ai aucun souvenir... Qu'est-ce que j'ai dit?

— *Vade retro, Satana!*

— Ce qui veut dire?

— «Arrière Satan!»

— Alors ça, ça me surprend! Tu as bien vu que je ne connaissais pas la signification de cette expression latine, n'est-ce pas?... Cette phrase a dû m'être inspirée par... ton père, du haut du Ciel... Je te l'avais bien dit qu'il veillait sur toi. Maintenant, pourrais-tu commencer ton *Pater Noster,* s'il te plaît?

Le chanoine Jean-François Allard commença à réciter sa prière sous l'œil de sa mère. Une fois l'oraison terminée, Eugénie murmura:

— Là où il y a l'offense, que je mette le pardon; là où il y a la discorde, que je mette l'union. C'est en pardonnant qu'on est pardonné.

— Que venez-vous de dire, mère? J'ai cru entendre la prière de saint François d'Assise.

— Moi? Je n'ai rien dit qui soit venu à ma connaissance... C'est sans doute ton père qui m'appuie dans ton éducation, en français, cette fois-ci, pour que je le comprenne mieux.

L'abbé fixa sa mère, ahuri.

C'est un bon petit garçon, il est docile. Il a intérêt, car je n'admettrai pas qu'il parle en mal de Marie-Chaton. Pauvre petite, orpheline de son père, et presque de sa mère, maintenant, avec toutes mes responsabilités! Bon, il est grandement temps que je lui écrive pour lui donner des nouvelles, avant que les glaces ne prennent sur le fleuve... Il ne faudra pas que je lui décrive le véritable état de santé de Margot, la chère petite s'en inquiéterait trop. Dire que Manuel vient de changer son diagnostic et qu'il penche maintenant pour la fièvre aphteuse. C'est à croire que même les moutons peuvent être atteints par une fièvre étrange.

Lui parlerai-je d'Anne? Cette dernière le mériterait bien, mais Cassandre l'a tellement en affection que je risque de la perturber.

Dois-je lui annoncer la proposition du docteur Sarrazin d'aller la chercher à la fin de l'année et de l'amener visiter son amie Étiennette ? Bah, qu'y a-t-il de si compromettant ? Par ailleurs, tellement d'eau peut passer sous les ponts d'ici là ! Je verrai plus tard, dépendant de mon inspiration. On ne sait jamais avec la maladie de Siam. Nous serons peut-être débordés de malades à ce moment-là.

Chapitre XVI
La relève

Les résidents de la maison de la rue du Sault-au-Matelot se retrouvaient rarement ensemble tous les quatre à la fois. Même si les horaires de Mathilde et d'Eugénie coïncidaient, le docteur Manuel Estèbe, pris à l'Hôpital général pendant de longues heures, et le comte Joli-Cœur, très souvent parti en voyage d'affaires, se voyaient peu. Par ailleurs, quand ils en avaient l'occasion, c'était au fumoir, en sirotant une liqueur de Madère pour le médecin ou un rhum des Antilles pour l'aristocrate, qu'ils aimaient se détendre en discutant entre hommes, dissipant leurs idées sur l'actualité politique à travers les volutes de fumée de leurs cigares importé de Cuba. D'ailleurs, le comte Joli-Cœur s'enorgueillissait d'en avoir personnellement reçu du corsaire canadien, Pierre Le Moyne d'Iberville, appelé de son vivant le Cid canadien.

Ce soir-là, la conversation tournait autour du blé canadien. Le blé en question était davantage le froment, qui était à la base de l'alimentation des habitants, alors que l'avoine servait de nourriture aux animaux d'élevage. Chaque citoyen de la Nouvelle-France, homme, femme et enfant, mangeait en moyenne, par jour, une livre et demie de pain de farine blanche. Les soldats des troupes en garnison, les équipages, les habitants des postes de pêche et les travailleurs de la traite de la fourrure demeurant du Labrador et de l'Acadie à l'est jusqu'aux Antilles au sud, et jusqu'à Michillimakinac, à la croisée des Grands Lacs, à l'ouest, consommaient plutôt de la galette de froment épaisse et doublement cuite, de subsistance riche en féculents, appelée biscuit.

La population se méfiait de la monnaie de cartes, originalité pratique mais passagère. Le blé était devenu la véritable monnaie des seigneuries. Cette céréale, qui provenait des campagnes pour approvisionner les villes, renforçait l'importance de l'économie rurale tout en enrichissant les seigneurs, qui prélevaient une taxe sur le blé cultivé par les censitaires.

Les moulins firent la fierté du monde rural, comme celui du Petit-Pré sur la côte de Beaupré, ceux des jésuites sur la rivière Beauport et sur l'île Jésus, celui de la seigneurie de Terrebonne et ceux d'Étienne Charest et de Guillaume Gaillard des seigneuries de Lauzon et de l'île d'Orléans. Au début de la colonie, le fonctionnement du moulin banal faisait partie des obligations du seigneur. Ces moulins furent agrandis et fonctionnèrent à plusieurs roues à aubes presque toute l'année. Des greniers à l'étage permettaient d'entreposer le grain de mouture et les farines brutes.

Le ministère de la Marine, grand responsable de l'armement de France et de l'approvisionnement des îles d'Amérique, qui voyait ses colonies convoitées par l'Angleterre depuis la guerre de la Succession d'Espagne, octroya de généreuses subventions aux marchands, qu'il appelait «munitionnaires», afin de pourvoir au problème de conservation des denrées réservées aux troupes cantonnées. Il donnait ainsi une nouvelle vocation commerciale aux marchands de La Rochelle, qui tiraient leurs revenus principalement du commerce de la fourrure de castor importée du Canada. La meunerie devint ainsi une activité plus industrielle qu'artisanale.

À partir de 1710, les marchands canadiens, encouragés par leurs associés français, s'intéressèrent au commerce du grain. Ils entreposèrent de gros stocks de blé pour les destiner aux postes militaires frontaliers, au risque de créer artificiellement une disette et de faire grimper les prix ou tout simplement d'affamer une région au profit d'une autre.

Certains marchands canadiens furent plus visionnaires : ce fut le cas de Jean-Baptiste Nepveu, par exemple. Ce dernier fit bâtir un moulin à eau dans son fief d'Autray[103] et put desservir les

---

103. De nos jours, la municipalité de Lanoraie.

seigneuries des environs, de Berthier-en-haut jusqu'à Saint-Sulpice. Il arriva à être au sommet de la hiérarchie commerciale du blé en se créant des liens d'affaires lucratifs avec l'administration seigneuriale et coloniale. La plupart des marchands allaient toutefois chercher leur blé directement dans les granges des habitants, moyennant bien entendu un loyer annuel intéressant de conservation, puisque ce grain était convoité prioritairement par le seigneur pour le cens et par le curé pour la dîme.

Certaines années, une mauvaise récolte en France compromettait l'approvisionnement des îles d'Amérique et favorisait ainsi les farines canadiennes pour l'exportation comme pour l'approvisionnement des troupes. D'autres années, certains marchands retenaient leur blé en cale ou en entrepôt dans le seul but d'augmenter la valeur des stocks en créant un cartel à l'insu des autorités. Cependant, ce pari risquait de compromettre la qualité du grain.

Il apparut cependant à la longue que le ministère de la Marine comptait surtout sur le Canada pour approvisionner les autres colonies d'Amérique qui ne produisaient pas de blé, comme l'île Royale, par exemple. Si la récolte n'était pas bonne, il engageait des armateurs français pour suppléer au manque de denrées. Ces armateurs avaient alors tout avantage à s'associer aux marchands canadiens qui connaissaient, souvent à leur détriment, les sources d'approvisionnement du pays, tels que l'habitant, le meunier ou, à la rigueur, le boulanger.

Le plus gros contrat du genre était pour le ravitaillement des Compagnies franches de la Marine, qui comptaient près de mille cinq cents soldats. En s'associant, les marchands canadiens et leurs partenaires français étaient gagnants, d'une manière ou d'une autre.

Le 30 avril 1710, la colonie assista à un affrontement juridique entre les boulangers, qui servaient un marché local et dont les revenus étaient modestes, et les marchands, qui servaient la cause royale et faisaient des profits faramineux. Les boulangers voulaient augmenter le prix du pain et conserver le monopole du biscuit[104], beaucoup plus payant puisqu'il nourrissait les troupes.

---

104. En Nouvelle-France, petit pain fait de farine, cuit de deux à quatre fois.

Le procureur du Roy, responsable de la prévôté et de la police de la Nouvelle-France, référa l'affaire devant le Conseil supérieur plutôt que devant l'intendant, pourtant grand responsable des approvisionnements de la colonie. Le Conseil supérieur délégua un de ses membres pour présider les délibérations. Ce président de l'assemblée du Conseil ne fut nul autre que le marchand Lino, lui-même commerçant de blé et beau-père du marchand prospère Jean-François Hazeur, qui donna raison aux marchands bourgeois. Les boulangers, qui perdirent le monopole du biscuit, y virent un conflit d'intérêts manifeste. Dès lors, le champ fut libre à la spéculation. La fonction d'intendant de la Nouvelle-France perdit de sa crédibilité et de son prestige.

Les fluctuations du prix du blé, gonflé souvent artificiellement, servirent les intérêts des marchands et provoquèrent des abus et des disettes qui furent décriés par les curés en chaire, car ces derniers collectaient leur dîme, la plupart du temps, en monnaie de blé. Ainsi, en 1709, on boulangea principalement, à prix raisonnable, deux types de pain, soit le blanc, fait de fleur de farine, et le bis-blanc, mélange de fleur et de farine seconde en proportions égales. Comme les Canadiens étaient habitués à manger du blé entier de première qualité, ils préféraient d'abord employer leur argent pour se procurer cette nourriture de subsistance, devenue beaucoup plus coûteuse.

Les marchands avaient compris que l'entreposage du blé dans des granges d'habitants mis sous contrat était le meilleur moyen bon marché de sécuriser l'approvisionnement des villes, notamment, parce que le blé des habitants partait directement de la grange vers les moulins marchands. Même les provisions militaires et celles des communautés religieuses étaient confiées aux habitants, parfois même aux boulangers, moyennant un loyer mensuel. Toutefois, le pouvoir royal obligeait le stockage de denrées sous la responsabilité de la Couronne et les marchands devaient pourvoir à la gestion d'un magasin du Roy, sorte d'entrepôt d'importance pour les citadins.

Les marchands avaient compris aussi que la circulation du blé était étroitement liée au transport fluvial et qu'ils iraient au plus payant porter les denrées et marchandises aux différents postes de traite ou militaires, et en ramener d'autres au retour. Ainsi, en créant une surenchère sur le grain, il était plus lucratif de transporter du blé et des munitions que du sel et de l'eau-de-vie, pourvu que leur flotte de goélettes[105], de brigantins[106] et de sloops[107] soit appropriée. Par ailleurs, si le transport allait loin, par exemple de Montréal aux Grands Lacs, le fret de retour était essentiel pour assurer la plus grande rentabilité possible. La cargaison pouvait être de blé à l'aller et de fourrures au retour. Évidemment, le marchand munitionnaire devait répondre aux besoins des postes éloignés en denrées et en marchandises les plus diverses s'il souhaitait ramener des marchandises payantes.

C'est la transformation, pour les boulangers, et l'exportation, pour les marchands, qui permettaient de faire le plus de profits avec le blé. Les marchands étaient d'autant plus prospères qu'ils étaient de gros fournisseurs pour les troupes, pour des sociétés commerciales françaises, pour le gouvernement colonial de Québec et de Montréal ou, tout simplement, pour d'importantes communautés religieuses comme le Séminaire de Québec ou d'importantes seigneuries comme celle de l'île de Montréal, détenue par les Sulpiciens.

Le comte Joli-Cœur entretenait ainsi son invité, devenu ami proche, de ses projets commerciaux dans l'industrie céréalière. Le comte savait que le médecin préférait s'entretenir d'un autre sujet que la maladie de Siam, qui lui rongeait le moral tant elle était meurtrière.

— Mon cher Manuel, j'aimerais solliciter votre avis, disons… d'homme d'affaires.

— Vous savez bien, monsieur le comte, que ce n'est pas dans ce domaine que j'ai fait ma carrière.

— Je vous en prie, Manuel, plus de « comte » ni de « vous » entre nous. Ne sommes-nous pas amis ?

— Comme tu dis, Thierry !

— Voilà, je me sens plus à l'aise. Eugénie a dû te parler de mes origines modestes…, entre nous ?

Gêné, Manuel tira une bouffée de fumée de son cigare et se gratta la tête. Il se risqua à répondre :

— Un peu… Si peu !

— Tout de même un peu, non ?

---

105. Petit bâtiment à deux mâts aux formes élancées.
106. Goélette portant des voiles carrées aux deux mâts.
107. Navire à voiles à un mât, n'ayant qu'un seul foc à l'avant.

— Un peu!

— Bon. Alors, entre nous deux, le vouvoiement n'a plus sa place. D'accord?

— Comme tu veux!

— Ainsi, j'allais te dire que mon associé marchand de La Rochelle, Antoine Pascaud, tu sais, celui qui a payé la rançon pour la libération du jeune Pierre de Lestage, l'ami de Cassandre et le comparse de mon fils Ange-Aimé Flamand? Eh bien, il vient de s'adresser à moi pour me demander de me recycler en marchand de blé, et que je mette, du moins momentanément, un frein à mon commerce de la fourrure.

— Quels seraient alors les avantages ou les inconvénients d'un tel changement de direction pour tes affaires?

— Il s'agirait de concentrer mes efforts dans les colonies de l'Amérique du Nord. C'est un pari risqué. J'ai déjà vendu mon commerce de traite de zibeline en Europe. En Amérique, mes équipes de traite se sont mises récemment à la loutre et au castor. Mais cela constitue peu de changements, en fait. Avec le blé, ce serait une toute nouvelle aventure. Or, tu vois, notre grand avantage, à Antoine Pascaud, aux frères Lestage et à moi, c'est de bien connaître les postes de traite et leurs commandants. Bien entendu, nous avons une flotte bien organisée qui pourrait assurer le fret de retour des peaux. Si nous livrons le blé à l'aller, nous doublerons nos profits.

— Qu'y a-t-il à dire, Thierry? N'est-ce pas ton objectif, le profit?

— Oui, mais il me faudrait investir de grosses sommes pour acheter ou faire construire des bateaux capables de naviguer sur la mer et sur le fleuve. Il faudrait aussi les armer, à cause des pirates, des Anglais et peut-être bien aussi des Mohawks et des tribus non pacifiées du Sud. Le gros de la farine et du grain serait toutefois acheminé du Labrador jusqu'aux Antilles, en passant par l'Acadie, à Louisbourg, sur l'île du Cap-Breton. Pascaud m'apprend qu'il a obtenu l'envoi de quatre mille quintaux[108] pour les postes à Terre-Neuve et en Acadie et presque autant pour nos troupes aux Antilles: c'est presque la moitié du ravitaillement des soldats des Compagnies franches de la Marine!

---

108. Un quintal correspondait à 100 kilogrammes.

— Attends, tu parles avec enthousiasme, mais tu es trop volubile pour moi. Tu parles de cantonnement de troupes et de ravitaillement. Crois-tu vraiment que la guerre avec l'Angleterre va s'intensifier ? Ils ont déjà Terre-Neuve et l'Acadie, n'est-ce pas assez ?

Ces questions étonnèrent le comte Joli-Cœur, qui répondit :

— Si l'on considère attentivement l'expansion de la Nouvelle-Angleterre par sa population croissante, attirée par la douceur de son climat, alors que notre propre expansion stagne en Nouvelle-France, il y a fort à parier que les Anglais, vu leur supériorité numérique, tenteront de nous déloger. De mon point de vue, ce n'est qu'une question de temps. Et selon mon associé, Pascaud, plus tôt que tard… La guerre de la Succession d'Espagne a ruiné la France. Néanmoins, céder Terre-Neuve et l'Acadie a été une erreur que le Roy va regretter amèrement, ceci dit entre nous.

— Amèrement ?

— La France perdra son statut d'empire au profit de l'Angleterre, tu verras !

— Et que va-t-il arriver à l'Espagne ?

— Des rumeurs courent à Versailles selon lesquelles l'Espagne serait dans l'obligation de rendre les îles Baléares et le rocher de Gibraltar aux Anglais.

Le comte Joli-Cœur, préoccupé, continua son monologue. Il tentait, pour lui-même autant que pour Manuel, de clarifier ses idées.

— Pascaud voudrait aussi que je m'implique dans la négociation d'un contrat pour l'envoi de blé à l'île Royale en Guyane[109]. Je serai sans doute obligé de m'y rendre. Ma force, maintenant, réside plutôt dans les relations diplomatiques que dans la gestion sur le terrain. Le ministre de la Marine est un ami, comme l'est le munitionnaire général à la cour qui exécute les décisions royales. Si nous acceptons ce contrat, nous ne pourrons pas faire défection sans raison sérieuse et surtout, sans préavis, tu me comprends ? Nous devrons livrer à temps, éviter le gaspillage en minimisant les pertes et, surtout, avoir des appuis de confiance parmi les garde-magasiniers du Roy. Si la récolte canadienne ne s'annonce pas suffisante, il me faudra avertir le ministre de la Marine

---

109. L'île Royale est une des îles du Salut sur la côte de la Guyane.

dès l'automne, et négocier un prix avantageux pour tous avec des marchands compétiteurs pour respecter nos engagements. Ce ne sera pas comme avec le commerce de la fourrure : il ne faudrait surtout pas que les troupes manquent de farine au printemps, car nos ententes commerciales tomberaient à l'eau ! C'est pour ça qu'il me faut être prudent, tu comprends ?

Manuel se rendait compte que le comte tentait de ménager la chèvre et le chou. Joli-Cœur reprit.

— Nous sommes dans une situation privilégiée par rapport au groupe des marchands Lino, Soumande et Hazeur, et je ne voudrais surtout pas décevoir mes associés ou leur faire défection, encore moins décevoir le Roy et son Conseil des ministres. Mais en même temps, je devrai compter sur eux pour m'approvisionner, au cas où... C'est délicat. En plus, ce sont les mécènes de l'Hôpital général ; ils contribuent beaucoup plus que je le fais. Mathilde m'en voudrait pour le restant de nos jours.

Manuel Estèbe allait ajouter : *Imagine la réaction d'Eugénie !* mais jugea préférable de se taire.

Thierry, bien calé dans son fauteuil, respirait profondément la fumée calmante de son cigare cubain, qu'il aromatisait de gorgées du meilleur rhum de son cellier. Le regard vague, il réfléchissait. Lui qui était davantage habitué aux décisions importantes prises intuitivement et dont l'issue était presque toujours favorable ; lui dont le flair infaillible et les talents multiples, qualités qu'il partageait avec son ami le regretté gouverneur, comte de Frontenac ; lui dont les fanfaronnades lui procuraient tant de succès auprès de la gent féminine ; lui... ne se reconnaissait plus.

Manuel, de son côté, ne voulait pas se mettre à dos la future belle-famille élargie de son ami, le docteur Michel Sarrazin, les familles Soumande, Lino et Hazeur, qui avaient été si généreuses en octroyant des fonds pour la construction de la nouvelle aile de l'Hôpital général, où il était maintenant médecin en chef. La situation était encore plus délicate puisque Eugénie, sa femme, comme administratrice bénévole, et Mathilde, l'épouse de Thierry, se dépensaient sans compter pour la cause des victimes de l'épidémie qui frappait Québec et ses alentours.

Ces trois marchands, si généreux de leurs subsides, pouvaient tout aussi bien fermer le robinet s'ils apprenaient que la cupidité de leurs concurrents risquait de compromettre leurs importants profits. Qui plus est, les communautés religieuses augustines de l'Hôtel-Dieu et de l'Hôpital général prendraient le parti des généreux donateurs. Il en serait sans doute ainsi du Séminaire de Québec, dont le procureur général, le chanoine Jean-Baptiste Gauthier de Varennes, était le grand ami du chanoine Jean-François Allard.

Manuel Estèbe n'aurait su dire ce qui motiverait l'allégeance de son épouse : le soin de ses malades ou l'amitié qu'elle vouait au mari de Mathilde ? Savoir que le comte avait toujours comme associé Pierre de Lestage, celui qui avait éconduit sa fille Cassandre, ne laissait présager rien de bon quant à la décision que prendrait cette dernière si elle devait un jour trancher. Pour éviter une telle éventualité, Manuel devrait marcher sur des œufs et posséder la sagesse du roi Salomon.

Le comte Joli-Cœur se confia :

— Ça sera toute une entreprise et je ne suis pas certain qu'à mon âge, j'aie encore le dynamisme de mes jeunes années. Ce défi me semble insurmontable. De plus, je suis toujours le responsable des menus plaisirs de la Chambre du Roy à Versailles, une fonction qui me comble de satisfaction.

— Une fonction qui te permet de développer et de maintenir des liens d'affaires à la cour. Ça vaut son pesant d'or, je pense.

— Ça va de soi... Qu'en penses-tu ?

Manuel se donna un moment de réflexion, pendant que Thierry remplissait de nouveau les verres.

— Une question d'importance, qui pourra te paraître anodine...

— Oui, va ; de ta part, elle est sûrement pertinente.

— As-tu déjà pensé déléguer certaines responsabilités à une équipe organisée, par exemple ? Parce qu'il faudrait t'entourer de jeunes administrateurs dynamiques, capables de te seconder et de prendre ta relève au moment venu. Y a-t-il des gens auxquels tu penses en ce moment ?

Thierry sourit à demi, du rictus enjôleur qui lui avait valu sa réputation d'homme d'affaires à succès.

— J'ai des gens de confiance, comme Chatou à Versailles, et quelques autres pour la traite, mais très peu. Bien entendu, j'ai refilé à mon fils ma responsabilité d'ambassadeur du Roy auprès des peuples autochtones, et je ne fais plus de supervision : il est assez expérimenté pour se débrouiller seul. D'autant plus qu'avec les secrets d'État reliés à sa fonction, ce ne serait pas bien vu de me tenir à ses côtés… Je suis bien content, Manuel, que tu m'aies posé cette question, car, justement, je pensais à toi.

— À moi ? Mais tu sais bien qu'à part le bistouri, la seringue et la lancette, je ne sais pas manier grand-chose. Et je te fais remarquer que nous sommes tous les deux à peu près du même âge.

Thierry fixa son ami, amusé.

— Ne t'inquiète pas, je ne voulais qu'un conseil, une approbation, mais j'y reviendrai. Pour le moment, tu me demandais si j'avais pensé à ma relève : eh bien, oui !

Le comte regarda vers la salle à manger, là où Mathilde et Eugénie bavardaient. Assuré de pouvoir s'entretenir avec son ami sans être entendu, il poursuivit en toute confiance.

— J'aimerais bien que cette conversation reste entre nous, tu me comprends ? C'est une discussion d'hommes et c'est bien qu'elle le demeure. Certains noms peuvent irriter des oreilles sensibles.

— Je te le concède, Thierry. Tu peux compter sur ma discrétion.

— Fort bien. Tu vas tout comprendre. Tu sais qu'Antoine Pascaud, installé à La Rochelle, et moi sommes associés avec les frères Lestage, n'est-ce pas ? À bien y penser, avec le jeune Pierre de Lestage, nous sommes dans une situation privilégiée. Il est jeune, brillant et déjà l'adjoint du gouverneur de Ramezay, comme directeur des finances de la Ville de Montréal et trésorier de la paye des troupes.

— Déjà beaucoup de responsabilités sur des épaules aussi jeunes.

— Mais c'est là ma stratégie ! Il pourrait en prendre plus. J'ai bien l'intention de convaincre le munitionnaire en chef de nommer Lestage commissaire ordonnateur à Montréal. Une nomination royale. Ainsi, il nous assurerait l'exclusivité du commerce du blé avec les Grands Lacs, incluant les voies fluviales vers le lac Champlain. La guerre avec les Anglais, ce n'est qu'une question de temps. Le gros de nos troupes sera cantonné plus près de Montréal que de Québec, de toute façon !

Le comte Joli-Cœur ne quittait pas le docteur Estèbe des yeux.

— Mieux que ça. C'est un jeune homme ambitieux et un commerçant dans l'âme. Il voudra prendre plus de responsabilités. C'est exactement ce que je veux, qu'il s'installe le long de la vallée du Saint-Laurent. Et nous allons l'aider financièrement.

— Toi, pas moi, Thierry. Je n'ai pas vos moyens de marchands, répondit Manuel, étonné du génie du comte.

— Tut, tut! Tu sais qu'il ne s'agit pas d'argent de ta part... Ton tour viendra sous peu, sois sans inquiétude... Je disais... Ah oui, Pierre de Lestage... Avant qu'il ne soit sollicité par un engagement social à Montréal, nous allons lui financer l'achat d'une seigneurie, pour qu'il puisse y faire construire d'importants moulins à farine près d'une bonne rivière... Les frères Lestage ont un grand ami dans la seigneurie de Berthier, le procureur fiscal Martin Casaubon, un autre Basque. Or, ce dernier vient de leur confier que la seigneurie de Berthier-en-haut serait bientôt à vendre, car la seigneuresse est censée se remarier l'an prochain et demeurerait en permanence à Berthier-sur-mer. Une conjoncture parfaite, compte tenu du fait que sa mère, la comtesse de Saint-Laurent, est à couteaux tirés avec François Berthelot[110]; un contact d'affaires privilégié, puisqu'il est responsable de l'acheminement des denrées aux troupes. Tu verras, tout se tient!... Ce qui est intéressant, c'est que la seigneurie de Berthier-en-haut, le long du fleuve, est baignée par la rivière Bayonne, avec assez de cascades pour alimenter quelques moulins à farine.

Enflammé, Thierry avait peine à reprendre son souffle, gêné par la fumée de son deuxième cigare.

— Tu ne devrais pas trop t'exciter, Thierry. Je ne crois pas que la santé de tes poumons fasse bon ménage avec autant de fumée. Tu mériterais d'être mis en quarantaine à ce train-là.

Ce dernier n'en tint pas compte et continua à inhaler la fumée réconfortante avec exaltation.

— Jean de Lestage a conclu une entente de collaboration avec Jean-Baptiste Nepveu[111], le seigneur d'Autray. Nepveu est

---

110. François Berthelot (1626-1712) fut un richissime financier français, commissaire général des poudres et salpêtres et fermier général de la Nouvelle-France.

111. Jean-Baptiste Nepveu (1676-1754), sieur de La Bretonnière, était, par sa mère, Denise Sevestre, le petit-fils de Charles Sevestre, le premier seigneur de Lanoraie, seigneurie construite sur Agochonda, un site des Wendats, tribu huronne appartenant à la grande famille iroquoienne qui accueillit chaleureusement Jacques Cartier en 1535. La partie est de la seigneurie fut vendue en 1637 à Jean Bourdon, ingénieur, arpenteur, géographe, marié en premières noces à Jacqueline Potel, qui deviendra procureur général de la colonie et dont la deuxième femme, Anne Gasnier, sera accompagnatrice des filles du Roy. Jean Bourdon appela son fief Autray; il le légua à son fils Jacques, qui fut massacré par les Illinois lorsqu'il accompagna Cavelier de LaSalle dans sa découverte du fleuve Mississipi.

déjà propriétaire d'un important moulin à farine qui reçoit les grains des seigneuries des environs, dont celle de Berthier. Donc, de Montréal aux Trois-Rivières, sur la rive nord, nous aurions un monopole sur la provenance des grains, avec Nepveu à Lanoraie, Lestage à Berthier, et un autre jeune prometteur, François Duchesny, à Maskinongé et à la Rivière-du-Loup.

Thierry observait le regard de Manuel pour capter toute son attention et y déceler la moindre objection. Il aspira une bouffée de fumée et continua, fier de son éloquence.

— On m'a parlé d'un jeune Hénault Canada du fief Chicot, mais celui-là, nous nous le réserverons comme intendant pour surveiller les cargaisons le long des routes, ou nous le cantonnerons tout simplement à Michillimakinac, car il semble s'y connaître en fourrure. Nous nous en occuperons plus tard. Pour le moment, il sait que nous nous intéressons à lui… Qu'en penses-tu?

— Comme je le disais, beaucoup de responsabilités dans les mêmes mains. Tu n'as pas peur que la réussite monte à la tête de Pierre de Lestage et qu'il devienne prétentieux?

Approuvant de la tête, Thierry pesait le pour et le contre.

— Il y a toujours un risque, mais nous avons une formule de rechange.

S'approchant du fauteuil de Manuel, le comte Joli-Cœur lui confia:

— Nous avons conclu une association avec un jeune homme tout aussi capable, ami de Jean-Baptiste Nepveu, et qui va s'occuper de transiger avec les seigneuries de Lavaltrie, de Le Gardeur, de Repentigny et de Saint-Sulpice, un armurier dénommé Léonard Hervieux, le fils d'un cloutier de Québec.

— Alors, pourquoi ne pas l'embaucher pour travailler du côté de Québec? Vous seriez ainsi assurés de votre hégémonie du côté nord de la vallée du Saint-Laurent.

La partie ouest de la seigneurie continuera de s'appeler Agochonda. Denise Sevestre et son mari Philippe Nepveu achetèrent le fief d'Autray devenu vacant, tandis que Madeleine Sevestre, sœur de Denise, devint propriétaire de la seigneurie d'Agochonda à laquelle elle donna le nom de son mari, Louis de Niort de Lanoraye. En 1710, Jean-Baptiste Nepveu acheta la seigneurie d'Autray, la partie est, pour la somme de 600 livres. En 1717, il achètera la seigneurie de Lanoraye, la partie ouest, pour rassembler les deux territoires et constituer la seigneurie de Lanoraie.

— Nous y voilà! D'abord, j'ai besoin de solliciter les meilleures habiletés de Lestage et rien de mieux qu'une saine compétition entre associés du même calibre pour y arriver. Hervieux, près de Montréal et de Berthier, sera un émule de calibre pour Lestage… Et peut-être aussi qu'Hervieux le supplantera, sait-on jamais. Alors, que le meilleur gagne!… Mais j'en doute, car nous allons très bien encadrer Pierre de Lestage. Et c'est là que j'ai besoin de ton aide… En fait, de deux façons.

Manuel Estèbe était de plus en plus intrigué par cette joute stratégique. Thierry se rapprocha du médecin et reprit en baissant le ton:

— Pierre de Lestage a vingt-huit ans, environ. À cet âge-là, un garçon doit se marier pour assurer son avenir financier plutôt que le dilapider. Or, nous avons appris qu'il s'adonnait au jeu. Nous avons réussi à étouffer l'affaire avec le gouverneur de Ramezay, mais le Supérieur des sulpiciens veut en découdre avec le jeune Lestage, qu'il aurait, disons, entendu couiner dans son bureau, sur le canapé. Une affaire de mœurs que Vachon de Belmont veut étaler au grand jour.

— C'est arrivé quand?

— Cet été. Heureusement, la tentative avortée de prise de Montréal par les Anglais a sauvé Lestage de l'opprobre public, mais le sulpicien veut se reprendre, son frère Jean l'a su!

— Il est certain que ce n'était pas de la plus grande prudence d'inviter une prostituée dans son bureau. Y a-t-il des preuves, des témoins?

— Que des doutes de la part du sulpicien. Ramezay fermera les yeux, sinon nous l'éclabousserons avec un scandale qui l'empêchera d'aspirer à devenir gouverneur de la Nouvelle-France. Le marquis et la marquise de Vaudreuil en ont marre de se faire ridiculiser par Ramezay et n'attendent qu'une occasion pour le remettre à sa place. Or, cette occasion, nous l'avons en poche, au cas où…

Manuel Estèbe comprit la demande de Thierry. À mi-voix, de manière complice, il poursuivit:

— Ah, ça y est, je saisis! Comment n'ai-je pas compris plus tôt? Tu voudrais que je me rende examiner Pierre de Lestage pour vérifier s'il a contracté une maladie honteuse au contact de cette prostituée à la place du docteur Antoine Forestier, pour plus de discrétion? Bien sûr, dès que possible! J'apporterai mes remèdes au mercure et le tour sera joué. L'important, c'est de ne pas perdre de temps pour éviter la progression de la maladie. Avec grand plaisir, Thierry! Tu peux compter sur mon serment d'Hippocrate.

Thierry semblait un peu embarrassé.

— Ça ne te convient pas?

— Écoute, Manuel, la situation est délicate. Ce n'était pas une prostituée, mais son ancienne petite amie… Du moins, celle qu'il avait avant sa capture par les Mohawks.

— Mais… tu parles de Cassandre?… Non!

Le docteur parut atterré par cette découverte. Thierry s'approcha de Manuel et lui dit à voix basse:

— Oui, c'est exact. Vachon de Belmont s'est renseigné sur l'identité de la jeune femme.

Le comte Joli-Cœur prit un air catastrophé et ajouta, peiné:

— Il a su qu'elle était la sœur du chanoine Jean-François Allard du Séminaire de Québec, aspirant coadjuteur du diocèse de la Nouvelle-France. Or, en éventant le scandale, il lui sera loisible de détruire la carrière épiscopale du fils d'Eugénie en en informant Monseigneur de Saint-Vallier, et, s'il le faut, le Vatican, ce qui affaiblirait évidemment la position de Saint-Vallier, déjà précaire aux yeux du pape. Je le sais de source certaine, car, vois-tu, le Supérieur des sulpiciens aspire aussi à la fonction de prélat de la Nouvelle-France et, depuis le décès de Monseigneur L'Ancien, ses chances sont plutôt bonnes! Si monsieur François Vachon de Belmont[112] y accède, c'en sera fait de la carrière de Jean-François, mais aussi de la réputation de Cassandre.

Content de son effet, Thierry cherchait à lire la stupéfaction sur le visage de Manuel. Ce dernier réagit aussitôt.

— Et les rêves d'Eugénie! La pauvre ne s'en remettrait jamais si elle l'apprenait. Elle en mourrait de chagrin. Elle, si fière de ses enfants… et de sa réputation sans tache.

— Plus vite nous effacerons les traces de cette affaire scandaleuse, mieux ce sera. Je suis capable de faire intervenir le Supérieur général des jésuites, le révérendissime père Bouvard, qui a Cassandre en haute estime et qui n'a pas Monseigneur de Saint-Vallier en

---

112. François Vachon de Belmont (1645-1732), prêtre sulpicien canadien, fut nommé Supérieur du Séminaire de Saint-Sulpice en 1701 et le resta pendant trente ans.

odeur de sainteté. Mais je ne pourrai pas faire intercepter le courrier de ce dernier en France. Actuellement, le prélat se déplace tellement que mes espions ont peine à suivre sa trace.

— *Sublata causa, tollitur effectus*[113].

Thierry fit semblant de comprendre cette locution.

— Comme tu dis ! Pour sauver l'honneur de la famille Allard, qui a déjà reçu de grands témoignages de considération à Québec et à Charlesbourg, il faudrait que Cassandre disparaisse pendant quelques années. Le temps que Pierre de Lestage se réhabilite aux yeux du Supérieur des sulpiciens en se mariant avec une jeune fille irréprochable.

Comme Manuel faisait des gros yeux à Thierry, celui-ci s'expliqua :

— Nous l'aimons tous, Cassandre. Cependant, elle n'est plus sans reproche, tu comprends ! Déjà qu'à Québec, sa conduite suscitait des commentaires désobligeants… En plus, elle véhicule la réputation des gens de scène.

Manuel cherchait à prendre la part de la cadette d'Eugénie.

— Oui, mais pour le moment, elle est recluse au couvent des Ursulines aux Trois-Rivières. Il me semblait que tu la considérais comme ta fille ! avança-t-il, combatif.

Manuel venait de lancer un cri du cœur. Cela ne désarçonna pas pour autant Thierry, qui se montra calculateur.

— Je la connais assez, la petite, pour savoir qu'elle surveille Pierre de Lestage. Lorsqu'elle aura sa chance, elle n'hésitera pas à le relancer. Comme sa copine Étiennette Latour, la femme du forgeron, demeure au fief Chicot, pour ainsi dire à Berthier, j'ai un doute que Cassandre prendra souche dans cette seigneurie. Or, il ne le faut absolument pas, me comprends-tu, Manuel ?

Manuel Estèbe ne comprenait que trop l'énormité du scandale et ses répercussions possibles sur les familles Allard et Estèbe. Il dodelinait de la tête, marquant son angoisse à chaque oscillation. Le comte Joli-Cœur poursuivit, en martelant ses intentions.

— Pierre de Lestage se mariera l'an prochain à Esther Sayward, une jeune fille élevée par mère Marguerite Bourgeoys. Donc, un diamant à la pureté reconnue. De plus, elle travaille comme soignante à l'Hôtel-Dieu de Montréal…

---

113. Locution latine qui signifie : « La cause supprimée, l'effet disparaît. »

Manuel Estèbe voyait le ciel s'écrouler sur son bonheur conjugal avec Eugénie. Il écoutait avec difficulté le plaidoyer de Thierry.

— Le genre de jeune fille qui réhabilite un jeune homme trop entreprenant. Elle le casera, le rendra prospère et lui donnera des héritiers. Jean de Lestage m'assure qu'elle est de caractère égal, ce qui n'est pas le cas de Cassandre. Tout ce qu'il faut pour un mariage parfait, que nous célébrerons en grande pompe à Montréal, d'ailleurs. La femme de Jean surveille les agissements de son turbulent beau-frère et Jean, de son côté, lui ménage les susceptibilités du gouverneur de Ramezay… Pourvu que Pierre s'assagisse ! Nous faisons tout pour ça et…

— Et moi, je devrai…

— J'aimerais que tu puisses convaincre Eugénie que Cassandre a un plus bel avenir en France qu'elle n'en a comme professeur de solfège aux Trois-Rivières. Son talent est sans égal dans la colonie et même en France. Si Eugénie y croit, elle convaincra Cassandre. Mathilde et moi-même irons l'introduire à Paris au moment venu. De toute façon, mon hôtel particulier, rue du Bac, lui reviendra après notre décès. Autant qu'elle l'habite dès maintenant… Tu voulais savoir si je la considérais comme ma fille, eh bien, tu viens d'en avoir la preuve ! Mais les affaires sont les affaires, Manuel ! lança Thierry de façon implacable.

Il aspira de nouveau une bouffée de son cigare, le temps de calmer l'atmosphère chargée d'émotion, et continua sur un ton égal, comme s'il réglait un dossier politique.

— L'ancien professeur de Cassandre, François Bouvard, aimerait bien la retrouver. Il me disait dernièrement qu'il était toujours amoureux d'elle ; j'ai aussi appris qu'il avait composé d'autres pièces d'opéra pour elle. Je le lui dirai quand je la verrai et j'essaierai de la convaincre qu'avec un si grand talent, un avenir bien plus prometteur qu'ici l'attend en France. De plus, un vent de réforme musicale et théâtrale commence à souffler à Paris, tu sais. Tous les astres sont alignés pour assurer le succès de Cassandre là-bas.

— Et si Eugénie refuse de la laisser partir ?

— Alors, nous devrons l'informer des risques du scandale qui rejaillira sur elle de toute façon. Elle perdra sa responsabilité de directrice de l'Hôpital général et le clan Hazeur fera sans doute pression pour que le médecin du Roy te désavoue, toi aussi, Manuel. Vous serez toujours les bienvenus ici, rue du Sault-au-Matelot, mais la population de Québec va vous conspuer. Votre vie, alors, sera intenable et vous retournerez à Charlesbourg dans la honte et le déshonneur.

— Je crains bien que convaincre Eugénie soit au-dessus de mes forces.

— Tu n'as pas le choix, Manuel, malheureusement... Mais j'en viens maintenant à ma deuxième proposition. Elle concerne ton fils Guillaume.

— Guillaume? En quoi Guillaume pourrait-il être concerné?

— Il y a un risque que Guillaume, ton fils, ne soit jamais accepté à la faculté de médecine, parce que le docteur Michel Sarrazin sera empêché de le recommander par sa belle-famille. Et tu sais aussi bien que moi qu'elle est tricotée serré. Alors, Guillaume devra trouver un autre travail.

Le docteur Manuel Estèbe, l'air dépité, le sourire éteint, fixait le plancher.

— Il ne faut pas réagir de la sorte, Manuel, car j'ai une proposition à te faire concernant Guillaume.

Le père malheureux releva la tête, intrigué.

— Vraiment? Laquelle?

— En accord avec mes associés, nous sommes prêts à faire embaucher Guillaume comme garde-magasinier du Roy à Québec.

Manuel Estèbe s'apprêtait à répondre rapidement quand le comte Joli-Cœur leva la main, comme pour stopper l'objection de son ami.

— Attends, laisse-moi finir... D'abord, c'est un emploi de haut fonctionnaire colonial et son embauche sera entérinée par le munitionnaire royal en chef à Versailles, un de mes amis. Ses connaissances médicales lui permettront de surclasser ses concurrents, car le ministre de la Marine se préoccupe de la conservation des denrées selon des méthodes progressistes découlant de l'avancée médicale. Comme son père est un médecin de campagne réputé, toi, en l'occurrence, ça l'avantagera. Avec les moments difficiles qui nous attendent — je pressens une longue confrontation avec l'Angleterre —, l'approvisionnement des troupes et de la population civile sera essentiel. En mots plus clairs, si les Anglais brûlaient toutes les récoltes des environs, le garde-magasinier de Québec deviendrait aussi influent que l'intendant!

Manuel Estèbe se lissait la moustache. Il réfléchissait. Thierry continua :

— Si tu acceptes de le convaincre, je te promets de veiller à sa nomination de conseiller au Conseil supérieur. C'est difficile d'en faire plus : ses gages dépasseront ceux du médecin du Roy, et ce, dès son entrée en fonction.

Comme Manuel, sonné par autant de révélations, ne réagissait pas, Thierry dut insister.

— Davantage que les gages du docteur Michel Sarrazin, tu as bien entendu. Et même plus !

— Que veux-tu dire ?

— Entre amis, nous pouvons tout nous confier, n'est-ce pas ?

— Hum, hum !

— Eh bien, notre société commerciale lui donnerait un pourcentage sur la quantité de blé qu'il accepterait de nous acheter… Évidemment, ses connaissances médicales lui permettraient de faire son choix de marchandises en fonction de leur qualité et, comme nous connaissons Guillaume comme étant un garçon intègre, mes associés et moi sommes convaincus de son incorruptibilité. Pour le protéger, toutefois, nous te promettons que nous ne le mettrons pas dans l'embarras. Il n'aura pas l'obligation d'acheter absolument notre blé. Mais il le fera, car nous lui proposerons le meilleur !… Aussitôt qu'il se montrera désireux de devenir le prochain garde-magasinier royal à Québec, j'organiserai une rencontre avec Pierre de Lestage et Léonard Hervieux. Qu'en penses-tu ?

Manuel, qui ménageait habituellement ses poumons en ne fumant pas trop, pompa son cigare avec nervosité. Thierry poursuivit :

— Évidemment, cette rencontre aura lieu ici, rue du Sault-au-Matelot, une rencontre au sommet, uniquement pour établir des liens d'amitié.

Manuel pinçait les lèvres d'inquiétude.

— Avoue au moins, Manuel, que Guillaume a plus d'avenir à Québec dans cette fonction prestigieuse qu'à Charlesbourg, sauf ton respect ! C'est bien toi qui me proposais de me préparer une équipe de relève ! Eh bien, la voici !

Manuel Estèbe hocha finalement la tête.

— Et puis ? demanda Thierry.

Manuel, le visage blême, réfléchissait. Après un moment, il répondit :

— Je vais tenter de convaincre Guillaume, même si son travail actuel est crucial pour mes patients.

Thierry avait presque gagné. Il lui tardait d'avoir un oui catégorique.

— Oui, bien sûr, mais la fièvre de Siam sera bientôt vaincue, je suppose !

— Je le souhaite. D'accord, je vais tout faire pour le convaincre.

— Bravo ! Et il faut absolument que Cassandre ne relance pas Pierre de Lestage.

— Elle ne le pourra pas, puisqu'elle va poursuivre sa carrière en Europe.

— Ainsi, tu vas persuader Eugénie du bien-fondé de notre démarche ?

— Pour le bonheur professionnel de Cassandre et la carrière de Guillaume, il vaudrait mieux que les événements se déroulent ainsi, j'en suis persuadé.

— Je le savais, Manuel, que nous étions faits pour nous entendre ! Un autre digestif ?

Ce dernier fit signe que oui.

— Je vais donc bientôt persuader Mathilde d'amener Cassandre à Paris, la capitale mondiale du théâtre et de l'opéra.

— Pas si tôt, Thierry, j'ai besoin d'elle à l'hôpital !

— C'est vrai, j'oubliais la fameuse grippe. C'est prématuré d'envisager l'avenir quand la mort rôde à nos portes. Nous en reparlerons bientôt.

— En attendant, il faut faire confiance à la science et surtout à la Providence. Celle-ci protégera la population contre cette damnée épidémie.

— Comme elle protège les petits oiseaux, n'est-ce pas ce que tu veux dire, Manuel ? ironisa le comte, pour qui science et Providence rimaient avec superstition.

Manuel le regarda, étonné du manque de foi de son ami.

— Pourquoi dis-tu ça ? Tu n'as plus confiance ?

Pour éviter une discussion théologique — la religion n'était certes pas son sujet préféré —, Joli-Cœur répondit :

— Oh moi, j'avais plutôt en tête mon commerce de grain qui nourrit les oiseaux ! L'hiver s'en vient, nous avons déjà eu des flocons de neige et je souhaite qu'il fasse très froid à Noël.

— Thierry, veux-tu faire mourir les malades avant leur temps? demanda Manuel, horrifié par le manque de compassion du comte.

Ce dernier répondit avec le sourire:

— Ne le prends pas sur ce ton. Comme le veut le dicton: « Noël froid dur annonce les épis les plus sûrs. Givre à Noël, cent écus dans votre escarcelle.»

Manuel se souvint qu'Eugénie lui avait déjà dit que Thierry Labarre, un homme au caractère bon enfant, s'était fait une réputation d'étourdi peu après son arrivée en Nouvelle-France. Manuel estimait que le caractère d'un individu changeait rarement avec les années. Il lui vint alors à l'esprit cette répartie:

— Alors, je souhaite pour toi… et Guillaume que Noël tombe un mercredi et non un jeudi, encore moins un vendredi, cette année. «Quand Noël tombe un mercredi, tu peux semer champs et cassis. Noël le jeudi, c'est la famine. Mais s'il tombe un vendredi, le blé roule sous la cendre.»

— En effet! Et si Noël tombait un lundi ou un mardi? demanda Joli-Cœur, beau joueur.

— «Noël vint un lundi et tout se perdit. Quand Noël tombe un mardi, pain et vin de toutes parts.»

— Sont-ce des dictons du Pays basque ou appris à la faculté de médecine? Tout compte fait, il serait préférable que Noël soit un mardi ou un mercredi. Nous verrons bien. Attends, que dirais-tu si nous en faisions le calcul, maintenant?

Manuel constata que la réputation du jeune Thierry Labarre était justifiée. Celui-ci avait commencé son décompte lorsque Manuel entendit la voix d'Eugénie, qui le réclamait. Le comte, contrarié, s'exclama:

— Nous remettrons ce petit jeu une autre fois, n'est-ce pas?

— Oui, ce serait préférable, conclut Manuel, qui avait perdu toute envie de s'amuser.

CHAPITRE XVII
La réconciliation

Manuel Estèbe se demandait bien comment informer Eugénie de toutes ces mauvaises nouvelles qui allaient immanquablement causer un ensemble de bouleversements dans leurs vies. Il attendait un moment qu'il imaginait propice, sachant au fond que, peu importe le moment choisi, celui-ci n'était pas plus favorable qu'un autre. Cette annonce serait sans doute dramatique pour Eugénie. Entre-temps, le comte Joli-Cœur, qui subissait les pressions de son associé rochelais, Antoine Pascaud, demandait avec de plus en plus d'insistance au docteur si la nouvelle avait été communiquée à Eugénie.

Au courant de l'automne 1711, la famille élargie de Manuel et d'Eugénie fut très attristée d'apprendre le décès de Margot Pageau Allard. Cette dernière décéda de la fièvre de Siam et perdit évidemment son fœtus. La maladie ovine du troupeau des garçons Allard, Georges et Simon-Thomas, n'avait rien eu à voir avec le décès de Margot. Eugénie et Manuel se rendirent aussitôt à la veillée de prières. Manuel fut chaviré tout autant par son mauvais diagnostic médical que par l'incapacité manifeste de Guillaume à soigner Margot.

Manuel fut convaincu de façon définitive de l'incompétence médicale de son fils quand sa fille Isabel, l'infirmière de Guillaume, attrapa la fièvre. Elle mourut si vite que la famille put organiser un service funéraire double à la chapelle de Charlesbourg.

Eugénie aurait voulu que son fils Georges soit près d'elle sur le banc, à sa gauche, alors que Manuel le fermait à droite. Elle n'aurait jamais permis qu'on abandonne son fils éploré à son triste sort. Juste avant les funérailles, en entrant dans la chapelle, elle avait dit à Georges :

— Courage, mon garçon. Demande à ton père de te soutenir, aujourd'hui et les autres jours du reste de ta vie. Margot est accueillie par son père, Thomas, qui l'entoure et en prend soin. Quant au petit François-Marie, ou à Marie-Françoise, ce bébé est en train de se faire bercer par ses grand-pères. Et tu sais combien ton père avait le tour de vous endormir, le soir, en vous chantant ses refrains de Normandie !

Georges aurait pu répondre à sa mère que la voix de leur père écorchait les oreilles des enfants plus qu'elle ne leur permettait de s'endormir, pour le peu de fois qu'il avait pu l'entendre, mais ce n'était pas le moment.

Eugénie avait aussi jeté un regard du côté de Catherine Pageau. La pauvre femme était dévastée par la perte de sa chère Margot, celle qui lui ressemblait tant. Elle était entourée de ses autres filles, Isa, la femme de Jean, et Marion, qui l'encadraient et la soutenaient. Eugénie devinait son amie en larmes, mais la voilette cachait le visage de Catherine. Aux soubresauts de ses épaules, Eugénie savait que Catherine Pageau déversait un torrent de larmes.

Aux côtés de son frère Jean, Simon-Thomas Allard se préparait à suivre le cortège derrière Marion, sa femme. Eugénie constata qu'il avait mauvaise mine. Il fuyait le regard de sa mère.

Il ne m'a pas l'air dans son assiette, celui-là ! Manuel me dit que c'est la faillite due à l'échec de l'élevage de moutons qui affecte ses nerfs, pourtant, nos enfants ont été habitués à cet élevage depuis leur enfance[114] *! Non, j'ai plutôt l'impression que son récent mariage n'est pas à son goût. Je le savais bien qu'ils étaient trop jeunes pour se marier, ces deux-là ! Catherine Pageau aurait dû davantage mettre son pied à terre et lui refuser la main de Marion. Catherine ! Elle n'a jamais pu mettre son mari au pas. Regardez-le ! De quoi il a l'air, mon Simon-Thomas ? Rien d'autre que de l'ombre de lui-même… Il faudra bien que je prenne le temps de m'en occuper. Il a hérité du*

---

114. François Allard élevait des moutons sur sa ferme.

caractère taciturne de son père, François. Ça ne sera pas facile de le faire parler.

Eugénie traversa la nef au bras de son mari, en écoutant consciencieusement la musique funèbre jouée à l'harmonium par sa petite-fille Catherine.

Quel talent! J'espère que Marie-Anne et André lui permettront de pousser ses études. Peut-être en Europe, comme sa tante Cassandre! pensa Eugénie avec fierté.

En passant devant le neuvième banc du côté de l'Évangile[115], elle eut une pensée pour son cher défunt mari.

Te rends-tu compte, François, d'à quel point notre petite Catherine est douée? Pas une seule fausse note. Nous avons raison d'en être fiers. Je viens d'apercevoir ses parents, Marie-Anne et André, pimpants d'orgueil malgré les funestes circonstances… Je sais que tu prends soin de Margot et peut-être aussi d'Isabel, quoiqu'elle puisse être la fille de Manuel. C'est un peu ta faute, avoue-le, si tu m'avais parlé de tes problèmes financiers plutôt que de risquer ta vie sur le fleuve! Bon, il est trop tard pour revenir en arrière… Il paraît qu'au Ciel, la jalousie n'existe pas. Alors, si c'est le cas, avec Léontine, sa mère, pourrais-tu aussi accueillir Isabel? Nous nous entendions si bien toutes les deux!

Eugénie et Manuel prirent place sur leur banc. Georges et Charles Villeneuve, éploré par la perte de sa fiancée, Isabel Estèbe, s'étaient installés sur le banc derrière. Eugénie continua sa prière.

À propos de notre Marie-Chaton, tu continues à veiller sur elle, n'est-ce pas? Elle est difficile à suivre. Toujours sur une patte et sur une autre. J'ai préféré lui envoyer une lettre pour l'avertir des décès. La faire venir en catastrophe était risqué… Aujourd'hui, c'est Georges, en priorité, que je te demande de soutenir. Quant à Simon-Thomas, regarde dans quel état piteux il est, Manuel… excuse-moi, François! Il paraît que la médecine ne peut pas grand-chose pour les maladies nerveuses. Alors, je te confie son cas… Il n'y a que son père qui puisse le ramener à la santé, maintenant. Moi, tout ce que je peux faire, c'est lui parler. Mais il faut qu'il le veuille! Et sa Marion…, ce

---

115. François Allard, le premier mari d'Eugénie, s'était porté acquéreur en 1685 du neuvième banc à gauche de la nef à partir de la balustrade en se mettant face à l'autel, du côté de la lecture de l'Évangile. Les bancs situés à la droite de la nef étaient désignés «du côté de l'épître». La famille Allard avait conservé l'emplacement de ce banc.

n'est pas Isa! Tu vois ce que je veux dire!... Bon, notre Jean-François vient d'arriver dans sa belle chasuble violette. Dire qu'il sera notre prélat, un jour! Lui, notre fils le plus frêle, dirigera l'immense diocèse de la Nouvelle-France. Qui aurait pu deviner que ce petit blondinet si fragile aurait une telle carrière? Ça commence! Je compte sur toi, Man...

Eugénie se rendit compte de sa méprise.

Oh, excuse-moi encore, François! Que l'âme de nos fidèles défunts repose en paix!

Pour la circonstance, le chanoine Allard fit l'éloge funèbre du courage de ces deux jeunes femmes, l'une qui s'apprêtait à donner la vie, et l'autre qui s'était donné la mission de la sauver, comme le voulait la tradition chez la famille Estèbe. Le prédicateur souhaita aux familles éprouvées — surtout aux parents, Catherine Pageau et Manuel Estèbe, et à Georges Allard, le jeune mari — de remettre leur immense chagrin entre les mains du Seigneur.

— N'est-ce pas qu'il est un bon prédicateur? chuchota Eugénie, toute fière, à l'oreille de son mari.

— Il pourrait rivaliser avec l'évêque de Meaux, monsieur de Bossuet[116].

— Entre éminences... ou presque, se rengorgea Eugénie.

Jean-François réussit à faire verser une larme à sa mère, de bonheur cette fois-ci, quand il vanta les mérites de Manuel et d'Eugénie d'avoir pu, en si peu de temps, harmoniser les destinée de leurs familles réunies par leur mariage.

Georges Allard éclata en sanglots au chant du requiem par la chorale, juste avant l'enterrement.

— *Requiem aeternam dona eis, Domine, et lux perpetua luceat eis*[117].

Après l'enterrement, où les deux corps furent inhumés côte à côte, Eugénie se tourna vers son mari, qui laissait couler ses larmes de chagrin.

— Malgré l'immense tristesse qui nous habite en ce moment, nous pouvons être fiers de nos filles.

Manuel regarda sa femme avec amour et lui sourit. Il était encore loin, le moment de vérité où il aurait à annoncer à Eugénie

---

116. Jacques-Bénigne Bossuet (1627-1704). Prélat et écrivain français, il fut un prédicateur célèbre, reconnu pour ses oraisons funèbres.

117. «Donne-leur, Seigneur, le repos éternel, et que la lumière perpétuelle les illumine.»

le scandaleux comportement de Cassandre. Il lui dit tout simplement :

— Si tu savais à quel point ta présence à mes côtés m'est essentielle en ce moment.

Là-dessus, il lui prit la main et la serra très fort. Dans un geste spontané, il s'approcha alors de l'oreille d'Eugénie et chuchota :

— Nous devons nous épauler dans l'épreuve la plus difficile : la perte de nos enfants.

Eugénie tenta de lui sourire avec tendresse, mais elle pinçait involontairement les lèvres comme le font les gens endeuillés dont la douleur gêne la spontanéité. Manuel ne vit pas ce sourire, mais le ressentit.

Il lui avait pris les mains et les serrait juste assez pour qu'Eugénie ressente la sincérité de ses paroles. Il se rendit compte que, malgré ses gants, cette dernière avait les mains glacées.

Eugénie fondit en larmes. Tout le monde crut qu'elle ne pouvait s'empêcher de pleurer, compte tenu de ce double deuil familial, mais Manuel savait bien que sa femme lui exprimait, en ce moment tragique, par ses larmes et par son émotion, le plus beau message d'amour qu'elle ne lui avait jamais exprimé. Manuel releva alors sa voilette de deuil, comme il l'avait relevée après leur promesse d'amour éternel, et l'embrassa tendrement sur le front devant l'assistance étonnée par ce geste d'affection en ces moments de tristesse intense.

Le chanoine Allard comprenait la complicité conjugale qui unissait sa mère et son beau-père. Ému, il s'adressa à la petite assemblée chagrinée sur le parvis de l'église.

— C'est dans l'allégresse que nos chères disparues, Isabel et Margot, sont déjà reçues dans la maison du Seigneur. L'Évangile nous dit de nous réjouir pour elles. Et nos parents, ici présents, Eugénie et Manuel, ont compris plus que tout autre ce message évangélique, parce qu'ils sont sans doute les plus touchés…, avec mon frère Georges, bien entendu. Au lieu de réciter le *De Profundis*, disons ensemble « Alléluia ! » C'est en mourant qu'on ressuscite à l'éternelle vie. Leur tendre expression d'amour, ce baiser, scelle le message divin : notre vie terrestre est un passage obligé vers le Ciel et c'est en nous aimant dans la foi les uns les autres, les enfants de Dieu, unis par les liens sacrés du mariage en premier, que nous serons admis dans la maison du Père avec le Christ, son fils bien-aimé.

Ce fut le dernier baiser public du séduisant Manuel à sa belle Eugénie.

Mathilde et Thierry, qui avaient réussi à se libérer et étaient arrivés pour le début de la cérémonie, commencèrent à applaudir, ce que firent ensuite les autres paroissiens. Gênée, Eugénie regarda Mathilde avec tendresse et la remercia par un sourire radieux. Mathilde et Thierry s'approchèrent alors et allèrent souhaiter leurs plus sincères condoléances aux parents éprouvés. La comtesse Joli-Cœur embrassa Eugénie, sa meilleure amie, et le comte, pour sa part, donna une réconfortante et amicale accolade à Manuel.

Mathilde chercha du regard Anne Frérot de Lachenaye ou un représentant de sa famille — Charlotte ou le militaire Charles Frérot, par exemple —, mais n'en vit aucun. La rupture était officialisée. Elle se demanda si elle devait en faire mention à Eugénie, mais elle se retint.

À quoi bon ? Anne l'a bien cherché. Et Eugénie doit employer toute son attention à consoler Georges et Manuel.

Les obligations professionnelles du docteur Estèbe le poussèrent à retourner à Québec rapidement, de telle sorte qu'il ne put amorcer de discussion avec son fils Guillaume. Il jugeait aussi que le moment était des plus mal choisi. Ils devaient l'un et l'autre faire leur deuil. De plus, Guillaume aurait à se recruter une nouvelle infirmière. Ce n'était pas dans la famille Pageau qu'il y parviendrait.

Eugénie passa quelques heures à consoler son fils Georges, ses brus, Isa et Marion, et leur mère, Catherine Pageau. Ce faisant, elle n'eut pas l'occasion de s'entretenir avec Simon-Thomas. Par ailleurs, elle demanda à ses autres garçons de le surveiller. André semblait trop affairé, Georges, trop endeuillé, et Jean, trop taciturne pour pouvoir converser. La jeune Marion, de son côté, confia à Eugénie qu'elle devait consacrer tout son temps à soutenir sa mère, Catherine, et qu'un mari devait comprendre de telles circonstances éprouvantes.

Ce qu'elle peut être jeune et naïve ! Elle ne voit donc pas que Simon-Thomas n'est pas dans sa meilleure forme ? C'est le rôle d'une épouse, surtout jeune, de dorloter son mari.

Eugénie repartit pour Québec sans avoir pu dialoguer avec Simon-Thomas. Elle se fit cette réflexion :

Si au moins sa marraine était là pour me remplacer au lieu de bouder dans sa riche maison ! Elle manque à ses devoirs, madame Anne Frérot de Lachenaye… Je la nomme comme ça, car elle n'est plus ma cousine. Bien sûr, les deux cousins, Thomas et François, sont morts, et je suis madame Estèbe, maintenant. Par ailleurs, elle pourrait redevenir ma cousine, si elle venait s'excuser… Oh, pas pour moi, mais pour Simon-Thomas, son filleul, qui aurait bien besoin d'elle en ce moment ! Qui pourrait lui faire le message ?… Mathilde, bien sûr ! Qui de mieux placée qu'elle ? Je vais finement le lui demander. C'est dommage que Marie-Renée Frérot soit décédée. Ça lui aurait été si facile. Enfin…, la mort nous fauche trop d'êtres chers…

Dès son retour rue du Sault-au-Matelot, Eugénie en profita pour parler à Mathilde.

— Comment as-tu trouvé mon Simon-Thomas ?

— Discret… réservé…, disons, fuyant ! répondit Mathilde, embarrassée de commenter.

— C'est ce que je me disais. Et Dieu me pardonnera si j'ai manqué à mon devoir de mère, car je n'ai pas eu le temps de lui parler suffisamment.

— Tu t'en mets toujours trop sur les épaules, Eugénie. Simon-Thomas est maintenant marié et il vit chez sa belle-mère. Sa femme et sa belle-mère peuvent s'occuper de lui.

— Hum… Marion est bien jeune… et tu sais qu'en ménage, il n'y a pas que… la chose. Enfin, tu me comprends, n'est-ce pas ?

Mathilde hocha la tête avec un petit sourire. *Qu'a-t-elle derrière la tête, elle, encore ?*

— Et Catherine est chavirée comme ce n'est pas possible. Je pense qu'elle l'était moins pour Thomas Pageau, son mari !

— Et alors ? demanda Mathilde, contrariée par la remarque.

— J'irai droit au but. Si une mère ne peut absolument pas s'occuper de son fils, alors c'est à la femme du parrain de ce dernier de le faire.

Mathilde regarda Eugénie avec scepticisme.

— Et le parrain de Simon-Thomas est…

— Son prénom le dit. Mais il est mort.

— J'y suis : Thomas Frérot ! Et sa marraine est Anne ?

Pour toute réponse, Eugénie fit oui de la tête.

— Tu me fais tellement plaisir, Eugénie. Je vais me rendre chez elle à la première occasion et lui faire ton message. Nous redeviendrons le trio amical que nous étions auparavant.

— Remarque que je le souhaite pour Simon-Thomas, car pour ma part…

— Regardez-moi cet orgueil qui prend encore le dessus ! Il faut que je te dise, Eugénie, que ton grand cœur a toujours été ta première qualité, et que c'est pour ça que nous sommes tellement amies… Pourquoi ne viendrais-tu pas le lui demander avec moi ?

Eugénie regarda Mathilde, étonnée. La mine invitante de Mathilde parut irrésistible.

— Baisser pavillon est une bonne stratégie de victoire. Dis-toi qu'Anne est aussi entêtée que toi ! Oh ! excuse-moi, ces paroles ont dépassé ma pensée, précisa la comtesse devant Eugénie, pantoise et piégée par l'invitation.

Non dupe de l'espièglerie de son amie, Eugénie, qui ne voulait pas être de reste, répliqua :

— Ce que j'ai toujours aimé de toi, Mathilde, c'est ton esprit enfantin et enjoué.

— C'est pour ça que je te considérais comme ma grande sœur. Tu te souviens, à Honfleur, sur les quais, avec Violette ?

— Vous lorgniez Thierry et Germain. Ça fait si longtemps !

— Et toi qui n'avais d'yeux que pour François… Tu ne voulais pas te l'avouer !

— Mathilde, tu sais bien que je me destinais à la vie religieuse.

— En tout cas, ma grande sœur a prouvé qu'elle n'avait pas tout à fait la vocation, puisqu'elle s'est mariée deux fois !

— Comme toi !

— Oui, mais pour moi, c'était prévisible.

— Oh oui ! Madame Bourdon m'avait demandé de te surveiller comme une grande sœur.

— Ça n'a pas dû être tellement difficile !… Alors, tu m'accompagneras chez Anne ? C'est ta petite sœur qui te le demande.

— On dirait Marie-Chaton ! Oui, je t'accompagnerai.

— Oh, je suis si contente, Eugénie ! Laisse-moi t'embrasser.

— Mais qu'elle ne recommence pas sa séance d'invectives, car je ne répondrai plus de moi.

— Alors, pour votre réconciliation, je vais lui demander de ménager ses propos.

— Et ses impolitesses…, ses bêtises.

— Eugénie, je t'en prie! Plus de ressentiment, mais plutôt de la réconciliation. Il vous faut tourner la page.

Eugénie prit alors les devants et fit la bise à sa grande amie Mathilde.

— Quand y allons-nous?

— Demain.

Le lendemain, en route vers l'hôpital, les deux femmes se présentèrent tôt à la résidence d'Anne, rue Royale. Cette dernière vint elle-même leur ouvrir. Quelle ne fut pas sa surprise de se trouver à nouveau en présence d'Eugénie! La consternation marquait son visage. Eugénie, de son côté, ne pliait pas l'échine, de telle sorte que les deux antagonistes se faisaient à nouveau face avec toute leur superbe.

Mathilde se rendit vite compte de la complication de la visite. Elle décida de trancher ce nœud gordien[118], contrairement à son habitude.

— Bonjour, Anne. Excuse-nous de te déranger si tôt, mais Eugénie a réellement besoin de ton aide.

— Eugénie nécessite de l'aide, maintenant. J'aurai tout entendu! répondit-elle laconiquement.

Pour éviter une nouvelle foire d'empoigne, Mathilde reprit vite la situation en mains.

— Cessez vos enfantillages, Anne et Eugénie… Eugénie est prête à tout oublier et je considère que tu as beaucoup de chance, Anne, car après ce que tu lui as déjà dit, tu ne le mérites pas.

Anne, les yeux exorbités, était changée en statue de sel. Pour sa part, Eugénie avait été contrariée de se faire traiter d'enfant. Elle semblait dire que c'était elle, l'offensée.

— Est-ce que tu nous fais entrer, oui ou non?

Déjà, Mathilde avait agrippé la manche de la robe d'Eugénie, alors que cette dernière résistait. Mathilde lui jeta un regard désapprobateur. Eugénie, surprise, battit en retraite. Devant tant

---

118. Le nœud gordien désigne par métaphore un problème inextricable, résolu par la manière forte, parfois brutale.

de détermination de la part de Mathilde, d'ordinaire axée vers la conciliation par la manière douce, Anne répondit :

— Entrez donc… Asseyez-vous… Prendriez-vous du thé, du café ?… Du café pour Mathilde, bien sûr. Ah oui, pour toi, Eugénie, c'est du chocolat, je me souviens ! Je t'en fais préparer un… Non, je connais ton goût, je le préparerai moi-même… Après tout, ne sommes-nous pas cousines ?

Assise sur le bout du fauteuil, Eugénie, mi-figue, mi-raisin[119], fit un signe de tête positif à Anne.

— Pas de calvados ou de liqueur, Anne, je te prie. Ça dilaterait les artères de mes poumons et Manuel a peur d'une embolie pulmonaire.

— Ne crains rien, je ne t'assassinerai pas, Eugénie. Je ne t'en veux pas encore assez pour ça.

Devant l'air indigné d'Eugénie, Mathilde répliqua à sa place :

— Anne, pas de ça, je t'en supplie. Nous sommes venues discuter comme les grandes amies que nous sommes depuis tant d'années.

Alors, contre toute attente, Anne s'excusa.

— Pardonne ma méchanceté, Eugénie. Je ne sais pas ce qui m'a pris l'autre jour. Je m'en veux tellement de t'avoir fait de la peine. Et puis, j'aurais dû assister aux funérailles de vos enfants ou me faire représenter. Eugénie, accepte mes plus sincères regrets. J'espère que Manuel ne m'en voudra pas trop. Je me rendrai sous peu à Charlesbourg pour lui offrir mes condoléances, ainsi qu'à Georges.

Anne se mit alors à pleurer, soulagée. Mathilde fit de même, laissant tomber cette carapace de matamore qui ne lui allait pas du tout. Elle cherchait désespérément son petit mouchoir de dentelle dans son sac à main.

Eugénie semblait dépassée par le spectacle des deux pleureuses. Elle décida de prendre son rôle de grande sœur au sérieux.

— Voyons, nous ne nous sommes pas rencontrées pour nous apitoyer sur notre sort. Je suis venue demander un grand service à Anne, parce que je la trouve essentielle à ma démarche. Si tu continues à la faire pleurer, Mathilde, personne n'aidera personne… Et puis, l'aurai-je, mon chocolat chaud, ou non ?

---

119. D'un air à la fois satisfait et mécontent.

Pendant que les deux femmes se mouchaient, Eugénie continua.

— En ce qui me concerne, l'incident de l'autre jour est clos. Tournons la page. Par ailleurs, tu m'as ouvert la porte : je suis venue te demander ton aide.

Intriguée, Anne demanda :

— À l'hôpital ?

— Non, Anne, à Bourg-Royal.

— Georges ?

— Plutôt Simon-Thomas, ton filleul… Ça ne tourne pas rond.

— On dit qu'il s'est marié en cachette. C'est bien vrai ? demanda Anne.

— Comment l'as-tu su ?… Plutôt à la sauvette, sans avoir consulté sa mère. Maintenant, il me fuit. Pire, il m'ignore. Manuel pense qu'il a des symptômes de maladie nerveuse.

— Moi non plus, il ne m'a pas invitée. Et ça fait un bout de temps qu'il n'est pas venu me visiter… Depuis son travail chez Blondeau, en fait, précisa Anne.

Cette dernière réfléchissait. Ses deux amies étaient anxieuses d'entendre son explication.

— Se pourrait-il, Eugénie, que Simon-Thomas n'ait jamais accepté ton remariage ?

Le manque de diplomatie d'Anne fit bondir Eugénie.

— Mon remariage ne concerne que Manuel et moi. Personne d'autre. Je me rends compte qu'il vaut mieux, pour une veuve, se remarier que de devenir pimbêche et acariâtre, comme une certaine personne que je connais.

— Eugénie Allard, je te défends de me traiter de pimbêche ! réagit Anne, offusquée.

— Je ne parlais pas de toi, mais d'Odile Langlois, mon ancienne voisine… Mais si le chapeau te fait…, rétorqua Eugénie, fière de son coup.

— Ça suffit, Eugénie, sinon…

Devant l'ultimatum, Eugénie obtempéra.

— Simon-Thomas m'a parlé d'un manque d'argent. En fait, il m'en a demandé et je lui ai répondu que je n'en avais pas et qu'il n'aurait qu'à demander à ses frères de lui trouver du travail. S'il est assez vieux pour se marier, il l'est aussi pour travailler.

— Des ennuis financiers ? Il ne devrait pas s'inquiéter. Par procuration, Thomas m'a confié la responsabilité d'assurer son avenir financier.

Contente, mais non étonnée de la remarque, Eugénie poursuivit :

— Tu me rends tellement heureuse, Anne, pour Simon-Thomas. Thomas était si prévenant. Un cousin dépareillé ! Je te l'avais bien dit, Mathilde, que mon petit gars pouvait compter sur sa marraine.

Anne souriait. La vie devenait plus agréable. Eugénie s'était levée pour lui faire une accolade amicale.

— Et puis, laisse-moi t'embrasser comme cousine. Tu sais, Anne, je souhaiterais que tu puisses toi-même annoncer à Simon-Thomas la nouvelle de son héritage.

— Tu peux dormir en paix, Eugénie, je me rendrai à Gros Pin dès que possible. Pourquoi n'irions-nous pas avec Manuel ?

— D'abord parce que mon mari est pris jour et nuit à l'hôpital et, comme Simon-Thomas m'évite, il trouvera ta venue louche et ne se confiera pas à sa marraine. Il ne vaut mieux pas, il me semble.

— Comme tu veux, Eugénie ! Je tiens à te dire que je souhaitais ardemment cette rencontre, mais que j'étais trop orgueilleuse pour la provoquer. Que te dire, sinon que c'est merveilleux de retrouver ses amies ? Et sa cousine ! Si nous nous querellons, il ne restera rien de la parenté de Thomas et de François.

— Le seul de mes enfants qui est rattaché aux familles Allard et Frérot, c'est Simon-Thomas. Je me félicite d'être venue vers toi, car c'est toi, Anne, qui le représentes. Je sais que je peux compter sur toi pour lui venir en aide.

— Ne te l'ai-je pas promis ? Anne de Lachenaye n'a qu'une parole. Elle peut parfois être blessante, cette parole, mais elle ne fait jamais défection.

Eugénie se tourna vers Mathilde en lui disant :

— Ce que j'apprécie tant chez ma cousine Anne, c'est qu'elle va droit au but. Pas de détour, de faux-fuyant ni de langue de bois. Nous avons toujours l'heure juste… En parlant d'heure, Jeanne, Louis et Manuel nous attendent à l'hôpital. Il est déjà tard.

— Mais il n'est même pas dix heures. Finissez au moins le café et le chocolat. Je vais vous les réchauffer.

— Nos malades ne peuvent attendre. La maladie de Siam est impitoyable. *Vamos*[120], Mathilde ! décida Eugénie.

Anne et Mathilde restèrent éberluées.

— Que viens-tu de dire, Eugénie ?

— Qu'il était temps de partir, sans plus, répondit-elle en haussant les épaules.

---

120. « Allons-y » en espagnol.

CHAPITRE XVIII
L'hospitalisation

Quand Eugénie et Manuel revinrent de l'hôpital, Mathilde, dont les heures écourtées lui permettaient de gérer l'intendance de la maison, les accueillit dans la salle à manger. Manuel avait calculé qu'il n'y aurait pas de moment mieux choisi qu'après le souper pour annoncer la nouvelle de la mauvaise conduite de Cassandre à Eugénie.

Devant les regards insistants de Thierry, le docteur Estèbe avait décidé qu'il parlerait le soir même à sa femme, après un repas bien arrosé. Il s'était assuré d'avoir une bonne bouteille de vin de Bordeaux.

— Y a-t-il un événement particulier à fêter, ce soir, Manuel, pour que tu veuilles que nous nous enivrions ? dit-elle en le taquinant.

Ce dernier ne répondit pas à la boutade. Cependant, après les avoir invités à la bibliothèque, après le repas, Mathilde remit à Eugénie et à Manuel une dépêche adressée à leurs deux noms qui avait été acheminée de l'édifice de la prévôté de Québec. Quand Eugénie lut son nom sur l'enveloppe, elle l'arracha littéralement des mains de Mathilde.

— Mais qu'est-ce que c'est que ça ? Ça vient de la prévôté, en plus.

Elle enleva aussitôt le cachet et commença à lire pour elle-même.

— Mon Dieu, Manuel! C'est de Simon-Thomas, une mise en demeure. Il m'accuse de le laisser dans l'indigence alors que je fais la grasse vie avec toi.

Eugénie tournait les pages de la réclamation à la vitesse de l'éclair, les feuilletant de manière bruyante, les froissant presque.

— Je vais perdre connaissance. Vite, de l'eau! Mon cœur! Prends mon pouls, Manuel. Il ne peut tout simplement pas me faire ça, m'accuser de tout ça!

— Prends sur toi, Eugénie. Calme-toi. Tiens, allonge-toi ici, sur ce canapé. Mathilde, aurais-tu un verre d'eau?

Comme Mathilde ne réagissait pas, aussi commotionnée par la nouvelle qu'Eugénie, Manuel s'écria:

— Thierry, la carafe! Elle suffoque… Elle devient inerte.

Eugénie venait en effet de perdre connaissance. Manuel mit la main sur le front de la malade. Il se rendit compte qu'il était brûlant.

— Elle vient de subir un choc nerveux. Amenons-la dans sa chambre. Si elle ne va pas mieux d'ici demain, je la ferai hospitaliser. En attendant, Mathilde, pourrais-tu me donner un bol et des pansements immaculés? Comme elle fait de la haute pression, je vais lui faire une saignée. Ça lui changera l'humeur et la fera dormir calmement. En attendant qu'elle revienne à elle, je n'ai pas d'autre solution… Si elle ne revient pas à elle d'ici une heure, je demanderai l'avis médical du docteur Sarrazin. Dans un cas de faiblesse des poumons tel que celui d'Eugénie, son expertise sur la pleurésie pourra me servir.

Mathilde s'affolait tandis que Thierry aidait le docteur Estèbe à transporter Eugénie. Une fois Eugénie couchée, Manuel dit à Thierry:

— Demande à Mathilde de venir ici. Elle a l'habitude de soigner à l'hôpital. En plus, j'ai quelques questions à lui poser. Qu'elle se raisonne, Eugénie survivra.

Après avoir effectué la saignée, le médecin interrogea Mathilde sur la visite du matin chez Anne et sur l'état d'esprit d'Eugénie. Ils firent ensemble le bilan de l'état de santé physique et mental de la malade au cours de sa vie. Ils en conclurent qu'Eugénie s'était épuisée à élever, longtemps seule sur une ferme, après la mort de François, et pauvrement, une famille nombreuse tout en contribuant aux activités paroissiales, sans se ménager.

En ajoutant à cela la peine des derniers décès dans la famille et, maintenant, la mise en demeure de Simon-Thomas, le docteur Estèbe arrêta son diagnostic sur la probabilité que le cœur de son épouse ait été usé prématurément.

— La saignée ne fera qu'équilibrer l'humeur, momentanément. Rien de plus, décréta-t-il.

Manuel décida de faire hospitaliser sa femme aussitôt, malgré l'heure tardive.

— Il va falloir que Thierry demande une ambulance. Habituellement, le docteur Sarrazin travaille encore à l'Hôtel-Dieu, tard le soir. Comme j'ai besoin d'un autre diagnostic moins émotif — tu me comprends, Eugénie est ma femme —, il pourra me le donner aussitôt. De plus, l'Hôtel-Dieu est mieux organisé que notre hôpital pour les soins aux grands malades. Elle a déjà un dossier là-bas, puisqu'elle y a été hospitalisée deux fois déjà. De plus, les religieuses la connaissent. Pourrais-tu, Mathilde, nous accompagner dans l'ambulance ? Vous êtes amies depuis si longtemps qu'Eugénie trouvera normal que tu sois à ses côtés.

À la mi-mai 1688, Eugénie fut hospitalisée d'urgence à l'Hôtel-Dieu de Québec, elle qui, au même hôpital, avait déjà vaincu la tuberculose, quarante ans plus tôt.

En direction de l'hôpital, le long des côtes de la Montagne et de la Fabrique, Eugénie, à peine consciente dans l'ambulance improvisée, se crut, dans son délire, sur le chemin des Islets allant de Charlesbourg vers Beauport et bordé des moulins à vent de Thomas Frérot. Elle était pâle et souffrante. Ses poumons fragilisés par les séquelles de sa tuberculose avaient peine à combattre son chagrin causé par la poursuite judiciaire de son garçon, Simon-Thomas. De plus, les pustules qui commençaient à envahir sa peau laissaient de moins en moins de doutes au docteur Estèbe sur l'origine de la maladie dont elle souffrait. Eugénie avait contracté la maladie de Siam.

Devant l'inquiétude de Mathilde, le docteur Estèbe dit :

— Elle est forte, elle va s'en tirer, j'en suis persuadé.

Eugénie sortit de son coma dans un râle. Quelques minutes plus tard, elle demanda à la soignante :

— Mathilde, est-ce bien toi ? Où suis-je ?

Malgré le froncement de sourcils du médecin qui ne voulait pas que la contagion se propage, Mathilde caressait les cheveux d'Eugénie.

— Dans l'ambulance, Eugénie. Tu as eu un malaise. Nous allons à l'Hôtel-Dieu... te soigner !

— L'Hôtel-Dieu, la duchesse d'Aiguillon[121]... Violette...

— Chut ! Repose-toi. Violette[122] sera là pour t'accueillir.

Lorsqu'Eugénie fut rendue à l'hôpital, le docteur Michel Sarrazin lui prescrivit immédiatement les plantes médicinales qui convenaient, après que le docteur Estèbe lui eut dit qu'il venait d'administrer une saignée à sa femme.

— Et puis, docteur Sarrazin, quel est votre diagnostic ? Une défaillance pulmonaire ? demanda le docteur Estèbe à mots couverts à son collègue, à l'insu de Mathilde qui était restée à l'écart. Il espérait que le docteur Sarrazin puisse lui confirmer une autre cause médicale que la contagion qui sévissait à Québec.

— Ses poumons ne sont probablement pas la cause de ces pustules... Mais je crains qu'ils ne se remettent pas de l'attaque agressive de... de...

— De la contagion ? De la fièvre jaune ? demanda le docteur Estèbe avec angoisse.

Pour toute réponse, le docteur Sarrazin hocha la tête.

— Est-elle condamnée ?

Encore une fois, le docteur acquiesça, silencieusement.

— Combien de temps, Michel ? Parlez, je vous en prie.

— C'est une femme combative. Mais la fièvre et la pleurésie vont faire lâcher ses poumons. Elle a été mise en contact avec la maladie, comme plusieurs d'entre nous, mais ses poumons affaiblis ne pouvaient pas le supporter. J'aurais dû le savoir, moi, un spécialiste pulmonaire ! Mais son talent et son caractère dominant me semblaient une nécessité pour corriger l'organisation peu efficace des bonnes sœurs de l'Hôpital général. Et elle a réussi en si peu de temps ! Votre épouse, Manuel, est une femme coriace... Une semaine, probablement.

---

121. L'Hôtel-Dieu, nom usuel de l'Hôtel-Dieu du Précieux-Sang, hôpital fondé par la duchesse d'Aiguillon en 1657.
122. Violette Painchaud, fille du Roy, orpheline de la Pitié-Salpêtrière et compagne de traversée d'Eugénie en 1666.

— Le temps d'aller chercher sa fille Cassandre aux Trois-Rivières, afin qu'elle soit au chevet de…

Manuel Estèbe n'eut pas le temps de terminer sa phrase qu'il se mit à pleurer.

— Je sais que ça vous sera difficile, mais il ne faut pas la toucher. N'oubliez pas, Manuel, qu'elle est fortement contagieuse. Bon, laissons-la pour la nuit. Nous verrons demain matin.

Quand Mathilde vit les yeux rougis et la mine défaite de Manuel, elle sut qu'Eugénie était condamnée. Naturellement, elle eut le réflexe de pleurer à son tour, mais choisit de rester forte. Elle prit les mains de Manuel, compatissante. Le docteur Sarrazin vint les rejoindre avec la Supérieure des augustines de l'Hôtel-Dieu. Il dit :

— Je viens de demander à notre bonne mère de désigner une soignante pour veiller madame Estèbe pour la nuit.

La Supérieure prit aussitôt la parole.

— Nous devons bien ça à mademoiselle Languille, une amie de longue date de notre communauté. Si ça s'avérait nécessaire, la religieuse enverrait un messager à votre résidence, rue du Sault-au-Matelot. Mais je ne crois pas que ce sera…

La Supérieure ne termina pas sa phrase tant la peine la laissait sans voix. Elle lança plutôt un regard compatissant au mari éprouvé, puis partit.

Eugénie fut hospitalisée dans l'aile des poitrinaires, au même endroit que quarante ans auparavant. Même si les soins et la nourriture à l'Hôtel-Dieu étaient gratuits, le docteur Estèbe assura la Supérieure de sa contribution financière, compte tenu de l'heure tardive et du dérangement causé par l'admission de la malade.

Le lendemain matin, avant de se rendre au chevet de son épouse, Manuel Estèbe s'adressa à Mathilde et Thierry.

— Eugénie tiendra le temps nécessaire, pourvu qu'elle sache la vérité. Je m'en charge. Il faudra le plus tôt possible avertir ses enfants. Le chanoine Jean-François est à Québec, et ses autres garçons, à Charlesbourg. Comment faire pour que Cassandre, qui est aux Trois-Rivières, revienne au plus vite ? Le temps presse… De plus, acceptera-t-elle de parler ou de pardonner à Simon-Thomas ? Que me conseillez-vous ?

Thierry avait le nez dans son assiette. Mathilde voyait bien que de se rendre chercher Cassandre le dérangeait dans son emploi du temps. D'autant plus que les glaces avaient commencé à se former près des berges. La navigation était risquée. Ils en avaient discuté la veille. Mathilde décida de prendre la situation en main.

— Ton devoir, Manuel, est de rester près d'Eugénie, le temps que les autres te remplacent momentanément. Je te relaierai dès que possible… Demandons d'abord à Jean-François ce qu'il recommande. Après tout, c'est le fils d'Eugénie et le frère des autres… Je me rends au Séminaire et, par la suite, j'irai avertir Anne Frérot.

Au moment où Thierry regardait sa femme, surpris, Mathilde affirma :

— Anne est la cousine et la grande amie d'Eugénie. De plus, c'est la marraine de Simon-Thomas. Elle pourrait être d'un grand apport dans la réconciliation du fils et de sa mère.

Consterné par les mauvaises nouvelles — d'abord la maladie affreuse et la mort probable de sa mère, puis cette étrange histoire de poursuite judiciaire impliquant son frère Simon-Thomas —, le chanoine Jean-François voulut se rendre au chevet de sa mère.

— Il faut absolument que je lui apporte le réconfort de l'extrême-onction, tante Mathilde. Un miracle est possible, vous savez ! Elle qui s'est tellement dévouée à sa famille et à sa paroisse, au diocèse et aux indigents, se faire trahir par son propre fils est certainement la pire épreuve de sa vie.

Mathilde constata avec surprise que le chanoine avait vite oublié sa propre trahison familiale en jugeant le comportement de sa propre soeur, et la peine qu'il avait faite à sa mère. La comtesse préféra ne pas penser à cela et réussit à convaincre le chanoine qu'il devait le plus rapidement possible informer ses frères André et Jean du drame familial en cours, et discuter avec eux de la meilleure façon d'apprendre la nouvelle à Cassandre… et peut-être aussi de raisonner leur cadet, Simon-Thomas. Quant aux derniers sacrements, il y avait bien l'aumônier de l'hôpital pour les administrer à Eugénie en cas d'urgence.

Mathilde s'offrit pour accueillir, chez elle, tous les membres des familles Allard et Estèbe qui souhaitaient se réunir dans ces tristes circonstances. Lors de sa visite à Anne pour l'informer de la fin prochaine d'Eugénie, son amie, effondrée, s'accusa :

— Eugénie, au seuil de la mort ? Nous l'avons toujours crue indestructible, elle qui était la plus forte d'entre nous… J'ai peine à y croire. Et dire que… je l'ai couverte des pires insultes… Elle ne s'en est probablement jamais remise. C'est ma faute !

— Ne dis pas ça, Anne. Eugénie t'a pardonné, elle me l'a dit. Tu n'as pas à te culpabiliser. Eugénie était… est ce genre de femme à tourner la page, une fois pour toutes.

Anne et Mathilde, larmoyantes, se regardèrent d'un air complice.

— Si nous allions lui rendre visite ? Nous lui devons bien ça. Nous insisterons pour avoir l'approbation de Manuel.

Mathilde savait qu'Anne avait peur, bien légitimement d'ailleurs, de la contagion. Cependant, cette fois-ci, elle hocha la tête en guise d'approbation.

Le chanoine Jean-François se rendit aussitôt à Charlesbourg. Il fut décidé que Charles Villeneuve se rendrait à toute allure aux Trois-Rivières pour aller chercher Cassandre avec Georges. Ce dernier, malgré toute l'affection qu'il éprouvait pour sa mère, ne pouvait pas s'imaginer aller la voir à l'hôpital, encore bouleversé qu'il était par la mort de Margot, sa femme, emportée par la même maladie. Georges aurait en main une lettre du chanoine Jean-François, son frère, pour authentifier le mobile de leur démarche auprès des autorités religieuses du couvent des Ursulines des Trois-Rivières. Charles Villeneuve promit qu'ils seraient de retour avant une semaine. Déjà, il récupéra le meilleur coursier de l'écurie des Villeneuve.

Jean-François avait décidé de revenir à Québec avec Simon-Thomas, coûte que coûte, même si celui-ci était dans un piteux état mental. Le chanoine se croyait capable de raisonner son frère. Le temps pressait, l'ecclésiastique voulait revenir le plus tôt possible au chevet de sa mère.

— Qu'est-ce qui t'a pris, Simon-Thomas, d'expédier cette poursuite judiciaire à notre mère ? Tu savais à quel point sa santé était fragile.

Simon-Thomas avait toujours été timide devant ce frère à l'allure hautaine et au reproche facile. Depuis qu'il avait été désigné chanoine et qu'il envisageait la pourpre, Jean-François déambulait de sa démarche altière en faisant clinquer encore plus qu'avant son imposant crucifix sur sa poitrine, afin que l'on vît bien sa position hiérarchique dans le clergé. Son physique d'ascète ne laissait nul doute à ses confrères du Séminaire et à la population de Québec qu'il était un aspirant légitime au poste de coadjuteur.

Comme Simon-Thomas, calé dans le siège de la carriole, gardait le silence, son frère continua :

— Est-ce que ton mariage est en difficulté ? Marion fait-elle son devoir d'épouse correctement ? Tu sais que le sacrement du mariage est indissoluble, tout autant que celui de l'ordre d'ailleurs… Tu sais également qu'il te serait sans doute préférable de te confesser. Comme ça, tu pourrais tout avouer au prêtre, sans être dans la gêne de me le dire.

Aussitôt, le chanoine demanda au cocher de se ranger et commença à fouiller dans son nécessaire afin de récupérer son étole. Quand Simon-Thomas s'en rendit compte, il s'exclama, sortant de son mutisme :

— Mais c'est toi pareil !… C'est à cause des moutons… et de Jean !

— Jean ne fait plus l'élevage ovin, il me semble !

— Non, mais madame Pageau, oui. Et la plupart de nos moutons, à Georges et à moi, c'est-à-dire à madame Pageau, sont morts. Nous sommes ruinés… Et Marion, qui a su que notre mère s'était déjà donnée à Jean, me force à avoir ma part de mon héritage maintenant, comme Jean l'a eue, lui.

Aussitôt, Simon-Thomas se mit à pleurer. Jean-François regarda son petit frère avec mépris et condescendance.

— N'aviez-vous pas pensé qu'en poursuivant le docteur Estèbe, vous mettiez également notre mère dans une situation encore plus intenable ? À l'évidence, elle n'a pas pu surmonter cette épreuve ! Si elle meurt, tu en seras grandement responsable avec Marion, Simon-Thomas… Je souhaite qu'elle puisse te pardonner avant de mourir… En attendant, je te recommande de te confesser, car ton âme est en perdition…

Simon-Thomas regardait son frère aîné, catatonique. Ce dernier, fier de son effet, continua avec l'autorité de celui qui est imbu de vérité.

— J'oubliais, tante Anne a accepté de financer la part d'héritage que tu réclames à maman, puisque tu es son filleul. À une condition, toutefois : que tu retires ta poursuite judiciaire contre maman et le docteur Estèbe… Tu logeras chez tante Anne. Comme ça, elle te ramènera à la raison… Maintenant, nous nous rendons directement au palais de justice. Comme tu es le seul demandeur, ça te sera simple. Tu n'auras qu'à leur dire que ta mère est gravement malade et que, pour une raison de piété filiale, tu as décidé de retirer ta plainte, non fondée, par ailleurs… Que Dieu te vienne en aide ! Et je te défends d'aller au chevet de notre mère. Tu l'enverrais au paradis avant son heure.

Après être allé au palais de justice, Simon-Thomas se présenta sous le porche de la résidence de la rue Royale, ne sachant trop comment sa marraine l'accueillerait. Anne de Lachenaye prit dans ses bras son filleul complètement défait. Entre ses sanglots, il réussit à raconter sa conversation avec son frère, le chanoine.

— Eugénie a un cœur d'or. Je suis bien placée pour savoir qu'elle t'a probablement déjà pardonné. Ce n'est pas Jean-François, avec sa superbe ecclésiastique, qui va empêcher un fils repentant d'aller visiter sa mère mourante. Si tu le veux, j'irai avec toi. Quant à Manuel, je lui dirai que la poursuite est retirée. Un malentendu, rien de plus. Viens embrasser ta marraine… Je suis un peu déçue que tu ne m'aies pas invitée à tes noces. J'aurais pu, par l'héritage laissé par ton parrain Thomas, éviter tout ce drame… Essayons de réparer tout ça. Allons à l'hôpital, maintenant.

Quand Anne et Simon-Thomas se présentèrent dans la chambre, une odeur d'encens et de cire d'abeille consumée régnait dans la petite pièce mal aérée, malgré l'interdiction de la religieuse soignante. Cette dernière avait dû obtempérer rapidement à l'injonction de l'officiant qui venait d'administrer l'extrême-onction à la malade, d'autant plus que cette dernière était la mère de l'officiant. Anne avait dit à l'oreille de son filleul :

— Il est préférable que Jean-François soit parti. Vous serez plus à l'aise, tous les deux.

Eugénie dormait d'un sommeil léger : elle se réveilla dès le premier bruit entendu. Elle reconnut aussitôt les visiteurs. Son visage était recouvert de plaques rouges. La sueur suintait de tout son corps. L'odeur ecclésiastique semblait gêner sa respiration. La religieuse au chevet d'Eugénie s'éclipsa lorsqu'elle reconnut madame de Lachenaye, une bienfaitrice de l'Hôtel-Dieu.

Eugénie reconnut Anne et lui sourit. Elle lui dit dans un filet de voix :

— Cousine, je suis contente. Manuel m'a raconté ce que tu venais de faire pour la famille… Tu t'occuperas bien de lui après mon départ. Il t'a toujours bien appréciée, tu sais ! Tu as ma bénédiction et celle de François. Après tout, c'est naturel que vous vous rapprochiez. Si je l'ai beaucoup aimé, tu seras capable d'en faire autant… Thomas aurait souhaité de même, de son côté. Quand vos regards se rencontrent, vous deux, une complicité évidente surgit.

Qui, lui ? J'espère qu'elle ne parle pas de Manuel. Mon Dieu, elle divague ! La fièvre ! Me jeter dans les bras de Manuel comme ça, c'est à peine croyable. De son vivant, il n'aurait pas fallu que je lui jette un coup d'œil, elle m'aurait foudroyée ! Mais qu'est-ce qui me prend ? Eugénie n'est pas encore morte… À moins qu'elle ne parle de Simon-Thomas. Ça serait plus logique, c'est mon filleul.

— Tu sais, ma tendre amie, que je l'ai toujours aimé, mon filleul. Sans doute pas de la même manière que toi, sa mère, mais il a toujours eu une grande place dans mon cœur. Je m'occuperai de lui, sois sans crainte, pourvu qu'il le veuille, répondit Anne en s'adressant à Simon-Thomas.

— Insiste et il voudra. Rien de mieux qu'une femme assagie pour guider un homme !

Intriguée, Anne se demanda en elle-même : *Fait-elle référence à moi comme marraine ou future fiancée de Manuel ?*

D'un geste de la main, Eugénie invita Simon-Thomas à se rapprocher d'elle. Ce dernier ne se fit pas prier. Il voulut l'embrasser, mais elle l'en empêcha.

Tiens, tiens. Manuel a dû lui dire qu'elle était contagieuse. Quoique Eugénie ne soit pas folle. Elle est bien capable de s'en rendre compte elle-même ! se dit Anne.

Pour laisser toute la discrétion voulue à Eugénie et à son fils prodigue, Anne s'effaça en quittant la chambre.

— Mère, si vous saviez à quel point je m'en veux d'avoir voulu vous poursuivre en justice. Je ne me le pardonnerai jamais !

Eugénie sourit faiblement à son petit dernier. Simon-Thomas lui ressemblait à bien des égards. Il était blond, il était assez grand et avait un talent artistique — récemment découvert. Elle qui avait tellement cherché à le faire chanter lorsqu'elle le prenait encore sur ses genoux ! Décidément, Eugénie aimait bien son Simon-Thomas.

C'est certainement cette Marion Pageau qui l'a harcelé pour qu'il nous réclame de l'argent. Pauvre Simon-Thomas, encore frêle, comme un artiste, comme son père. Si jeune et déjà sous l'influence d'une mégère… Anne va le remettre sur pied sur le plan financier !

— C'est déjà oublié, mon petit garçon que j'aime tant. Tu sais que ta mère t'a toujours vu avec un grand avenir ? Non, ce n'est pas à fabriquer des balais à Lorette. Tu as hérité du talent de ton père, plutôt de ton grand-père Allard, pour l'art de peindre. André, c'est le bois, la sculpture. Mais toi, tu peindras et tu deviendras un peintre de renom. Tes toiles seront exposées au palais du Louvre. Tu demanderas à Thierry et à Marie-Chaton — elle a déjà chanté devant le Roy — de t'aider à y parvenir. Même s'il faut que tu quittes Charlesbourg un jour. Marie-Chaton l'a bien fait !... Ta mère te fait confiance parce qu'elle est certaine de ton talent.

Simon-Thomas fondit en larmes. La seule chose qu'il put alors dire à sa mère fut :

— Maman, je vous aime !

— Si tu aimes ta mère, Simon-Thomas, fais la carrière que ton talent te dicte et aie confiance en toi, comme moi je l'ai en toi. Sois heureux avec ta femme, elle vieillira bien un jour... Ah oui, ton frère Jean-François ! Tu n'es pas obligé de croire à toutes ses bigoteries. Il sera sans doute évêque, un jour, mais il n'est pas obligé de te rendre coupable de ma maladie, comme il vient de me le dire. Il y a assez de miasmes actuellement dans les hôpitaux de Québec pour tous nous tuer... Ma vie a été riche et pleine. Mon seul souhait, c'est de vous savoir tous bien casés... Va, ta mère t'embrasse de loin. Sache que je sais que tu es capable de grandes réalisations. Fais-le pour toi... et pour moi.

Simon-Thomas continua à déverser son torrent de pleurs des jours durant chez sa marraine.

Pendant ce temps, Georges Allard et Charles Villeneuve avaient filé à vive allure en direction des Trois-Rivières, empruntant tantôt le littoral, navigant tantôt sur une barque à fond plat louée à un batelier-habitant. Charles avait dû remplacer à mi-chemin le coursier des Villeneuve, épuisé, tout en projetant de le reprendre au retour.

Quand les deux jeunes gens demandèrent Cassandre au parloir, en ce début de l'avent[123], la sœur portière leur indiqua qu'en ce temps liturgique de pénitence, la jeune femme n'était pas

---

123. L'avent représente, pour les catholiques, la période de quatre semaines précédant la fête de Noël, où l'on se prépare à la venue du Christ.

autorisée à recevoir la visite de jeunes hommes. Georges Allard, d'ordinaire assez calme, la somma spontanément de l'écouter.

— Dites à ma petite sœur, Marie-Renée, que notre mère est à l'agonie! Nous venons pour la ramener, afin qu'elle puisse lui parler avant qu'elle meure. Et moi aussi, puisque je n'ai pas encore eu le temps de lui faire mes adieux… Et je tiens absolument à le faire en compagnie de ma sœur.

La religieuse blêmit.

— Mademoiselle Languille… Euh, madame Allard est mourante? Mes condoléances… Plutôt, toute ma compassion. Je vais aviser mademoiselle Allard, qui est en cours actuellement, de venir le plus rapidement. Je vais aussi aviser la Mère supérieure de cette triste nouvelle. De quoi souffre-t-elle?

— De la fièvre jaune.

— Mon Dieu, la contagion. Pauvre madame Eugénie!

Lorsque Cassandre se présenta au parloir, quelle ne fut pas sa surprise de reconnaître son frère, Georges, et Charles Villeneuve!

— Georges, Charles! Si je m'attendais à vous voir aux Trois-Rivières!

En voyant les mines tristes de ses visiteurs, elle demanda spontanément:

— Ce ne sont pas de bonnes nouvelles, je présume. Qui?

Georges fit non de la tête et fondit en larmes. Aussitôt, Cassandre s'approcha de lui, le prit par les épaules et les lui secoua en criant:

— Qui, Georges? Parle!

Comme ce dernier sanglotait toujours, elle se tourna vers Charles Villeneuve. Devant la réaction hystérique de celle-ci, sachant qu'elle n'en était pas à son premier esclandre, Charles crut bon de spécifier lui-même.

— C'est ta mère, madame Eugénie.

En entendant prononcer le nom de sa mère, Cassandre perdit connaissance. Charles dit alors à Georges:

— Vite, il faut la réanimer.

Sur ces entrefaites, une religieuse passa dans le corridor.

— Ma petite sœur Marie-Renée vient de s'évanouir.

La religieuse revint quelques instants plus tard avec une compresse d'eau froide et des sels de réanimation.

— Vite, messieurs, déposez-la sur une chaise. Tenez, celle-là est plus confortable. Si elle ne revient pas à elle, nous la transporterons à l'infirmerie.

Comme si elle les avait entendus, dès qu'on appliqua la compresse d'eau froide sur son front, Cassandre revint à elle-même. Elle dévisagea son frère et lui demanda :

— Qu'est-ce qui se passe avec maman ? Je veux le savoir, dis-moi la vérité !

Georges la regarda longuement et dit :

— Elle se meurt. Elle est condamnée… C'est la fièvre de Siam.

Cassandre fut sidérée. Les yeux exorbités et vitreux, elle figea sur son fauteuil.

— Combien de temps ?

— Le temps de retourner à Québec. Peut-être deux jours, au plus trois. Elle t'attendra pour s'éteindre, c'est certain. Mais nous n'avons plus beaucoup de temps. Partons au plus vite.

— Est-ce la seule dans la famille ?

Georges et Charles se regardèrent, muets.

— Est-ce la seule dans la famille, répondez-moi ! s'impatienta Cassandre.

Georges prit une grande inspiration et avoua :

— Margot, ma femme, et Isabel Estèbe, la fiancée de Charles, le mois passé. Maman devait te l'écrire. Ça s'est fait tellement vite… Nous n'avons pas pu venir te chercher… Odile Langlois aussi est décédée de cette damnée maladie.

Encore plus touchée par ce qu'elle venait d'entendre, Cassandre se leva d'un bond.

— Pauvre Georges, pauvre Charles, je suis bouleversée. Mes plus sincères condoléances. Margot et Isabel, deux amies de mon âge. Je suis vraiment désolée… Bon, il n'y a plus de temps à perdre. Attendez-moi, le temps de faire ma valise et d'aviser notre Mère supérieure de mon départ.

La préparation de Cassandre fut brève. Avant son départ, la Supérieure vint lui offrir un peu de soutien moral.

— Nous allons prier pour votre mère, mademoiselle Allard. La grand-messe sera chantée pour elle dimanche prochain. Je demande dès que possible à notre sœur sacristine de faire brûler une lampe du sanctuaire à vos intentions. Restez le temps qu'il faudra parmi les vôtres. Vous nous reviendrez après les fêtes. Une de nos religieuses prendra votre relève pour diriger la chorale à la messe de minuit. Partez sans inquiétude. Vous êtes dans nos prières et dans notre cœur… Quelques-unes de nos sœurs ont connu mademoiselle Languille et toutes ont entendu du bien d'elle dans la communauté des Ursulines. Son nom apparaît même dans le journal de mère de l'Incarnation à l'intention de son fils, dom Claude Martin. Une telle âme ne peut que se retrouver au paradis… Mais je vous comprends, le plus tard possible, n'est-ce pas ? Alors, nous allons prier pour qu'elle se rétablisse.

Cassandre sauta au cou de la Supérieure en lui disant :

— Merci beaucoup, ma mère. Mon frère et un de ses amis de Charlesbourg sont venus me chercher. Nous devons partir, maintenant.

— Ils doivent être éreintés du voyage. Pourquoi ne partiriez-vous pas très tôt demain ?

— Si vous veniez leur dire vous-même, ma mère !

— C'est comme si c'était chose faite.

Exceptionnellement, la Supérieure se rendit au parloir souhaiter la meilleure des chances aux garçons et leur offrir son soutien dans ces moments de grande inquiétude.

— Cassandre vient de m'apprendre que vous veniez, Georges, de perdre votre épouse, et vous, Charles, votre fiancée. Permettez-moi, au nom de notre communauté, de partager votre douleur et de la soulager par nos prières… Maintenant, je vous recommande fortement de vous reposer et de vous restaurer avant de repartir… Je vais faire demander à la famille Hertel, tout à côté, de vous héberger pour la nuit. Vous pourrez passer le début de la soirée ici, avec Cassandre, et la communauté vous offrira un repas de ses boucheries pour vous remettre d'aplomb. Vous êtes actuellement, aux yeux du Seigneur, dans un état permanent de pénitence. Il ne faut quand même pas l'empirer !

Le lendemain matin, aux aurores, après les matines et un petit déjeuner copieux, les trois jeunes gens repartirent pour Québec. L'atmosphère était lourde et peu de mots furent échangés durant le trajet.

Le surlendemain, dans l'après-midi, après avoir couché chez l'habitant à Deschambault, Charles, Georges et Cassandre arrivèrent rue du Sault-au-Matelot. Philibert, le vieux domestique des Joli-Cœur, les avisa qu'ils devaient se rendre le plus rapidement possible à l'Hôtel-Dieu. Le temps de faire une légère toilette et de changer de tenue, le trio se retrouva à l'aile des poitrinaires. Comme Cassandre s'en inquiétait, une des soignantes à la porte de la chambre dit :

— Madame Estèbe sera vraisemblablement emportée par ses poumons, bien mal en point depuis longtemps. C'est l'opinion de notre médecin en chef, le docteur Sarrazin, qui est consignée dans son dossier médical.

Cassandre et Georges attendirent, avant d'ouvrir la porte de la chambre, que la religieuse soignante leur dise d'entrer.

— Vous aurez votre tour sous peu. Vos frères Jean-François, André, Jean et Simon-Thomas sont là, ainsi que le docteur Estèbe et la comtesse Joli-Cœur. Chacun a la possibilité de parler à madame Estèbe, qui n'a plus qu'un filet de voix.

Eugénie invita son plus vieux, André, auprès d'elle. Celui-ci s'approcha de sa mère.

— Mère, c'est André, votre plus vieux. Je vous aime, maman.

— Bien sûr, je reconnais ta voix, mon grand. Prends bien soin de Marie-Anne, ta femme, et de tes enfants. Surtout de Catherine, qui a un grand talent à l'orgue, permets-lui d'étudier la musique. Et, un autre dont tu devrais surveiller le talent, c'est Simon-Thomas : il peint merveilleusement, c'est un véritable artiste. C'est toi désormais qui veilleras sur tes frères et ta sœur plus jeunes, où qu'ils soient. Je sais que tu es un garçon au grand cœur. C'est toi, le chef de la grande famille Allard, maintenant. Il faut que tu prennes ce rôle au sérieux pour perpétuer le rêve de ton père. Je t'embrasse, mon fils, et je veillerai sur les tiens du haut du Ciel… Je lègue mon herbier à Catherine, celui que m'a donné le docteur Sarrazin, pour qu'elle puisse répandre le langage des fleurs.

— Adieu, maman.

André avait la larme à l'œil. Il croyait que sa mère avait commencé à délirer et que c'était la fin.

Le langage des fleurs ?… Qu'est-ce qu'elle a bien pu vouloir dire par là ?

André s'écroula dans les bras de sa mère et pleura abondamment. Puis, ce fut au tour de Jean.

— Maman, ne partez pas, nous avons toujours besoin de vous à Bourg-Royal !

Eugénie lui fit signe de se rapprocher.

— Jean, c'est à toi et à Isa que je me suis donnée, parce que c'est toi qui avais le plus de dispositions pour gérer le patrimoine que ton père et moi avons accumulé. Même si tu n'as pas hérité de la même créativité que les autres, tu n'en as pas moins d'habiletés. Mais ce que tu as de plus que les autres, c'est l'ambition, la force de caractère et la détermination. Comme moi...

Eugénie, haletante, prit son temps pour reprendre le peu de souffle qu'il lui restait.

— Alors, je compte sur toi pour perpétuer la race des Allard au Canada. Je te confie l'écu de ton père au blason des Allard, celui où l'on peut lire notre devise, *Noble et Fort*, et qui est au-dessus de l'âtre. Tu le confieras à ton tour à ton fils aîné, et ainsi de suite. De Charlesbourg, ils iront s'implanter ailleurs, mais ils conserveront les ferments de la vitalité de notre famille. Ton grand-père Jacques a enseigné à ton père ce que je t'enseigne aujourd'hui, Jean : sois fier de ce que tu bâtis. Tes fils actuels et futurs engendreront eux aussi des enfants qui permettront à notre colonie de devenir une grande nation. Et tu auras, toi aussi, dans ta lignée, des artistes et des savants qui auront hérité de ce que nous avons donné de meilleur au monde. Ton père serait fier de toi, Jean-Baptiste ! Embrasse ta charmante Isa de ma part, une bru dépareillée.

N'y tenant plus, Cassandre ouvrit la porte de la chambre malgré l'interdiction de la religieuse. Elle se précipita à l'intérieur, suivie de Georges, en retrait. À la vue de sa mère au visage tuméfié par les marques de la rougeole, elle s'évanouit. Eugénie s'en rendit compte, notamment à cause du branle-bas de combat occasionné par la commotion de Cassandre. Elle soupira et invita Georges à venir la rejoindre, comme si la prestation théâtrale de Cassandre lui était habituelle.

— Georges, viens ici, mon grand garçon. Je te remercie d'avoir été chercher ta petite sœur aux Trois-Rivières. Je regrette de ne pas avoir eu le temps de lui écrire à propos de Margot.

— Ce n'est pas grave, maman. Je le lui ai annoncé, moi-même.

— Écoute-moi bien, Georges, je voudrais que tu te remaries. Toi aussi, tu as la responsabilité de continuer la race des Allard. De plus, ça ne prendra pas de temps avant que Charles, qui a perdu son Isabel, recommence à courser : je ne voudrais pas qu'il t'entraîne avec lui... En attendant de trouver celle qu'il te faut, ta mère voudrait que tu recommences à chanter. Tu te rappelles à quel point tu avais une jolie voix, étant enfant. Je ne sais pas pourquoi, mais, plus vieux, tu as cessé de chanter. Je suis certaine que chanter te permettrait de retrouver la paix du cœur…

— Je vous promets de recommencer à chanter, maman.

— Pourrais-tu prendre soin de Simon-Thomas et mettre un peu de plomb dans la tête de Marion ? Après tout, c'est ta belle-sœur des deux côtés, Pageau et Allard. Je t'embrasse, Georges. Dis-toi que ta mère t'aime beaucoup et qu'elle a toujours été fière de toi, même si oncle Germain pestait à l'occasion.

— Comptez sur moi, maman. Moi aussi, je vous aime.

Comme Cassandre n'était pas encore en état de converser, Mathilde s'avança vers Eugénie, à son invitation, son mouchoir de dentelle bien en main.

— Mathilde, ma grande amie, viens près de moi. Nous nous estimons depuis tellement longtemps que je te considère comme ma propre sœur. J'aimerais te confier Marie-Chaton. Elle a besoin de la présence d'une mère, ce que tu as si bien su lui donner en France. Elle est si fragile. J'aimerais qu'elle puisse retourner à Paris, le plus vite possible, pour continuer sa carrière. C'est là-bas qu'est son avenir, pas à Québec.

Mathilde, les yeux larmoyants, retenait ses sanglots dans le creux de son mouchoir de dentelle. Toujours belle au début de la soixantaine, elle était dans un état de tristesse inquiétant. De voir sa grande amie qui agonisait et finissait ses jours dans des circonstances aussi tragiques la chagrinait au plus haut point. Ignorant l'interdiction des autorités hospitalières, Mathilde s'approcha de l'oreille d'Eugénie. Surmontant sa peine dans un effort qui lui semblait surhumain, elle lui répondit :

— Pars en paix, Eugénie, je m'occuperai de Marie-Chaton comme si c'était ma fille. Nous retournerons à Paris l'installer de nouveau. Je t'aime tellement, Eugénie.

— C'est désormais ta fille. Fais en sorte qu'elle puisse démontrer qu'une petite Canadienne talentueuse peut avoir un grand avenir sur scène en France.

Mathilde avait les yeux pleins d'eau. Eugénie était exténuée. Des sueurs froides coulaient sur son front. Le docteur Estèbe vint lui demander de se reposer. Mais, avec opiniâtreté, Eugénie, haletante, décida de continuer, même si sa voix s'éteignait progressivement et que son discours était entrecoupé de quintes de toux pernicieuses. Défiant la maladie contagieuse, Mathilde colla son oreille à la bouche d'Eugénie pour mieux l'entendre. La voix d'Eugénie faiblissait et Mathilde devait lire sur ses lèvres exsangues.

— Je voudrais m'entretenir seule avec Marie-Chaton.

Comme si cette dernière avait entendu l'invitation de sa mère, elle se précipita à son chevet. Pendant ce temps, Mathilde transmit le message d'Eugénie aux autres. Comme le chanoine Jean-François hésitait à sortir de la chambre, le docteur Estèbe le prit par le bras et sortit avec lui. Mathilde ferma la porte.

Dans un sursaut d'énergie, Eugénie, la larme à l'œil, se confia à son bébé.

— Je ne veux pas que tu pleures… Que tu comprennes bien ce que j'ai à te dire, mon chaton. Me le promets-tu ?

Cassandre fit oui de la tête, en hoquetant.

— Bon. Tu as été, tu es et tu seras toujours mon adoration. Tu le sais déjà, ça ! Mais je ne suis pas dupe. Des mauvaises langues ont parlé de ta conduite. Cela va nuire à ta carrière aux grandes orgues de la Basilique quand Monseigneur de Saint-Vallier reviendra. Et tu sais qu'il n'attend qu'une occasion de te punir… Dans ton intérêt, tu devrais continuer ta carrière à Paris, au théâtre et à l'opéra. Mathilde et Thierry continueraient de t'aider. La marquise de Vaudreuil, ton ancienne patronne, qui t'aimait bien, est gouvernante des enfants du Roy à Versailles. Elle pourrait te réintroduire à la cour. Ainsi, tu mettrais à profit ton grand talent là-bas ; mieux qu'ici, en tout cas. J'aimerais aussi que tu aides Simon-Thomas. Va le voir à Gros Pin, il te montrera ce qu'il sait faire… Promets-moi que tu auras une meilleure conduite que celle des gens de théâtre, à demi vêtus…

Une quinte de toux étouffée étrangla la voix restante de l'agonisante.

— Je vais mourir, mon chaton. La mort fait aussi partie de la vie. J'aurai désormais tout mon temps pour prier et veiller sur vous, tes frères et toi, en compagnie de François, votre père, qui m'attend et qui vous aimait tant. Je t'embrasse… et je te défends de le faire à ton tour : tu attraperais ma maladie et tu as trop de grandes choses à réaliser.

À ces mots, Cassandre donna un baiser sur le front de sa mère, qui tressaillit. Tentant de reprendre son souffle, Eugénie s'étouffa et eut une longue et pénible quinte de toux. Dans un dernier râle, elle dit à sa fille :

— Tu n'écouteras donc jamais ta mère ! Va chercher ton frère, je veux me confesser une dernière fois.

En pleurs, Cassandre alla chercher Jean-François. Après avoir endossé son étole, ce dernier invita solennellement sa mère à remettre son âme à Dieu. Cette dernière lui répondit :

— Avant, j'aimerais te parler comme une mère à son fils.

Jean-François la regarda, les yeux humectés. Il attendait son tour désespérément.

— J'ai toujours voulu avoir un fils prêtre, et j'ai été plus que comblée, mon fils est chanoine. Et, mieux encore, il sera un jour évêque, voire cardinal, comme le cardinal Richelieu. Une famille chrétienne ne peut espérer mieux. Toutefois, ton devoir est de rester humble et de ne pas mépriser tes frères et ta sœur parce qu'ils n'ont pas les mêmes grands honneurs que toi. Si tel était le cas, ton père et ta mère auraient failli dans leur mission éducative. Nous vous avons aimés de manière égale : comporte-toi comme tel… Tes parents ont toujours préféré l'harmonie entre leurs enfants à leur célébrité individuelle. Souviens-t'en. Un jour, tes frères et ta sœur pourraient te dépasser en ce domaine. Tu as choisi de répandre la bonne parole de l'Évangile : agis en fonction de celle-ci. Deux de tes frères sont en peine, actuellement, Georges et Simon-Thomas : ils pourraient profiter de ta présence bienveillante. Peut-être l'ignores-tu, mais ta sœur Cassandre t'adore ; pourtant, j'ai l'impression que tu lui veux du mal… Je sais que tu m'as déjà demandé pardon pour elle, mais il vaut mieux deux fois qu'une… Maintenant, je veux me confesser ; c'est sans doute ma dernière fois. Je tiens à te dire que je t'aime fort et que je t'embrasse.

Jean-François, qui avait peine à contenir ses larmes, reniflait.

— Oui, maman. Je vous aime.

Le chanoine Jean-François Allard administra à sa mère, entourée des siens, les derniers sacrements du pardon, de l'eucharistie et de l'extrême-onction.

Quand il eut terminé, l'agonisante demanda de rester seule avec son mari, le docteur Estèbe.

— Manuel, j'aimerais que tu m'assistes jusqu'à ma mort. Le pourras-tu ? Fais-le pour notre amour.

Le médecin, rendu aphone par la peine, acquiesça de la tête. Eugénie, mourante, reprit :

— Je te confie mes dernières volontés. J'aimerais être enterrée au cimetière de Charlesbourg après des funérailles là-bas. Aux funérailles, je souhaite que Catherine joue de l'orgue et que Marie-Chaton chante. Bien entendu, Jean-François sera l'officiant. Pas trop de façon, mais juste assez. Je souhaiterais être exposée dans la petite chapelle du couvent des Ursulines. Le docteur Sarrazin pourra arranger ça. Le chant des religieuses va sans doute me faciliter mon entrée au paradis.

Manuel pleurait et ses larmes ruisselaient sur ses joues. Il avait peine à les éponger de son mouchoir.

— Je t'ai aimé d'un grand amour, Manuel. Et tu me l'as rendu plus que je ne l'aurais espéré. En ce moment même, je t'aime infiniment. Mais dans quelques minutes, quelques heures tout au plus, je ne serai plus de ce monde.

— Je t'en prie, Eugenia, *mi amor*, ne parle pas de ça.

— Au contraire, je veux te dire que j'aimerais que tu te remaries.

— Me remarier ? s'étonna-t-il.

Comment ose-t-elle parler de ça maintenant ! Elle divague.

Puis, Manuel dévisagea Eugénie avec tristesse. Il lui semblait qu'ils venaient à peine de faire vie commune, et elle, au seuil de la mort, continuait à se préoccuper de son bien-être, dans un soubresaut du souffle de vie qui échappait encore à la grande traîtresse.

— Anne te ferait une excellente épouse…

— Anne ? questionna Manuel machinalement, n'en revenant tout simplement pas.

Eugénie fit un très grand effort pour continuer.

— Dis-moi que tu vas y réfléchir, Manuel.

Ne voulant pas empirer la situation, il décida de ne pas contrarier sa femme.

— Je vais y réfléchir, oui, compte sur moi.

Un pâle sourire apparut sur le visage d'Eugénie. Ses traits se détendirent.

— Avec ton assentiment, Manuel, je meurs en paix dans l'espérance d'être accueillie par Dieu et de revoir mon cher François. Après tout, il a été le père de mes enfants, ne l'oublie pas. Tu ne pourras pas me le reprocher, n'est-ce pas ?

Manuel écoutait Eugénie sans mot dire. Il n'en pensa pas moins :

Tu auras été dominante et influente jusqu'à la fin, Eugenia, mi amor. *Pourquoi te remplacer si vite !*

Au milieu de l'après-midi, Mathilde, qui voyait qu'Eugénie savait qu'elle allait mourir, s'agenouilla près de son lit et lui suggéra d'adresser avec elle une petite prière à Jésus, pour lui demander de l'accueillir dans son paradis. Elle ignora l'interdiction de l'hôpital, prit la main de la mourante contagieuse et commença à réciter le *Pater Noster*.

Elle fit signe à Manuel d'aller poser sa main sur le cœur de sa femme, qui palpitait faiblement, en lui disant à voix basse qu'elle désirait qu'Eugénie sente que son mari, dont elle était tellement éprise, puisse l'accompagner jusqu'au bout. Malgré la peine qu'il ressentait, le médecin tentait désespérément de contenir ses larmes.

Soudain, l'air ébloui, émerveillé, comme touchée par l'amour de son mari, Eugénie sourit faiblement. Le chanoine Jean-François, qui assistait aux derniers instants de vie de sa mère en qualité de prêtre avec Manuel et Mathilde, crut qu'elle était habitée par la Lumière divine. Il se précipita alors vers elle pour qu'elle embrasse une dernière fois son crucifix.

Vers trois heures, on pouvait entendre le grondement du tonnerre et observer l'éclaboussement de la foudre qui illuminait le ciel. Le vent fouettait la fenêtre de la chambre. Le chanoine eut l'impression d'être au Golgotha avec le Christ en croix. Eugénie s'éteignit quelques instants plus tard dans un râlement funeste. Manuel lui ferma les yeux : ce moment lui semblait impossible à vivre. Il venait de perdre sa chère Eugenia à tout jamais.

Manuel versa toutes les larmes que sa condition d'homme et de médecin lui commandait de refouler. Lorsqu'ils prirent conscience du décès, Mathilde et Jean-François éclatèrent en sanglots. Pressentant qu'il venait de se passer quelque chose, les autres, qui attendaient dans le corridor, entrèrent dans la chambre. Tour à tour, sans dire un mot, chacun vint encore une fois faire ses adieux à sa mère, sa parente, son amie qui venait de mourir, avant de souhaiter leurs condoléances au docteur Estèbe. À sa demande, le docteur Sarrazin confirma le décès et conclut que la pleurésie avait emporté la malade.

Le chanoine Jean-François, après avoir réussi à contenir un tant soit peu ses pleurs, récita une prière pour le repos de l'âme de la défunte. Il informa sa famille qu'Eugénie était morte comme une grande chrétienne et une mère aimante, en ayant eu le temps de confier son âme à Dieu et de faire ses adieux aux êtres qui lui étaient chers. Il voulut dire que sa mère était morte en odeur de sainteté, à la même heure que le Christ, mais il préféra plutôt remercier celle qui avait accompagné sa mère jusqu'à ses derniers instants ainsi que son mari, la comtesse et le comte Joli-Cœur, qui avaient accueilli les familles éplorées.

Mathilde s'effondra de nouveau en larmes, soutenue par Anne Frérot de Lachenaye. Les deux femmes venaient de perdre leur grande amie, leur confidente. Elles avaient l'intime impression que leur solidarité venait de perdre son pivot.

— Qu'allons-nous devenir, Anne? C'était la meilleure, la plus forte de nous trois. Déjà, son assurance, sa détermination et son jugement me manquent… Ma grande sœur me manque déjà.

Anne, sans mot dire, puisque cela aurait été superflu dans les circonstances, tentait de la réconforter d'un oeil qui avait peine à retenir ses larmes.

— Anne, pourrais-je te demander un immense service? demanda Mathilde avec peine.

— Tu sais bien que oui, hoqueta-t-elle à son tour.

— Je voudrais que tu remplaces Eugénie dans son rôle de grande sœur.

Anne eut peine à répondre tant sa gorge nouée ne lui permettait pas de s'exprimer à son aise :

— C'est la plus grande marque de considération que tu pouvais me faire, petite sœur! Ainsi, Eugénie ne disparaîtra pas tout à fait dans notre amitié.

Mathilde réussit à lui adresser un sourire timide en guise de remerciement. Reprenant leur aplomb, afin de confirmer une dernière fois cette solidarité qui les caractérisait, les deux femmes tinrent, avec les religieuses, à faire la toilette mortuaire de leur amie.

CHAPITRE XIX
Les funérailles

Selon son vœu, Eugénie fut exposée la soirée même en chapelle ardente chez les Ursulines de la rue du Parloir. Par une permission spéciale, les augustines de l'Hôtel-Dieu de Québec et celles de l'Hôpital général accompagnèrent leurs supérieures, mère de Saint-Ignace et mère de la Résurrection à la veillée de prières. Le grand vicaire de Québec, Joseph de la Colombière, le procureur du Grand Séminaire, le chanoine Jean-Baptiste Gauthier de Varennes et les autres clercs disponibles à Québec vinrent offrir leurs condoléances à la famille éprouvée. Mathilde aurait aimé y voir l'ancien élève de clavecin d'Eugénie, Charles-Amador Martin[124] : on l'informa que le vieux chanoine était décédé au mois de juin précédent.

Une Ursuline en retrait répondait avec dévotion aux incantations du prêtre. Elle portait à son poignet, comme signe

---

124. Charles-Amador Martin (1648-1711). Neuvième enfant d'Abraham Martin, dit l'Écossais (qui donna son nom aux plaines d'Abraham), chanoine, premier musicien canadien-français reconnu, deuxième Canadien français de naissance à être ordonné prêtre après Henri de Bernières, grand vicaire de Québec, qui célébra le mariage d'Eugénie Languille et de François Allard. Grand chantre de la cathédrale de Québec après 1698, il fut le professeur de chant et d'orgue du chanoine Jean-François Allard. À l'arrivée d'Eugénie Languille en 1666 à Québec, l'abbé Martin fut son élève au clavecin, instrument dont mademoiselle Languille était une virtuose reconnue en France. Sa voix de contre-ténor, dite de castrado, et son allure frêle lui apportaient bien souvent de la moquerie et du sarcasme. Charles-Amador Martin et Eugénie Languille se vouaient un respect mutuel qui ne s'est jamais démenti au fil des années.

distinctif, le bracelet nuptial de Kateri, sa mère huronne : c'était ce même bijou que la religieuse avait offert à Eugénie lors de son premier mariage et qu'elle avait récupéré par la suite. Mathilde reconnut Onaka, qui pleurait la mort de sa grande sœur Aata, et lui sourit affectueusement.

Le lendemain, après l'adieu des Ursulines à leur amie, le convoi funéraire prit la route le long de la rivière Saint-Charles.

À l'église de Charlesbourg, parents et amis prirent place sur les bancs près du catafalque, au centre de la nef.

Manuel Estèbe et son fils Guillaume avaient pris place sur le premier banc, à droite de l'allée. Suivaient ensuite, sur le second et le troisième banc, Jean, Isa, Catherine Pageau et les enfants ; sur le quatrième banc, Georges, Simon-Thomas et Marion Pageau Allard. Mathilde et Thierry Joli-Cœur occupaient le banc derrière. Anne Frérot, en compagnie de sa fille Charlotte, toujours célibataire, suivaient.

André et sa famille avaient tenu à occuper le neuvième banc du côté de l'Évangile, comme son père et sa mère l'avaient fait durant de si nombreuses années, afin de perpétuer la tradition comme aîné de la famille.

Le chanoine Jean-François Allard célébra le service funéraire. Cassandre chanta un extrait du psaume *Magnificat,* et du *Dies Irae* de Lully.

Après la lecture de l'Évangile, le chanoine Allard, la larme à l'œil, monta en chaire pour l'homélie :

« Bien chers parents, amis de la famille et, particulièrement, de ma mère — et je sais qu'elle en avait beaucoup parmi vous —, chers paroissiens de Charlesbourg…

« Aujourd'hui, c'est en tant que fils éploré que je veux faire l'éloge funèbre d'une femme exceptionnelle, une citoyenne exemplaire qui laisse son empreinte dans les paroisses de Charlesbourg et de Beauport, dans la communauté de la ville de Québec et de celle de l'île d'Orléans, là où, jadis, elle enseigna. Mais ma sœur, mes frères et moi, de même que nos neveux, nos nièces et nos belles-sœurs, perdons une mère, une grand-mère, une belle-mère au cœur d'or. Le docteur Estèbe, son mari, vous dirait, pour sa part, qu'elle était une épouse irréprochable, irremplaçable. Et nous aurions tous raison.

« Eugénie Languille Allard Estèbe, que vous aimiez familiè-
rement appeler Eugénie, n'est plus. Elle nous manquera jusqu'à
notre dernier souffle de vie, comme tous les êtres irremplaçables.
Cependant, cette femme extraordinaire, qui s'était engagée dans
un second mariage avec maturité et responsabilité, voulait seconder son mari, le docteur Estèbe, et rendre aux malades l'espoir de
la guérison. »

Jean-François prit une pause afin de réprimer son envie de
pleurer. Les têtes se tournèrent alors vers le banc où se trouvait le
docteur Estèbe. Les parentes et amies d'Eugénie, surtout Mathilde,
effondrée par la disparition de sa chère « grande sœur », cachées
derrière leur voilette de deuil, laissaient couler leurs pleurs en
mémoire de celle qu'elles avaient tant aimée et admirée.

Cassandre et Catherine occupaient le jubé, seules, pleurant en
silence. Une grande complicité unissait la tante et la nièce. Le respect de la musique sacrée, celle qu'Eugénie leur avait enseignée, les
rapprochait dans cette cérémonie d'ultime adieu. Désormais, elles
se savaient touchées par le souvenir et l'amour éternel d'Eugénie.

L'officiant continua son oraison funèbre :

« Eugénie connaissait les risques encourus par son travail d'infirmière et les a assumés comme la grande chrétienne qu'elle était.
Permettez-moi de faire un bref rappel des principaux événements
de la vie d'Eugénie…

« Orpheline en bas âge, Eugénie fut accueillie au monastère
des Ursulines de Tours. Elle y étudia le clavecin et l'orgue, notamment avec son oncle, Urbain Toucheraine. Son guide spirituel ne
fut nul autre que dom Claude Martin, le fils de la fondatrice de
la communauté des Ursulines de la Nouvelle-France, mère Marie
Guyart Martin de l'Incarnation. Par lui, elle s'intéressa aux œuvres
de la sainte mère et décida, comme fille du Roy, d'aller la rejoindre au Canada afin d'enseigner aux petites Sauvagesses. Elle fit la
traversée de 1666. »

Le comte Joli-Cœur se trémoussait sur son banc, de crainte
que le prédicateur ne dévoile son véritable nom, Thierry Labarre,
et ses origines modestes en divulguant le fait qu'il était venu sur
le *Sainte-Foy* en même temps que Mathilde, Eugénie et François
Allard, en tant qu'engagé pour trente-six mois.

« Si elle aspirait à la vie religieuse chez les Ursulines, Eugénie
trouva sa véritable vocation dans le mariage, cinq années plus tard,

avec un jeune engagé qu'elle avait rencontré sur le bateau, François Allard, notre père. Ils s'installèrent à Charlesbourg et élevèrent leur famille tout en contribuant à la vie paroissiale naissante et à l'œuvre diocésaine de la congrégation de la Sainte-Famille. Eugénie, pour sa part, a été longtemps maîtresse-chantre et organiste dans cette même église... Pour son dernier au revoir, elle aura la joie posthume d'écouter sa fille, Cassandre, et sa petite-fille Catherine à l'orgue. Comme quoi son talent ne mourra jamais. »

Un murmure se fit entendre dans l'assemblée touchée par l'hommage du chanoine Jean-François. Les voilettes se relevèrent et beaucoup de fidèles, amies paroissiennes de la morte, se mouchèrent.

« Mais plus que de ses nombreux dons, c'est de son immense amour pour les siens et pour les autres que nous voudrons nous souvenir. C'est de son exemple que nous voudrons nous inspirer pour continuer à donner le meilleur de nous-mêmes dans les bons comme dans les moins bons moments. Car s'il y a des attitudes particulières qui ressortent de la personnalité exceptionnelle de cette femme, ce sont sa droiture, sa noblesse de cœur et sa détermination à se dépasser. À cette liste, j'ajouterai personnellement — et ma sœur et mes frères pourront en dire tout autant — sa vision... Notre mère savait plus que quiconque nous faire entrevoir de grandes possibilités et, surtout, de grandes réalisations futures. Cet héritage particulier nous est maintenant nécessaire pour faire de notre lot quotidien une grande destinée... Nous nous en souviendrons, maman, et comptez sur notre détermination, celle que vous nous avez léguée avec papa, pour vous faire honneur, là dans votre ciel.

« Adieu maman, adieu Eugénie, nous vous aimons. Comme fille et fils de la mère extraordinaire que vous avez été, nous vous disons : vous nous manquez déjà tellement !

« Maintenant, comme pasteur, je tiens à dire à cette assemblée de fidèles que, même si nous avons maintenant le sentiment d'avoir perdu Eugénie à jamais, nous la retrouverons un jour au grand festin des élus du Seigneur. Cet espoir nous permet d'éponger nos pleurs et de sourire à cette pensée réjouissante, celle d'être assis à la table éternelle de Dieu avec elle... et probablement à sa droite. »

Jean-François laissa passer quelques secondes, en grand prédicateur qu'il était, et ajouta, sur le ton de la confidence :

« Connaissant maman, soyons certains qu'elle nous y a déjà réservé les meilleures places, aux côtés de notre père, François, et à ses côtés. »

Un petit rire se fit entendre dans l'assemblée.

« Adieu, maman ! *In nomine Patris, et Filii, et Spiritus Sancti. Amen.* »

Ce fut l'une des dernières bénédictions de Jean-François à sa mère. Après la communion, avant la sortie du catafalque, il la bénit de nouveau.

Cassandre interpréta le cantique composé par le chanoine Martin lui-même en l'honneur de la Sainte-Famille, *Sacrae familiae felix spectaculum,* pour commémorer l'unique contribution d'Eugénie et de François Allard à la congrégation de la Sainte-Famille de Charlesbourg. Elle chanta ce dernier cantique *a capella* de sa voix pure, car sa nièce, Catherine, ne connaissait pas cette pièce musicale.

Malgré la température déjà froide en ce début décembre, on procéda à l'inhumation d'Eugénie aux côtés de son cher François et de leur bru, Margot Pageau Allard, récemment enterrée ; des fleurs ornaient encore sa plaque mortuaire.

Les adieux à Eugénie se firent dans une peine immense. Son mari, Manuel Estèbe, ainsi que ses fils André, Jean, Georges, Simon-Thomas se tenaient tout près du chanoine Jean-François, qui bénit la tombe une dernière fois à l'aide de son goupillon. Avant de mettre le cercueil en terre, la petite-fille d'Eugénie, Catherine Allard, vint y déposer une immense feuille d'érable rouge provenant de l'herbier qu'Eugénie venait de lui léguer. Ce geste était un symbole de l'immense amour que sa grand-mère prodiguait à ses proches.

— Adieu, grand-maman. Je prendrai un soin jaloux de votre herbier, murmura Catherine

Et en pensée, elle lui promit :

Moi aussi, je me marierai avec un médecin !

De manière inattendue, une représentante de la paroisse Sainte-Famille de la seigneurie de Lirec, à l'île d'Orléans, s'amena près du cercueil et demanda à prendre la parole, à la surprise de tous.

En voyant la femme, Mathilde Joli-Cœur eut un choc. Au début de la quarantaine, de forte taille, la nouvelle venue s'adressa ainsi au chanoine Jean-François :

— Nous sommes un petit groupe de l'île d'Orléans. Nous sommes venus, ma sœur, mon frère et une amie de la famille, rendre un hommage mérité à votre mère, comme vous l'avez dit dans votre homélie, tout à l'heure.

Tout le monde regardait les nouveaux venus, quatre adultes au début de la quarantaine. La femme poursuivit :

— Au nom des enfants des paroisses de l'île d'Orléans, Hurons et Français, qui ont bénéficié jadis de l'enseignement de mademoiselle Languille, nous tenons à vous remettre ceci — malheureusement de manière posthume — en gage de notre plus sincère reconnaissance.

La femme sortit d'un étui le cœur incarnat que François Allard avait sculpté pour Eugénie et qui représentait l'amour profond qu'il vouait à celle qu'il souhaitait chérir comme épouse. Elle le remit à Jean-François.

— Ce cœur est l'œuvre de monsieur François Allard, le sculpteur. La croix du chemin en a été sertie pendant plus de quarante ans : en apprenant le décès de madame Allard, nous avons décidé de l'en retirer et de le rendre à la famille.

L'assistance fit un « oh ! » admiratif. Lui aussi surpris, l'officiant interrogea cette dame.

— Merci, au nom de ma famille… Mais qui êtes-vous, madame ? Nous ne vous connaissons pas.

La quadragénaire répondit avec aisance :

— C'est normal pour moi, puisque mademoiselle Eugénie Languille a été ma marraine sur les fonts baptismaux. Mes beaux-parents m'ont si souvent parlé de vos parents. En plus, mon père a même assisté à leur mariage.

Jean-François restait pantois. Il chercha le regard d'André, qui lui fit comprendre qu'il n'en savait guère plus. Mathilde, pour sa part, s'était tournée vers Thierry avec un regard intrigué. Thierry exprima sa confusion par un plissement de la bouche. Cela n'échappa pas au chanoine, qui les interpella.

— Étiez-vous au mariage de mes parents, tante Mathilde ?

Cette dernière fit signe que oui, un sourire aux lèvres. Elle tenta de ravaler ses sanglots et de renseigner Jean-François, mais la femme ajouta :

— Il sera plus logique que nous nous identifiions nous-mêmes. Je m'appelle Eugénie Baril Rondeau, et voici ma sœur, Marie-Noëlle Baril Asselin, ainsi que mon frère, Rémi Baril. En fait, Rémi habite Sainte-Anne-de-la-Pérade. Nous sommes les enfants, les triplets de Violette Painchaud, la grande amie de mademoiselle Languille, et de Mathurin Baril. Quant à moi, Eugénie Languille était ma marraine, d'où mon prénom… La dame qui nous accompagne se nomme Andrée Rondeau, c'est ma belle-sœur.

Un silence régna pendant quelques secondes. Mathilde ajouta aussitôt :

— Les triplets de ma chère Violette ! Venez que je vous embrasse.

Le chanoine Jean-François lui glissa aussitôt à l'oreille :

— Pas maintenant, tante Mathilde. C'est inconvenant. Nous mettons notre mère en terre. Plus tard, à Bourg-Royal, ça sera mieux.

Mathilde recula. Jean-François reprit aussitôt :

— La comtesse Joli-Cœur, une très grande amie de ma mère, vient de me dire à l'oreille qu'elle souhaitait vous rendre ses amitiés à la maison paternelle, chez mon frère Jean. La famille tient donc à vous y retrouver dès maintenant… Amen, conclut l'ecclésiastique.

Isa et Jean Allard avaient tenu à recevoir les parents et les amis de leurs parents à la maison paternelle de Bourg-Royal, là où ils avaient rayonné pendant quarante ans, depuis leur mariage, le 1er novembre 1671.

Aussitôt arrivée, Mathilde se dépêcha d'aller saluer les enfants de Violette.

— Dire que nous avons assisté à votre baptême en grande pompe à la basilique Notre-Dame, mon défunt mari et moi. Ma chère Violette, qui m'appelait sa petite sœur. Que je l'aimais ! Et toi, Eugénie, tu lui ressembles tellement : même taille, même sourire, quoiqu'un peu plus foncée, comme Mathurin. Viens, que je t'embrasse !… Rémi, quel gaillard ! Le gouverneur de Courcelles, ton parrain, serait si fier. Que fais-tu de bon ? Eugénie… Eugénie disait que tu demeurais à Sainte-Anne-de-la-Pérade, comme ton père Mathurin. Aurais-tu pris sa relève comme habitant ?

— Non, pas tout à fait. Je m'y suis installé dès mon retour de Paris, après mes études de médecine à la Sorbonne, il y a quelques années. Depuis, je pratique la médecine de campagne aux alentours, c'est-à-dire Champlain, Batiscan, Sainte-Anne…

— Le fils de Violette, médecin ! Je me souviens que le gouverneur Daniel Rémy de Courcelles s'était engagé à payer à son filleul des études supérieures en France… As-tu entendu ça, Manuel ? cria Mathilde, tout excitée, contrairement à son habitude.

Le docteur Estèbe, trop loin, ne put entendre. Cependant, Catherine Allard, tout près, ne perdit rien de la conversation.

Un médecin. Et il est beau, en plus ! se dit-elle.

Mathilde continuait de converser avec les enfants de Violette.

— Dis-moi, Eugénie, Violette a eu des jumeaux après ses triplets, n'est-ce pas ?

— Oui, mais ils sont morts en bas âge. Nous ne les avons pas connus.

— Et toi, Marie-Noëlle, élevée par les Asselin, tu as marié un des fils de Louise et de Jacques, je suppose.

— Oui, comtesse, le plus vieux. C'est lui qui servait comme enfant de chœur au mariage de mademoiselle Languille et de monsieur Allard.

— Laissons de côté le titre de comtesse pour aujourd'hui et appelez-moi Mathilde, comme votre mère l'aurait fait.

— Ou comme ma mère aurait pu faire ! interpella Andrée Rondeau.

Surprise, Mathilde se tourna vers la nouvelle venue.

— Étonnée, n'est-ce pas, mademoiselle Mathilde de Fontenay Envoivre ?

— Comment se fait-il que vous connaissiez mon nom, madame Rondeau ?

— Je le connais parce que ma mère et ma grand-mère étaient sur le même bateau que vous, le *Sainte-Foy*, lors de la traversée de 1666, comme filles du Roy. Elles m'ont souvent parlé de vous trois, Eugénie, Violette et Mathilde, le trio inséparable. Et vous, le souffre-douleur de l'accompagnatrice, madame Bourdon.

Mathilde la détailla longuement.

— Vous êtes bien renseignée, mais ça ne me dit rien.

— Si je vous parle d'un grand Danois, amoureux des étoiles…

— Oui, j'y suis : Andrée Remondière, avec sa mère, Renée Rivière !

— Exact, mariée au cloutier Rondeau, mon père. Eugénie Baril est ma belle-sœur, elle est mariée à mon frère.

— Que vous ressemblez à votre grand-mère !

— C'est normal, elle avait quasiment mon âge à cette époque. Ma mère, elle, n'avait que quinze ans.

— Je me souviens que Renée, votre grand-mère, la surveillait comme une mère poule alors que tous les garçons la lorgnaient, au quai. Elle était si ravissante… Que c'est bon d'entendre parler de nouveau des filles du Roy !… Malheureusement, nous sommes de moins en moins nombreuses… Eugénie, sa marraine, qui vient de nous quitter… Qu'en est-il de votre mère, votre grand-mère ?

— Ma grand-mère est morte en 1699. Ma mère, elle, nous a quittés en 1702. Trop jeune, hélas ! Elle n'avait que cinquante ans.

— Notre Violette… Une femme courageuse s'il en était !… Eugénie, avez-vous déjà entendu parler du pépé Lonlon de Violette, votre grand-père, sacristain à la cathédrale Notre-Dame de Paris ? Et du marché aux chevaux ?

— Non, Mathilde.

— C'est comme ça qu'il faut dire, Mathilde, entre nous, désormais… Il faut que vous connaissiez le passé de votre mère, notre chère Violette… Elle vous a déjà parlé de Saint-Thomas de Touques, en Normandie, et de sa parade devant notre souverain ? Tenez, je vais vous le raconter… Mais, auparavant, je tiens à vous présenter ma très grande amie, une autre fille du Roy, de la traversée de 1671, Anne de Lachenaye, la cousine d'Eugénie, notre chère disparue. Anne, laisse-moi te présenter la filleule d'Eugénie, Eugénie Baril, la fille de mon amie Violette, dont nous t'avons déjà tellement parlé.

— Violette Painchaud, la mère des quadruplés ?

— Non, des triplets, madame de Lachenaye. D'ailleurs, nous sommes tous les trois ici.

— Anne a raison, Eugénie. Violette a donné naissance à des quadruplés. L'un est mort à la naissance. C'était un petit garçon, dit Mathilde.

— Notre père ne nous l'a jamais dit !

— Comme vous ne saviez sans doute pas non plus que Violette avait fait une fausse-couche de son premier enfant, avant votre naissance?

— Non plus!

— C'est normal, les hommes ne parlent pas de ces choses-là.

Au courant de la soirée, Anne présenta sa fille Charlotte à Guillaume Estèbe en faisant une œillade complice à Manuel. Ce dernier, se souvenant des dernières paroles qu'il avait eues avec Eugénie, lui rendit un sourire mitigé. Dans un coin de la pièce, une jeune fille s'informait avec le plus grand sérieux.

— Vous croyez à la médecine qui soigne par les plantes, docteur Baril?

— Bien sûr, j'ai suivi les cours du docteur Tournefort, au Jardin des Plantes, mademoiselle Allard.

— Appelez-moi Catherine, tout simplement.

— Entendu, Catherine… À une condition, toutefois. Ce n'est pas difficile, simplement que vous m'appeliez aussi par mon prénom: Rémi.

— C'est déjà fait, Rémi… Vous savez, ma grand-mère m'a laissé en héritage son herbier, qu'elle avait récemment reçu du médecin du Roy, le docteur Michel Sarrazin.

Surpris, le docteur Baril répondit:

— C'est un cadeau inestimable, Catherine. Le docteur Sarrazin est une sommité, un naturaliste émérite. Sa science est à la fine pointe de la nouveauté de la recherche en botanique. Le saviez-vous?

— Grand-mère me l'a dit avant qu'elle ne soit malade. J'ai même étudié l'herbier avec elle, il n'y a pas si longtemps.

— Vous vous intéressez à la médecine, Catherine?

— Je veux devenir infirmière, comme ma grand-mère.

— J'envie le docteur Guillaume Estèbe de pouvoir vous embaucher. Il en a, de la chance! Il me disait tout à l'heure que sa sœur Isabel venait de mourir en devoir. Vous la remplacerez, j'imagine?

— Euh… C'est parce que j'aimerais connaître du pays, autre que Charlesbourg et ses environs. La perte de ma grand-mère me fait trop de peine.

— Je vous comprends… Pourquoi ne viendriez-vous pas m'assister à Sainte-Anne-de-la-Pérade? Ma clinique a un besoin urgent d'une infirmière compétente… Et vous pourriez… nous pourrions soigner avec les plantes… Évidemment, vous amèneriez votre herbier… Est-ce possible de le consulter?

Catherine attendait cette demande avec anxiété.

— Avec plaisir, mais il est à la maison de mes parents. Je vais les avertir que nous nous y rendrons avec eux… Rémi… Si vous pouviez demander la permission à mon père… lui parler de cet emploi comme infirmière.

— Ça va de soi!

— Y a-t-il une église avec un orgue à Sainte-Anne-de-la-Pérade?

— La mission des jésuites, qui date d'au moins cinquante ans, est très bien installée avec une chapelle où l'on trouve divers instruments de musique, dont un orgue, bien entendu… Tout y est. Pourquoi?

— C'est pour ma mère. Elle a promis à ma grand-mère que je continuerais à jouer de l'orgue.

— Ça tombe bien, notre vieil organiste fait maintenant de l'arthrite… Je vais vous recommander aux jésuites.

— Où habiterai-je? C'est important pour mes parents.

— Pas chez moi, en tout cas. Quoique j'aurais grandement besoin d'une gouvernante pour mes jumeaux de trois ans. Je suis veuf… Mais vos parents n'accepteraient pas cette situation compromettante… Vous pourriez habiter chez une famille respectable à Batiscan. Ainsi, votre vertu serait sauve.

— Comment s'appellent vos jumeaux, Rémi?

— Martial et Vital, de vrais petits garnements pleins de vie.

— Comment avez-vous perdu votre épouse?

— Morte en couches. C'est un drame, encore plus pour un médecin. Elle venait de l'île d'Orléans. Une demoiselle Gagnon, la nièce de ma belle-mère… Alors, Catherine, nous allons le voir, votre herbier? Je prends les devants, je demande de ce pas la permission à votre père… Il est sculpteur, n'est-ce pas? J'ai su que tout le monde était doué pour les arts dans votre famille, est-ce vrai?

Catherine répondit:

— C'est vrai, la sculpture, la peinture, le chant, le théâtre. Moi, c'est la médecine.

— Vous savez, Catherine, la profession de médecin n'est pas toujours facile… Mais sauver des vies nous rend indispensables… Il faut demeurer humbles, cependant : nous accomplissons toujours l'œuvre de Dieu.

— C'est tout à fait ce que je recherche, Rémi. Mais il serait préférable que vous parliez d'abord à mon grand-père, le docteur Estèbe, de cette possibilité d'emploi. Il saura être influent auprès de mon père.

— Vous avez raison. Vous êtes une jeune fille avisée et raisonnable. Commençons par lui.

Manuel sourit à Catherine. Cette dernière, en suivant le médecin qui se dirigeait vers le docteur Estèbe, eut une pensée pour Eugénie.

Aidez-moi, grand-mère ! J'ai bien hâte de les connaître, Vital et Martial.

Catherine Allard annonça à sa tante Cassandre que son père avait accepté qu'elle devienne infirmière, mais qu'elle n'aurait pas le droit de quitter la maison familiale avant l'âge de vingt-deux ans, soit dans cinq ans.

Devant la mine dépitée de Catherine, grand-père Estèbe lui dit, pour la consoler :

— Laisse donc ta grand-mère arranger ça. Vous vous êtes toujours si bien entendues !

Quelle ne fut pas la surprise de Catherine, avant le départ du docteur Baril, d'apprendre qu'il envisageait très sérieusement de venir prendre la relève des docteurs Manuel et Guillaume Estèbe, à Charlesbourg et à Beauport, dès le printemps suivant et de s'installer avec ses jumeaux à Bourg-Royal !

— Comme ça, je serai plus près de mes sœurs, Marie-Noëlle et Eugénie… Et de mon infirmière ! lui avait-il dit.

Catherine pensa à sa grand-mère : *Merci, grand-mère Eugénie. Je suis tellement heureuse !*

Cassandre félicita Catherine en lui disant :

— N'oublie surtout pas de continuer à l'orgue. Tu es très douée, tu sais. Mais pourquoi être infirmière ?

— Pour faire comme grand-mère, soigner par les plantes et parler le langage des fleurs.

— Maman parlait le langage des fleurs ? Tu me l'apprends.

— Oui, et elle m'a même révélé le langage employé par grand-père Estèbe.

— Je ne savais pas que maman avait une âme de poétesse !

— Oui, elle a pris du temps avec moi, le temps de m'expliquer tout cela. C'est normal pour une grand-mère, non ?… En tout cas, je me souviendrai d'elle comme d'une grand-mère attentionnée qui savait adoucir la discipline de maman.

Cassandre tenta de réprimer un sourire.

J'ose espérer que maman ne me voit pas sourire. Elle se retourne-rait bien dans sa tombe !

Puis, à la pensée de sa mère qu'elle chérissait tant, Marie-Chaton fut chagrine. Des larmes coulèrent sur ses joues. Catherine la prit alors dans ses bras, comme l'aurait fait Eugénie, et lui dit :

— Cesse de pleurer, ma tante. Grand-mère est toujours là avec nous. Elle vient de me le prouver.

Cassandre regarda sa nièce, s'essuya les yeux et répondit :

— Tu as raison, Catherine, elle nous a donné l'exemple de son courage. Elle nous a appris à ne jamais nous laisser abattre par l'adversité. Plutôt que de pleurer, que dirais-tu d'aller chanter à l'église ? Ça serait notre façon de prier maman, comme elle le souhaiterait, j'en suis sûre.

— Nous demanderons la permission à monsieur le curé de monter au jubé de l'église et je pourrai t'accompagner à l'orgue.

— Encore mieux. Allons-y ! Nous lui dirons que nous préparons la messe de minuit, tiens !

Cassandre constata que la fête de Noël approchait à grands pas et qu'elle ne retournerait pas aux Trois-Rivières.

C'est exactement ce que je vais dire au curé. La vérité. C'est moi qui serai soliste et qui entonnerai le Jesous Ahatonhia[125]. *Merci, maman, vous serez fière de Catherine et de moi !*

Pendant que j'y pense, je n'ai personne pour m'accompagner au réveillon… Si je le demandais à Charles Villeneuve. Après tout, c'est le grand ami de Georges. Et le neveu de tante Marie-Anne. Il fait partie de la famille de bien des façons. Il n'y a aucune gêne pour moi à l'y inviter.

---

125. « Jésus est né » en langage huron.

CHAPITRE XX
Le testament

Quelques jours plus tard, le docteur Manuel Estèbe profita du retour de Cassandre pour inviter les enfants d'Eugénie à la lecture de son testament chez le notaire Dubreuil de Québec. Eugénie et Manuel avaient refait leur testament une fois arrivés chez le comte Joli-Cœur, afin de se consacrer pleinement aux soins des contagieux de l'Hôpital général.

Dès que Cassandre, André, le chanoine Jean-François, Jean, Georges, Simon-Thomas ainsi que le docteur Estèbe furent assis dans l'étude du notaire Dubreuil, l'homme de loi commença sa lecture du testament d'Eugénie.

« Mon cher mari, mes chers enfants,

« Si vous êtes tous réunis, aujourd'hui, sans moi, c'est que votre mère (ou ton épouse, Manuel) n'est plus là pour vous chérir. Simon-Thomas, mon petit homme, pourrait dire pour nous embêter. Mais il sait bien, dans le fond de son cœur, que tout ce que j'ai fait pour vous, je l'ai fait par amour, n'est-ce pas, Simon-Thomas ? »

Tous les regards se tournèrent vers lui. Il ne savait plus comment se cacher pour éviter de montrer sa peine.

« Je suis morte, mais j'espère que je resterai bien vivante dans votre souvenir. Mais pour le moment, je dois penser à moi et je confie mon âme à Dieu. À cet effet, je souhaite qu'on chante dix grandes messes pour mon repos céleste et fasse brûler dix grosses lampes du sanctuaire à la chapelle des Ursulines de la rue du

Parloir. J'ai assez d'économies en argent sonnant[126] dans mon bas, dans le dernier tiroir de ma commode de notre chambre, pour ça.

« Votre mère n'avait rien d'autre que son clavecin et les meubles légués par votre père, encore que j'en aie laissé beaucoup à Jean et à Isa Pageau, sa femme. C'est pour ça que je ne laisserai rien de plus à Jean-Baptiste, parce que je me suis déjà donnée à lui pour qu'il prenne soin de moi, comme veuve, ce qu'il a très bien fait. Cependant, comme la maison paternelle lui appartient, le blason des Allard, accroché au-dessus de l'âtre, lui revient. Je lui demande d'inviter et d'accueillir tous nos descendants, à François, votre père, et à moi, comme dépositaire de la fierté de la race. »

Les têtes se tournèrent vers Jean, qui ne broncha pas.

« Mais j'avais quelques objets de piété comme mon chapelet et mon crucifix au mur. Je laisserai donc mon chapelet, mon catéchisme et ma décoration de la congrégation de la Sainte-Famille à mon fils ecclésiastique, Jean-François. Comme il a fait le vœu de pauvreté, il n'est pas nécessaire qu'il reçoive autre chose ; il comprendra. »

Après avoir eu un léger pincement de lèvres, le chanoine se signa et dit :

— Que l'âme de notre mère repose en paix.

Le notaire Dubreuil continua.

« À Georges et à Margot, qui attendent un premier enfant qui portera le prénom de votre père, François ou Françoise, je leur remets mon lit à baldaquin pour les inciter à continuer leur famille. »

Dès qu'il entendit prononcer le prénom de Margot, Georges s'effondra en sanglots.

« À mon Simon-Thomas, maman laisse sa calèche nouvellement rembourrée de chez Blondeau. Une belle somme, si tu décides de la vendre. À ta guise.

« Pour ce qui est d'André, mon plus vieux, il est naturel qu'il hérite de tous les outils de sculpture de l'atelier de son père. Je ne lui lègue pas de meubles, il en fait de plus beaux !

« Quant à ma fille, Marie-Renée, je lui lègue mes bijoux et le coffret musical que m'a offert son père comme cadeau de noces.

---

126. En 1711, la vie était chère et l'argent, rare. La monnaie sonnante avait fait place à des émissions, à répétition, de monnaie de cartes à jouer.

De plus, je tiens à lui offrir mon clavecin. Elle en joue divinement, beaucoup mieux que moi, d'ailleurs. Comme le clavecin est installé chez Mathilde Joli-Cœur, rue du Sault-au-Matelot, elle pourra le laisser là le temps qu'elle voudra. Mathilde est d'accord… Quant à mon linge de corps, elle le donnera aux pauvres de Charlesbourg. Mais qu'elle conserve le coffre de cèdre. C'est François, son père, qui me l'avait offert. »

En apprenant ce qui lui était légué, ce fut au tour de Cassandre de pleurer.

« De plus, à mes six enfants, je lègue, à parts égales, la moitié de ma dot de trois cents livres, reçue de votre grand-oncle Urbain Toucheraine, et que votre père et moi avons toujours conservée pour les mauvais jours. Cette dot aurait pu jadis le tirer de l'embarras s'il m'avait avoué nos difficultés financières. Ceci dit, ces jours ne peuvent pas être pires qu'aujourd'hui, n'est-ce pas ? Si je compte bien, vous recevrez chacun vingt-cinq livres. Si je me trompe, le notaire me corrigera. »

Le notaire Dubreuil eut un demi-sourire et se racla la gorge afin de reprendre son sérieux.

« Je vous vois presque en train de vous demander : qu'arrivera-t-il avec l'autre moitié, la jolie somme de cent cinquante livres ?

« Eh bien, je la laisse à l'association des filles du Roy, que Monseigneur L'Ancien m'avait un jour demandé de fonder avec lui. Votre père en était témoin, ainsi que le jeune Pierre Latour, le forgeron, qui a marié Étiennette Banhiac Lamontagne, la grande amie de Marie-Renée. Mais ce jour n'a jamais eu lieu, car notre aumônier, Monseigneur L'Ancien, est tombé malade et n'a pas pu nous fournir les subsides pour commencer à organiser une telle œuvre.

« Ma cousine Anne Frérot m'a toujours dit qu'elle déposerait le même montant que moi dans cette activité. Il n'y a pas lieu d'en douter. Nous n'en avons pas parlé avec Mathilde, mais ce n'est pas l'argent qui lui pèse au bout du doigt. Donc, elle contribuera, elle aussi.

« Moi partie, j'aimerais qu'elles puissent démarrer cette association. C'est pourquoi j'ai une demande spéciale à faire à ma fille Marie-Renée. Pourrais-tu, mon chaton, t'en occuper et te faire aider par ta cousine Charlotte dans cette entreprise ? Je suis certaine que d'autres pourraient se joindre à vous, car, par "filles du

Roy", on entend tout autant nos filles et aussi, plus tard, les leurs, et ainsi de suite. Alors, c'est oui? Ça aurait fait tellement plaisir à ta mère de son vivant!»

Après avoir été interpellée de la sorte par la voix d'outre-tombe de sa mère, Cassandre se mit à sangloter de plus belle devant les regards compatissants de ses frères et du docteur Estèbe.

«Maintenant, à Catherine, ma petite-fille, je lègue mon herbier. Nous avons d'ailleurs, elle et moi, déjà convenu verbalement que je le lui donnais; je le mentionne ici pour que vous en soyez officiellement informés.

«Mon cher mari Manuel! Je te lègue ma bague de fiançailles, avec mon amour éternel. Tu la reprendras pour une seconde fois… Tu me comprends, n'est-ce pas?»

Les garçons d'Eugénie le regardèrent sans trop comprendre. Cassandre pensa: *C'est de cette façon qu'elle avait rompu, la fois du revenant!*

«Adieu, mes enfants. Si vous saviez à quel point je vous ai aimés. Je vais retrouver votre père, et lui et moi continuerons à veiller sur vous. Quant à toi, cher Manuel, suis les recommandations que je t'ai faites sur mon lit de mort, au lieu de geindre comme tu le fais maintenant. Tu as encore beaucoup d'amour à donner sur cette terre.

«Mes enfants, si vous saviez à quel point la Providence m'a comblée de m'avoir fait épouser deux hommes exceptionnels, François et Manuel!

«Maintenant, je vous demande de vous mettre à genoux et de répondre au *Pater* et aux trois *Ave* que va réciter Jean-François.

«Votre mère, ton épouse, Eugénie.»

Aussitôt, Jean-François se jeta à genoux sur le carrelage du plancher, imité par les autres. Comme le notaire Dubreuil hésitait, le regard de reproche du chanoine le convainquit.

Décédée à l'âge respectable de soixante-cinq ans, Eugénie léguait un riche héritage de valeurs humaines et d'implication sociale à sa famille et à sa communauté. En plus, elle laissait à ceux et à celles qui l'avaient côtoyée le souvenir d'une personne généreuse et courageuse, aux talents multiples et à la personnalité influente et marquante.

CHAPITRE XXI
L'avenir de Cassandre

À l'Épiphanie, après le temps des fêtes passé chez son frère Jean, Cassandre s'entretint avec Mathilde, Thierry, Manuel Estèbe et Anne Frérot de Lachenaye, rue du Sault-au-Matelot. Mathilde avait aussi invité Charlotte Frérot et Guillaume Estèbe. Ces deux jeunes gens avaient fait connaissance lors des funérailles d'Eugénie.

La comtesse Joli-Cœur, en tant que mère suppléante, demanda à Cassandre :

— Quelles sont tes intentions, ma belle ?

— J'ai promis aux Ursulines que je serais de retour aux Trois-Rivières après l'Épiphanie. Je devrais partir demain. Charles m'a proposé de venir me reconduire. Il connaît le chemin, désormais.

— Et après ? As-tu pensé à ton véritable avenir ?

— Je ne le sais pas… En fait, oui, mais ça me paraît impensable.

Mathilde, Anne, Manuel et Thierry se regardèrent.

— Dis toujours. Tu sais que ta mère, Eugénie, nous a demandé, à Thierry et moi, d'assurer ton avenir. C'est notre devoir, maintenant. Nous en avons déjà parlé à Anne et à Manuel. Fais-nous confiance, nous sommes là pour te conseiller.

Cassandre les regardait, timide. Elle se risqua.

— Vous saviez que Pierre et moi…, Pierre de Lestage…, c'est terminé… Il épousera une fille de Montréal. Alors, je voudrais l'oublier et fuir le plus loin possible... C'est-à-dire à Paris... Je voudrais continuer ma carrière au théâtre et à l'opéra. Mais je ne sais pas si c'est encore possible.

C'est ce moment qu'attendait Thierry pour faire sa proposition.

— Tu viens d'exprimer ce que nous souhaitions pour toi. Bien sûr que c'est possible ! La cour se souvient de ta sublime interprétation de l'extrait de l'opéra *Cassandre*... Même que Chatou m'a fait savoir qu'il avait une place pour toi à la Comédie-Française...

Cassandre regarda Mathilde. Cette dernière renchérit.

— Il semble qu'un de tes anciens professeurs d'opéra te cherche pour te confier un premier rôle. Il ne voit que toi comme diva !

La curiosité de Cassandre prit le dessus.

— De qui s'agit-il, tante Mathilde ? Toussaint... ou François ?

— Je ne veux pas me tromper, mais je crois que c'est un certain François.

À ces mots, le regard de Cassandre s'illumina. Elle venait d'oublier Pierre de Lestage, et le visage de François Bouvard lui apparaissait clairement en pensée.

— Est-il revenu de son exil en Italie ?

— Notre souverain a fait la paix avec la communauté des acteurs italiens. Probablement ! Tu sais que ta chambre à notre hôtel particulier de la rue du Bac t'attend toujours, ajouta le comte Joli-Cœur en souriant.

Cassandre se remémora la pièce qui avait été jadis une ancienne chapelle royale, avec son prie-Dieu et ses fresques religieuses accrochées aux murs.

Alors, de façon inattendue, le docteur Estèbe prit la parole.

— Sur son lit de mort, ta mère, ma chère Eugénie, m'a demandé de te recommander fortement de continuer ta carrière à Paris... Eugénie te paraissait sans doute être loin de Québec, à Charlesbourg, mais elle suivait ta carrière de près. Elle s'était rendu compte de tous tes efforts pour entreprendre une carrière d'actrice et de metteur en scène de pièces de théâtre à Québec. Elle regrettait sincèrement que la mentalité de la ville ne soit pas celle de Paris. Elle aurait tellement voulu que tu puisses t'épanouir ici... Eugénie avait de l'ambition, beaucoup d'ambition pour sa fille chérie...

Cassandre écoutait les propos du docteur Estèbe, les yeux larmoyants. Mathilde faisait de même, tandis qu'Anne Frérot suivait les recommandations de Manuel avec admiration. Pour sa part, Thierry, calé dans son fauteuil, sirotait son rhum des Antilles. Il détestait le calvados, contrairement aux autres Normands, parce qu'il avait trop vu son père, le boucher de Blacqueville, se saouler avec cette eau-de-vie. Ce fut alors Anne qui prit la parole.

— Manuel a raison, Cassandre. Ton talent est immense. Ton parrain, Thomas, voulait te voir te produire dans les meilleures salles de spectacles et faire vibrer les mélomanes les plus distingués d'Europe. Nous en avions souvent discuté ! Tes grand-parents Allard, Jacques et Jacqueline Frérot, étaient son oncle et sa tante. Il les a bien connus… Tu sais que ton parrain ne t'a pas laissé dans la misère ! C'est moi qui ai la responsabilité de gérer ton héritage. Alors, sois tranquille. Si tu le veux, je te remettrai ce capital. Que tu partes ou pas. De toute façon, j'aurais déjà dû te le remettre à tes vingt et un ans, l'an passé. Alors…

Mathilde conclut :

— Tu ne partirais pas avant le début mai. Auparavant, il faut que tu termines ton année d'enseignement aux Trois-Rivières. Nous arriverons à Paris pour la fête de sainte Anne. Le temps de t'installer et de te réintroduire dans les cercles littéraires et artistiques concernés. Qu'en penses-tu ? Évidemment, plus question de pensionnat à ton âge. Tu resteras à notre hôtel, rue du Bac, comme chez toi… De toute façon, il a été entendu avec Thierry que la résidence te reviendrait au décès du dernier de nous deux. Tu es notre fille, maintenant… Bien sûr, nous te partagerons avec Manuel… et Anne.

Un ange passa. Se rendant compte de sa méprise, Mathilde se reprit.

— J'ajoute Anne comme ta marraine, bien entendu.

Thierry respira d'aise. Anne fut flattée du lapsus de Mathilde. Manuel imagina au même moment Eugénie suivant l'actualité familiale du haut du ciel.

Pour toute réponse, Cassandre alla se jeter dans les bras de Mathilde.

— Grand merci, tante Mathilde !

Elle fit ensuite le tour des autres en les embrassant.

— Tante Anne, oncle Thierry… Et vous aussi, docteur Estèbe… Un gros merci !

— Je t'en prie, Cassandre, plus de docteur Estèbe.

— Alors, comment devrai-je vous appeler ?

Le médecin la regarda affectueusement dans les yeux, pensant se mirer dans ceux de sa chère Eugenia, et allait répondre *papa Manuel*, mais se retint.

— Manuel, tout simplement.

Cassandre lui rendit alors l'hommage que sa pudeur lui défendait.

— Que diriez-vous si je vous appelais papa Manuel ?

Pour toute réponse, le médecin la regarda intensément avec fierté. Cassandre crut que c'était l'expression de sa joie, Mathilde, de sa peine, Thierry, de la satisfaction d'avoir pu convaincre Cassandre de retourner à Paris pour éviter qu'elle ne relance Pierre de Lestage.

Anne, pour sa part, était impressionnée par un si bel homme d'âge mûr.

Eugénie a vraiment fait un bon choix avec un tel homme, pensa-t-elle.

— Bon, si nous levions nos verres à la carrière internationale de Cassandre ! s'exclama Thierry.

Mathilde prit alors la parole.

— C'est Eugénie qui aimerait être parmi nous ce soir.

Comme un certain embarras flottait encore dans l'air, Anne demanda discrètement à Mathilde :

— Tu sais, quand vous êtes venues chez moi, Eugénie et toi, avant son hospitalisation…

— Oui, je me souviens.

— À votre départ, Eugénie avait bien dit *vamos*, ou ai-je mal entendu ?

— Je crois bien l'avoir entendu aussi malgré son démenti, répondit Mathilde, le sourire espiègle.

— Était-ce volontaire de sa part ?

— Je crois bien que oui !

— Chère Eugénie ! Quel personnage c'était !

À ces mots, les deux amies pouffèrent de rire. Comme les regards interrogatifs se tournaient dans leur direction, Anne, pour créer une diversion, intervint.

— Nous sommes en train d'oublier deux jeunes gens qui aimeraient aussi être de la fête : Charlotte et Guillaume.

— Tiens, c'est exact, ils se font bien discrets, ces deux-là. Je vais les chercher, annonça Manuel.

— Vas-y doucement, Manuel, les amoureux sont seuls au monde, répliqua Thierry.

— Thierry, je t'en prie, ne les mets pas mal à l'aise. Il serait préférable de servir à boire si nous voulons trinquer, suggéra Mathilde.

— Nous avons été jeunes, nous aussi ! répondit Thierry, qui se leva pour récupérer sa meilleure bouteille.

Tout le monde rit. Anne se dépêcha d'ajouter son mot, avec un large sourire.

— Mais quoi, nous sommes toujours jeunes, n'est-ce pas, Manuel ?

Surprises, Mathilde et Cassandre se regardèrent avec un petit air complice.

Thierry servit à boire. Manuel, rouge de gêne, mit d'abord discrètement son nez dans le verre, puis prit subitement une longue gorgée d'alcool, ce qui était contraire à son habitude. Guillaume le regarda de façon suspecte. Thierry, qui avait l'habitude de boire sans retenue, imita Manuel sans subir de reproches de la part de Mathilde.

Quand tout le monde fut rassemblé, Thierry leva son verre et s'exclama :

— À la carrière de Cassandre !

— À Cassandre ! répondit l'assemblée.

Tous trinquèrent.

Contre toute attente, Cassandre s'avança, leva son verre une autre fois et s'écria :

— À maman !

Les convives se regardèrent et, sans hésiter, répondirent :

— À Eugénie !

À son retour aux Trois-Rivières, Cassandre annonça le décès de sa mère et reçut les condoléances d'usage. La sœur portière lui remit une lettre qu'elle avait reçue pendant son absence. Sur l'enveloppe, on reconnaissait l'écriture d'Eugénie. Fébrilement, la jeune femme l'ouvrit. Sa main tremblait, rendant la lecture difficile. Dès qu'elle commença sa lecture, elle se mit aussitôt à larmoyer.

« Mon chaton,

« Comment vas-tu ? Ta mère t'écrit pour t'annoncer de bien mauvaises nouvelles. Margot Pageau, la femme de Georges, et Isabel Estèbe, la fille de Manuel, viennent de mourir. Et dire que nous venions juste de faire notre testament chez le notaire Dubreuil ! Manuel ne sait pas trop si ça vient des moutons de Thomas Pageau ou pas. Les funérailles, qui eurent lieu à Charlesbourg, furent bien tristes. Je crois que Catherine Pageau ne s'en remettra pas. Quant à ton frère, Simon-Thomas, il est complètement dérouté... Je ne comprends pas que cela l'affecte autant, il n'a jamais voulu fréquenter Isabel ! Par contre, Charles Villeneuve a bien raison de pleurer : il y avait des promesses de mariage dans l'air. Peu importe, ce n'est pas mon fils ni mon gendre !... Georges est chaviré, tu peux l'imaginer. Et que dire de mon Manuel ? Eh bien, lui, un médecin qui devrait être habitué à voisiner la mort, ne vit plus. De sorte que c'est un peu moi, avec mes petites connaissances d'infirmière, qui le remplace à l'Hôpital général. Personne ne le sait, à part mère de la Résurrection. Nous le cachons même au docteur Sarrazin, pour sauver la dignité de Manuel. Tu comprends, il ne faut pas que ça se sache. Tout le monde pense que je m'occupe uniquement de l'administration de l'hôpital. Un médecin de la stature de Manuel ne doit pas faire paraître ses moments de faiblesse. Alors, je te demande de ne pas révéler ce secret à quiconque.

« Je soigne les contagieux avec les plantes, comme le docteur Sarrazin avait déjà commencé à me le montrer. Jusqu'à maintenant, aucune n'y arrive, même pas la quinquina. Alors, j'essaie, à tour de rôle, mes huiles essentielles et, à petites doses, j'en fais des infusions. Pour notre part, Mathilde et moi, nous nous protégeons en buvant du café très fort de la Jamaïque. Ça me permet d'accomplir mes fonctions de directrice de l'hôpital et de médecin de remplacement. Les chantiers vont bien, mais la damnée contagion progresse. Si Manuel ne se remet pas bientôt de sa peine, je vais me tuer à la tâche, malgré le café qui me donne des forces.

« Nous t'attendons pour les fêtes. Je vais demander à Georges d'aller te chercher avec Charles Villeneuve, afin que tu puisses venir nous aider à préparer le réveillon. Tu trouveras un petit mot dans cet envoi, que tu remettras à ta sœur supérieure. C'est une amie. Je lui demande d'autoriser ton départ pour le temps des fêtes. Ta présence ici remontera le moral de tous, le mien le premier. Ah oui, j'oubliais ! Pourrais-tu pratiquer le noël huron du père Brébeuf pour le chanter à la messe de minuit à Charlesbourg ? Ça sera ton cadeau de Noël à ta mère.

« Nous t'attendons avec hâte, mon chaton. Ta mère qui t'embrasse bien fort et qui t'aime tant,

« Eugénie E.

« P.-S. Ton poète Rutebeuf avait bien raison : Le malheur ne sait pas seul venir. »

Cassandre porta la lettre à son cœur.

Moi aussi, je vous aime, maman. Vous me manquez tellement ! Et merci encore pour votre clavecin et votre coffret… Catherine avait raison, vous vous intéressiez à la poésie. Même plus, vous aviez une âme de poétesse ! Vous auriez pu faire une grande carrière au théâtre et à l'opéra.

Quelques jours plus tard, la douleur aiguë du deuil laissa place au vague à l'âme chez Cassandre. Cette dernière décida qu'il était temps d'informer ses amies Étiennette et Marie-Anne des événements qui s'étaient déroulés dans sa vie.

En écrivant à Étiennette, je suis quasiment convaincue que Marie-Anne saura tout à la première occasion : elle est tellement commère ! Je commence d'abord par le décès de maman, en demandant à Étiennette d'en informer sa mère et monsieur Jean-Jacques. Ensuite, je vais terminer par mon départ pour Paris pour poursuivre ma carrière. Elle n'en sera pas surprise… J'aurai sans doute la possibilité de revoir Alix Choisy de La Garde… Madame de Maintenon a dû la marier avec un gentilhomme français ! Bon, assez d'idées, mettons-les sur papier…

« Ma chère Étiennette,

« Comment va ta petite famille ? Et toi-même ? Le petit Antoine, reprend-il des forces ? Je n'ai pas vraiment de bonnes nouvelles à t'annoncer. Je dirais même qu'elles sont catastrophiques. Maman est décédée au début de décembre dernier. Elle s'était exténuée à soigner ses malades à l'Hôpital général de Québec avec son mari, le docteur Estèbe. Ses faibles poumons n'ont pas tenu le coup. Elle avait sans doute aussi attrapé la fièvre de Siam, comme ma belle-sœur, Margot Pageau, morte à l'automne… Mon frère Georges et Charles Villeneuve m'ont ramenée à Québec à un train d'enfer, de sorte que j'ai pu parler à maman et lui faire mes adieux sur son lit de mort… Je t'annonce que je partirai vivre à Paris au courant du printemps avec la comtesse et le comte Joli-Cœur, pour continuer ma carrière au théâtre et à l'opéra. Tu comprendras que ce n'est pas Québec qui est l'endroit idéal pour ça, encore moins Montréal. Quant aux Trois-Rivières, inutile d'en parler ! Tiens, j'aurais même un meilleur public au fief Chicot… Trêve de plaisanteries, le fameux chanoine Glandelet, l'ami de mon frère Jean-François, vient d'être nommé supérieur du couvent des Ursulines aux Trois-Rivières. Comme c'est lui qui m'a dénoncée à monseigneur de Saint-Vallier, inutile de dire qu'il n'aurait pas renouvelé mon contrat d'enseignement… J'aurai quand même fait trois années d'enseignement. En plus, je me suis fait d'excellentes amies des religieuses, lesquelles ont pratiquement toutes mon âge… Maintenant, j'ai la certitude que mon avenir est à Paris.

« Et j'irai retrouver François Bouvard, qui est revenu d'exil et qui, paraît-il, est toujours follement amoureux de moi. J'ai l'intuition, cette fois-ci, que rien ne pourra freiner notre idylle… Bien sûr, je te tiendrai au courant dès que je le pourrai. J'ai tellement hâte de le revoir. »

Subitement, Cassandre se fit la réflexion suivante :

Mais non, je ne peux pas écrire ça, faire de l'humour après avoir informé Étiennette du décès de maman ! Aussi bien laisser la lettre de côté et la continuer plus tard. De toute façon, personne ne se rendra au fief Chicot avant le printemps, même assez tard.

Cassandre souffla sur l'encre afin qu'elle n'imbibe pas trop le papier et remit sa plume d'oie dans l'encrier. Elle éteignit la chandelle qui éclairait sa chambrette et se mit au lit après avoir revêtu sa chemise de nuit. Par la lucarne, elle pouvait apercevoir de petits nuages en forme d'arabesques qui défilaient devant le disque lunaire, fort lumineux en cette soirée très froide de janvier. Elle entendait le vent siffler dans les interstices du mur qui donnait sur le fleuve. Elle crut soudain deviner la voix de sa mère, en symbiose avec le chœur de la voûte céleste, composé d'anges à la robe immaculée accompagnés de leur lyre. Elle fit aussitôt son signe de croix, en pensant :

Entendu, maman, je ferai ce que tu m'as conseillé. Tu peux reposer en paix. Je t'aime, maman. Je te jure que tu pourras être fière de ta fille.

Là-dessus, Cassandre s'endormit avec la sérénité des êtres habités de certitude.

Le lendemain, Cassandre demanda à rencontrer la Supérieure[127], mère Sainte-Thérèse, laquelle venait de remplacer mère Marie des Anges, afin de lui communiquer son intention de quitter le domaine de l'enseignement et de retourner sur scène, en France.

— Puisse la Providence vous indiquer la voie qui doit être la vôtre, mademoiselle Allard. Je vais demander à nos religieuses, qui vous apprécient tant, d'adresser leurs prières afin de vous éclairer dans votre parcours… Sachez qu'il y aura toujours une place pour vous ici si vous décidiez de nous revenir.

Le 1er mai, la sainte femme permit à ses religieuses, enseignantes comme converses, de fêter le départ de mademoiselle Allard lors d'un repas chaleureux au réfectoire du couvent. Sœurs Marguerite et Madeleine Cressé, Josephte Jutras, Françoise Hertel, Madeleine Petit-Bruno, Madeleine Amiot, Charlotte et Geneviève de Courval, ainsi que leur tante Marie-Jeanne Poulain de Courval, offrirent leurs témoignages d'amitié éternelle à Cassandre.

Avant son départ définitif du couvent, les élèves de Cassandre lui interprétèrent quelques extraits du répertoire lyrique et dévot. Cassandre, les larmes aux yeux, se remémora les paroles de mère Sainte-Thérèse : « Sachez qu'il y aura toujours une place pour vous ici. »

Sur le quai de la rade des Trois-Rivières, au moment des adieux touchants, Cassandre sut qu'elle venait de tourner la page d'un chapitre qui était devenu, sans qu'elle l'ait jusqu'à maintenant perçu de la sorte, important dans sa vie. Une fois sur le bateau en direction de Québec, elle eut une pensée pour son amie Étiennette.

Être si près du fief Chicot et n'avoir pas pu lui faire mes adieux. Quand la reverrai-je ? Décidément, si nos routes se croisent à l'occasion, nos destins sont fort différents !

---

127. Marie-Anne Anceau, sœur Sainte-Thérèse (1660-1739), fille de Benjamin Anceau, sieur de Berry, marchand et tavernier aux Trois-Rivières, et de Louise Poisson. Mystique dès son jeune âge, elle fut nommée en 1712 Supérieure du monastère des Ursulines des Trois-Rivières, sur l'ordre de l'ecclésiastique Charles Glandelet, nouveau Supérieur du monastère.

CHAPITRE XXII
Un mariage de la noblesse

Dans le petit manoir de la seigneurie de Berthier-sur-mer, en ce matin du 4 avril 1712, alors que les bourrasques, dirigées par le bras du fleuve situé entre l'île d'Orléans et le continent, soufflaient tout espoir pour les habitants de voir naître un printemps hâtif, la comtesse de Saint-Laurent[128] ajustait la robe de mariée de sa fille…

— Je te trouve bien jolie dans ta robe blanche. N'oublie jamais que *Mariée en blanc a fait choix pertinent.* C'est ce que nous disait ta grand-mère Giffard.

La comtesse avait souhaité marier chacune de ses filles avec un fils de seigneur canadien ou, mieux, avec un noble français. Marie-Françoise était sa seule fille qui lui donnait l'espoir de s'apparenter à la noblesse française. Ses autres filles resteraient célibataires éternellement. Madeleine, âgée de dix-neuf ans, était infirme, tandis qu'Anne et Josette, âgées respectivement de

---

128. Charlotte-Françoise Juchereau de Saint-Denis (1660-1732), fille de Nicolas Juchereau de Saint-Denis, seigneur de Beauport, et de Marie-Thérèse Giffard. Elle avait acheté le comté de Saint-Laurent. Femme vindicative, elle était souvent en opposition avec l'intendant Raudot. Elle était bien connue pour avoir intenté des procès au richissime financier français François Berthelot (1626-1712), commissaire général des poudres et salpêtres et fermier général. Elle était veuve du sieur François Viennay Pachot, le père de Marie-Françoise, et ensuite de François de la Forêt, seigneur des Illinois, capitaine dans les troupes du détachement de la Marine.

quatorze et dix-sept ans, souhaitaient devenir religieuses augustines hospitalières.

Marie-Françoise Viennay Pachot, jeune veuve de vingt-cinq ans de feu Alexandre de Berthier et de Villemure, convolait de nouveau en justes noces avec Nicolas Blaise Des Bergères de Rigauville[129], noble français âgé de trente-trois ans, commandant en chef des Compagnies franches de la Marine au fort Chambly, comme son père l'avait été, nommé par l'ancien gouverneur Frontenac lui-même.

— Allez, dépêche-toi! Ce n'est pas ton premier mariage, après tout! Tu as déjà enfilé une robe, tout de même, non? Je me rappelle à quel point tu nous avais embarrassés, ton père et moi, à ton premier mariage, devant toute cette assemblée de notables à la Basilique, avec ta fameuse robe verte et ta voilette assortie, parce que «monsieur» l'exigeait. Nous entendions les gens chuchoter: *Mariée en vert mousse a honte de sa frimousse.* Et Dieu sait que tu es ma plus jolie, Marie-Françoise… Je me demande s'il te méritait!

— Maman! Vous n'êtes pas gentille! Alexandre de Berthier a été un excellent mari.

— L'a-t-il vraiment été? Tu n'avais que quinze ans et vous n'étiez mariés que depuis trois mois lorsqu'il est mort. Je souhaite pour toi que ce mariage n'ait jamais pu être consommé. Ta virginité serait un immense cadeau à offrir à Nicolas… Alexandre de Berthier aurait risqué de transmettre à tes enfants le penchant pour l'alcool de son père… Venir mourir à ton manoir, quand j'y pense! Et c'est ta tante et moi qui avons été obligées de fuir sa cour! Enfin…, n'en parlons plus. Nicolas Blaise a un bien meilleur avenir que ton premier mari… Et je te souhaite le plus heureux mariage possible… Ça ne sera pas tellement difficile, il est si beau! J'espère que vous avez l'intention de demeurer en permanence à Berthier-en-bas. Ah oui, que dirais-tu de changer cette appellation dégradante pour…, disons…, Bergères-sur-Mer ou Bellechasse-sur-Mer?

---

129. Nicolas Blaise Des Bergères de Rigauville. Officier, commandant du fort Niagara, né à Estampes (France) en 1679, fils du capitaine Raymond Blaise Des Bergères de Rigauville. Il accompagna son père en Nouvelle-France et arriva à Québec le 29 juillet 1685. Cadet, il manifesta des aptitudes pour la carrière militaire. En 1698, le Roy le nomma enseigne. Il accompagna son père, commandant du fort Frontenac, et lui succéda comme commandant du fort Chambly en 1709.

Outrée, Marie-Françoise eut cette répartie cinglante :

— Ce sont tout de même deux seigneuries qui portent le nom de mon défunt Alexandre, qu'il m'a léguées, et que j'amène comme dot à Nicolas ! Alors, le nom de Berthier y restera tant que je vivrai. Est-ce clair ? Le seul compromis que je peux vous accorder, c'est de modifier Berthier-en-bas en Berthier-sur-mer.

La comtesse de Saint-Laurent savourait intérieurement sa victoire.

C'est déjà beaucoup mieux… plus noble !

Elle continua :

— La carrière de Nicolas sera propulsé, je te le promets. Notre invité spécial pourrait sans doute le promouvoir au rang de commandant de la Citadelle de Québec, qui sait ! Il pourrait même, dès aujourd'hui, faire la promesse à ton frère Jean-Daniel de le nommer lieutenant-major au fort Frontenac. Mais encore faudrait-il pour ça qu'il soit revenu de Détroit !… C'était ton idée, aussi, de vouloir te marier au début avril !

— Il aurait pu voyager sur la glace des cours d'eau en carriole.

— C'est ça que le vieux capitaine Berthier t'a appris à Berthier-en-haut ? Tu sauras que les militaires ne se battent pas en carriole, mais en raquettes. Et que le trajet en raquettes de Détroit à Québec prend plusieurs semaines.

— Combien de temps met-on pour se rendre de Québec à Berthier-sur-mer en carriole ?

— Pourquoi me demandes-tu ça ? Deux heures, tout au plus, je crois.

— Alors, nous avons tout notre temps pour bavarder avant le mariage. Nous allons avertir mon frère, l'officiant, que le gouverneur de Vaudreuil, notre invité spécial, a préféré venir en raquettes, et seul, puisque la marquise de Vaudreuil habite à Paris.

Contrariée que sa fille ait deviné si facilement l'identité du mystérieux invité, la comtesse de Saint-Laurent agrafa de façon brusque le camée hérité de sa grand-mère Giffard au corsage de la robe de sa fille et la piqua.

— Aïe, maman ! Vous me faites mal !

— Rien de grave, je t'assure. Bon, il est temps. Le gouverneur de Vaudreuil doit déjà être arrivé. Espérons que ton frère Jean-Daniel ait été là pour l'accueillir.

— Voyons, maman, arrêtez vos chimères, il n'y sera pas. Et puis, même si le gouverneur de la Nouvelle-France n'assiste pas à notre mariage comme la première fois, c'est un mariage d'amour que nous faisons, Nicolas et moi. AMOUR !

— Bon ! Si tu y crois toujours, ce n'est pas moi qui vais t'enlever tes illusions, ma fille. Allons maintenant confirmer ce grand AMOUR par les liens sacrés du mariage.

— Maman, je vous en prie, vous êtes moqueuse !

— Tu as raison, après tout, c'est ton mariage et non le mien. Alors, tous mes vœux de bonheur et une nombreuse progéniture… À propos, je n'ai encore aucun petit-fils. Et ce n'est pas demain la veille avec tes sœurs. Alors, je compte sur toi… Tiens, viens que ta vieille mère grincheuse t'embrasse.

— Moi aussi, je tiens à vous embrasser, maman.

— Ah oui, j'oubliais, et c'est important : mon cadeau de noces ! J'ai décidé de vous offrir mon héritage : une partie du domaine des Giffard à Beauport. De cette manière, les Blaise Des Bergères de Rigauville sauront que Charlotte-Françoise Juchereau de Saint-Denis avait comme grand-père le sieur Robert Giffard, fondateur de Beauport et premier médecin de l'Hôtel-Dieu de Québec. Sois fière de ton aïeul, ma fille. Ce fut un grand pionnier.

— Merci beaucoup, maman. Soyez certaine que Nicolas Blaise en sera fortement impressionné.

— J'y compte bien, Marie-Françoise. Il y va du prestige de notre famille !

Après que les époux eurent échangé les alliances bénies par l'officiant, le curé de Berthier-sur-mer, Nicolas Pachot, consacra le mariage de sa sœur, Marie-Françoise Viennay Pachot, et de Nicolas Blaise Des Bergères de Rigauville en présence du gouverneur de la Nouvelle-France, le marquis de Vaudreuil. La marquise de Vaudreuil, Louise-Élisabeth de Joybert de Soulanges[130], pour sa

---

130. Louise-Élisabeth de Joybert de Soulanges (1673-1740), petite-fille du procureur général de la Nouvelle-France, Louis-Théandre Chartier de Lotbinière, a eu le gouverneur Frontenac comme parrain. Le 21 novembre 1690, elle épousa le commandant des troupes de la Marine en Nouvelle-France, Philippe de Rigaud,

part, était à Paris pour appuyer son époux dans sa carrière. Elle y restera jusqu'en 1721.

marquis de Vaudreuil, nommé gouverneur de la Nouvelle-France en 1703. Elle donna naissance à douze enfants, dont six garçons et trois filles qui atteignirent l'âge adulte. La marquise de Vaudreuil a joué un rôle crucial dans la carrière de son mari et pour l'avancement de sa famille en séjournant à Paris et à Versailles. Trois de ses fils furent gouverneurs dans les colonies, dont Pierre Rigaud de Vaudreuil de Cavagnal, dernier gouverneur de la Nouvelle-France. La marquise de Vaudreuil a aussi été l'aïeule du célèbre Joseph-Hyacinthe-François de Paule de Rigaud (1740-1817). Confident du comte d'Artois, frère de Louis XVI, il fut l'amant de la favorite de la reine Marie-Antoinette, Gabrielle de Polastron, comtesse de Polignac, celle qui sapa la crédibilité de la reine de France en l'encourageant dans des dépenses extravagantes. Grand amateur de théâtre et ami de Beaumarchais, en finançant son chef-d'œuvre, *Le mariage de Figaro*, le comte de Vaudreuil, lui-même acteur de renom, organisa, à partir de l'Autriche, la contre-révolution française. Sa rupture fracassante avec Gabrielle de Polignac alimenta les potins mondains. Il se maria avec la fille d'un cousin et le couple eut deux fils. Après la chute de l'empereur Napoléon 1er, le roi Louis XVIII le nomma gouverneur des Tuileries.

CHAPITRE XXIII
Des noces chez la famille Allard

Église de Charlesbourg, 1ᵉʳ mai 1712

L'officiant, le chanoine Jean-François Allard, venait de consacrer le remariage de son frère Georges, âgé de trente-deux ans, avec Catherine Bédard, vingt-deux ans, la fille de Jacques Bédard, habitant et maître-charpentier, et d'Élisabeth Doucinet, des amis de longue date d'Eugénie et de François Allard à Charlesbourg. Cassandre Allard avait chanté, accompagnée à l'orgue par Catherine, toute fière. La mère de cette dernière, Marie-Anne, savait que l'attitude de sa plus vieille avait quelque chose à voir avec la venue du docteur Rémi Baril, d'ailleurs là pour une autre excellente raison. Quant à Cassandre, son cavalier l'écoutait de la nef, mais tout près du banc du marié. Georges avait tenu à ce que son grand ami, Charles Villeneuve, fasse partie de la famille à plus d'un titre. André Allard et François Bédard, le frère aîné d'Élisabeth, avaient servi de témoins à Georges.

Les parents de Catherine étaient décédés depuis peu. Sa mère, Élisabeth, avait fait la traversée de 1666 à titre de fille du Roy avec Eugénie, Mathilde et Violette ainsi que François Allard et Thierry Labarre. Catholique réformée, elle s'était embarquée lors de la halte du *Sainte-Foy* au port de La Rochelle. Mariée lors de la cérémonie collective à la fête de l'Assomption, le 15 août 1666, à la basilique Notre-Dame, Élisabeth s'enorgueillissait d'avoir mis au monde dix-sept enfants, un de moins que la championne en titre des filles du Roy, Catherine Ducharme, mariée à Pierre Roy, dit

Saint-Lambert, qui avait donné naissance à dix-huit enfants après dix-sept grossesses.

Les nouveaux mariés reçurent les félicitations d'usage. Cassandre avait souhaité la bienvenue à Catherine. Elles se connaissaient bien puisqu'elles étaient du même âge et avaient fréquenté l'école avec Isabel Estèbe. Anne Frérot de Lachenaye s'accrochait au bras du docteur Estèbe. En voyant cela, Mathilde dit à Thierry :

— Si Eugénie la voyait ! Comment peut-elle faire ça ? Que vont en penser les enfants ?

— Voyons ! Ils se marient la semaine prochaine. N'oublie surtout pas que c'est nous qui offrons la réception de mariage… Quant aux enfants, une fois mariés… Mon Dieu, Mathilde, ce que tu peux être naïve !

Pour changer de sujet, Mathilde ajouta :

— Te souviens-tu d'Élisabeth Doucinet, sur le *Sainte-Foy* ?

— Non, aucun souvenir.

— Voyons, Thierry, tu parlais à toutes les filles !

— Une réputation surfaite. Et toi ? Le mariage collectif !…

— Vois-tu, monsieur le joueur de piccolo, j'aurais bien aimé me marier à la fête de l'Assomption en même temps que les autres, mais mon amoureux hésitait.

— Mais tu sais bien que c'est faux : on m'empêchait de me marier ! Il paraît que je n'étais pas encore établi.

— Ne revenons pas là-dessus, mais tu aurais dû trouver un autre moyen de les convaincre que de t'enfuir avec Dickewamis.

— Je t'en prie, Mathilde, laisse Dickewamis hors de ça. C'est du passé. Elle est devenue Ursuline.

— N'empêche que…

Ce fut au tour de Thierry de vouloir faire dévier la conversation.

— À propos, Élisabeth Doucinet, oui, je m'en souviens. Parbleu, qu'elle embrassait bien !

Outrée, Mathilde réagit.

— Chut, grand fou !… Souhaitons que la famille Bédard ne t'ait pas entendu ! À propos, moi aussi, je me souviens d'Élisabeth. Une petite maigrichonne qui ne devait pas si bien embrasser que ça. Et je suis surprise que tu aies pu l'approcher : le petit groupe de La Rochelle était si hermétique !

— Tu sais qu'aucune n'a pu résister à Thi... au comte Joli-Cœur.

— Toi, mon joli cœur, tu es toujours un bel hardi, répondit Mathilde pour le taquiner.

— Et toi, toujours amoureuse !

— Et pourquoi pas ! L'amour n'est pas uniquement réservé à Anne de Lachenaye et au beau Manuel Estèbe.

— Écoutez-la parler de la sorte de Manuel...

— Quoi ? Serais-tu jaloux ?

— Moi ? De qui ?

Mathilde l'invita à retrouver les autres, qui prenaient place dans les voitures pour se rendre à Bourg-Royal.

Le lendemain de sa nuit de noces, Catherine fit honneur au brouet[131] que ses sœurs et ses belles-sœurs lui avaient préparé. Cette coutume française permit de continuer les réjouissances de la veille. Georges Allard fut convaincu, pour sa part, qu'un héritier en santé naîtrait bientôt pour perpétuer sa race.

---

131. Mets typique, mi-bouillon, mi-entremets, fait d'œufs, de lait et de sucre, que l'on servait à la nouvelle mariée.

CHAPITRE XXIV
Anne et Manuel

Petite chapelle des Augustines de l'Hôpital général, 8 mai 1712
En ce dimanche printanier, en présence de leurs familles et de quelques amis, se marièrent le docteur Manuel Estèbe et Anne de Lachenaye. La robe de la mariée était bleue.

Anne dit à sa fille Charlotte :

— N'oublie pas que *Mariée en bleu a pris époux sérieux.*

— Mais, maman, ce sont les juives qui portent le bleu. Il paraît que nouer un ruban bleu dans leurs cheveux leur garantit la fidélité.

— Moi, je ne suis pas inquiète au sujet de Manuel. Le bleu lui convient, il me l'a dit.

— Pourquoi pas le rouge ? Il est Espagnol, non ?

— Voyons, Charlotte : *Mariée en grenat mérite le trépas.* Nous serons mariés longtemps et mon trépas n'est pas pour demain, crois-moi.

L'aumônier de l'hôpital avait tout naturellement laissé sa place au chanoine Jean-François Allard, cousin des nouveaux mariés. Guillaume Estèbe servait de témoin à son père, tandis que le militaire Charles Frérot faisait de même pour sa mère. Sur le premier banc, derrière le prie-Dieu où était agenouillé Guillaume Estèbe, se tenait fièrement Charlotte Frérot, la fille de la nouvelle mariée.

Durant la cérémonie, Manuel s'était agenouillé par mégarde sur la robe de son épouse encore debout. Cette dernière avait chancelé et ne put conserver son équilibre qu'en pilant sur le pied de Manuel, qui grimaça de douleur. Le comte Joli-Cœur remarqua l'incident.

Lors de l'homélie, le chanoine Jean-François vanta les grâces obtenues par le sacrement du mariage et par les vertus conférées au resserrement des liens familiaux, notamment le cousinage d'Anne avec la famille Allard. Il eut la pudeur de ne pas mentionner le nom d'Eugénie, au grand soulagement de la nouvelle mariée. Mais Jean-François ne put cependant s'empêcher de mentionner la décision rapide du remariage de Manuel et l'excusa en expliquant que les nouveaux mariés avaient voulu s'unir avant le départ de Cassandre, de la comtesse et du comte Joli-Cœur pour la France.

Autrement, je suis certain que le docteur, en homme avisé, aurait attendu encore un peu pour faire sa demande, avait-il eu l'intention de dire. Il s'était abstenu.

Cassandre Allard eut le plaisir de chanter quelques cantiques pour sa marraine, accompagnée par sa nièce, Catherine, dont c'était la première prestation musicale ailleurs qu'à l'église de Charlesbourg. Cassandre se risqua *a capella* à l'interprétation de l'air d'Oreste de l'opéra *Cassandre,* au grand étonnement des assistants présents à la cérémonie. Pour une fois, le chanoine Jean-François ne sourcilla pas lors de l'interprétation profane. D'abord, il se remémora vite le sermon de reproches de sa mère sur son lit de mort. Ensuite, il ne voulut pas gâcher le bonheur des nouveaux mariés, qui, visiblement, se délectaient de l'incartade par des petits sourires entendus.

Après tout, ce n'est qu'un péché véniel. Enfin… presque véniel. Il n'y a pas de quoi en faire un drame, se dit-il.

La réception donnée par la comtesse et le comte Joli-Cœur, rue du Sault-au-Matelot, fut mémorable; on nota la présence des familles Estèbe, Frérot, Allard et Dubois de L'Escuyer, ainsi que de certains amis triés sur le volet, dont le docteur Michel Sarrazin accompagné de sa fiancée. La réception se distingua par les nombreux toasts en l'honneur des nouveaux mariés, ainsi que par les adieux touchants que l'on fit à Cassandre et aux hôtes de la réception, qui partaient bientôt pour la France.

Au courant de la soirée, les invités demandèrent au nouveau marié d'interpréter un chant de sa Basse-Navarre natale. Levant son verre de vin rouge, il annonça alors aux joyeux convives qu'il interpréterait *Ardoa,* la chanson populaire qui célébrait les louanges du vin de Navarre. Après s'être recueilli, le docteur Estèbe se racla la gorge et entonna :

Auxen duk arno ona
Peraltakoa, Peraltakoa
San Antonek gorde dezala
Au karri duen mandoa,
Au karri duen mandoa[132].

Mathilde, surprise, se pencha à l'oreille de Thierry pour lui demander :

— Penses-tu que Manuel se serait permis de chanter cette chanson à boire à sa réception de mariage avec Eugénie ?

— J'en doute ! répondit ce dernier.

Mathilde conclut que Manuel devait considérer Anne comme étant moins stricte qu'Eugénie, Thierry acquiesça sans en dire davantage.

En soirée, la mariée lança son bouquet ; il tomba entre les mains de sa fille Charlotte. À voir le sourire resplendissant de la jeune femme, il était plus que possible qu'un autre mariage soit célébré avant la fin de l'année.

Anne Estèbe flottait sur un nuage et ne cessait de réclamer l'attention de Manuel par des œillades et des câlins furtifs. Cassandre, voyant cela, dit à Mathilde :

— Tante Anne a tellement changé en si peu de temps ! Ils ont bien tort, ceux qui disent que le coup de foudre n'existe pas... Ça a été instantané ! C'est merveilleux, non ?

Cassandre eut la surprise de se faire répondre du tac au tac par Mathilde :

— Surtout pour une personne de son âge... dans la soixantaine... Et paf ! La foudre et le brasier !

— Mais Manuel était veuf et tante Anne aussi !

— Tu as raison, Anne ne le convoitait sans doute pas avant.

— Bien entendu ! Manuel était le mari de ma mère, voyons !

Mathilde se souvint de la crise d'agressivité d'Anne envers Eugénie à peine quelques mois auparavant.

---

132. « En voilà du bon vin, que celui de Peralta, celui de Peralta. Que saint Antoine protège le mulet qui l'a apporté, le mulet qui l'a apporté. »

J'en suis presque certaine, maintenant. Anne était jalouse d'Eugénie, elle l'enviait d'être mariée au beau Manuel, alors qu'elle se morfondait dans sa belle maison. De quoi faire retourner Eugénie dans sa tombe!

Au fil de la soirée, le docteur Michel Sarrazin, qui était accompagné de sa fiancée, Marie-Anne Hazeur, fit l'annonce publique de son prochain mariage.

— Nous avons l'immense bonheur, Marie-Anne et moi, de vous annoncer notre mariage, le 20 juillet prochain, à la basilique Notre-Dame.

L'heureuse nouvelle fut l'occasion de goûter aux vins du cellier du comte Joli-Cœur, dont la réputation dépassait celle du cellier du château Saint-Louis.

Alors que la réception tirait à sa fin, après le récital de chants profanes de Cassandre et les sauts basques de la Basse-Navarre de Manuel — les deux performances divertirent beaucoup Anne et les invités —, celui-ci demanda à prendre la parole.

— Chers parents, chers amis, et, particulièrement, chers Mathilde et Thierry, les hôtes de ce banquet mémorable, Anna et moi sommes touchés par votre affection. Nous avons vécu, chacun de notre côté, l'épreuve terrible de la perte d'êtres chers, au point où nous pensions que notre univers s'était écroulé. Et voici que, par sa magie, l'amour est venu donner vie à nos existences et les unir pour en faire jaillir un bonheur évident. Je sais que certains pourraient penser que ce fut rapide…, mais soyons joyeux!

En entendant ces paroles, les têtes se tournèrent vers le chanoine Jean-François qui fit mine de ne pas avoir entendu. Manuel poursuivit.

— Je me suis demandé quel cadeau offrir à ma tendre épouse… Anna, pour lui prouver à quel point je tiens à elle. Une maison à la campagne? Mais vous savez tous qu'Anna déteste la campagne.

L'assistance fut prise d'un fou rire (l'effet des joyeuses libations y étant sans doute en partie pour quelque chose).

— J'en viens donc à ma conclusion: ce cadeau va en surprendre plus d'un, et particulièrement Anna, à qui j'ai promis une lune de miel éternelle.

Aussitôt, des applaudissements nourris résonnèrent. Manuel s'était penché vers Anne, qui se laissa embrasser avec plaisir.

— Ainsi donc, j'ai pensé qu'un voyage de noces serait un beau cadeau à faire à ma femme, même si je sais qu'il n'y a rien d'assez beau pour elle.

Manuel embrassa sa femme de nouveau.

— Voici donc : je fais la surprise à Anna — et pas seulement à elle, vous verrez — de l'emmener en bateau, le *Belle-Saison*, la semaine prochaine, en France. Nous partons pour une année. À l'escale de La Rochelle, nous nous dirigerons vers le Pays basque, en longeant la côte, et nous prendrons la direction de la Basse-Navarre, mon pays, où j'ai encore de la parenté et, espérons-le, aussi des amis qui se souviennent de moi. Nous nous rendrons en pèlerinage dans les villes d'Estella, de Puente la Reina, et de Saint-Jacques de Compostelle, où nous prierons particulièrement saint Amand[133]!

Le fou rire suivit aussitôt l'humour caractéristique du docteur Estèbe.

— Après la saison d'été, nous remonterons vers Paris, où nous serons accueillis par de très grands amis, presque de la parenté !

Anne s'était mise à pleurer de joie ; Charlotte embrassait sa mère. C'est alors que Cassandre, qui avait tenu à se faire accompagner par Charles Villeneuve, s'écria, les yeux exorbités par la surprise :

— Mais... le *Belle-Saison*, c'est le bateau qui nous transportera en France, la semaine prochaine !

À cet instant, Mathilde dirigea son regard vers Thierry. Celui-ci lui sourit, embarrassé. Elle s'approcha de lui et lui chuchota :

— Oh toi, mon bel hardi ! Encore tes manigances, hein ?

Thierry sourit. Mathilde comprit que les très grands amis parisiens de Manuel et d'Anne n'étaient autres que la comtesse et le comte Joli-Cœur.

— Pourquoi ne pas me l'avoir dit ?

— Tu connais l'aisance des femmes à garder un secret, Mathilde, répondit très sérieusement ce dernier.

— Oh, toi, Joli-Cœur ! Allons les inviter officiellement, alors...

Mathilde se dépêcha avec Thierry d'aller inviter Anne et Manuel, rue du Bac.

---

133. Évêque qui fonda un monastère en Gascogne. Il vécut en l'année 650 et le calendrier liturgique le fête le 6 février.

— Nous aurons l'occasion, dès septembre, de faire les boutiques de Saint-Germain-des-Prés, Anne.

— Oh! oui, Mathilde, Cassandre m'en a tellement parlé!

— Moi, tante Anne? Je ne m'en souviens pas.

Comprenant le malaise d'Anne, Mathilde dit à Cassandre, en fronçant les sourcils:

— Tu sais bien que oui! De toute façon, nous irons toutes les trois… et souvent.

— Et vous viendrez me voir jouer sur scène, tante Anne?

— Bien entendu, Marie-Chaton. J'ai tellement hâte!

À la fin de cette cérémonie de noces, pour conclure la réception par une autre surprise, Thierry, à l'insu de Mathilde, revint devant les nouveaux mariés avec un tapis blanc. Devant le regard courroucé de son épouse, le comte dut expliquer:

— Vous vous souvenez, tout à l'heure, à l'église, Manuel s'est agenouillé sur la robe d'Anne et celle-ci lui a pilé sur le pied. En Allemagne, ça signifie que le nouveau marié cherchera à garder sa femme dans le droit chemin, alors que celle-là refusera de se soumettre à sa domination.

— Alors, le tapis blanc, qu'est-ce à dire? entendit-on dans la pièce.

— Les Russes ont trouvé une solution à ce conflit. J'ai pu moi-même observer cette coutume à Moscou. À la fin de la cérémonie de mariage, les nouveaux mariés courent vers un tapis blanc. Le premier à y poser le pied sera le maître de la maison.

— Thierry! Ce ne sont plus des gamins, même si toi, tu l'es resté, s'écria Mathilde, insultée.

Cassandre se précipita vers Mathilde pour la calmer. Elle lui chuchota à l'oreille:

— Calmez-vous. Même tante Anne a ri. Il n'y a pas de quoi s'en faire. C'est un jeu!

— Je crois que Thierry a trop fait honneur au vin de Navarre. Et quand il boit, tu vois le résultat. Il ne se retient plus!

— Personne ne passera de remarques, tante Mathilde, renchérit Cassandre pour détourner l'attention de la comtesse.

Étonnée de l'hypothèse de Cassandre, Mathilde, remise de sa réaction, demanda:

— Anne serait-elle une épouse si soumise que ça? Je la connais. Elle fait semblant d'être d'accord, mais elle ne bougera pas de sa chaise, ou si peu. Elle fera exprès pour laisser Manuel seul courir au tapis. Elle est vieux jeu, tu sais.

— Je suppose plutôt qu'elle ne voudrait pas déchirer sa belle robe bleue en courant !

Un large sourire éclaira le visage de Mathilde.

— Cassandre, va ! Tu sais bien qu'Anne accorde beaucoup plus de place aux convenances qu'elle ne le laisse croire…, surtout en vieillissant. Mais je suis certaine que Manuel va réussir à la changer, ajouta-t-elle avec une pointe de malice.

Mathilde se souvenait de la transformation d'Eugénie, une fois devenue madame Manuel Estèbe. Elle ne voulut toutefois pas en faire mention à Cassandre, de peur de réveiller son récent chagrin.

Le 18 mai suivant, parents et amis assistèrent au départ vers la France de la comtesse et du comte Joli-Cœur, de madame Anne Estèbe de Lachenaye et de son mari, le docteur Manuel Estèbe, ainsi que de Cassandre Allard. Quelques jours avant, cette dernière avait été fêtée par sa famille à la maison paternelle de Bourg-Royal. Charles Villeneuve s'était offert pour la reconduire à Québec en vue du grand départ.

La comtesse Joli-Cœur était entourée de ses fils, qu'elle avait eus de son premier mariage avec Bernard Dubois de L'Escuyer[134], et de leurs familles, tandis que le lieutenant Charles Frérot, sa sœur, Charlotte Frérot, et Guillaume Estèbe félicitaient encore leurs père et mère. Pour l'occasion, le docteur Michel Sarrazin avait réussi à se libérer quelques heures de ses accaparantes activités médicales. À son bras se tenait sa fiancée, Marie-Anne Hazeur, qui espérait sans doute un jour avoir la chance de faire un voyage de noces en France comme la nouvelle madame Estèbe. Anne la félicita pour son mariage en vue.

— Soyez certaine, Marie-Anne, que j'aurais bien aimé assister à votre mariage. Ma fille Charlotte, le docteur Guillaume ainsi que mon fils Charles nous remplaceront. Encore une fois, toutes nos félicitations !

Le docteur Michel Sarrazin, qui perdait son médecin attitré à l'Hôpital général pour les prochains mois, eut ces bons mots pour son ami :

---

134. Voir *Cassandre, de Versailles à Charlesbourg*, tome IV.

— Profite bien de ton voyage, Manuel, pour saluer nos réputés confrères des facultés françaises de Bordeaux, de Paris et de Reims, et pour me rappeler à leur souvenir. J'ai eu vent du changement de carrière du docteur Guillaume, ton fils. Crois sincèrement que je le regrette. Je me console à l'idée de te revoir à ton retour, l'an prochain. Ta place à l'Hôpital général sera toujours disponible. Est-ce bien compris ? Nous avons réussi à freiner la contagion de la maladie de Siam, mais pour combien de temps ?

— Mon fils Guillaume quitte la pratique de la médecine pour devenir garde-magasinier du Roy, mais nous avons laissé nos malades de Charlesbourg et de Beauport entre les mains du docteur Rémi Baril. Je puis t'assurer qu'ils sont entre bonnes mains… Quant à moi, si un vieux médecin peut encore lutter contre la maladie de Siam, alors je reprendrai mon poste de travail dès l'an prochain, à notre retour de France.

Aussitôt, Michel et Manuel se firent une accolade. Contre toute attente, délaissant la mine affairée et préoccupée qui le caractérisait, le docteur Sarrazin afficha son plus beau sourire et Manuel en profita pour chuchoter à l'oreille de son ami :

— L'amour est une maladie contagieuse que nul médecin ne voudra guérir !

À ces mots, le docteur Sarrazin s'esclaffa. Anne et mademoiselle Hazeur se regardèrent, surprises. Anne s'avança vers son mari et lui demanda :

— Que lui as-tu dit pour le faire rire comme ça ? Honnêtement, je ne croyais pas qu'il en fût capable.

— Une blague de médecin, sans plus.

— N'êtes-vous pas censés prendre votre profession au sérieux ? Et moi qui disais à Charlotte que *mariée en bleu a pris époux sérieux* !

— Mais, Anne, un médecin a bien le droit de se détendre un peu. À plus forte raison, deux médecins qui fêtent un moment inoubliable dans l'amitié.

— Passe pour cette fois-ci, Manuel. Sache toutefois qu'en tant que membre de ta profession, tu te dois de donner le bon exemple.

Plutôt que de répondre aigrement à son épouse, Manuel préféra l'embrasser devant tout le monde. Anne n'osa lui refuser ce baiser et sembla plutôt l'apprécier.

— Et ça, est-ce le bon exemple à donner à Michel? N'oublie pas que Marie-Anne et lui se marient dans deux mois et que nous ne pourrons pas les voir heureux ensemble avant un an, taquina Manuel.

Anne pinça les lèvres. Elle regarda son beau mari amoureusement et lui dit:

— Ça m'est très difficile de contester un si bon exemple. Après tout, Marie-Anne, qui n'a que vingt ans, se marie avec le consentement de ses parents. Je n'en suis pas responsable.

— Alors, avons-nous donné notre consentement à Charlotte et à Guillaume?

Anne porta son regard vers sa fille, qui embrassait goulûment le nouveau garde-magasinier royal.

— Ma fille est majeure, Manuel. Quant à Guillaume, comme il a abandonné la médecine…

— Parce qu'un médecin ne peut avoir de vie sentimentale?

— Ce n'est pas ce que j'ai dit! Mais il ne doit pas l'afficher, tout simplement.

— Ah non?

Là-dessus, Manuel embrassa de nouveau son épouse.

— Et alors?

— D'accord, parce que nous partons. Mais sur le bateau, je te demanderais d'être plus discret.

— Et si je disais non?

— Alors, je me résignerai, mais uniquement parce que tu voulais atteindre le tapis blanc le premier.

— Tu crois à ça, ces coutumes russes, dis?

Manuel Estèbe comprit que l'amour avait réussi à transformer le caractère renfermé d'Anne, attribuable sans doute à son veuvage.

Cassandre fut doublement attristée de devoir quitter son pays natal sans pouvoir, cette fois-ci, embrasser sa mère. De fait, à cause de travaux urgents aux champs, le seul membre de la famille Allard qui s'était déplacé pour assister à son départ était son frère Jean-François, le chanoine. Leurs adieux furent empreints d'une affection fraternelle bien perceptible. Jean-François avait mis de côté son rigorisme coutumier et, pour une rare fois, avait laissé parler son cœur plutôt que d'emprunter le langage de la foi.

— Faisons en sorte que notre famille reste unie, même après ton départ et la mort de maman… Ce que tu peux lui ressembler ! C'est la première fois que je m'en rends à ce point compte ! Promettons-nous de nous écrire régulièrement, afin de ne pas briser le lien familial qui nous unit. Le promets-tu ?

Contre toute attente, avec toute la spontanéité qui pouvait émaner d'elle, Cassandre se lança dans les bras de son grand frère, faisant clinquer son imposant crucifix. Ce dernier, sans se préoccuper des regards de surprise de ceux qui les entouraient, laissa sa petite sœur se blottir contre lui. Mieux, il l'aida à sécher ses larmes en lui donnant son mouchoir orné de lettres d'or.

— Tiens, garde-le. Il te fera penser à ta parenté, lui dit-il affectueusement.

— Je te le promets, Jean-François. Je te tiendrai au courant de mes allées et venues, dit Cassandre en reniflant.

— Essaie de te rendre à Blacqueville, en Normandie, avec tante Anne et Thierry. Il nous reste sans doute de la parenté, soit des Allard, soit des Frérot. Le comte Joli-Cœur se souvient du chemin. Il vous y conduira.

— Je le lui demanderai.

— Je ne te demande pas de nous faire honneur, en France, ni d'être bonne fille, parce que tu le feras de toute façon. Nous avons déjà eu nos différends…

— C'est chose passée, Jean-François !… Voudrais-tu me bénir, s'il te plaît, dis ?

Ému et les yeux larmoyants, le chanoine répondit avec difficulté :

— C'est le plus beau témoignage d'affection que tu pouvais m'offrir… Si tu me le permets, je demande à l'âme de maman de guider mon bras pour cette bénédiction.

À cet instant, Cassandre s'agenouilla.

— Alors, Marie-Renée, je te bénis *in nomine Patris et Filii et Spiritus Sancti.*

— *Amen.*

Au moment de son départ, Cassandre demanda une faveur à son frère Jean-François.

— Pourrais-tu veiller à ce que notre nièce Catherine continue sa formation musicale ? Tu sais que je lui ai laissé la garde de mon clavecin, plutôt que de le transporter en France. Tante Mathilde me faisait remarquer qu'il n'y aurait sûrement pas, sur le *Belle-Saison*, d'ébéniste aussi doué pour réparer mon instrument que papa l'a été sur le *Sainte-Foy* !

— Tu as bien fait. Je veillerai rigoureusement à ce qu'elle devienne organiste.

— Pas trop, car elle pourrait préférer son travail d'infirmière avec le docteur Baril.

Jean-François haussa les sourcils.

— Le docteur Baril, l'un des triplets, celui qui a assisté aux funérailles de maman ?

— Tout juste. C'est déjà décidé : elle sera son infirmière… et peut-être plus !

— Mais la différence d'âge est grande !

— Peut-être bien, mais je crois qu'elle l'aime à en souffrir. N'est-ce pas saint Augustin qui disait : « Quand on aime, ou bien l'on n'a point de peine, ou l'on aime jusqu'à sa peine » ?

Jean-François, étonné, sourit à sa sœur.

— Eh bien, dis donc, toi, depuis quand cites-tu saint Augustin ?

— Depuis que j'ai eu l'occasion de l'étudier au couvent de Saint-Cyr. Madame de Maintenon tenait rigoureusement à ce qu'un peu de théologie soit au programme d'études.

Avant d'embarquer dans la chaloupe pour se rendre vers le *Belle-Saison*, Cassandre demanda à Charles Villeneuve, qui était venu la reconduire à Québec :

— Charles, pourrais-tu poster cette lettre à Étiennette Latour du fief Chicot de la seigneurie de l'île Dupas ? Ça fait tellement longtemps qu'elle est écrite que l'enveloppe est déjà toute froissée. Tiens, regarde.

Cassandre sortit alors de son sac à main la lettre adressée à *Étiennette Latour, fief Chicot, seigneurie de l'île Dupas*, et la remit à Charles Villeneuve. Celui-ci prit la lettre et, de manière inattendue, répondit, à la consternation de tous, le chanoine Jean-François le premier, après avoir embrassé Cassandre sur les lèvres :

— Tout ce que me demandera celle que j'aime, je le ferai.

En route vers le bateau, il cria à Cassandre, du quai :

— Je t'attendrai, mon amour.

Tout un chacun pensa bien que ces paroles n'étaient qu'une autre pitrerie de l'insouciant Charles Villeneuve. Cassandre se leva dans la chaloupe et salua vivement de la main. Du quai, chacun perçut une marque particulière d'affection. Dans l'embarcation, Mathilde se tourna vers Anne et la questionna du regard. Cette dernière réfléchit un peu et haussa les épaules, signifiant que désormais, la vie sentimentale passée de Cassandre n'avait plus d'importance à ses yeux, puisque celle-ci allait continuer sa carrière scénique à Paris.

Comme Mathilde restait sur sa faim, elle questionna Anne directement.

— J'ai toujours entendu dire par Eugénie que Marie-Chaton détestait Charles Villeneuve. Aurait-elle changé d'avis… ou bien… était-ce plutôt Eugénie qui n'avait pas beaucoup de considération pour ce jeune homme? Je sais qu'elle croyait qu'il avait eu une mauvaise influence sur Georges et Simon-Thomas en leur conseillant de ne pas aller travailler aux redoutes de Québec, comme Eugénie le leur demandait.

— Mais c'est Catherine Pageau, leur belle-mère, qui s'y était opposée. C'est normal, elle protégeait ses filles! À mon avis, Eugénie n'avait sans doute pas apprécié que Charles Villeneuve s'entiche d'Isabel Estèbe plutôt que de Marie-Chaton… alors que cette dernière aurait souhaité être sa petite amie depuis sa rupture avec Pierre de Lestage. Enfin, c'est ce qu'Isabel avait dit à Manuel. De plus, je crois sincèrement qu'Eugénie préférait ses fils auprès d'elle.

— Il n'y a pas de doute, Eugénie était mère poule. C'est vrai aussi que Charles a été le garçon d'honneur au mariage de Georges avec la petite Bédard. Il a dansé toute la noce avec Cassandre… Alors, s'ils s'aiment, pourquoi le quitte-t-elle? Ils sont libres tous les deux. Il y a quelque chose qui cloche. Isabel a imaginé l'intérêt de Marie-Chaton pour Charles. Selon moi, la petite a été aussi surprise que nous de cette déclaration d'amour. Elle devrait le haïr pour ça. Et, pourtant, elle semble heureuse de ce qu'elle a entendu.

Alors, contre toute attente, Anne lui répondit par une citation:

— «On a peine à haïr ce qu'on a bien aimé; et le feu mal éteint est bientôt rallumé[135]. »

---

135. Tiré de *Sertorius* de Pierre Corneille.

— Justement, elle s'est sans doute rendu compte que son amourette pour Charles compromettrait sa carrière. Il doit y avoir une force supérieure qui la pousse à continuer à l'opéra. Je crois que son avenir est meilleur à Paris, avec Thierry et toi.

— L'influence d'Eugénie, peut-être ?

Mathilde observa Anne, avant de lui répondre :

— Dis donc, toi, depuis quand cites-tu des auteurs classiques ? C'est nouveau ; il m'a toujours semblé que tu les désapprouvais.

Anne fit cette confidence à Mathilde :

— Eugénie m'avait déjà dit que Manuel aimait le théâtre. Lorsqu'il est devenu veuf, je me suis donc procuré les œuvres de messieurs Corneille, Racine et Molière.

— En tout cas, on peut dire que tu as de la suite dans les idées.

— Chut ! Pas si fort, la petite pourrait nous entendre.

À ce moment, Cassandre se retourna vers ses tantes et leur dit :

— « Les absents sont assassinés à coups de langue. »

Devant l'air dépité d'Anne et de Mathilde, Cassandre ajouta :

— C'est une citation du mari de madame de Maintenon, le poète Scarron, historiographe du Roy. Soyez certaines que ses œuvres étaient à l'étude à Saint-Cyr… À propos, je n'ai pas été heureuse de ce que je viens d'entendre de votre part ! Charles est loin d'être aussi étourdi que vous semblez vouloir le croire. Je vous ferai remarquer qu'il ne faudrait pas revenir sans cesse sur le passé des gens… Certaines pharisiennes que je connais auraient honte !

Anne et Mathilde se renfrognèrent. Quand Manuel se rendit compte d'un certain malaise, il s'en inquiéta.

— Ça va, Anna ? Est-ce que l'air frais t'indispose ?

— Tout va pour le mieux, Manuel, pour le mieux.

Thierry, qui avait été témoin privilégié de la scène, fronça les sourcils. Il se dit à lui-même :

Elle a encore réussi à en enflammer un autre. À ce rythme, il me sera difficile de tous les éloigner d'elle !

CHAPITRE XXV
Esther et Pierre

Montréal, Chapelle Notre-Dame-de-Bon-Secours, 26 juillet 1712

Un groupe de badauds s'était rassemblé le long des rues Bonsecours, Sainte-Anne et Saint-Paul. Ce n'était pas fréquent à Montréal de pouvoir admirer le prestigieux couple que formaient le gouverneur de Ramezay et son épouse, Marie-Charlotte Denys de La Ronde[136].

Ces derniers étaient attendus avec impatience par l'officiant. François Vachon de Belmont, Supérieur du Séminaire des sulpiciens et seigneur de l'île de Montréal, avait refusé de bénir le mariage de monsieur Pierre de Lestage avec mademoiselle Esther Sayward, malgré l'insistance du gouverneur de Ramezay.

---

136. Claude de Ramezay (1668-1724). Officier de carrière, il vint au Canada en 1685, alors que la deuxième guerre iroquoise menaçait la colonie. En novembre 1690, il se maria à Marie-Charlotte Denys de La Ronde, fille d'une des grandes familles de la Nouvelle-France. À partir de 1690, il a occupé des postes de plus en plus importants : gouverneur des Trois-Rivières de 1690 à 1699, commandant des troupes canadiennes de 1699 à 1704, et gouverneur de Montréal de 1704 à 1724. En 1705, il commença la construction, sur la rue Notre-Dame, d'une imposante maison de 66 pieds de façade, qui devint la résidence du gouverneur et qui porte toujours le nom de château Ramezay. Ce gouverneur eut comme mandat de défendre la colonie contre les attaques des colonies anglaises au sud, de protéger les intérêts français dans la région des Grands Lacs et de mettre fin au trafic de contrebande avec les Mohawks entre Montréal et Albany. Comme il eut à cœur d'aider financièrement les membres de sa famille et qu'il s'intéressa lui-même au commerce de la fourrure, il ferma les yeux sur ce volet de son mandat.

Le prie-Dieu en velours cramoisi du gouverneur, à l'avant de la nef, attendait d'être occupé par le prestigieux personnage. Jean de Lestage, le témoin de Pierre, attendait déjà à l'arrière de l'église avec son frère. De l'autre côté, mademoiselle Roxanne Bachant, aubergiste, témoin de la mariée, tenait le bras d'Esther, toute nerveuse dans sa robe vert tendre printanier, qui s'harmonisait parfaitement à sa chevelure rousse et à son teint.

— Pourquoi le gouverneur tarde-t-il tant ? demanda nerveusement Esther. La cérémonie doit commencer dans quelques minutes. La rue Notre-Dame n'est quand même pas si loin !

— La ponctualité est la politesse des rois, et le gouverneur de Ramezay est son représentant à Montréal, répondit Roxanne. Il arrivera à temps, ne crains rien… Tiens, je crois entendre le bruit des sabots des chevaux sur le pavé. Le carrosse sera ici dans peu de temps. Replaçons ta coiffure. As-tu ton missel et ton chapelet bien en main ? Tu sais que c'est ce que remarquera ta sœur Marie, dans le chœur. Nous avons été bénies que les religieuses lui permettent d'assister à la cérémonie. Après tout, c'est normal d'assister au mariage de son unique sœur ! Tu as bien assisté à la cérémonie de ses vœux perpétuels, non ?

— Oui, mais moi, je ne suis pas une religieuse. Je n'avais pas de permission à demander à une Supérieure.

Roxanne n'ajouta rien. Elle se souvenait fort bien qu'Esther avait dû demander la permission aux augustines de l'Hôtel-Dieu pour s'absenter de son quart de travail.

L'espace d'une fraction de seconde, Roxanne jeta un coup d'œil vers sa gauche, en direction de Pierre de Lestage. Elle n'avait pas pu s'en empêcher. Elle se rendit compte que ce dernier était très élégant dans sa tenue de gentilhomme : redingote, souliers à talons hauts et chapeau à la plume d'autruche fait main. Une épée à pommeau d'or, à son côté, donnait à son aspect distingué encore plus d'agrément. C'était une épée d'apparat, puisqu'il n'avait jamais servi sous les drapeaux. Il avait choisi cette tenue parce qu'elle symbolisait sa fonction d'agent-trésorier de la solde des troupes.

Roxanne l'imagina un instant coiffé de son béret basque, faisant le pitre dans l'alcôve derrière son auberge, l'endroit où se déroulaient leurs nuits galantes. Comme s'il l'avait deviné, Pierre se retourna au même instant et fixa Roxanne dans les yeux. Il lui sourit. Cette dernière détourna aussitôt la tête, apeurée.

Mon Dieu, pourvu qu'Esther ne s'en soit pas rendu compte et, surtout, qu'elle n'en sache jamais rien !

— Pourquoi t'a-t-il regardée ainsi, Roxanne ?

— Tu sais bien, Esther, que ce n'est pas moi que ton fiancé regardait, mais plutôt toi. D'ailleurs, il t'a souri d'amour, c'est évident.

Esther la regarda affectueusement et lui prit la main.

— Tu as raison, c'est la nervosité, sans doute, qui me fait des chimères. J'ai vraiment eu l'impression qu'il te connaissait, tu sais.

— Moi, je ne le connais pas… Ça y est, le gouverneur et son épouse sont arrivés, pile à l'heure. Qu'est-ce que je te disais de la politesse des rois ?

Esther souriait. Heureuse, elle dit à Roxanne :

— Tu sais que tu remplaces ma mère, n'est-ce pas ?

Émue, Roxanne se pencha à l'oreille d'Esther et lui dit affectueusement :

— Je te souhaite le plus grand bonheur possible avec le plus merveilleux des hommes !

Devant l'étonnement d'Esther devant ce témoignage incongru, Roxanne se dépêcha d'ajouter :

— N'oublie pas de te faire passer l'alliance nuptiale à l'annulaire de la main gauche. Sa veine est reliée directement au cœur. C'est un des invités, le garde-magasinier royal de Québec et ancien médecin-chirurgien à Charlesbourg, qui l'a dit sur le perron de l'église, avant que nous arrivions de la Maison Saint-Gabriel.

Le gouverneur de Ramezay et sa femme s'étaient avancés dans la nef pour aller rejoindre leur siège. Auparavant, le gouverneur avait adressé un petit signe de tête aux frères Lestage, indiquant bien qu'il avait de l'estime pour eux.

Après l'entrée officielle du représentant du Roy, les invités assistèrent avec émoi à la procession des nouveaux mariés et de leurs témoins.

Du côté de la mariée, ses amies de la Maison Saint-Gabriel et de l'Hôtel-Dieu de Montréal avaient eu la permission d'assister uniquement à la cérémonie religieuse. De l'autre côté de la nef, Marie-Anne Vermet de Lestage et ses enfants occupaient les premiers bancs. Suivaient, dans l'ordre, les neveux des Lestage, les fils de leur sœur Marie, restée en France, Pierre-Noël et Jean-Baptiste Courthiau, le négociant rochelais Antoine Pascaud et son épouse,

Marguerite Bouat, le seigneur d'Autray, le marchand Jean-Baptiste Nepveu, dont l'entreprise commerciale était située rue Saint-Paul, son épouse, Françoise-Élisabeth Legras, et un autre marchand, Léonard Hervieux, et son épouse, Catherine Magnan, elle-même fille d'un marchand de Québec.

Les invités masculins des mariés portaient la tenue du gentilhomme : un pourpoint à basques flottantes et à revers de velours, des culottes à rubans de satin, de grosses chaussures de cuir et un chapeau de castor. Quant à elles, leurs femmes se distinguaient par une tenue endimanchée : leurs robes longues étaient garnies d'artifices, soit en fine broderie, en dentelle, en soie, en mousseline ou en taffetas ; leurs coiffures à la Fontanges rivalisaient d'imagination.

En se rendant à son prie-Dieu, Pierre sursauta en reconnaissant le garde-magasinier royal, Guillaume Estèbe, et sa compagne, Charlotte Frérot, la fille de l'ancien partenaire de la Compagnie de la colonie des frères Lestage. Par ailleurs, Pierre et Jean de Lestage arborèrent simultanément un large sourire lorsqu'ils reconnurent leur ami basque, Martin Casaubon, procureur fiscal et sergent de la Marine, et son épouse Françoise, qui leur sourirent à leur tour.

Esther Sayward reconnut sa cousine de seize ans, Esther Wheelwright, elle aussi jadis capturée par les Abénaquis, qui lui souriait. Esther tenait sa main gauche bien serrée sur la bague de fiançailles que lui avait donnée Pierre et qu'elle aurait à remplacer par son anneau de mariée, gage d'amour éternel.

La chorale des couventines du couvent de la congrégation Notre-Dame avait commencé à entonner les chants religieux d'usage. À leur arrivée à leur prie-Dieu, les nouveaux mariés purent humer le parfum des gerbes de fleurs déposées sur la balustrade, ainsi que l'odeur de la cire d'abeille des cierges qui se consumaient.

Le seul objet profane disposé près du chœur était le drapeau des Compagnies franches de la Marine. Sa croix blanche divisait quatre écussons, deux bleus et deux rouges, parsemés de petites fleurs de lys dorées, et portait la devise *Per mare et terras*[137].

---

137. « Par mer et terre. » En 1683, le Roy envoya trois Compagnies franches de la Marine en Nouvelle-France, pour protéger le commerce des fourrures et les habitants de la colonie en remplacement du régiment de Carignan. Les troupes s'établirent de façon permanente. Ce fut le début de l'armée coloniale française jusqu'à la Conquête en 1760.

Quand les nouveaux mariés eurent prononcé leurs serments d'amour éternel en échangeant les alliances nuptiales, le Supérieur des jésuites du fort de la Montagne les déclara unis, pour le meilleur et pour le pire, jusqu'à la fin de leurs jours. Si Esther filait le parfait bonheur, Roxanne, pour sa part, se retint de ne pas éclater en sanglots. Elle venait de se faire ravir le seul homme qu'elle avait réellement aimé et, qui plus est, par sa meilleure amie.

Le gouverneur de Ramezay avait proposé aux frères Lestage d'offrir la réception de noces à son château, rue Notre-Dame, mais Jean avait tenu à accueillir les invités chez lui, rue Saint-Paul. L'affaire de quelques minutes, tout au plus. Étaient montés dans le carrosse du gouverneur les nouveaux mariés ainsi que leurs témoins. Roxanne Bachant, assise près de l'épouse du gouverneur de Ramezay, se fit demander son occupation. Elle put déclarer avec une grande fierté :

— Aubergiste légale, madame. Justement, voyez mon établissement : L'Heureuse Marie.

Devant la propreté de la devanture du commerce, Marie-Charlotte Denys de La Ronde Ramezay s'exclama :

— Une auberge parmi les mieux tenues ! Justement, mon mari projette d'acheter la seigneurie de Sorel[138]. Peut-être pourriez-vous éventuellement vous y installer et faire croître votre commerce[139].

Roxanne Bachant sourit à la gouverneure de façon entendue. Elle jeta un regard oblique à Pierre de Lestage, qui le lui rendit avec un demi-sourire.

Non, Roxanne, ne tombe pas dans son piège. Tu ne seras pas celle qui gâchera le bonheur d'Esther, une âme si pure, une fille si candide !

La réception de noce fut offerte aux invités dans le jardin, compte tenu du temps radieux de cette fin de juillet. Marie-Anne et Jean de Lestage avaient tenu à offrir un banquet selon la tradition basque.

---

138. Le 14 février 1713, madame Catherine de Sorel vendit sa seigneurie au gouverneur de Montréal, Claude de Ramezay.
139. Marie-Charlotte Denys était reconnue comme une femme, douée pour les affaires. À la mort de Claude de Ramezay en 1724, en plus d'agrandir ses terres, elle dirigea avec succès une scierie, une briqueterie, une fabrique de céramique et une tannerie, avec une de ses filles.

Dans l'entrée, les invités faisaient face aux armoiries de la province du Labourd, où se trouvait la ville de Bayonne. On y voyait un lion doré avec une gueule rouge, tenant dans sa patte droite un dard penché, la pointe vers le haut. On y trouvait aussi le swastika, une sorte de croix gammée, constituée de quatre virgules et appelée, en basque, *lauburu* (quatre têtes). Avant de se rendre au jardin, tout un chacun put apprécier le mobilier typiquement basque : on pouvait notamment observer un *zizelu*, un banc à trois places dont le dossier haut pouvait se rabattre et servir de tablette, installé sous la hotte de la cheminée et perpendiculaire au mur, ainsi qu'un *kutxa*, un coffre rectangulaire reconnaissable par sa décoration sculptée, et quelques sièges avec dossiers à barreaux verticaux et traverses horizontales, dessinant deux virgules affrontées par leur tête.

Le buffet fut arrosé de vin d'Irulegi, au nord du Pays basque, du Tursan et de sangria faite de vin rosé à la cerise. Les convives — particulièrement les Lestage, les Casaubon et Guillaume Estèbe — dansèrent les rondes : la farandole, au son de la *xirula*[140] et du tambour ; le *fandango*, accompagné à la guitare espagnole ; les sauts basques et le *godalet dantza* (ou danse du verre). Un verre plein de vin rouge était déposé sur le sol. À tour de rôle, les danseurs exécutaient autour de lui une série de pas et d'entrechats à la fin desquels le danseur se juchait d'un pied sur le verre et le quittait d'un saut, sans le renverser. À cette dernière danse, le marié, Pierre de Lestage, et Guillaume Estèbe, à peu près du même âge, rivalisèrent d'adresse. Comme il fallait s'y attendre, Marie-Anne de Lestage imposa sa volonté d'abandonner cette danse, car les danseurs manquèrent la plupart du temps leur coup de pied.

Au fil de la soirée, Martin Casaubon, Jean de Lestage et son frère Pierre interprétèrent quelques chansons basques *euskaldunen artean guztiz maitatua*[141]. Quand tout le monde se fut réjoui de l'excellente réception des Lestage, Jean prit la parole, en commençant par féliciter les nouveaux mariés.

— Comme chef de la famille Lestage, je suis ravi de remercier le gouverneur et madame de Ramezay d'avoir bien voulu accepter de participer à ces réjouissances et d'avoir cautionné le fait de

---

140. Petite flûte pastorale très répandue dans le Pays basque. Il suffit d'une *xirula* et d'un tambour (*atabala*) pour accompagner n'importe quelle danse.
141. Des chansons basques «aimées de tous les Basques».

voir enfin mon turbulent petit frère casé avec une aussi jolie jeune femme, ma nouvelle belle-sœur, Esther. Comme on dit au Pays basque : Le jeune a les jambes légères et la tête, plus encore !

À ces mots, une salve d'applaudissements fusa de l'assistance. Le gouverneur de Ramezay opina de la tête, indiquant son assentiment. Pour sa part, Roxanne en eut un pincement au cœur. Elle n'en fit rien paraître, toutefois, préférant sourire à sa protégée, Esther, qui nageait dans le bonheur.

— Mes associés et moi anticipons une très grande carrière pour Pierre, et c'est pourquoi il nous tardait de le voir se marier le plus rapidement possible avec une jeune femme respectable pour l'épauler dans ses projets d'affaires que nous souhaitons grandioses.

Au mot « respectable », Pierre de Lestage jeta un coup d'œil furtif en direction de Roxanne, qui, s'en rendant compte, pencha la tête. Elle comprit que son ex-amant venait de prendre sa revanche sur elle et que plus jamais il n'essaierait de la relancer. Dardée au cœur, Roxanne se demanda si elle était heureuse ou bien vexée !

— Marie-Anne se joint à moi pour souhaiter à Esther et à Pierre le plus grand bonheur qui soit !

À cette remarque pertinente, les invités frappèrent leur verre avec leur couteau pour réclamer aux nouveaux mariés un baiser nuptial. Esther, dont le teint était devenu aussi rouge que ses cheveux, se prêta néanmoins à la tradition.

Jean continua :

— Après en avoir discuté, Marie-Anne et moi, nous avons pensé d'offrir comme cadeau de mariage aux nouveaux mariés notre magnifique maison de la rue Saint-Paul, celle-là même où nous fêtons actuellement. Comme Marie-Anne est née et a grandi à Québec, il serait logique que nous nous y établissions. J'y installerai en permanence notre commerce, tandis que Pierre veillera à nos intérêts à Montréal. Nous demeurerons dans la maison familiale des Vermet, dits Laforme.

Aussitôt dit, Jean sortit symboliquement d'un étui la clef de la maison de la rue Saint-Paul, qu'il remit à son frère en lui donnant l'accolade. Pierre se rendit embrasser sa belle-sœur, tandis que Jean faisait la bise à Esther.

— Quant à vous tous, chers invités, nous espérons que vous avez apprécié notre banquet qui s'est déroulé selon la coutume basque. Toutefois, soyez convaincus que nous sommes tout aussi fièrement canadiens et que nous sommes installés ici pour y rester.

D'autres applaudissements fusèrent. Jean de Lestage conclut :

— Nous nous reverrons sans doute au baptême du premier enfant d'Esther et de Pierre.

La foule, ravie, exprima son contentement par un grand « Ah ! »

Fier de son coup, Jean s'empressa d'ajouter :

— Oui, oui. Pierre est apprécié par le gouverneur de Ramezay pour son sens des priorités dans sa gestion...

Les rires fusèrent de nouveau. Esther rougissait de plus en plus. Marie-Anne de Lestage regarda son mari en fronçant les sourcils avec un air de reproche. Ce dernier s'en rendit compte et obtempéra.

— Trêve de plaisanteries...

Il se racla la gorge et poursuivit :

— Pour nous rassurer ou me démentir, je demanderai au gouverneur de bien vouloir nous adresser quelques mots.

Pris au dépourvu, ce dernier ne put que sourire à la boutade. Il se leva et s'adressa publiquement aux mariés.

— Bien chers Esther et Pierre..., mon épouse Marie-Charlotte et moi-même sommes ravis de vous savoir unis pour la vie. D'avoir été invités à partager ce banquet de noces, en tant qu'amis de la famille Lestage, fut un bonheur supplémentaire... Et cette réception basque, un plaisir inoubliable... Marie-Charlotte a pu, dans ses œuvres caritatives, apprécier le zèle et le dévouement d'Esther pour les malades de l'Hôtel-Dieu et pour les pauvres de la paroisse Notre-Dame-de-Bon-Secours. Quant à Pierre, j'ai pu apprécier ses talents de financier à la gouverne des finances de Montréal. C'est un excellent administrateur qui saura faire de notre ville, un jour, une métropole économique à l'égal de la ville de Québec. Il pourrait même en être le maire, quand il soignera davantage ses appuis politiques...

Plus d'un savait le malaise qui régnait entre Vachont de Belmont, seigneur de Montréal et Supérieur des sulpiciens, et Pierre de Lestage depuis l'accueil libertin que ce dernier avait réservé à Cassandre Allard au château Ramezay.

— Quant à moi, je souhaiterais égoïstement ne pas voir ce jour arriver, afin de conserver ce brillant jeune homme le plus longtemps possible comme adjoint. Qu'il sache toutefois que ce ne sera pas moi qui l'empêcherai de s'élever dans notre société. Au contraire, je ferai tout mon possible pour l'y encourager… Je sais que la communauté marchande de Montréal nécessite une relève de talents et que Pierre est dans sa mire. Comme il n'y a rien d'incompatible entre ses fonctions d'agent des trésoriers généraux de la Marine et cette société marchande, un joyau de l'économie de notre ville, il pourra s'y consacrer le temps qu'il voudra… Bien chers amis, comme vous le savez tous, les Anglais sont à nos portes et Montréal est un jalon stratégique dans leur espoir de conquête. Jusqu'à maintenant, nous les avons stoppés à Chambly, mais ils reviendront, et en force, puisqu'ils sont si nombreux. Comme Montréal est une plaque tournante pour le commerce de la fourrure dans l'Ouest canadien et vers la baie d'Hudson très convoitée par les Anglais, plus ils respecteront notre savoir-faire, moins ils auront envie de nous anéantir, car notre apport commercial leur sera essentiel… Alors, serrons-nous les coudes et continuons à croire en l'avenir de Montréal et de la Nouvelle-France! Et vive les nouveaux mariés!

Des vivats se firent entendre. Jean de Lestage se leva alors et alla donner la main au gouverneur. Par la suite, il invita son frère à prendre la parole. Ce dernier ne se fit pas prier et s'avança, après avoir remercié son frère d'un sourire complice.

— Ma charmante épouse Esther et moi avons été choyés d'avoir pu célébrer nos noces en compagnie du gouverneur et de madame de Ramezay. Cet honneur est d'autant plus grand lorsque le gouverneur de Montréal, le futur gouverneur de la Nouvelle-France, est votre patron… et votre ami.

Jean de Lestage faillit en échapper son verre, tandis que Pascaud eut un rictus de contrariété. Le gouverneur de Ramezay avait dit vrai : Pierre de Lestage avait tendance à commettre des bourdes diplomatiques. Celle-là, toutefois, avait semblé lui plaire, car, légèrement égrillard, il se mit à applaudir. Les invités se mirent à applaudir à sa suite. Ramezay se permit même de dire à haute voix :

— Ce que mon ami vient de dire pourrait se faire un jour. Délogeons d'ici là les Anglais et nous verrons bien!

Pierre de Lestage lui sourit et continua :

— Esther et moi avons été comblés d'avoir pu vivre ces instants de bonheur suprême en présence de parents et d'amis sincères et charmants. À Marie-Anne et à Jean, comment pourrons-nous un jour rendre la pareille, et même leur offrir plus que ce qu'ils viennent de nous donner : une résidence cossue au cœur même de Montréal ? Nous tâcherons d'honorer notre voisinage en étant aussi agréables qu'ils l'ont été. Et, même là, quelqu'un pourrait-il nous faire une suggestion ?

— En emplissant la maison d'enfants ! entendit-on.

Cela amusa les invités. Esther sentit à nouveau que son visage s'empourprait. Décontenancé, Pierre bafouilla :

— Excellente suggestion !

Sa réponse eut l'heur d'intensifier l'hilarité des convives.

— Je voulais dire : leur faire honneur en étant de bons voisins. Je n'ai aucun doute à ce sujet, car, aujourd'hui, je me suis marié avec la femme la plus douce et la plus aimante qui soit.

Roxanne pencha la tête, mortifiée, tandis que Charlotte pensa à sa cousine Cassandre.

— Marie-Anne, Jean, il nous est naturel de vous dire, Esther et moi : vous serez chez vous chez nous. Quant à vous tous, la porte vous sera toujours ouverte.

Des salves d'applaudissements éclatèrent.

— Un dernier mot pour remercier encore une fois ma belle-sœur et mon frère pour cette belle réception selon la coutume basque. Nos parents auraient été fiers d'y être. Je crois même qu'ils y étaient.

À ces mots, Jean de Lestage se précipita pour aller donner l'accolade à Pierre et faire la bise à Esther, accompagné de Martin Casaubon. La musique et la danse reprirent aussitôt et les festivités, après le départ du gouverneur, se poursuivirent tard dans la nuit. Cependant, Esther et Pierre étaient montés à la chambre nuptiale peu après.

Juste avant, Roxanne avait dit à Esther :

— Mes meilleurs vœux de bonheur, Esther. Sois heureuse !

— Je te souhaite de rencontrer un homme aussi merveilleux que Pierre. Tu le mérites tellement !

Roxanne avait encaissé le choc sans broncher. Elle avait alors fait un effort surhumain pour lui sourire en guise d'approbation.

Elle avait compris qu'elle n'avait jamais cessé d'aimer Pierre et encore une fois, elle se sentait veuve.

À la fin du mois d'août 1712, Esther et Pierre de Lestage prirent possession de leur maison de la rue Saint-Paul.

Chapitre XXVI
Enfin mariés!

Église Notre-Dame de Québec, 29 octobre 1712

Le 15 octobre, le postier s'arrêta à la forge du fief Chicot, portant une invitation. Quand Étiennette Latour ouvrit l'enveloppe, elle s'écria :

— Enfin! Quand je vais dire ça à Pierre!

Quand le forgeron se présenta à la maison à l'heure du dîner, sa femme l'informa de la venue du postier.

— Nous avons reçu une belle invitation, Pierre. Et tu ne pourras certainement pas deviner ce dont il s'agit.

— On nous invite à un mariage?

— Oui, bravo! Mais tu ne sais pas « qui » nous invite.

— Une de tes sœurs, j'imagine! Antoinette?

— Mais non! C'est vrai qu'Antoinette a un cavalier et qu'ils parlent de mariage, mais elle est encore beaucoup trop sous les jupes de ma mère pour cela.

— Pourtant, elle doit l'être de moins en moins puisque leur mariage est pour bientôt.

Étiennette ne donna pas suite à cette réflexion.

— C'est mademoiselle Marie-Anne et son beau La Vérendrye! Ils vont enfin se marier. C'est mon amie Marie-Anne qui doit nager dans le bonheur!

Étiennette fut surprise du silence de son mari.

— Tu ne dis rien?

— Quand?

— Le 29 octobre prochain. Tiens, je vais te lire l'invitation.

Étiennette commença sa lecture :

« Madame Jeanne-Marguerite Lenoir Dandonneau Du Sablé, veuve de l'ancien coseigneur de l'île Dupas, a le plaisir de vous inviter au mariage religieux de sa fille Marie-Anne Dandonneau avec Pierre Gauthier de Varennes de La Vérendrye, fils de madame Marie-Ursule Boucher de Varennes. Le chanoine Jean-Baptiste de Varennes, procureur du Séminaire de Québec et frère du marié, célébrera cette cérémonie de mariage qui aura lieu… »

Étiennette s'arrêta aussitôt de lire. Pierre Latour la regarda, soupçonneux.

— Continue.

Étiennette, la tête baissée, finit de lire le faire-part. Elle s'attendait à une fin de non-recevoir venant de son mari.

« … à l'église Notre-Dame de Québec, en présence des dignitaires coloniaux, les gouverneurs de Québec, de Montréal et des Trois-Rivières. »

— C'est impossible, c'est trop loin. Imagine, naviguer avec le froid du fleuve, en plus !

Comme Étiennette restait silencieuse, le forgeron continua.

— Ce n'est pas le bon moment, non plus, pour se marier. Pourquoi n'attendent-ils pas au printemps ?

À ces mots, Étiennette sortit de ses gonds.

— Je te ferai remarquer, mon cher mari, que nous nous sommes mariés un 1er décembre ! On est encore loin du compte.

— Oui, mais c'était à l'île Dupas, non pas à Québec ! N'empêche qu'ils auraient pu attendre.

— Parce que, Pierre Latour, tu n'es pas capable d'imaginer l'impatience de Marie-Anne depuis le retour de son fiancé. Après cinq ans d'attente, ils ne veulent sans doute pas perdre une seconde de plus ! Vous, les hommes mariés, semblez facilement oublier la fébrilité des sentiments. Tiens, je crois que c'est ce qui nous différencie le plus.

Comme Pierre Latour ne réagissait pas, Étiennette eut un éclair de lucidité.

— Mais j'y pense ! La date du mariage coïncide avec celle de ta tournée de tes gisements de fer, n'est-ce pas ?

Le forgeron préféra ne pas répondre, le nez dans son assiette. Étiennette pinça les lèvres et ajouta :

— Alors, tout s'éclaire. Monsieur ne veut pas m'accompagner au mariage de mon amie parce qu'il fait passer ses occupations professionnelles avant tout.

— Étiennette, je pense que c'est honorable d'être consciencieux dans son travail. Vous ne manquez de rien, les enfants et toi, à ce que je vois, s'empressa d'ajouter Latour.

— Ta présence nous manque ! Voilà, c'est dit. Les enfants sont encore trop jeunes pour pouvoir s'en plaindre, malheureusement. Alors, je me fais leur porte-parole… Quelques jours de vacances en amoureux nous feraient un grand bien.

Comme le forgeron ne donnait pas suite, à la grande déception de sa femme, elle s'entêta :

— Parfait, vaque à tes occupations ; j'irai seule.

— Mais tu ne peux pas laisser les enfants comme ça ! Ils s'ennuieraient beaucoup trop. Et qui s'en occupera ?

— Ils ne seront pas seuls ; tu seras là pour t'en occuper. Et puis, je ne serai partie qu'une petite semaine avec la famille Dandonneau.

— Et mes réserves de fer ?

— Tu iras à la mi-novembre.

— Et s'il neige ?

— Il y a des risques qu'il faut prendre.

Pierre Latour regarda sa femme d'un air attristé.

— Et toi, tu ne prends pas de risques pour ta santé ? N'est-ce pas toi qui me disais que tu en étais à ton deuxième mois de grossesse ?

Étiennette se rendit compte que son mari lui était attaché plus qu'elle ne le pensait. Cette réalité ne changea pas sa détermination.

— Je commence ma grossesse. Il n'y a aucun risque, voyons. Et puis, je ne serai pas absente de la maison longtemps. Je pourrai demander à Antoinette de venir t'aider pour l'ordinaire.

— Tu devrais plutôt dire ta mère. Trois jeunes enfants, ça commence à faire une grosse besogne pour une future mariée !

— D'accord, disons ma mère. Sinon, Antoinette se découragera de se marier, c'est sûr. Paraît-il que Jean Gauthier, dit Saint-Germain, son fiancé, est un beau jeune homme et qu'il lui tourne autour depuis plus longtemps que l'on pourrait penser !

— C'est parce que tu es partie de la Rivière-du-Loup depuis trop longtemps.

— Le crois-tu ? J'ai idée que ce sont encore des cachotteries de ma famille.

Le 26 mars 1712, Marguerite Pelletier et son second mari, Jean-Jacques Gerlaise, dit Saint-Amand, avaient convoqué une réunion de famille à Maskinongé afin de partager une somme d'argent et une terre située à la Rivière-du-Loup entre les enfants de Marguerite. Parce qu'Étiennette avait déjà reçu sa part d'héritage lors de son mariage, Marguerite et Jean-Jacques avaient cru bon de ne pas la convoquer avec son mari, sous prétexte d'éviter une remise en question du partage familial.

Ayant appris la nouvelle par Charles Boucher, Étiennette était devenue furieuse. Elle avait souhaité que son mari exige une autre réunion de famille, mais ce dernier avait refusé, disant à Étiennette que sa mère avait bien le droit de disposer de ses avoirs comme elle l'entendait puisqu'ils avaient déjà eu leur juste part de l'héritage de François Banhiac Lamontagne.

Le forgeron avait le goût de lui répondre : *Aurais-tu déjà oublié ton amour secret avec Pierre Hénault Canada ?* Mais il ne voulait pas ressasser de mauvais souvenirs alors que Canada était toujours à la solde du comte Joli-Cœur dans les Pays-d'en-Haut. Pour Pierre Latour, plus loin il était, moins dangereux il était.

Il demeurait silencieux. Étiennette dit alors :

— C'est vrai, monsieur n'aime pas la chicane. Surtout quand son ami Viateur est concerné. Alors que tu aurais pu prendre davantage ma défense devant ma famille ! Enfin, il est sans doute préférable pour nous de tourner la page, si l'on veut que ma mère vienne nous aider… Mais cela ne veut pas dire pour autant que nous irons au mariage d'Antoinette… Après tout, ce Jean Gauthier, dit Saint-Germain, nous ne connaissons même pas sa famille…

Peine perdue, le forgeron ne broncha pas. Étiennette décida alors de l'attaquer sous un autre angle :

— Dommage que tu ne puisses pas m'accompagner au mariage de mademoiselle Marie-Anne. Tu vas rater l'occasion de rencontrer ces messieurs les gouverneurs de la colonie, ainsi que la famille Varennes.

— Je te promets que j'écouterai religieusement le récit que tu en feras à ta mère et à ta sœur, comme si tu étais le prédicateur à l'église. Elles ne rateront certainement pas l'occasion de te questionner.

— Alors, mon gaillard, tu es mieux d'être placé sur le premier banc en avant, plutôt que de te cacher, selon ton habitude, à l'arrière! répondit Étiennette du tac au tac avec le sourire.

Le 25 octobre suivant, Étiennette prenait place sur le bateau affrété par la famille Dandonneau, en route vers Québec. Le marquis de Vaudreuil avait autorisé les invités du chevalier de La Vérendrye à loger au château Saint-Louis. Le 29 octobre suivant, au matin, Étiennette pouvait détailler l'assistance de son banc de la basilique Notre-Dame.

Pierre de La Vérendrye et Marie-Anne Dandonneau avaient voulu un mariage simple. Déjà, le marié était agenouillé à son prie-Dieu, vêtu de son uniforme d'officier de l'armée française. La médaille de bravoure ainsi que le pommeau de son épée scintillaient sous les rayons du soleil qui pénétraient par le vitrail. Il avait demandé comme témoin son frère Jacques-René, le seigneur de Varennes, qui était accompagné de sa jeune épouse, Marie-Jeanne Le Moyne de Sainte-Hélène. Le couple s'était marié le 7 août 1712.

C'était Louis-Adrien Dandonneau, âgé de vingt et un ans, qui servait de témoin à Marie-Anne Dandonneau; le frère et la sœur étaient agenouillés eux aussi à leur prie-Dieu.

Le marquis de Vaudreuil avait déjà pris place dans son banc capitonné de velours bleu de gouverneur de la Nouvelle-France. Près de la balustrade, le drapeau fleurdelisé de la France était bien appuyé sur son socle, à la vue de tous.

Sur les premiers bancs, Étiennette pouvait remarquer la présence du gouverneur des Trois-Rivières, le marquis François de Galiffet, chevalier de Saint-Louis, ancien commandant des troupes aux Trois-Rivières et à Québec, veuf de Marie-Anne Aubert de La Chesnaye, et celle du major des Trois-Rivières, François Desjordis-Moreau[142].

---

142. François Desjordis-Moreau (1666-1726). Il venait récemment d'être démobilisé du commandement du fort Chambly, qu'il avait dirigé de 1711 à 1712, alors qu'il avait succédé à Raymond Blaise Des Bergères, le nouveau beau-père de Marie-Françoise Viennay Pachot. Il fut également ancien commandant du fort Frontenac en 1696, compagnon d'expédition de Pierre Le Moyne d'Iberville au Mississippi en 1698, et compagnon du gouverneur de Ramezay en Nouvelle-Angleterre contre Nicholson en 1709.

Le major Desjordis était marié à Louise-Catherine Robineau, fille de René Robineau de Bécancour, baron de Portneuf, et sœur de Marie-Marguerite-Renée de Bécancour, celle-là même à qui Jacques-René de Varennes avait promis le mariage en 1709. Ce dernier venait d'obtenir un jugement atténué de la part du Conseil supérieur, avec l'obligation de payer 3 000 livres de dédommagement à son père. Quelques jours après le prononcé du jugement, il se mariait avec Marie-Jeanne Le Moyne de Sainte-Hélène.

Dès que Louise-Catherine aperçut l'épouse du seigneur de Varennes, son air glacial ne présagea rien de bon.

Du côté des Varennes, Étiennette aperçut la mère de Pierre, Marie-Ursule Boucher, ainsi que ses sœurs. Marie-Renée de Varennes était accompagnée de son aînée, Margot, âgée de onze ans depuis près de trois mois, élève au couvent des Ursulines de Québec grâce à la générosité de son arrière-grand-père, Pierre Boucher. La jeune fille était agenouillée, les mains jointes et les yeux fermés, en train de prier, car ses lèvres frémissaient.

Étiennette ressentit un certain embarras en reconnaissant Pierre de Lestage, accompagné d'une jeune femme rousse qu'elle imagina être son épouse, Esther. Elle eut aussitôt une pensée pour son amie Cassandre, qui éprouvait sans doute encore du chagrin d'amour pour Lestage. Du côté de la famille Dandonneau, Jeanne-Marguerite prenait place avec ses autres enfants. Suivaient Jacques Dandonneau et sa femme Catherine Duteau, présents aux noces de Pierre Latour et d'Étiennette, ainsi que quelques représentants de la famille du coseigneur de l'île Dupas, Jacques Brisset, dit Courchesne.

L'homélie du chanoine de Varennes loua les vertus du sacrement du mariage, mais surtout l'amour inconditionnel, la tolérance et la patience qu'avait su démontrer sa belle-sœur durant les cinq longues années passées dans l'attente du retour de son fiancé. Le sermon arracha des larmes à Marie-Renée de Varennes de la Jemmerais, veuve depuis sept ans.

La réception fut donnée par le gouverneur de Vaudreuil au château Saint-Louis. Étiennette, qui en était à sa première visite de la demeure du gouverneur de la Nouvelle-France, en était tout émerveillée. Elle offrit ses meilleurs vœux de bonheur aux nouveaux mariés, d'abord à Marie-Anne.

— Je suis tellement heureuse pour toi, Marie-Anne! Tu vois qu'il ne fallait pas désespérer!

— Je te remercie, Étiennette. À partir de maintenant, je pourrai te faire concurrence, ajouta la mariée avec un sourire espiègle.

— Alors, il te faudra quelques couples de jumeaux, car je t'apprends que je suis enceinte pour une quatrième fois.

— Non ! Mes félicitations ! Il est prévu pour quand ?

— Pour le début du mois de mai.

— Alors, ce sera moi qui irai te rendre visite juste après la fonte des glaces.

— Tu ne le pourras peut-être pas…

— Le penses-tu ? Souhaitons que tu dises vrai, Étiennette.

Pierre de La Vérendrye, qui venait d'entendre cette dernière phrase, tint à remercier Étiennette pour sa venue au mariage.

— Merci d'être là, Étiennette. Est-ce que monsieur Latour vous accompagne ?

— Il ne le pouvait pas. Vous comprenez, ses fameux gisements de fer… Mais il m'a demandé de vous féliciter.

— Vous le remercierez de notre part. Dites-lui qu'il a raison, le fer est une industrie prometteuse, quoique nous regrettions son absence, Marie-Anne et moi.

En disant cela, il embrassa sa femme sur la joue et alla rejoindre son ami Pierre de Lestage. Ce dernier avait cherché à éviter Étiennette. Celle-ci ne tenait pas davantage que lui à ce qu'ils puissent se croiser. Toutefois, le hasard fit qu'ils durent s'adresser la parole.

— Étiennette, comment allez-vous ? Permettez-moi de vous présenter mon épouse, Esther.

Se tournant vers cette dernière, Lestage ajouta :

— Madame Latour est l'épouse du forgeron dont je te parlais il n'y a pas si longtemps. Ils résident sur la seigneurie de Berthier, voisins de Françoise et de Martin.

— Ce que vous en avez, de la chance, madame Latour ! J'ai tellement hâte d'être votre seigneuresse. Vous saviez que Pierre avait l'intention d'y construire un autre manoir, n'est-ce pas ?

Devant la consternation d'Étiennette, Lestage rectifia le tir.

— Tu sais, ma chérie, il faut que je l'achète d'abord, cette seigneurie ! Mais ça ne devrait pas tarder. En attendant, nous pourrions nous installer en villégiature dans les îles, l'été !

— Pourquoi pas à la rivière Bayonne, près de chez Françoise et Martin? Nous pourrions nous y croiser… Comment s'appelle votre mari, déjà?

Étiennette n'apprécia pas du tout l'effronterie de la jeune femme. De plus, sa chevelure rousse l'indisposa.

Non, mais quelle audace! En plus d'être une voleuse de fiancé, elle cherche à se mêler à notre prochain voisinage. Pauvre Cassandre! En plus, il ne dit rien! Ce diable d'homme n'a aucun remords. Regarde donc sa tête, à cette Anglaise! Une chevelure éparse, sans retenue et sans style. Rien d'attirant en comparaison avec la beauté de Cassandre. Et ces taches de rousseur… Je me demande bien ce qu'il a pu lui trouver! Probablement le profit, puisqu'elle est Anglaise et qu'elle a sans doute le commerce dans le sang. Et lui, qui est bien vu comme commerçant à Montréal! Qui aurait pu croire que Pierre de Lestage soit aussi calculateur? Non, je ne me laisserai pas enjôler, ne serait-ce que par respect pour Cassandre!

— Pierre Latour, mais il se fait aussi appeler Laforge. Cependant, nous sommes toujours résidents du fief Chicot de la seigneurie de l'île Dupas, dont le frère de Marie-Anne sera bientôt le seigneur. Toutefois, nous ne déménagerons pas à la rivière Bayonne prochainement. C'était dans nos plans, mais nous avons changé d'idée, mon mari et moi. Ce projet est remis à plus tard.

Pierre de Lestage écoutait en silence la répartie d'Étiennette. Il comprit aussitôt que cette dernière lui reprochait le départ de Cassandre et qu'elle ne lui pardonnait pas. Il plissa les lèvres, à la grande satisfaction d'Étiennette. Il prit le bras d'Esther en lui disant:

— Il nous reste d'autres invités à saluer, ma chérie. Tiens, j'aperçois notre gérant, Guillaume Estèbe, et la distinguée Charlotte Frérot. Son père a été un de nos associés, à notre arrivée. Il avait déjà été le seigneur de la Rivière-du-Loup.

Il avait insisté sur le mot «distinguée». Il sourit à Étiennette et lui fit la révérence. Cette dernière lui rendit sa politesse, se demandant bien si le Basque était sincère. Elle avança à l'intention d'Esther:

— J'ai été heureuse de faire votre connaissance, madame de Lestage. Nous nous reverrons bien un jour, peut-être chez Marie-Anne et Pierre.

Avant qu'elle ne lui réponde, Pierre de Lestage entraîna sa femme et lui dit, à mots couverts:

— Étiennette Latour a grandi dans la seigneurie de la Rivière-du-Loup. Une seigneurie de petites gens, peuplée de paysans et de coureurs des bois, en fait. C'est le lieu natal d'Isabelle Couc, la Sauvagesse, amante de Kawakee, avec lequel j'ai été en captivité chez les Mohawks. Elle est maintenant mariée avec un chef iroquois.

— Des petites gens de rien du tout! Est-elle Abénaquise, cette Isabelle?

— Non, Atticamègue.

— J'aime autant ça. Tu sais sans doute qu'avec Roxanne, nous avons été captives des Abénaquis.

Pierre de Lestage ne voulait surtout pas entendre parler de son ancienne maîtresse, Roxanne Bachant.

— Tout à fait, tu me l'avais déjà dit… Ces gens ne sont ni de notre fortune ni de notre condition. C'est la raison pour laquelle, même si Étiennette te semble agréable, elle n'est pas de ton rang social et elle ne sera jamais seigneuresse comme toi.

— Je vais faire en sorte de ne pas la fréquenter… Mais comment se fait-il qu'elle soit l'amie de Marie-Anne et de Pierre?

Pierre de Lestage ne répondit pas à Esther. Il s'exclama plutôt à haute voix, se dirigeant vers Guillaume Estèbe:

— Guillaume, Charlotte, comme nous sommes heureux de vous revoir! La dernière fois, c'était il y a trois mois, à notre mariage. C'est comme si c'était hier.

Il apparut rapidement à Étiennette que le Basque feignait le bonheur conjugal parfait. Il parlait d'un ton trop fort pour quelqu'un qui vit un bonheur intérieur. C'est du moins ainsi qu'elle le perçut.

Ça me semble trop beau pour être vrai. Il en fait trop. Il doit regretter sa rupture avec Cassandre! Quoique cette Esther me semble plutôt bien, à y regarder de plus près. En espérant qu'il ne lui joue pas dans le dos!

Étiennette avait hâte d'aller rejoindre à son tour Charlotte et Guillaume, afin de leur demander s'ils avaient eu des nouvelles de leurs parents. Rapidement libérés par Lestage, lorsque ce dernier exprima de manière audible son regret d'apprendre la mort du fermier général, François Berthelot, leur précieux contact d'affaires, Étiennette s'approcha de Charlotte, qu'elle avait connue pendant quelques étés à la Rivière-du-Loup.

— Vous me reconnaissez, mademoiselle Frérot, Étiennette Banhiac Lamontagne?

— La fille du sabotier de la Rivière-du-Loup? Vous étiez toute petite! Comment allez-vous? Êtes-vous mariée?

— Bien mariée et nouvellement enceinte de mon quatrième… Je suis la grande amie de Cassandre Allard, qui est partie à Paris avec vos parents. Avez-vous eu de leurs nouvelles?

Au nom de Cassandre Allard, Guillaume Estèbe se rapprocha. Charlotte répondit:

— Non. Le dernier bateau de France devrait arriver au plus tard dans un mois. Avant cette date, je ne m'inquiète pas encore. Nous vous tiendrons au courant, soyez sans crainte… Venez, je vais vous présenter à Marie-Anne de Lestage. Elle nous dira si elle a eu des nouvelles de la comtesse et du comte Joli-Cœur, l'associé de son mari.

Heureuse de faire la connaissance d'Étiennette, dont elle avait entendu le plus grand bien de la part de Françoise Casaubon, Marie-Anne de Lestage répondit également par la négative. Elle assura toutefois Étiennette du plaisir qu'elle aurait d'aller la visiter avec sa belle-sœur au fief Chicot, puisqu'elle venait d'apprendre par Esther que les Latour reportaient leur déménagement à la rivière Bayonne.

Étiennette, qui avait décidé cela spontanément, surtout pour contrarier Pierre de Lestage, tenta de se justifier à elle-même.

En m'éloignant du fief Chicot, je me coupe de toute possibilité de revoir Pierre Hénault Canada.

Elle réalisa soudain toute son impiété et son absence de scrupule. Elle se tourna aussitôt vers Guillaume et lui demanda:

— Avez-vous eu des nouvelles de la famille de Cassandre Allard de Charlesbourg? Ma mère, une sage-femme, a accouché Eugénie Allard de son premier, André.

Surpris de l'amitié des familles Allard et Lamontagne, Guillaume répondit chaleureusement:

— J'ai su qu'André et Jean s'étaient associés pour fournir du bois de charpente au chantier naval de la rivière Saint-Charles. Vous comprenez, le chantier est en pleine expansion avec la menace anglaise. Quant à Simon-Thomas, il vient d'entreprendre une société de bois de sciage à Gros Pin avec son voisin, Charles Villeneuve. Eux aussi, pour le chantier naval. Georges est allé s'établir à Beauport, près de la famille Bédard. Quant à leur frère, le chanoine Allard, nous avons su qu'il se préparait fébrilement au retour de Monseigneur de Saint-Vallier.

— Ils ont en quelque sorte suivi, à rebours, les conseils de leur mère, madame Eugénie, poursuivit Charlotte.

— Que voulez-vous dire par là?

— Nous avons su que madame Allard, désespérée par l'épidémie de la fièvre de Siam, au début localisée à Charlesbourg, avait demandé à ses fils d'aller travailler aux redoutes de Québec. C'est par la suite qu'elle accompagna le docteur Estèbe à l'Hôpital général.

— Et Catherine, la petite-fille de madame Eugénie?

Charlotte sourit au prénom de Catherine.

— L'infirmière de Rémi Baril, qui a acheté ma pratique médicale, et qui a toujours le nez dans l'herbier de sa grand-mère? Il y a promesse de mariage dans l'air, j'en suis sûre. C'est la raison pour laquelle son père, André, a délaissé momentanément la sculpture, afin de payer sa dot. Même si Rémi est médecin, un père conserve sa fierté, n'est-ce pas?

Étiennette fut agréablement surprise de voir arriver Marie-Anne et Pierre, les nouveaux mariés. La Vérendrye intervint.

— Sans vouloir vous interrompre, j'ai entendu parler des Anglais et du retour possible de notre prélat. Si vous voulez mon avis, ces deux événements seront reliés, sans nul doute. Mais de quelle manière? Nous en reparlerons la prochaine fois à l'île Dupas, car nous allons tous vous inviter, l'été prochain. Ah, l'île Dupas, l'île progressiste de l'égalité où les fermiers sont propriétaires, et non censitaires comme en France, où la loi du sang prévaut sur le mérite personnel! Qu'en dis-tu, mon amour?

Étiennette sourit à son amie Marie-Anne. Elle se pencha du côté de Charlotte Frérot et lui murmura:

— Moi, je parierais que nous serons invités à la cérémonie de baptême.

Charlotte Frérot, plutôt que de réagir au commentaire d'Étiennette, se tourna vers Guillaume et le regarda amoureusement.

Étiennette eut la joie de s'informer auprès de la petite Margot de ses études. La fillette lui répondit avec ingénuité :

— J'aime les cours de catéchisme et les récréations avec mes nouvelles amies. Bientôt, nous commencerons les cours de broderie et de travaux d'aiguille, comme le faisait mère Marie de l'Incarnation, notre fondatrice… Dites-moi, madame Latour, mademoiselle Cassandre n'est pas venue au mariage de tante Marie-Anne ?

— Non, Cassandre est partie chanter en France. Mais elle a pensé à toi, car elle m'a demandé de te dire au revoir pour elle.

La fillette resta pensive un instant, puis dit :

— J'aimerais que vous puissiez lui dire, dans une lettre, que je l'aime bien et que je prie pour son succès. Plus tard, quand je saurai écrire, j'aimerais le lui dire moi-même.

Surprise, Étiennette répondit :

— À ce moment-là, je te ferai connaître son adresse et elle sera ravie d'avoir de tes nouvelles.

À cette perspective, la fillette sourit. Puis, Margot voulut confier un secret à Étiennette. Elle lui chuchota à l'oreille :

— Maman m'a promis que je passerais mes étés chez tante Marie-Anne et oncle Pierre, à faire les foins à l'île Dupas. Nous aurons l'occasion de nous revoir là-bas, n'est-ce pas ?

— Bien entendu, je te le promets. Et tu pourras bercer mon bébé. Toutefois, il faudra bien étudier avant.

La fillette sourit de fierté et fit signe que oui. Quand Marie-Renée, sa mère, s'en rendit compte, elle demanda à Étiennette :

— Ma fille ne vous gêne pas, au moins ?

— Oh, bien au contraire ! C'est moi qui l'ai abordée… Nous parlions de Cassandre.

— Cassandre ? Ah oui, l'autre Marie-Renée ! Une très jolie voix… Mais un personnage de nature un peu frivole. Et vous, madame Latour, où en êtes-vous avec votre petite famille ?

— Je viens d'apprendre que je suis enceinte de mon quatrième, madame.

— Toutes mes félicitations ! Vous êtes un exemple pour notre jeunesse. Je vous souhaite un autre bel enfant. Je vous avoue que ce n'est pas facile d'élever seule sa marmaille.

— Je vous comprends, madame. Je vous promets que je prendrai bien soin de mon mari.

— Monsieur Latour ne vous accompagne pas ?

— Non, son travail l'accapare tant!

— C'est vrai que le maréchal-ferrant est indispensable aux colons… comme le meunier, par exemple. Son temps ne lui appartient pas, évidemment.

— Comme vous dites si bien, madame! répondit Étiennette, songeuse.

N'empêche qu'il aurait pu se libérer, s'il l'avait voulu!

Aussitôt, le souvenir de Pierre Hénault Canada — qui, lui, était libre des entraves du quotidien — lui revint en tête. Étiennette n'essaya pas de chasser cette pensée qu'elle trouva réconfortante.

Reviendra-t-il? Il faudrait que je m'en informe au comptoir de sa compagnie, ici, à Québec, à l'insu de Marie-Anne. Mais si elle l'apprenait, comment réagirait-elle? Elle a assez de penser à son propre bonheur. Il ne faut pas que je m'attende à ce que Canada m'écrive, ce n'est pas son genre… Voyons, Étiennette, tu ferais mieux de l'oublier, enceinte de ton quatrième!

— Comme vous dites si bien, madame…, répéta Étiennette.

Marie-Renée de Varennes la regarda d'un drôle d'air et préféra s'éclipser.

De retour au fief Chicot, Étiennette perdit pied sur le bois détrempé du fond de la barque et bascula dans l'eau glacée du chenal du Nord, en face de l'île aux Castors. Elle fut attrapée rapidement par Louis-Adrien Dandonneau. Toutefois, le frisson l'avait gagnée et c'est dans cet état lamentable qu'elle fut accueillie par sa mère lorsqu'elle arriva dans les bras de son sauveteur. Marie-Anne et La Vérendrye les accompagnaient.

— Doux Jésus! Que t'est-il arrivé? cria sa mère, paniquée… Ça se passe de commentaires, tu as failli te noyer. Et ton bébé! Laisse-moi t'ausculter.

La sage-femme procéda à son examen, tandis que Louis-Adrien allait chercher le forgeron. Il tenait les vêtements trempés d'Étiennette qu'il amenait faire sécher près du feu de la forge. Quand Pierre Latour aperçut les vêtements, il comprit qu'on avait rescapé un malheureux tombé à l'eau.

Pourvu que ce ne soit pas Étiennette!

À la nouvelle, il se précipita à la maison, démolissant presque la porte adjacente de son épaule. Marie-Anne lui indiqua qu'Étiennette était dans la chambre avec sa mère. Quand il entra, Marguerite était prête à livrer son diagnostic.

— Elle n'a rien, Dieu merci. Quant au bébé, je n'en sais trop rien. Il est trop tôt… attendons.

Marguerite prit une profonde inspiration.

— Tu vas écouter les conseils de ta mère et de la sage-femme, puisque ton mari est trop amoureux pour être objectif dans sa prise de décision… Tu viens de risquer la vie de ton enfant par cette chute dans l'eau glaciale. Je t'en supplie, pour la vie de cet enfant qui va naître, ne déménage pas à la rivière Bayonne trop tôt… Tu me comprends, Étiennette?

Tremblotante, emmitouflée dans ses couvertures de laine, Étiennette acquiesça à la requête de sa mère. Cette dernière regarda Pierre Latour, soulagée, et ajouta :

— Je le savais que je pouvais compter sur ton gros bon sens, ma fille. Maintenant, n'en parlons plus et, surtout, ne nous chicanons plus sur cette question. Si vous tenez à le faire, vous déménagerez quand tout le monde sera en santé.

Là-dessus, Marguerite embrassa sa fille et la laissa à son mari.

En mai 1713, Étiennette accoucha d'une fille. La sage-femme, Marguerite Pelletier Gerlaise de Saint-Amand, constata qu'elle avait le « cœur bleu ». Pierre Latour Laforge, terrassé par cette nouvelle, ondoya[143] la petite. Elle mourut la nuit suivante.

---

143. Ondoyer: Baptiser sous condition au nom des trois personnes de la Sainte Trinité, sans observer les autres cérémonies du baptême. À cause de l'urgence du baptême, le baptiste était, la plupart du temps, un laïc.

CHAPITRE XXVII
Le traité d'Utrecht

Étiennette ne put contenir sa peine d'avoir perdu son enfant. Elle devint dépressive. Sa mère, Marguerite, décida de venir prendre soin de sa fille et s'installa au fief Chicot le temps que celle-ci récupère de ces tristes relevailles. En fait, Marguerite ne quitta pas la maison des Latour. Elle cachait une autre raison de rester au fief Chicot. Elle avait expliqué à sa cousine Agnès Pelletier-Boucher :

— Déjà quatre accouchements et elle n'a que vingt et un ans. Elle en aura bien une trâlée, à cette cadence-là ! Je sais de quoi je parle, puisque j'ai été dans la même situation !

Agnès comprenait. Son mari, Charles, ne ménageait pas ses attentions nocturnes, lui non plus.

Au milieu du mois de mai, Marie-Anne de La Vérendrye venait visiter son amie Étiennette lorsqu'elle apprit le malheur de cette dernière. Son mari l'accompagnait. Elle n'était pas peu fière d'arborer sa grossesse.

— Tu en es à quel mois, Marie-Anne ? demanda Étiennette.

— Presque six mois. J'accoucherai en août.

— Alors, toutes nos félicitations à vous deux.

Aussitôt, Étiennette s'effondra en pleurs.

— J'aurais tellement aimé te visiter…, je crains de ne pas en avoir la force, hoqueta-t-elle.

Marie-Anne offrit son mouchoir à Étiennette en annonçant :

— Il le faudrait bien, toutefois, car j'aurai besoin de toi auprès de moi.

Surprise, Étiennette regarda son amie tout en séchant ses pleurs.

— La Vérendrye est d'accord. Nous voulons que ce soit toi qui m'accouches comme sage-femme. Ta mère pourra t'assister, si tu préfères. Mais pour ça, il faudra te remettre sur pied, n'est-ce pas?

Étiennette n'en revenait pas de la confiance que lui témoignait son amie. Pour toute réponse, elle se dépêcha de lui faire la bise. Son sourire était revenu. Marguerite était également radieuse.

— Tu verras, tu deviendras rapidement reconnue comme sage-femme, après avoir accouché une seigneuresse.

— Mais, madame Saint-Amand, je n'ai pas de seigneurie! répondit Marie-Anne, surprise.

— Pour Étiennette et nous tous, oui! Ce sera un honneur pour ma fille de vous accoucher, et pour moi, de l'assister.

Marie-Anne de La Vérendrye donna naissance à son premier fils au manoir des Dandonneau à l'île Dupas le 18 août 1713. Étiennette Latour agit comme sage-femme, sous la surveillance de sa mère.

Le bébé reçut le prénom de Jean-Baptiste, en l'honneur du retour de Monseigneur Jean-Baptiste de La Croix de Chevrières de Saint-Vallier, prélat de la Nouvelle-France, le 17 août. Jusqu'à l'arrivée de l'oncle chanoine à l'île Dupas, le petit garçon devait s'appeler Pierre, comme son père. Mais, quand l'ecclésiastique avait annoncé triomphalement le retour du prélat à son frère et à sa belle-sœur, celle-ci s'était exclamée:

— Je veux que notre petit se nomme Jean-Baptiste!

— Et le porteur de la bonne nouvelle, tiens, pourquoi ne lui demanderions-nous pas d'être son parrain, à notre petit?

— C'est une excellente idée! S'il accepte, bien entendu; ça pourrait déroger au protocole ecclésiastique…

— Que je le voie refuser! Il ne sera certainement pas excommunié pour ça. Ce n'est pas une apostasie. Au contraire, tu verras, il sera précurseur d'une…

— Chut! Tu vas réveiller le bébé avec ta belle grosse voix! C'est une décision que prendront nos deux Jean-Baptiste ensemble. S'il était né le 24 juin, ça aurait été plus simple.

— Il n'aurait pas été de moi!

Comprenant sa bévue, Marie-Anne commença à verser quelques larmes.

— Ce n'est pas ce que je voulais dire, mon amour. Je sais bien que tu as été la fiancée exemplaire que j'ai toujours estimée. Il s'appellera Jean-Baptiste quoiqu'il advienne, parrain du même nom ou pas. Si mon frère n'accepte pas le parrainage, je demanderai à Lestage… Tu oublies que la Providence peut l'aider, ce petit.

— Que veux-tu dire ?

— Il sera peut-être frisé comme un mouton.

— Mais il n'a pas encore de cheveux !

La Vérendrye allait dire : *frisé comme mon frère Jean-Baptiste,* mais la remarque aurait été une insulte pour sa femme et son frère, dont la moralité était au-delà de tout soupçon.

Comme le baptême du bébé était déjà prévu pour le 22 août, le chanoine de Varennes avait pu assister à l'arrivée de son évêque avant de prendre le bateau pour l'île Dupas. Le desservant, Claude Volant, qui avait bien connu le chanoine au Séminaire de Québec et l'avait revu dans sa famille comme curé à Varennes, lui demanda :

— Dites-nous, Jean-Baptiste, comment avez-vous trouvé notre prélat ?

— Bien vieilli, hélas ! Fatigué, voûté, presque méconnaissable.

La population de Québec et des environs était là, au quai, le 17 août, heureuse d'accueillir son évêque après treize années d'absence. Monseigneur de Saint-Vallier n'était plus le jeune évêque au caractère hautain et impétueux de ses premières années d'épiscopat. Il était devenu mélancolique. Et pour cause. Le Roy l'avait assuré qu'il aurait un coadjuteur et qu'il étudiait deux candidatures : celle de monseigneur de Mornay, un Français capucin, et celle d'un chanoine canadien. Le chanoine de Varennes supputait les chances de ses confrères Glandelet et Allard, mais ne voulait pas se prononcer. Il espérait intérieurement faire partie de la courte liste des aspirants à la mitre.

La Vérendrye avait tenu absolument à ce qu'Étiennette et sa mère demeurent au fief Chicot le temps que Marie-Anne puisse reprendre des forces. Dès qu'elle le put, Marie-Anne remercia son amie. Souriante, celle-ci était ravie de tenir dans ses bras son premier-né.

— Merci, Étiennette, de m'avoir aidée à mettre au monde un petit garçon aussi vigoureux.

— C'est toi qui as fait tout le travail, pas moi, voyons !

La confiance avait redonné des ailes à Étiennette. De plus en plus souriante, elle avait recommencé à fredonner à la maison et à s'amuser avec ses enfants, comme jadis. La mère d'Étiennette affichait toutefois un air inquiet.

C'est bien beau de refléter le bonheur, mais c'est son mari qui va réclamer son dû. Pourvu qu'elle comprenne le bon sens pour sa santé. Bon, j'ai bien peur que je doive veiller plus tard que d'habitude à la chandelle !

Quand Étiennette dit à Marguerite : « Maman, Jean-Jacques doit trouver le temps bien long sans vous à Maskinongé », Marguerite comprit qu'il était fort probable qu'elle soit de nouveau grand-mère d'un petit Latour en cours d'année. Elle répondit :

— Je prendrai le chemin du retour après la réception de baptême. Parce que tu sais sans doute que moi aussi, j'y ai été invitée ! répondit-elle avec une pointe de contrariété.

Marguerite commença à préparer son bagage en vue de son départ.

La réception de baptême eut lieu au manoir, après la cérémonie célébrée par le curé de l'île Dupas. La Vérendrye ne faisait pas les choses comme tout le monde. Il avait demandé à son frère, le chanoine, d'être le parrain de l'enfant, puisque, de toute façon, son premier-né s'appellerait Jean-Baptiste. La porteuse fut la mère de Marie-Anne. La nouvelle maman, alitée, promit toutefois à sa nièce, la petite Margot, à son retour de l'église :

— À mon prochain bébé, c'est toi qui seras la porteuse.

La jeune fille, qui allait sur ses douze ans, sourit de fierté. Quand sa mère, près d'elle, entendit la promesse, elle répliqua :

— C'est bien, Marie-Anne, mais il serait préférable que ce soit durant ses vacances scolaires. Margot ne sortira pas du couvent des Ursulines à un autre moment. Que cela soit bien clair. D'ailleurs, Margot repartira pour Québec la semaine prochaine. Les religieuses s'ennuient d'elle, là-bas.

En plus des Dandonneau, des Brisset dits Courchesne et des Varennes, Esther et Pierre de Lestage, Pierre Latour, Étiennette et Marguerite, Jean-Jacques Gerlaise de Saint-Amand ainsi que

Charlotte et Guillaume Estèbe, nouvellement fiancés, figuraient comme invités. Évidemment, Étiennette ne chercha pas outre mesure à se rapprocher du couple Lestage, pas plus qu'eux, d'ailleurs, ce qui mit Pierre Latour dans l'embarras.

Le parrain, Jean-Baptiste de Varennes, son filleul dans les bras, exultait de joie. Il commenta le retour de Monseigneur de Saint-Vallier.

— Enfin, la moralité[144] reprendra sa place, non seulement à Québec, mais aussi à Montréal.

À ces mots, Pierre de Lestage plissa les lèvres. Étiennette, qui le fixait de loin, mine de rien, comprit que le chanoine lui faisait porter le chapeau de son inconduite avec Cassandre. L'ecclésiastique, qui était l'ami de l'autre chanoine, Jean-François Allard, avait sans doute été informé par ce dernier de la goujaterie du jeune marchand.

Au devant de la scène, La Vérendrye tardait à prendre la parole et à remercier ses invités. Comme ancien militaire, il voulut ajouter son humour aux commentaires de Pierre de Lestage concernant le traité d'Utrecht, nouvellement signé.

— Pierre vient de me mentionner que ce traité, qui cède Terre-Neuve aux Anglais, va ruiner les Basques, qui y pêchent la morue depuis des décennies, voire des siècles. Je lui répondrai que ses

144. De fait, Monseigneur Jean-Baptiste de La Croix de Chevrières de Saint-Vallier (1653-1727), deuxième évêque de la Nouvelle-France, ne fut jamais aussi austère et intransigeant que durant les quatorze dernières années de sa vie. Dès son arrivée à Québec, il abandonna son évêché pour aller vivre à l'Hôpital général, dont il était le fondateur, dans la plus grande simplicité, presque dans le dénuement, en arrivant même à vendre ses vêtements, ses chaussures et son lit. Ascète, durant les quarante jours du carême, il invitait un pauvre à partager son unique repas. Par humilité, il avait voulu être le chapelain de l'hôpital. Cette austérité s'accompagnait d'une activité inlassable pour assurer le succès de l'orthodoxie et de la moralité dans son immense diocèse. Une telle intransigeance l'isola moralement. Il s'était mis à dos les autorités coloniales en disant que le gouverneur de Vaudreuil empiétait sur les droits de l'Église, allant même jusqu'à refuser de faire sonner le glas à la cathédrale lorsque le gouverneur mourut en 1725. Le clergé canadien ne l'aimait guère plus. Même ses chanoines avaient commencé à fronder le prélat. À sa mort, on dit qu'à cause de son autoritarisme, voire son despotisme, il avait prêché un Dieu de colère plutôt qu'un Dieu de charité. Son caractère orageux et sa rigueur de l'observance de la doctrine catholique avaient été sans doute responsables des tempêtes de son épiscopat. Sa charité inlassable à l'égard des pauvres, par son exemple presque mystique, et l'ampleur de sa législation ont tracé la voie à la fondation des communautés religieuses caritatives, ont marqué la foi chrétienne et ont contribué à consolider l'Église catholique en Amérique du Nord.

contemporains saisiront cette opportunité pour recommencer à déjouer le blocus de la flotte anglaise !

De Lestage sourit au trait d'esprit de son grand ami. La Vérendrye continua :

— Je vous donne mon opinion sur les conséquences de ce traité pour la France et ses colonies. Mais elle vaut ce qu'elle vaut. Comme je ne suis pas un politicien, je ne devrais peut-être pas m'avancer sur un terrain aussi glissant…

Des « oui, oui, oui ! » fusèrent dans la salle de réception, conséquence d'un goûter bien arrosé.

En 1712, la Nouvelle-France atteignit sa pleine puissance, tant militaire que territoriale. Malgré sa faible population en comparaison avec la Nouvelle-Angleterre, vingt-cinq fois plus populeuse, la colonie n'avait cessé de remporter des succès militaires, incluant le traité de paix avec les Iroquois. Elle était implantée à la baie d'Hudson, à Terre-Neuve, en Acadie et dans les Grands Lacs. La fondation de La Nouvelle-Orléans avait confirmé son hégémonie jusqu'à l'embouchure du Mississippi.

Les négociations pour mettre fin à la guerre de la Succession d'Espagne, occasionnée par l'accession au trône d'Espagne du petit-fils de Louis XIV, débouchèrent en 1712 sur un armistice entre la France et l'Angleterre. Une victoire inespérée aida la France à négocier.

Le 11 avril 1713, à Utrecht, aux Pays-Bas, la France, l'Angleterre, la Hollande, la Prusse, le Portugal et la Savoie signèrent un traité de paix. L'Angleterre recevait du royaume de France les territoires de la baie d'Hudson, de Terre-Neuve, de l'Acadie, sauf le Cap-Breton, ainsi que le protectorat des territoires iroquois, de l'Espagne, des îles Minorque et de Gibraltar. La France cédait ses conquêtes américaines pour conserver son emprise en Europe. Dorénavant, la plupart des Acadiens vivraient sur un territoire conquis. La nouvelle fut connue à Québec à la fin de juin 1713. Elle provoqua, bien entendu, une grande joie, mais une allégresse teintée d'inquiétude.

Le traité d'Utrecht affaiblissait considérablement la position de la Nouvelle-France en la réduisant à la superficie d'un long corridor traversant l'Amérique du Nord, du golfe et de la vallée du Saint-Laurent jusqu'au golfe du Mexique. Ce traité avait créé un flou en ce qui avait trait aux régions des Grands Lacs et de la vallée de l'Ohio. Les Canadiens étaient conscients que la région des Grands Lacs favoriserait le développement d'une expansion du commerce des fourrures vers l'ouest. Le traité d'Utrecht, brutal pour l'Acadie, allait malheureusement susciter de nouveaux conflits.

— Il m'apparaît que ce traité annule nos victoires coloniales françaises et prive notre colonie d'une partie de ses concessions. Non seulement la Nouvelle-France est démembrée, mais nous sommes encerclés par les territoires anglais. Il va falloir ouvrir de nouveaux territoires de traite, un jour… Mon ami, Pierre de Lestage, est certainement bien placé pour le comprendre, lui qui se trouve à Montréal, plaque tournante du commerce de la fourrure. Demandons-lui son opinion, en admettant qu'il ne confonde pas les écailles de morue avec la fourrure de castor. Il va certainement nous dire de reconquérir Terre-Neuve. Personnellement, la perte de Plaisance, à Terre-Neuve, me chagrine énormément ! Avec leur supériorité numérique, je les connais, les Anglais tenteront un jour ou l'autre de se rendre maîtres du Canada actuel. Agrandissons notre pays ; je ne vois pas d'autre issue.

Lestage, se sentant visé, pour ne pas dire la risée de l'assemblée, finit son verre et lança :

— La solution, c'est la marche vers l'Ouest, La Vérendrye ! Et je te lance le défi de la commencer.

La Vérendrye n'attendait que cette occasion pour faire exploser son enthousiasme. Pierre de Lestage, ne le sachant que trop bien, venait de la lui fournir.

—Lestage a raison. C'est un défi ambitieux, mais je crois aussi que c'est ce qu'il faut faire. Plus vite nous nous installerons à l'Ouest, mieux ce sera. Il ne faut surtout pas que les Sauvages des Pays-d'en-Haut commercent la fourrure avec les Anglais ; ces derniers ont des aptitudes mercantiles développées…

L'orateur était en verve. Esther, qui parvenait mal à suivre ce discours, demanda à son mari :

— Pierre, que dit-il des Anglais ?

Lestage la regarda et lui fit un sourire en guise de réponse, en haussant les épaules. Il préféra continuer à écouter les propos de son ami La Vérendrye.

— Toutefois, pour le moment, je laisse ce défi à Michel Fafard, de Batiscan, mais aussi à un autre homme aventureux du fief Chicot.

Tous les regards se tournèrent vers le forgeron, Pierre Latour, premier surpris de toute cette attention. Étiennette le regarda avec tendresse, amusée.

Elle commençait à presser son mari de s'avancer, quand La Vérendrye dit :

— Pierre Hénault Canada.

Étiennette lâcha immédiatement le bras de son mari, qui fondit sur place.

De son estrade, La Vérendrye, qui observait la scène, se rendit compte du manège d'Étiennette. Il continua :

— Je sais que notre ami le forgeron ici présent a déjà fait sa part à Michillimakinac. C'est la raison pour laquelle je n'ai pas voulu l'indisposer en le pointant, ainsi que sa charmante épouse, Étiennette, qui est une sage-femme aussi douée que sa mère, dont la réputation déborde nos frontières.

Les deux femmes se regardèrent, gênées d'avoir reçu autant de flatterie.

— Je crains que notre population française d'Acadie n'ait rapidement besoin d'aide pour survivre. Je n'ose penser à ce que leur feront subir les Anglais…

À ces mots, Esther de Lestage se pencha vers son mari et lui demanda :

— Que dit-il encore à propos des Anglais ? Il parle avec un accent.

— Il vient de dire que les Anglais sont des gentlemen, ma chérie.

La Vérendrye continua :

— Mais ne perdons pas espoir. Nos Acadiens français continueront à jouir de la religion catholique romaine. Quand je vous disais que le retour de notre prélat y était pour quelque chose.

À cette boutade, tout le monde sourit, à l'exception de Charlotte Frérot, qui craignit soudainement qu'il ne soit désormais plus toléré de vivre en couple sans être mariés.

— Comme vous le savez, j'ai promis à ma chère Marie-Anne de m'installer à demeure, puisque j'ai quitté le champ de bataille. Nous nous installerons sur l'île aux Vaches, où nous fonderons notre nid d'amour. Nous serons tout à côté de nos quarante arpents de terre cultivable sur l'île Dupas. Pour le moment, en tout cas, nous nous contenterons de faire fructifier cet héritage.

C'est alors que Pierre de Lestage porta un toast à son ami.

— À Marie-Anne et au petit Jean-Baptiste, à La Vérendrye !

— À La Vérendrye !

Lors de la réception, Étiennette demanda à Charlotte Frérot si Anne de Lachenaye, sa mère, et le docteur Estèbe étaient revenus d'Europe.

— Non, Étiennette, pas encore, et ça commence à nous inquiéter… Pierre de Lestage me disait qu'il n'avait pas encore eu de nouvelles du comte Joli-Cœur.

Encore moins de Cassandre ! se dit Étiennette en elle-même.

L'absence du comte Joli-Cœur, qui modérait habituellement les ardeurs cupides des frères Lestage, créa une surenchère du prix du grain au détriment du peuple, qui maugréa à tel point qu'en 1714, le gouverneur de Vaudreuil demanda au Roy l'envoi d'une force policière pour tenir les habitants à l'ordre. Cette demande lui fut refusée. Les colons durent continuer à manger un pain aigre, alors que les troupes s'alimentaient de la meilleure mouture. De plus, l'appât du gain des marchands de blé créa artificiellement une disette qu'une importante sécheresse vint aggraver.

En 1714, les Anglais pleurèrent la mort de la reine Anne d'Angleterre, qui avait reconnu par décret aux Acadiens leur religion, la neutralité militaire et leur droit de quitter librement l'Acadie. Quant à ceux-ci, ils craignaient pour leur avenir.

Le 6 mars 1714, la signature du traité de Rastadt entre l'Autriche et la France assura la paix en Europe. Pour l'occasion, Monseigneur de Saint-Vallier chanta un *Te Deum* à la cathédrale de Québec, sur l'invitation du gouverneur de Vaudreuil.

Les autorités françaises, désireuses de se défendre contre une éventuelle attaque anglaise, d'assurer une présence française sur l'immense territoire de la Nouvelle-France et de maintenir leurs liens commerciaux avec les Sauvages, décidèrent de mettre en place un système de défense. L'érection de la forteresse de Louisbourg dans l'île du Cap-Breton garantit d'abord l'accès au Saint-Laurent à ses navires et aux pêcheurs français du golfe. Ensuite, elles érigèrent de puissantes fortifications dans la région du lac Champlain, des Grands Lacs et du Mississippi, utilisées également comme postes de traite. Pour leur part, les villes de Québec et de Montréal furent protégées par des remparts de pierre.

Versailles confia à l'administration coloniale du gouverneur Rigaud de Vaudreuil l'organisation de la poussée vers l'Ouest. Le roi demanda de tout faire pour empêcher que les Anglais ne dament le pion aux Français dans les Pays-d'en-Haut. En 1716, Vaudreuil rétablit le système des congés de traite en permettant aux voyageurs de la fourrure d'aller vers l'Ouest et en incitant les Sauvages à rester chez eux, en leur versant, évidemment, quantité de présents, dont les médailles d'argent et d'émail dont ils raffolaient.

Dès 1714, le gouverneur de Vaudreuil exécuta les consignes royales pour empêcher les Anglais de pénétrer en Nouvelle-France. Il élabora un plan audacieux de relance de l'économie coloniale, fondé sur la stratégie du respect de l'entente cordiale, car la France et l'Angleterre étaient désormais des pays amis. Il demanda à sa femme, qui connaissait bien les enjeux canadiens et européens tout autant que les rouages de la cour, de lui faire quelques suggestions. La comtesse de Vaudreuil, sous-gouvernante des enfants royaux à Versailles, lui recommanda d'accroître la population canadienne par une immigration massive.

Elle lui suggéra aussi d'organiser l'exploration de la mer de l'Ouest. Elle avait bien un nom en tête pour y arriver, mais préférait ne pas le divulguer pour le moment, car un événement politique de la plus grande importance pour la France se dessinait. Vaudreuil prit la décision d'attendre encore avant de mettre son plan en marche, se concentrant plutôt sur l'organisation de sa politique de défense à pas feutrés, en abandonnant le poste de Détroit sur le chemin qui menait à Albany en faveur de celui de Michillimakinac.

La capitale, Albany[145], était devenue le centre névralgique des colonies du Nord-Est. Les Iroquois profitaient largement du traité d'Utrecht en intensifiant leurs profits de contrebande. En développant la route vers l'Ouest par l'exploration pour trouver de nouvelles fourrures à partir de Michillimakinac, plutôt que d'être à la merci du commerce avec les Iroquois, qui iraient de toute façon traiter avec les tribus de l'Ouest canadien, on assurait à la Nou-

---

145. Capitale de l'État de New York.

velle-France une position d'autant plus avantageuse. Même s'il la tolérait, Vaudreuil percevait la contrebande comme une activité criminelle. Il ne voulait surtout pas l'encourager.

À la fête de sainte Anne de 1714, Étiennette, accompagnée par son mari, décida d'aller rendre visite à son amie Marie-Anne à l'île aux Vaches. Elle avait bien hâte de voir comment la nouvelle mère de famille se débrouillait avec le petit Jean-Baptiste.

Elle eut d'abord la joie d'être accueillie par Marie-Anne, enceinte de plusieurs mois.

— Étiennette, quelle belle visite! Entre! Toi aussi, Pierre, dit Marie-Anne, son petit Jean-Baptiste, âgé d'un an, dans les bras.

— Toutes nos félicitations, Marie-Anne. Quelle belle surprise! Le bébé est prévu pour quand? Tiens, regardez-moi donc ce petit bout d'homme! Déjà le regard assuré de son père.

Jean-Baptiste, timide, se renfrogna dans les vêtements de sa mère.

— Je vais demander à ma nièce Margot de venir le chercher.

— Margot est ici? J'ai hâte de la voir. Elle est si gentille.

— Et si douce avec Jean-Baptiste. Elle aime beaucoup les enfants. Ma belle-sœur l'a autorisée à passer l'été avec nous.

— Tu as réussi à la convaincre? demanda Étiennette, moqueuse.

— Oh non, pas moi, mais La Vérendrye. Entre nous, elle ne peut rien refuser à son frère cadet. Il a une façon de l'aborder qui la décontenance… Le charme masculin, sans doute… À propos, je crois bien que mon accouchement est prévu le même jour que votre anniversaire de mariage.

— Le 1er décembre? demanda Étiennette.

Marie-Anne rougit et fit signe que oui.

— Tu ne pensais pas travailler ce jour-là, n'est-ce pas?

— Je ne sais pas si ma mère pourra venir de Maskinongé. Elle est tellement occupée à garder les enfants de mes sœurs, en plus de les accoucher! Ma parole, elles se sont toutes donné le mot pour peupler la région… Excuse-moi, cela ne s'adresse pas à toi, bien entendu.

— Mais oui, à moi aussi! Comme nous sommes les premiers habitants de l'île aux Vaches, il faut bien la peupler, cette île… Je crois que la présence de ta mère ne sera plus requise.

— Que veux-tu dire? Qu'il y a un froid entre notre famille et la vôtre?

— Bien sûr que non! Pierre et moi croyons que tu es bien capable toute seule désormais de mener à bien un accouchement.

Quand Marie-Anne eut informé Pierre Latour Laforge que son mari était rendu aux bâtiments avec quelques amis, la curiosité d'Étiennette prit le dessus en entendant des voix féminines provenant de la cuisine d'été. Une fois seules, elle lui demanda:

— Qui est-ce?

— Toujours aussi… curieuse! Surprise, hein?

Les deux amies se mirent à rire. Étiennette était surprise d'entendre Marie-Anne employer un langage plus familier, et Marie-Anne l'était d'avoir brisé la réserve qu'avait toujours eue sa voisine du fief Chicot.

— Avant de demander à Margot de venir prendre Jean-Baptiste, je suis curieuse de savoir…

— Quoi?

— Tu n'es… Enfin, tu devines ce que je veux dire!

— Si…, non, pas cette année. J'imagine que la présence de ma mère a dû refroidir les ardeurs de mon mari… Quoique…

— Ce soit partie remise?

En guise de réponse, Étiennette fit une moue d'approbation.

Quand Margot arriva, Étiennette eut la surprise de voir que la jeune fille avait beaucoup grandi.

— Ma parole, Margot, tu es aussi grande que moi, maintenant! Toujours aussi sage?

— Bonjour, madame Étiennette. Je suis si heureuse de vous revoir! Avez-vous eu des nouvelles de mademoiselle Cassandre?

— Quel langage! Je reconnais bien la formation des Ursulines de Québec. Tu t'exprimes comme Cassandre. Sans offenser Marie-Anne, qui a reçu son éducation à l'Assomption.

Cette dernière fit un haussement d'épaules signifiant qu'elle avait abandonné ce genre de compétition depuis belle lurette et que ses préoccupations de mère de famille prenaient maintenant toute l'importance.

— Non, hélas, je n'ai pas encore eu de nouvelles de Cassandre. Ça ne devrait pas tarder, toutefois.

— Parce que je vais retourner au couvent à la fin du mois et je ne pourrai en avoir avant l'an prochain! répondit la jeune fille, attristée.

— Tu sais bien que nous t'avertirons, le moment venu, par le truchement de ton oncle Jean-Baptiste. D'ailleurs, quand le bébé arrivera, tu seras la première à le savoir, promis! dit Marie-Anne.

— Est-ce que maman me permettra de venir le bercer au prochain Noël?

Soucieuse de répondre correctement à la nièce qu'elle aimait tant, Marie-Anne risqua cette réponse.

— Tu sais qu'il n'y a rien d'impossible au petit Jésus. Si tu as de bonnes notes et une conduite irréprochable, tante Geneviève et oncle Jean-Baptiste pourront plaider ta cause.

Étiennette pensa que La Vérendrye réussirait à coup sûr à convaincre la Mère supérieure s'il s'en donnait la peine.

— Les rayons de soleil sont traîtres, Margot. Mets-lui son petit bonnet et attache-le-lui bien. Un coup de vent des îles est vite arrivé.

Marie-Anne renchérit.

— Il y a beaucoup plus de vent ici qu'au fief Chicot. La brise nous rafraîchit, certes, mais elle peut se transformer en rafales en un rien de temps.

Elle prit un ton plus sérieux.

— Je dois t'avertir que Françoise et Esther de Lestage sont à la cuisine avec Charlotte Frérot… Je ne sais pas si la présence d'Esther est une bonne nouvelle pour toi…

Marie-Anne clarifia aussitôt la situation.

— J'ai décidé de passer l'éponge… Pierre ne comprend toujours pas pourquoi nous en voudrions tant à son grand ami Lestage… Tu sais, les hommes! Ils n'ont pas toujours le cœur à la même place que nous… Enfin… D'autant plus qu'Esther n'a aucune idée de l'existence de Cassandre… C'est arrivé avant son mariage; ce n'est quand même pas sa faute. De plus, elle si gentille, même si elle est Anglaise!

La dernière remarque fit sourire Étiennette. Les sujets de la possible déportation des Acadiens et la menace constante de l'invasion anglaise dans la vallée du Saint-Laurent étaient sur toutes les lèvres. Étiennette répondit spontanément:

— Si tu oublies ce passé, alors, moi aussi. D'ailleurs, notre amie Cassandre n'a pas daigné nous écrire. Je pensais qu'elle avait oublié mon adresse une autre fois, mais ma mère n'a rien reçu, elle non plus.

— Il ne faut peut-être pas lui en vouloir.

— Que veux-tu dire ?

— Charlotte et Guillaume sont porteurs d'une bien mauvaise nouvelle.

— Concernant Cassandre ? Que lui est-il arrivé ?

— Non, pas elle. Je leur laisse le soin de te l'annoncer.

Quand Étiennette arriva à la petite cuisine, elle salua chaleureusement les invités de Marie-Anne, comme si de rien n'était. Françoise Casaubon s'inquiéta de leur retard à venir s'installer à la rivière Bayonne. Étiennette lui répondit que le projet était toujours dans l'air, quoique mis en veilleuse pour le moment.

Quant à Esther, elle éprouva de la sympathie envers cette grande brunette, se rendant compte qu'elle n'était pas aussi insipide que son mari le lui avait dit.

— Vous saviez que mon mari était maintenant marguillier de l'église Notre-Dame ?

Étiennette se demandait comment Cassandre réagirait à sa place. Son sourire fut considéré par Esther comme de la sollicitude. Elle dit, plus tard dans la journée, à Pierre de Lestage :

— J'aimerais être l'amie d'Étiennette.

Pierre de Lestage regarda sa femme sans mot dire. Pour toute réponse, il haussa les épaules. Esther comprit que son mari n'avait pas d'objection.

Étiennette avait hâte de connaître la nouvelle de Charlotte Frérot. Cette dernière attendit d'être avec Guillaume Estèbe pour en parler.

— Nous venons de recevoir des nouvelles de la comtesse et du comte Joli-Cœur. Ils nous ont informés que nos parents avaient décidé de passer l'hiver à Paris et, ainsi, de prolonger leur lune de miel. C'est la raison pour laquelle nous n'en avons pas eu de nouvelles avant.

Charlotte regarda Guillaume et s'étrangla la voix dans un sanglot, créant un certain embarras. Espérant dissiper le malaise, Étiennette dit :

— Quelle belle histoire d'amour ! Il n'y a seulement que dans les romans de monsieur Lesage[146] que nous les retrouvons, paraît-il !

---

146. Alain-René Lesage (1668-1747), romancier et homme de lettres français. Il fut l'auteur du *Diable boiteux* en 1707 et écrivit *Histoire de Gil Blas de Santillane,* son œuvre principale, en 1715.

Guillaume se rendit compte de la tournure de la conversation et voulut préciser.

— Cette histoire a plutôt tourné au drame, madame Latour.

Consternée, Étienne balbutia, la voix chevrotante :

— Vous dites ?

— Le comte Joli-Cœur raconte dans sa lettre que le *Saphir*, le navire sur lequel prenaient place nos parents, a été surpris par une mer démontée au large des côtes de La Rochelle. Une tempête surprise, sans doute. Le navire fut avarié, le gouvernail abîmé, de sorte qu'il dériva comme un bouchon sur la mer pendant quelques semaines avant de sombrer. C'est un faux saunier[147], un certain Tancrède Fréchette, qui venait de passer une année dans les prisons de France, comme d'autres de ses compagnons, et qui profitait de la clémence de notre souverain pour refaire sa vie, qui l'a raconté au comte, qui s'est rendu à La Rochelle pour l'interroger.

Guillaume Estèbe se rapprocha de Charlotte pour l'étreindre. Reprenant son souffle, il continua :

— La panique et la peur prirent la place de l'ordre et de la discipline. Plusieurs rixes éclatèrent entre les soldats et les prisonniers presque nus. La mutinerie s'ensuivit et le capitaine fut tué. Les souffrances et les morts causées par le manque d'hygiène et la contagion vinrent à bout du moral des survivants, malgré le dévouement des missionnaires et surtout du seul médecin à bord, mon père, le docteur Manuel Estèbe, et de son infirmière, la mère de Charlotte.

L'émotion était palpable. Guillaume avait de la difficulté à surmonter sa peine. Il poursuivit tout de même.

— Infestés de vermine, les passagers se couvrirent progressivement de plaies purulentes. Les médicaments manquèrent rapidement. Le chirurgien, qui pratiquait la saignée à tous ceux qui paraissaient malades, fut lancé par-dessus bord. Le zèle de nos parents compensa pour un temps, mais sans capitaine, sans espoir, sans nourriture et sans eau potable, le bateau naviguait sur le Styx[148]. Plutôt, il godillait en plein enfer, car Charon n'en était pas le timonier.

---

147. Personne qui se livrait à la contrebande de sel.
148. Dans la mythologie grecque, fleuve des Enfers dont les âmes des morts faisaient sept fois le tour dans la barque de Charon, nocher des Enfers, moyennant une

Charlotte, qui refoulait ses larmes jusqu'alors, se mit à pleurer. Guillaume lui offrit son mouchoir.

— Finalement, une lame de fond eut raison du bateau, qui sombra dans l'eau froide. Tancrède Fréchette eut la chance de s'accrocher à un des rares mâts de la carcasse du bateau à la dérive et à sa nacelle. Des pêcheurs l'ont rescapé, inconscient, et l'ont ramené à La Rochelle. Il se souvint d'avoir vu nos parents, enlacés, périr. Le comte Joli-Cœur le ramena à Paris et l'hébergea chez lui, en attendant, selon le souhait du faux saunier, de refaire sa vie dans votre région, que lui a fortement vantée le comte.

Étiennette était bouleversée par cette nouvelle. Elle se dit que ce n'était pas le moment de demander des nouvelles de Cassandre, qui devait être très attristée.

— Charlotte, son frère Charles et moi-même projetons de nous rendre à La Rochelle pour rassembler les objets ayant appartenu à nos parents. Nous verrons…

Étiennette s'élança aussitôt vers Charlotte Frérot.

— Toutes mes condoléances, mademoiselle. Je suis navrée. Cassandre m'avait tellement parlé en bien de vos parents, de sa marraine et de son nouveau papa!

Émue, Charlotte sourit à Étiennette.

— Appelez-moi Charlotte. Comme mon père a déjà été le seigneur de la Rivière-du-Loup et que ma cousine Cassandre est votre amie, nous sommes, en quelque sorte, liées… Cassandre… Ah oui! Le comte Joli-Cœur nous a simplement dit qu'il s'attendait à un événement important dans sa carrière, mais sans plus pour le moment. Il a plutôt demandé à Guillaume d'informer la famille Allard de Charlesbourg de la tragédie. Guillaume a bien voulu que je l'accompagne.

— Ah oui?

Charlotte sourit. Elle avait entendu dire qu'Étiennette Latour était friande de nouvelles familiales et de qu'en-dira-t-on. Charlotte sécha ses pleurs et dit sur un ton plus léger:

— Je vais vous donner des nouvelles en rafale, le temps d'empêcher mes pleurs de resurgir, vous me comprenez?

Étiennette n'en attendait pas tant. Guillaume Estèbe continua:

---

obole. Les eaux du Styx rendaient invulnérable.

— Nous nous sommes rendus à Bourg-Royal mettre en vente la maison de mon père, l'ancienne maison de Germain Langlois, avec l'intention d'en avertir Jean, qui habite la maison voisine, la ferme paternelle des Allard. Vous savez qu'avec son épouse, Isa, ils ont déjà cinq enfants, quatre garçons et une fille ? François, leur plus vieux, a huit ans et leur dernier est né en mars dernier. Il se prénomme André, comme son parrain, qui n'est pas André Allard. En fait, son parrain s'identifie comme Chiany Wolf, un Polonais d'origine et un navigateur de métier. Un ami de monsieur François Allard, qui l'avait toujours appelé André Loup. C'est curieux, n'est-ce pas ?... Nous avons eu la surprise d'y rencontrer André, le fils aîné de madame Eugénie, son épouse Marie-Anne et leurs huit enfants, dont leur plus vieille, Catherine, l'herboriste, qui a déjà dix-huit ans... Eh bien, André s'est montré immédiatement intéressé à se rapprocher encore plus de son frère Jean, de telle sorte qu'il s'est porté acquéreur de notre maison. Toutefois, son premier geste fut d'installer le blason des Allard, qu'il récupéra de la maison paternelle, en haut de l'âtre. Il trouvait qu'il était plus naturel en tant qu'aîné d'en être le dépositaire. Isa réussit à contenir son mari et tenta de le convaincre de laisser faire son frère, même si ça allait à l'encontre des dernières volontés de madame Eugénie.

Étiennette aurait aimé en apprendre davantage sur Catherine Allard. Charlotte assouvit sa curiosité.

— N'oublions pas d'informer Étiennette de ce qui arrive à Catherine. Cassandre et sa nièce étaient si liées ! Imaginez, Étiennette, qu'André vient de donner l'autorisation à sa fille de marier le docteur Baril... Entre nous, à dix-huit ans et avec son caractère, Catherine est bien capable de tenir une maison et d'élever une grande famille. Elle est déjà l'organiste attitrée à l'église de Charlesbourg. Guillaume dit qu'elle est tout le portrait de sa grand-mère : talentueuse, déterminée, presque opiniâtre. Le docteur Rémi Baril sait qu'il aura une femme de caractère pour le seconder. Catherine a continué l'herbier qu'avait donné le docteur Sarrazin à madame Eugénie... Vous saviez que la jeune femme du docteur Sarrazin venait de perdre son premier enfant ? Lui, une sommité médicale, qui n'a pas pu sauver son propre enfant !... Ah oui, les autres enfants Allard... Eh bien, Georges a eu une première petite fille avec sa seconde épouse et ils l'ont appelée Eugénie. Eugénie Allard, comme sa grand-mère. N'est-ce pas touchant ? François, le fils de Jean, et Eugénie, la fille de Georges… Il paraît qu'il y eut des réjouissances mémorables lors de la réception de baptême et qu'André et Jean se sont réconciliés à propos du blason… Nous y avons été invités, mais nous n'avons pas pu nous y rendre, malheureusement. Quant à Simon-Thomas, le filleul de mes parents, il est toujours sans enfant avec Marion. Ils prennent soin de madame Pageau. Simon-Thomas a été fortement secoué en apprenant le décès de ma mère, Anne. Il l'a été tout autant qu'au décès de sa propre mère… Guillaume pense qu'il est fragile de tempérament ; il déprime facilement.

Attentive aux propos de Charlotte, Étiennette se surprit à demander :

— Comment se fait-il qu'il soit de cette nature ?

Tout aussi spontanément, Charlotte répondit :

— Il a été élevé par une mère veuve et, disons-le, dominatrice. Autant madame Eugénie en permettait à Cassandre, autant elle menait Simon-Thomas par le bout du nez.

Étiennette, attentive, opina de la tête en guise d'approbation. Cette description correspondait à ce qu'elle avait deviné de l'univers familial des Allard. Elle dit alors spontanément :

— J'espère que Marion et Catherine Pageau, sa mère, ne sont pas du même caractère que madame Eugénie, car Simon-Thomas ne s'en sortira jamais !

Guillaume fit une œillade à Charlotte. Étiennette s'en voulut de s'être mêlée de ce qui ne la regardait pas. Charlotte ajouta :

— Ne vous inquiétez pas, Étiennette, nous nous sommes posé la même question. Après tout, nos parents aimaient Simon-Thomas comme leur fils… Guillaume pense que son caractère a pu devenir instable et que c'est pour cette raison qu'il ne garde pas ses emplois pendant très longtemps. Nous sommes curieux de savoir combien de temps va durer sa société de bois de sciage pour le chantier naval.

— Et Marion, que pense-t-elle de tout ça ?

— Marion le traite comme un enfant gâté. Curieusement, c'est madame Pageau qui lui donne de l'importance. Vous savez, elle connaissait bien son amie Eugénie ! Souhaitons qu'elle vive le plus longtemps possible pour Simon-Thomas.

— Et Cassandre ?

— Cassandre était l'adoration de madame Allard. Tout est dit, à ce moment-là !

Des voix masculines se firent entendre de l'extérieur. Étiennette vit son mari revenir avec le maître des lieux, Pierre de La Vérendrye, en compagnie de Pierre de Lestage et de Martin Casaubon ; ces deux derniers portaient le béret basque. La Vérendrye salua Étiennette avec la plus grande civilité.

— Comment allez-vous, Étiennette ? Je suis ravi de vous revoir. Marie-Anne vous a sans doute retenue pour le début de décembre ?

— Comme vous dites. Je serais heureuse de venir l'accoucher.

— Oui, pourquoi ce conditionnel ? Il faut marquer le futur avec plus de fermeté, comme le fait votre mari en ferrant ses étalons. Il n'y a pas de demi-mesure.

— Alors, je l'accoucherai avec la plus grande expertise.

— Voilà ce qu'il fallait dire !

Martin Casaubon salua sa voisine par un sourire alors que Pierre de Lestage la regardait, timoré. Étiennette brisa la glace.

— Comment allez-vous, Pierre ? La dernière fois que nous nous sommes vus, c'était au mariage de Marie-Anne et de Pierre.

Surpris, Lestage répondit :

— Malheureusement, le temps nous a manqué pour renouer contact.

Et pour que tu me présentes Esther ! pensa Étiennette.

— Alors, c'est l'occasion de nous reprendre. Qu'en penses-tu, mon mari ?

Pierre Latour Laforge sourit. Il en était heureux. Étiennette prit alors le taureau par les cornes et choisit de diriger la conversation.

— Où en êtes-vous dans vos entreprises, monsieur de Lestage ?

Pris de court par l'audace de la jeune femme, celui-ci répondit :

— Pas de vouvoiement entre nous, je t'en prie, Étiennette !… Je suis toujours le directeur des finances de Montréal, en plus d'organiser des expéditions de voyageurs de la fourrure vers l'Ouest… Comme vous le savez tous, je suis en association avec mon frère Jean, notre ami Guillaume, ici présent, et le comte Joli-Cœur dans le commerce du grain.

Étiennette avait le goût de demander : *As-tu des nouvelles de Pierre Hénault Canada ?* Mais Esther prit la parole :

— Pierre est trop modeste ; il vient d'être élu marguillier de la paroisse Notre-Dame. Le sieur Despeyroux, car c'est son nouveau titre, s'agenouillera désormais sur un prie-Dieu de velours à l'avant de la nef de la basilique, comme le gouverneur de Ramezay.

— Ma chérie, n'allons pas si vite.

— Il… nous avons aussi une grande nouvelle à vous annoncer. Nous serons parents l'an prochain. Eh oui !

Il y eut un moment de stupéfaction.

— Alors, ça s'arrose ! Nos félicitations, Esther et Pierre, le sieur Despeyroux. Une bien belle surprise. Et vous, Françoise et Martin… rien de caché, à nous dire ?

— Pierre, tout de même ! s'exclama Marie-Anne, honteuse.

— Je suis plutôt de l'âge d'être grand-mère, monsieur de La Vérendrye. Notre Jean-Baptiste vient de nous annoncer son mariage pour l'an prochain avec Marie-Anne Petit-Bruno, de la Rivière-du-Loup. Vous la connaissez sans doute, Étiennette ? répliqua Françoise Casaubon.

Étiennette fit oui de la tête. Françoise, toujours sur la défensive, renchérit :

— Et notre deuxième, Jean-François, suivra sans doute la même voie sous peu avec Marguerite Brisset, dite Courchesne, la fille de Jacques.

Ayant compris, La Vérendrye, bon perdant, réagit en disant :

— Je dépose les armes.

— Alors, nous allons trinquer aux prochaines naissances et à nos incomparables épouses. Mais avant…, y a-t-il des mariages à l'horizon ? continua-t-il.

— Pierre, tu exagères ! l'apostropha Marie-Anne Dandonneau, qui voulait protéger son invitée, Charlotte Frérot.

— Oh, je disais ça comme ça, sans viser personne, bien entendu.

La Vérendrye alla chercher quelques bouteilles de vin. Quand il revint, Marie-Anne fit l'annonce suivante :

— Pierre a une bonne nouvelle à vous apprendre : il…

— Voyons, mon amour… Ce n'est pas encore fait.

— C'est tout comme. Dis-le sinon je vais m'en charger, s'amusa-t-elle à lui dire.

— Puisque ma femme insiste… Voilà, je vais m'établir un comptoir de traite.

— Oh !

Comme l'assistance applaudissait à l'heureuse nouvelle, une voix forte se fit entendre.

— La ferme ne te plaît plus, La Vérendrye ? Voudrais-tu me faire compétition ? questionna Lestage.

— Si j'étais toi, je commencerais à m'inquiéter.

— Alors, je t'achète immédiatement !

Reprenant son sérieux, La Vérendrye annonça :

— J'ai demandé au gouverneur la permission d'établir un comptoir de traite à la seigneurie familiale de La Gabelle[149] pour traiter avec les Sauvages, en haut de la rivière Saint-Maurice. Nous verrons bien.

— La Vérendrye, coureur des bois. J'aurai tout entendu !

— Pierre, sois poli, *my dear*, murmura Esther.

Lestage décida de ne pas en rajouter.

Le 1ᵉʳ décembre 1714 naquit Pierre de Boumois Gauthier de La Vérendrye. Étiennette, enceinte de cinq mois, agit comme sage-femme. Elle donnera naissance à la petite Marie-Françoise Latour le 7 avril 1715. Marie-Anne tomba à nouveau enceinte : François Gauthier du Tremblay vint au monde le 29 septembre suivant. La Vérendrye obtint peu après son comptoir de traite du gouverneur de Vaudreuil, qui l'aimait bien.

Quant à Esther de Lestage, elle perdit son enfant peu après sa naissance, en février 1715.

---

149. René Gauthier de Varennes fut officiellement nommé gouverneur des Trois-Rivières en 1668, remplaçant ainsi son beau-père, Pierre Boucher. À cause de faits d'armes accomplis au lac Ontario en 1671, lors de l'expédition de Courcelles, il reçut de Jean Talon, en 1672, les seigneuries de Varennes du Tremblay, et, en 1673, de Frontenac, celle de La Vérendrye, considérée comme un fief noble, appelée La Gabelle, dans la Haute-Mauricie. Le gouverneur des Trois-Rivières s'y rendit parfois pour y rencontrer les Atticamègues et faire avec eux la traite clandestine, ce qui lui valut les remontrances du Roy.

CHAPITRE XXVIII
Le messager

À Versailles, le 1ᵉʳ septembre 1715, à 8 h 15, mourait le roy Louis XIV. Quelques jours auparavant, il avait désigné son arrière-petit-fils de cinq ans comme dauphin, Louis XV. La cour accusa à la fois madame de Maintenon et le premier médecin du Roy, Guy-Crescent Fagon, d'avoir manqué de compassion envers le souverain lors de sa maladie. Si le Roy-Soleil avait régné dans le faste et le luxe durant tant d'années, son règne de cinquante-quatre ans se terminait dans la misère : les nombreuses et longues guerres dans lesquelles il avait engagé la France avaient été payées avec les impôts du peuple, qui, finalement, se retrouvait dans une grande pauvreté. De plus, Louis XIV avait perdu la course coloniale. Grandement devancée par l'Angleterre, l'Espagne et même le Portugal, la France n'arrivait plus, comme métropole, à soutenir ses colonies.

Une élite philosophique apparut alors dans la société française. Constatant le déclin de la monarchie, elle refusait le principe de la royauté par droit divin et lui substituait plutôt celui du contrat social comme source du pouvoir. Un certain François Marie Arouet, plus tard connu sous le pseudonyme de Voltaire, devint le chef de file de ce mouvement.

Le 3 septembre, on fit la lecture du testament de Louis XIV. Le Roy précisait qu'il donnait la charge honorifique de président du Conseil de régence à son neveu, le duc d'Orléans, et le pouvoir réel de la Régence au duc du Maine, bâtard légitimé de

Louis XIV. S'ensuivit une lutte d'influence pour le titre de régent. C'est Philippe d'Orléans qui l'emporta, car il avait noué une alliance avec les parlementaires de Paris, leur promettant de les introduire dans les sphères du pouvoir royal s'ils le soutenaient face au duc du Maine. Dès le 15 septembre, Philippe d'Orléans restitua un pouvoir accru au Parlement en créant un système de Conseils qui remplaçaient les ministres du Roy et dans lesquels la haute noblesse participait de nouveau à la vie politique.

Dans son testament, Louis XIV garantissait la poursuite de l'école d'enseignement de Saint-Cyr pour les deux cent cinquante jeunes filles nobles, mais sans fortune, du royaume.

La régence du duc d'Orléans assurera la gestion du royaume pendant la minorité de Louis XV, jusqu'à sa mort en 1723. Le régent tenta de résoudre les problèmes financiers du Trésor français en instituant un système de banques, appelé système de Law, du nom du financier écossais, contrôleur des finances de France, qui fut le créateur de la Compagnie française des Indes. Le système bancaire se termina par une effroyable banqueroute en 1720.

La population de la Nouvelle-France, aux prises avec la séche-resse et les mauvaises récoltes de blé, ne se rendit pas immédiate-ment compte de ce changement de pouvoir.

Le fief Chicot était en deuil. Il venait de perdre un de ses fils à Michillimakinac, près de Détroit : Pierre Hénault Canada. Étiennette, qui se relevait de sa cinquième grossesse, vécut un été très difficile. Tous constatèrent qu'elle prenait difficilement le deuil de son amoureux secret.

Marie-Anne Dandonneau, qui le savait bien, eut le temps de la consoler et même de l'héberger pendant quelques jours. Margot vint passer quelques semaines. Sa mère, qui avait besoin d'aide à la maison, l'avait retirée du couvent. Étiennette vint avec la petite Marie-Françoise.

À la fin de l'été, Étiennette avisa son mari qu'ils emménage-raient à la rivière Bayonne dès l'année suivante et qu'il avait inté-rêt à faire construire la maison le plus rapidement possible. Ses amis Ducharme, Généreux et Boucher furent mis à contribution. Pierre Latour Laforge sauta sur l'occasion pour faire des projets d'avenir dans la seigneurie de Berthier.

Marguerite Gerlaise de Saint-Amand ne s'objecta pas au départ d'Étiennette. Après tout, même si c'était un changement de seigneurie, elle estimait que la distance supplémentaire pour s'y rendre en barque était négligeable. Elle préférait voir sa fille heureuse de cette façon que de la voir se morfondre pour un coureur des bois. Sans se l'avouer, Marguerite avait été soulagée d'apprendre la mort de Pierre Hénault Canada. Elle se disait qu'avec ses enfants à élever, Étiennette aurait d'autres préoccupations. Elle trouva de plus le moyen de raccorder le ménage de sa fille.

Le 20 février 1716, devant notaire, le forgeron reçut en cadeau de sa belle-mère une terre dans la seigneurie de Dorvilliers (ou d'Antaya), voisine de la seigneurie d'Autray, celle-là même qui avait appartenu au grand-père d'Étiennette, puisque François Pelletier avait légué, comme héritage, un vingtième de sa seigneurie à sa fille, Marguerite Pelletier Antaya[150]. Le forgeron passa l'éponge — en apparence, du moins — sur la passade idyllique entre sa femme et Hénault Canada. Il se dit qu'en se rapprochant de sa cousine Agnès, elle serait plus heureuse et qu'en même temps, elle renouerait avec le passé familial.

Le 28 avril 1716, Isa Pageau Allard donna naissance à son sixième enfant. Jean, son mari, et elle-même prénommèrent leur cinquième fils Pierre, du nom de son parrain, Pierre Tréflé, dit Roto, un marchand de Québec. L'enfant fut baptisé à Charlesbourg le premier mai suivant, pour souligner l'arrivée du soleil du printemps.

---

150. Née à Québec en 1662, Marguerite Pelletier Antaya eut comme parrain le gouverneur de la Nouvelle-France (1661-1663), Pierre Dubois, baron d'Avaugour. Son père, François Pelletier Antaya, arriva de France en 1636 à l'âge d'un an, avec son grand-père, Nicolas, sur le navire *Saint-Joseph*, en même temps que Charles Huault de Montmagny, successeur de Champlain comme gouverneur. François voyagea à Tadoussac avec le père Chabanel en 1659. En 1660, il épousa une Montagnaise à l'insu de tous, Dorothée la Sauvagesse, et vendit illégalement de l'eau-de-vie aux Montagnais, ce qui fit scandale. Le Conseil souverain lui fit un procès. Devenu veuf, il se maria en 1661 avec Marguerite Morisseau et, treize mois plus tard, la petite Marguerite Pelletier vint au monde. François Pelletier Antaya revint dans les bonnes grâces des autorités coloniales en demandant au gouverneur d'Avaugour d'être le parrain du bébé. Devenu le forgeron attitré des Trois-Rivières, il acheta en 1675 la seigneurie d'Antaya (ou Dorvilliers), adjacente à la seigneurie d'Autray, de sieur Philippe Gaultier de Comporté (1641-1687), ancien soldat du régiment de Carignan-Salières et prévôt des maréchaux de France à Québec.

Au fief Chicot, cet été-là, il y eut un branle-bas d'activités pour organiser le déménagement prochain des Latour, en particulier le transport des instruments de la forge. Pierre Latour avait assuré à sa femme qu'ils pendraient la crémaillère avant la fin de l'été.

Cette annonce plaisait à Étiennette. Les fondations des bâtisses étaient terminées et, déjà, les charpentiers étaient à l'œuvre, sur la base de la corvée seigneuriale, afin d'accélérer la construction proprement dite. En tant que procureur fiscal, Martin Casaubon avait demandé à la seigneuresse de Berthier et à son mari, Nicolas Des Bergères de Rigauville, d'encourager les censitaires de Berthier à accueillir leur réputé maréchal-ferrant. Charles Boucher s'était proposé pour agir comme contremaître, tandis que Pierre Latour passait maintenant autant de temps à la rivière Bayonne qu'au fief Chicot, à surveiller les travaux et à mettre l'épaule à la roue. Le soir, il couchait chez Martin Casaubon. Alors qu'elle s'en allait sur ses vingt-huit ans, Étiennette se disait que les inconvénients du déménagement ne pouvaient que retarder une prochaine grossesse.

Martin Casaubon avait reçu la visite de Pierre de Lestage à quelques reprises. Le forgeron, tout occupé à la supervision des travaux, était fort demandé. Lestage réclamait aussi la présence de son ami, La Vérendrye. Le quatuor aimait s'adonner à des épreuves de force, telles que soulever des grosses roches, comme c'était la coutume dans le Pays basque. Pierre Latour avait laissé plus d'une fois ses amis gagner, alors qu'il aurait pu tout remporter. Il préférait démontrer sa force lors du transport des cuves de fonte servant à sa forge. Il savait bien que le temps comptait s'il ne voulait pas décevoir ses clientèles, celle acquise depuis longtemps au fief Chicot et la nouvelle, celle de Berthier, qui espérait que la forge serait en activité le plus tôt possible.

Les affaires de Pierre de Lestage prospéraient à tel point qu'il ne cessait de demander à son ami Martin si la seigneuresse de Berthier avait l'idée de se départir de sa seigneurie de Berthier-en-haut et de lui faire une proposition d'achat. Il prenait exemple sur son ami La Vérendrye, qui se complaisait à l'île aux Vaches, ayant comme distraction son comptoir de traite à la seigneurie de La Gabelle. Il aimait le taquiner en le défiant.

— Tu verras, dans un futur pas si lointain, moi aussi je serai seigneur: j'ai déjà plusieurs comptoirs vers le lac Supérieur. Il te faudra aller plus loin pour me devancer, seigneur de La Vérendrye!

Ce dernier souriait devant l'insatiable appétit du gain de son ami.

— La gloire, Lestage, la gloire vaut toutes les richesses. Ne l'oublie pas, mon ami!

Vers le début de juillet, Étiennette vit arriver au fief Chicot son amie Marie-Anne Dandonneau, accompagnée de Charlotte Frérot et de son mari, Guillaume Estèbe. Ils n'étaient pas seuls cependant, un jeune Français nouvellement immigré les accompagnait. Il faisait office de postier.

— Quelle belle visite de Québec! Charlotte, Guillaume et...

— Voici Tancrède Fréchette. Il est Normand. C'est lui qui a tenté de sauver nos parents lors de leur retour à Québec sur le *Saphyr*.

Un galérien, un faux saunier, un criminel, mon Dieu! se dit Étiennette intérieurement. Elle se souvenait de la description que lui en avait faite Charlotte, l'été précédent. Elle se mit à détailler le jeune homme davantage: elle trouvait étrange qu'il puisse porter une chemise à manches longues en pleine canicule.

Il a dû être marqué au fer rouge!

— Mes hommages, madame! salua le jeune homme en faisant la révérence.

— Tancrède vient d'arriver. Il ne connaît pas encore notre coutume de la poignée de main. Mais comme il porte le prénom de Tancrède le Croisé[151], avec son esprit naturellement chevaleresque, il apprendra vite.

Étiennette sourit.

— Monsieur Fréchette souhaite s'installer au Canada. Mon patron, le comte Joli-Cœur, qui l'a hébergé dans son hôtel particulier à Paris, lui a recommandé les environs du lac Saint-Pierre, particulièrement Berthier ou l'île Dupas. Or, comme le père de Tancrède était fermier et forgeron en Normandie, le comte a pensé tout naturellement à monsieur Latour pour l'embaucher comme apprenti ou homme à tout faire. Si la proposition l'accommode, bien entendu. Auquel cas, une bourse à l'embauche sera remise à votre mari.

Étiennette ne pensait pas à l'argent, mais plutôt à obtenir des nouvelles concernant Cassandre.

---

151. Tancrède le Croisé fut un prince d'origine normande qui se distingua lors de la prise de Jérusalem, en 1099. Voltaire a consacré une de ses tragédies à ce modèle idéal du chevalier du Moyen Âge.

— Je vais lui en parler, Guillaume, mais je puis vous dire que l'arrivée d'un assistant à la forge tombe à point. Pierre débordera de travail en servant à la fois ses clients des seigneuries de Berthier et de l'île Dupas.

— Merci, madame. Je vous remercie infiniment, dit Fréchette en se courbant.

— Ce n'est pas moi qui décide, mais mon mari. Je dois lui en parler. Avant de procéder à l'embauche, il voudra sans doute vous rencontrer, monsieur Fréchette.

— Alors, nous nous rendrons à la rivière Bayonne demain.

— Attendez que je lui en parle d'abord… Mais ça ne devrait pas causer de problème. Il doit revenir pour le souper. Monsieur Fréchette le verra à ce moment-là. Demain, je me rendrai à l'île Dupas vous transmettre ses intentions… Mais comme je suis impolie! Pourquoi ne vous ai-je pas invités à souper avant? Hein, qu'en dites-vous?

Charlotte Frérot Estèbe prit la parole.

— Étiennette, c'est charmant à vous, mais nous ne voulons pas abuser…

— Puisque c'est moi qui vous invite! Pierre sera content.

— Merci grandement. Tu dois savoir que monsieur Fréchette accomplit une autre mission.

Devant l'air interrogatif de son amie, Charlotte continua, mi-sourire:

— Il fait office de postier.

— Quoi? Ai-je bien entendu?

— Oui, de postier. Il ramène du courrier de France.

Aussitôt, Fréchette sortit de sa poche de pantalon une lettre qu'il remit à Étiennette et qui lui était adressée. Étiennette, nerveuse, tourna aussitôt l'enveloppe et aperçut l'adresse de l'expéditeur: *Cassandre Allard, rue du Bac, hôtel particulier du comte Joli-Cœur, Paris.*

Figée, Étiennette porta la lettre sur son cœur.

Depuis le temps que je l'attendais, cette lettre! Enfin des nouvelles!

À l'épaisseur de l'envoi, Étiennette comprit que Cassandre avait voulu se rattraper.

— Rien ne t'oblige à l'ouvrir maintenant, cette lettre, mais je suis très curieuse d'en connaître le contenu.

Charlotte aimait bien taquiner son amie.

— Ne crains rien, tu en seras la première informée. Au fief Chicot, l'amitié se partage, tu le sais bien.

Pour mettre Étiennette davantage à l'aise, Charlotte ajouta :

— Cassandre a aussi écrit une lettre à sa famille, que nous sommes allés remettre à Charlesbourg. C'est Isa, la femme de Jean, qui l'a lue. En fait, elle est restée stupéfaite...

— Et ?...

— Elle n'a pas voulu me dévoiler le contenu de la lettre, me disant qu'on devait d'abord en discuter en famille.

— Les garçons Allard ont-ils pris connaissance de cette lettre ?

— Les messieurs Allard avaient été invités à travailler à la construction du pavillon d'été de l'intendant, au bout des terres d'André et de Jean. Isa voulait aussi s'informer auprès de leur seigneur, Pierre Denis, sieur de Saint-Simon, qui est aussi prévôt de la maréchaussée de Québec et conseiller au Conseil supérieur.

— Ça doit être grave, alors... Ça concerne les Allard de Blacqueville ?

— Je n'ai pu obtenir aucune révélation. Le mystère est intact en ce qui nous concerne.

Étiennette, n'y tenant plus, demanda à Tancrède :

— Vous l'avez côtoyée, mademoiselle Cassandre ?

— Je ne lui ai jamais vraiment parlé. Comme je servais de palefrenier au comte Joli-Cœur, je dormais aux écuries. Il m'est arrivé parfois de faire office de cocher. Alors, la belle demoiselle me donnait l'adresse où nous rendre. La plupart du temps, c'était à la Comédie-Française et à l'Académie royale de musique. Elle était accompagnée de la comtesse.

Même si j'essayais de lui tirer les vers du nez, à celui-là, il ne m'apparaît pas savoir grand-chose sur Cassandre... Le mystère, quoi !

Quand Pierre Latour revint de la rivière Bayonne, quelle ne fut pas sa surprise de voir autant de gens restés à souper ! Son étonnement atteignit son comble quand Étiennette lui présenta Tancrède Fréchette et lui soumit l'intention de ce dernier de travailler comme aide-forgeron et qu'il avait appris son métier à la boutique de son père.

— C'est comme moi ! répondit-il à Fréchette en examinant ses biceps sous les manches de sa chemise.

Ce garçon-là doit avoir les bras brûlés par les étincelles. Un vrai forgeron!

Étiennette, qui suivait le regard de son mari, lui fit la remarque à l'oreille que Fréchette était un ancien bagnard.

— C'est probablement sa condition inhumaine de galérien qui lui a donné cette musculature impressionnante. Le comte Joli-Cœur te donnera sans doute une bourse pour son embauche.

Piqué, le forgeron lui répondit du tac au tac, en marmonnant un peu fort au goût d'Étiennette:

— Contrairement à ce que tu penses, ce n'est pas le labeur de la rame qui lui a fait gonfler les biceps, car la galère n'est qu'un navire à voiles. C'est plutôt à la forge de son père qu'il s'est musclé. Un bon forgeron n'a pas de prix, bourse ou pas. Si je l'engage, ce sera pour ses habiletés, pas pour l'argent.

Pour ne pas perdre son assurance face à sa femme, il ajouta plus faiblement:

— D'ailleurs, il est recommandé par le comte Joli-Cœur…, il ne doit pas être si dangereux!

Étiennette, qui ne voulait pas contester son mari, baissa pavillon. Elle le prit momentanément à part.

—Alors, tu l'embauches? Tu ne fais pas de période d'essai, avant? demanda-t-elle.

— Qu'il soupe d'abord et nous verrons bien après.

— Où va-t-il loger?

Pierre Latour se souvint de son inquiétude lorsque sa femme et Pierre Hénault Canada étaient réunis. Il ne voulait pas voir un intrus sous son toit. Après tout, Fréchette n'était qu'un employé mis à l'essai.

— Au grenier, pour l'instant. S'il fait l'affaire, il nous accompagnera à la rivière Bayonne. Nous avons prévu là-bas, aux bâtiments, un espace pour un employé, tu te souviens? Nous pourrons lui installer un coffre pour y mettre ses effets. Le temps que nous soyons installés, et nous serons vite arrivés au mois de novembre, au début de la saison des veillées[152]. Ça nous donnera le temps de mieux connaître notre voisinage, puisque les travaux aux champs seront complètement terminés. Les hommes viendront à la forge pour jaser.

Étiennette fit signe que oui, en ajoutant:

---

152. La veillée favorisait la sociabilité villageoise.

— Qu'ils ne viennent surtout pas faire peur aux enfants en leur parlant des esprits follets.

Les esprits follets pansaient les chevaux, faisaient du bruit la nuit, tiraient les rideaux et les couvertures.

Le rire spontané de Pierre résonna dans la maison jusqu'aux invités.

— J'y veillerai, ne crains rien. Ils se rabattront, avec ma permission, sur la comptine du moine bourru, à cette période de l'année.

— Que je te voie, grand païen ! répondit-elle en lui lançant un regard attendri.

Le moine bourru était un lutin qui, dans la croyance populaire, courait les rues avant Noël en poussant des cris effroyables.

Pour le repas du soir, Étiennette cuisina une soupe composée de pain qui avait mitonné dans du jus de viande. Elle la servit avec des abats, car son mari avait un appétit de carnassier. Charlotte et Guillaume apprécièrent la préparation paysanne, alors que Tancrède attaqua l'assiettée avec l'appétit de ses dix-neuf ans, trop heureux de ne pas y trouver du rat musqué. Pour sa part, le forgeron y jeta un coup d'œil interrogateur. Étiennette s'en inquiéta.

— Je te gage que tu aurais préféré une miaulée, hein ?

— Non, non. Ça sent vraiment bon !

— Je te connais, va ! Patiente un peu. Tu auras de la miaulée pour le dessert, comme les enfants. Mais c'est une surprise.

Les invités sourirent en observant la façon dont Étiennette traitait son mari.

La miaulée était du pain habituellement trempé dans du vin doux, du cidre ou une autre liqueur. C'était une façon pour la ménagère de récupérer le pain sec pour lui redonner une saveur nouvelle. Tancrède Fréchette connaissait ce mets aromatisé dans le cidre de Normandie. Quand Étiennette servit aux hommes la miaulée au sirop de plaine, son mari ne fit qu'une bouchée de la première portion.

— Hé ! Prends le temps de savourer ! Essaie de donner l'exemple aux enfants.

Penaud, Pierre se dit que sa femme était bien capable de le gourmander[153]. Il n'osa pas en redemander. Quant à Tancrède, le

---

153. Réprimander sévèrement.

fumet sucré excita ses narines et le fit saliver. Après avoir apprécié une première portion et entamé la seconde, il eut cette réflexion :

— Madame Latour… Mademoiselle Cassandre avait bien raison, vous êtes une excellente cuisinière.

Le compliment alla droit au cœur d'Étiennette. Elle appréciait déjà ce jeune Normand.

— Appelle-moi Étiennette, c'est plus de mon âge… Que peux-tu me dire de plus au sujet de Cassandre, Tancrède ?

Étiennette était intriguée par le fait que Tancrède venait de lui dire qu'il ne connaissait pratiquement pas Cassandre.

Pierre Latour planta aussitôt son regard dans celui de sa femme : c'était un regard de reproche. Cette dernière s'en rendit compte.

— Mais… ça peut attendre à une autre fois, n'est-ce pas ? ajouta-t-elle pour se tirer de ce mauvais pas.

Après le souper, Charlotte et Guillaume déclinèrent l'invitation à rester à coucher. Les Casaubon les attendaient à la rivière Bayonne.

— Merci, Étiennette et Pierre, de votre bon accueil, dit Charlotte.

— Comme vous connaissez le chemin pour vous rendre à la rivière Bayonne, la prochaine fois, nous vous accueillerons là-bas, répondit Étiennette.

Il y eut un silence. Il était maintenant temps de déterminer le sort réservé à Tancrède Fréchette. Le forgeron trancha immédiatement, au grand soulagement de tous.

— Bon, Tancrède, monte au grenier, ta paillasse t'attend, et dors bien. Nous avons une grosse journée devant nous demain. Nous devons commencer à organiser le déménagement. Il n'y a plus de temps à perdre.

Tancrède Fréchette fut dès ce moment accueilli dans la maison du forgeron.

Plus tard, Pierre Latour Laforge dit à sa femme :

— Savais-tu que les sulpiciens avaient fini de construire un moulin à farine à la seigneurie d'Autray ? Il semblerait de plus que le Roy aurait l'intention de faire tracer un chemin tout le long du fleuve, de Québec jusqu'à Montréal et même à partir de la seigneurie de Berthier-sur-mer à Bellechasse.

— Comment l'as-tu appris ?

— Par Guillaume Estèbe. Un édit royal, recommandé par le Conseil supérieur. Alors, ça me permettra de concrétiser un rêve.

Distraite à l'idée qu'elle pourrait bientôt lire en secret la lettre de Cassandre, Étiennette répondit :

— Quel rêve ? Tellement d'événements se sont produits que je ne sais plus où j'en suis.

— De notre nouvelle terre au fief Dorvilliers ! Maintenant que j'ai un assistant, je pourrai y installer une nouvelle forge et servir la clientèle des seigneuries d'Autray et de Lavaltrie en plus. Peut-être même des habitants qui viendront de L'Assomption et de Saint-Sulpice avec le nouveau chemin du Roy ! Comme ça, je serai vraiment le maréchal-ferrant du grand comté.

Étiennette regarda son mari, ahurie.

— Eh bien, monsieur le maréchal-ferrant, quand tu te décides, tu n'y vas pas par quatre chemins. Tu hésitais à déménager à Berthier et, maintenant, tu envisages de te rendre jusqu'à Repentigny ! Le moulin à vent est sans doute opérationnel, mais le chemin du Roy n'est pas encore tracé ! Prenons le temps de déménager, d'abord. D'où vient ce regain d'énergie, mon mari ? Tu commences à m'inquiéter, vraiment. Conserve tes forces pour le transport de tes cuves.

Quand le forgeron indiqua à sa femme que c'était l'heure d'aller au lit, Étiennette prétexta vouloir rester debout encore un peu, le temps de repriser du linge. Pierre n'ajouta rien : les efforts pour la construction de la maison l'avaient épuisé. En se couchant, il se mit à ronfler. Ce qui rassura Étiennette, qui décacheta alors la lettre et, fébrile, se mit à la lire.

« Ma très chère amie de toujours, Étiennette,

« Tout d'abord, je suis impardonnable de ne pas t'avoir écrit avant.

« Tout comme moi, tu dois savoir maintenant que cousine Anne et le docteur Estèbe sont décédés tragiquement en pleine traversée. Quand je l'ai appris, j'ai pleuré pendant une semaine. Anne et Manuel venaient de passer l'hiver rue du Bac avec nous et ces moments merveilleux resteront gravés dans ma mémoire. Beaucoup trop des nôtres disparaissent. Ma liste des chers disparus s'allonge trop vite !

« Et toi, et la famille, comment allez-vous ? Antoine, le petit ondoyé, est-il réchappé ? J'imagine que d'autres ont suivi et que quand je te reverrai, toute une marmaille sera sous tes jupes, toi, la mère poule!

« Quant à moi… Je te vois curieuse, n'est-ce pas? Eh bien, oui, les amours ont repris rapidement avec François Bouvard. Il m'a tout expliqué et tu avais raison…

« Tu sais que notre souverain est décédé. Thierry savait qu'il était mal en point, puisque son médecin, Fagon, ne le nourrissait que de salades et de jus de fruits pour soigner ses nombreux malaises, lui, notre Roy, un homme qui ne se nourrissait habituellement que de viande de gibier et de petits pois verts. Tu te rappelles?

« François a recommencé à chanter à l'opéra. Quant tu liras cette lettre, nous nous serons produits, lui et moi, dans l'opéra *Ajax* écrit par son ami Toussaint Bertin de la Doué, le même qui a composé l'opéra *Cassandre*. C'est étrange à quel point notre passé nous suit! Madame Élisabeth-Claude de la Guerre, mon professeur à Saint-Cyr, m'a confié un rôle dans son opéra, *Le sommeil d'Ulysse*[154]. Aussi, je suis toujours en contact avec Jean-Philippe Rameau, qui souhaite se tourner vers la tragédie inspirée de l'Antiquité et qui m'a présenté deux de ses amis extrêmement talentueux sur le plan littéraire.

« Le premier se nomme François Marie Arouet et s'est déjà donné un nom de plume: Voltaire. Tu es la seule au Canada à le savoir, car il s'est confié à nous, rue du Bac, lors d'une réception… Il aimerait que nous fassions davantage connaissance, mais je trouve ses idées trop originales. Il aura vingt-deux ans bientôt et il adore le théâtre. Il est d'ailleurs en train de travailler sur sa pièce *Œdipe*. Je t'avoue que je me perds un peu dans ses idées avant-gardistes. Mais quel garçon intelligent et prometteur!

« L'autre est un garçon exceptionnel et il aurait tout pour te plaire. D'abord, il se prénomme Pierre. Pour toi, c'est parfait, mais pour moi, ce prénom évoque trop de mauvais souvenirs. Tu sais à quoi je fais référence, n'est-ce pas? Imagine que c'est son seul point négatif, et ça dépend pour qui. Son nom au complet est Pierre Carlet de Chamblain de Marivaux. … Étiennette, il est né en 1688 comme nous et je te dis que c'est le peintre de l'amour naissant! Il est si agréable de l'entendre parler qu'on a l'impres-

---

154. Présenté sur scène pour la première fois en 1715.

sion qu'il est davantage un romancier qu'un auteur de théâtre. Il écrit en prose plutôt qu'en vers! C'est étrange qu'il ait fallu qu'il se soit ruiné financièrement pour s'intéresser au théâtre… En plus, il est beau, tendre et si courtois!

« Inutile de te dire que François ne l'apprécie guère et qu'il fait en sorte que je le rencontre le moins souvent possible et toujours en sa compagnie. Serait-il jaloux? Il ne le devrait pas, car j'ai déjà eu ma leçon avec un beau parleur, que tu m'avais présenté, par ailleurs. Rassure-toi, je l'ai oublié depuis longtemps, car François, mon amoureux, et Pierre Marivaux le valent mille fois chacun. »

Étiennette arrêta de lire momentanément et se fit cette réflexion :

François Bouvard n'a sans doute pas tort…, à la façon dont tu parles de ce Marivaux! Méfie-toi, Cassandre, du chantre de l'amour.

Étiennette continua sa lecture.

« Et puis, comment va notre amie Marie-Anne? Est-elle mariée? Probablement que oui, puisque le comte Joli-Cœur a su que La Vérendrye était revenu en Amérique. Je n'ai pas eu de nouvelles de Charlesbourg. Mais je sais que ce ne sont pas des scribes. Par contre, mon frère, le chanoine Jean-François, n'aurait pas dû m'oublier. J'imagine que c'est dû, encore une fois, à l'influence de Monseigneur de Saint-Vallier, qui est revenu à l'évêché de Québec et qui ne m'aime pas… Dommage, car j'ai visité la famille Allard ainsi que la famille Frérot en Normandie. Avec Mathilde, Anne, Manuel et Thierry, nous nous sommes rendus à Blacqueville. Que Charlotte Frérot, ma cousine, m'écrive et je lui expliquerai tout ça…

« Je te vois réagir… D'accord, c'est moi qui devrais donner de mes nouvelles aux miens, j'ai compris! Tu sais, je m'ennuie de mes frères, de mes belles-sœurs, de mes neveux et nièces, surtout de Catherine et de Charles Villeneuve, que j'ai appris à apprécier après le décès de maman. Pauvre maman! Bientôt cinq ans qu'elle nous a quittés. Tu sais, je pense à elle chaque jour. Elle me donne le courage de continuer à façonner ma carrière et me guide…

« Hélas, Étiennette, mon amie, je crains de ne pas te revoir de sitôt et je vais t'expliquer pourquoi. Tout dépend de ma carrière. Le comte Joli-Cœur devait s'en occuper à temps plein depuis qu'il a perdu sa charge de premier gentilhomme des menus plaisirs de la Chambre du Roy, au décès de Louis XIV, mais il ne le peut plus. D'ailleurs, le Roy ne s'amusait plus beaucoup depuis quelque temps, sous l'influence de madame de Maintenon qui l'avait rendu dévot. Il faut dire qu'il n'avait plus le choix puisque la guerre de la Succession d'Espagne avait vidé les coffres du royaume, d'après Thierry.

« Le comte Joli-Cœur refuse que je joue à l'opéra-comique avec les Italiens qui sont revenus en grâce dans la troupe du régent, le duc Philippe d'Orléans. Il n'aime pas la commedia dell'arte, encore moins le Théâtre de la foire. Quant au vaudeville, le nouveau théâtre populaire, il le fuit comme la peste. Il croit qu'un acteur qui improvise au gré de son imagination et de sa verve fait une entorse à l'héritage des plus grands. Marivaux, qui le deviendra sans doute un jour, grand, ne s'en formalise pas, lui. Je crois que le comte Joli-Cœur fait vieux jeu. Au moins, j'éviterai de me faire appeler Silvia[155].

« Mathilde m'a dit que Thierry faisait parfois référence à ce Sauvage du Canada, du nom de Sylvain, qu'il avait connu à la cour. Je pense qu'il trouve ce théâtre trop familier avec les spectateurs, qui préfèrent des personnages populaires. Thierry n'aime pas la pantomime, les machines, le burlesque. Même Mathilde ne le reconnaît plus, lui qui aimait tant l'exotisme, le merveilleux, la fantaisie et même la satire. Elle explique que la perte de sa charge à Versailles le rend d'humeur chagrine. Je le soupçonne de regretter de m'avoir favorisé l'accès au salon de madame la duchesse du Maine, à Sceaux.

« De cette façon, j'ai dû refuser un rôle dans *Les Folies amoureuses* de Dancourt[156], *Turcaret* de Lesage[157] et *La Coquette de village* de Dufresny[158]. C'est dommage, car j'aurais bien aimé chanter avec les spectateurs. Quoi qu'il en soit, le comte Joli-Cœur accepte que je profite du renouveau du théâtre lyrique dans *Hésione*[159] et dans les opéras-ballets, comme *Le Carnaval de Venise*[160] et dans les tragédies en musique, comme *Télémaque*

---

155. Les ingénues du théâtre italien s'appelaient souvent Silvia.
156. Écrite en 1704 par Dancourt, cette comédie sera la plus jouée au cours du XVIIIe siècle, à cause notamment de sa gaieté.
157. Pièce écrite en 1709.
158. Pièce écrite en 1715.
159. Cette tragédie en musique écrite par André Campra en 1700 remporta un grand succès et fut reprise fréquemment.
160. Opéra-ballet en un prologue et trois actes, composé par André Campra. Il fut présenté pour la première fois à l'Académie royale de musique en février 1699. Jean-François Regnard, auteur des chefs-d'œuvre *Le Légataire universel* (1708) et *Le Joueur* (1696) en rédigea le livret. Regnard a su faire une satire de la société

et Calypso[161]. Vivement que mon ami, Jean-Philippe Rameau, se mette à produire ses œuvres!

« Quand j'ai du temps entre les répétitions et les représentations, je vais dans les magasins avec Mathilde — c'est sa passion —, et je me rends à l'appartement de mon amie Alix Choisy de La Garde à Saint-Germain-en-Laye, mariée au marquis de La Potherie[162]. Elle élève déjà deux charmants enfants, Émeline et Quentin, âgés de six et quatre ans. »

Étiennette sursauta.

Émeline et Quentin? Quelle coïncidence! Ce sont ces deux prénoms-là que j'avais déjà eus en tête pour les miens, se dit Étiennette, sous le choc. *Et l'humour de Cassandre…, elle ne changera jamais!*

Lors de sa première grossesse, Étiennette avait en effet proposé à son mari — advenant qu'il eût s'agit de jumeaux — de les prénommer Émeline et Quentin. Pierre lui avait fait réaliser qu'il fallait que le nouveau-né puisse porter le prénom du parrain et de la marraine, selon le cas, à la grande déception d'Étiennette. Finalement, celle-ci avait accouché d'une fille, Marie-Anne, dont la marraine fut Marie-Anne Dandonneau, à la place de Marie-Anne Lamontagne, la sœur d'Étiennette. Cette décision avait causé des frictions familiales.

Étiennette poursuivit sa lecture.

« Nous nous rendons parfois à Versailles où le marquis a une petite occupation à la cour. Évidemment, nous en profitons pour faire un saut à Saint-Cyr. Le marquis est un homme charmant et attentionné pour Alix. Il est riche et… de vingt-cinq ans son aîné. Tu te souviens de la fameuse remarque: "Très riche, très beau… et très vieux!" Quoi qu'il en soit, elle m'a l'air heureuse. Son petit château est si coquet avec ses tourelles et ses jardins fleuris. J'ai bien hâte que tu viennes visiter ces lieux avant que le marquis ne décède (je fais de l'humour noir; ceci reste entre nous, n'est-ce pas?)… À propos, la marquise te salue; elle a bien hâte de te connaître et de t'accueillir chez elle. Je lui ai tellement parlé de toi et le fais depuis si longtemps! Ses enfants sont élevés de manière

---

et de la décadence des mœurs issues de la guerre, raillant les gens de robe et de finance, les militaires enclins au jeu, au tabac et aux femmes, les caprices de la mode et le nouvel usage des fards.
161. Tragédie lyrique composée en 1714 par André Cardinal, dit Destouches.
162. Voir *Étiennette, la femme du forgeron*, tome V.

exquise, comme elle, tu peux me croire ! Une marquise exquise, en quelque sorte. »

Étiennette sourit de l'esprit taquin de Cassandre.

« Et vous autres, quand arriverez-vous à la rivière Bayonne ? Je sais que c'est une grande décision qui t'éloignera de ta famille. Le bon côté, c'est que tu ne verras pas ta sœur Marie-Anne aussi souvent ; ha, ha, ha ! Et Antoinette, est-elle enfin mariée ? J'ai eu l'impression que c'était sa hantise. Sinon, qu'elle vienne en France. Les Parisiens sont friands des Canadiennes d'après ce que je peux constater. Plus sérieusement, je vous souhaite d'y être aussi bien installés qu'au fief Chicot. Tu sais, tu en as de la chance d'avoir un mari qui t'aime et des enfants qui, j'imagine, vieillissent en sagesse et en beauté.

« As-tu eu des nouvelles de Pierre Hénault Canada, des Pays-d'en-Haut ? Je sais, je suis impudente, je ne devrais pas me mêler de tes affaires…

« J'ai demandé à Tancrède Fréchette d'aller vous remettre mes lettres à Charlesbourg et au fief Chicot. C'est un jeune homme courageux, travaillant, charmant, pas compliqué, que nous devons remercier d'avoir tenté de sauver Anne et Manuel du naufrage de leur bateau. Et ça vous changera du jeune Da Silva, pour une fois. Si Antoinette est encore célibataire…, Tancrède est très sociable et s'est vite fait des amis, rue du Bac. Il a fait du bagne, c'est vrai, mais ce n'est pas un criminel pour autant… Tu sais qu'il vient de Normandie. Le comte Joli-Cœur l'aime bien.

« Comme son père est forgeron, Tancrède souhaiterait assister ton mari à la forge. Si Pierre a besoin d'un compagnon, bien entendu ! Le comte Joli-Cœur et moi le lui avons fortement recommandé. Tu sais, ton mari, à son arrivée au Canada, a été l'assistant de mon père au Petit Séminaire de Québec ! Enfin, c'est une recommandation et non une obligation. Je lui ai dit que tu étais une cuisinière dépareillée, surtout avec ton sirop de plaine, et que tu apprêtais le rat musqué à merveille. Tu sais, il m'a crue !

« Étiennette, je prends du temps avant de te confier le véritable motif de cette lettre, que je pourrais qualifier de tragédie ou d'abomination… Excuse-moi, mais ça me paralyse la main… Tout ce que je peux te dire pour l'instant, c'est que ça s'est produit dernièrement, alors qu'une délégation russe doit arriver bientôt chez le comte Joli-Cœur, rue du Bac, afin de préparer le prochain voyage du tsar Pierre l'an prochain à Paris et à Versailles. Et tu sais qui dirigerait cette délégation ? Le beau Nicolai Matveev, le fils d'Andrei, le diplomate russe !

« Ça concerne Thierry, le comte Joli-Cœur, qui est en disgrâce auprès du régent. Imagine-toi ! Même que ce dernier, en sachant que Thierry avait été désigné par le tsar pour l'accueillir, se serait écrié, irrité : "Mais qui est ce comte ?" Le Tout-Paris et le Tout-Versailles mondains en furent étonnés. Car Thierry se serait fait des ennemis haut placés, par ses relations avec madame de Maintenon, qui l'aurait recommandé au Roy comme porte-parole aux Affaires étrangères lors des négociations du traité d'Utrecht. Ce fut la façon de la marquise de se faire pardonner de m'avoir expulsée du couvent de Saint-Cyr. Tu te souviens, nous en avons abondamment parlé. Comme Thierry aurait tracé la ligne stratégique du traité, ses détracteurs l'accusent depuis d'avoir favorisé l'Angleterre et d'avoir fait la promotion de ses commerces auprès des Anglais.

« Le régent lui-même le soupçonne d'être un espion et un agent double. Même plus ! Il serait convaincu que le comte serait un magicien de l'alchimie, qui aurait pu transmuter des métaux dits vils en or. D'où son immense fortune inépuisable ! Un médium lui aurait raconté une rocambolesque histoire montée de toutes pièces, car il faut que tu saches que le duc d'Orléans prête une oreille attentive aux prophéties ou aux ragots qui lui conviennent ; c'est connu. Laisse-moi te raconter.

« Tu sais que le comte Joli-Cœur se targue d'être bien vu dans la diplomatie et d'être l'ami du tsar de Russie. Imagine-toi que notre regretté souverain, Louis XIV, désirait une entente diplomatique avec le shah Hussain de Perse et que la marquise de Maintenon lui avait suggéré la candidature du comte Joli-Cœur pour organiser l'accueil de la délégation perse à Paris, rue du Bac, que nous avons reçue effectivement en 1714. Quelques mois après, en février 1715, notre Roy, malgré sa santé de plus en plus chancelante, car la gangrène commençait à le ronger, recevait l'ambassadeur perse, Mehemet Riza Bey.

« Même si l'ambassadeur n'avait présenté ni instruction ni pouvoir du shah de Perse ni d'aucun de ses ministres lors de sa rencontre avec notre vieux souverain, six mois plus tard, le 13 août, soit dix-neuf jours avant sa mort, ce dernier le reçut une seconde fois en le comblant de cadeaux, dont une aigrette de diamants et d'émeraudes. L'ambassadeur n'a même pas eu la politesse d'offrir en retour un beau tapis persan, rivalisant avec ceux de la Turquie, et que la Savonnerie, notre manufacture royale de tapisseries, prend comme modèle. Le Roy s'en serait fait une grande joie, semble-t-il! Imagine-toi que l'ambassadeur Riza Bey n'en avait apporté qu'un seul et que c'est la comtesse Joli-Cœur qui l'a reçu en cadeau.

« Quoi qu'il en soit, le comte Joli-Cœur a réussi à faire signer un traité de commerce et d'amitié à Versailles, et le comte de Chatou a été nommé, selon la recommandation de Thierry, consul à Shiraz[163], capitale de la Perse. C'est à partir de ce moment-là que les choses ont commencé à mal tourner pour Thierry. Le shah Hussain, qui eut vent — en lisant la suite de cette lettre, tu vas comprendre pourquoi — que Thierry devait préparer la prochaine visite de la délégation russe alors que la Perse et la Russie ne s'entendent pas, décida de refuser la nomination de Chatou. De plus, il limogea Riza Bey comme consul à Versailles et nomma, à sa place, Hagopdjan de Deritchan, tout en installant son consulat à Marseille.

« Si Chatou est revenu rue du Bac, Riza Bey prit le chemin de l'Angleterre en s'embarquant au Havre, pour mieux se diriger au Canada dans la tribu du fils de Thierry, l'Iroquois Ange-Aimé Flamand, a-t-on dit! Il semble que l'ascendance hollandaise de ce dernier aurait permis à Thierry de bien conclure le traité, moyennant des avantages pécuniaires, selon les mauvaises langues. Depuis ce temps-là, les ragots vont bon train concernant le rôle d'espion de Thierry à la solde de l'Angleterre et des Pays-Bas.

« D'autres, comme Saint-Simon[164], y ont vu un opéra bouffe mettant en scène la marquise de Maintenon et Thierry, comme premier gentilhomme des menus plaisirs de la Chambre du Roy, afin de distraire une dernière fois notre souverain au seuil de la

---

163. Aujourd'hui, la capitale de l'Iran (anciennement la Perse) est Téhéran.

164. Louis de Rouvroy (1675-1755), plus connu sous le nom de Saint-Simon, est un écrivain français, célèbre pour ses *Mémoires* racontant de manière détaillée la vie à la cour et décrivant les grands personnages de son temps. Il était le fils de Claude de Rouvroy, duc de Saint-Simon. Claude Henri de Rouvroy, comte de Saint-Simon (1760-1825), philosophe et industriel français, devint fondateur du saint-simonisme, doctrine qui préconise le collectivisme et l'abolition de la propriété privée, en proclamant: « À chacun selon ses capacités, à chaque capacité selon ses œuvres ».

mort. Un divertissement de bien mauvais goût qu'a bien voulu croire le ministre Pontchartrain, qui a réussi à convaincre le régent que l'ambassadeur de Perse, Riza Bey, n'était qu'un comédien recruté par Chatou sous les consignes de Thierry, acoquiné avec la marquise.

« De là à croire à la complicité de Thierry, dont la fortune fait des envieux, à commencer par le régent, il n'y avait qu'un pas à faire.

« Il faut que je te dise que madame de Maintenon avait encore une fois ignoré de proposer le ministre Colbert, secrétaire d'État aux Affaires étrangères et diplomate réputé pour avoir déjà mené à bien quelques traités, pour organiser la visite de la délégation perse. Colbert en a toujours voulu au comte Joli-Cœur d'avoir été le stratège du traité d'Utrecht.

« Le ministre Jean-Baptiste Colbert de Tracy aurait souhaité que son collègue Louis-Philippe de Pontchartrain, comte de Maurepas, soit chargé de cette visite diplomatique. Ces deux-là ont tout fait pour discréditer Thierry devant le régent, depuis que le Roy est mort et que la marquise de Maintenon s'est réfugiée au couvent de Saint-Cyr.

« La position de Thierry est précaire, car si le tsar de Russie l'aime bien, il ne voudra certainement pas se mettre à dos la France et l'Angleterre, avec lesquelles il veut renforcer son commerce. Pour le moment, le comte Joli-Cœur est en résidence surveillée, rue du Bac. Certaines rumeurs veulent qu'il soit envoyé au château de Chambord ; d'autres le préféreraient emprisonné à la Bastille.

« Le régent est en train de faire dresser sa généalogie afin de connaître les origines de son immense fortune et, possiblement, de l'accuser de magie. La magie va à l'encontre de l'Église dans une France très catholique ! Aussitôt qu'on saura que Thierry est le fils d'un boucher de Blacqueville en Normandie, imagine quel sera son destin ! Tout ça pour une histoire de tapis persan ! La comtesse Joli-Cœur est en émoi et ma carrière, pour le moment, est scrutée à la loupe. Heureusement que je peux m'évader de temps en temps chez Alix et que j'ai mon prince, François, et mes amis, Rameau, Marivaux et aussi Voltaire, qui, lui, trouve cette situation distrayante. Il n'y a pas de quoi rire, crois-moi !

« Sans doute dans une prochaine lettre, je pourrai contrôler davantage mes émotions et t'en apprendre davantage, car tu pourrais être aussi concernée que moi ! Je ne peux t'en dire plus pour l'instant…

« Je te laisse, avant que mes larmes n'humectent trop le papier et délavent l'encre. Étiennette, j'ai peur. J'aimerais tellement que tu sois à mes côtés. Non, ce n'est pas Mathilde qui pourra m'aider, crois-moi !

« Quand tu m'écriras, si jamais tu trouves le temps de le faire avec tes nombreuses responsabilités familiales, fais en sorte que la provenance de la lettre soit très lisible, avec un cachet identifiable. Les informateurs du régent sont aux aguets !

« Ton amie de toujours qui pense souvent à toi, la fille sage, et qui te demande de saluer ton mari et d'embrasser tes enfants de sa part.

« Cassandre

« P.-S. Mon adresse : Hôtel particulier du comte Joli-Cœur, rue du Bac, Paris. »

Étiennette serra la lettre contre son cœur.

Qu'a-t-elle bien voulu dire, qui me concerne aussi ? Elle pleurait puisque le papier est plus froissé à la fin et l'encre, moins lisible. Mon Dieu, un malheur ! Mais qu'est-ce qui pourrait me concerner ? Cassandre est elle-même une actrice dramatique, mais pas au point d'inventer à ce point et sur papier. S'agirait-il de mon idylle avec Pierre Hénault Canada ou d'une aventure qu'elle aurait eue avec lui et qui m'aurait toujours été cachée ? Pierre de Lestage, peut-être ? En ce cas, pauvre Esther ! Quoiqu'avec ce moineau, elle ne devrait pas se surprendre de quoi que ce soit ! Non, elle dit que ça vient de lui arriver. Que de mystères ! Il ne faut surtout pas que mon mari s'en mêle !

Mais que je suis bête ! Évidemment, il s'agit de la position précaire du comte Joli-Cœur. Non seulement Cassandre considère la comtesse et le comte comme ses parents depuis que sa mère, Eugénie, et sa marraine, Anne, sont décédées, mais sa carrière n'irait pas aussi bien sans l'appui de son protecteur. Si la résidence du comte, rue du Bac, est surveillée par la police du régent, j'imagine l'état d'esprit qui doit régner dans la maison !

J'y pense…, les affaires des Lestage ainsi que le travail de Guillaume Estèbe dépendent en partie de l'influence du comte Joli-

Cœur. Des conséquences insoupçonnées pour Charlotte et Esther, qui sont mes nouvelles amies. Si j'en parle à mon amie, Marie-Anne Dandonneau, elle en parlera sans doute à La Vérendrye et aux autres, qui s'en inquiéteront et se confieront. Je risque d'ameuter bien des gens. Je demanderai conseil à mon mari, demain.

Quand Étiennette alla se coucher, son mari, qui ne dormait que d'un œil, redoubla d'ardeur pour prouver tout son amour à sa femme.

Le lendemain matin, Étiennette apprit à Pierre qu'elle venait de recevoir des nouvelles de Cassandre.

— Et puis, comment se porte-t-elle?

— L'amour lui donne des ailes. Elle te salue et embrasse les enfants.

— Encore un nouvel amoureux?

— Toujours le même, François Bouvard, le compositeur d'opéras... Mais bientôt un autre, le poète de l'amour!

— Ma foi, elle les collectionne! Et toujours des hurluberlus ou des faiseurs de vers!

— Des artistes et des gens de lettres, ce n'est pas pareil! Je te fais remarquer que Pierre de Lestage n'était pas de cette catégorie.

— Il lui faut toujours un cavalier qui se distingue par un genre particulier. Il lui faudrait un Vulcain[165] pour lui résister et la mettre au pas.

— Un vul... quoi? En parlant de genre particulier, je trouve que tu emploies des mots bien savants pour un forgeron de campagne.

— Pas de campagne, ma femme, mais de comté!

— Ne me dis pas que tu vas avoir des idées de grandeur comme Cassandre!

— Quel âge a-t-elle, maintenant?

— Elle a eu vingt-huit ans le 3 juillet.

— Toujours pas mariée et pas d'enfants, alors que nous en avons quatre!

À cette réflexion, Étiennette resta perplexe.

— C'est son choix, Pierre. Elle a choisi de faire carrière au théâtre et à l'opéra.

---

165. Dans la mythologie de la Grèce antique, dieu du Feu et de la Métallurgie et forgeron de l'Olympe.

Le forgeron resta silencieux pendant quelques instants. Il demanda à Étiennette :

— Que diable trouve-t-elle de si intéressant à se faire conter fleurette par ces poètes ? Ça ne l'amène qu'à des soupirs et des malheurs. Elle devrait le savoir depuis le temps… Elle devrait se marier et fonder une famille, comme toi.

— Tu sais, Cassandre a sa façon d'aimer. Je te le concède, particulière et originale. L'amour, pour elle, c'est s'initier aux pures folies et se laisser griser par les mots — même si ça lui donne parfois le cœur gros —, et c'est croire que l'univers lui appartient.

— Ouais ! L'envies-tu, ma femme ?

La question surprit Étiennette et la rendit songeuse. Elle se souvint soudainement de sa flamme pour Pierre Hénault Canada. Elle se rapprocha de son mari, lui prit une de ses grosses mains et répondit :

— Non, à la condition que tu persévères à vouloir être mon poète de l'amour.

— Et moi qui pensais que c'était chose acquise.

— L'amour, pour être aussi durable que le fer, doit être aussi délicat qu'une rose et aussi pur qu'un ange, lança Étiennette, qui était certaine que son mari comprendrait facilement cette comparaison.

Saisi, Pierre Latour Laforge caressa tendrement la nuque de sa femme.

— Je sais maintenant que j'ai épousé une poétesse… Es-tu heureuse, Étiennette, avec moi qui ne suis qu'un forgeron ?

Attendrie, Étiennette regarda longuement son mari.

— Tu me disais à l'instant que tu avais marié une poétesse ! Peut-être, mais rassure-toi : mon humble forgeron ambitionne de devenir le maréchal-ferrant du comté et je vais tout faire pour l'aider à y parvenir, ajout-t-elle, devant le regard admiratif de son mari.

Puis, prenant son air sérieux, Étiennette exprima sa préoccupation.

— Il vient d'arriver malheur au comte Joli-Cœur.

— Est-il mort ?

— Non, plutôt en disgrâce auprès du régent.

— Qu'a-t-il fait ?

Comme Pierre Latour Laforge ne savait pas lire, Étiennette lui résuma brièvement sa compréhension des faits.

— C'est une bien triste nouvelle! Il est tombé de haut! Je ne connais pas le grand monde de la cour, mais si ce qu'en dit Cassandre est vrai, son étoile vient de pâlir. Le régent me semble vouloir mettre la main dans le sac de son immense fortune. C'est ce qui arrivera sans doute s'il est emprisonné.

Étiennette bondit.

— Tu exagères, Pierre.

— Ça s'est déjà vu, tu sais, des fortunes partir en fumée.

— Ce n'est pas ce que je voulais dire. Tu exagères en insinuant que Cassandre ne dit pas la vérité.

Le forgeron n'en revint pas de la réaction de sa femme.

Serait-elle de nouveau enceinte?

Comprenant que la susceptibilité de sa femme était à fleur de peau, il décida de se faire accommodant.

— Tu as raison: si elle est émotive, elle n'est toutefois pas menteuse.

Comme Étiennette ne renchérit pas, Pierre considéra sa remarque désobligeante oubliée.

— Es-tu certain que la carrière du comte Joli-Cœur soit compromise?

— S'il est emprisonné, non seulement sa carrière, mais aussi sa fortune.

— Ah oui! Cassandre anticipe le pire si le régent venait à connaître ses origines modestes.

— À ce compte-là, nous pouvons être certains qu'il sera dépossédé de tous ses avoirs.

— Pourquoi?

— Comme la lettre le disait, le régent, qui le soupçonne d'alchimie — le docteur Sarrazin m'a expliqué les procédés de l'alchimie lors de notre séjour au Cap-de-la-Madeleine —, verra dans sa fortune inépuisable la preuve de son hérésie ou de sa magie. Dans les deux cas, son compte est bon, à notre comte Joli-Cœur!

— Et la carrière de Cassandre? demanda Étiennette en fronçant les sourcils.

— En tenant compagnie à la comtesse Mathilde, elle sera tentée de revenir au Canada.

— Jamais la comtesse n'abandonnera son mari !

— À moins qu'elle ne soit veuve.

— Pierre ! Faire mourir le comte !

— Ce n'est pas ce que je veux, mais les prisons françaises sont reconnues pour être meurtrières. Être emprisonné à la Bastille à son âge ! Même les nobles, maintenant, passent par là. Imagine un faux noble !

— Si tu le dis ! ajouta Étiennette, peu convaincue par l'argument de son mari. Quel âge peut-il avoir ?

— Soixante-dix, soixante-douze ans. Plus près de soixante-douze. À cet âge-là, que ce soit le cachot ou le donjon…

Étiennette resta songeuse. Son mari continua :

— Ce ne sont que des suppositions alarmistes. Il est fort possible que nous en fassions une tempête dans un verre d'eau.

— J'aime mieux ça… Selon toi, devrions-nous en parler aux autres ?

— Puisque tu me demandes mon avis… j'aime autant pas. Pas sans avoir de certitude. Ça risquerait de les faire paniquer.

— Même pas à Marie-Anne Dandonneau ?

— Ce serait préférable d'éviter de lui en parler.

Étiennette fit un rictus de désappointement. Pierre simula la fatuité, mais en son for intérieur, il avait envie d'en rire, car il savait bien qu'Étiennette irait tout raconter à son amie Marie-Anne à la première occasion.

Pierre Latour Laforge avait eu raison de s'interroger sur l'humeur d'Étiennette : en effet, celle-ci annonçait un changement important. Louise et Angélique Latour, des jumelles, naquirent au printemps suivant, le 20 avril 1717, le lendemain de la mort de Pierre Boucher.

CHAPITRE XXIX
Le poète malgré lui

Étiennette, maintenant mère de six enfants, eut fort à faire durant l'été pour protéger sa marmaille de l'épidémie de fièvres malignes qui sévit dans la colonie et qui fut attribuée, selon plusieurs, à la grande sécheresse. Le 9 novembre suivant, elle accoucha son amie, Marie-Anne Dandonneau, de son quatrième fils, prénommé Louis-Joseph. À son retour, elle décida qu'elle devait informer Cassandre de la situation familiale de ses amies.

— Comprends, Pierre, que Marie-Anne et Pierre de La Vérendrye ont déjà quatre enfants et nous, six. Les années passent et les familles s'agrandissent. Il faut que je l'informe.

— Tu pourrais la décourager en évoquant tout le rattrapage qu'elle aura à faire. Si je compte bien, elle s'en va sur ses trente ans. Belle ou pas, c'est une vieille fille !

— C'est bien la première fois que tu me dis que tu trouves Cassandre belle !

— J'approche de cinquante ans, mais je vois encore clair !

— Et moi, me trouves-tu encore belle ?

Pierre s'approcha de sa femme et déclama :

« Mignonne, allons voir si la rose
Qui ce matin avait déclose
Sa robe de pourpre au soleil,
N'a point perdu, cette vesprée,
Les plis de sa robe pourprée

Et son teint au vôtre pareil. »

— Mais c'est… de la poésie ! Qui t'a appris ça ?

— C'est du Ronsard, ma chère. C'est plus de mon âge que ce Marivaux.

— Hein ! Tu me surprends. Mieux, tu m'épates !

— N'est-ce pas ce que tu voulais, que je devienne ton poète de l'amour ?

— Oui, mais je ne pensais jamais que tu y parviendrais.

— Ah, on ne peut jurer de rien !

— Qui t'a aidé ? Martin ? La Vérendrye ? Dis-le-moi !

— Tu ne le croiras pas : c'est Tancrède. N'oublie pas qu'il a côtoyé Cassandre pendant une année ; il m'a dit avoir rencontré ces Marivaux et Voltaire. Même que ce dernier avait souri en apprenant son prénom et lui aurait promis d'appeler, un jour, une de ses œuvres *Tancrède*[166] ! Comme Fréchette a une excellente mémoire et qu'il n'est pas fou, il m'a appris tout ça.

Étiennette regarda son mari d'un air amusé.

— Celles qui me diront que la forge est un carrefour où l'on dit des âneries devront se raviser, dorénavant. C'est rendu un endroit où l'on peut déclamer de la poésie ! Dis, Pierre, toi qui as de la culture, tu n'as jamais pensé à t'ouvrir une boutique d'orfèvrerie ?

— Imagine-toi que j'y ai pensé, seulement…

— Seulement quoi ?

— Je ne connais pas de mine d'or à ciel ouvert dans la région !

Surprise par la moquerie de la réponse de son mari, Étiennette rétorqua :

— N'est-ce pas toi qui disais que ta vaste clientèle était une véritable mine d'or ?

Comprenant qu'il n'aurait jamais le dernier mot avec sa femme, Pierre Latour sourit et ajouta :

— Justement, ma mine d'or m'attend à la forge. Je dois y aller.

Pour se faire pardonner, Étiennette dit à son mari :

— N'oublie pas d'arriver à temps pour le dîner. Il y aura des beignets au sirop de plaine pour le dessert. Pierrot, à neuf ans, est capable de manger ta portion, bien pris comme il est.

---

166. Tragédie en cinq actes et en vers, *Tancrède* de Voltaire fut jouée pour la première fois à Paris en 1760 et eut treize représentations.

Pierre Latour Laforge était fier du gabarit déjà impressionnant de son plus vieux.

— Alors fais-en un peu plus. Tancrède aussi est friand de tes crêpes.

Dès que son mari fut parti à la forge, Étiennette alla chercher dans l'armoire le froment moulu par le meunier d'Autray et commença à préparer sa pâte. Déjà, ses enfants tournaient autour d'elle, se pourléchant les lèvres de la délicieuse mixture qu'ils récupéraient de la grosse cuillère de bois.

— Pierrot, sois raisonnable, tu donnes le mauvais exemple à Antoine… Arrête, sinon, il n'en restera plus assez pour les beignets !… Pierrot, je viens de te dire de cesser de manger la pâte comme ça… Pierrot, maman ne te le dira pas une autre fois, as-tu compris ? Si tu n'arrêtes pas, je serai obligée de le dire à ton père. Tu comprends ce qui t'arrivera, n'est-ce pas ? Bon, bien, je crois que c'est assez clair !… Non, Pierrot, arrête d'agacer Antoine. Il n'a pas ta force, tu vas lui faire mal… Tiens, tu as réussi à faire pleurer Marie-Françoise… Marie-Anne, viens chercher ta petite sœur et amène-la jouer à la poupée… Parfait.

Quand Pierre Latour revint de la forge avec Tancrède pour dîner, il avait l'air préoccupé. La saveur sucrée des beignets dorés préparés par sa femme ne changea pas son attitude. Étiennette attendit que l'engagé soit retourné travailler pour questionner son mari.

— Y a-t-il quelque chose qui ne va pas à la forge ? Tu me sembles préoccupé, toi !

— C'est à propos de Cassandre.

— Cassandre ? Rien de grave ?

— Non, non. Seulement, je me demande pourquoi tu tiens tant à maintenir le contact avec elle. Elle est partie depuis cinq ans et ne reviendra sans doute jamais au Canada.

Étonnée de son raisonnement, Étiennette répondit à son mari :

— Parce que c'est mon amie, que je l'aime et que je souhaite l'aider, même à distance. Comprends-tu ? Je ne suis pas aussi cultivée que toi, qui connais la poésie des grands poètes, mais voici comment j'aimerais exprimer mon amitié pour Cassandre, en vers. Aimer, c'est naviguer dans le cœur des gens, emprunter la voie de leurs sentiments, consoler l'ami malheureux, essayer de le rendre heureux !

Étonné, Pierre Latour Laforge répondit naïvement :

— Tu vois, même si j'essayais de le faire, je ne pourrais jamais le dire d'une aussi belle façon que toi. Tancrède m'a déjà appris tout ce qu'il savait de la poésie… À force de me creuser la tête à trouver de beaux mots pour t'épater, j'en arrive à faire mon travail de façon distraite… Étiennette, la poésie est en train de me rendre fou… Et je voudrais tellement trouver constamment de nouveaux mots pour te dire que je t'aime.

Étiennette fut attendrie par cette révélation amoureuse. Elle s'approcha de Pierre, s'assit sur ses genoux, mit ses bras autour de son cou et se lova tendrement dans le creux de son épaule puissante.

— Grand fou, va! Tu sais bien que je t'aime pour ce que tu es, et non pas pour ce que tu dis.

Pierre mit la main sur la tête d'Étiennette et lui caressa la nuque, en silence. Après quelques instants, il lui dit:

— Si tu ne l'as pas encore fait, il serait grand temps que tu répondes à Cassandre. Qu'en dis-tu? Tu la salueras de ma part et dis-lui que nous serons toujours là pour l'accueillir. Ah oui, qu'elle dise au comte Joli-Cœur que je suis enchanté du travail de mon assistant Fréchette.

Étiennette embrassa son mari sur le front, se leva et se mit à débarrasser la table pendant que Pierre s'apprêtait à sortir.

— À propos de Tancrède…

Pierre Latour s'arrêta sec.

— Quoi Tancrède? A-t-il fait quelque chose de répréhensible? Je sais que tu avais des réticences, l'an passé.

— Non, non, bien au contraire. Seulement…, il a vingt ans, beau garçon, plaisant et toujours célibataire… J'ai pensé que…

Pierre en eut le cœur tout retourné.

Non, pas encore, comme Pierre Hénault Canada! Elle ne me recommencera pas ça avec six enfants!

— Tu as pensé à quoi? questionna-t-il, inquiet.

— Je me disais que Monique Ducharme, la petite sœur d'Angélique et de Victorin, lui ferait sans doute une bonne compagne. Elle est mignonne, a vingt-deux ans, et Agathe, sa belle-sœur, me disait qu'elle se décourageait de ne pas avoir de cavalier.

Trop heureux de la tournure de la situation, Pierre s'exclama:

— Étiennette la marieuse! Coudon, cherches-tu des femmes à accoucher dans la seigneurie?… La petite Monique et Tancrède…, tiens, tiens… Et puis non, l'idée n'est pas si bonne que ça!

— Pourquoi? Il me semble que ça ferait un beau couple!

— C'est certain. Par ailleurs, as-tu pensé qu'une fois marié, Tancrède devra rester chez lui? Sans parler des enfants à venir qui l'inquiéteront... Qui va me remplacer à mes installations des fiefs Dorvilliers et Chicot? Les affaires prospèrent actuellement et je ne veux pas que ça change. Nous commençons à peine à en retirer les bénéfices... Et puis, à vingt ans, il a le temps... Prends-moi, je me suis marié à près de trente-cinq ans et ma famille est plus grande que bien d'autres qui se sont mariés à vingt ans... Non, rien ne presse pour Tancrède... Le jeune Noé Desrosiers n'attend que ça, je te ferai remarquer.

Étiennette monta sur ses grands chevaux.

— Pierre Latour! Comment oses-tu vouloir contrôler le destin des gens? Ce qui a été bon pour toi n'est pas forcément idéal pour un autre! Je te trouve bien égoïste, tu sauras, de ne penser qu'à tes affaires!

Avant que la situation ne dégénère, le forgeron intervint:

— Nous en reparlerons. Pour l'instant, Tancrède a un cheval de trait à ferrer et je ne veux pas qu'il soit distrait par une histoire de fille.

— Il faudra bien qu'il s'intéresse aux filles, un jour! Et Monique est si gentille, en plus d'être la sœur de nos amis, Angélique et Victorin. Notre voisin, Desrosiers, mettra sa terre en vente sous peu. Ils pourraient devenir nos voisins et ainsi continuer à t'assister. Un jour, qui sait, il deviendrait peut-être propriétaire de la forge!

— C'est à Pierrot que je réserve la forge, tu le sais bien.

— Mais il n'a pas encore dix ans! Le temps qu'il apprenne le métier, la terre des Desrosiers sera vendue depuis belle lurette. Qu'en penses-tu?

— Mais si le jeune Noé Desrosiers marie Monique Ducharme, celle-ci sera notre voisine, car le père de Noé va sans doute se donner à lui.

— Le vois-tu comme forgeron, Noé?

— Heu... non!

— Parce que je te préviens que Tancrède ne restera pas longtemps ton assistant, et qu'il sera ton rival en t'enlevant ta clientèle. Tu n'aimeras pas ça.

Le forgeron se gratta la tête.

Ouais, l'idée est bonne. L'important, c'est de garder Tancrède ici, et non pas d'être obligatoirement les voisins des Desrosiers, tout charmants qu'ils soient !

— Tancrède Fréchette et Monique Ducharme…, nul doute que ça ferait un couple d'adon… Pourquoi pas ? conclut Pierre Latour Laforge.

— Alors, je pourrai le faire savoir à Agathe ?

— Attendons à ce soir, nous aborderons la question avec Tancrède. Après tout, il a son mot à dire, n'est-ce pas ?

La répartie raisonnable de son mari assombrit momentanément la ferveur d'Étiennette. Elle pinça les lèvres et s'appliqua à nettoyer la table avec le torchon. Pierre observa le manège, dodelina de la tête et se dit en souriant :

Chère Étiennette, va. Rien à son épreuve ! C'est vraiment celle qu'il me faut. Et poétesse, en plus ! Comme le dirait mon voisin, le notaire Casaubon : une vraie Bayollaise comme on les aime !

— Qu'ai-je dit de si drôle pour en rire ?

Pierre se rendit compte qu'Étiennette avait la susceptibilité à fleur de peau. Il préféra tergiverser.

— Rien. Je me demande pour quelle raison Martin confond les « n » avec les « l ». Par exemple, au lieu de dire « rivière Bayonne », il prononce, curieusement, « Bayolle ». Tu devrais savoir ça, Étiennette, puisque tu as été à l'école.

Fière de l'importance que son mari lui reconnaissait, cette dernière lui répondit avec assurance :

— C'est l'accent basque, évidemment.

Pierre se gratta la tête, comme à son habitude lorsqu'il s'apprêtait à ajouter ce qui risquait de contrarier Étiennette.

— Ouais ! Pourtant, les frères Lestage ne prononcent pas leurs mots de cette façon !

Étiennette, qui avait réponse à tout, se dépêcha à rétorquer :

— Voyons ! Les frères Lestage sont des marchands alors que Martin Casaubon est notaire.

Comme son mari, le regard interrogateur, ne semblait pas avoir compris son explication, elle ajouta :

— C'est pourtant simple : le notaire Casaubon est un Basque instruit.

CHAPITRE XXX
Le nouveau seigneur de Berthier

1718

En cette fin d'après-midi du début mai, après avoir profité du courant qui l'avait ramené à fière allure du fief Dorvilliers-Antaya où il opérait la forge secondaire du maréchal-ferrant de Berthier, Tancrède Fréchette accosta son petit canot, son coursier, comme il aimait le dire, et se précipita à la forge de son maître. Ce dernier, justement, était à l'extérieur en train de faire entrer un cheval pour le ferrer. Surpris de l'arrivée subite de son engagé, il l'apostropha :

— Cré-yé, Tancrède, ça doit être sérieux pour te voir laisser le travail en plein milieu de la journée. Est-il arrivé un accident, une mortalité, un malheur ? Finis de souffler comme un poitrinaire et parle ! s'exclama Pierre Latour Laforge.

Tancrède s'appuya contre le cheval et aida le forgeron à l'amener à l'intérieur, en prenant soin que l'animal ne se rue pas.

Une fois le percheron attaché solidement dans sa stalle, Tancrède tenta d'expliquer les faits à son patron.

— Vous ne le croirez jamais, monsieur Latour !

— Je le devine ; l'épidémie de fièvres malignes est revenue encore plus forte[167]. Nous en avons parlé pas plus tard qu'hier soir encore avec Étiennette. Si ça continue, elle ira vivre avec les

---

167. De fait, la colonie avait souffert en 1717 et 1718 de sécheresse et d'une épidémie de fièvres malignes.

enfants à l'île aux Vaches. La contagion ne se rendra pas là, pour sûr.

— Non, non, ce n'est pas ça…

— C'est quoi? La flotte anglaise en vue? Parle! s'impatienta le forgeron, qui, d'un geste brusque, venait de laisser tomber ses grosses pinces par terre.

Les Acadiens refusaient toujours de prêter allégeance au Roy d'Angleterre. Les colons craignaient que cette attitude rebelle incite les Anglais à attaquer de nouveau Québec et Montréal. Par mer, la flotte anglaise aurait obligatoirement navigué vers Montréal en longeant la Grande-Côte.

— Vos forges sont installées dans combien de seigneuries, monsieur Latour?

— Quelle question! Tu sais bien que je paye mon dû dans trois seigneuries!

— Plus maintenant! Dorénavant, vous n'aurez qu'un seul seigneur, du fief Chicot au fief Dorvilliers-Antaya.

— Il me semblait que la seigneuresse de Rigauville ne voulait plus prendre de l'expansion! grogna le forgeron en se baissant lourdement pour ramasser son outil.

Tancrède hocha la tête en guise d'approbation.

— Donc, ce serait son mari qui aurait hérité des seigneuries… Entre nous, ce serait normal.

Tancrède fit non de la tête, cette fois. Surpris, le forgeron s'approcha du jeune homme.

— Est-ce oui ou non? Parle, je n'ai pas davantage de temps à perdre. À ce compte-là, tu n'étais pas obligé de laisser la clientèle en plein après-midi.

— Parce que je voulais l'annoncer le plus rapidement possible à Monique.

— Lui annoncer quoi? Parle! s'impatienta le forgeron.

— Le marchand Pierre de Lestage aurait récemment acheté la seigneurie de Berthier-en-haut.

— Es-tu certain de ce que tu avances? Le notaire Casaubon ne m'en a encore rien dit! rétorqua Latour, frustré que son voisin et ami ne lui ait pas annoncé lui-même la nouvelle.

— C'est la vérité, monsieur Latour! Du moins, Charles Boucher, de la Grande-Côte, m'a confirmé la nouvelle. Il parlait en connaissance de cause, puisqu'elle concerne votre famille.

Euh… plutôt celle de mesdames Agnès et Étiennette, la famille Antaya.

— Antaya Pelletier? Pourtant, Étiennette ne m'en a rien dit… Et Victorin, qui est censé être au courant de tout dans la seigneurie et ses alentours, non plus; il est venu à la forge, ce matin!

— C'est parce que le notaire Casaubon vient à peine de revenir de Québec avec Antaya. C'est alors qu'il a rencontré la seigneuresse et son mari, et qu'il leur a présenté le marchand Lestage.

Pierre Latour Laforge devint subitement soucieux.

— Tu as peut-être raison…, Françoise Casaubon a informé Étiennette que Martin était en voyage d'affaires à Québec avec la parenté. Ainsi, tout se tient… Mais ça n'explique pas pourquoi Étiennette n'a pas cherché à en savoir plus! La connaissant, elle a dû questionner Françoise, qui n'en savait rien ou ne pouvait rien dire… Ça existe, tu sais, des femmes qui savent garder un secret!… À propos, tu ne parlais que d'une seule seigneurie. Ai-je bien compris?

— Plutôt deux.

— Deux! Lesquelles? Parle, Tancrède!

— Vous saviez que la seigneuresse avait offert un terrain à la fabrique de Berthier pour y construire une église à ses frais?

— Pour donner suite à la promesse de mon ami Berthier faite à sa femme sur son lit de mort. Je me souviens. Il voulait dédier la chapelle à sainte Geneviève… Depuis le temps, l'église devrait être construite!

— Justement, la seigneuresse a obligé le marchand Lestage à la faire construire, cette église, comme condition de vente… et même un nouveau moulin à farine, plus moderne.

— Ça n'a pas dû inquiéter le marchand Lestage… N'est-ce pas ce qu'il désire, commercer le blé?

— Possiblement… Seulement, et j'en viens à mon propos, il le fera aussitôt qu'il aura annexé les fiefs Chicot et Dorvilliers-Antaya… C'est la raison pour laquelle le notaire et procureur fiscal Martin Casaubon est parti aussi longtemps à Québec.

— Le fief Chicot aussi?

— Et vous vous retrouvez maintenant avec un seul seigneur, de Maskinongé à Autray, le marchand Lestage, sieur Despeyroux.

— Qui aurait négocié la vente du fief Chicot, alors ? Je sais qu'un temps, Marie-Anne de La Vérendrye en était propriétaire d'une partie…

— Le seigneur Louis-Adrien Dandonneau. Il en possédait la totalité. De plus, le marchand Lestage aurait été obligé, par le gouverneur de Vaudreuil, de faire bâtir un moulin à scie le long de la rivière Bayonne pour agrandir la seigneurie de Berthier à l'intérieur des terres.

— En haut d'ici ? Près des chutes ?

— Il paraît. C'est Antaya Pelletier qui l'aurait dit à son cousin Boucher.

Tancrède entendit le forgeron grommeler :

À l'évidence, il n'a pas pris la peine de venir me le dire ici, comme il le faisait à l'occasion au fief Chicot. Il a préféré tout raconter à Tancrède. Comme il vieillit, Charles. Après tout, même si on considère tous Tancrède comme faisant partie des nôtres, il n'est pas vraiment de la famille !

— Eh bien, Étiennette ne sera pas heureuse d'apprendre que nous allons perdre notre tranquillité. De nouveaux habitants vont venir le long de la Bayonne !

— Mais ce sera bon pour la clientèle de votre forge, non ? demanda Tancrède pour amadouer son patron.

Latour se surprit à sourire. Décidément, Tancrède était futé.

— Est-ce que le cousin Pelletier aurait révélé autre chose ? demanda le géant avec ironie.

Voyant bien que Pierre Latour Laforge négligeait son travail, lui, d'habitude si consciencieux, Tancrède hésita, mais préféra partir.

— Je dois absolument aller dire tout ça à Monique. La noirceur s'en vient.

— Pas si vite, mon gaillard, tes amours peuvent attendre ! Il ne faut jamais les mêler avec le travail. Je sais bien que tu as autre chose à me dire. Aide-moi plutôt à finir de ferrer ce cheval. Après, je fermerai la forge et tu raconteras tout ça aussi à Étiennette.

Latour savait que sa femme était friande des nouvelles de la région. Le forgeron avait décidé qu'avec de telles nouvelles, sa journée de travail était bien finie, mais n'en fit rien voir à son subalterne.

Lorsque les deux hommes entrèrent à la maison, Étiennette était en train de donner à souper aux jumelles, Louise et Angélique, maintenant âgées d'un an. Elle était aidée de sa plus vieille, Marie-Anne, qui faisait de même avec Marie-Françoise, âgée de trois ans.

— Je ne t'attendais pas si tôt, mon mari. Ce n'est pas ton habitude d'écourter tes journées de travail. Est-il arrivé quelque chose à la forge? s'inquiéta Étiennette.

Pierre Latour s'apprêtait à répondre lorsqu'il entendit l'injonction de sa femme:

— Écoutez-moi, les enfants! Vous vous taisez quand votre père veut parler. Est-ce clair?

Un silence régna soudain. Étiennette, qui aperçut Tancrède derrière son mari, parut étonnée. C'est alors que celui-ci lui répondit:

— Tancrède est venu nous annoncer des nouvelles pas ordinaires.

Pierre Latour Laforge avait martelé les mots *pas ordinaires* pour leur donner toute l'importance souhaitée.

— Ah oui? s'enquit aussitôt Étiennette, qui, du coup, arrêta de nourrir ses fillettes à la cuillère. Leurs pleurs résonnèrent instantanément dans la pièce. Ce fut le signal qui incita leur mère à demander à Marie-Anne de continuer à alimenter les bébés. La petite Françoise en prit ombrage et se mit aussitôt à hurler. Le forgeron, décontenancé, haussa le ton.

— Nous avons un nouveau seigneur depuis une semaine; c'est Tancrède qui l'a appris de Charles, à la Grande-Côte.

— Un nouveau seigneur? Qui? Parle, Tancrède!

— Le sieur Despeyroux.

— Pierre de Lestage? Eh bien! Comme ça, Marie-Anne de La Vérendrye n'avait pas tort en me disant qu'Esther se préparait à venir vivre à Berthier. Acheter les seigneuries… A-t-il autant d'argent que ça?

— Il paraît qu'il n'aurait acheté que celle de Berthier-en-haut. Comme syndic[168] de la communauté marchande de Montréal, il

---

168. En 1718, comme syndic de la communauté marchande de Montréal, Pierre de Lestage était chargé de protéger les intérêts financiers des marchands contre la création d'un monopole de l'exportation du castor par la Compagnie des Indes occidentales.

a sans doute pu obtenir un prêt favorable. Ou emprunter de ses associés, comme le comte Joli-Cœur.

Le forgeron finit sa phrase en regardant Tancrède, peu certain de la validité de cette hypothèse, compte tenu des déboires du comte à la cour.

— Il l'aurait payée fort cher, la grande seigneurie, semble-t-il. Six mille livres. Une fortune! répondit Tancrède, impressionné.

— La grande seigneurie? Se serait-elle agrandie tout d'un coup? ironisa Étiennette.

— Oui, Étiennette. Elle incorporerait maintenant les fiefs Chicot et Dorvilliers-Antaya. Avec la reconstruction de Louis-bourg et la fondation de La Nouvelle-Orléans par Bienville[169], c'est une des grandes nouvelles de l'année 1718.

Tancrède avait parlé avec autorité, à la grande surprise des Latour. Ils paraissaient impressionnés par autant de savoir et le regardaient maintenant avec admiration. Étiennette demanda à l'assistant de son mari:

— Qu'est-ce que ça changera pour nous autres, les petites gens de la seigneurie?

— Rien, Étiennette, sinon que vous ne serez redevables qu'à un seul seigneur. Nous avons la chance de compter parmi ses amis. Toutefois, ça ne nous enlève pas nos obligations de censitaires.

— Pas au fief Chicot? Tu m'as toujours dit que tu étais propriétaire de notre lot de terre.

La remarque d'Étiennette assomma son mari. Perplexe, il répondit:

— Il faut que je le demande au notaire Casaubon, qui a agi comme procureur fiscal de Nicolas Blaise Des Bergères de Rigauville. Il est sans doute revenu de Québec… Je me demande si le seigneur de Lestage de Despeyroux va le conserver à son emploi… Sans doute, puisque c'est son grand ami… Il a dû favoriser le rapprochement des deux parties.

— Le mystère commence à s'éclaircir. Il n'y a pas eu moyen de savoir où était parti son mari. La tombe! Sais-tu autre chose, Tancrède, pour que je puisse lui démontrer que j'en sais autant

---

169. Jean-Baptiste Le Moyne, sieur de Bienville, frère de Pierre Le Moyne d'Iberville et d'Ardillières, a été gouverneur de la Louisiane pendant dix-neuf ans, entre 1701 et 1724. Il donna le nom de La Nouvelle-Orléans à cette ville, qui devint la capitale de la Louisiane en 1722, en l'honneur du régent Philippe d'Orléans.

qu'elle et la relancer? Des fois, je me demande à quoi servent nos amis! dit Étiennette, vexée de ne pas avoir été informée la première par sa voisine.

— Tu t'imagines bien qu'elle était tenue, en tant que femme de notaire, au secret professionnel. Le notaire, c'est comme le médecin ou le prêtre dans son confessionnal.

Tandis que le forgeron grimaçait de frustration, pour ne pas perdre le dernier mot, Étiennette répliqua:

— Le prêtre n'est pas marié. Tu ne peux pas le comparer à un médecin ou à un notaire... Y a-t-il autre chose que tu saches, Tancrède? demanda Étiennette.

— Il paraît que notre nouveau seigneur s'est engagé à faire bâtir une église[170] sur le terrain de la fabrique[171] en déboisant la pinière, à agrandir le moulin à farine et à construire un autre moulin à scie sur la rivière Bayonne.

En entendant le mot Bayonne, Étiennette s'inquiéta.

— Ai-je bien entendu la rivière Bayonne? Il y a déjà celui du vieux Gervaise[172], aux premières chutes... Où pourrait-il être construit?

— Aux chutes, plus haut. Nos clients, Ratelle et Champagne, auraient même déjà été pressentis pour le construire, au moment voulu.

— Eh bien! Il n'a pas perdu de temps, Martin. Sitôt arrivé, déjà à l'œuvre. C'est possible qu'il soit associé avec son ami Lestage.

Étiennette réfléchissait.

— Reste à savoir si Esther et Pierre vont vouloir s'installer en permanence à Berthier. Elle devra travailler aux champs pour ça, la belle Esther, et je me demande si elle y est préparée, elle, de la grande ville. Ce n'est pas chez les sœurs qu'elle a appris le dur travail des champs, comme nous autres, les petites filles de la campagne. Elle a beau dire qu'elle a élevé des poules et cultivé des légumes dans son beau jardin de la métairie de la pointe

---

170. De 1672 à 1704, les habitants de Berthier fréquentaient l'église à Sorel. De 1704 à 1727, ils étaient censés être desservis par les missionnaires de l'île Dupas. Cependant, plusieurs mariages, baptêmes et funérailles se firent encore à Sorel. La première église de Berthier a été inaugurée en 1724, presque en face de celle de l'île Dupas, située sur la pointe supérieure de l'île. Au recensement de 1681, on dénombrait 30 âmes à Berthier; en 1706, 128; puis en 1739, 328.
171. La paroisse de Berthier et sa fabrique furent fondées en 1710.
172. Premier ancêtre de la famille Gervais, alors appelée Gervaise.

Saint-Charles, ce n'est rien comparativement à faire le train ou les foins! Si j'étais elle, je resterais dans ma belle maison de la rue Saint-Paul.

Étiennette avait appris par Marie-Anne Dandonneau ce que le marchand Jean de Lestage avait offert à son frère Pierre comme cadeau de noces.

Tancrède et Laforge approuvaient de la tête en guise d'assentiment quand le forgeron sursauta au dernier commentaire de sa femme. Il fronça les sourcils.

— Ça va sans doute nous ménager bien des inconvénients, cette nouvelle église... Pourquoi sur le terrain de la pinière?...

Le forgeron réfléchissait tout haut.

— Parce qu'en plus de l'église, il voudrait y trouver le presbytère, le cimetière et un couvent peut-être, s'empressa d'ajouter Tancrède.

Laforge siffla d'admiration. Il eut l'impertinence de faire remarquer:

— Il y a longtemps que l'autre seigneuresse, Marie-Françoise Viennay Pachot, aurait dû la faire construire. Ça doit être son noble de mari, monsieur Nicolas Blaise Des Bergères de Rigauville, qui l'en a empêchée!

À ces mots, Étiennette bondit.

— Que veux-tu dire, Pierre Latour? Que les Dandonneau de l'île Dupas n'ont pas été capables d'entretenir leur église, là où nous nous sommes mariés? Tu sauras qu'ils ont toujours pris soin de loger un prêtre au presbytère et de bien s'occuper de l'église, pour qu'il y célèbre les saints mystères et donne le secours de la prière et des sacrements. Ce n'est pas à Berthier que nous aurions pu faire baptiser nos enfants!

Pierre Latour Laforge ne voulut pas rectifier les dires d'Étiennette. Il gaffa toutefois en affirmant:

— Les bancs laissent à désirer.

Il savait pertinemment que l'église avait été mal construite.

— Est-ce la raison pour laquelle monsieur le maréchal-ferrant n'a jamais voulu acheter un banc et reste debout à l'arrière de l'église, quand il daigne bien entrer dans l'église? Je passe pour une vraie mendiante auprès de Marie-Anne de La Vérendrye, en m'humiliant à lui quémander une place sur son banc. Je te préviens, à Berthier, nous l'aurons, notre banc! À moins que tu ne veuilles donner à la quête.

Laforge n'aima pas se faire traiter d'avare devant son employé. Il défia sa femme en répliquant :

— Enfin, nous sommes d'accord ! L'église de l'île Dupas va en décrépitude. Sans parler des difficultés pour s'y rendre en traversant le chenal du Nord, alors que les passeurs ne sont jamais là quand il le faut, sans parler des bourguignons en hiver et de la débâcle au printemps…

Étiennette fixait son mari comme pour le fusiller. Pour changer la tournure de la discussion, alors que la tension était manifeste, Tancrède se risqua à dire :

— Il semble que la nouvelle seigneuresse aurait exigé de son mari d'établir sa parenté de la Nouvelle-Angleterre[173] sur la seigneurie.

Aussitôt, Étiennette s'insurgea.

— Elle exagère, la seigneuresse Esther ! Ce n'est pas Cassandre qui aurait exigé ça. Des ennemis, ces Anglais !

Elle avait haussé le ton au point de faire peur aux enfants. Les trois bambins se mirent à pleurer. Les adultes comprirent qu'ils avaient perturbé le repas des enfants. Alors, Étiennette se rapprocha des jumelles pour les consoler. La remarque d'Étiennette eut l'heur de faire sourire son mari.

Elle dit ça de Cassandre. J'aurai tout entendu !

— Mademoiselle Cassandre Allard ? Le seigneur Despeyroux la connaîtrait ? demanda Tancrède à mi-voix.

Étiennette fixa son mari dans les yeux.

— Je disais ça comme ça, sans plus… J'ai eu peur momentanément que ce soit une chapelle protestante qu'Esther veuille y faire construire, et non une église ! Je me trompe, c'est certain. Esther est une fervente catholique.

Étiennette ramena la conversation sur le sujet du voisinage.

— Martin Casaubon avec Françoise… On peut dire qu'ils nous tiennent dans le plus grand secret… c'est parce qu'ils connaissent mal Étiennette Latour !

---

173. L'aïeul maternel d'Esther Sayward s'appelait William Rìshworth et son aïeule maternelle, Susannah Wheelwright. Esther Sayward et Esther Wheelwright, devenue sœur Marie-Joseph de l'Enfant-Jésus chez les Ursulines, qui fut aussi prisonnière des Abénaquis, étaient cousines. Elles sont restées amies jusqu'à la mort d'Esther Sayward en 1770. Esther-Marie-Joseph de l'Enfant-Jésus mourut en 1780.

Cette dernière venait de parler avec bravade, les deux mains sur les hanches. Cette attitude fit peur à son mari, qui ne voulait pas se disputer avec son voisin.

— Que veux-tu faire, ma femme? Aller leur rendre visite?

— Oh, mieux que ça! Louis-Adrien Dandonneau se marie dans quelques jours avec Marie-Josèphe Drouet[174]. Nous irons les féliciter bientôt, Pierre, avec Marie-Anne et La Vérendrye, et j'en profiterai pour aller aux nouvelles. Elle en sait certainement plus que nous!

— À propos de quoi?

— Voyons, mon mari! C'est Louis-Adrien qui vient de vendre le fief Chicot. Esther et Pierre de Lestage seront sans doute au mariage. Ils viendront visiter leurs nouveaux censitaires, leurs amis Casaubon. Nous allons éclaircir tous ces mystères. Je m'entends bien avec Esther. Elle me donnera l'heure juste… Je n'aime pas me faire des idées sur la foi de racontars et de rumeurs.

Étiennette s'était adressée à Tancrède, qui blêmissait. Elle en profita pour continuer.

— J'espère que nos jeunes gens ne deviendront pas des apostats et qu'ils ne feront pas pleurer leurs belles Canadiennes parce qu'ils seront sous le charme de nymphes à taches de rousseur! Hein, Tancrède?

Ce dernier commençait à craindre le caractère d'Étiennette.

— Soyez sans crainte, Étiennette. Monique et moi avons des projets pour le futur.

Aussitôt dit, Tancrède se mit à rougir. Il venait de parler sans réfléchir, car, en vérité, il n'avait pas encore pensé à la question. Il eut peur soudainement que Victorin en soit informé le lendemain par Pierre Latour, à la forge, et qu'il l'annonce à sa sœur Monique.

Étiennette parut immédiatement radieuse en entendant la nouvelle.

— Des promesses de mariage, Tancrède? Je suis heureuse pour Monique et toi. Vous faites vraiment un beau couple. Hein, Pierre?

Le forgeron se gratta la tête, embêté. Le mariage des uns et des autres ne l'excitait pas, en tout cas, beaucoup moins que cela

---

174. Louis-Adrien Dandonneau Du Sablé épousa Marie-Josèphe Drouet le 7 mai 1718 à Sorel.

n'excitait sa femme. Il ne voulut pas contrarier Étiennette, qu'il voyait de mauvaise humeur. Il préféra répondre :

— Tu sais bien que ma femme aime jouer à la marieuse. C'est sa façon de renouveler sa clientèle comme sage-femme.

Maladroit, Laforge avait mal calculé son coup. En entendant cette ineptie, Étiennette réagit vivement :

— Oh, comment peux-tu dire ça de moi, Pierre Latour ? Tu es un sans-gêne, rien d'autre !

Afin de calmer la patronne, Tancrède crut bon de s'interposer en ajoutant :

— Étiennette a raison. Si j'ai quitté mon travail plus tôt, c'est que j'avais aussi une autre grande nouvelle à vous annoncer : je m'en vais faire ma grande demande au père de Monique. Vous comprenez mieux maintenant mon impatience à finir ma journée.

Étiennette se tourna encore une fois vers son mari, le défi au visage.

— Bon, tu vois que j'avais raison, Pierre Latour ? Alors, toutes mes félicitations, Tancrède. Permets-moi de te faire la bise.

Aussitôt, Étiennette s'avança vers le fiancé fortuit, qui rougissait.

— J'ai bien hâte d'annoncer la nouvelle. À quel moment sera le mariage ?

— Attends au moins qu'il l'annonce lui-même à sa belle-famille !

Contrariée, Étiennette ajouta tout simplement :

— Félicite Monique de notre… de ma part, et dis-lui que j'ai bien hâte de l'embrasser. Je trouve qu'elle te fera une épouse dépareillée.

— Oui, Étiennette, je ne l'oublierai pas. Maintenant, si vous n'y voyez pas d'objection, je dois y aller.

Comme Tancrède s'apprêtait à partir, Étiennette dit à son mari :

— Serre donc la main à Tancrède pour le féliciter !

Le forgeron s'exécuta.

— Félicitations, mon jeune ! N'oublie pas que demain matin, de bonne heure, tu dois m'aider à réparer une charrue. Il serait préférable que tu reviennes immédiatement après souper. Nous allons nous coucher très tôt. Tu as déjà assez perdu de temps cet après-midi.

Tancrède regarda son patron, décontenancé. C'est Étiennette qui réagit plutôt mal.

— Tu pourrais au moins le laisser faire un bout de veillée avec sa promise… Comme ma mère me le disait, le temps des fréquentations et des fiançailles est le plus beau moment. Il vaut mieux parfois l'étirer que se précipiter tête baissée dans le mariage.

Pierre Latour dévisagea sa femme avec incompréhension.

Aurait-elle des reproches à me faire ?

Étiennette n'eut cure du regard désapprobateur de son mari. Elle s'adressa aussitôt à Tancrède.

— Prends le temps qu'il te faudra. Je t'attendrai. J'ai du reprisage qui m'attend. Ça me donnera le temps de le terminer.

Le forgeron comprit que sa femme n'irait pas se coucher en même temps que lui. Il grimaça encore plus quand Tancrède le défia en lui adressant cette politesse :

— Bonne soirée, monsieur Latour, et merci pour vos bons vœux.

Quand l'engagé fut parti, Étiennette se dépêcha de lancer leurs assiettes sur la table. Le bruit dérangea les enfants, qui se mirent à pleurer. Pour sa part, Étiennette rechigna à servir la soupe à son mari. S'en rendant compte, ce dernier se leva lourdement et remplit les assiettes sans rien dire.

Étiennette sourit à l'idée qu'elle avait tenu le haut du pavé au cours de la discussion qui venait de se terminer. Ce soir-là, le forgeron n'eut pas droit à son dessert et dut se contenter de fumer. Juste avant la prière du soir devant le crucifix fixé au mur, Étiennette avait pris la peine de mettre en évidence la pile de vêtements à repriser. Pierre Latour comprit qu'il ronflerait plus tôt qu'il ne l'aurait souhaité. Effectivement, il ne se rendit pas compte du retour de Tancrède, rentré pourtant assez tôt.

Étiennette l'informa que son mari dormait. Le forgeron vrombissait plutôt qu'il ronflait. Elle ne put résister à la tentation de lui demander, sa petite Marie-Françoise sur les genoux :

— Et puis ?

— C'est fait, Étiennette. Monique s'est effondrée en larmes…, sa mère aussi.

— Que c'est beau l'amour ! La vie est trop courte pour se réveiller avec des regrets ; il faut le vivre quand il passe !

Comme Tancrède la regardait, légèrement inquiet, Étiennette ajouta :

— Elle mérite que tu l'aimes, Monique, parce qu'elle te regarde avec tant de scintillements d'étoiles dans les yeux !

Tancrède restait muet. Son absence de réaction piqua la curiosité de sa patronne.

— Coudon, hésiterais-tu maintenant parce que tu as été témoin de notre petit différend, avec mon mari ? Sache, Tancrède, que le prêtre, au pied de l'autel, ne nous a jamais dit que la vie de famille serait facile ! Seulement, je peux t'assurer qu'elle en vaut la peine, même si ce n'est pas rose tous les jours, oh non ! Tu peux m'en croire. D'ailleurs, les hommes en pâtissent autant que nous, je le vois bien… Tu seras beaucoup plus heureux marié, tu verras, et tu deviendras bien fier de ta marmaille, parce que je n'ai aucun doute que ta belle Monique puisse te donner une trâlée d'enfants !

Un sourire vint aux lèvres de Tancrède. Voyant cela, surprise, Étiennette se mit à ricaner. Par enchaînement, Tancrède l'imita, au point que leur hilarité résonna dans la pièce. S'en rendant compte, Étiennette dit :

— Laissons mon mari se reposer. Si nous le réveillons, il est bien capable de grogner. Il est temps d'aller au lit.

Aussitôt, Étiennette se leva et alla éteindre la lampe à l'huile de marsouin.

Le lendemain matin, quand elle se réveilla, son mari et son engagé étaient déjà levés et déjeunaient à la graisse de rôti de porc avec un quignon de pain. Le forgeron avait sorti Tancrède de son sommeil plus tôt qu'il ne l'aurait souhaité. Étiennette demanda à son mari d'aller la reconduire à l'île aux Vaches[175], chez son amie, Marie-Anne de La Vérendrye.

— Ça ne pourrait pas attendre quelques jours encore, le temps de prendre des nouvelles de Françoise Casaubon ? Le chenal serait moins gonflé et les chemins, moins boueux, demanda le forgeron.

Étiennette lui répondit du tac au tac :

— Je ne me laisserai pas tenir la dragée haute par une femme de notaire. Ça ne se fait pas de laisser une bonne voisine — je dirais même une amie — dans l'ignorance comme ça. Que

---

175. L'île aux Vaches, située entre le littoral et l'île Dupas, n'était séparée de celle-ci que par un bras du chenal du Nord.

deviendront notre langue et notre religion si les Anglais viennent s'installer chez nous!

Par son caractère aigri, Pierre se rendait compte que sa femme venait de passer une bien mauvaise nuit. Il se fit la remarque qu'une femme qui ne dort pas dans les bras de son mari risque d'afficher des sautes d'humeur.

— Qui nous dit que ce ne sont pas que des racontars?

Le forgeron avait fait cette remarque à l'attention de Tancrède, qui avait le nez dans son assiette. Il continua:

— J'ai bien pensé à ça en me couchant et je me suis souvenu qu'Esther de Lestage t'avait déjà dit qu'elle n'avait plus aucun contact avec sa famille anglaise depuis qu'elle avait été capturée par les Abénaquis, à l'âge de sept ans.

Étiennette fixa son mari sans mot dire. Ce dernier savait qu'il disait vrai. Seulement, Étiennette ne l'avouerait jamais, et encore moins devant un étranger, fût-il presque un membre de la famille. Elle préféra ajouter:

— Seulement sa cousine religieuse… Mais ce n'est pas une raison pour que Françoise m'ignore de la sorte. La politesse existe dans l'amitié.

— Tu sais bien que Françoise est tenue par le secret professionnel. J'y pense, qui nous dit que Martin l'en a informée? Ça s'est déjà vu, des hommes qui ont caché la vérité à leur femme.

Soupe au lait, Étiennette bondit sur l'occasion.

— Parce que c'est le cas de monsieur le maréchal-ferrant du comté? C'est un bel exemple à donner à Tancrède, qui va se marier!

Ce dernier se sentait pris entre le marteau et l'enclume. Il n'osait dire un mot. Son patron, qui ne voulait pas continuer l'algarade de la veille avec Étiennette, préféra baisser pavillon en visant une cible commune.

— Tu sais bien que je t'ai toujours dit la vérité! Je faisais référence à Pierre de Lestage, qui a caché ses amours illicites avec ton amie Cassandre.

À ce prénom, Tancrède leva la tête. Étiennette fit de gros yeux à son mari. Comprenant qu'il avait compromis la loi du silence, le forgeron s'empressa de corriger sa bourde.

— Bon, il est temps d'aller travailler plutôt que de commérer. Finis ton thé et à la forge, Tancrède.

Ce dernier s'empressa de vider son gobelet et suivit son maître. Une fois la porte refermée derrière eux, il s'enquit auprès du forgeron.

— Mademoiselle Cassandre et le seigneur Despeyroux se connaissent ?

— De l'histoire ancienne qui n'a plus d'importance. Tu vas te marier sous peu. Tu réaliseras alors qu'il vaudra mieux que personne ne puisse ressasser ton passé. C'est pour ça que je te recommande de payer la dispense des deux derniers bans, à l'église. Et c'est encore plus vrai quand quelqu'un meurt !

Tancrède resta figé par cette révélation. Il regarda alors son patron en donnant l'impression d'en avoir appris beaucoup par la population de Berthier sur le compte des amours de Cassandre et du ménage du forgeron. Celui-ci eut l'impression qu'il en avait trop dit, et que Tancrède avait peut-être su qu'Étiennette avait eu une amourette avec Pierre Hénault Canada. Il lui fallait à tout prix dissiper cette impression chez son assistant. Il mit alors son énorme bras autour des épaules de celui qu'il considérait presque comme un fils et lui avoua à mi-voix :

— Je vais te confier un secret qu'Étiennette ne doit surtout pas apprendre.

Tancrède était tout ouïe. Il n'en revenait pas de la confiance que lui portait soudainement son patron. Le forgeron parla ainsi :

— Mon ami, le père d'Étiennette, a eu un fils illégitime alors qu'il était marié avec Marguerite, que tu connais. Ma femme ne l'a jamais su. J'ai bien failli lui confier ce secret que j'avais promis à son père, de son vivant, de ne jamais dévoiler. En le lui disant, elle se serait aussitôt dépêchée de tout raconter à sa mère et à ses sœurs. Tu la connais ! Imagine-toi la catastrophe familiale. Les morts ont droit à leur tranquillité éternelle et leurs secrets doivent être enterrés avec eux. C'est mon dire.

Tancrède brûlait de demander au forgeron l'identité du jeune homme. Toutefois, en sentant la pression de la main du géant sur ses épaules, il crut bon de ne pas trahir ce dernier. Il était cependant intrigué par la phrase «les morts ont droit à leur tranquillité éternelle».

La révélation s'arrêta là, quand il entendit le forgeron conclure :

— Que je te voie répéter ça à Étiennette et je t'étripe aussitôt !

Au dîner, Pierre avertit Étiennette qu'il se rendrait le dimanche suivant, après la messe, à l'île aux Vaches. Il eut droit à son dessert favori, les beignets au sirop de plaine.

À l'église, Étiennette aperçut ses amies Marie-Anne de La Vérendrye, Esther de Lestage-Despeyroux et Françoise Casaubon. La nouvelle mariée, Marie-Josèphe Drouet-Dandonneau, prenait place aux côtés de sa nouvelle belle-sœur, Marie-Anne. Après l'*Ite missa est*, elles se retrouvèrent toutes sur le perron de l'église pour se saluer.

Françoise Casaubon sourit à Étiennette, qui lui rendit son signe d'amitié. Françoise annonça confidentiellement à sa voisine la nouvelle de l'achat de la seigneurie de Berthier.

— J'aurais aimé vous l'annoncer plus vite, Étiennette, mais des circonstances incontrôlables m'en ont empêchée. Vous me pardonnez, n'est-ce pas ?

— Comment voulez-vous que je vous en veuille, Françoise. Entre amies et si bonnes voisines, nous n'avons pas à nous avouer ce que nos maris sont tenus de garder au secret professionnel, n'est-ce pas ?

À la réplique d'Étiennette, Françoise plissa le front d'incompréhension.

Que va-t-elle chercher là ? Si je ne le lui ai pas dit, c'est qu'Esther et Pierre étaient à la maison… C'est vrai que j'aurais dû les inviter, ne serait-ce que pour prendre le thé… Mais était-ce le bon moment, alors que le nouveau seigneur de Berthier s'apprêtait à confirmer à mon mari son rôle de sergent des troupes et de capitaine de la milice de la seigneurie élargie ?

Françoise sourit timidement à Étiennette, qui ajouta :

— Allons féliciter la nouvelle seigneuresse, Esther, et le sieur Despeyroux.

Elle s'approcha alors d'Esther.

— Toutes nos félicitations ! C'est une très grande nouvelle que Françoise vient de m'apprendre, Esther. Soyez convaincue que je serai très fière d'être une de vos sujettes.

— Vous savez bien, Étiennette, qu'il n'y aura jamais de condescendance entre nous. Vous êtes une amie, et vous le serez toujours.

— Si vous saviez à quel point vous m'honorez, Esther ! Dites-moi, allez-vous demeurer au manoir de Berthier à longueur d'année ?

La question surprit la seigneuresse. Elle ne se l'était pas vraiment posée. Elle se perdit dans le regard d'Étiennette en réfléchissant. Puis elle répondit :

— Pierre est tellement occupé avec ses affaires à Montréal que je me demande si nous nous donnerons l'occasion de venir visiter nos censitaires de Berthier... Peut-être bien l'été, pourquoi pas ? Je vais le lui demander. L'air du fleuve ne nous fera que du bien et nous changera de la rue Saint-Paul, de l'odeur des boutiques et des animaux d'arrière-cour.

— Viendrez-vous avec votre famille ?

Étiennette se rendit immédiatement compte de son manque de délicatesse. Esther et Pierre de Lestage avaient perdu leurs deux enfants en très bas âge. Elle rectifia :

— Je voulais dire de la parenté lointaine, des cousins de la Nouvelle-Angleterre ?

— Mes cousines Rishworth et Wheelwright ?

Esther prit un moment de réflexion, puis dit avec le sourire :

— Savez-vous, Étiennette, je n'y avais pas encore pensé, mais vous venez de me donner une excellente idée.

Étiennette se mordit la lèvre inférieure : elle s'en voulait au point de se blesser. Une gouttelette de sang surgit sur la nacre de ses lèvres. Son sourire réapparut toutefois quand Esther ajouta :

— Toutefois, je crains que ce ne soit impossible. Ma cousine Rishworth craint les Français et les catholiques, comme nous les Abénaquis et les Mohawks. Quant à mon autre cousine, Esther Wheelwright, c'est aux Trois-Rivières, au couvent des Ursulines, qu'elle irait plutôt en mission.

Étiennette était bien placée pour savoir ce que voulait dire « craindre les Mohawks ». À ces mots, elle alla tirer sur la manchette de chemise de son mari, qui discutait avec les hommes.

— Pierre, la seigneuresse vient de me dire que nous ne devions avoir aucune crainte d'avoir des Anglais comme voisins !

Le forgeron rougit de l'impertinence de sa femme. Pierre de Lestage s'enquit aussitôt :

— Qu'est-ce que c'est que cette histoire d'accueillir des Anglais dans ma seigneurie ? Qu'ils viennent et nous les combattrons ! N'est-ce pas, Martin ?

Casaubon, le chef des troupes, répondit sans trop savoir, au désarroi de Françoise :

— Qu'ils se présentent et ils verront de quel bois nous nous chauffons !

Quand La Vérendrye s'aperçut de la mauvaise tournure de la conversation, il invita ses amis à se rendre chez lui à l'île aux Vaches.

— L'invitation vous est aussi lancée, monsieur Ysambart[176]. Ça tombe bien, car nous avons quelques questions à discuter avec le nouveau seigneur de Berthier. Soyez sans inquiétude, il ne sera pas question de bancs d'église. Comme vous êtes tous les deux nouveaux, vous devriez bien vous entendre.

— C'est le Saint-Esprit qui me dictera les réponses, sieur de La Vérendrye, répondit naïvement le curé.

— On croirait entendre mon frère, Jean-Baptiste.

La Vérendrye éclata d'un rire sonore, qui se répercuta dans l'air vif de ce dimanche matin du début de mai.

La Vérendrye fut le seul à rire de sa blague. Marie-Anne, sa femme, l'apostropha en lui disant :

— Ramasse ton monde, Pierre, si nous voulons attraper le passeur à temps.

Ce dernier comprit qu'il devait reprendre son sérieux.

— Tu as bien raison, ma chérie. Monsieur le curé, si nous voulons remplir l'église, il faudra bien que les routes et les passeurs soient organisés en conséquence.

L'ecclésiastique approuva de la tête. Il ne voulait surtout pas contrarier le seigneur de La Gabelle. Ce dernier se mit alors à interpeller ceux avec lesquels ils voulaient discuter des chemins à réparer.

— Le notaire Martin Casaubon, le maréchal-ferrant Pierre Latour Laforge, Pierre Généreux, Charles Boucher, père et fils, Pierre Généreux, Antoine et Noé Desrosiers, Pierre Hénault et ses fils, Pierre Ratelle, Marc-Antoine Joly, Jean Beaugrand dit

---

176. Le sulpicien Joseph Ysambart, âgé de vingt-cinq ans, fut missionnaire de Sorel, de l'île Dupas et de Berthier de 1718 à 1720, immédiatement après son ordination en 1717. Il succéda au sulpicien Charles de La Goudalie, qui officia de 1708 à 1718. Il avait lui-même succédé au sulpicien Léonard Chaigneau, missionnaire de 1704 à 1708. Une ordonnance de l'intendant Bégon du 18 juin 1720 obligea le sieur Joseph Ysambart à comparaître à Montréal, pour répondre aux plaintes des marguilliers en charge de l'île Dupas, qui l'accusaient de concéder des bancs dans l'église sans la participation des marguilliers, et même à des particuliers qui n'étaient pas de la paroisse.

Champagne, Aubuchon dit Desalliers, Pierre Grenon, Duteau, Yves Martin. Évidemment, le seigneur Louis-Adrien Dandonneau, mon beau-frère, et ma nouvelle belle-sœur, Marie-Josèphe, Jean Brisset dit Courchesne, son coseigneur, ainsi que Victorin Ducharme…

La Vérendrye regarda autour de lui et demanda :

— Où est Victorin ?

— Il vient de partir, lui cria-t-on.

— Ce n'est pas surprenant, c'est le bon temps pour le rat musqué, ironisa La Vérendrye, qui se doutait bien de l'endroit où se trouvait Victorin.

Marie-Anne fit une mimique à Étiennette, signifiant que La Vérendrye manquait de diplomatie en venant de se moquer de l'ami du forgeron. Étiennette comprit son intention et lui sourit pour la remercier.

— Qui ai-je oublié ? Personne ? Alors, venez tous à l'île aux Vaches. Marie-Anne et moi aimerions que vous rendiez vos hommages au nouveau seigneur de Berthier, mon ami Lestage, sieur Despeyroux, ainsi qu'à sa charmante seigneuresse, Esther.

Pour se racheter, La Vérendrye demanda au sulpicien :

— Monsieur, nous feriez-vous l'honneur de monter dans notre berlot avec les seigneurs de Berthier ? Après tout, vous aurez l'occasion de vous parler souvent de la construction de l'église et du presbytère de Berthier. Autant commencer dès maintenant.

En route, La Vérendrye avisa ses invités d'un propos qui lui tenait à cœur.

— Sieur Despeyroux, nous pourrions faire une première transaction ensemble. Pour aider Marie-Anne aux soins de la maison, j'ai pensé que d'acheter une petite esclave serait bien indiqué. Actuellement, j'hésite entre une Sauvagesse panis ou une négresse de la Dominique. Le marchand Saint-Germain, de qui je pourrais avoir mon esclave, exige que j'achète les deux à la fois, ou rien. J'ai pensé que nous pourrions les acheter ensemble et ensuite faire le partage. Qu'en pensez-vous ?

Pierre de Lestage regarda son ami avec étonnement. Esther prit la parole :

— La question ne se pose même pas. Nous avons déjà une petite esclave panis et mon souhait le plus cher serait d'en avoir une autre. Après ce que les Sauvages nous ont fait subir en captivité, à ma mère, ma sœur et moi, ce n'est que juste que je leur rende la pareille.

La Vérendrye riait sous cape. Il laissa Esther terminer la réplique qu'il avait volontairement tenté de tirer d'elle, sachant trop bien comment elle réagirait. Il questionna alors le prêtre :

— Monsieur le sulpicien, vous qui êtes un apôtre de la charité chrétienne, lorsque le Christ nous enseigne de nous aimer les uns les autres, implique-t-il les esclaves dans son amour infini ?

Le sulpicien se dit qu'avec un tel paroissien, sa cure ne s'annonçait pas facile. Il se signa, embrassa le crucifix qui se balançait sur sa mante noire et répondit :

— Si avoir une esclave vous amène à mieux servir le Christ, Dieu vous récompensera là-haut. Cependant, ne la maltraitez pas, car vous serez damné. Le Christ a dit : « Aimez votre prochain comme vous-même ». Or, comme je me rends compte, sieur de La Vérendrye, que vous avez une bonne estime de votre personne, il n'y a nul doute dans mon esprit que vous vous empresserez d'affranchir votre esclave, comme un bon chrétien devrait le faire.

La répartie évangélique du missionnaire plaqua le beau parleur qui s'enfonça dans son siège. Esther, qui n'avait pas tout à fait saisi le message, demanda à son mari :

— Qu'a-t-il dit ?

— Oh, il vient de se dire heureux de t'avoir comme nouvelle paroissienne, qui plus est, une Anglaise.

— Il a dit ça ?

Pour le remercier, Esther lui offrit son plus beau sourire ; cela embarrassa le missionnaire Ysambart.

Arrivés à l'île aux Vaches, une surprise attendait Pierre et Esther de Lestage Despeyroux. Jean et Marie-Anne, les marchands Hervieux et Nepveu, Guillaume Estèbe, le garde-magasinier royal, et son épouse Charlotte Frérot étaient venus, soit de Québec, de Lavaltrie ou d'Autray, pour les féliciter.

Étiennette et Pierre remarquèrent Tancrède Fréchette et la famille Ducharme ainsi qu'une jeune femme qui se tenait aux côtés de Charlotte Frérot et dont la ressemblance avec une personne qu'ils avaient déjà accueillie au fief Chicot leur paraissait frappante. Ils les saluèrent de loin, non sans s'être regardés, et, étonnés, se questionnèrent mutuellement du regard.

La maison avait été transformée en une véritable salle de réception. Au fond de la pièce principale, accrochée bien haut au mur et bien en évidence, se trouvait une horloge sur laquelle à chacune des douze heures correspondait un compartiment renfermant un type différent d'épices. Curieuse, Étiennette profita d'un moment d'accalmie pour demander à la maîtresse de la maison :

— C'est la première fois que je vois ce type d'horloge, Marie-Anne. Qu'a-t-elle de particulier ?

— C'est un cadeau d'Esther et de Pierre. Elle vient de France où elle fait actuellement fureur. Il paraît qu'à Versailles, les courtisans se lèvent la nuit et, désireux de connaître l'heure, cherchent à tâtons dans la noirceur l'aiguille des heures ; ils plongent l'index dans un compartiment et puis sucent leur doigt pour savoir, selon le goût de l'épice, l'heure qu'il est. De vrais enfants, quoi ! J'ai demandé à mon mari de la placer haut au mur. Comme ça, mon plus vieux ne sera pas tenté de se lever la nuit.

— Il n'y a aucune crainte que nous en ayons une chez nous. Grands comme ils sont, mes plus vieux auraient tôt fait de passer la nuit debout, à ce compte-là, dit Étiennette, étonnée de tant de modernité.

En entrant, Jean coiffa son petit frère ainsi que Martin Casaubon de bonnets basques, à la grande stupéfaction des nouveaux seigneurs.

Esther se mit à pleurer devant tant de considération. Aussitôt, sa belle-sœur, Marie-Anne de La Vérendrye, Françoise Casaubon, Charlotte Frérot et Étiennette Latour lui firent une accolade amicale. La jeune femme inconnue se tenait toujours près de Charlotte.

Pierre de Lestage reçut également des accolades et de chaleureuses félicitations des gens présents. Pierre Latour et Tancrède Fréchette d'abord, puis l'ensemble des hommes par la suite, hissèrent leur nouveau seigneur sur leurs épaules et lui firent faire le tour de la pièce en chantant :

« Il a gagné ses épaulettes, maluron, malurette… »

Esther et Pierre de Lestage n'en revenaient pas de l'accueil et de la convivialité des censitaires de la seigneurie de Berthier.

La Vérendrye demanda à prendre la parole. Lestage fut déposé par terre et le silence se fit.

— Je ne vous promets pas d'être bref, j'en suis incapable. C'est la raison pour laquelle je me suis préparé un petit discours de bienvenue : pour tout vous dire en peu de mots.

Le maître de la maison sortit de sa poche un bout de papier froissé et le déplia.

« Mes chers amis des seigneuries de l'île Dupas et de Berthier,

« Ma chère Marie-Anne et moi sommes particulièrement fiers de vous recevoir en ce dimanche où nous avons la joie d'accueillir sous notre toit le nouveau seigneur de Berthier et sa seigneuresse, Esther, des amis de longue date. »

Des applaudissements fusèrent en guise d'approbation.

« Nous le sommes encore plus en sachant que désormais, les habitants de nos deux seigneuries ne se regarderont plus en chiens de faïence, mais plutôt comme des voisins qui ont le goût de s'entraider. Comme l'île aux Vaches est à mi-chemin entre les deux seigneuries, Marie-Anne et moi souhaitons particulièrement être le trait d'union entre nos deux charmants voisins, alors pourquoi ne pas la renommer l'île de la Réconciliation ? »

Un murmure admiratif vibra dans l'assemblée.

« Pour cette raison, j'aimerais que nous entonnions des vivats pour acclamer cette réconciliation, notre réconciliation. C'est fini la chicane entre Berthier et l'île Dupas. Ça a assez duré. Vive l'île Dupas et vive Berthier ! »

La Vérendrye venait d'élever le ton. L'assistance répondit en chœur :

— Vive l'île Dupas, vive Berthier !

— Maintenant, j'aimerais demander à notre curé à tous, le sulpicien Ysambart, de bénir les seigneurs et les épouses de l'île Dupas et de Berthier, ainsi que ses paroissiens, pour confirmer cette volonté devant Dieu que nous vivions dorénavant en harmonie.

Quand la bénédiction fut terminée, des serveurs s'avancèrent dans l'assemblée de convives avec des verres remplis de vin. La Vérendrye en saisit un et s'écria en le levant bien haut :

— Vive la réconciliation ! *Salud y prosperidad !*

— *Salud y prosperidad !* répondirent Pierre et Jean de Lestage ainsi que Martin Casaubon.

Pierre Latour Laforge et Étiennette se sourirent. Ils étaient heureux. Cette dernière lui fit la remarque suivante :

— Nous devons avoir confiance en Esther pour bien seconder son mari dans la conduite de la seigneurie de Berthier… c'est une femme qui a une bonne tête sur les épaules.

— Même si elle est Anglaise ?

— Tu sais quoi ? Ça n'a pas plus l'importance que ça avait. C'est le cœur des gens qu'il faut remarquer, et non pas la langue qu'ils parlent.

Le forgeron approuvait la logique des sentiments de sa femme. Elle ajouta :

— J'ai même pardonné le comportement goujat de Pierre de Lestage vis-à-vis de mon amie Cassandre. Est-ce normal ou bien de la lâcheté ? Qu'en penses-tu ?

Le forgeron mâchouillait sa pipe tout en réfléchissant. Quand Étiennette lui demanda une seconde fois « Qu'en penses-tu ? », il répondit avec philosophie :

— Loin des yeux, loin du cœur. N'est-ce pas Cassandre qui avait troqué sa peine d'amour envers son poète pour se laisser conter fleurette par notre nouveau seigneur ?

— Il venait de la laisser, elle était libre de tomber de nouveau amoureuse.

— Là n'est pas la question. Si elle le devint de nouveau, c'est parce qu'elle n'y pensait pas si souvent, à son faiseur d'opéras. C'est la même chose pour toi avec Cassandre ; loin des yeux, loin du cœur.

Étiennette réfléchissait, tout en regardant certains hommes qui avaient commencé à giguer. Son mari, qui la sentait perplexe, ajouta :

— Je sais bien que l'amitié est différente de l'amour ; toutefois, si elle est moins enivrante, elle peut être très convaincante.

— Que veux-tu dire ?

— Tu me demandais pourquoi tu en étais venue à pardonner à Pierre de Lestage ce qu'il avait fait subir à Cassandre ?

— Oui…

— Et je t'ai répondu qu'il était plus facile d'oublier quand l'être que l'on estime est loin. C'est vrai, mais dans ton cas, il y a une autre raison encore plus forte.

— Laquelle ? demanda Étiennette.

— Parce qu'Esther est devenue ton amie. Comme elle semble amoureuse de son mari, tu pardonnes à ce dernier ce qu'il a fait à Cassandre. Toutefois, si par malheur il faisait de même avec Esther, alors tu le haïrais doublement, et vite.

Étiennette sourit à son mari, admirative.

— Comme tu me connais, Pierre. Qu'il s'avise, celui-là, de recommencer ; vaut mieux pas, crois-moi ! répondit-elle de manière affirmée, du tac au tac.

Pierre Latour Laforge se rapprocha de sa femme qui n'avait pas encore trente ans et qui lui avait déjà donné six enfants. Spontanément, elle s'appuya sur lui, en confiance.

Décidément, c'était vraiment la femme qu'il me fallait, se dit-il… une fois de plus.

CHAPITRE XXXI
La cause des filles du Roy

Charlotte Frérot s'approcha du forgeron et de sa femme avec le sourire.

— Étiennette, monsieur Latour, j'aimerais vous présenter ma cousine, Catherine Allard, qui tient absolument à faire votre connaissance. Catherine est la petite-fille de madame Eugénie et son père est André. Ah oui, j'oubliais, c'est la nièce de Cassandre, évidemment!

Étiennette et Pierre hochèrent la tête et sourirent à la nouvelle venue.

— Je voulais tellement vous saluer, madame Étiennette, et vous aussi, monsieur Latour. Tante Cassandre m'a si souvent parlé de vous deux.

Étiennette et Pierre se regardèrent, amusés. Étiennette crut bon de rassurer Catherine.

— Nous sommes ravis de vous rencontrer aussi, Catherine. Si nous sourions, c'est que vous ressemblez comme deux gouttes d'eau à votre grand-mère. Depuis notre arrivée, nous cherchions à qui vous ressembliez. Maintenant, le mystère est levé.

— C'est le plus beau compliment que vous puissiez me faire, madame Étiennette. Je l'aimais tellement, ma grand-mère! L'herbier qu'elle m'a laissé me suit toujours.

— Un herbier?

— Oui, elle soignait avec les plantes, comme moi.

— Êtes-vous?…

— Je suis l'infirmière du médecin de Charlesbourg, mon fiancé, le docteur Rémi Baril. Nous sommes venus par ici à l'invitation du nouveau seigneur de Berthier, monsieur de Lestage, sieur Despeyroux.

Étiennette regarda son mari comme pour lui dire :

Catherine n'a sans doute jamais su toute l'humiliation que Pierre de Lestage a fait subir à Cassandre !

La jeune femme volubile continua :

— Mon futur mari a décidé d'aller visiter son ancienne clinique à Sainte-Anne-de-la-Pérade et de faire rencontrer aux jumeaux, Martial et Vital, la famille de leur mère. C'est là qu'il pratiquait du temps de son premier mariage… Le seigneur de Lestage souhaite l'avoir comme médecin à Berthier… Évidemment, si je le suis, nous nous marierons avant, comme il se doit.

Tiens, tiens, Catherine est moins volage que Cassandre !

— Moi, je veux bien, mais j'ai posé mes conditions à la seigneuresse, Esther. Si je soigne avec les plantes comme ma grand-mère, j'aimerais devenir sage-femme comme vous. Pourriez-vous me montrer, madame Étiennette ? Je sais que vous avez appris votre art de votre mère, qui a procédé à l'accouchement de ma grand-mère quand mon père est né.

— Ce sera pour moi un grand honneur, Catherine, si votre futur mari, le docteur Baril, n'y voit pas d'objection. À mon tour, j'aimerais en savoir un peu plus à propos des plantes guérisseuses. Pourriez-vous m'enseigner à les utiliser ?

Catherine sourit à Étiennette, mais ne répondit pas à la question. Elle était déjà passée à autre chose.

— Je suis aussi organiste comme ma grand-mère. J'ai appris à jouer sur son clavecin, qu'elle a légué en héritage à tante Cassandre, qui me l'a confié à son tour. Il faut absolument qu'il y ait une église avec un orgue ou un harmonium pour que je puisse m'établir dans une paroisse digne de ce nom, pour mettre tout mon talent musical à contribution. Sinon, je risque de rouiller et tante Cassandre a promis à ma grand-mère, sur son lit de mort, qu'elle veillerait à ce que je poursuive mes activités d'organiste. En son absence, c'est ma cousine Charlotte qui y veille. N'est-ce pas, Charlotte ?

Étiennette n'en revenait pas de la volubilité et du ton convaincant de la jeune femme.

Comme sa grand-mère ! Un vrai moulin à paroles. Ces femmes-là se remarquent.

— C'est juste, Étiennette. Catherine a hérité du talent musical de madame Eugénie, comme Cassandre. C'est moi, en son absence, qui veille à ce qu'elle en fasse profiter la colonie. Je m'occupe aussi de la petite fondation de madame Eugénie et de ma mère destinée à la mémoire des filles du Roy...

Surprise, Étiennette voulut en savoir plus, mais Catherine reprit :

— Charlotte a bien pris soin d'exiger de son amie Esther et du seigneur de Berthier la construction d'une église le plus rapidement possible. La nouvelle paroisse de Berthier sera consacrée à sainte Élisabeth de Portugal, que le sieur Despeyroux a toujours priée, puisqu'elle est vénérée au Pays basque.

Comme sa grand-mère, en tous points ! se dit Étiennette.

Au nom de sainte Élisabeth de Portugal, Pierre Latour sursauta.

Il me semblait que mon ami Berthier avait décidé d'appeler la paroisse sainte Geneviève, comme le lui avait demandé sa femme. Comme le souvenir des morts disparaît vite !

Non seulement Catherine Allard parlait beaucoup, mais sa voix cristalline avait une façon bien particulière d'occuper la pièce. Lorsqu'elle eut prononcé le nom de sainte Élisabeth de Portugal, Tancrède Fréchette, qui admirait de loin cette belle blonde, se rapprocha du petit groupe. En l'apercevant, Catherine se tut. Étiennette jugea bon de faire les présentations.

— Tancrède, je te présente la nièce de Cassandre, Catherine Allard, ainsi que sa cousine, Charlotte Frérot, l'épouse de Guillaume Estèbe, l'associé du comte Joli-Cœur... Où ai-je la tête ? Bien sûr que tu la connais : c'est Charlotte et son mari qui ont favorisé ton embauche. Tu t'en souviens mieux que moi, j'espère ? Catherine, je vous présente Tancrède Fréchette, l'aide-forgeron de mon mari.

— Heureux de faire votre connaissance, mademoiselle Allard, ainsi que de vous revoir, madame Estèbe !

— C'est vous qui étiez sur le bateau avec tante Anne et grand-papa Manuel. Vous êtes un véritable héros, déclara Catherine aussitôt.

— C'est bien moi, merci.

— Vous connaissez tante Cassandre? Comment cela se fait-il?

Charlotte répondit :

— J'aurais dû te dire, cousine, que le comte Joli-Cœur avait hébergé Tancrède…

Charlotte n'eut pas le temps de finir sa phrase que, déjà, les deux jeunes gens s'étaient légèrement mis à l'écart. En voyant l'air malheureux de Charlotte, Étiennette voulut dissiper le malaise en demandant à cette dernière :

— Vous m'avez dit que vous vous occupiez de la fondation des filles du Roy? Il y a quelques familles connues par ici descendantes de filles du Roy, comme les Joly, dits Dolbec, les Salvail, les Piet, dits Trempe, les Ducharme et les Hénault, dits Canada. La mère de mon amie Françoise Dessureault Généreux, Marie Bouart était fille du Roy, de la traversée de 1668.

Enthousiaste, Charlotte ne réagit pas au malaise d'Étiennette et sauta plutôt sur l'occasion en répondant :

— Madame Eugénie Allard… Estèbe…, disons, ma chère cousine Eugénie a laissé la moitié de sa dot de fille du Roy comme legs, afin de perpétuer le souvenir de leur contribution au développement de Charlesbourg et de Beauport. Pour sa part, ma mère avait donné la sienne à mon père, ce qui lui avait permis de relancer ses affaires. De telle sorte qu'elle aussi a laissé le même montant par testament. Et c'est moi qui ai aujourd'hui la responsabilité de gérer ces avoirs, puisque ma cousine Cassandre est retournée en Europe… Pour le moment, j'en suis toujours à rechercher des filles du Roy encore vivantes. La jeune Angélique Belleau, la fille d'Hélène Calais qui était de la dernière traversée de 1673, une amie de tante Eugénie, s'intéresse aussi à cette activité. Du haut de ses seize ans, elle a déjà de l'envergure ; elle assurera sans doute la relève. Ceci dit, elle se marie en novembre avec un certain François Chatel. Si ses responsabilités familiales prennent trop de son temps l'an prochain, elle ne pourra pas s'investir autant dans la fondation et elle devra mettre sa contribution sous le boisseau pendant plusieurs années… Vous êtes bien placée, Étiennette, pour me dire que les jeunes enfants sont accaparants.

— Seize ans… j'avais le même âge qu'elle quand je me suis mariée. J'ai eu six enfants en douze ans de mariage.

— Ce n'est pas ça qui me préoccupe le plus chez la jeune Angélique. Avec son futur, François Chatel, ils ont l'idée de s'installer par ici, le long de la route empruntée par les voyageurs qui se rendent à Montréal et au-delà… Ils parlent déjà de vivre à Contrecœur, à Lanoraie ou à Verchères… Imaginez mon hésitation à lui confier une telle responsabilité! Ma cousine Cassandre aurait été une administratrice hors pair, mais avec sa carrière artistique à Paris, il vaut mieux ne plus fonder d'espoir sur elle, à moins qu'elle ne revienne en Amérique… Vous comprendrez que nous devrions essayer de rejoindre celles qui s'étaient d'abord installées le long de la rivière Saint-Charles jusqu'à Charlesbourg. Sans Angélique, je me demande laquelle des enfants des filles du Roy pourrait m'assister.

— Je vous admire de prendre la relève des filles du Roy. C'est une cause qui vous honore. En quelque sorte, vous continuez leur œuvre, mais d'une autre manière. J'ai personnellement connu madame Eugénie ainsi que votre mère et la comtesse Joli-Cœur. Cassandre m'a toujours dit qu'avec Marie-Anne, nous ressemblions à ce trio. Cela a toujours piqué ma curiosité, jusqu'au moment où j'ai pu voir madame Eugénie et la comtesse Joli-Cœur ensemble. J'imagine qu'avec votre mère, cela a dû être encore plus frappant.

— Saviez-vous, Étiennette, qu'Eugénie et Mathilde, avec Violette Painchaud, la mère du docteur Rémi Baril, le futur de Catherine, avaient formé un trio de filles du Roy souvent citées en exemple par les religieuses, au point d'en rendre ma mère jalouse, même si elle était arrivée cinq années plus tard qu'elles?

Au prénom de Catherine, les deux femmes tournèrent simultanément la tête du côté de la jeune fille qui discutait toujours intensément avec Tancrède, au grand dam de Monique Ducharme, qui se morfondait d'être laissée pour compte par son fiancé.

Étiennette lança un regard interrogateur à Charlotte. Cette dernière le soutint.

— Je viens d'avoir une intuition, Charlotte. Pourquoi ne pas inviter Catherine à participer à la mise en marche de votre association ?

— Vous êtes merveilleuse, Étiennette ! Évidemment, Catherine ! C'est la petite-fille d'une fille du Roy et elle adorait sa grand-mère qui lui a tellement parlé de sa venue dans la colonie… Mais oui, Catherine, la petite-fille de l'inspiratrice de la fondation !

Charlotte devint soudain songeuse.

— Mais si elle est ici aujourd'hui, c'est pour évaluer la possibilité de s'installer avec son futur mari à Berthier. Nous nous retrouvons donc au point de départ… Croyez-vous que la région lui plaît ?

Étiennette supputa les probabilités que Catherine veuille s'installer à Berthier : elles étaient fortes, très fortes. Pour ne pas décevoir Charlotte, elle leva les épaules en guise d'ignorance.

Le soir, après le souper, lorsque les enfants furent au lit et que Tancrède eut pris le chemin du grenier à son tour, Pierre Latour interrogea sa femme à mi-voix.

— C'est curieux que Tancrède n'e soit pas allé veiller chez les Ducharme, par un dimanche soir, et surtout après avoir fait sa grande demande au père de Monique. L'as-tu remarqué, il était constamment dans la lune pendant le repas, au point de ne jamais se rappeler les questions que je lui posais ? Il est jeune et bien bâti, mais il doit être bien fatigué. Penses-tu que je lui en demande trop, Étiennette ? J'essaie d'être à la hauteur, de lui laisser de l'initiative, mais ce n'est pas toujours simple, le rôle de patron.

— Je crois que Tancrède souffre d'une maladie et que ce n'est pas son patron qui va l'en guérir.

— Tancrède n'est pas à la veille de mourir, j'espère, à son âge ?

— Oh non, ne crains rien, cette maladie-là ne fait pas mourir ; seulement flotter la tête dans les nuages !

Le forgeron regarda sa femme, perplexe.

— Ne cherche pas à comprendre, c'est peine perdue.

— Il me faudrait aller quérir le docteur Baril quand il viendra chercher sa fiancée à l'île Dupas, dit le forgeron, inquiet.

— Surtout pas ! Veux-tu faire mourir Tancrède avant son temps ?

Le forgeron cherchait à comprendre.

— Est-il si mauvais médecin que ça, le docteur Baril ?

— Écoute, Pierre, Tancrède est atteint de la maladie d'amour. Rien d'autre. Enfin, je le crois.

Pierre Latour Laforge afficha un sourire radieux en disant à sa femme :

— Pourtant, ce n'est pas difficile à voir. Même moi, j'aurais pu faire la même déduction. Il vient de faire sa grande demande. Qu'il aille veiller chez sa fiancée s'il veut guérir : rien de mieux pour le replacer. Et après, qu'il se marie au plus vite.

Étiennette faillit en échapper l'assiette qu'elle tenait. Elle regardait son mari, ahurie.

— Les hommes ! Vous êtes aussi aveugles en amour que des taupes.

— Ce n'est pas si difficile à comprendre : Tancrède, Monique, Monique, Tancrède. Même les jumelles y seraient arrivées.

Étiennette dodelinait de la tête.

— Des fois, les hommes ! murmura-t-elle.

Comme elle n'ajoutait pas un mot à l'explication simpliste de son mari, ce dernier s'inquiéta.

— Que dis-tu ?

— Non, rien, je me comprends. Tu as sans doute raison. Je te l'accorde.

— Tu vois, je n'ai pas ta réputation de marieuse, mais je ne suis pas si bête !

Étiennette aborda le sujet qui la chicotait :

— Tu as travaillé avec le père de Cassandre, Pierre ?

— Oui, à mon arrivée.

— Comment était-il, monsieur François Allard ?

— Je peux t'assurer que moi, j'ai su comment me guérir. Tu te souviens, quand je suis tombé amoureux de toi, peu de temps après, je t'ai demandé d'être ma femme.

— Oui, je m'en souviens, Pierre, mais ce n'était pas le propos de ma question. Comment était-il, le père de Cassandre ?

— Comme patron, comme homme ?

— Parlait-il souvent de sa femme ?

La question surprit le forgeron.

— Ce n'était pas un homme bavard…, et je n'ai pas la mémoire des dates. Ça fait si longtemps… Une fois, sans qu'il s'en doute, à l'improviste, madame Eugénie est venue le rejoindre au Petit

Séminaire. Elle avait un bébé dans les bras et tenait un petit garçon d'environ huit ans par la main.

— Probablement ses fils Georges et Jean-François… Tu sais, le prêtre, celui qui a fait l'homélie à notre mariage.

Cela ne disait rien au forgeron, qui haussa les épaules, ce qui agaça sa femme.

— En tout cas, elle avait presque ignoré les directives du frère portier et s'était rendue elle-même à la chapelle, devançant le malheureux frère convers. Ça, je m'en souviens. Monsieur Allard et moi l'avons entendue venir de loin.

— Son mari ne semblait pas inquiété ?

— Non. Il la connaissait ! Je vais te raconter…

Étiennette lui sourit alors comme une enfant. Son mari la savait friande de ces anecdotes.

CHAPITRE XXXII
Un entretien historique

— Non, madame Allard, vous savez bien que les femmes ne sont pas autorisées à se rendre à la chapelle de notre Petit Séminaire sans avoir reçu au préalable la permission de Monseigneur de Laval.

— Je suis de passage à Québec et mes petits garçons souhaitent saluer leur père. La religion n'empêche quand même pas ça ! Ne vous en faites pas, frère portier, je ne me rendrai pas dans le chœur. Je sais bien que pour une femme, c'est sacrilège. Je sais tenir ma place.

— N'empêche que vous m'obligez, madame Allard, à en aviser Monseigneur.

— Tant mieux. Ça me donnera l'occasion de faire bénir mes enfants, s'il le souhaite. D'ailleurs, Monseigneur me connaît : il se souviendra de mademoiselle Languille. Faites ce que vous avez à faire. Pour ma part, je sais ce que je fais.

Eugénie arriva avec ses deux petits garçons à la chapelle dont les portes étaient grandes ouvertes. Son mari corrigeait le vernissage d'une statue placée sur le retable du petit autel d'un des transepts, en haut d'un échafaudage vacillant que tenait fermement, d'en bas, le jeune Pierre Latour. Le sculpteur François Allard avait le souci du travail fait à la perfection. Dans ce cas-ci, le risque était grand qu'il ne fasse une vilaine chute. Sa femme était à genoux près de la balustrade, tenant par la main son plus jeune. Après avoir demandé à son fils Jean-François de prier pour son père et fait elle-même ses dévotions, elle harangua son mari à voix basse.

— Tu n'as pas honte, François, de prendre le risque de te casser le cou ? Saint Antoine de Padoue ne t'en voudra pas tant que ça de lui avoir mal verni le pied. Au moins, descends-le de son piédestal. Il est déjà au ciel de toute façon…

François Allard finit minutieusement son travail. Au moment où il descendait de l'échafaudage, il constata que l'évêque de la Nouvelle-France était aux côtés d'Eugénie. L'apercevant, cette dernière se jeta à genoux et baisa l'anneau épiscopal que le prélat lui présenta. Il lui fit signe gentiment de se relever.

— Madame Allard, soyez la bienvenue dans la demeure du Christ, que votre mari est en train de rendre encore plus belle.

— Avoir su, Monseigneur, que je vous dérangerais dans vos dévotions…

— Ce n'est rien. J'étais en train de lire mon bréviaire quand j'ai entendu une voix féminine, celle d'une dame qui demandait à voir son mari. Je me suis immédiatement douté que ce pouvait être vous… Ce sont vos enfants ?

— Deux des quatre garçons que nous avons, Monseigneur. Mon plus jeune, Georges, et celui-là, mon deuxième, se prénomme Jean-François… Fais une génuflexion devant Monseigneur.

Après que Jean-François se fut maladroitement agenouillé, Monseigneur de Laval lui demanda :

— Que veux-tu devenir plus tard, mon petit garçon ? Un sculpteur comme ton père ?

— Quand je serai grand, je veux devenir prêtre et chanter à l'église, répondit l'enfant, au grand plaisir du prélat.

Rosissant de fierté, Eugénie ébouriffa les cheveux blonds du frêle garçon et l'aida à se relever.

— Vous savez, Monseigneur, il est déjà enfant de chœur à Charlesbourg.

L'évêque sourit à Eugénie et lui dit, en touchant légèrement l'épaule de son garçon :

— Madame Allard, je tiens à ce que vos garçons étudient au Séminaire. Nous les attendrons bientôt. Ce blondinet deviendra la fierté de notre diocèse, vous verrez.

N'en espérant pas tant, Eugénie se tourna vers son garçon et ajouta :

— Tu as entendu ce que Monseigneur vient de dire : tu deviendras prêtre, un jour. En attendant, il faut que tu montres le bon exemple à tes frères. Un prêtre doit toujours agir dans la perfection.

Le prélat souriait à ces recommandations.

— Madame Allard, je voulais vous faire part de tout le bien que j'ai entendu de vous par le curé Glandelet. En tant que pasteur de cet immense diocèse, j'aimerais vous remercier, vous et votre mari, pour le zèle démontré pour la bonne marche de la congrégation de la Sainte-Famille dans votre paroisse de Saint-Charles-Borromée de Charlesbourg. Nous aurons bien l'occasion de vous récompenser, le moment venu, soyez-en certaine.

En guise de réponse, Eugénie inclina la tête, respectueusement.

— Je voulais vous sensibiliser à un autre sujet qui nous tient tous à cœur, mais, hélas, que nous, administrateurs coloniaux, avons jusqu'à présent trop négligé. Il s'agit de la cause des filles de notre Roy.

Eugénie paraissait étonnée. Le prélat continua :

— Vous êtes bien l'une des leurs, n'est-ce pas ?

— Oui, arrivée en 1666. En fait, une des huit cents filles qui ont survécu à la traversée.

— Vous revoyez vos consœurs à l'occasion ?

— Oui, parfois. Surtout celles de la région de la rivière Saint-Charles, de Charlesbourg et de Beauport… Pourquoi me demander ça, Monseigneur ?

Le prélat, qui s'attendait à cette question de la part d'Eugénie, qu'il savait combative et déterminée, lui répondit :

— Je me souviens de l'audace, et même de l'opiniâtreté d'une certaine demoiselle Languille, qui a permis à mon diocèse d'accélérer son apostolat éducatif, et même liturgique, auprès des Hurons de Wendake à l'île d'Orléans et de ceux de Lorette. Vos dons d'organisatrice font actuellement bénéficier Charlesbourg d'une avance sur les autres paroisses du diocèse. C'est autant grâce au labeur des mères de famille qui éduquent leurs enfants dans la foi chrétienne, que vous assistez inlassablement de vos conseils,

que grâce au ministère de mes prêtres, tout aussi dévoués soient-
ils.

Eugénie n'en revenait pas de tant d'éloges. Elle précisa, alors
que François s'était approché d'eux :

— Vous savez, Monseigneur, je ne suis pas seule. Mon mari est
à mes côtés.

Le prélat eut un petit sourire forcé.

— Je me suis dit que si vous pouviez vous occuper d'organiser un regroupement de filles du Roy, ce serait une belle façon de
reconnaître leur apport à la colonie. Je peux vous assurer que je
pourrais alors convaincre les autorités civiles, le gouverneur et le
Conseil souverain où je siège de vous soutenir par des subsides.
Qu'en pensez-vous ?

Eugénie regardait Monseigneur de Laval, décontenancée.

— Vous me prenez par surprise, Monseigneur. Il est clair que
je ne pourrai jamais rien refuser à mon évêque, mais j'en ai déjà
gros sur les bras avec ma maisonnée, la chorale, l'orgue et l'œuvre
de la congrégation de la Sainte-Famille.

Persuasif, Monseigneur de Laval insista :

— Vous pourriez vous faire aider par des amies, travailler en
comité, comme au Conseil souverain. Évidemment, vous seriez la
présidente de l'assemblée…

— Et vous, notre aumônier ?

— Avec le plus grand plaisir, si vous disiez oui.

Déjà, Eugénie supputait la façon de s'y prendre :

*Je pourrais demander à Anne et à Mathilde. Cette dernière
comme vice-présidente, à cause de ses contacts, elle qui est apparentée à la famille d'Ailleboust, bien entendu. Il me faut aussi des
filles du coin. Tiens, Hélène Belleau de Petite Rivière agirait comme
trésorière… Non, ce serait plus logique de nommer Mathilde, avec
son argent… Vice-présidente-trésorière, ça sonne bien… Et Anne
comme secrétaire, puisqu'elle sait si bien écrire… Que des femmes, à
part l'aumônier. Lui, ça ne compte pas, c'est un saint homme !*

— Alors, c'est oui, Monseigneur. Vous pouvez compter sur
moi…, pardon, sur nous toutes, parce que nous formons un
groupe soudé, déterminé à ce que nos maris et nos enfants réus-
sissent dans la colonie… Vous savez, plus tard, notre association
ira jusqu'à Montréal, répondit fièrement Eugénie.

— J'y compte bien. Mon territoire est vaste et mère Bourgeoys, une ancienne accompagnatrice et actuelle bienfaitrice des filles du Roy, saura convaincre les autorités montréalaises de coopérer.

— Quand pourrai-je commencer, Monseigneur ?

— Dès maintenant si vous le voulez.

— Où tiendrons-nous nos réunions ?

— Pourquoi ne pas le faire ici même, au Séminaire !

— Nous ne serons que des femmes ! Nous pourrions nous rendre sur la rue du Parloir, là où un certain nombre d'entre nous a été logé à son arrivée en Nouvelle-France.

— Les sœurs sont si à l'étroit avec leurs petites pensionnaires… Non, j'y tiens. Nous trouverons bien une salle qui convient au Séminaire. Tenez, au parloir, dans la grande salle. Après tout, la mère des jumeaux Volant, Françoise Radisson, vient bien les visiter à l'occasion, ses fils ! Et puis, je parie qu'il n'y a pas beaucoup de filles du Roy qui sont déjà venues au Séminaire. Tenez-moi vite au courant de cette première réunion. Mon vœu le plus cher est d'y assister et de bénir cette initiative qui récompensera la contribution de nos femmes d'habitants à la vitalité de mon diocèse, dit le prélat d'un air taquin.

— Entendu, nous acceptons votre invitation avec joie et obéissance, Monseigneur, répondit Eugénie, qui s'enorgueillissait intérieurement de l'honneur qui venait de lui être fait.

Monseigneur de Laval tendit à nouveau son anneau épiscopal. Eugénie et François s'agenouillèrent et le prélat les bénit, eux et leurs enfants. Il partit aussi discrètement qu'il était venu.

Chapitre XXXIII
Hommage à Eugénie

— Et puis après? demanda Étiennette à son mari, curieuse de connaître la suite.

— Monsieur Allard a dit à sa femme qu'elle était déjà débordée et qu'à force d'en prendre trop, ses poumons étaient pour lâcher.

— La connaissant, elle n'a pas dû être d'accord avec cette recommandation?

— Si je me souviens bien, elle lui aurait dit qu'elle ne pouvait pas refuser un tel honneur à Monseigneur, qu'ils en reparleraient, puisque la chapelle n'était pas le bon endroit pour discuter.

Étiennette fit subitement taire son mari.

— Qu'est-ce qu'il y a?

— Je croyais qu'un des nôtres pleurait. C'est à cause de cette belle histoire. Tu peux continuer, tout le monde dort… Est-ce que la réunion des filles du Roy a eu lieu au Séminaire?

— Je n'en ai plus entendu parler après. Monseigneur L'Ancien est tombé malade et j'ai quitté mon emploi auprès de monsieur Allard.

Étiennette reconnaissait la chance qu'avait eue son mari d'assister à cet entretien historique secret. Elle dit:

— Je me rends compte que Monseigneur L'Ancien avait beaucoup d'estime pour madame Eugénie.

— Comment donc! Il paraît qu'il avait formulé le dessein secret de la voir remplacer mère Marie de l'Incarnation comme

Supérieure des Ursulines de Québec. À l'évidence, il aurait fallu qu'elle se fasse nonne.

— Et il y avait le beau François Allard…

— Et bien d'autres, comme le capitaine Berthier, ne l'oublie pas. Il paraît même qu'elle avait été la fiancée du gouverneur de Courcelles. Ce ne sont pas les prétendants de choix qui manquaient!

— Bien entendu. Une des jumelles Baril porte son prénom. Madame Eugénie était sa marraine, alors que le gouverneur fut le parrain du docteur Baril.

— Le futur de Catherine, la petite-fille de madame Eugénie et la nièce de Cassandre?

— Lui-même, répondit sèchement Étiennette, qui ne voulait pas que ça monte aux oreilles de Tancrède, couché au grenier, et qui fit signe à son mari de baisser encore le ton.

— Qu'est-ce qu'il y a?

— Les enfants. Ce n'est pas le moment de réveiller les jumelles. Il faudra les rendormir.

Le forgeron, qui ne souhaitait pas cette corvée, acquiesça. Étiennette, soucieuse, continua.

— Penses-tu que Monseigneur L'Ancien a favorisé la carrière ecclésiastique du chanoine Jean-François?

— Parce qu'il avait de l'estime pour madame Eugénie? Sans aucun doute. De la même façon qu'il a dû fermer les yeux sur les agissements de ton amie Cassandre quand il a repris du service, alors que Monseigneur de Saint-Vallier était retenu en Europe.

— Moi qui pensais que le comte Joli-Cœur avait le bras puissant, et que le pape n'avait pas voulu excommunier Cassandre et François Bouvard parce que ce dernier était le neveu du pape noir, le Supérieur général des jésuites au Vatican.

— Si tu veux mon avis, cette histoire est un peu exagérée. Si Monseigneur L'Ancien avait demandé l'excommunication de Cassandre, le pape la lui aurait accordée. Non, Monseigneur avait trop d'estime pour monsieur et madame Allard et aussi pour le chanoine Jean-François pour leur faire autant de peine.

— Cette femme était tout un personnage; sans parler de son énergie à combattre la maladie de Siam avec son deuxième mari, le docteur Estèbe.

— À qui le dis-tu! répondit le forgeron, impressionné.

— Et quelle fierté à se définir comme fille du Roy! Cassandre me racontait que sa mère en parlait si souvent que ça devenait agaçant… Tu sais, les enfants, les histoires de leurs parents font toujours vieux jeu… Et c'est possible que les nôtres agissent bientôt de même, tu sais… Marie-Anne est déjà une adolescente!

— Ouais, marmonna le forgeron, contrarié que sa jeune femme insinue qu'il faisait déjà vieux jeu.

Étiennette reprit.

— Sa petite-fille, Catherine, m'a donné l'impression de lui ressembler. Le même caractère fort, la même détermination… Et le même talent, paraît-il!

— La seigneurie aurait besoin d'elle. De Lestage n'est pas fou d'avoir invité son futur à venir installer son cabinet de médecin ici. Espérons que le docteur Baril dise oui, pour qu'elle puisse nous arriver et que tu puisses lui enseigner l'art d'être sage-femme.

Étiennette réfléchissait. Elle s'exclama soudain:

— Ne crains rien, elle viendra de toute façon, ne t'en fais pas.

— Comment le sais-tu? Le docteur Baril aurait-il donné sa réponse?

— Pas à moi, en tout cas.

— Alors, comment peux-tu en être aussi certaine?

Comme Étiennette n'arrivait pas à dessiller les yeux de son mari, elle préféra répondre:

— Une intuition féminine, sans plus.

Pierre Latour Laforge regarda sa femme sans comprendre.

Décidément, elle ne cessera jamais de me surprendre!

— Bon, allons nous coucher, sinon les enfants vont se réveiller. Le travail nous attend tôt demain.

Pierre alla chercher la chandelle qui achevait de se consumer et l'amena dans la chambre. Les ombres chinoises qui sautillaient et se profilaient au gré des soubresauts de la flamme agonisante, occasionnées par les mouvements d'Étiennette au moment où elle se déshabillait, excitèrent ses sens. La magie qu'exerça encore une fois la vue des formes charnelles du corps nu de sa femme continua de l'émoustiller davantage, au point de ne penser qu'au moment de goûter avec ardeur à ses charmes.

Quand la chandelle mourut et que seul un rayon de lune se permit un regard indiscret dans l'intimité du couple enlacé, Étiennette s'endormit sur l'imposant torse de son mari, heureuse.

Celui-ci savait pertinemment que sans sa femme, sa vie ne serait pas aussi réussie. Il lui caressa les cheveux avec délicatesse et l'embrassa tendrement sur le front. Après cette marque d'affection envers sa chère Étiennette, Pierre la rejoignit dans le sommeil.

ANNEXE 1
Jeanne Mance

Jeanne Mance naquit le 12 novembre 1606 à Langres, un important évêché au nord de la Bourgogne (Haute-Marne), où son père agissait comme procureur du roy de France. Elle remplaça sa mère décédée prématurément auprès de ses onze frères et sœurs, avant de se consacrer aux soins des victimes de la guerre de Trente Ans et de la peste.

En 1640, lors d'une procession à Troyes, en Champagne, elle découvrit sa vocation missionnaire en Nouvelle-France en contribuant à la fondation d'un poste à Montréal, et particulièrement d'un hôpital créé sur le modèle de l'Hôtel-Dieu de Québec. Lors de la fondation de Ville-Marie, le 18 mai 1642, Jeanne Mance se tenait aux côtés de Paul de Chomedey de Maisonneuve, un Champenois, avec Marie-Madeleine de La Peltrie, fondatrice de la communauté des Ursulines avec Marie de l'Incarnation et Charlotte Barré, qui deviendra Supérieure des Ursulines de Québec, ainsi qu'une quarantaine d'intrépides volontaires prêts à s'établir à la pointe nord des territoires de chasse et de trappe revendiqués par les Iroquois.

La foi, l'idéalisme et la ténacité des pionniers fondateurs de Ville-Marie, devenue officiellement Montréal au tournant du XVIIIe siècle, prirent modèle sur la détermination de Chomedey de Maisonneuve, qui répondit au premier gouverneur en titre de la Nouvelle-France, Charles Huault de Montmagny, qui essayait de le dissuader de s'établir en pays iroquois : « Il est de mon honneur et vous trouverez bon que j'y monte pour y commencer une colonie, quand tous les arbres de cette île se devraient changer en autant d'Iroquois. »

La première messe en plein air fut célébrée par le père jésuite Barthélemy Vimont. Pierre Boucher, le futur fondateur de Boucherville et l'arrière-grand-père de mère Marguerite d'Youville, fondatrice de la communauté des Sœurs grises, agit comme servant de messe. Jeanne Mance et Madeleine de La Peltrie, qui, en qualité de sacristines, avaient dressé l'autel, eurent l'inspiration de remplir un pot de lucioles pour remplacer la lampe du sanctuaire. Les mouches à feu devinrent le symbole du courage et de la foi des pionniers, qui remplissaient leur mission avec la grâce de Dieu.

Voici l'homélie prononcée par le père Vimont et qui fouetta l'ardeur et l'idéalisme des premiers fidèles :

« Ce que vous voyez ici, Messieurs, n'est qu'un grain de sénevé, mais il est jeté par des mains si pieuses et si animées par l'esprit de la foi et de la religion qu'il faut sans doute que le Ciel ait de grands desseins, puisqu'il se sert de tels instruments pour son œuvre. Et je ne fais aucun doute que ce petit grain ne produise un grand arbre, ne fasse un jour des merveilles, ne soit multiplié et ne s'étende de toutes parts. »

Dès son arrivée à Ville-Marie, Jeanne Mance fonda la Société de Notre-Dame de Montréal, avec le soutien d'Anne d'Autriche, reine de France, épouse de Louis XIII, et de madame de Bullion, se donnant pour mission d'offrir des soins aux blessés et aux malades, qu'ils soient Français ou Sauvages. Elle commença par soigner les constructeurs du fort et les soldats et se dépêcha de voir à l'édification, à l'intérieur des murs du fort de Ville-Marie, d'un petit hôpital qu'elle nomma l'Hôtel-Dieu.

En 1645, on construisit, à l'extérieur de l'enceinte du fort, un nouvel hôpital en bois qui mesurait soixante pieds de long sur vingt-quatre de large et qui comprenait une cuisine, une chambre pour Jeanne Mance, une autre pour les servantes ainsi que deux pièces destinées aux malades, abritant six lits pour les hommes et deux lits pour les femmes. Ce bâtiment fut remplacé par une construction plus vaste en 1654, afin de pourvoir aux soins des quarante familles de colons, en plus des soldats et des Amérindiens.

En 1659, les hospitalières de Saint-Joseph arrivèrent en Nouvelle-France à l'invitation de Jeanne Mance pour soigner les malades de plus en plus nombreux de l'hôpital. Les besoins de Ville-Marie en soins de santé incitèrent les religieuses à confier l'agrandissement et la rénovation de l'hôpital au sulpicien Dollier de Casson, missionnaire et explorateur, curé de Ville-Marie. Arrivé en 1666, le Supérieur des sulpiciens avait aussi des talents d'architecte, puisqu'il avait déjà dessiné les plans de l'église Notre-Dame et érigé le vieux Séminaire de la communauté de Saint-Sulpice.

Détruit par le feu en 1695, l'Hôtel-Dieu fut rapidement reconstruit la même année. La pauvreté, l'insalubrité et la misère régnaient à Montréal. Il n'y avait ni trottoirs ni égouts, que des amoncellements d'immondices qui traînaient dans la boue. Ces conditions d'hygiène étaient propices à la propagation d'épidémies, alors qu'il n'y avait pas de médecins reconnus comme à Québec. Le personnel soignant de l'Hôtel-Dieu ne bénéficiait que de connaissances médicales limitées. Les accouchements étaient, pour la plupart, pratiqués par des sages-femmes.

Jeanne Mance, secondée par les sœurs hospitalières de Saint-Joseph, administra l'hôpital pendant trente et un ans, jusqu'à son décès, le 18 juin 1673. Cette première infirmière laïque fut surnommée « l'ange de la colonie » par le gouverneur de Maisonneuve pour son zèle et son dévouement à la survie de Ville-Marie, et aussi pour son extrême bonté naturelle.

Jeanne Mance est considérée comme l'un des deux principaux fondateurs de la ville de Montréal avec Paul de Chomedey de Maisonneuve. Sa dépouille repose dans la crypte de la chapelle de l'actuel Hôtel-Dieu de Montréal.

ANNEXE 2
Marguerite Bourgeoys

Celle qui fonda en 1658 la congrégation Notre-Dame, première communauté religieuse non cloîtrée en Nouvelle-France et destinée à l'enseignement des jeunes filles, naquit en 1620 à Troyes, dans la province de Champagne en France.

À l'âge de vingt ans, elle prit la décision de se consacrer à Dieu le jour de la fête du Rosaire à la vue d'une statue de la Sainte Vierge qui la toucha particulièrement. Elle rejoignit, à Troyes, une communauté externe de religieuses qui avait pour but d'enseigner aux enfants pauvres des faubourgs et en devint vite la préfète.

Invitée par le gouverneur de Ville-Marie, le sieur Paul de Chomedey de Maisonneuve, Marguerite Bourgeoys arriva au Canada en 1653, en compagnie d'une recrue de cent hommes et de filles à marier, et commença la construction de la chapelle de Notre-Dame-de-Bon-Secours tout en aidant les colons par son zèle inspiré par la Vierge Marie. Elle inaugura, en 1658, la première étable-école à Ville-Marie, qu'elle s'empressa de transformer en ouvroir en 1663. Marguerite Bourgeoys fit trois voyages en France, en 1658-1659, 1670-1672 et 1679-1680, dans le but d'aller recruter des religieuses pour sa communauté et des filles à marier pour les colons.

De 1659 à 1668, aucun établissement n'était prévu pour accueillir les immigrantes à Ville-Marie comme à Québec. Marguerite Bourgeoys prêta son école à cette fin et, en 1663, son ouvroir offrit l'hospitalité aux filles du Roy — elle fut la première à les désigner comme telles — que Louis XIV avait recrutées pour peupler la colonie. En effet, son rôle ne consista pas seulement à les accompagner lors de la traversée, mais aussi à les accueillir, les héberger et les protéger jusqu'à leur mariage. On disait d'elle, à Ville-Marie, qu'elle n'avait pas son pareil pour apparier les futurs époux.

L'œuvre de mère Bourgeoys grandit en fonction des besoins de la colonie. En 1668, elle fit l'acquisition d'une résidence à la pointe Saint-Charles dans le but d'y loger ses filles du Roy, d'installer une métairie pour pourvoir aux besoins alimentaires de sa communauté et d'enseigner à ses élèves à tenir un foyer et une ferme. Cet établissement prit le nom de Providence, aujourd'hui la Maison Saint-Gabriel. Les sœurs de la congrégation Notre-Dame enseignèrent aussi aux Amérindiennes de la mission de la Montagne.

En 1693, mère Bourgeoys remit les rennes de la communauté à sœur Marie Barbier, première native canadienne à se joindre à la congrégation, qui guérit d'un cancer grâce à l'habileté chirurgicale du docteur Michel Sarrazin. Son ordre religieux fut approuvé par l'Église catholique en 1698 et mère Bourgeoys décéda en 1700.

À Montréal, il y avait longtemps que Marguerite Bourgeoys avait acquis le statut de sainte. Elle fut canonisée en 1982 par le pape Jean-Paul II. Les Montréalais l'honorèrent du titre de « Mère de la colonie », en témoignage de sa contribution à l'éducation des enfants et à la promotion des familles, dont celles des filles du Roy.

ANNEXE 3
Michel Sarrazin

Né en Bourgogne en 1659, médecin du Roy et premier chirurgien de Nouvelle-France dès 1686 (il le fut jusqu'à son décès en 1734), le docteur en médecine Michel Sarrazin soigna autant les petites gens (l'accès aux soins était gratuit pour eux) que le gouverneur, les notables et les membres de l'élite coloniale. Il pratiqua surtout à l'hôpital Hôtel-Dieu de Québec, où les malades de différentes couches sociales se retrouvaient.

Michel Sarrazin, qui reçut son diplôme de médecine de l'Université de Reims, suivit ses cours de médecine au Jardin des Plantes plutôt qu'à la Sorbonne, où il étudia aussi la botanique avec le naturaliste Joseph Pitton de Tournefort (1656-1708), célèbre à l'époque pour sa classification du règne végétal. La pratique médicale de ce naturaliste, botaniste pour le Jardin des Plantes et membre de la prestigieuse Académie des sciences à Paris, mit en lumière les nouveaux courants de son époque, qui donnèrent naissance à la médecine moderne, orientée vers l'observation scientifique des symptômes.

Ainsi, la doctrine médicale héritée de l'Antiquité stipulait que le corps humain se composait de quatre humeurs formées à des endroits précis: le sang, ou le flegme, dans les veines, la bile dans le foie, la pituite dans le cerveau et l'atrabile dans la rate, en relation avec leur élément correspondant, l'air, le feu, l'eau, la terre; et que la santé résultait de l'équilibre de ces humeurs. La maladie apparaissait quand l'équilibre était brisé, produisant, pour chacune des humeurs, un symptôme de morbidité.

Quatre symptômes suffisaient à déterminer la maladie du patient : l'aspect de la langue, l'apparence des urines, la qualité du pouls et la présence de fièvre constatée par la paume de la main posée sur le front de la personne. Pour soigner la maladie, le médecin utilisait un traitement approprié, soit, dans la plupart des cas, la saignée, la purgation ou le lavement et quelques médicaments à base de minéraux ou de végétaux.

Le docteur Michel Sarrazin orienta sa médecine vers la chirurgie, métier qu'il exerça d'abord comme simple chirurgien de navire et chirurgien-major des troupes. Il fut rapidement amené, à son arrivée au Canada, à soigner les Ursulines et les religieuses de l'Hôtel-Dieu. Il opéra avec succès sœur Marie Barbier, atteinte d'un cancer. Guérie, la religieuse devint par la suite Supérieure générale de la congrégation Notre-Dame. Dès lors, le docteur Sarrazin devint un médecin de légende. Mère Barbier décéda en 1739, à l'âge de 76 ans.

En 1707, le docteur Sarrazin fut nommé au Conseil supérieur et y demeura jusqu'à sa mort.

ANNEXE 4
Le commerce de la fourrure à Montréal

Depuis les étés des années 1650, des centaines de canots amérindiens en provenance de l'Ouest accostaient pour venir échanger leurs peaux de castor contre des couteaux, des haches, des couvertures et des marchandises européennes. Dès 1690, à tous les mois d'août, le gouverneur de Montréal présidait la foire annuelle de la fourrure, qui durait une dizaine de jours, assis sur son fauteuil, entouré des chefs de nations amérindiennes présentes, qui discouraient et pétunaient. Les Amérindiens campaient à l'extérieur des fortifications[177] qui ceinturaient la ville. Si les marchands français venaient de Québec pour conclure de bonnes affaires, chaque habitant pouvait acheter des fourrures et les remettre au pelletier-fourreur qui tannait les peaux dans des huiles, graisses et parfums, et les transformait en vêtements chauds : bonnets, mitaines, manchons, capes, gants, sans oublier les manteaux et les pelisses.

Les Amérindiens de passage s'attardaient à Montréal après la vente de leurs fourrures et fréquentaient les cabarets. Ils rencontraient aussi les quelques autres Amérindiens qui vivaient en permanence à Montréal, dans des cabanes de branches et

---

177. Ces fortifications remplacèrent les redoutes et les fortins du début de Ville-Marie en 1642. Cette enceinte fut agrandie en 1709 afin d'y intégrer la Citadelle et une partie du faubourg Bonsecours. Les fortifications furent remplacées en 1716 par des remparts de pierre, comme à Québec, par crainte des attaques anglaises.

d'écorce, sur des terrains que les Français leur louaient afin d'y élever quelques animaux domestiques. Cependant, les Amérindiens qui fréquentaient les rues de Montréal, et qui étaient tout aussi nombreux que les Blancs, étaient des Mohawks de la mission des jésuites du Sault-Saint-Louis et de la mission des sulpiciens de la Montagne. Ils offraient des marchandises de confection amérindienne, comme des raquettes, des vêtements en peaux et des canots, ou tout simplement des fourrures, là où ils le pouvaient, même en dehors du périmètre autorisé pour la foire. Ils faisaient aussi, clandestinement, le commerce du chien aux fins de consommation, au grand malheur des habitants, qui considéraient cet animal comme le meilleur ami de l'homme.

Des Amérindiens hostiles aux Français rôdaient constamment aux abords de la ville et inquiétaient la population, puisque la palissade, constituée d'une série de pieux en cèdre de quinze pieds de hauteur, plantés en terre et liés entre eux, qui servait de fortification, devenait de moins en moins sécuritaire. Certains étaient emprisonnés pour ivresse et désordre public.

La présence amérindienne atteignit son apogée le 4 août 1701, lors du traité de la Grande Paix signé par le gouverneur de la Nouvelle-France, Louis-Hector de Callière, et trente-neuf nations amérindiennes, incluant la Confédération iroquoise[178] (sans les Mohawks). Cette conférence de paix réunit 1 300 chefs, ambassadeurs et délégués autochtones, dont le chef des Hurons-Wendats de Michillimakinac, Kondiaronk — « le Rat », pour les Français —, qui, par ses talents d'éloquence et de diplomatie, a largement contribué à sceller l'entente historique en rassemblant et en persuadant autant de nations. Ce traité mit fin à près d'un siècle de guerres fratricides et de conflits avec les Français et instaura la paix durable entre les Iroquois, les nations amérindiennes alliées et la colonie sur le territoire s'étendant de l'Acadie au lac Supérieur et de la rivière des Outaouais au confluent du Mississippi et du Missouri.

Kondiaronk, le grand artisan de l'entente avec le gouverneur de Callière, prononça, le 1er août 1701, un discours déterminant pour l'avenir de la paix alors qu'il luttait contre une forte fièvre :

---

178. Les Iroquois formaient une confédération comprenant cinq nations : les Agniers/ Mohawks, les Onneiouts/Oneidas, les Onontagués/Onondagas, les Goyogouins/ Cayugas, les Tsonnontouans/Sénécas.

il mourut le lendemain. Le 3 août suivant, des funérailles grandioses furent célébrées à l'église Notre-Dame et la dépouille de Kondiaronk fut inhumée dans la crypte. Quant à Louis-Hector de Callière, il mourut à Québec, le 26 mai 1703, à l'âge de 55 ans, dans l'exercice de ses fonctions. Plusieurs délégations amérindiennes revinrent à Montréal pour pleurer son décès et renouveler leur allégeance au traité de 1701.

Le commerce de la fourrure marqua le développement de Montréal, qui devint ainsi la plaque tournante stratégique commerciale de la circulation des fourrures, des marchandises de traite et des marchandises militaires.

Toutefois, une crise économique sévit au début du XVIIIe siècle en Nouvelle-France, causée par l'accumulation des stocks de peaux de fourrure difficiles à écouler en France, conséquence de l'extension territoriale coloniale et de la mauvaise qualité des peaux qui provenaient notamment du sud de la frontière.

La crise de la fourrure eut une autre conséquence déterminante pour l'économie de Montréal et celle de la Nouvelle-France, puisque ce commerce ne pouvait plus garantir un travail, même à une main d'œuvre temporaire. La colonisation s'était amplifiée, la population construisait des maisons aux abords de la ville et les explorateurs faisaient leurs expéditions plus profondément au sein du continent, favorisant de nouvelles routes de traite. Ce progrès rapide eut des conséquences néfastes pour ce commerce.

Les plus vieux des enfants des filles du Roy et des soldats du régiment de Carignan-Salières, arrivés à l'époque de l'intendant Jean Talon, étaient déjà au début de la quarantaine. Canadiens de naissance, ils étaient devenus en grand nombre agriculteurs, considérant cette activité comme plus sécuritaire pour leur survie dans la colonie. Par le fait même, la vie des villes s'adapta en créant une économie urbaine axée sur les services et les commerces complémentaires aux produits de ferme ou pour la population rurale. Par ailleurs, les activités de transformation de la fourrure, comme la tannerie et la cordonnerie, prirent le pas sur le stockage et la distribution des peaux.

ANNEXE 5
L'offensive anglaise

Les Français et les Anglais furent des antagonistes depuis leur établissement en Amérique du Nord au début du XVIIe siècle. Périodiquement, la ville de Québec avait été menacée par l'offensive anglaise. Elle avait été attaquée une première fois en 1629 par les frères Kirke ; une seconde fois en 1690 par le général Phips, et fut bien près de l'être une troisième fois en 1711 par l'amiral Hovenden Walker[179].

Lors de la signature du traité d'Utrecht en 1713, malgré la disproportion de leurs populations, celle de la Nouvelle-Angleterre étant vingt-cinq fois plus nombreuse que celle de la Nouvelle-France, la présence française se ressentait de Terre-Neuve jusqu'à la Louisiane et les Anglais se juraient bien de la déloger de Terre-Neuve, de l'Acadie et de la vallée du Saint-Laurent.

Samuel Vetch, gouverneur de la Nouvelle-Écosse et commandant, en 1710, de la garnison d'Annapolis Royal, anciennement Port-Royal sous le régime français, rebaptisée en hommage à la souveraine de Londres, avait présenté à la reine Anne d'Angleterre, en juillet 1708, un projet dans lequel il exposait les grandes lignes de la stratégie à suivre pour infliger une défaite totale à la France dans le Nouveau Monde et les avantages qui en résulteraient. Accompagné par le colonel Francis Nicholson, ancien gouverneur

---

179. Hovenden Walker (né en 1656 ou 1666 ; décédé en 1725 ou 1728). Amiral d'origine irlandaise. En 1710, l'échec de son expédition cause sa radiation de la Marine anglaise.

de la Virginie, Vetch retourna à Boston en avril 1709 afin d'y gagner l'appui des colons pour l'expédition, tout en attendant impatiemment l'arrivée des vaisseaux et des marins britanniques qui lui avaient été promis.

Nicholson revint au printemps de 1710 avec l'autorisation de mener une attaque restreinte contre Port-Royal, en Acadie. Vetch fut désigné pour devenir commandant du territoire conquis. Le commandant français, Daniel d'Auger de Subercase, dont les effectifs étaient considérablement plus faibles, céda après une brève lutte. Au début d'octobre, Vetch assuma le commandement de Port-Royal, qui n'était plus guère qu'un poste de contrôle d'une petite région autour du fort, au milieu d'une population française hostile.

Les Anglais, encouragés par la prise de Port-Royal, reprirent leur projet de double invasion et tentèrent d'attaquer simultanément Québec, par mer, et Montréal, par terre, avec les forces militaires de New York et les Indiens de la colonie.

Le 16 avril 1711, l'amiral Walker reçut, de Londres, la mission de s'emparer du Canada. En juin, Vetch fut informé qu'un régiment britannique, appuyé par une importante escadre, se tenait prêt à Boston et se préparait à reprendre les mesures stratégiques qu'il avait préconisées. Les forces armées s'embarquèrent pour Québec le 30 juillet, sous les ordres de l'amiral Sir Hovenden Walker. Sachant que Vetch connaissait bien le Saint-Laurent, Walker lui demanda de conduire la flotte.

Le 17 août, un Indien accourut de la Côte Nord, en apportant la nouvelle qu'une flotte anglaise considérable avançait dans le golfe du Saint-Laurent. À cette nouvelle, les habitants de Québec se mirent à prier et à préparer leur défense. L'ordre fut immédiatement donné aux citoyens de la Basse-Ville de se rendre à la Haute-Ville et de laisser leurs maisons au logement des soldats et des habitants venus pour soutenir le siège. Même l'Hôpital général devait être démoli pour qu'il ne serve pas de retraite ou de fortification à l'ennemi.

Le 2 septembre suivant, une partie de la flotte, composée de bâtiments de guerre et de transport de troupes et de ravitaillements britanniques et de la colonie (au total douze mille soldats et marins), se perdit dans le brouillard en pleine nuit et se brisa sur des récifs au cours d'une tempête, près de l'île aux Œufs[180], dans le golfe du Saint-Laurent. Québec fut ainsi sauvé par des vents contraires joints à une mauvaise manœuvre de la part des officiers anglais. Vetch ne fut pour rien dans ce naufrage.

Walker, qui se croyait invincible sur son navire de soixante-dix canons, perdit huit de ses quinze vaisseaux de guerre et trois mille hommes, femmes et enfants qui périrent dans les flots, dont deux compagnies entières de gardes de la reine et plusieurs familles écossaises embarquées pour s'établir dans le pays conquis. Des brouettes, des ancres, des voiles, des planches, des madriers, des pelles, des pioches et des ferrailles, en plus des débris des huit navires, furent retrouvés sur le rivage, comme les témoins silencieux de l'ampleur du désastre.

On trouva même un grand nombre d'exemplaires d'une proclamation du général John Hill, commandant en chef des troupes de Sa Majesté la reine d'Angleterre en Amérique, qui déclarait que les Canadiens avaient toujours été des sujets anglais en vertu de la découverte de l'Amérique septentrionale par Jean Cabot. Si les Canadiens se rendaient sans résistance, alors ils seraient libres de conserver leur religion et jouiraient de la même liberté et des mêmes droits et privilèges que les sujets de Sa Majesté en Grande-Bretagne. À défaut de se rendre, ils seraient considérés comme des ennemis de l'Empire britannique.

Le 4 septembre, un conseil de guerre prit la décision d'abandonner l'attaque contre Québec et de rentrer à Boston. L'amiral Walker, peu enthousiaste dès le début, ne chercha pas d'autre excuse pour abandonner l'entreprise, bien que Vetch ait employé toute sa force de persuasion pour que cette armée encore puissante poursuive son voyage.

Le 1er octobre, François Margane de Lavaltrie, accompagné de deux Français et d'un Amérindien, arriva sur les lieux du naufrage et constata la tragédie. La nouvelle se répandit dans les colonies anglaises avant d'être sue à Québec. C'est le 17 octobre 1711 que la capitale de la Nouvelle-France apprit la nouvelle avec soulagement.

---

180. Sur la Côte-Nord, de nos jours entre Baie-Trinité et Port-Cartier.

En arrivant en Angleterre, pour comble de malheur, le vaisseau invincible de l'amiral Walker, *The Edgard*, explosa, tuant les quatre cents hommes d'équipage.

De son côté, sur les bords du lac Champlain, l'armée du général Nicholson, composée de deux mille soldats et miliciens et de quelques centaines d'Iroquois, attendait que la flotte de l'amiral Walker puisse attaquer Québec pour se lancer à l'assaut de Montréal, qui n'était pas préparée pour repousser une telle attaque avec sa petite palissade de pieux, et faire la jonction avec l'armée de Walker.

Vetch se dépêcha d'envoyer une frégate pour avertir Nicholson, qui avait déjà atteint la pointe sud du lac Champlain. Dès qu'il apprit la catastrophe, Nicholson ordonna la retraite de son armée. Il réalisait que, malgré lui, pour la deuxième fois, sa tentative de conquête par voie de terre avait échoué. Qui plus est, Nicholson dut subir les remontrances des Iroquois, qui menaçaient de passer dans le camp des Français, pourtant bien inférieurs en nombre. Cela était d'autant plus surprenant que les Mohawks étaient de farouches ennemis de la Nouvelle-France depuis un siècle.

Les miliciens canadiens, cantonnés à Chambly afin d'observer l'ennemi et de retarder sa marche sous le commandement du baron de Longueuil, reçurent des mains du grand vicaire de Montréal, monsieur de Belmont, un drapeau sur lequel la célèbre recluse Jeanne Le Ber avait brodé une prière à la Sainte Vierge. La retraite subite et inexpliquée des Anglais ranima le courage des habitants. Les miliciens revenus de Chambly, ainsi que les troupes et les milices cantonnées à Montréal, se replièrent sur Québec dans l'enthousiasme afin d'aider à la défense de la ville.

Les habitants de la Nouvelle-France multiplièrent les actions de grâces et l'événement miraculeux fut attribué à l'intercession de la Vierge Marie. Monseigneur de Saint-Vallier décida que l'église Notre-Dame-de-la-Victoire s'appellerait désormais Notre-Dame-des-Victoires[181].

Samuel Vetch fut l'un des rares Anglais de son époque qui eut assez de vision pour prévoir l'avenir de l'Empire et qui sut inté-

---

181. Consacrée tout d'abord à l'Enfant Jésus, l'église porta le nom de Notre-Dame-de-la-Victoire après le départ de la flotte de l'amiral Phips en 1690. Après le naufrage et le retrait de l'amiral Walker en 1711, son nom fut modifié en celui de Notre-Dame-des-Victoires.

resser les colons et les autorités britanniques à des plans d'action méritant l'appui des uns et des autres. Il montra les nouvelles possibilités commerciales que les ressources du Canada pouvaient apporter à la Grande-Bretagne. Après la conquête de la Nouvelle-Écosse, il travailla sans relâche à sa mise en valeur, tant au cours de son commandement que, par la suite, dans ses démarches personnelles à Londres. Vetch contribua à donner l'impulsion qui devait amener le remplacement de l'hégémonie française au Canada par la domination britannique.

ANNEXE 6
La Vérendrye

Né aux Trois-Rivières le 17 novembre 1685, dernier enfant né du mariage de René Gauthier de Varennes et de Marie-Ursule Boucher, Pierre Gauthier de Varennes, dit La Vérendrye, s'enorgueillissait que son père et son grand-père, Pierre Boucher, aient été gouverneurs des Trois-Rivières. Son frère Louis avait été tué au service de Sa Majesté en France, dans le régiment d'infanterie de Bretagne. Son oncle Charles avait été lieutenant-colonel pendant vingt-cinq ans, lui aussi dans le régiment de Bretagne, et gouverneur d'Arlon. Il était mort au Luxembourg.

En 1697, La Vérendrye entra dans l'armée comme cadet. De 1697 à 1704, il demeura en permanence à Montréal en attendant de prendre part à des opérations militaires contre les Anglais. En 1704, il participa à la première campagne en Nouvelle-Angleterre. En 1705, il fit la campagne de Terre-Neuve. En 1706, il devint enseigne en second. Le 27 octobre 1707, La Vérendrye vendit à Christophe Dufrost de la Jemmerais, son beau-frère, sa moitié de la grande île de Varennes pour 800 livres, de quoi vivre en France pour la durée de son engagement de cinq ans. C'était du moins ce qu'il pensait.

Le 9 novembre 1707, La Vérendrye signa son contrat de mariage avec Marie-Anne Dandonneau, née le 30 juillet 1685, devant le marquis de Vaudreuil, sa belle-mère, Jeanne-Marguerite Lenoir, l'intendant Raudot, le garde-magasinier royal, Desnoyers, deux commis, Étienne Guichon et Jean Martel, et le vieux notaire François Genaple, dit Bellefonds, un ancien menuisier et geôlier, s'engageant à donner à son épouse, le jour du mariage, deux mille livres de douaire. Le seigneur Dandonneau Du Sablé s'engageait pour sa part à doter Marie-Anne de seize à dix-huit arpents de terre labourable à l'île Dupas, en plus de la moitié de l'île aux Vaches et de la terre du fief Chicot que Marie-Anne possédait déjà depuis 1705.

Le 12 novembre 1707, avant le départ de La Vérendrye pour la France, le marquis de Vaudreuil, gouverneur et lieutenant-général du Roy en Nouvelle-France, le nomma enseigne et lui donna l'autorisation de se marier.

Pierre Gauthier de Varennes et de La Vérendrye et Marie-Anne Dandonneau s'étaient rencontrés en 1704, quand Louis Dandonneau s'était établi à Montréal comme militaire. Il y resta jusqu'à sa mort en 1709. Les membres de la famille de Varennes, pour sa part, connaissait bien la ville de Montréal pour y avoir fait des séjours après la mort de leur père en 1689, ainsi que de 1692 à 1695.

Quand La Vérendrye arriva en France, la guerre sévissait avec violence, particulièrement dans les Flandres, et le pays était aux abois, à la fois attaqué par l'Angleterre, l'Espagne et la Hollande. Il manquait de soldats, de munitions, de vivres et d'argent. La Vérendrye, parce qu'il venait des colonies, perdit son titre d'enseigne. C'était une pratique courante.

Mais dès 1708, il devint sous-lieutenant de grenadiers au premier bataillon de Bretagne, en Flandres. Le 11 septembre 1709, à la bataille de Malplaquet, l'officier fut atteint de huit coups de sabre et d'un coup de fusil et fut laissé pour mort sur le champ de bataille. Rescapé par l'ennemi, il fut fait prisonnier pendant plusieurs mois. Libéré en 1710, il fut nommé lieutenant d'une compagnie du premier bataillon du régiment de Bretagne.

La bataille de Malplaquet, où vingt-cinq mille soldats moururent, fut considérée comme un moment déterminant de la guerre de la Succession d'Espagne. De grands chefs s'affrontèrent : le marquis de Villars pour la France, le duc de Marlborough pour l'Angleterre et le prince Eugène de Savoie-Carignan pour les Impériaux. Le régiment de Bretagne, commandé par le colonel de Berthelot, s'y distingua.

Depuis la deuxième moitié de 1711, La Vérendrye n'était plus employé que pour des escarmouches. De plus, son grade d'enseigne n'avait pas été confirmé par le Roy, ce qui lui aurait assuré une carrière d'officier et des avantages pécuniaires. Son grade de lieutenant dans l'armée française l'obligeait à un certain décorum coûteux, mais, comme il ne recevait pas de subsides de sa famille et que ses appointements étaient insuffisants pour subvenir à ses besoins sur le sol français, il conclut qu'il avait plus à perdre qu'à gagner à rester en France et décida de retourner au Canada au printemps 1712, après l'expiration de son contrat de cinq ans.

Fort de la protection de la marquise de Vaudreuil, à Paris depuis l'automne 1709 comme sous-gouvernante des enfants royaux, il demanda d'être nommé enseigne pour le Canada. Le roy donna son aval, à la condition qu'il recrute trente soldats pour les besoins militaires de l'Acadie et de Terre-Neuve, fortement menacées par les Anglais. Démobilisé le 24 mai, La Vérendrye reçut l'ordre de se rendre à Terre-Neuve pour y conduire les soldats qu'il venait de recruter. Parti de Rochefort après le 5 juillet sur le bateau *Le Héros*, La Vérendrye arriva à Plaisance à Terre-Neuve dans la première quinzaine d'août.

La Vérendrye avait décidé de revenir définitivement au pays, même s'il avait déjà caressé le projet de s'établir en France et d'y faire venir sa fiancée. Le métier des armes ne lui avait donné ni la gloire ni l'avancement souhaités. Comme l'intention de La Vérendrye était de se marier aussitôt que possible, il ratifia son précédent contrat de mariage le 24 octobre 1712, cette fois-ci devant le notaire Florent de La Cetière, puisque le notaire Genaple était décédé en 1709. Dès le lendemain, il obtint, encore une fois, la permission du marquis de Vaudreuil de se marier religieusement, le temps de faire venir sa fiancée de l'île Dupas. La cérémonie du mariage eut lieu le 29 octobre 1712 à l'église Notre-Dame de Québec.

Sommaire

I.	Un malade attachant	11
II.	Le souvenir de Cassandre	25
III.	Une visite inattendue	33
IV.	L'arrivée à Montréal	47
V.	Le sulpicien	67
VI.	Roxanne	71
VII.	L'absence inexcusable	85
VIII.	La félonie amoureuse	97
IX.	Une dernière tentative	103
X.	L'ancêtre	115
XI.	L'ondoyé	145
XII.	Les confidences de Marguerite	181
XIII.	Jean-le-blanc	195
XIV.	La visite à Cassandre	221
XV.	Une épouvantable épidémie	237
XVI.	La relève	283
XVII.	La réconciliation	303
XVIII.	L'hospitalisation	317
XIX.	Les funérailles	331
XX.	Le testament	353
XXI.	L'avenir de Cassandre	357
XXII.	Un mariage de la noblesse	367
XXIII.	Des noces chez la famille Allard	373
XXIV.	Anne et Manuel	377

XXV.	ESTHER ET PIERRE	391
XXVI.	ENFIN MARIÉS !	402
XXVII.	LE TRAITÉ D'UTRECHT	417
XXVIII.	LE MESSAGER	439
XXIX.	LE POÈTE MALGRÉ LUI	463
XXX.	LE NOUVEAU SEIGNEUR DE BERTHIER	469
XXXI.	LA CAUSE DES FILLES DU ROY	493
XXXII.	UN ENTRETIEN HISTORIQUE	501
XXXIII.	HOMMAGE À EUGÉNIE	507
	ANNEXE 1 : JEANNE MANCE	511
	ANNEXE 2 : MARGUERITE BOURGEOYS	515
	ANNEXE 3 : MICHEL SARRAZIN	517
	ANNEXE 4 :	
	LE COMMERCE DE LA FOURRURE À MONTRÉAL	519
	ANNEXE 5 : L'OFFENSIVE ANGLAISE	523
	ANNEXE 6 : LA VÉRENDRYE	529